KB177431

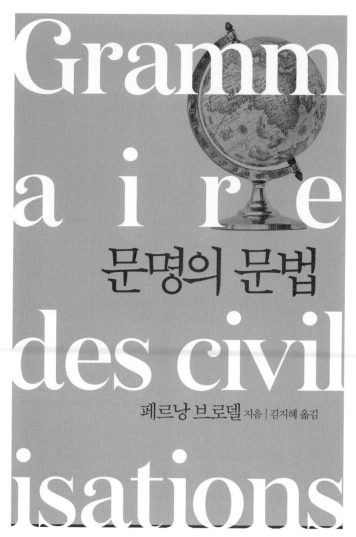

Grammaire

aire

문명의 문법

des civil

페르낭 브로델 지음 | 김지혜 옮김

isations

서커스

차례

III. 유럽 문명

문명의 문법

서론을 대신하여

1982년 9월 16일 연설에서 프랑수아 미테랑 대통령이 던진 한마디는 역사교육에 관한 논쟁을 되살리기에 충분했다. 실제로 기다렸다는 듯이 논쟁이 재점화되었다.

해묵은 논쟁이지만 늘 모든 사람의 관심이 집중된다. 어느때보다 역사에 골몰하는 대중과 세간의 동태를 신속히 파악해야 하는 정치인들이 관심을 기울인다. 언론과, 특히 역사 교사들의 관심이 집중된다. 논쟁 자체는 오래되어 새삼스러울 게없지만 그 범위는 계속 확장되고 있다. 수긍할 만한 모든 명분을 포괄한다. 마치 잘 훈련된 군대처럼 포성과 함께 모든 것을 망라한다.

원칙적으로 역사 교육에 관한 논쟁은 초중등 교육 과정에 관한 것이다(이상하게도 초등 과정에 관한 언급은 거의 없으면서 중등 과정에 관해서는 실제 연구된 것보다 훨씬 더 자주 거론된다). 논쟁은 이른바 초중등 교육의 참사, 우리 아이들의 부끄러운 결과로 확인된 참사에 관한 것이다. 그런데 교육의 결과가 완벽할 수 있을까? 완벽했던 적이 있긴 한가? 1930년대에도 학생들의 참담한 실패담을 모아 발표한 비평이 있었다. 게다가 당시 공교육은 오늘날에도 수많은 논객의 칭송을 받는 말레-이삭 교과서를 사용했다.

마지막으로 비평가들은 역사학이 발전시켜온 다양한 방식을 문제 삼는다. 서사에 충실하다 못해 서사의 노예가 된 전통적인 역사는 지나치게 많은 기억을 담고 있고 연대, 영웅의 이름, 귀족의 삶과 업적을 너무 중시한다고 생각하는 이들이 있다. 그런가 하면 역사 교육 실패의 책임이 '새로운' 역사에 있다고 주장하는 이들도 있다. '과학적' 역사를 표방하는 '새로운' 역사가 장기 지속의 시간을 다루며 사건을 외면한 탓에 학생들이 연대기적 역사를 모르게 되었다는 것이다. 과학 이론이 아닌 교육에 관해 이런 식의 고대인-근대인 논쟁을 벌이는 것은 문제를 규명하기는커녕 오히려 가린다는 점에서 해로울 뿐이다.

그런데 정말 그렇게 복잡한 문제일까? 여러분은 중등학교에서 아동에서 시작해 성인이 되는 학생들을 다루게 된다. 다른 교과목처럼 역사 과목에서도 그들에 대한 교육은 달라져야 한다. 어떻게 연속성을 유지하면서 서로 다른 학년을 가르칠 것인지가 관건이다. 교육 과정을 시작할 때 아동이었던 학생들은 교육 과정을 마칠 무렵 성인이 된다. 아동에게 적합한 것이 성인에게도 적합할 수는 없다. 교육 과정에 구분이 필요하고 이를 위한 전반적인 계획이 필요하다. 우선순위와 필수적인 것을 선택해야 하고 세심한 통찰이 있어야 한다.

나는 늘 아이들을 위한 단순한 서사, 사진, TV 연속극과 영화를 추천해왔다. 한마디로 아이들에게 친숙한 미디어를 적극적으로 활용하는 전통적인 역사를 추천해왔다. 우리 세대 학자들이 그렇듯이 나도 오랫동안 고등학교lycée 교사로 근무했다. 고학년을 맡기도 했지만 늘 10세에서 12세 사이의 저학년 수업을 요청했다. 그들은 활기 있고 마법에 이끌리듯 적극적으로 반응하는 청중이어서 그들에게라면 마치 환등기로 보여주는 것처럼 역사를 펼쳐보일 수 있다. 중요한 것은 그 과정에서 그들이 관점을 발견하고 과거의 실체, 방향과 의의를 깨닫고 일련의 이정표를 찾아 과거의 윤곽을 그릴 수 있게 돕는 것이다. 보통의 학생들이 루이 16세와 나폴레옹, 혹은 단테와 마키아벨리의 관련성이 어디에 있는지 모를까봐 우려하는 목소리가 있다. 차츰 연대에 대한 감각을 익히면 이런 혼동을 피할 수 있을 것이다. 사실 단순한 서사도 극적인 순간들을, 풍경의 파노라마를 아주 자연스럽게 펼쳐 보일 것이고 우리는 특정한 장소에 있게 된다. 베네치아일 수도 있고 보르도일 수도 있으며 런던일 수도 있다. 학생들은 시대를 이해하게 되면서 단어, 개념, 사물을 더 정확히 하기 위한 용어를 익혀야 한다. 사회, 국가, 경제, 문명 같은 주요 개념들이 더해질 것이다. 이 모든 것은 가급적 단순해야 한다. 주요 연대에도 익숙해져야 한다. 이를테면 특별하고 중요한 사람들은 물론이거니와 증오의 대상이 된 사람들이 살았던 때를 보여주고 그들을 그 맥락 속에 두어야 한다.

　이제 우리는 경계선을 뛰어넘어 그 나이 때 우리보다 더 자유롭지만 그만큼 행복하지는 못한 반항적인 청년들과 마주하게 된다. 사실 변한 것은 그들을 둘러싼 사회이고 세계이고 오늘날의 삶이다. 그들의 행동을 촉발하고 그들을 제약하고 폭발하게 한 진정한 근원이 변한 것이다. 기초적인 수련을 마쳤을 때 우리만큼 학구적이거나 지식을 갖추지 못했을지 모르지만 그들도 우리만큼 지적이고 훨씬 더 탐구열이 높다. 그들에게 역사를 어떻게 설명해야 할까?

프랑스에서 부조리한 교육 과정을 시행한 탓에 리세 2학년 과정에서 〈1914년부터 1939년까지의 세계〉, 그리고 3학년 과정에서 〈1939년 이후의 세계〉가 타격을 입었다. 공부해야 할 세계는 두 배로 늘었지만 정치와 전쟁, 제도와 갈등의 세계이며 엄청난 양의 연도와 사건 더미의 세계이다. 나는 어떤 흐름이나 이유도 없이 이어지는 사소한 사실들에 관한 시험을 통과할 수 있다고 자신하는 역사가를 신뢰하지 않는다. 내 앞에 최고라는 평가를 받은 '현대사' 교과서가 있다. 잘 만든 교과서이고 유용해 보이지만 실망스럽다. 자본주의의 가치나 경제 위기, 세계 인구며 유럽 밖의 문명에 관해 쓸 만한 이야기는 한마디도 하지 않는다. 갈등을 이야기할 뿐 갈등의 이면에 놓인 원인에 관해서는 어떤 이야기도 하지 않는다.

왜 이런 어이없는 상황이 벌어졌을까? 프랑스 교육부의 부조리한 결정 탓이다. 개인적으로 나는 늘 최고 학년에서만 '새로운 역사'를 소개해야 한다고 말해왔다. '새로운 역사'는 현대 세계를 연구하고 설명하며 그 혼란을 이해하려는 사회과학의 여러 분야에서 도움을 받는다. 그리고 우리의 젊은이들은 어떤 직업을 준비하든 그 시작을 앞둔 18세에 현 사회와 경제 문제, 세계의 거대한 문화적 갈등과 문명의 다원성에 관한 공부를 시작해야 한다. 좀 더 명확히 말하자면, 그들은 매일 진지한 기사를 읽고 이해할 수 있어야 한다.

그러나 실제로는 정반대의 일이 벌어지고 있다. 저학년 과정에 '새로운 역사'를 배정하고 가르치면서 큰 혼란이 초래되었다. 왜 아니겠는가! 사실 두 종류의 역사 모두 잘못 배정되었다. 하나는 고등학교 저학년에 배정되어서 탈이고, 다른 하나는 고학년에 배정되어서 탈이다. 1968년 이후 재량권을 갖게 된 교사들이 혼란을 키웠다. 그들의 의도는 더할 수 없이 좋았으나 교육 과정의 한 부분을 강조하며 다른 부분을 외면했다. 일부 교사들의 그런 무계획적인 선택 때문에 일부 학생들은 역사에서 중요한 몇몇 시기를 제대로 들어보지도 못하고 학업을 마쳤다. 이런 일은 학생들이 연대를 따라가는 데에 도움이 되지 않는다. 불행히도 우리 아이들이 학습한 역사는 그들이 학습한 수학이나 문법과 같은 운명을 겪었다. 왜 하나의 과목을 조각조각 잘라서 가르치는가? 특히 기초적인 셈도 다 터득하지 못했을 10세 아동에게, 어쩌면 고등 수학과 씨름할 일이 거의 없거나 있더라도 먼 훗날에나 있을 10세 아동에게 말이다. 언어학의 연구는 감자밭을 파헤치는 야생 멧돼지의 코처럼 문법을 황폐하게 만들었다. 언어학은 현학적이고 복잡하며 이해할 수도 없고 적절하지도 않은 언어를 문법에 덧씌웠다. 그 결과가 어떤가? 문법과 철자법이 지금처럼 철저히 외면당한 적이 없다. 그러나 이런 비정상을 언어학, 고등수학 혹은 새로운 역사 탓으로 돌려서는 안 된다. 그들은 다양한 연령대에 가르칠 수 있는 것은 무엇이고 가르칠 수 없는 것은 무엇인지에 대한 고민 없이 하고 싶은 일을 했다. 사실 비난받아야 할 사람이 있다면 지적 야심만으로 교육 과정을 설계한 사람들이다. 그들은 너무 멀리 나아가고자 했다. 그들이 야심차다는 점은 반가운 일이지만 그들이 맡은 일에는 단순해지려는 노력이 필요하다. 그 일이 어려운 것일 때에는 더욱더 그래야 한다.

프랑스 밖의 독자들이 이런 논쟁에 얼마나 관심을 기울일지 모르겠다. 그러나 그 논쟁을 정말 진지하게 고려한다면, 엄청나게 중요한 문제이며 결코 외면할 수 없는 문제임을 알 수 있을 것이다. 누가 감히 역사에서 비롯된 폭력을 부인할 수 있겠는가? 물론 의심스러운 국민 신화를 지어내는 일은 역사가의 책무가 아니다. 설사 휴머니즘을 추구하는 일이라도 마찬가지다. 그러나 역사는 국민적 자각에 매우 중요한 요소다. 그리고 그런 자각 없이는 프랑스에서든 다른 어디에서든 고유의 문화도, 진정한 문명도 있을 수 없다.

역사와 현재

여기서 나는 새로운 역사의 교육 과정을 위해 중등학교 고학년 학생들에게 필요한 것이 무엇인지를 설명하고자 한다. 그런 내용이 책의 서두에 실리는 것은 논리적이다. 하지만 교육을 목적으로 할 때에는 얘기가 달라진다. 사실 2학기 말쯤, 교육 과정의 첫 부분을 마치고 위대한 문명들에 관한 진지한 학습이 시작될 때 그런 내용을 읽는 것이 이상적이다. 그때쯤 학생들은 철학 용어와 논쟁에 좀 더 친숙해지기 때문이다. 그렇기는 하지만 지금 여기서 그 문제를 다루는 것 역시 적절하다.

중등 과정의 고학년들을 위한 새로운 역사 교육 과정은 어려운 문제들을 제기한다. 혼란스럽고 복잡하기 이를 데 없는 현대 세계를 탐구하는 데 인접 학문인 사회과학의 여러 분야, 지리학, 인구학, 경제학, 사회학, 인류학, 심리학 등과 관련된 역사적 접근법을 통해 다각적으로 접근할 수 있다.

새로운 역사 교육 과정은 현대 세계를 오롯이 설명한다고 자부할지 모르지만 다양한 수단을 통해 좀 더 잘 이해할 수 있기를 바랄 뿐이다. 여러분의 교육 과정은 다음의 세 가지를 제공한다.

첫째, 현재를 이해하려면 가까운 과거를 참조해야 한다. 가까운 과거를 돌아보는 역사는 쉬울 수 있다. 교육 과정의 첫 단계에서는 1914년 8월 제1차 세계대전이 발발한 때부터 현재에 이르는 극적이고 때로는 잔인했던 시기를 다룬다. 이런 격동의 시간이 20세기를 뒤흔들고 형성했으며 수많은 부문에서 우리 삶에 여전히 영향을 주고 있다.

그러나 그런 가까운 과거의 사건들만으로 현재의 세계를 설명할 수 없다. 사실 현재는 다양한 수준에서 훨씬 더 오래된 경험의 산물이며 지난 수백 년의 세월, 그리고 '지금까지 인류 역사의 진화 과정 전체'가 빚어낸 결과물이다. 현재가 과거와 폭넓게 연결된다는 것은 결코 터무니없는 주장이 아니다. 우리는 자연스럽게 자신의 짧은 시간에 비추어 주변 세계를 생각하는 경향이 있다. 그래서 전쟁이며 전투, 정상회담, 정치적 위기, 쿠데타, 혁명, 경제 위기, 지적 예술적 풍조 모든 것이 순식간에 벌어지는 한 편의 고속 영상을 보듯 역사를 보려 한다.

그러나 인류의 삶에는 분명히 이런 사건들을 담은 한 편의 영화로 그려낼 수 없는 수많은 현상이 있다. 인류가 살아가는 공간, 인류를 구속하고 그 존재를 결정하는 사회 구조, 인류가 의식적으로든 무의식적으로든 복종하는 윤리적 규범들, 종교적 철학적 신념, 인류가 속한 문명 등이 그렇다. 이런 현상들은 우리의 수명보다 훨씬 더 길어서 우리가 그 완전한 변화를 목격하기는 어렵다.

물리적 환경을 예로 들어보자. 물리적 환경은 분명히 변한다. 산, 강, 빙하와 해안선은 조금씩 변한다. 그러나 변화 과정이 너무 더뎌서 육안으로는 확인할 수 없으며 오래된 과거와 비교하거나 개인의 관찰을 뛰어넘는 측량이나 과학적 연구의 도움을 받아야 인지할 수 있다. 국가와 문명의 삶이나 민족들의 심리적 영적 태도 역시 불변하는 것이 아니다. 그러나 급격한 변화 없이 세대에서 세대로 전해진다. 그렇다고 해서 우리 삶에 파고들어 세계를 형성하는 이런 심층의 요인들이 중요하지 않은 것은 아니다. 오히려 그 반대다.

그렇게 현재 속에서 가까운 과거와 더 먼 과거가 결합한다. 최근 역사는 빠른 속도로 우리를 향해 달려온다. 초기 역사는 더 느린 속도로 더 은밀히 우리와 동행한다.

이 초기 역사—먼 역사—가 교육 과정의 후반부에 배정된다. 현재를 설명하는 배경으로 먼 과거를 선택한다는 것은 1914년 이후 여러분이 허겁지겁 쫓아간 역사에서 멀어진다는 뜻이다. 또 우리에게 긴 호흡으로 '장기 지속'의 역사를 성찰하라고 권유한다. 문명은 특별한 요소이며 우리로서는 그 수명을 가늠할 길이 없다. 아주 오래된 문명은 우리 안에서 생명을 유지하며 우리가 사라진 후에도 계속 유지될 것이다.

최근 역사와 오래된 역사는 현재의 이해에 중요한 두 개의 열쇠다. 마지막으로 이 과정에는 세 번째 부분이 있다. 오늘날 세계의 주요 문제들을 확인하는 것이 여기 해당한다. 정치, 사회, 경제, 문화, 기술, 과학 등 온갖 종류의 문제들이 포함된다. 한마디로, 이미 윤곽을 그린 이중의 역사적 접근법을 넘어서야 한다. 곧 중심과 주변부를 구별하기 위해 우리 주변 세계를 둘러볼 필요가 있다.

일반적으로 역사가들은 과거를 연구하고 성찰한다. 그리고 활용할 수 있는 문서의 고증을 통해 완전하지는 않아도 다음에 벌어질 일을 알고 있다. 예컨대 18세기를 연구하고 있다면 계몽주의가 초래할 결과를 이미 알고 있다. 이것만으로도 그들의 지식과 이해가 크게 강화된다. 그들은 연극의 마지막 대사를 안다. 오늘날의 경우에는 결말이 다를 수 있지만 정말로 중요한 문제가 무엇인지를 판단하는 일은 근본적으로 연극의 마지막 대사를 상상하는 것과 같다. 모든 가능성 가운데 발생 가능성이 가장 큰 것을 구별해내는 일이다. 어렵고 위험하지만 피할 수 없는 일이다.

19세기 **백과전서파**의 일원이자 『인간 정신의 진보에 대한 역사적 개관 초고*Esquisse d'un tableau historique des progrès de l'esprit humain*』라는 유명한 작품을 저술했던 콩도르세는 그런 작업이 정당하다고 생각했다. 그리고 진지한 역사가라면 위험을 무릅쓰고라도 그런 예측을 옹호할 것이다. 세계적 명성을 얻은 경제학자 콜린 클라크는 통계를 사용해 미래 경제의 예상 규모를 예측했다. 1960년에 장 푸라스티에는 차분히 1980년의 문명을 거론했다. 그가 보기에 자신이 글을 쓰고 있던 시대에 뒤따를 정책을 결정했거나 혹은 결정했어야 한 것이 바로 **1980년의 문명**이었다. 가까운 미래를 예언하는 데에 전문성이 있다고 주장하는 위험천만하고 근거가 박약한 학문이 있다. 가스통 베르제는 '전망'이라고 불렀고, 일부 경제학자가 애용했던 용어로 하자면 '미래학'이라고 불린 학문이다. '미래학'은 현재로서는 미래시제로 기술해야 할 미래, 우리가 예측하거나 거의 파악했다고 여길 수 있는 가까운 미래의 단편을 포착한다.

그런 태도는 때로 조롱거리가 된다. 그러나 절반의 성공이라고 해도 그들은 가장 큰 문젯거리를 사전에 확인하고 파악하려고 노력하면서 현재의 혼란에서 벗어날 길을 제공한다. 현재의 세계는 진화하는 세계다.

다음 페이지에 수록된 지도는 2000년경 세계 인구 분포를 예측해 보여준다. 그 지도에는 생각할 거리가 담겨 있다. 무엇보다도 그런 지도(와 다른 많은 문서)를 고려하지 않고 계획을 수립할 수 있는 사람은 없다는 점을 분명히 해야 한다. 여기서 계획이라는 말의 의미는 주요 현안을 주의 깊게 연구하며 '전망한다'라는 뜻이다. 그리고 그것은 분명히 저개발 국가의 경우 인구가 과밀한 곳이 있는가 하면 인구가 부족한 곳도 있으므로 아시아와 흑아프리카에 대한 계획이 같을 수 없다는 코트디부아르 대통령 펠릭스 우푸에-부아니의 말을 뒷받침한다.

역사, 여러 채로 구성된 하나의 저택

역사가 그토록 다양한 변주와 추론에 열려 **있어야** 한다니 한마디로, 현재를 다루는 학문, 그토록 모호한 현재를 다루는 학문이 되고자 한다니 놀라울 것이다. 곁길로 새는 것이 아닐까? 다른 사회과학의 옷을 걸친 모습이 마치 우화에 등장하는 늑대와 같지 않을까? 이 책의 2부 첫머리에서 우리는 이 문제로 다시 돌아갈 것이다. 그때쯤이면 문제가 명확해질 것이다. 시간 자체와 관련된 문제이며 철학의 연구 과정에서 부각될 시간의 본질에 관한 문제이기 때문이다.

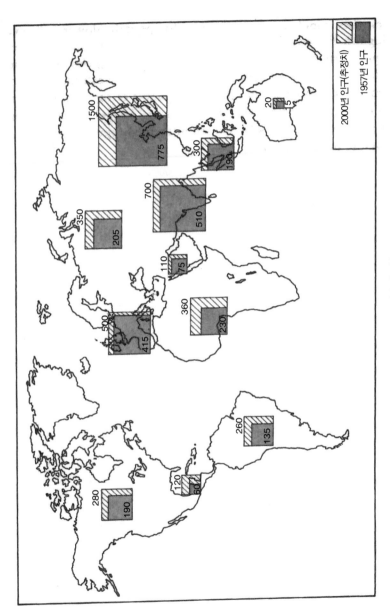

그림 1 2000년경 세계 인구 분포

2000년 인구(추정치)

1957년 인구

역사가 제공하는 설명의 다원성, 서로 다른 관점들 사이의 격차, 그들의 상호모순까지 한데 어우러져 일종의 **변증법**을 형성할 것이다. 역사가 서술하는 다양한 층위의 시간들, 사건의 층위에서는 빠르고, 시대의 층위에서는 좀 더 느리고 문명의 층위에서는 훨씬 더 느리고 더디기까지 한 시간들에 기반한 역사 특유의 **변증법**이 될 것이다. 구체적인 연구마다 다른 시간을 택할 수 있다. 그러나 문명사 같은 **전 지구적** 설명을 시도한다면 좀 더 절충적인 접근법이 필요하다. 저마다 노출 시간이 다르고 그래서 태양 빛의 스펙트럼 위에 놓인 색들이 한데 모여 순수한 백광을 이루듯이 시간과 이미지가 융합된 다양한 스냅사진들을 참고하는 것과 비슷하다.

PART

I

문명의 문법

1. 용어의 변화

문명이라는 용어를 직선이나 삼각형처럼, 아니면 화학 원소처럼 간단히 정의할 수 있으면 좋으련만……

안타깝게도 사회과학의 용어를 확정적으로 정의하기는 어렵다. 모든 것이 불명확하기만 한 것도 아니고 그렇다고 유동적이지도 않다. 하지만 대부분 용어는 영구히 확정되기는커녕 사용자마다 다르게 쓰고 우리가 보는 앞에서 진화한다. 레비스트로스는 '의도를 명확히 하기만 한다면, 사람들은 말을 저마다 자유롭게 사용할 수 있다'라고 말한다. 철학에서처럼 사회과학의 여러 분야에서 가장 단순한 용어조차 사용하는 사람의 뜻에 따라 다양하고 폭넓게 변용된다.

'문명civilisation'은 뒤늦게 만들어진 신조어로 18세기 프랑스에서 등장했다. civilisation은 오래전부터 있었고 16세기에 널리 사용되었던 형용사 'civilisé' 혹은 동사 'civiliser'에서 파생했다. 1723년경에도 'civilisation'은 여전히 법률용어였고 형사 재판을 민사 절차로 바꾼 법률 행위나 판결을 지시했다. '문명화 과정'이라는 근대적 의미는 1752년 프랑스의 정치인이자 경제학자였던 안느 로베르 자크 튀르고의 펜 끝에서 등장했다. 그가 결국 출간에는 성공하지 못했지만 보편사 서술을 준비하던 때였다. 그 용어가 공식적으로 인쇄물에 처음 등장한 것은 1756년으로 미라보 후작이었으며 혁명가 미라보 백작 오노레의 아버지였던 빅토르 리케티가 『인구에 관한 논고*Traité de la polpulation*』를 출판했을 때였다. 그는 '문명의 범위the scope of civilization'니 심지어 '거짓 문명의 사치품the luxury of a false civilization' 같은 것들을 거론했다.

홍미롭게도, 네덜란드 역사가 요한 하위징하는 '그 개념을 고안한 사람이 바로 볼테르이며…… 문명에 관한 보편사를 처음 구체화한 사람이다'라고 말했지만 정작 볼테르 자신은 『여러 민족의 풍속과 정신에 관한 시론*Essai sur les Mœurs et sur l'Esprit des Nations*』(1756)에서 문명이라는 유용한 용어를 삭제했다. 새로운 의미를 얻은 문명은 대체로 야만과 대비되었다. 한편에는 문명화된 민족들이, 반대편에는 원시의 미개인이나 비문명인이 놓였다. 18세기에 장 자크 루소와 그의 추종자들이 소중히 여겼던 '고귀한 야만인bons sauvages'조차 교양 있다고civilized 여겨지지 않았다. 의심할 나위 없이 루이 15세의 치세가 끝날 무렵 프랑스인들은 문명이라는 새로운 단어에서 그들 사회의 이미지를 보고 기뻐했다. 문명이라는 말은 긴 시간을 뛰어넘어 오늘날의 우리도 매료시킨다. 어쨌든 문명이라는 말은 필요했기 때문에 등장했다. 당시만 해도 poli(정중한), policé(정돈된), civil(예의 바른), civilisé(교양 있는) 등의 형용사에 상응하는 명사가 없었다. police라는 말은 사회질서와 결부되었다. 1690년 앙투안 퓌르티에르가 발행한 『프랑스어 사전』의 형용사 poli에 대한 정의와는 상당한 거리가 있다. 그 사전은 poli를 이렇게 정의하고 있다. '윤리에서 교양을 뜻할 때 비유적으로 사용한다. 교양을 갖춘다는 것은 태도에 품위가 있고 예의 바르며 사교적이라는 뜻이다…… 젊은 남성이 교양을 갖추는 가장 좋은 방법은 숙녀들과 대화하는 것이다.'

'문명'이라는 말은 프랑스에서 유럽 전역으로 빠르게 퍼졌고 '문화'라는 말이 동반되었다. 영국에서는 'civility(교양)'라는 유서 깊은 말이 1772년을 전후해 'civilisation'으로 대체되었다. 독일에서는 더 오래전부터 사용된 'Bildung'과 'Zivilisation'이 별 어려움 없이 함께 자리 잡았다. 반대로 홀란트에서는 'civilisatie'의 등장이 늦기는 했지만 'beschaving'과 충돌을 일으켰는데 'beschaving'은 '세련되다', '고귀하다' '교양을 갖추다' 등의 뜻을 지닌 동사 'beschaven'에서 파생된 명사다. 알프스 남쪽에서도 이와 비슷한 충돌이 있었다. 단테의 글에서도 볼 수 있듯이 이탈리아인들에게는 이미 문명의 뜻으로 쓰이는 'civiltà'라는 멋진 옛 단어가 있었다. 깊이 뿌리내린 'civiltà'가 신조어의 유입을 가로막았고 그 때문에 신조어를 둘러싼 논란은 촉발되지 않았다. 1835년에 로마뇨지Gian Domenico Romagnosi(1761~1835)는 incivilmento(문명화)라는 새로운 단어를 채택하려고 했지만 성공하지 못했다. 그가 이 말로 뜻하고자 한 것은 문명 **자체**가 아니라 문명화 과정이었다.

문명이라는 새로운 용어가 유럽 전역에 퍼져나가면서 문화라는 오래된 말도 동반했다. 문화는 문명과 거의 같은 뜻을 얻으며 새로운 생명을 얻었다(키케로는 이미 '철학은 정신의 수양이다Cultra animi philosophia est'라고 말한 바 있다). 그러나 그런 관계는 그리 오래가지 않았다. 예컨대 헤겔은 1830년에 베를린대학에서 두 단어를 구별 없이 사용했다. 그러나 결국 두 단어의 구별이 필요하다고 느끼기 시작했다.

사실 문명은 이중적인 의미를 지닌다. 도덕적 가치와 물질적 가치를 동시에 지시한다. 카를 마르크스는 (물질적) **하부구조**와 (정신적) **상부구조**를 구별했다. 그에게 상부구조는 하부구조에 크게 의지하는 것으로 여겨졌다. 샤를 세뇨보Charles Seignobos는 농담처럼 '문명은 도로, 항구, 부두에 관한 것'이라고 말했다. '문명은 문화가 아니다'라는 말의 무례한 표현 방식이다. 마르셀 모스는 '문명은 인간 지식의 총체'라고 말했다. 반면 역사가 외젠 카비냐크Eugène Cavaignac에게 문명은 '최소한의 과학, 예술, 질서, 미덕'이었다.

그러므로 문명에는 적어도 두 차원이 존재한다. 그래서 많은 이들이 문화와 문명을 하나는 정신적 관심의 위엄을, 다른 하나는 물질적인 것의 사소함을 지시하는 것으로 구분하고자 했다. 그러나 어떻게 구분할지를 두고는 의견이 분분하다. 나라마다, 같은 나라라도 시기마다, 사람마다 의견이 다르다.

독일에서는 얼마쯤 혼란을 겪고 나서 마침내 문화Kultur에 어느 정도 우위를 두고 문명은 의식적으로 평가절하하는 구분이 나타났다. 사회학자 A. 퇴니스(1922)와 알프레트 베버(1935)에게 문명은 자연을 다루는 일련의 방식들, 실용적이고 기술적인 지식의 집합체에 불과했다. 반대로 문화는 일단의 규범적 원칙들, 가치와 이상, 한마디로, 정신이었다.

이를 통해 프랑스인에게는 낯설어 보일 수도 있는 독일 역사가 빌헬름 몸젠의 말을 설명할 수 있다. '문명이 문화를 파괴하지 않도록 하는 것이, 혹은 기술이 인간의 존재를 파괴하지 않도록 하는 것이 오늘날 인류에게 주어진 의무다.' 영미인들처럼 '문명'이라는 말에 우위를 두는 프랑스인으로서는 그 말의 앞부분이 기이하게 들린다. 반대로 폴란드와 러시아에서는 독일과 마찬가지로 문화를 더 중요하게 평가한다. 프랑스에서 문화라는 말은 '개인의 정신적 삶'을 지시할 때만 힘을 발휘한다(앙리 마루). 예컨대 폴 발레리의 문화라고는 말해도 그의 문명이라고는 말하지 않는다. 문명은 보통 집단의 가치를 말하기 때문이다.

한 가지 더 복잡한 문제가 남아 있는데 훨씬 더 중요한 문제다. 1874년 E. B. 테일러가 『원시 문화*Primitive Culture*』를 출간한 뒤로, 영미 세계의 인류학자들은 차츰 그들이 연구하는 원시사회를 묘사하는 데에 '문화'라는 단어를 사용하며 영어에서 통상 현대 사회에 적용하는 '문명'과 '문화'를 구분하는 경향이 있다. 거의 모든 인류학자가 이런 관행을 따르며 사회가 진화할수록 더 발전하는 문명과 대비시켜 원시 문화를 이야기했다. 이 책에서도 이런 구분을 자주 사용하게 될 것이다.

다행히도 1850년경 독일에서 고안된 '문화적kulturell'이라는 유용한 형용사는 이런 혼란에서 벗어나 있다. 사실 그 말은 문명과 문화를 모두 포괄하는 내용을 가리킨다. 예를 들어, 문명(혹은 문화)은 문화적 자산의 총체이며, 그 지리적 영역은 문화적 영역이고, 그 역사는 문화사이며, 하나의 문명이 다른 문명으로 침투하는 것은 물질적이든 정신적이든 문화의 전수 혹은 문화 차용의 사례라고 할 수 있다. 사실 '문화적'이라는 말은 너무 편리해 거슬릴 정도라서 조잡하다거나 부정확하다는 평을 듣는다. 그러나 대체할 만한 말이 나오지 않는 한 없어서는 안 될 용어다. 현재로서는 그보다 더 적합한 말은 없다.

그때까지 단수로만 사용되었던 문명이란 말la civilisation이 1819년경부터는 복수des civilisations로 사용되기 시작했다. 그때부터 그 말은 **완전히 다른** 새로운 의미를 얻었다. 곧 '한 시대나 집단의 집합적 삶에 공통되는 특징들'이라는 의미를 얻었다. 사람들은 5세기 아테네 문명이나 루이 18세 시대의 프랑스 문명 등을 논하기 시작했다. 단수와 복수의 이런 구분을 제대로 다루면 꽤 복잡한 문제가 제기된다.

사실 20세기에 문명이란 말은 단수보다 복수로서 더 두드러졌으며 우리의 개인적 경험에도 훨씬 더 근접했다. 박물관은 시간을 거슬러 우리를 과거의 문명으로 이끈다. 실제 여행은 그 점을 훨씬 더 분명하게 보여준다. 예컨대 영국해협이나 라인강을 건너거나, 혹은 지중해 남쪽으로 향하는 등의 여행은 뚜렷한 경험이며 기억으로 남는다. 그리고 그 모두가 문명의 다원성을 강조한다. 문명이 제각기 뚜렷하게 구별된다는 점을 부인할 수는 없다.

만약 지금 당장 문명을 단수로 규정하라고 요구받는다면 우리는 머뭇거리게 될 것이다. 사실 문명이라는 말을 복수로 활용한다는 것은 18세기에나 어울릴 법한 하나의 개념이 점차 사라지고 있음을 뜻한다. 그것은 진보와 동일시되며 특권적인 소수의 민족이나 특정 집단, 곧 '엘리트'에 국한되는 것으로 여겨지는 문명의 개념이다. 다행스럽게도 20세기에는 대체로 그런 가치 판단을 폐기했고 어떤 문명이 최고인지, 그런 판단은 어떤 기준에 따른 것인지를 정하기 어렵게 되었다.

이런 상황에서 단수로 표현되는 문명이란 말은 빛이 바랬다. 이제 문명이란 말에는 18세기에 보았던 것 같은 고매하고 도덕적이며 지적인 가치가 담기지 않는다. 예컨대 오늘날 혐오스러운 악행을 지칭할 때 반인륜적 범죄라고는 해도 반문명적 범죄라고 말하지는 않는다. 인간의 탁월함이나 우월함을 나타내는 옛 의미로 문명이라는 말을 사용할 때 우리는 불편한 감정을 느낀다.

사실 오늘날 문명이란 말을 단수로 쓸 때 뜻하는 바는 균질하지는 않을지라도 모든 문명이 공유하는 인류 공통의 유산이다. 불, 글쓰기, 수학, 작물화와 가축화 등은 구체적인 기원을 특정할 수는 없는 것들이며 단수로 표현되는 문명의 집합적 속성들이다.

오늘날처럼 전 인류에게 공통된 문화적 자산이 확산된 것은 이례적인 일이다. 서양에서 발명된 산업 기술이 전 세계로 퍼져나가 적극적으로 수용된다. 산업 기술은 가는 곳마다 같은 모습을 연출하며 세계를 획일화할까? 철근 콘크리트, 강철과 유리로 지은 건물, 공항, 대형 확성기와 역을 갖춘 철도, 수많은 인구를 끌어들이는 거대 도시를 어디서나 볼 수 있다. 레몽 아롱은 다음과 같이 쓰고 있다. '문명이라는 개념의 타당성이 한계에 봉착했고 이제 문명을 초월한 개념이 필요한 단계가 도달했다…… 원하든 원하지 않든 인류는 보편적일 수 있는 단수의 문명이라는 새로운 국면으로 접어들고 있다.'

그렇다고 해도, 서양이 수출한 '산업 문명'은 전체 서양 문명의 특질 가운데 하나일 뿐이다. 세계가 서양 문명을 환영한다고 해서 서양 문명의 모든 면을 일거에 받아들이는 것은 아니다. 더욱이 문명의 역사는 수백 년을 거치면서 그 특수성이나 독창성은 잃지 않은 채 계속해서 서로를 차용해온 역사일 뿐이다. 그러나 세계의 모든 문명이 특정 문명의 결정적 측면을 기꺼이 수용한 최초의 사례라는 점, 그리고 현대 교통의 속도에 힘입어 급속하고 효과적으로 확산되었다는 점 역시 처음임을 인정해야 한다. 이는 우리가 산업 문명이라고 부르는 것이 세계의 집합적 문명을 결합해가는 과정에 있음을 뜻한다. 모든 문명이 산업 문명의 영향을 받았고 받고 있으며 받게 될 것이다.

그러나 세계의 문명들이 조만간 비슷한 기술을 채택하고, 그렇게 해서 비슷한 생활방식을 어느 정도 받아들인다고 해도, 상당 기간 완전히 다른 문명들과 마주칠 것이다. 그리고 그보다 문명이라는 말은 그보다 더 오랫동안 단수와 복수로 병용될 것이다. 역사가는 이에 관해 감히 단언할 수 있다.

2. 문명 연구는 모든 사회과학을 포괄한다

문명이라는 관념을 규정하려면 역사학을 포함해 모든 사회과학의 노력이 결집해야 한다. 그러나 이 장에서 역사학의 역할은 크지 않을 것이다.

이 장에서는 지리학, 사회학, 경제학, 집단 심리 등 다른 사회과학들에서 도움을 구할 것이다. 이는 완전히 대비되는 네 개의 분야를 살펴보는 여정이 될 것이다. 그러나 그 분야들은 처음 보이는 모습과 달리 더 긴밀하게 연결되었음을 알게 될 것이다.

지리적 영역으로서 문명들

크거나 작거나 문명들은 언제나 지도에 표시될 수 있다. 문명의 핵심적인 특징을 결정하는 것은 지리적 위치에서 비롯된 제약이나 이점이다.

물론 수백 년 혹은 수천 년에 걸친 인간의 노력도 영향을 끼쳤을 것이다. 모든 풍경에는 이런 지속적이고 집합적인 노력, 곧 여러 세대를 거치며 개선되고 축적된 노력의 흔적이 배어 있다. 그 과정에서 인류 자체도 변했다. 프랑스의 역사가 쥘 미슐레는 이를 가리켜 '자아에 의한 자아의 결정적 형성'이라고 말했고 마르크스는 '인민에 의한 인민의 생산'이라고 말했다.

문명을 이야기하는 것은 공간에 관해 이야기하는 것이며, 땅과 지형에 관해, 기후, 식생, 동물 종, 그리고 자연적 이점이나 그 밖의 이점에 관해 이야기하는 것이다. 또한 거기서 파생해서 인간에게 영향을 끼치는 모든 것에 관해 이야기하는 것이기도 하다. 예컨대 농업, 축생, 식량, 주거, 의복, 의사소통, 산업 등이다.

끝없는 드라마가 펼쳐지는 문명의 무대는 극의 전개를 어느 정도 결정하고 극의 세부 사실을 설명해준다. 등장인물이 달라져도 무대는 거의 달라지지 않는다.

인도를 연구한 미술사가 헤르만 괴츠에게는 서로 다른 두 개의 인도가 존재한다. 비가 많이 내리고 호수, 습지와 수생식물과 꽃, 숲과 정글, 갈색 피부를 지닌 인도인들의 땅인 인도가 있고 그와 달리 인더스강 중류와 갠지스강 중류를 포함하며 데칸고원까지 뻗은 상대적으로 건조한 인도가 있다. 이곳은 피부색이 더 밝고 호전적인 사람들의 발원지다. 괴츠가 보기에 인도는 이렇게 상반된 두 지역과 두 부류의 사람들 사이에서 대화와 투쟁이 펼쳐지는 곳이다.

물론 자연 환경과 인문 환경이 모든 것을 결정하지 않는다. 환경이 만능은 아니지만 선천적이든 후천적이든 특정 상황을 유리하게 만드는 데에 큰 역할을 한다.

주어진 이점의 직접적 기회를 신속히 포착한 데 따른 결과물이 바로 문명이다. 역사의 여명기 황하 유역의 중국 문명, 인더스강 유역의 인도 초기 문명, 유프라테스강과 티그리스강 유역의 수메르와 바빌론과 아시리아, 나일강 유역의 이집트 문명, 곧 역사의 여명기 4대 강 문명이 그렇게 번성했다. 북유럽에서, 발트해와 북해 연안에서 비슷한 유형의 역동적인 문명들이 발생했다. 물론 대서양 연안에서도 그랬다. 과거 로마 세계가 지중해를 중심으로 형성되었던 것처럼 오늘날 서양과 그 주변부는 대체로 바다를 중심으로 모였다.

이런 고전적 사례들은 특히 교통의 중요성을 보여준다. 이동성이 없는 문명은 살아남을 수 없다. 문명은 인접 문명과 교류하고 자극을 주고받으며 풍요로워진다. 예컨대 사막과 초원이라는 '물 없는 바다'를 건너는 대상隊商의 이동, 지중해 항해, 인도양을 가로질러 말라카와 중국으로 향하는 항해를 빼고 이슬람 문명을 생각할 수 없다.

이런 성과들을 나열하면서 우리는 이미 문명을 탄생시킨 자연의 직접적 이점 너머로 향한다. 사막의 역경이나 지중해의 갑작스러운 돌풍을 극복하기 위해서는 혹은 인도양의 계절풍을 이용하거나 강에 둑을 건설하기 위해서는 그 모든 것을 이루고 누리기 위해서는 인간의 엄청난 노력이 필요하다.

그런데 왜 어떤 사람들은 그런 성과를 거두고 다른 사람들은 그렇지 못했을까? 왜 어떤 곳에서 이룬 것을 다른 곳에서는 이루지 못하며 왜 어떤 세대는 이루고 다른 세대는 이루지 못했을까?

아놀드 토인비는 이에 관해 흥미로운 이론을 제시했다. 그는 인간의 모든 업적이 도전과 응전의 결과라고 생각했다. 자연은 극복해야 할 어려움이어야 했다. 인류가 도전을 받아들이면 그들의 대응이 바로 문명의 토대를 만드는 것이다.

그런데 그의 이론을 끝까지 밀고 가서 자연의 도전이 클수록 인류의 응전은 더 강하다고 말할 수 있는지는 의문이다. 20세기를 사는 문명인들은 사막과 극지, 적도라는 금단의 도전을 받아들였다. 그러나 황금이나 원유 같은 물질적 이익에도 불구하고 그런 지역들에서는 정착이 이루어지지 않았고 인구도 증가하지 않았으며 진정한 문명도 건설되지 않았다. 그렇다. 도전과 응전은 늘 있지만 반드시 문명이라는 결과로 이어지지는 않는다. 기술력의 개선으로 더 나은 응전이 있기 전까지는 그렇다.

그러므로 모든 문명은 어느 정도 경계가 정해진 지역에 토대를 둔다. 그래서 문명마다 그 나름의 지리가 있고 나름의 기회와 제약이 따른다. 그리고 그런 기회와 제약은 사실상 영속적이어서 문명을 저마다 다르게 만든다. 그 결과는 무엇일까? 다채로운 세계가 펼쳐진다. 지도에는 목재, 진흙, 대나무, 종이, 벽돌, 돌로 지은 주택들의 영역이 표시된다. 또 모직물, 면직물 혹은 비단 사용 지역을 표시할 수 있고, 쌀, 옥수수, 밀 등 다양한 곡식의 경작 지역이 표시된다. 도전은 다양하고 응전 역시 다양하다.

서양이나 유럽의 문명은 밀과 빵, 주로 흰 빵에 의존하며 이 때문에 온갖 제약을 받는다. 밀은 경작하기 까다로운 작물이기 때문이다. 해마다 돌려짓기를 위한 경작지가 필요하며 해마다 혹은 2년마다 경작을 거를 휴경지도 필요하다. 마찬가지로 동아시아의 쌀 경작지는 점점 더 저지대로 확산하며 토지 사용과 지역 풍속에 나름의 제약을 가한다.

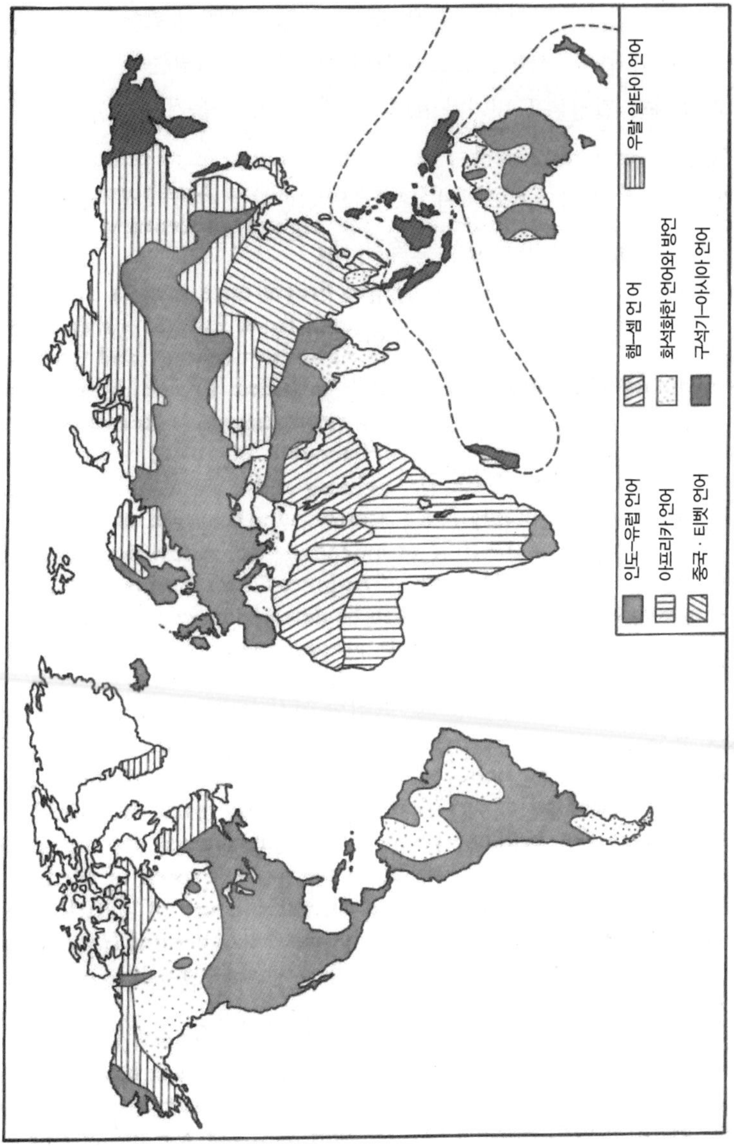

그림 2 세계의 언어 분포

인도-유럽어인
아프리카어인
중국·티벳 언어

우랄알타이어인
말레이 어군
순수-아시아어인
한정화한어화한어인

그러므로 인류는 자연의 도전에 대응하며 계속해서 그 환경에서 해방되지만 동시에 스스로 고안한 해결책에 구속받는다. 결국 하나의 결정론을 벗어나 또 다른 결정론으로 옮겨가는 셈이다.

인류학자의 표현을 빌리자면, 문화권은 일단의 문화적 특징이 두드러지는 지역이다. 원시 민족의 경우 그들의 언어뿐 아니라 작물, 결혼식, 종교적 신념, 도기, 깃 달린 화살, 직조 기술 등이 그런 문화적 특징에 포함된다. 인류학자들이 구체적인 세부 사실을 근거로 정의한 이런 문화권은 대체로 규모가 작다.

그러나 어떤 문화권은 훨씬 더 큰 영역을 포괄하기도 하는데 집단에 공통되며 다른 집단들과 구별되는 특징들로 결속된 영역이다. 거대한 태평양을 둘러싸고 형성된 원시 문화들이 뚜렷한 차이와 엄청난 거리에도 불구하고 단일한 인간적 문화적 일체를 이루었다는 것이 마르셀 모스의 주장이다.

역사학자와 지리학자들이 인류학자들의 예를 따라 문화권을 논의하기 시작했는데 이번에는 복잡한 선진 문명들을 다루었다. 그들은 지역을 확인했고 일련의 구역으로 세분할 수 있었다. 앞으로 살펴보겠지만, 큰 문명도 그렇게 하위 구역을 세분할 수 있으며 그 구역들은 더 작은 단위로 세분된다.

이른바 '서양' 문명은 미국의 '아메리카 문명'이며 동시에 라틴아메리카 문명이자 러시아 문명이다. 물론 유럽 문명이기도 하다. 유럽 자체도 일련의 문명을 포함한다. 이를테면 폴란드 문명, 독일 문명, 이탈리아 문명, 영국 문명, 프랑스 문명을 포함한다. 이런 국가별 문명 역시 더 많은 '문명들'로 나뉜다. 이를테면 스코틀랜드 문명, 아일랜드 문명, 카탈루냐 문명, 시칠리아 문명, 바스크 문명 등으로 나뉜다. 이런 하위 구분, 이렇게 다채로운 모자이크 타일은 어느 정도 영속적인 특징을 구현한다는 점을 잊어서는 안 된다.

그러나 이런 문화권과 그 접경이 안정되었다고 해서 다양한 문화의 유입이 막히는 것은 아니다. 모든 문명은 그 문화의 여러 요소를 받아들이고 내보낸다. 나침반, 화약은 물론이고 주물을 위한 납형법, 철 제련법, 철학 체계 전반이나 일부, 신앙, 종교 등이 그렇다. 18세기 이후 유럽 전역에서 말버러 공작에 관한 노래가 유행했던 것도 그런 예 가운데 하나다. 괴테는 1786년 베로나의 거리에서 그 노래를 들었다.

브라질의 사회학자 질베르토 프레이리는 1790년대부터 1860년대까지 브라질이 유럽에서 허겁지겁 받아들인 것을 모두 목록으로 작성한 적이 있다. 함부르크 흑맥주, 영국풍 전원주택, 증기 엔진(1819년에 이미 증기선이 산살바도르 만을 운항하고 있었다), 여름용 백색 린넨 의복, 의치義齒, 가스등, 그리고 무엇보다 비밀결사, 특히 독립 시기 라틴아메리카에서 큰 역할을 했던 프리메이슨 등이 목록에 포함되었다. 수십 년 뒤에 도입된 오귀스트 콩트의 철학 체계는 오늘날에도 흔적이 남았을 만큼 뚜렷한 영향을 주었다.

이런 예들은 수많은 사례 가운데 일부일 뿐이며 문화권의 경계는 파고들 수 없을 만큼 완전히 막히는 일이 없음을 보여 준다.

과거에는 여행의 거리와 속도 때문에 문화의 영향이 미미했다. 역사가들의 말을 믿는다면, 당대唐代 중국의 유행은 15세기가 되어서야 키프로스 뤼지냥 가의 눈부신 궁정에 도달했다.

그리고 거기서부터 좀 더 빠른 지중해 교역의 속도에 따라 프랑스로, 샤를 6세의 궁정으로 퍼졌고 오래전에 사라진 세계의 장신구 헤닌hennin과 곧 풀렌poulaines이라고 알려지게 되는 발끝이 길고 뾰죽한 신발과 함께 크게 유행했다. 마치 이미 사라진 별의 빛이 여전히 우리에게 도달하는 것과 같다.

오늘날 문화의 확산은 엄청나게 빠르다. 조만간 세계의 모든 곳이 유럽에서 발원한 산업 문명에 '오염될' 것이다. 보르네오 북부(1963년까지 사라와크와 함께 영국의 지배 아래 있었다)에서 확성기를 통해 중국과 인도네시아의 라디오 프로그램이 중계되곤 했다. 청취자들은 방송 내용을 전혀 이해하지 못했지만 방송으로 전달된 리듬이 그들의 전통 음악과 춤을 변화시켰다. 특히 유럽과 아메리카의 영화가 멀리 떨어진 세계 여러 나라의 취향과 관습에 끼친 영향은 또 어떤가?

하지만 미국의 인류학자 마거릿 미드가 작은 책자에서 들려준 이야기는 더할 나위 없이 좋은 예다. 젊은 시절 그녀는 태평양의 어느 섬에서 수개월 동안 원시 부족과 생활하며 현지 조사를 진행했다. 전쟁 때문에 느닷없이 외부 세계와 접촉하게 된 이들 부족은 처음으로 세계의 삶에 연결되었다. 전쟁이 끝난 뒤 마거릿 미드는 이곳을 다시 찾았고 그녀의 특별한 여정을 감동적으로 묘사한 작은 책을 발간하면서 예전과 완전히 달라진 같은 사람들의 사진을 여러 장 수록했다.

지금까지 우리가 이 책에서 들은 문명과 문명들 사이의 대화가 바로 그와 같다. 어느 때보다 빠른 문화의 확산은 세계사에서 한때 더없이 공고했던 문명들 사이의 경계를 없앨까? 많은 이들이 그렇게 될까 봐 염려하는가 하면 그렇게 되기를 바라는 이들도 있다. 그러나 문명들이 '현대적' 삶의 물질적 요소들을 차용하는 데에 열광적이라고 해도 모든 것을 무분별하게 수용하지는 않는다. 앞으로 살펴보겠지만, 오히려 문명들은 외부의 영향을 완강히 거부하기도 한다. 과거에 그런 것처럼, 오늘날에도 문명들은 이런 태도 덕분에 소멸의 위기에 놓인 고유성을 안전히 지킬 수 있다.

사회로서의 문명들

문명을 지탱하고 그 긴장과 진보를 자극할 사회가 없다면 문명은 존재할 수 없다. 그렇다면 불가피한 질문이 있다. '문명'이 '사회'의 유의어일 뿐이라면 굳이 '문명'이라는 말을 만들어 학술적으로 활용할 필요가 있을까? 아놀드 토인비는 거듭해서 '문명'이라는 용어 대신 '사회'라는 용어를 사용했다. 그리고 마르셀 모스는 '문명의 개념은 그 속에 전제된 사회의 개념만큼 명확하지 않다'라고 믿었다.

사회는 문명과 분리될 수 없으며 문명 역시 사회와 분리될 수 없다. 두 개념은 같은 실체를 표상한다. 클로드 레비-스트로스는 이 점을 다음과 같이 설명했다. '두 용어는 서로 다른 대상을 표상하지 않으며 오히려 하나의 대상을 보는 상호보완적인 관점이다. 그리고 각 관점은 서로의 관점을 따를 때만 대상의 실체를 완벽히 묘사할 수 있다.'

'사회'라는 개념은 많은 내용을 함축한다. 그리고 사회의 개념은 이 점에서는 문명의 개념과 매우 흡사하며 둘은 자주 결부된다. 예컨대 우리가 살아가는 서양 문명은 '산업 사회'에 의지하며 산업 사회는 서양 문명의 동력이다. 서양 사회와 구성 요소들, 긴장, 도덕적 가치와 지적 가치, 이상, 관습과 취향 등을 묘사함으로써 서양 문명을 간단히 규정할 수 있다. 요컨대 서양 사회를 지탱하고 전수할 사람들을 묘사함으로써 서양 문명을 규정할 수 있다.

한 사회가 동요하고 변화한다면 그 사회에 기반을 둔 문명 역시 동요하고 변화한다. 뤼시앵 골드만은 루이 14세 시절 프랑스를 다룬 훌륭한 책 『숨은 신』(1955)에서 이런 주장을 폈다. 골드만의 설명에 따르면, 모든 문명은 그들이 선택한 '세계관'에서 중요한 통찰을 얻는다. 그런데 이런 세계관에는 중요한 사회적 긴장이 각인되어 있다. 문명은 그런 사회적 긴장과 노력을 거울처럼 비추어주는 장치다.

얀센주의, 라신, 파스칼, 생-시랑 수도원장 마르탱 드 바르코의 시대는 『숨은 신』에서 보듯 프랑스 역사의 격동기였다. 골드만은 마르탱 드 바르코의 매혹적인 서신들을 재발견했다. 당시 만연했던 비극적 세계관은 왕권에 맞서며 왕정에 환멸을 느꼈던 고등법원의 상층 부르주아 계급과 함께 탄생했다. 그들의 비극적 운명과 그에 대한 자각, 그리고 그들의 지적 우월성이 한데 어우러진 그들의 지배적인 분위기가 그 시대에 투영되었다.

클로드 레비-스트로스 역시 문명과 사회를 동일시했지만 그의 생각은 완전히 달랐다. 그는 원시 사회와 현대 사회, 인류학자들의 표현을 빌리자면, 문화와 문명의 차이를 주장한다.

이런 의미의 문화는 물리학자들이 '엔트로피'라고 부르는 무질서가 적은 사회이며 태초의 모습을 그대로 간직한 사회다. 그래서 그것들은 역사도, 진보도 없는 사회로 보인다. 반면 (현대 문명에 해당하는) 우리 사회는…… 다양한 형태의 사회적 위계질서로 표현되는 일종의 전압 차를 이용해 동력을 얻는다…… 그런 사회는 내부에서 사회적 불균형을 유발하고 이를 이용해 사람들의 관계에서 훨씬 더 큰 질서—우리에게는 기계처럼 작동하는 사회가 있다—와 훨씬 더 큰 무질서, 훨씬 더 적은 엔트로피를 모두 만들어낸다.

요컨대, 원시 문화는 평등 사회의 결실일 수 있다. 그런 사회에서 집단들의 관계는 한번 결정되면 그대로 유지된다. 반면 문명은 위계적인 사회를 토대로 삼는다. 집단들 사이의 격차가 크고 긴장 관계가 변화하고 사회적 갈등과 정치 투쟁이 빚어지며 계속해서 진화하는 사회다.

도시의 존재가 '문화'와 '문명'의 차이를 보여주는 가장 뚜렷한 외적 지표라는 데에는 의심의 여지가 없다. 문명에서는 도시가 번성하지만, 문화에서 도시는 여전히 맹아 상태로 남아 있다. 물론 중간 단계와 심급이 존재한다. 흑아프리카를 생각해보라. 흑아프리카는 일단의 전통 사회—문화의 사회—들이지만 문명을 주조하고 근대적 도시를 개발하는 어려운 과정, 때로 무자비하기도 한 과정에 진입했다. 해외의 국제적 모델을 취한 아프리카 도시들은 정체된 촌락 지역 가운데에 외딴섬처럼 남아서 앞으로 다가올 사회와 문명을 예고한다.

그러나 가장 뛰어난 도시와 문명의 테두리 안에는 좀 더 기초적인 문화와 사회가 전제되어 있다. 예컨대 도시와 촌락의 상호작용을 생각해보자. 절대로 낮게 평가할 수 없는 문제다.

모든 주민과 구역이 골고루 발전한 사회는 없다. 덜 개발된 고립 지역이 있게 마련이다(교통망이 열악한 산악 지대나 빈곤 지역의 미개발은 흔한 일이다). 문명의 한가운데에 말 그대로 원시 사회, 곧 '문화'가 존재하는 셈이다.

서양이 거둔 첫 번째 성공이 도시의 촌락 정복, 곧 도시의 농촌 '문화' 정복임은 분명하다. 이슬람 세계에서 이중성이 한층 더 두드러졌다. 이슬람 세계에서 도시는 유럽보다 훨씬 더 일찍부터 성장했다. 말하자면 유럽보다 이슬람 세계가 더 도시적이었다. 하지만 이슬람의 촌락 지역은 더 원시적이었고 유목에 종사하는 지역도 더 넓었다. 동아시아에서 도시와 촌락의 단절은 흔한 일이다. 동아시아에서 '문화'는 격리되고 고립된 채 자체의 자원에 의지하며 자급적인 생활을 한다. 화려한 도시들 사이에서 거의 닫힌 경제를 유지하며 때로 사실상 원시적인 상태로 살아가는 촌락을 찾아볼 수 있다.

문명과 사회의 긴밀한 관계를 고려하면 사회학의 방식을 적용해 문명의 기나긴 역사를 검토하는 것은 당연한 일이다. 그러나 역사가라면 사회와 문명을 혼동해서는 안 된다. 다음 장에서는 둘 사이의 차이라고 여겨지는 것을 설명할 것이다. 시간의 단위에서 볼 때 문명은 특정한 사회 현상보다 훨씬 더 긴 기간을 포괄한다. 문명이 지탱하거나 이끄는 사회들에 비해 문명은 훨씬 느리게 변한다. 그런데 모든 일에는 때가 있는 법이며 지금은 그 문제를 본격적으로 다룰 때가 아니다.

경제로서의 문명

모든 사회, 모든 문명은 주어진 경제 상황, 기술, 생태, 인구 상황에 의지한다. 문명의 향배는 물리적, 생태적 조건의 작용으로 결정된다. 인구 증가와 감소, 건강과 질병, 경제 혹은 기술의 성장이나 후퇴 등이 사회의 구조뿐 아니라 문화의 구조에도 깊은 영향을 끼친다. 넓은 의미의 정치 경제는 이 어마어마한 문제들을 다루는 학문이라고 말할 수 있다.

오랫동안 인간이 인류의 유일한 도구이자 에너지원이었다. 곧 인간의 근력과 두뇌가 인류의 물질문명 건설에 동원할 수 있는 유일한 자원이었다. 13세기, 16세기, 18세기, 19세기, 20세기 유럽에서 그랬듯이, 인구 증가는 원리상으로도 실질적으로도 문명의 성장에 항상 도움을 주었다.

처음에는 인구의 급격한 증가가 유리한 요소이지만, 인구 성장이 경제 성장을 넘어서는 순간부터 위협이 된다. 16세기 말에 그랬고 대부분의 저개발 국가에서도 그랬다. 과거에는 그 결과 기근과 실질 임금 하락이 초래되어 민중의 폭동과 암울한 경기 침체로 이어졌으며 전염병으로 인구가 급감할 때까지 그런 상황이 계속되었다. 이런 생물학적 재앙이 지나고 나면 (14세기 후반 유럽의 흑사병과 뒤이은 전염병 유행이 그랬던 것처럼) 생존자들은 곧 전보다 더 안락한 생활을 영위했고 다시 인구 팽창이 시작되어 다시 제동이 걸릴 때까지 가속된다.

18세기부터 19세기 초까지 산업화가 있고 나서야 이런 끔찍한 악순환이 멈추고 과밀 인구 역시 가치를 회복할 수 있었으며 그들도 일하며 살아갈 수 있었다. 유럽의 역사가 보여주듯이, 인간 노동의 가치와 비용이 상승하고 고용 비용을 절감해야 할 필요성이 커졌을 때 기계의 개발이 촉진되었다. 그러나 지적 수준이 높았던 고전 고대Classical antiquity에는 그 지성에 필적할 기계가 없었다. 물론 그런 기계를 가지려고 하지도 않았다. 그 시대의 패착은 노예를 소유했다는 사실이다. 18세기 이전 오랫동안 번영을 누린 중국은 매우 지적이고 기술적으로도 숙련되었지만, 불행히도 인구가 너무 많았다. 임금이 낮았고 사실상 가축조차 부족한 경제에서 필요한 일은 모두 인간의 노동력으로 해결했다. 그 결과, 중국은 오랫동안 과학에서 선두에 있었지만, 결코 근대 과학과 기술력의 문턱을 넘지 못했다. 그리고 유럽이 그 모든 특권과 명예와 결실을 차지했다.

경제생활은 끊임없이 변동하며 변동 주기는 길 수도 있고 짧을 수도 있다. 몇 년에 걸쳐서 호경기와 불경기가 번갈아 나타난다. 그리고 사회와 문명은 언제나 그 결과에서 영향을 받는다. 경기 상승과 하강이 장기적일 때 특히 그렇다. 요한 하위징아가 **중세의 가을**이라고 불렀던 15세기 말의 비관적 태도와 불안은 서양 경제의 뚜렷한 침체를 반영했다. 마찬가지로 유럽의 낭만주의는 1817년부터 1852년 사이의 장기적인 경기 침체와 함께 발생했다. (1733년 이후 계속된) 18세기 중반의 경기 팽창은 (예컨대 프랑스 혁명 전야에) 후퇴했다. 그러나 전반적으로 보면 그 시기의 경제 성장에 따른 물질적 번영, 활발한 무역, 팽창하는 산업과 인구 성장이라는 맥락에서 계몽주의의 지적 발전이 나타났다.

호황이든 불황이든 경제 활동에서는 거의 언제나 잉여가치가 산출된다. 잉여가치의 소비 혹은 낭비는 문명에서 사치를 위한, 그리고 특정 형태의 예술을 위한 필수 조건 가운데 하나였다. 오늘날 건축물이나 조각품, 초상화에 감탄할 때, 우리는 항상 의식하지는 않더라도, 어느 도시의 은근한 자부심이나, 군주의 허영심, 혹은 신흥부호인 상인-은행가의 부를 떠올린다. 유럽에서는 16세기부터 (물론 그 전에도) 문명의 최종 단계에는 자본주의와 부의 표상이 등장한다.

그러므로 문명에는 부의 재분배가 반영된다. 문명은 부의 재분배 방식에 따라, 그리고 무엇이든 사치, 예술, 문화를 향한 부의 순환에서 얻은 사회경제적 기제에 따라 처음에는 최상부에서 다음에는 민중들 사이에서 다른 특징을 얻는다. 경제적으로 몹시 어려웠던 17세기 루이 14세 시절에는 궁정밖에는 예술의 후원자가 거의 없었다. 문학과 예술 생활은 이들 소수 집단에 한정되었다. 윤택하고 순조롭던 18세기 경제 환경에서 귀족과 부르주아는 왕실과 더불어 문화, 과학, 철학을 확산시켰다.

그러나 그 시절 사치는 여전히 사회의 소수만 누리는 특권이었다. 특권층 아래의 문명, 보잘것없는 일상적 삶의 문명은 사치를 누리기 어려웠다. 그러나 문명의 기층은 대단히 중요한 차원이다. 생계도 어려운데 자유라니? 개인의 문화라니? 이런 관점에서 너무나 가혹했던 19세기, 신흥부호들과 '승리감에 취한' 부르주아의 따분한 세기는 문명과 인간에게 새로운 운명의 (본보기는 아닐지라도) 전조였다. 인구가 급증하면서 점점 더 많은 구성원이 어떤 **집합적 문명**을 누릴 수 있었다. (당연히 무의식적인) 이런 변화의 사회적 비용은 막대했다. 그러나 그 이점도 컸다. 교육의 발전, 문화에 대한 접근, 대학 입학, 사회적 진보, 이 모든 것이 19세기의 성과였으며 19세기는 이미 풍성했고 미래를 위한 의미로 충만했다.

높은 수준의 대중 문명을 창출하는 일은 현재에도 그렇지만, 미래에도 중요한 문제이며 막대한 비용이 필요한 일이다. 사회의 공공사업에 투입할 여유 자본이 많지 않다면 생각할 수도 없는 일이다. 물론 조만간 기계가 우리에게 제공할 여가 없이는 생각할 수 없는 일이다. 산업 국가에서 이런 미래는 눈앞에 있고 조만간 실현될 것이다. 그런데 세계를 일체로 보면 한층 더 문제는 복잡하다.

경제생활은 사회 계급 사이에서, 또한 국가 간에 문명에 대한 불평등한 접근을 초래했기 때문이다. 세계 인구의 상당수는, 어느 작가의 말을 빌리자면, '해외의 프롤레타리아 계급'이다. 좀 더 잘 알려진 표현을 빌리자면, 제3세계이다. 그들은 대부분 근근이 생계를 이어가는 처지로 자국 문명의 혜택을 거의 받지 못한다. 그들에게 문명은 책장이 덮여 있는 책과 같다. 이런 거대한 불평등을 해소하기 위해 노력하지 않는다면 인류는 문명들-과 문명-의 최후를 맞게 될 것이다.

사유 방식으로서의 문명

지리학, 사회학, 경제학에 이어 우리는 마침내 심리학으로 향해야 한다. 차이는 있다. 집단 심리학은 지금까지 검토한 다른 사회과학들보다 학문으로서의 자신감이 부족하고 성과도 많지 않다. 또한 심리학이 역사의 경로를 탐사하는 것은 드문 일이다.

집단 심리psychisme collectif, 각성prise de conscience, 정신mental-ité 혹은 정신 기제outillage mental? 이 가운데 하나를 선택하기는 어렵다. 그런 용어의 불확실성은 집단 심리학이 신생 학문이라는 점을 확인시킨다.

이 분야의 위대한 전문가였던 알퐁스 뒤프롱은 '심리'라는 용어를 선호했다. '각성'은 발달의 한 단계를 가리키는데, 통상 최종 단계를 말한다. '정신'은 훨씬 더 편리한 용어이다. 뤼시앵 페브르는 그의 훌륭한 저서 『라블레』에서 '정신 기제'라는 표현을 선호했다. 그러나 용어는 그리 중요한 문제가 아니다. 세계와 사물을 보는 관점이 시대마다 다르고, 저마다 다른 집단정신이 사회 전체의 대중을 지배하며 한 사회의 태도를 결정하고 선택을 유도하고 편견을 강화하며 사회의 움직임을 이끈다. 이는 문명에 관한 확고한 사실이다. 더구나 한 시대의 사건이나 역사적 사회적 상황은 먼 과거, 거의 무의식적인 고대의 신념, 두려움, 분노에서 비롯된다. 말하자면, 병균에 대한 기억은 사라졌지만, 세대를 거듭하며 전파되는 엄청난 전염병과 같다. 한 사회가 당대의 사건에 대해 보이는 반응, 사회에 가해지는 압력에 보이는 반응, 혹은 직면한 결정에 대해 보이는 반응은 논리의 문제가 아니며 이해관계의 문제도 아니다. 그보다는 집단 무의식에서 비롯되어 설명되지도 않고 설명할 수도 없는 강박에 대한 반응이다.

이런 기본 가치, 심리 구조는 확실히 문명들이 서로 쉽게 소통할 수 있는 특징들이다. 이런 특징들은 분리되어 있으며 문명들을 가장 뚜렷하게 구분한다. 그리고 그런 정신의 습성들은 세월이 흘러도 살아남는다. 그리고 거의 변치 않으며 변하더라도 스스로는 거의 의식하지 못하는 오랜 배양 과정을 거쳐 서서히 변한다.

여기서 종교는 문명의 가장 강력한 특징이며 문명의 현재와 과거의 중심에 놓인다. 물론 비유럽 문명에서 특히 그렇다. 예컨대 인도에서 모든 활동은 이성이 아니라 종교에서 그 형식을 도출하고 종교를 근거로 정당화된다. 카이사레아 주교 에우세비우스(265-339)가 들려준 일화에서, 그리스인들은 이런 사실에 놀랐다. '음악가 아리스토크세노스는 인도인들에 관해 이런 이야기를 들려준다. 어느 인도인이 아테네에서 소크라테스를 만나 그의 철학을 설명해달라고 간청했다. 소크라테스는 "나의 철학은 인간의 실체를 탐구합니다"라고 답했다. 인도인은 소크라테스의 말에 웃음을 터뜨렸다. 인도인은 "신의 실체도 모르는 인간이 어떻게 인간의 실체를 탐구할 수 있단 말이오?"라고 반문했다.'

현대 힌두 철학자 수니티 쿠마르 차테르지가 초자연적 존재의 엄청난 수수께끼와 조화를 깨닫지 못하는 인간의 무능을 다음과 같이 묘사했다는 것은 잘 알려진 이야기다. '우리는 코끼리의 다리, 몸통, 상아, 꼬리를 만진 소경처럼 만진 부위에 따라 기둥이라고 믿는가 하면 뱀이라고 믿기도 하며 또는 무언가 단단한 것이라고 믿는가 하면, 부드러운 손잡이가 달린 빗자루라고 믿기도 한다.' 이런 심오한 종교적 겸손에 비하면 서양은 그리스도교의 기원을 잊은 듯하다. 그러나 합리주의가 초래했다고 여겨지는 종교와 문화의 단절을 강조하기보다 세속주의, 과학, 종교의 공존을 고려하는 편이 더 타당하다. 그리고 외관과 달리 그들 사이에 늘 진행되는 대화, 평온할 수도 있고 격정적일 수도 있는 대화를 고려하는 것이 더 적절하다. 그리스도교는 서양의 삶에서 필수적인 실체다. 그리스도교의 흔적은 알게 모르게 무신론자에게서도 발견된다. 윤리적 원칙, 삶과 죽음에 대한 태도, 노동의 개념, 노력의 가치, 여성이나 아이들의 역할 등 그리스도교적 정서와 무관해 보이는 모든 것이 실은 거기에서 비롯되었다.

그러나 서양 문명은 그리스 사상의 발전을 시작으로 합리주의를 향해가며 종교적 삶에서 멀어지는 경향이 있다. 그것이 서양 문명의 뚜렷한 특징이며 우리는 그 문제로 돌아갈 것이다. (중국의 일부 철학자들이나 12세기 아랍 철학자들 같은) 극소수의 예외가 있다고는 하지만, 비서양 세계에서는 종교로부터의 그런 이탈을 찾아볼 수 없다. 거의 모든 문명이 종교에 매몰되어 있거나 모든 문명에 종교가 만연해 있다. 그리고 그들의 심리에서 가장 강력한 동기가 종교에서 비롯된다. 이런 현상을 관찰할 기회는 많다.

3. 문명의 연속성

이제 역사학이 이 복잡한 논의에 뛰어들 때가 되었다. 물론 역사학은 논의를 한층 더 복잡하게 할 것이다. 그러나 역사학의 시간 척도와 문제 설명 능력을 활용하면 그 주제를 이해할 수 있을 것이다. 사실, 기존 문명이 지나온 길, 고대의 가치, 그들의 생생한 경험을 모르고는 어떤 문명도 이해할 수 없다. 문명은 언제나 과거다. 말하자면 살아 있는 과거다.

그러므로 한 문명의 역사란 고대의 자료들 속에서 오늘날에도 여전히 유요한 것을 찾는 일이지 그리스 문명이나 중세 중국에 관해 우리가 알아야 할 모든 것을 들려주는 게 아니다. 옛 것이지만, 서유럽이나 현대 중국에서 지금도 여전히 적절한 것을 들려주는 일이다. 모든 것에는 과거와 현재를 잇는 지름길이 있고 그 지름길은 때로 수백 년의 간격을 뛰어넘기도 한다.

문명의 시대 구분

처음부터 시작하자. 예나 지금이나 모든 문명은 쉽게 포착할 수 있는 것에서 바로 나타난다. 이를테면, 연극, 미술 전시회, 성공적인 저작, 철학, 유행 의상, 과학적 발견, 기술적 진보 등에서 나타난다. 이런 것들은 겉으로는 서로 관련이 없어 보인다. 예컨대 겉으로 보면 모리스 메를르-퐁티의 철학과 피카소의 최근 그림 사이에는 연결고리가 없어 보인다.

이런 문명의 표현물들은 언제나 단명한다는 사실을 주목할 수도 있다. 그렇다면 연속성을 보이기는커녕 그렇게 자주 서로를 대체하고 파괴하는 것들이 과연 현재이기도 한 과거를 탐사하는 데에 어떤 도움을 줄 수 있을까?

사실 이런 것들은 무자비한 변화를 겪는다. 프로그램은 끊임없이 변화한다. 프로그램이 너무 오래 계속되기를 원하는 사람은 없다. 이런 가변성은 문학, 예술, 혹은 철학의 시대époques가 변화하는 것에서도 볼 수 있다. 경제학자들의 표현을 빌리자면, 경제에 주기가 있듯이 문화적인 것에도 주기가 있다고 말할 수 있다. 즉, 대부분의 사례에 이전 변동에 격하게 반발하는 변동, 다소 느리거나 급격한 변동이 있다. 시대마다 모든 것이 달라진다. 혹은 달라진 것처럼 보인다. 연극에서 무대 장치나 배우의 화장이 바뀌지 않아도 무대의 조명이 달라지면 그들은 다른 색채를 띠고 다른 세계에 투사된다. 이를 보여주는 가장 좋은 사례가 르네상스 시기다. 르네상스기에는 나름의 주제가 있었고 나름의 색채와 취향이 있었으며, 심지어 나름의 매너리즘이 있었다. 르네상스기를 특징짓는 것은 지적 열기와 탐미, 자유롭고 관용적인 토론이었고 재치는 또 다른 즐거움의 표상이었다. 또한 고전 고대 작품의 발견과 재발견이 특징이었으며, 문명화된 유럽 전체가 열정적으로 이를 추구했다.

이와 비슷하게 대략 1800년부터 1850년까지의 시기를 포함하지만 그 전후로도 나타나는 낭만주의 시대도 있다. 그것은 프랑스 혁명과 프랑스 제국이 지나고 나서 혼란과 고난의 시대, 기쁨이 없던 시대, 동시에 (1817년부터 1852년까지) 유럽 전체가 경기 침체에 빠졌던 시대에 사람들의 감성과 지성을 특징지었다. 물론 경기 침체만으로 낭만주의의 불안을 설명할 수 있다고는 말할 수 없다. 경제 주기뿐만 아니라 정서, 생활방식, 사유에도 외부 사건들과 어느 정도 무관한 주기가 있다. 어쨌든 각 세대는 이전 세대에 반발하는 경향이 있다. 그리고 그들의 후속 세대 역시 마찬가지다. 그러므로 고전주의와 낭만주의 (에우제니오 도르스의 표현을 빌리자면, 혹은 바로크) 사이, 차가운 지성과 따뜻하고 불안한 감성 사이에 멈추지 않는 진자 운동이 있을 것이다.

그리하여 그 결과로 나타난 양상은 끊임없는 분위기의 반전이다. 경제와 마찬가지로 문명에도 나름의 리듬이 있다. 그래서 문명의 역사는 삽화적이며 뚜렷하게 구분되는 부분이나 시기로 나눌 수 있다. 우리는 '루이 14세의 세기'나 '계몽의 세기'를 즐겨 언급한다. 그리고 마찬가지로 17세기의 '고전 문명'이나 '18세기 문명'을 말한다. 경제 사상가 조제프 샤페가 보기에 그런 짧은 기간을 문명이라고 말하는 것은 '사악한 간계 diaboliques inventions'다. 그가 보기에 루이 14세의 세기나 계몽의 세기 같은 표현은 문명의 개념, 곧 연속성을 내포하는 문명의 개념 자체에 모순된다. 이 문제는 잠시 미뤄두자. 획일성과 다양성은 불편하게 공존한다. 그래서 우리는 그것들을 있는 그대로 받아들여야 한다.

'전환점', 사건, 영웅, 이 모두는 문명사에서 이례적인 사건이나 어떤 인물의 특별한 역할을 이해하는 데에 도움을 준다.

자세히 살펴보면, 모든 삽화는 일련의 행위와 몸짓, 역할로 구분된다. 결국 문명을 구성하는 것은 사람이다. 그들의 행동과 성취와 열정, 다양한 명분에 대한 그들의 헌신, 그리고 그들의 갑작스러운 변화가 문명을 구성한다. 그러나 역사가는 이런 행동, 성취, 위인 중에서 선택해야 한다. 돋보이거나 '전환점', 곧 새로운 국면을 표상하는 사건과 인물을 선택해야 한다. 중요한 변화일수록 뚜렷한 전조를 보이며 의미심장하다.

결정적 사건의 예로 1687년 아이작 뉴턴의 만유인력 발견을 꼽을 수 있다. 의미심장한 사건들에는 1638년 『르 시드』 초연, 혹은 1830년 『에르나니』의 초연도 포함된다. 한 시대를 특징짓거나 역사의 에피소드를 요약한 것으로 볼 수 있는 작품의 저자들이 눈에 띈다. 조아생 뒤 벨레(1522-1560)와 그의 저서 『프랑스어 옹호와 현양』이 바로 그런 사례다. 고트프리트 빌헬름 라이프니츠(1646-1716)와 그의 미적분학, 혹은 드니 파팽(1647-1714)과 그의 증기 엔진 발명 역시 그런 예다.

그러나 정말로 문명의 역사를 지배하는 이름은 일련의 에피소드를 겪어낸 사람들이다. 그들은 마치 일련의 폭풍우를 견디고 살아남은 배와 같다. 극소수의 사람들만이 엄청난 기간을 뛰어넘어 동시에 여러 세대를 표상한다. '라틴' 중세가 끝날 무렵 단테(1265-1321)가 그랬고, 유럽 최초의 근대가 끝날 무렵 괴테(1749-1832)가 그랬다. 고전 물리학의 문턱에 서 있었던 뉴턴이나 오늘날 소립자 물리학과 그 엄청난 중요성을 알린 알베르트 아인슈타인(1879-1955)을 덧붙일 수 있다.

위대한 사상 체계의 창시자들 역시 이런 특별한 부류에 속한다. 소크라테스나 플라톤, 공자, 데카르트나 카를 마르크스는 여러 세기를 지배했다. 그들은 문명의 창시자이자 종교의 창시자인 붓다, 예수, 무함마드 같은 뛰어난 거인들 못지않게 중요한 인물이다. 더 말할 필요가 있을까?

요컨대 역사의 소용돌이 속에서 사건이나 개인의 중요성을 판단하는 척도는 그들이 잊히는 데 걸리는 시간이다. 오랫동안 기억되는 이들, 그리고 오래 지속되는 실체와 동일시되는 이들만이 문명의 위대한 역사에서 정말 중요한 이들이다. 그러므로 우리가 발견해야 할 더 지속적인 실체의 윤곽은 친숙한 역사적 사건의 스크린을 통해 드러날 것이다.

기층의 구조

역사적 시대들을 살펴보는 일은 일시적인 이미지만 산출했다. 그리고 문명의 배경막에 투사된 그런 이미지들은 나타났다가 사라진다. 그러나 만약 이런 변화하는 이미지 뒤에서 영속적인 특징들을 찾으려 한다면, 좀 더 단순한 다른 실체, 새로운 관심을 표출할 실체를 발견할 것이다. 어떤 것은 한 철이고 또 어떤 것은 수백 년간 유지된다. 또 어떤 것은 절대 변치 않을 것처럼 아주 오랫동안 지속된다. 물론 환영에 불과하다. 그것들도 모르는 사이에 서서히 변하고 쇠퇴하기 때문이다. 앞 장에서 언급한 실체들이 그렇다. 지리, 사회적 위계, 집단 심리, 경제적 필요 등에서 가해지는 무수한 제약들이 그렇다. 이런 심층의 요인들은 처음에는 거의 인지되지 않는다. 특히 동시대인들은 거의 인지하지 못한다. 그들에게 그런 요인들은 자연스럽고 당연하며 어떤 문제도 일으키지 않으리라고 여겨진다. 오늘날 표현으로 '구조'라고 불리는 실체들이다.

역사가도 처음에는 그런 구조를 잘 포착하지 못한다. 역사가들의 인습적인 연대기적 설명은 나무를 보느라 너무 분주해서 숲을 보지 못하기 때문이다. 기층의 구조를 인지하고 추적하려면 엄청난 범위의 시간을 다루는 소모적인 일을 해야 한다. 의식적이면서 동시에 무의식적이고 영속적이거나 영속에 가까운 거대한 현상을 살필 때, 바로 전에 다루었던 표층의 움직임과 사건들, 사람들은 자취를 감춘다. 그런 거대한 현상이 문명을 이루는 '토대'로, 문명의 밑바탕에 깔려 있는 **구조**다. 예컨대 종교적 믿음, 시간을 초월한 농민들, 또는 죽음, 일, 쾌락, 가족생활에 대한 태도가 바로 문명의 구조다.

이런 실체, 곧 이런 구조들은 오래되고 장기 지속적이며 언제나 뚜렷하고 고유하다. 이런 구조들은 문명에 기본적인 윤곽과 특질을 부여하며 문명 사이에서 서로 교환되지 않고 대체 불가능한 가치로 여겨진다. 물론 일반 대중은 이런 지속적인 특질을 깨닫지 못한다. 그들은 이렇게 전승된 선택을 의식하지 못하며, 다른 문명을 거부하는 이유도 의식하지 못한다. 이런 것들을 확실히 보려면 자기 문명에서 비켜서야 한다.

심층의 구조를 건드리는 한 가지 간단한 예로 20세기 유럽 여성의 역할을 생각해보자. 유럽 여성의 특이성은 이슬람 여성의 역할과 비교하기 전에는, 그리고 또 다른 극단에 있는 미국 여성의 역할과 비교하기 전에는 우리에게 와닿지 않는다. 너무 '당연하기' 때문이다. 왜 이런 차이가 생기는지를 이해하려면, 과거로, 최소한 12세기 '궁정 사랑'의 시대로 거슬러 올라가 사랑과 연인에 대한 서양의 개념을 추적해야 한다. 그러고 나서는 일련의 요인을 고려해야 한다. 그리스도교, 여성의 진학과 대학 입학, 아동 교육, 경제 조건, 생활수준, 가정 밖에서 여성의 활동 등에 관한 유럽의 관념을 고려해야 한다.

어느 문명에서나 여성의 역할은 구조적 요소이며 하나의 시금석이다. 장기 지속의 실체로서 외부 압력에 저항하는 여성의 역할이 하룻밤 새에 달라지기는 어렵다. 문화적 혁신이 문명의 구조적 요소들 가운데 하나를 의문시할 때, 문명은 그것을 받아들이지 않으려는 경향이 있다. 그런 거부나 무언의 적개심이 흔한 일은 아니지만 언제나 문명의 핵심을 가리킨다.

문명은 꾸준히 이웃 문명에서 빌려온 것들을 '재해석'하고 동화시킨다. 얼핏 보면 문명은 사소한 짐을 싣고 부리기를 끝없이 반복하는 화물역 같다.

그렇더라도 문명은 외부에서 유입되는 것을 완강히 거부할 수 있다. 마르셀 모스는 내로라할 만한 모든 문명이 무언가를 거부하거나 부정해왔다고 말한다. 긴 망설임과 실험의 절정은 거부다. 오랜 숙고 끝에 내린 결정은 중요하게 마련이다.

1453년 튀르크의 콘스탄티노플 점령은 고전적 사례이다. 현대의 튀르크 역사가 가운데 한 사람은 콘스탄티노플은 자포자기 상태였으며 튀르크의 공격이 있기 전에 이미 내부에서 붕괴했다고 주장한다. 과장된 부분도 있지만 아주 틀린 주장은 아니다. 실제로 정교회(혹은 비잔티움 문명)는 유일한 구원자가 될 라틴인들과 통합하느니 차라리 튀르크에게 항복하는 편이 낫다고 판단했다. 이는 상황에 떠밀려 내린 성급하고 즉흥적인 '결정'이 아니었다. 오히려 비잔티움 제국이 쇠퇴한 오랜 과정의 자연스러운 결과였다. 그리스인들은 신학적 논쟁으로 감정의 골이 깊었던 라틴인들과 가까이하기를 점점 더 꺼렸다.

사실 그리스 정교회와 라틴 교회가 통합될 수도 있었다. 1274년 팔레올로고스 조의 미하일 8세 황제는 리옹 공의회에서 그리스-라틴 동맹을 수용했다. 1369년 요안니스 5세 황제는 로마에서 가톨릭 신앙을 고백하기도 했다. 1439년 피렌체 공의회는 다시 한 번 그리스-라틴 동맹이 가능함을 보여주었다. 그리스 정교회의 가장 뛰어난 신학자 요한네스 베코스, 데메트리오스 리도네스, 베사리온은 그리스-라틴 통합을 지지하는 글을 썼고 경쟁자들은 감히 흉내 낼 수 없는 훌륭한 재능을 발휘했다. 그러나 그들은 라틴 교회보다 튀르크를 더 선호했다. '라틴 교회의 독립성을 시기한 비잔티움의 정교회는 적에게 호소했고 비잔티움 제국과 그리스도교 세계를 적에게 바쳤다.' 1385년에 콘스탄티노플 대주교는 교황 우르바누스 6세에게 보낸 서신에서 이미 튀르크가 그리스 정교회에 '완전한 자유'를 보장했다고 적은 바 있다. 그리고 그것은 결정적인 문구였다. 페르낭 그레나르는 이런 설명을 인용하며 다음과 같이 덧붙였다. '메메트 2세의 콘스탄티노플 정복은 동서교회의 분리를 지지했던 콘스탄티노플 총대주교의 승리를 의미했다.' 서방은 동방의 적개심을 잘 알고 있었다. 페트라르카는 '동서 교회의 분리를 주장하는 이들은 우리를 몹시 두려워하고 증오한다'라고 썼다.

서서히 모습을 드러낸 또 다른 거부의 예로 이탈리아와 이베리아반도가 프로테스탄트 종교개혁을 차단한 사례가 있다. 프랑스에서 또 다른 망설임이 있었고 프랑스는 거의 100년 가까이 두 신앙의 격전장이 되었다.

또 다른 거부의 예는 북아메리카를 비롯해 산업화한 서양을 동유럽의 전체주의적 마르크스주의로부터 분리한 것이었다. 정치적 이유만은 (혹은 일치된 것도) 아니었다. 게르만계 국가들과 영미 국가들은 단호했지만 프랑스와 이탈리아는 훨씬 더 복잡하고 미묘한 반응을 보였다. 이베리아반도도 그랬다. 이는 아마도 문명의 충돌이었을 것이다.

덧붙이자면, 오늘날 서유럽의 자본주의가 미국의 자본주의와 판이하듯이, 만약 서유럽이 공산주의를 수용했다면 역시 그들 나름의 공산주의였을 것이다.

문명이 다른 문명에서 유입된 요소들을 반길 수도 있고 거부할 수도 있듯이 과거에서 전해진 것을 받아들일 수도 있고 거부할 수도 있다. 다만 그 선택이 아주 느리게 진행되어서 의식되지 않거나 일부만 의식된다. 그래서 문명은 그 나름의 과거를 부분적으로 '공유'하면서 조금씩 변해 간다. 문명은 먼 과거나 가까운 과거에서 전해진 자료와 태도를 번갈아 가며 어떤 것은 강조하고 다른 것은 밀어낸다. 그 결과 문명은 완전히 새롭지도 않지만 예전과 같지도 않은 모습을 갖추어간다.

문명의 내부에서 일어나는 이런 거부는 노골적일 수도 있고 미온적일 수도 있다. 또한 오래 계속될 수도 있고 단기적으로 끝날 수도 있다. 심리학적 역사가 차츰 밝혀내고 있는 영역에서 중요하게 여기는 것은, 그리고 국가나 문명처럼 커다란 영역에서 중요한 것은 오래 계속되는 거부다. 예컨대, 15세기와 16세기 삶과 죽음에 관한 알베르토 테넨티의 선구적 두 작품, 또는 로베르트 마우치가 『18세기 프랑스에서 행복의 개념[1]

dée de bonheur en France au XVIII siècle』에서 제기한 문제, 또는 열정적이고 매혹적인 미셸 푸코의『고전 시대 광기의 역사*Histoire de la folie à l'âge classique*』(1961)를 생각할 수 있다. 이 세 가지 사례가 보여주는 문명의 작용, 그 자체의 유산에 대한 문명의 작용은 제대로 조명된 적이 거의 없다. 그 과정이 너무 느리게 진행되어 동시대인들은 거의 깨닫지 못한다. 거부는 수백 년이 걸리며 금기와 장애물과 치유 과정이 있다. 어렵고 불완전하며 언제나 오래 걸린다. 이따금 있는 대안의 수용 역시 마찬가지이다.

미셸 푸코는 이 과정을 가리켜 그의 독특한 용어로 '분할'이라고 말한다. 곧 문명으로 말하자면, 그 안에서 생성된 가치를 그 경계 밖으로 밀어내고 내적 삶에서 축출하는 과정을 말한다. 푸코는 다음과 같이 말했다.

한계의 역사를 쓸 수 있다. 수행하는 즉시 잊힐 수밖에 없고 문명 밖으로 축출되는 모호한 행동의 역사를 쓸 수 있다. 역사에서 줄곧 문명은 그 주변에 파놓은 해자를 이용해 고립을 유지하는데 이 무인 지대는 긍정적 가치들만큼이나 문명에 특징적이다. 문명은 그 가치들을 수용하고 그 역사의 지속적인 특징으로 간직하기 때문이다. 그러나 우리가 논의하기로 한 영역에서 문명은 필수적인 **선별**([저자의 강조])을 통해 그 필수적인 구성 요소를 갖춘다.

이 아름다운 글은 차근차근 음미할 만하다. 문명은 이미 낯선 영역일지 모를 무인 지대의 모호성 때문에 겪게 될 문제를 거부함으로써 진정한 페르소나를 획득한다. 문명의 역사는 수

세기에 걸쳐 집단 개성을 추출하는 과정이다. 개인의 개성과 마찬가지로, 집단 개성은 뚜렷하고 의식적인 목적과 모호하고 무의식적인 운명, 그래서 늘 깨닫지는 못하더라도 서로의 토대가 되고 동인이 되는 둘 사이에 갇혀 있다. 이런 회고적 심리학은 확실히 정신분석의 발견에서 영향을 받았다.

미셸 푸코의 책은 구체적인 사례를 연구한다. 이성과 광기, 정상과 광기의 구별이라는 구체적인 사례를 연구한다. 이는 광인을 다른 불행한 사람들과 마찬가지로 신이 보낸 신비한 사람들로 여겼던 중세에는 없었던 구별이다. 그러나 사회질서에 집착했던 17세기에 처음으로 정신이상자들을 가혹하고 무자비하게 감금했다. 그들은 그저 부랑자로 여겨졌고 태만하거나 구제불능의 게으름뱅이들로 여겨졌다. 그러다가 19세기 들어 그들은 좀 더 올바르게, 심지어 친절하게 다루어졌다. 병자로 여겨졌기 때문이다. 그러나 그들을 대하는 태도가 달라졌어도 문제는 여전했다. 고전 시대부터 오늘날까지 서양은 광기를 '격리했고' 광기의 언어를 금지했으며 광기의 희생자들을 외면했다. 그러므로 이성의 승리에는 그 이면에 기나긴 무언의 소용돌이, 합리주의와 고전 과학의 공적 승리의 이면에는 거의 의식되지 않고 제대로 알려지지 않은 채 그와 상반된 것이 수반되었다.

물론 다른 사례들도 찾을 수 있다. 알베르토 테넨티의 책은 서양이 중세 그리스도교의 죽음의 관념과 '결별하는' 과정, 죽음을 창세기에 낙원 추방에서 사후의 진정한 삶으로 이어지는 단순한 과정으로 여기는 관념과의 결별 과정을 인내심 있게 추적한다. 15세기에 죽음은 인간의 가장 큰 시련이자 썩어가는 육신에 대한 공포로서 '인간화'했다. 그런데 인류는 이런 새로운 개념의 죽음에서 새로운 삶의 개념, 삶의 본연의 가치를 발견하고 칭송한다. 다음 세기인 16세기에 접어들면서 죽음에 대한 강박증이 사라지고 삶의 기쁨joie de vivre이 시작되었다.

지금까지의 논의는 선택의 자유를 지닌 문명 간 평화로운 관계를 전제했다. 그러나 문명의 상호교류는 폭력적으로 이루어지는 경우가 많았다. 늘 비극적이었고 결국 무의미한 경우가 많았다. 갈리아 지방과 서유럽 대부분 지역의 로마화 같은 성공은 그 과정에 걸린 시간의 길이로만 설명할 수 있다. 그리고 어떻게 부르든 로마의 봉신들이 출발한 원시성의 수준으로, 그들이 정복자에게 보인 찬사로, 사실상 그들의 운명에 순응한 것으로 설명할 수 있다. 그러나 그런 성공은 흔치 않다. 그들은 표준을 확인시키는 예외적인 사례다.

문명 간 접촉이 폭력적일 때는 성공보다 실패가 더 흔한 일이었다. 과거 승승장구했던 '식민주의'는 오늘날 의심할 바 없이 완전한 실패다. 식민주의는 하나의 문명이 다른 문명을 잠식하는 것이다. 피정복자들은 언제나 더 강한 자에게 굴복한다. 그러나 문명의 충돌에서 굴종은 일시적이다.

긴 기간 강요된 공존에서 양보나 합의가 있을 수 있으며 중요하고 때로 유익하기도 한 문화적 교류가 있을 수도 있다. 그러나 그런 과정에는 한계가 있기 마련이다.

로제 바스티드의 훌륭한 책, 『브라질의 아프리카 종교African Religion in Brazil』(1960)는 폭력적인 기조에서 이루어지는 문화적 상호침투의 가장 좋은 사례를 제시한다. 이 책은 아프리카에서 끌려와 식민지 브라질의 가부장적인 그리스도교 사회에

떨궈진 흑인 노예들의 비극적 이야기를 들려준다. 그들은 그리스도교를 받아들이면서 한편으로는 그에 저항한다. 많은 도망 노예들이 독립 공화국, 킬롬보quilombo를 건설했다. 바이아 북동부 팔메이로의 킬롬보는 전면전을 치르고서야 정복되었다. 모든 것을 잃은 흑인들은 고대 아프리카의 종교적 관행과 접신무를 복원했다. 그들은 칸돔블레나 마쿰바에서 아프리카의 제례와 그리스도교 예배를 통합했고 그런 통합은 여전히 살아남았다. 그리고 앞으로도 더 유지될 것이다. 놀라운 예다. 도망자들은 굴복했지만 동시에 스스로를 지켜냈다.

역사와 문명

변화에 직면한 문명의 저항과 순응, 그 영속성과 더딘 변화를 돌이켜보면서 우리는 문명에 대한 최종적 정의를 제시할 수 있다. 그리고 그런 정의가 문명의 고유하고 구체적인 본질, 곧 오랜 역사적 연속성을 복원할 수도 있다. 문명은 사실 모든 것이 담긴 가장 긴 이야기이다. 그러나 역사가들은 처음부터 이런 진실에 접근하지는 못한다. 연속적인 관찰 뒤에야 이런 진실이 모습을 드러낸다. 이를테면 오르막길에서 점차 시야가 넓어지는 것 같은 원리이다.

역사는 다양한 시제와 단위로, 예컨대 하루하루, 한 해 한 해, 10년마다, 세기 단위로 작동한다. 측정 단위에 따라 보이는 것은 늘 달라질 것이다. 서로 다른 시간 단위에서 관찰된 현실 사이에 존재하는 모순들 덕분에 역사 특유의 변증법이 가능해진다.

간결성을 위해, 역사가는 최소한 세 개의 층위에서 연구한다고 해두자. A, B, C로 부르기로 하자.

우선 A는 전통적인 역사의 층위이다. 과거의 연대기 작가나 오늘날 기자들이 하듯이 사건에서 사건으로 이어지는 인습적인 서사로 이루어진다. 수천 장의 사진으로 현장의 모습을 생생하게 포착하고 즉시 다채로운 이야기들을 지어낸다. 날개 위에서 수많은 사진이 포착되고 끝이 없는 시리즈물처럼 사건으로 가득한 한 편의 다채로운 이야기가 만들어진다. 그러나 읽자마자 잊히는 이런 종류의 이야기는 대개 판단도 이해도 어려워 불만족스럽다.

B 층위는 일화들의 층위이다. 일화들은 낭만주의, 프랑스 혁명, 산업혁명, 제2차 세계대전 등 하나의 전체로 여겨진다. 시간의 단위는 10년이 될 수도 있고, 20년이 될 수도 있고, 50년이 될 수도 있다. 그리고 이런 현상들에 따라 사실이 분류되고 해석되고 설명된다. 그 현상들은 시대라고 부를 수도 있고, 국면이라고 부를 수도 있으며, 일화라고 부를 수도, 주기라고 할 수도 있다. 그 현상들은 장기 지속의 사건들로 여겨질 수 있으며 지나치게 상세한 세부 사실은 제거된다.

마지막으로 C 층위는 이런 사건들을 초월하며 한 세기나 그 이상의 시간 범위에서 측정할 수 있는 현상들을 살핀다. 이 수준에서 역사의 흐름은 느리고 거대한 범위의 시간을 포괄한다. 그 시간을 다루려면 한걸음에 70리그를 가는 마법의 장화라도 있어야 할 판이다. 이런 단위에서 보면 프랑스 혁명은 서양의 자유와 폭력의 운명, 혁명의 기나긴 역사에 필수적이지만 찰나에 불과하다. 마찬가지로 볼테르는 자유사상의 진화에서 그저 한 국면일 뿐이다.

나름의 수사적 표현을 가진 사회학자들이라면 '마지막 심급'이라고 부를지도 모를 이 마지막 관점에서 문명은 그 발전을 특징짓는 사건이나 모험과 구별되는 것으로 볼 수 있다. 여기서 문명은 그 수명, 영속성, 구조를 드러낸다. 거의 추상적이지만 가장 핵심적인 도식적 형태를 드러낸다.

그러므로 문명은 정해진 하나의 경제가 아니며 정해진 하나의 사회도 아니다. 그보다 일련의 경제나 사회를 통해 유지될 수 있는 어떤 것이며 아주 조금씩 변화를 겪는다. 그러므로 문명은 장기적인 차원에서만, 끝없이 풀리는 실 뭉치의 끄트머리를 잡고서만 도달할 수 있다. 일군의 사람들이 역사의 풍파 속에서 그들의 가장 값진 유산을 보존하고 세대를 건너 전수한 것이 바로 문명이다.

이래서, 우리는 문명의 역사는 '모든 것의 역사'라는 데에 동의하기를 망설일 수밖에 없다. 이는 스페인의 위대한 문명사가 라파엘 알타미라Rafael Altamira(1951)가 했던 말이고 그보다 먼저 프랑수아 기조François Guizot(1855)가 했던 말이다. 그리고 의심할 나위도 없는 말이다. 그러나 인간과 역사의 관심에 부합하는 가장 큰 시간의 단위를 사용해서 특정한 방식으로 볼 때만 성립하는 말이다. 잘 알려진 베르나르 드 퐁트넬의 비유를 빌리자면, 장미가 아무리 아름답다고 해도 장미의 역사는 문명의 역사가 아니며 장미를 불멸이라고 여기는 정원사의 역사가 문명의 역사다. 사회, 경제, 그리고 단기적 역사의 무수한 사건의 관점에서 보면 문명 역시 불멸이다.

멀찍이서 시간의 망망대해를 떠도는 장기 지속의 역사는 해안을 따라 움직이며 결코 시야에서 벗어나지 않는 영리한 무역선의 항해와 다르다. 어떻게 부르든, 이런 진행에는 장단점이 있다. 익숙하지 않은 차원에서 문제를 생각하고 설명해야 한다는 점, 그리고 역사적 설명을 자기 시대의 열쇠로 활용해야 한다는 점은 장점으로 꼽을 수 있지만, 연구와 증명보다 상상에 기댄 철학의 손쉬운 일반화에 빠질 수 있다는 점은 단점이자 위험이다.

역사가들이 오스발트 슈펭글러나 아놀드 토인비처럼 지나치게 열정적인 탐사자들을 신뢰하지 않는 것은 옳은 일이다. 일반론으로 향해야 한다는 압박을 받는 역사는 수치, 지도, 정확한 연대와 증명 등의 구체적인 실체로 거듭 되돌아가야 한다.

그러므로 문명이 무엇인지를 이해하고 싶다면 문명에 관한 일반론을 연구하기보다 실제 사례들을 연구해야 한다. 우리가 지금까지 윤곽을 그린 모든 규칙과 정의는 앞으로 살펴볼 사례들에서 선명해지고 단순해질 것이다.

PART

II

유럽 밖의 문명

1부.
이슬람교와
이슬람 세계

1. 역사

문명이 탄생하고 정착하고 성장하기까지는 오랜 세월이 필요하다.

이슬람교가 무함마드와 함께 불과 몇 년 사이에 탄생했다고 이야기되는 것은 사실이다. 그러나 그런 설명은 부정확하고 이해하기 어렵다. 마찬가지로 그리스도교는 예수와 함께 탄생했지만 어떤 의미에서는 그보다 먼저 시작되었다. 예수나 무함마드가 없었다면 그리스도교도 이슬람교도 없었겠지만, 이 새로운 종교들은 이미 존재했던 문명과 연결되었으며 각각 그 문명에 영혼을 불어넣었다. 두 종교는 과거와 살아 있는 현재라는 풍요로운 유산에 기댈 수 있었고 미래에 의지할 수 있었다.

문명의 계승자로서 이슬람 : 새로운 형태의 근동

그리스도교가 로마 제국의 계승자이자 그 연장이었듯이, 이슬람교는 세계에서 가장 오래된 인류 문명의 교차로인 근동을 순식간에 장악했다. 그 결과는 엄청났다. 무슬림 문명은 오래된 지정학적 규범, 도시 유형, 제도, 관습, 의례, 그리고 오래된 신앙과 삶의 방식을 넘겨받았다.

신앙: 이슬람은 종교적으로도 유대교와 그리스도교에 연결되었으며 아브라함의 가계와 연결되었고 구약과 구약의 엄격한 유일신 신앙과 연결되었다. 이슬람교에서 예루살렘은 성지이며 예수는 무함마드 이전 가장 위대한 예언자이며 오직 무함마드만이 예수를 뛰어넘는 예언자다.

삶: 이슬람은 수천 년 된 행동 양식을 영속시켜 오늘날까지 전해지게 했다. 『천일야화』의 이야기들 속에서 군주에게 예를 표하려면 '손에 쥔 흙에 입 맞추어야' 한다. 이는 페르시아 호스로 1세(531-579)의 궁정에서 유행하던 관행이었고 말할 것도 없이 그전부터 전해져 온 예법이다. 16세기와 17세기, 그리고 그 후 이스탄불, 이스파한, 델리에서 유럽의 외교 사절은 그런 예법을 피하려고 안간힘을 썼다. 그런 예법은 외교관 자신을 모욕하는 일일 뿐 아니라 더 나아가 그들이 대표하는 군주를 욕보이는 일이라고 생각했기 때문이다. 오래전에 헤로도토스는 이집트의 예법에 분개했고 역겹다고 생각했다. '대로에서 서로에게 몸을 반쯤 숙여 인사했다. 그들은 손을 무릎까지 낮추며 개처럼 행동했다.' 이런 인사법은 오늘날에도 여전히 사용되고 있다. 이런 예들은 얼마든지 있다. 튀르키예식 목욕법 하맘hammam은 사실 고대 로마의 목욕법이 살아남은 것인데 아랍의 정복 활동으로 페르시아 등지에 전해졌다. 무슬림의 '우리의 메달과 스카풀라our medals and scapularies'에 해당하는 파티마Fatima의 손이 일찍이 카르타고의 묘비를 장식했다. 그리고 에밀 펠릭스 고티에Emile Felix Gautier는 이런 사실을 보고하며 한 치의 망설임도 없이 2400년 전 헤로도토스가 묘사

한 바빌로니아인의 의복에서 이슬람교도의 전통 의상을 찾아 냈다. '최초로 아마포 튜닉을 발끝까지 늘어뜨려 입은 사람들 은 바빌로니아인이었다'라고 헤로도토스는 썼다. 고티에에 따 르면, 알제리에서는 이런 의복을 간두라gandourah라고 부른다. '그 위에 모직 튜닉 젤라바djellaba를, 그 위에는 작은 흰색 망토 바누스burnous를 걸친다. 그리고 머리에는 원뿔 모양의 모자, 페즈fez 혹은 타르부쉬를 썼다.'

이슬람 국가에서 진정 이슬람교도다운 것은 무엇인지 또 그 렇지 않은 것은 무엇인지 정확히 구분하기는 어렵다. 북아프리 카 쿠스쿠스는 로마나 페니키아에서 유래했다고 말하기도 한 다. 그리고 이집트와 마그레브에 흔한 이슬람 특유의 가옥, 낮 은 안뜰patio을 갖춘 가옥은 확실히 이슬람 이전에 등장한 것이 다. 주랑portico이 있는 그리스 가옥과 닮은꼴이며 '기원 전 후 아프리카 최초의 가옥'과도 유사하다.

사소한 것들이지만 메시지는 분명하다. 이슬람 문명은 서양 문명과 마찬가지로 파생 문명이라는 점이다. 알프레트 베버의 용어를 빌리자면, 2차 문명이다. 이슬람 문명은 백지 상태tabula rasa에서 건설된 것이 아니라 근동에서 이슬람 문명 이전에 존 재했던 유동적이고 생기 넘치는 다채로운 문명의 암반 위에 건설되었다.

그러므로 이슬람교는 무함마드의 설교로 시작된 것도, 현 기증 나는 이슬람교도의 정복(632-42) 활동이 이어지던 처음 10년 동안에 시작된 것도 아니다. 이슬람의 진정한 기원은 근 동의 태곳적 역사에 깊숙이 자리 잡고 있다.

근동의 역사

　아시리아가 통일한 근동은 여러 해에 걸쳐 페르시아의 왕 키루스 대제, 캄비세스, 다리우스(기원전 521-485)의 정복 활동으로 더욱더 밀착되었다. 2세기 뒤 아케메네스 왕조가 건설한 거대 제국은 알렉산드로스(기원전 336-323)가 이끄는 그리스인과 마케도니아인의 맹공격을 받았다. 그들의 승리는 1000년 뒤 아랍인들의 정복보다 훨씬 신속했다.

　거칠게 말하면, 그 1000년의 기간은 이례적인 '식민' 시대였으며 그리스인들이 지중해와 인도양 사이의 거대한 영역을 지배했다. 그리스인들은 식민 지배자로서 안티오크와 알렉산드리아 같은 위대한 도시와 항구를 건설했다. 그리고 셀레우코스 제국, 프톨레마이오스 왕국 등 거대 국가를 건설했다. 그리스인들은 피지배자들과 어울려 지냈지만 통합되지는 않았다. 그리스인들은 촌락 지역에 산 적이 없었고 그들에게 촌락은 여전히 국외 영토로 남아 있었다. 요컨대 후대에 유럽인들이 아프리카를 식민화하고 자신들의 언어와 행정 체계를 강요하면서 그들의 역동성 일부를 전수한 것처럼, 소수의 그리스-마케도니아인이 아시아의 방대한 지역을 식민화했다.

　로마의 정복도 소아시아, 시리아, 이집트까지 뻗어나가며 이 식민 시대를 이어갔다. 로마로 포장된 그리스 문명이 생명을 이어갔고 5세기 로마 제국이 몰락한 뒤 역시나 그리스 문명이던 비잔티움 제국이 로마 제국을 대신했을 때 또다시 그리스 문명이 지배하기 시작했다. 그리 오래되지 않은 과거에 알제리에 살았던 에밀 펠릭스 고티에는 역사가 순식간에 쓸어내 흔적조차 남지 않은 이 엄청난 식민주의 모험에 사로잡혔다.

식민지로서 근동은 그 지배자를 좋아하지 않았다. 기원전 256년부터 아르사케스 왕조의 파르티아 제국, 그리고 그 뒤를 이어 224년부터 사산조 페르시아가 이란을 가로질러 인더스 강 강변부터 취약한 시리아 변경까지 이어지는 거대한 국가를 건설했다. 로마와 비잔티움 제국은 이 강력하고 조직적이며 호전적인 이웃, 관료제와 대규모 기병 병력을 갖추었고 동쪽 끝에서 인도, 몽골, 중국과 연결된 제국에 맞서 소모적인 전쟁을 치렀다. 페르시아 기병이 사용한 활은 몽골에서 유래했다고 여겨지는데 로마의 흉갑을 뚫을 정도로 위력적이었다. '조로아스터교라는 초월적 종교'에 영감을 받은 페르시아는 '헬레니즘이라는 침입자'에 격렬히 맞섰다. 그러나 이런 정치적 적대감 때문에 서양의 문화적 영향이 환영받지 못했던 것은 아니다. 유스티니아누스 황제가 추방한 그리스 철학자들은 티그리스 강 유역의 위대한 도시 크테시폰에서 안식처를 찾았다. 그리고 비잔티움 제국에서 추방된 그리스도교의 이단자들은 이란을 거쳐 중국에 도착했고 훗날 그곳에서 눈부신 성공을 거두었다.

그리스도교로 개종한 뒤 지속적이고 폭력적인 종교 분쟁과 그리스인들에 맞선 투쟁의 희생양이 되어 혼란을 겪던 근동에서 아랍 최초의 정복자들(634-42)은 곧바로 동조자들을 찾았다. 634년에 시리아가, 그리고 639년에 이집트가 이들의 도착을 환영했다. 642년 페르시아의 항복은 그보다 더 뜻밖의 일이었다. 로마와 비잔티움을 상대로 오랜 전쟁을 이어가며 국력을 소진한 페르시아 제국은 말과 코끼리를 보유하고도 낙타를 탄 아랍 전사들의 무자비한 습격을 제대로 막아내지 못했으며 어떤 의미에서는 막으려고 하지도 않았다. 근동은 자포자기 상태로 습격자들에게 굴복했다. 7세기 중반부터 8세기 초까지 아랍인은 북아프리카 정복이 더 어렵다는 사실을 깨달았지만, 711년 그들은 안달루시아를 단숨에 장악했다.

비잔티움 제국이 방어하고 지켜낸 소아시아의 산악지대를 제외한 근동 전체가 순식간에 아랍 정복자들의 수중에 들어갔다. 아랍 정복자들은 그곳 너머 서쪽을 휩쓸었다.

아랍인들의 급속한 성공은 (a) 누구도 예상치 못한 공격에서 비롯된 충격의 결과였을까? (b) 전광석화와 같은 기습공격으로 도시들을 차례로 고립시키고 항복을 강요한 데 따른 당연한 결과였을까? 아니면 (c) 근동에서 서서히 진행되던 변화의 절정, 오늘날이라면 '탈식민화'라고 부를 만한 과정의 절정이었을까?

세 가설 모두 타당하다는 데에는 의심의 여지가 없다. 그러나 문명의 역사에서는 그런 단기적 설명만으로 부족하다. 거듭된 침략의 성공을 피정복민의 묵인이나 무기력 탓으로 돌릴 수는 없다. 오랜 공존으로 정복자와 피정복자 사이에 깊고 오랜 종교적 도덕적 친근감이 있었다고 보는 편이 더 설득력 있지 않을까? 사실 무함마드가 설파한 새 종교는 근동의 심장부에서 형성되었고 근본적인 영적 소명에 부합했다.

팽창의 적기를 맞은 이슬람은 오래전 매우 강력했던 고대 오리엔트 문명을 되살렸다. 아라비아 자체가 첫 번째 기둥이라면 오리엔트 문명은 '두 번째 기둥'이었다. 오리엔트 문명은 매우 풍요로운 지역에 기반을 두었고 그에 비하면 아라비아는 몹시 가난해 보였다.

궤적이 다른 문명을 되살려 꿈도 꾸지 못했던 최고의 순간을 맞는 것이 이슬람의 운명이었다.

무함마드, 쿠란 그리고 이슬람

이슬람의 직접적 기원들을 추적하다 보면 한 사람, 한 권의 책, 하나의 종교와 마주하게 된다.

무함마드의 중요한 업적은 610년 혹은 612년부터 그가 사망한 632년 사이에 이루어졌다. 그 시기 아라비아는 부족과 연맹 간 경쟁으로 분열되었고 페르시아, 그리스도교로 개종한 에티오피아와 시리아, 정교회를 받아들인 이집트의 식민화 시도에 포위되어 있었다. 따라서 무함마드가 없었다면, 일치단결하기 어려웠으며 침략자들을 북쪽으로 몰아낼 힘도 비축하지 못했을 것이다.

수백 년간 경쟁 관계였던 비잔티움 제국도 파르티아 제국도 그렇게 가난한 인접 지역에서 강력한 적수가 출현하리라고는 전혀 예상하지 못했다. 사실 그들은 난폭한 기습공격을 자행했다. 그러나 침략자들은 갔다가 되돌아왔다. 페르시아와 비잔티움 제국이 분쟁을 벌였던 '비옥한 초승달 지대' 주변 변경 지역, 거의 황무지였던 곳에 누가 관심을 가졌겠는가?

그런데 무함마드의 승리로 모든 게 달라졌다. 학술적 연구는 그의 일대기에 덧입혀진 치장을 벗겨냈다. 화려함을 벗은 그의 이미지는 한층 더 매력적이고 감동적이었다. 570년에 태어난 무함마드는 40세까지 많은 역경을 견뎠고 610년에서 612년 사이 40대가 되어 비로소 두각을 나타냈다. '라마단의 마지막 열흘 중 어느 날 밤' 메카로부터 그리 멀지 않은 '히라산의 한 동굴에서' 무함마드가 잠든 사이 '신성한 말씀이 유한

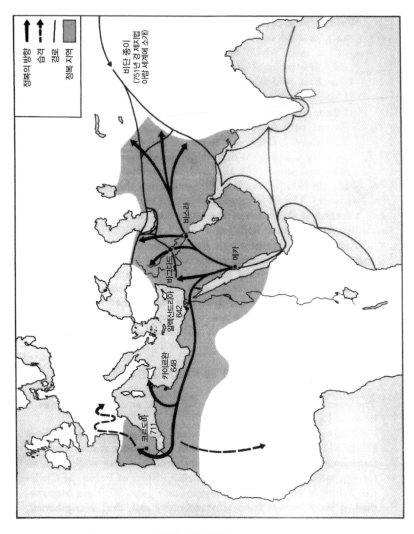

정복의 방향
습격
경로
정복 지역

비단 종이
(751년 경 제지법이
아랍 세계에 소개)

바스라

바그다드

메카

알렉산드리아
642

카이로완
648

코르도바
711

그림 3 아랍의 정복

한 세계에 들어왔고 쿠란이 예언자의 마음속에 파고들었다.'
꿈속에서 신비의 존재가 '문자로 가득한 두루마리를 예언자에
게 보여주며 읽으라고 명했다. 무함마드는 '글을 읽을 줄 모른
다'고 말했다. 천사는 무함마드의 목에 두루마리를 두르며 읽
으라는 말을 두 번 더 반복했다. 무함마드가 '무엇을 읽어야 합
니까?'라고 묻자 천사가 답했다. '읽으라, 인간을 창조한 네 주
인의 이름으로.'…… '선택받은 자는 쿠란이 그의 마음에 들어
왔음을 깨달았다.'(에밀 데르망엠Emile Dermenghem) 조금 더 세
부적인 것을 짚어보자. 여기서 '읽으라'라고 해석된 말은 '설파
하라'라는 뜻일 수도 있다. 그래서 예언자 무함마드가 글을 읽
고 쓸 수 있었는지가 여전히 불확실하다.

그 신성한 이야기는 잘 알려져 있다. 미지의 방문객, 대천사
가브리엘이 전한 말을 들은 무함마드는 자신을 신의 사자이자
성서의 전통에서 마지막 가장 위대한 예언자로 여기게 되었다.
처음 그의 유일한 지지자는 아내 하디자였다. 메카의 부유한
상인이던 부모가 그에게 적대감을 보이자 확신이 없던 무함마
드는 절망과 광기에 빠진 나머지 자살을 시도했다. 동시대인
들의 설명에서 포착되는 것처럼, 무함마드의 말씀 하디스hadith
에서, 그리고 무함마드의 계시를 모아 사후에 편찬한 쿠란의
수라surah(=chapter)에서 포착되는 것처럼 무함마드의 '순례'
를 하나하나 다시 따라갈 필요는 없다. 중요한 것은 신에게서
비롯되었음을 증명하는 이 '흉내 낼 수 없는' 글과 무함마드의
설교에서 우러나는 아름다움, 폭발력 그리고 '순수한 음악'을
깨닫는 것이다(무함마드는 설교에 앞서 오랫동안 의식의 없는
무아경에 빠지곤 했다). 그 시는 빼어나고 운율이 강하다. 그 힘

은 번역문에도 거의 그대로 담겨 있다. 그런 의미에서 이슬람 등장 이전의 아라비아는 호메로스의 시대와 같다. 시가 그 귀와 마음을 열었다.

여러 해 동안 예언자 무함마드는 친척, 불운한 사람, 가난한 사람 등 소규모 집단의 신자들에게만 설교했다. 메카에는 이집트, 시리아, 걸프 지역을 잇는 대상 무역으로 부를 얻은 상인들도 있었지만, 노동자, 장인, 노예도 있었다. 그 가운데 한 사람이 빌랄이었다. 무함마드의 친구이자 미래에 그의 장인이 될 아부 바크르가 흑인 노예 빌랄에게 자유를 선사했다. 빌랄은 신도들에게 기도 시간을 알리는 이슬람 최초의 무아딘muezzin이 되었다.

부자들은 무함마드의 가르침에서 위험을 감지했다. 처음에 그들은 무함마드의 가르침을 반겼지만, 차츰 불편한 심기를 드러냈다. 위협을 느낀 무함마드의 제자 가운데 일부는 그리스도교를 신봉하는 에티오피아로 피신했고 60명가량의 또 다른 사람들은 메카 북쪽 야스리브의 오아시스로 피신했다. 야스리브는 훗날 예언자의 도시 메디나가 되었고 헤지라(622년 7월 16일)로 불리는 예언자의 피신은 이슬람력의 출발점이 되었다. 한 가지 간단히 짚고 넘어가자면, 야스리브가 메디나라는 지명을 얻은 것은 헤지라 전인 듯하다.

당시 메디나 주민의 4분의 3이 농민이었고 적대관계였던 두 아랍 부족과 상인이 대부분인 소수 유대인으로 구성되었다. 처음 유대인에 대한 무함마드의 정책은 유화적이었지만, 점차 적대적으로 변했다. 이슬람의 기도는 본래 예루살렘 방향을 향했지만 헤지라 이후 메카 방향으로 바뀌었다. 이 모든 일은 지속적인 분쟁을 배경으로 일어났다. 살기 위해 피신한 이슬람교도들은 이웃을 습격하고 메카 대상들의 행로를 방해하고 약탈을 자행했다. 10년의 투쟁 끝에 예언자가 마침내 승리를 얻고 메카로 돌아왔으며 혹독한 고난에 맞서 남다른 단호함, 신중함, 인내심을 보여주었다.

미래에 쿠란이 될 글과 예언자의 말에서 차츰 모습을 갖출 계시 종교 이슬람(신에 대한 복종)은 단순성의 본보기라 할 만하다. 이슬람의 '다섯 기둥'은 다음과 같다. 무함마드를 신의 사자로 인정하고 유일신 알라를 인정하는 신앙고백인 샤하다; 하루 다섯 번의 기도; 라마단 기간 29일 혹은 30일간의 금식; 가난한 이들을 위한 기부; 그리고 메카 순례. 지하드로 불리는 성전은 다섯 기둥 같은 기본 종규에는 포함되지 않았지만, 나중에 매우 중요해진다.

이슬람의 종교적 상징체계는 신비주의를 나타내지 않는다. 물론 쟁점이 될 만한 부분이 있고 다양하고 복잡한 신비주의로 해석할 여지는 있다. 이런 점에서 이슬람 신학은 그리스도교와 유사하다. 두 종교 모두 힘겨운 영적 여정을 내포한다.

기도와 관련해 예언자는 그리스도교와 유대교의 관행에서 영감을 받았다. 그러나 순례에 관해서는 아랍과 메카의 전통에 충실했다. 그가 유지한 순례의 전통은 메카의 카바 신전 순례와 메카 인근 아라파트 산의 순례이다. 이들은 고대의 봄 축제와 가을 축제였을 가능성이 있으며 카바 신전 순례는 구약에 등장하는 초막절과 유사했다. 이 오래된 축제들은 세월이 흐르면서 심층의 의미를 상실했고 새로운 형태로 변형되었다. '무함마드는 옛 관행을 흡수했고 추후 일종의 문화적 전설을 통해 이를 정당화했다. 무함마드는 아브라함이 생전에 아랍인의 조상이 될 아들 이스마엘과 함께 성스러운 카바를 숭배해 그곳으로 순례를 시작했다고 주장했다. 그리하여 이슬람교는 모세에서 시작된 유대교보다, 예수와 동일시되는 그리스도교보다 앞에 놓였다.' 이슬람교를 아브라함과 결부시킨 것을 그저 이슬람교가 시간상으로 앞선다고 주장하려는 욕망, 정치적 셈법으로 치부해도 괜찮을까? 종교에는 그 나름의 종교적 논리, 그 나름의 진리가 있지 않을까? 이는 유아킴 무바라크가 『쿠란의 아브라함』(1958)에서 주장한 것이다. 그리고 루이 마시뇽에게 '이슬람교는 아브라함을 최초의 이슬람교도로 경배한다. 아브라함이 최초의 이슬람교도라는 것은 **신학적 진실**이다.'

핵심적인 것은 이슬람교도의 삶에서 엄격한 규율의 종교적 믿음과 실천이 얼마나 중요한지를 알아야 한다는 것이다. 법을 포함해서 모든 것이 쿠란에서 도출된다. 오늘날 종교적 실천은 그리스도교 국가보다 이슬람 국가들에서 더 활발하다. 루이 마시뇽은 1955년에 '360년 동안 다양한 국가에서 온 15만 명이 해마다 아라파트를 순례했다'라고 썼다. 전형적인 이집트 촌락에서 그런 순례길에 오르는 사람은 전형적인 프랑스 촌락에서 부활절 예배에 참석하는 사람만큼이나 많다. 확실히 이슬람교가 우위에 있다. 그런데 그렇다고 해서 그것이 꼭 더 강한 신앙심을 함축할까? 그리스도교 문명은 그리스도교에 내적 시련을 안겼지만, 이슬람은 지금껏 그런 시련을 겪지 않았다. 이슬람교가 여전히 고대 전통 사회에 기반을 두고 있어서 다른 사회적 행태가 그렇듯이, 종교적 의례가 변하지 않은 채 고스란히 유지되었기 때문이 아닐까?

아라비아: 도시화하지 않은 문화의 문제

무함마드의 성공과 이슬람의 팽창에서 거대한 아라비아반도의 역할은 정확히 무엇이었을까? 답은 전혀 간단하지 않다.

이슬람 세계에서 도시는 대단히 중요하다. 무함마드는 여전히 원시적인 상태인 아라비아반도의 가장자리에 있는 메카의 도시적 환경에서 살며 일했다. 당시 메카의 번영은 멀리 떨어진 외국의 거점 도시들과 연결된 대상 무역에서 시작되어 얼마 지나지 않았으며 메카인들의 대규모 무역과 막 윤곽이 드러나기 시작한 상업 자본주의와 결부되어 있었다.

무함마드는 계시받기 전 대상의 행렬을 호위하던 시절 아라비아반도가 아니라 시리아의 여러 도시에서 유대인과 그리스도교 무리를 많이 만났을 것이다. 어쨌든 그의 계명에는 도시적 배경이 전제되었다: 무아딘의 알림, 금요일의 집단 기도, 여성들의 베일, 신도들과 (그들의 기도를 이끄는) 이맘imam에게 요구되는 품위, 이 모든 것에는 증인, 군중, 운집한 도시민이 전제된다.

'이런 엄격하고 심오한 종교적 이상은 위엄 있는 헤자즈 상인들의 이상이었다. 또한 이슬람은 시골의 저속함을 단속하기보다 도시의 무질서를 관리하는 데에 집중했다.'(사비에르 드 플라놀) 무함마드의 하디스 가운데 일부는 이런 배경에서 이해해야 한다. '내 사람들에게 염려되는 것이 있다면 그것은 우유다. 우유 거품과 크림 속에 악마가 숨어 있다. 그들이 우유 마시기를 즐겨 **함께 기도하는 도심을 버리고**(필자의 강조) 사막으로 돌아갈까봐 걱정이다.' 예언자는 쟁기를 목격하고는 이런 말을 하기도 했다. '신자들의 집에 저것이 들어오면 영락없이 타락이 뒤따른다.' 쿠란에도 명시되어 있듯이, 한마디로 '사막의 아랍인은 불순과 위선에 이골이 난 사람들이다.' 그러므로 이슬람교의 초기 신앙 중심지들은 도시에 있었고 이런 상황은 서양에서 초창기 그리스도교를 떠올리게 한다. 당시 불신자들은 농민paysan, 파가누스paganus, 즉 이교도païen이지 않은가? 사실 아라비아반도의 베두인족은 범상치 않은 '농민들'이었다. 20세기 초에도 예전 방식 그대로 살아가는 그들을 만날 수 있었다. 물론 오늘날에도 아라비아반도 중앙부에서 여전히 그런 모습으로 살아가는 그들을 만날 수 있다.

이슬람 전문가 로베르 몽타뉴(1893-1954)는 (민족지학자라면 주저 없이 문화라고 불렀을) 사막 문명에 관한 탁월한 책을 저술했다.

사실, 사막 문명에는 실질적으로 도시가 없었다. 있었다고 해도 매우 원시적이었다! 헤지라 시절 야스리브는 에파미논다스 시절의 테베나 보이오티아와는 비교도 할 수 없다! 이 '도시들' 주변으로 극소량의 물이 있는 계곡에 농민은 거의 정착하지 않았고 토지에 구속된 극소수의 농노만 있었을 뿐이다. 대다수 아랍인은 '벌떼 같은' 유목민으로 부계 가족, 가문, 부족, 부족 연맹 등의 소규모 사회집단을 형성한다. 아랍 연구자들이 사용한 이런 명칭은 순전히 규모에만 근거한다. 응집력을 유지할 수 있는 최대치가 가문은 100에서 300기의 천막, 부족은 3,000명가량의 인원이었다. 가상이든 실제이든 혈연이야말로 베두인이 인정하는 유일한 연결고리였다. 부족은 대규모 전투 단위였으며 형제, 사촌, 추종자로 구성되었다. 한편 부족 연맹은 취약한 동맹으로 구성원들이 멀리 흩어져 있어 쉽게 깨질 수 있었다.

아라비아 사막과 초원 지대에서 베두인족이 그나마 고된 삶을 이어갈 수 있었던 것은 낙타 사육 덕분이었다. 비용이 거의 들지 않는 데다가 갈증을 견딜 수 있는 낙타는 목초지를 전전하는 긴 여행을 견딜 수 있었다. 비적rezzous을 만나거나 전쟁에 휩쓸릴 것에 대비해 그들은 사료(꼴)와 가죽으로 만든 물주머니와 곡식을 지니고 다녔다. 최후의 순간을 위해 비축해둔 말은 공격을 위해 질주할 때 사용했다.

유목민의 일상은 사라져가는 목초지를 좇는 것이었다. 베두인족은 짐을 나르는 낙타와 경주용 흰색 암낙타를 몰면서 북에서 남으로, 그리고 남에서 북으로 수천 킬로미터를 여행했다. 시리아와 메소포타미아의 비옥한 초승달 지대 끝에 자리한 북부에서는 정착 농민들과 접촉하며 유목민의 습성이 약해졌다. 낙타뿐 아니라 양도 사육했는데 그들의 이동 범위는 매우 제한적이었다. 양을 치기 시작한 베두인족은 양치기chaouya와 다를 바 없었다.

아라비아 남쪽과 중앙에서 낙타를 사육하는 유목민들은 그들의 속성을 고스란히 간직했고 귀족 신분을 주장했다. 귀족에 속한 이들 부족은 전쟁을 일삼았다. 더 강한 부족이 약한 부족을 거세게 몰아붙였다. 감당할 수 없이 많은 사람이 몰려들자 사막은 과밀 인구를 외부로 몰아냈고 그들은 대부분 서쪽으로 이동했다. 시나이반도와 나일강의 병목 지점은 아무런 장애물 없이 사하라와 마그레브로 이어졌다.

서쪽을 향한 이런 탈출에는 지리적 이유와 역사적 이유가 모두 있었다. 지리적으로, 남쪽의 열기를 벗어나면 북쪽 사막은 차갑고 황량하다. 7세기에 아랍인들이 소아시아 정복에 실패한 원인은 그들의 낙타가 아나톨리아 평원의 매서운 추위를 견디지 못했기 때문이다. 그곳은 박트리아산 낙타들에게 더 유리했다. 그러나 사하라 사막은 결국 홍해 건너 아라비아사막의 연장이었다. 역사적으로, 아시아 북부와 중부의 사막은 이미 쌍봉낙타와 말, 기마병을 보유한 뛰어난 기동력의 유목민들이 차지하고 있어 파고들 틈이 없었다.

아라비아의 베두인족은 한 치의 망설임도 없이 이슬람에 탁월한 전투력을 제공했다. 유목민들이 하루아침에 개종하지는 않았으며 그들은 여전히 호전적이었고 예측불허였다. 우마이야 왕조 시절 에스파냐에서 예멘 출신의 가문과 카이 출신의 가문 사이에 분쟁이 발생했다.

더욱이 예언자 무함마드가 세상을 떠나자 그에게 복종하던 유목민들이 봉기를 일으켰다. 투쟁은 길고 험난했다. 무함마드의 후계자 칼리프 오마르(634-44)로서는 지하드에 기마병과 낙타 기병을 투입해 아라비아반도에서 봉기한 유목민들을 제거하고 부족 간 분쟁을 피하는 것 말고는 달리 내분을 수습할 방법이 없었다.

그렇게 해서 베두인족은 이슬람 최초의 정복 활동을 완수했다. 그들은 어마어마한 거리를 이동했다. 축소판 국가와도 같은 이들 소규모 집단들은 사막 호위대를 갖추고 있었고 염소 가죽이나 낙타 가죽으로 만든 천막을 사용했다. 그들은 나름의 관습과 규범, 매장 풍속을 갖춘 초원 부족으로 남은 데에 긍지를 느끼면서도 동시에 깊은 불안을 느꼈고 비천하고 숨 막히는 정착민의 삶은 피하고자 했다. 그들은 이슬람이 정복할 드넓은 서쪽 영토로 유성의 낙석처럼 쏟아져 들어갔다. 어디를 가든 그들은 자신들의 언어와 민담, 결점과 미덕을 유지했다. 그들이 지닌 미덕 가운데 가장 훌륭한 것은 환대에 대한 강한 믿음이었다. 그것은 전체 이슬람의 눈에 띄는 특징이었다.

베니 힐랄 부족의 장구한 여행을 하나의 예로 들 수 있다. 이들은 7세기에 헤자즈 남부를 떠났다. 978년 상이집트의 잘못된 길에 있었지만, 11세기 중반에 메뚜기떼처럼 북아프리카로 옮겨 갔다. 그들은 1151년 세티프 전투에서 베르베르족에게 분쇄되어 마그레브 전역으로 흩어졌다. 그들의 영웅담은 현재에도 여전히 '트란스요르단 사막부터 모리타니의 비스크라와 누아디부에 이르는 지역의' 민담 속에 살아남았다.

머지않아 멋진 문명이 될 이슬람의 연이은 승리는 거의 모두 호전적인 '문화'의 힘 덕분이었다. 매번 빠르게 동화하고 '문명화한' 원시적 아랍 민족들 덕분이었다. 한 세기 동안 아랍 부족들은 이런 승리의 첫 부분을 이슬람에 선사했다. 그들의 뒤를 이어 북아프리카의 거친 산악 민족 베르베르족 덕분에 이슬람은 스페인을 정복하고 이집트의 파티마 왕조를 창건할 수 있었다. 마지막으로, 이슬람 튀르크-몽골, 중앙아시아 유목민들, 그리고 그들과 접경에 존재해 개종할 수 있었던 사람들이 이슬람의 승리에 이바지했다. 10세기 이후 튀르크 용병들이 바그다드 칼리프들에게 봉사하는 군대를 구성했다. 그들은 일급 병사이자 궁수이고 탁월한 기병이었다.

9세기 위대한 아랍 작가 자히즈(776-868)는 이 투박하고 거친 민족에게 겸손을 표했고 잊을 수 없는 표현으로 그들을 묘사했다. 그러나 역사는 다시 한 번 반복되었다. 가난한 이들이 부자가 되었고 유목민은 시민이 되었다. 그래서 때로는 종자從者가 주군이 되는 것은 아주 쉬운 일일 수 있음을 보여주었다. 한때 용병이었던 이들이 다음 순간 주인이 되었다. 먼저 셀주크튀르크가 이슬람의 새 군주가 되었고 그다음에는 오스만튀르크가 새 이슬람 군주가 되었다. '대 군주' 혹은 '대튀르크'(서양에서 오스만튀르크의 지도자를 지칭하는 칭호)는 1453년 콘스탄티노플을 점령해 튀르크의 힘을 제대로 확인시켰다.

어쩌면 영토 주변에 있거나 영토 안에 폭넓게 분포한 원시 민족들을 끌어들이고 이용하지만, 그 뒤로 그들의 무자비한 힘에 희생되는 것이 이슬람의 정해진 운명이었을지 모른다. 결국 질서는 회복되고 상처는 치유된다. 승리한 원시의 전사는 이슬람의 강력한 도시 생활에 길들여진다.

2. 지리

이슬람이 차지한 지역들은 서로 연결되었지만 매우 다양했고 외곽 지역에서는 특히 그랬다. 사실 이슬람의 역사는 조용한 적이 없었다. 그러나 넓은 맥락에서 보면, 이런 다양성에도 그 나름의 한계가 있었다. 전반적으로 볼 때 이슬람은 거대하고 안정적인 시스템이다. 물론 설명이 필요한 다른 면들을 지니기는 했다.

이슬람의 땅과 바다

지도는 중요한 이야기를 들려준다. 그것들은 이슬람이 차지했다가 경쟁자인 외국 문명에 부딪쳤을 때 물러난 지역들을 보여준다. 시칠리아, 이베리아반도, 랑그도크, 이탈리아 남부와 서지중해에서는 서양에 맞서 물러났고 동유럽과 크레테와 발칸반도에서는 동유럽과 그리스 정교회에 맞서다 물러났으며 인도-갠지스 평원과 데칸 고원 북부와 중부에서는 힌두교 문명에 부딪쳐 물러났다.

오래전부터 차지한 지역도 있고 최근에 차지한 지역도 있지만 이슬람 지역은 여전히 방대하다. 이슬람의 영토가 항상 풍요로웠던 것은 아니지만, 모로코와 대서양에 면한 사하라부터 중국과 말레이 제도까지 뻗어 있었다. 최근 출간된 책의 부제를 인용하자면, '다카르에서 자카르타까지' 뻗어 있었다.

무슬림 국가들이 한때는 꽤 적극적으로 이용했으나 이제는 대체로 포기한 드넓은 해양도 잊지 말아야 한다. 과거에 바다는 항해자들의 몫이었지만 이제 무슬림의 항해는 거의 남지 않았다. 과거에 지중해, 홍해, 페르시아만, 카스피해, 그리고 무엇보다도 인도양의 상황은 지금과 크게 달랐다. 못을 사용하지 않고 야자수 밧줄로 단단히 고정한 아랍의 범선 다우선은 계절풍을 이용해 대규모 무역을 활발히 전개했다. 9세기에 그들은 중국의 광동廣東까지 항해했다. 1498년에는 바스쿠 다가마가 이슬람 선박을 추적해 약탈했다. 그러나 포르투갈도, 뒤를 이은 홀란트와 영국도 인도양의 저비용 무역에서 이슬람 선박을 몰아내지 못했다. 19세기 말 증기선이 등장하고 나서야 그들을 능가할 수 있었다.

그러므로 해상에서 아랍의 대서사시는 오랫동안 유지되었다. 고대 이슬람의 영광은 기마병뿐만 아니라 선원들 덕분이기도 했다. 뱃사람 신드바드는 바로 그 상징이다. 신드바드가 인도양에서 마주친 경이와 기적, 불행 가운데 펼쳐진 모험을 기술했지만 세계적인 해상 세력으로서 이슬람의 운명은 분명 지중해에서 결정되었다. 이슬람은 처음에 지중해를 장악했고 그다음 필사적으로 싸웠으며 결국 패배했다.

이슬람의 중요한 정복 활동에는 시리아, 이집트, 페르시아, 북아프리카, 스페인뿐만 아니라 거의 지중해 전부가 포함되었다. 825년 이슬람이 크레테를 차지한 후 그곳에만 머물렀다면 그들의 승리는 항구적인 것이 되었을 것이다. 그러나 961년 비잔티움 제국은 중요한 전초기지를 재탈환했고 기세를 몰아 로도스와 키프로스를 연이어 장악하면서 에게해로 이어지는 해상로를 장악하게 되었다.

이슬람은 동방에서도 좌절을 겪었다. 비잔티움 제국은 계속해서 에게해를 지배했고 발칸반도 주변 흑해와 아드리아해의 수많은 섬을 지배했다. 이탈리아로 이어지는 길목에서 베네치아인들은 부유한 비잔티움인들을 위해 목재, 소금, 밀을 운반한 대가로 처음 크지 않은 성공을 거뒀다.

반면 지중해 서편에서 해상권은 이집트, 북아프리카, 스페인에 있었는데 이제 이들은 모두 이슬람의 녹색 기치 아래 있었다. 825년 안달루시아인들이 크레테를 정복했다. 827년과 902년 사이 튀니지인들이 시칠리아에 정착했고 시칠리아는 그들의 지배를 받으면서 눈부신 발전을 이루었고 팔레르모와 함께 지중해 '사라센' 지역의 중심이 되었다. 팔레르모는 관개 시설 덕분에 낙원으로 변모한 황금분지Conca d'Oro 한복판의 최고 도시였다.

무슬림들은 코르시카와 사르데냐의 여러 지역에 당도했고, 잠깐이지만 프로방스에도 나타났다. 그들은 로마를 위협하고 모욕했으며 티베르강 어귀에 상륙했다. 그들은 또 발레아레스 제도에 터를 잡았는데, 그곳은 지중해 서부 연결망에서 중요한 지점으로 시칠리아와 스페인을 잇는 직항로의 요지다.

그렇게 서지중해, 부의 고속도로를 이슬람이 지배했다. 그리고 그 덕분에 (지금도 거대 도시 카이로의 해안 전초기지인) 알렉산드리아, 팔레르모, (바다와 거리를 신중하게 유지하려는 듯 보이는 바닷가 도시) 튀니스 등의 항구도시들이 성장하고 번영할 수 있었다. 다른 도시들 역시 성장하거나 복구되었다. 예컨대 인근에 선박 건조에 필수적인 숲이 있었던 베자이아나 당시 아직 허름했던 알제와 오란, 활기 넘치는 스페인의 항구도시 알메리아, 그리고 항행이 가능한 과달키비르강 가에 위치해 대서양과 맞닿아 있는 거대 도시 세비야가 있었다.

이슬람의 우세는 100년 넘게 유지되었다. 그러나 곧 그리스도교 세력의 해적 활동에 희생양이 되었다. 부자들은 언제나 가난한 자들을 약탈의 유혹에 빠트린다. 10세기 즈음 부자는 무슬림들이었고 약탈자는 그리스도교도들이었다. 아말피, 피사, 제노바는 모두 해적들의 본거지였다. 노르만이 시칠리아를 정복하자 상황은 더 악화되고 긴박해졌다. 해적 선박 못지않게 빠른 노르만의 선박이 이슬람의 다우선을 습격했다. 노르만의 시칠리아 점령은 '이교도'의 지중해 지배가 깨진 첫 순간이었다.

서서히 압박이 시작되었고 점차 제약도 뒤따르면서 '무슬림의 호수' 전역에서 곧 그에 따른 악영향이 느껴졌다. 1085년 안달루시아의 이슬람교도들을 돕기 위해 무라비트 사람들이 수단과 북아프리카에서 도착하기 직전인 1080년경, 엘시드 시절 시칠리아 출신의 아랍 시인은 금화 50디나르를 제안한 톨레도 왕 모타미드의 스페인 방문 요청을 수락해야 할지 망설였다. 그는 이렇게 썼다. '슬픔으로 백발이 되어버린 모습에 놀라지 마십시오. 내 눈동자가 아직 검다는 사실에 놀라지 마십시오, 그리고 우리 배가 그곳으로 향하려면 엄청난 위험을 감수해야 합니다. 이제 아랍인이 차지한 곳은 육지뿐입니다.' 그 야말로 상전벽해였다.

곧 이은 십자군 전쟁(1095-1270)에서 이탈리아 도시국가들의 함대는 비잔티움인들이 지배했던 그들의 앞바다를 재정복했다. 1099년 예루살렘 정복, 성지의 십자군 국가 건설, 제4차 십자군의 우화적인 일탈에 이은 1204년 라틴인들의 콘스탄티노플 장악 같은 굵직굵직한 역사적 일화들도 지중해 해상권과 무역로 정복이라는 또 다른 주요 사건을 은폐하지 못한다. 1291년 아크레 함락과 함께 그리스도교 세계가 아시아 최후의 주요 기지를 잃었을 때도, 그리스도교는 지중해 전역에서 그 지배적인 지위를 도전받지 않았다.

이슬람은 200년 혹은 300년이 지나서야 반응을 나타냈다. 그때에야 오스만튀르크는 해군력의 우위를 되찾으려고 최선을 다했다. 1538년 오스만튀르크가 프레베자에서 승리를 거두었을 때 지중해에서 그들의 패권은 약속된 것처럼 보였다. 그러나 1571년에 레판토 해전에서 크게 패배한 후 이슬람의 부활은 곧 중단되었다. 어쨌든 그들은 군사력의 우위를 회복하는 데에만 집중했었다. 베네치아, 제노바, 피렌체의 함대가 득실대는 가운데 튀르크는 보잘것없는 상선 몇 척을 소집하는 데에 그쳤다. 그나마도 대부분 그리스 선박이었고 이스탄불, 흑해, 이집트 사이만 오갔다. 물론 나중에는 무슬림 해적선이 끊임없이 활약했고 알제가 눈부신 번영을 이루었다. 그렇지만 이슬람 세계는 결코 다시는 상단을 꾸리지 못했다.

그렇게 지중해에서 승리와 패배는 번갈아 경험되었다. 1498년 포르투갈인들이 희망봉을 돌아 입장하기 전까지 인도양의 삶은 지중해에 비해 평화로웠다. 포르투갈이 입장한 뒤로 이슬람은 격파되었다.

'이슬람은 사막이다'라는 에사드 베이Essad Bey의 말은 지당하다. 그러나 한편으로 보면, 그 사막은 아니 일단의 사막은 항해할 수 있는 두 바다, 지중해와 인도양 사이에 놓여 있고, 또 다른 면에서 보면, 인구 밀도가 높은 세 대륙, 동아시아, 유럽, 흑아프리카에 둘러싸여 있었다. 무엇보다도 이슬람은 이 방대한 지역을 잇는 '중간 대륙'이다.

대서양에서 시베리아 삼림, 북중국에 이르는 지역에는 다른 형태의 사막이 있다. 아라비아 단봉낙타의 원산지인 남부의 열대 사막은 북부의 냉대 사막과 크게 다르다. 대략 카스피해에서 인더스강 어귀로 이어지는 북부의 낙타들은 쌍봉의 진정한 낙타들이다.

물론 사막마다 강변이나 해변이 있고 초원과 오아시스가 있어 농민들이 정착한 '사헬' 지대가 있다. 거기서는 괭이나 쟁기를 사용해 곡식을 재배할 수 있다. 이 고대 문명 지역에는 나일강, 티그리스강, 유프라테스강, 아무다리야강과 시르다리야강의 비옥한 계곡처럼 특히 비옥한 토양을 갖춘 예도 있다. 물론 오랜 경작으로 토양이 고갈되는 일도 많았다. 기후를 고려할 때, 이들 지역은 인간의 실수나 자연의 재앙에 취약하고 그 영향에서 벗어날 수 없었다. 침략, 기나긴 전쟁, 폭우나 과밀 인구 등 어느 하나만 해당하더라도 드넓은 경작지가 쉽게 유실되었다. 사막은 도시와 촌락을 모두 집어삼키고 뒤덮을 수 있다.

그러므로 이슬람의 운명은 이런 약점들에 위태롭게 노출되어 있었다. 상업에 종사하는 도시 인구는 과밀하고 촌락 인구는 희박해지면서 이슬람 문명은 끊임없이 어려움에 직면했다. 현재의 인구 분포는 이를 분명하게 보여준다. 이슬람 문명은 소수의 인구 과밀 지역과 그 사이에 펼쳐진 드넓은 인구 희박 지역으로 구성된다. 천재적인 관개시설, 건조 농업의 성공, 고된 노동에도 인내심을 잃지 않는 농부들의 끈기, 그리고 올리브나 대추야자처럼 건조 기후에 잘 적응한 수목에도 불구하고 이슬람은 안정적인 삶을 제공받지 못했고 풍요로움도 누리지 못했다. 풍요는 늘 한시적이었고 사치품을 향한 일시적 유행이거나 특정 도시만 누리는 특권이었다.

역설적이지만 얼핏 보기에는 메카도 마찬가지였다. 순례객이 몰리면서 엄청난 부가 쏟아졌다. 경이롭게도 그곳에서는 모든 일이 가능해 보였다. 가장 위대한 아랍 여행가 이븐 바투타는 1326년에 메카의 풍요를 노래했다. '진수성찬'의 '맛있는 풍미', 포도, 무화과, 복숭아, 대추야자, 그리고 최상의 멜론까지 '세상 어디서도 맛볼 수 없는' 훌륭한 과일을 칭찬한 그는 이렇게 결론지었다. '요컨대, 이 도시에서는 온 세상 온갖 상품을 얻을 수 있다.' 다른 곳에서는 굶주림 속에 하루하루를 살아야 하는 일이 빈번했다. 아랍의 어느 시인은 이렇게 말하기도 했다. '나는 허기를 창자에 가둬두는 법을 안다. 마치 현란한 손놀림으로 실을 탄탄하게 만드는 기술자 같다.' 무함마드의 추종자 한 사람은 이렇게 말했다. '보리빵 한 번 실컷 먹어보지 못한 채 비참한 생을 마감했다.'

결과는 뻔하다. 아라비아에서 그랬듯이 유목 생활이 확산되었다. 조금씩 다르기는 해도 이것이 사막 전역에서 이슬람이 살아야 할 삶의 형태였다. 고귀한 혈통에도 불구하고 베두인족은 야만인으로 묘사되는 일이 많았다. 그들이 정주한 농민들을 이해하지 못했듯이, 정착 농민들 역시 그들을 이해하지 못했다. 그래서 이슬람 전문가 자크 베르크의 말은 어쩌면 당연하다. '자주 비난의 대상이 되지만, 베두인들은 너무 선하다!' 그렇다. 그들은 정말 인간이라는 동물의 훌륭한 본보기다. 이슬람의 관점에서 그들은 다루기 어려운 동맹자이지만, 유용한 동맹자였다. 그들이 없었다면 이슬람은 패배했을 것이다.

엄격하고 소박한 삶을 살아야 하는 가혹한 운명 탓에, 그들은 오늘날이라면 '사회적 진보'라고 할 만한 변화의 기회를 얻지 못했다. 특히 그들이 그토록 혐오하는 정착 생활 말고는 달리 변화를 이룰 수 없었다. 오늘날 수많은 이슬람 국가들이 엄청난 단위로 그런 변화를 수행한다. 16세기 오스만 제국도 좋든 싫든 아시아와 유럽에서 이런 변화를 추구했다. 튀르키예 전역에 유목민 외뤼크스yourouks의 식민지가 조성되었다. 이들의 폐쇄적이고 철저한 유목민 '문화'에는 그 나름의 피할 수 없는 논리가 있다. 아놀드 토인비의 용어를 빌리자면, 그들은 그 나름의 '응전'에 갇힌 이들이었다.

과거 인구가 희박했던 이슬람 문명은 확보할 수 있는 인구를 활용해야 했다. 만성적인 인구 부족이 빈곤의 근본적 요인 가운데 하나였다. 앞으로 살펴보겠지만, 오늘날 이슬람이 인구 과잉이라는 사실은 역설이다. 인구가 3억 6,500만 명에서 4억 명 사이로 세계 인구 7, 8분의 1이다. 제한된 자원에 비해 인구가 너무 많다. 그런데 과거 전성기 이슬람의 인구는 전 세계 인구 3-5억 명 중 많아야 3,000만 명에서 5,000만 명이었고 그리 많은 편이 아니었다. 인구는 대체로 비슷한 수준을 유지했고 당시 이슬람은 오늘날보다 상대적으로 부담스러운 임무를 수행해야 했기 때문이다. 사실 아메리카를 발견하기 전, 사실상 지구 전역이라고 해도 과언이 아닐 유럽, 아프리카, 아시아로 구성된 구세계 역사를 이끈 것은 이슬람이었다.

이런 상황은 정부, 무역, 전쟁, 군사 안보 등 이슬람에 막중한 책임을 지웠다. 이슬람은 그런 부담을 덜기 위해 어디서나 사람들을 찾는 대로 받아들였고 인구가 많은 서양에서는 찾아보기 힘든 관용을 보였다. 이슬람은 또한 국경 밖 어디서나 사람을 찾으려 했고 고전 이슬람을 **독보적인** 노예 문명으로 만드는 역설을 낳았다.

이처럼 지속적인 대규모 인원 보충은 오랫동안 이슬람 세계의 불가결한 기반이었다. 인접한 모든 국가들이 이에 이바지했다. 땅과 바다에서 이슬람은 유럽의 그리스도교도들을 납치했고 때로는 9세기 베르됭의 유대인 상인들이 슬라브족 전쟁 포로를 되팔았던 사례에서 볼 수 있듯이 다른 이들을 통해 사들이기도 했다. 아프리카 흑인, 아비시니아인, 인도인, 튀르크인과 비참한 슬라브인, 코카서스인 등이 이슬람 노예가 되었다. 16세기에 크리미아반도 타타르인들의 기습공격을 받은 러시아인들은 포획되어 튀르크 치하의 이스탄불로 보내졌다.

그렇게 노예가 된 사람들이 놀라운 행운을 얻는 경우도 많았다. 일례로 이집트의 맘루크들이 있다. 그들은 1250년 루이 9세의 십자군 원정이 실패로 돌아간 바로 그때 권력을 잡았다. 그들은 대부분 튀르크인이었고 코카서스 출신도 있었다. 비록 노예였지만 그들은 군인으로 훈련받았다. 1517년 오스만에 정복당할 때까지 그들은 꽤 성공적으로 이집트를 다스렸고 오스만 정복 후에도 무대에서 사라지지 않았다. 나폴레옹은 피라미드 전투에서 맘루크와 대면했다. 현대의 어느 역사가는 '맘루크들은 벼락출세한 사람들이다. 그러나 그들은 하찮은 사람들이 아니다'라고 썼다. 이들만큼 유명한 튀르크의 예니체리Janissary도 여러 면에서 이들과 닮은꼴이다.

모든 이슬람 도시에는 인종, 종교, 언어별로 서로 다른 구역이 있었다. 1651년에 오스만 파디샤의 궁정에서 궁중 혁명이 진행되는 동안 '술탄의 시종과 장교들에게 바벨의 저주가 내려 그들을 무력하게 만들었다.' 그들은 극도의 스트레스를 받은 탓에 인위적으로 익힌 오스만 언어를 잊었고, '놀란 증인들의 귀에는' 다양한 언어와 목소리가 들렸다고 1668년에 폴 리코Paul Ricaut는 적었다. 누군가는 조지아어를 말했고 누군가는 알바니아어를, 누군가는 보스니아어를, 누군가는 민그렐어를 말했다. 또 누군가는 튀르크어나 이탈리아어를 말했다.' 수많은 예가 있겠지만 특히 좋은 예가 하나 있다. 튀르크 해적선들이 출몰할 때 알제리인들은 여러 언어를 구사하는 사람들 같았다.

중간자 대륙: 무역로와 도시

자연으로부터 받은 게 많지 않았던 이슬람에 사막을 가로지르는 길들보다 중요한 것은 거의 없었다. 그들은 그 길들을 연결하고 거기에 생명을 불어넣었다. 무역로는 이슬람의 부였고 존재 이유raison d'être였으며 문명이었다. 수백 년 동안 이슬람은 그 길들 덕분에 지배력을 가질 수 있었다.

신대륙 발견 전까지 이슬람은 구세계를 장악하고 통치했으며 사실상 '세계의' 역사였다. 앞서도 말했던 것처럼, 이슬람은 홀로 구세계의 위대한 문화 지역—동아시아, 유럽, 흑아프리카—을 연결했다. 이슬람의 승인이나 묵인이 없이는 어떤 일도 일어나지 않았다. 이슬람은 그들의 중개자였다.

선박, 대상隊商, 상인: 이슬람의 정치 상황이 몹시 어려울 때가 많았지만 그들은 계속해서 지리적 위치의 유리함을 계속 누렸다. 사람들이 지나는 길목에 있었기 때문이다. 그러나 이슬람이 이런 특별한 지리적 이점을 항상 잘 알았던 것은 아니다. 이슬람이 아시아 냉대 사막의 과격한 유목민들을 통제하기는 힘겨웠다. 이슬람화된 투르키스탄에는 오아시스를 따라 전초기지들이 늘어서 있었지만, 결코 실전 능력을 갖춘 변경은 아니었다. 사실 아랄해에서 흑해와 카스피해로 이어지는 길에서 튀르크인, 투르크멘인, 몽골인을 몰아낼 수는 없었다. 이 가운데 가장 호전적이었던 몽골인이 이란을 침략하고 바그다드를 위협했다. 130쪽에 수록된 지도는 13세기에 최고조에 이르렀던 몽골의 침입을 보여준다.

그러나 수백 년 동안 이슬람은 수단의 황금과 흑인 노예를 지중해로 수송한 유일한 세력이었다. 그들은 극동 아시아의 비단, 후추, 향신료와 진주를 유럽으로 운반했다. 아시아와 아프리카에서는 레반트 무역을 장악했다. 결국 레반트 무역은 알렉산드리아, 알레포, 베이루트, 시리아 트리폴리 출신 이탈리아 상인들의 손으로 넘어갔다.

그러므로 이슬람은 무엇보다 이동과 운송에 바탕을 둔 문명이었다. 이는 인도양과 지중해 사이, 흑해에서 중국, 인도까지,

흑아프리카에서 북아프리카까지 뻗은 장거리 항해와 다양한 대상 무역을 의미했다.

동양에서 코끼리가 등장했고, 말과 나귀는 어디에나 있었지만, 대상은 주로 낙타로 구성되었다. 낙타는 짐을 300킬로그램까지 실어 나를 수 있었다. 대상은 보통 5,000마리에서 6,000마리의 낙타를 동원했으므로 그들이 운반한 화물의 양은 거대한 상선 한 척의 적재량에 맞먹는다.

대상은 군대처럼 여행했다. 지휘자와 참모진을 두고 엄격한 규칙을 준수하며 정해진 지점에서 정박하고 약탈적인 유목민에 대해 의례적인 예방 조치를 취했다. 이들과는 협상이 최선이었다. 여행 중에는 사막 한복판을 제외하고 정해진 거리마다, 곧 하루 이동 거리마다 칸khan이라는 거대한 숙소 건물을 만나게 된다. 그곳에서는 사람과 동물이 분리된 구역에서 숙박할 수 있었다. 이들은 이를테면 대상 행렬을 위한 정거장이었다. 유럽 여행객들은 하나같이 그 거대한 건물과 그럭저럭한 편안함에 관해 이야기했다. 알레포의 유명한 칸처럼 일부 시설이 지금도 남아 있다.

이런 대상 시스템과 해운의 결합은 거대한 유사-자본주의 조직이 있어야 가능하다. 이슬람에는 무슬림 상인도 있고 무슬림이 아닌 이들도 있다. 공교롭게 제1차 십자군 원정(1095-9) 중 카이로에 있었던 어느 유대인 상인의 편지가 전해진다. 그의 편지에서는 신용과 지급 방법, 온갖 형태의 무역 회사에 관한 지식을 엿볼 수 있다. 그리고 그 편지는 이 모든 것이 나중에 이탈리아인들이 발명한 것이라는 순진한 믿음을 여지없이 무너뜨린다. 그의 편지는 장거리 무역에 관해서도 기록하고 있다. 산호가 북아프리카에서 인도까지 운반되었고 노예는 에티오피아에서 조달되었으며 철은 후추, 향신료와 함께 인도에서 들여왔다. 이 모두는 돈, 상품, 사람의 대규모 이동을 의미했다.

그러므로 아랍인들의 여행 범위에 놀라운 것은 없었다. 물론 당시에는 엄청나 보였을 수도 있다. 늘 이동 중이었고 이동하며 살았던 이슬람이 그 길을 인도했다. 1304년 탕헤르에서 태어난 모로코인 이븐 바투타는 1325년부터 1348년 사이에 '세계 일주'를 했다. 그는 이집트, 아라비아, 볼가강 하류, 아프가니스탄, 인도, 중국을 방문했다. 1352년에는 흑아프리카로 가서 니제르강을 따라 여행했다. 그곳에서 그는 수단 사람들이 무슬림이면서도 '피부색이 밝은 이들the Whites'에게 거의 존경을 보이지 않는다고 불평했다. 황금의 도시 시질마사에서 그는 세우타 출신의 고향 사람을 만났는데 중국에서 만났던 알 부크리의 형제라는 사실에 놀랐다. 당시 이슬람에는 이런 부류의 방랑객이 많았다. 그들은 대서양에서 태평양까지 어디서나, 러시아인의 환대에 비할 만한, 무슬림들의 환대를 받았다.

강력한 도시가 없었다면 그런 여행은 꿈도 꿀 수 없었을 것이다. 이슬람 세계에서는 강력한 도시들이 번성했고, 그것들은 엄청난 규모의 순환을 가능하게 만드는 동력 장치였다. 상품, 운송용 동물, 인력, 진귀한 문화 상품들 모두 도시를 통과했다. 유럽으로 향하는 진귀한 물품들에 관해서는 수없이 많은 목록이 있다. 이를테면 희귀 작물(사탕수수, 면화), 누에, 종이, 나침반, 인도 숫자(이른바 아라비아 숫자), 화약, 널리 알려진 약물은 물론이고, 콜레라와 흑사병의 고향인 인도와 중국에서 유래한 끔찍한 전염병의 병원균까지 다양한 품목이 있었다.

이슬람 도시들은 대체로 비슷했다. 거리는 좁고 비탈져서 비라도 내리면 저절로 청소되었다. 무함마드의 하디스hadith에 따르면 도로의 폭은 7큐비트, 혹은 10피트에서 13피트 사이여야 한다. 그래야 짐 실은 나귀 두 마리가 마주 보고 지나갈 수 있기 때문이다. 그러나 이런 규격을 지키지 못할 때가 많았다. 가옥들이 길을 침범했고 법령에도 불구하고 중세 서양 가옥들처럼 상층부가 돌출된 가옥들을 흔히 볼 수 있었다. 이는 부분적으로 (카이로와 메카, 그리고 제다 항구를 제외하고) 이슬람교가 다층 가옥의 건축을 금지했기 때문이다. 건물을 너무 높이 짓는 것은 집주인의 오만을 드러내는 지표이며 지탄받을 일이라고 주장되었기 때문이다.

지방 행정의 부재에서 비롯된 무질서를 고려할 때, 심각한 인구 압박 탓에 공터마다 형편없는 가옥들이 마구잡이로 지어져 혼잡한 주거지들이 만들어졌다.

1657년 테브노라는 이름의 한 프랑스인 여행객은 '카이로에는 쾌적한 거리가 한 곳도 없고 비좁고 꼬불꼬불한 골목만 수두룩하며 계획도 없이 도로가 막히든 말든 아랑곳하지 않고 원하는 데면 아무 데나 집을 지었다'는 사실에 놀랐다. 1세기 뒤인 1782년 볼니라는 이름의 또 다른 프랑스인이 같은 비좁은 골목들을 묘사했다.

포장되지 않은 도로에 사람과 낙타와 당나귀와 개들이 북적대며 일으키는 먼지 때문에 사람들은 시도 때도 없이 문 앞에 물을 뿌렸다. 그 탓에 길은 진흙탕이 되고 수증기가 일며 악취를 풍겼다. 통상적인 동방의 모습과 달리, 집들은 2, 3층 높이였고 맨 위층은 회칠하거나 포장을 입힌 옥상이었다. 집들은 대부분 흙벽돌이나 조악하게 구운 벽돌로 지어졌다. 그렇지 않으면 인근 모카탐 산에서 채취한 돌로 지었다. 거리로 난 창문이 없는 탓에 집들은 모두 감옥처럼 보였다.

19세기 중반 이스탄불의 풍경도 이와 비슷했다. '마차는커녕 말도 지나다니기 어려웠다. 당시 이스탄불에서 가장 넓은 디반 도로에도 폭이 2.5미터에서 3미터도 되지 않는 구간들이 있었다.' 대체로 사실이다. 그러나 11세기 카이로에는 7층부터 12층 높이의 주택들이 있었다. 그리고 9세기 사마라에는 길이가 수 킬로미터에 달하고 폭이 50미터에서 100미터에 이르는 대로들이 곧게 뻗어 있었다. 물론 이는 예외적인 경우였다.

무슬림 국가에서 거리는 비록 좁지만 언제나 생기가 넘쳤다. 개방된 공간을 즐기는 사람들에게는 영원한 모임 장소였다. 그곳은 '이야기꾼, 가수, 뱀 장수, 돌팔이 약사, 치료사, 사기꾼, 이발사 등 이슬람 도덕가들과 법률가들의 눈에는 의심스럽기 그지없는 온갖 직업의 사람들에게는 동맥과도 같은 만남의 자리'였고 '이들에 더해 거친 놀이를 즐기는 아이들도 있었다.' 거리뿐 아니라 테라스도 소통의 공간이었다. 비록 그곳은 여성들에게만 한정된 공간이었지만 말이다.

이렇게 무질서하다고 해서 전반적인 설계가 전혀 없었던 것은 아니다. 특히 거리는 도시의 구조 자체의 토대에 기반했고 주민들의 삶에 연결되어 있었기 때문이다. 도심에는 매주 설교가 진행되는 대사원이 있었다. '마치 심장처럼 모든 것이 그곳에서 흘러나와 다시 그곳으로 흘러든다.'(자크 베르크) 인근에는 시장bazzar이 있어서 상가souk, 대상 숙소 혹은 창고, 잦은 비난에도 불구하고 설치되어 운영되는 공중목욕탕 등이 포함된 상업지구가 형성된다. 대모스크를 중심으로 장인들이 밀집해 있었다. 제일 먼저 향수와 향을 취급하는 장인과 상인이 있고 그다음은 직물과 양탄자를 판매하는 상점, 보석상과 음식점, 그리고 마지막에 가장 미천한 업종으로 통하는 가죽 장인, 구두장이, 대장장이, 짐꾼, 행상, 염색공들이 자리했다. 그들의 상점은 곧 도시의 끄트머리를 의미했다.

원칙적으로, 각 업종의 위치는 고정되어 있었다. 마찬가지로, 마흐젠maghzen 혹은 군주의 거처는 폭동이나 민중의 반란을 피할 수 있게 도시 외곽에 자리했다. 그 옆으로 그들의 보호를 받는 멜라mellah, 곧 유대인 거주 구역이 있었다. 인종과 종교로 분리된 다양한 주거 구역들이 더해지면 도시의 모자이크가 완성된다. '도시는 학살의 공포 속에 살아가는 구역들의 집합체다.' 그러므로 인종 분리는 서양의 식민 지배에서 비롯된 것이 아니다. 물론 서양의 식민 지배는 인종 분리를 해소하지도 않았다.

화려한 성문을 갖춘 성벽과 거대한 묘지가 도시를 에워싸고 있는 탓에, 표면적 무질서의 이면에서 이런 분리가 한층 더 엄격해졌다. 오늘날에는 자동차 통행의 필요 때문에 변화를 피할 수 없게 되었는데 그 정도가 지나칠 때도 있다. 최근 도로 확장 붐이 인 탓에 이스탄불은 거대한 건설 현장을 방불케 한다. 집의 절반이 잘려 나가 방문을 열면 곧장 새로 난 통행로로 이어지기도 한다. 통행로에서 갈라진 길은 마치 '빙하 계곡' 같기도 하고 급하게 벌목한 탓에 공중으로 높이 수송로를 낸 숲처럼 보이기도 한다.

대체로 이슬람 도시에서는 서양 도시들이 일정한 수준에 도달하면 추구하는 정치적 자유를 찾아볼 수 없었고 건축적 질서의 개념도 찾아볼 수 없었다. 그러나 그것들은 진정한 도시 생활의 모든 요소를 갖추었다. 순응적인 부르주아 계급에 더해 가난한 대중, 궁핍한 장인들과 소매치기, 이들은 모두 부자들의 식탁에서 떨어지는 '부스러기'로 살아갔다. 부자들은 다른 곳에서는 찾아보기 힘든 방탕한 쾌락을 누렸다. 경건한 사람들에게 역겹고 사악해 보일 만했다. 사원 부속학교, 마드라사 medersa와 대학 덕분에 도시는 지식의 보루가 되었다. 마지막으로, 도시는 주변 촌락민들에게 늘 끌리는 곳이었으며 그들을 길들이고 적응시켰다. 이는 도시가 등장한 순간부터 지금까지 변치 않는 사실이다. 세비야 출신의 도시민은 문간이나 시장에 나타나 가축이며, 고기, 가죽, 고약한 냄새의 버터, 난쟁이 야자수, '푸른 풀green grass', 콩을 팔면서 끝없이 분란을 일으키는 시골 사람들을 떠올리며 이렇게 말했다. '세상에 그들보다 더 벌 받아야 할 사람은 없다. 그들은 도둑이고 건달이고 중죄인들이기 때문이다.' 그러나 그런 걱정은 필요 없었다. 도시민들은 경계심과 교활함으로 촌락민들에게 10배로 갚아 주었다. 도둑이 도둑을 맞았다. 이슬람에서 도시민들은 특히 거친 촌락 세계를 서양에서보다 더 강하게 장악하고 있었다. 그렇게 다마스쿠스는 인근 구타Ghouta의 농민들을 통제했고 제벨 드루즈 Jabal al-Druze의 산악 주민들을 통제했다. 알제리인들은 해적들과 파스, 미티자, 카빌의 산악 지대 농민들을 통제했다. 마찬가지로, 비단옷을 걸친 그라나다 부르주아들은 면직물 옷을 입은 인근의 가난한 산악 지대 농민들과 대비되었다.

그러나 다시 말하지만, 이는 모든 도시에서 나타나는 특징이다. 서양과 비교해 이슬람 도시가 근본적으로 다른 점이 있다면 이른 성장과 예외적인 규모였다.

이슬람에서 도시의 중요성은 놀라운 것이 아니다. 도시는 이슬람 문명의 핵심이었다. 도시, 도로, 선박, 대상과 순례자, 이 모두는 전체를 구성하는 부분들이었다. 루이 마시뇽의 적절한 지적처럼, 그들은 무슬림들의 삶에서 **운동**의 요소들이며, '동력선'이었다.

3. 이슬람의 영광과 쇠퇴

이슬람은 8세기에서 12세기 사이에 화려한 전성기를 맞았다. 그 사실에는 누구나 동의한다. 그렇다면 이슬람의 쇠퇴는 언제 시작되었을까? 흔히 이슬람이 결정적으로 쇠퇴하기 시작한 것은 13세기라고 한다. 그러나 이는 전혀 다른 두 가지 사실을 혼동한 결과이다. 다시 말하자면, 한 문명의 종말과 지배력의 상실을 혼동한 결과이다.

13세기에 이슬람은 지배적 위치를 상실했다. 그러나 실제로 쇠퇴의 위험이 시작된 것은 18세기부터였고, 문명의 긴 수명에서 보면 바로 얼마 전의 일이다. 이슬람 문명은 산업혁명을 놓친 탓에 이제는 '저개발'이라고 묘사되는 여러 국가의 운명을 공유했다. 산업혁명은 세계가 기계의 어찔한 속도에 따라 발전할 수 있었던 최초의 혁명이었다. 이런 실패로 이슬람 문명이 끝나지는 않았지만, 고작 200년 만에 유럽이 이슬람을 따돌리고 급속한 물질적 진보를 이루었다.

8세기나 9세기 이전에 이슬람 문명은 없었다

아랍인이 하나의 제국을 정복하는 데 걸린 몇 년 사이에 이슬람은 하나의 정치적 실체가 되었다. 그러나 이슬람 문명은 아랍인이 정복한 제국과 그곳을 거쳐 갔던 고대 문명들이 결합해 탄생했다. 그러므로 이슬람 문명의 탄생은 여러 세대와 오랜 세월을 거친 결과였다. 초기에 정복 활동을 펼친 아랍인들은 새로 편입된 피정복민들을 개종시키려 하지 않았다. 그들은 페르시아, 시리아, 이집트, 아프리카(오늘날 튀니지에 해당하는 로마 영토 아프리카이며 아랍인은 이프리키아Ifriqya라고 불렀다)와 스페인(안달루시아, 즉 알 안달루스) 등 그들이 무너뜨린 풍요한 문명들을 이용하는 데에 만족했다. 이슬람으로 개종을 시도한 그리스도교도들은 채찍형을 당했다. 비이슬람교도는 세금을 내야만 했는데 이슬람 정복자들이 스스로 수입원을 줄일 이유가 있었겠는가? '점령지 주민들은 괴롭힘 없이 자신들의 생활방식을 유지했다. 그러나…… 그들이 우량 품종의 가축처럼 보호받았던 이유는 그들이 세금을 냈기 때문이다.'(가스통 위트Gaston Wiet)

무함마드의 첫 번째 후계자 네 사람, 곧 '정통 칼리프'가 지배하는 동안(632-660)은 상황이 그랬다. 칼리프는 곧 '계승자', '부관', 혹은 번역가들의 표현을 빌리자면 '대리 통치자'라고 할 수 있다. 다마스쿠스를 수도로 정한 우마이야 왕조(660-750) 치하에서도 마찬가지였다. 이 기간은 전쟁이 계속되던 시기로 종교적 동기가 전면에 부상하는 일은 거의 없었다. 예컨대 비잔티움 제국과의 분쟁은 정치적인 분쟁이었지 종교적인 분쟁이 아니었다.

더욱이 정복지의 행정은 '현지인'이 맡았고 공문서는 여전히 그리스어나 (사산조 페르시아의) 팔레비어로 작성되었다. 예술과 건축 역시 헬레니즘 문화에서 영감을 얻었고 사원 건축조차 그랬다. 사원의 중정中庭이며, 주랑, 아케이드, 돔형 지붕까지 비잔티움 모델을 본떴다. 무아딘이 기도 시간을 알릴 때 사용하는 첨탑만 이슬람 고유의 것이었다. 사실 첨탑마저도 그리스도교의 종탑을 아주 많이 닮기는 했지만 말이다. 이슬람 정복의 최초 단계에 아랍인들은 제국과 국가를 만들었을 뿐 아직 문명을 탄생시키지는 않았다.

결정적 변화는 8세기 중반에 접어들면서 나타났다. 칼리프의 지위가 아바스 왕조로 넘어가고 우마이야 왕조를 표상하는 흰 깃발이 아바스 왕조를 표상하는 검은 깃발로 교체되었을 때, 거대한 정치, 사회적 변화가 나타났고 지적 변화로 이어졌다.

당시 무슬림 세계는 등을 돌려 동방으로 물러났고 한때 그들의 관심을 사로잡았던 지중해 세계에서 조금 멀어졌다. 새로 등극한 칼리프들이 이슬람의 수도를 다마스쿠스에서 바그다드로 옮겼고 예속민 혹은 피정복민들 사이에서 불만이 고조된 것은 물론이고 자신들의 영향력이 축소되었다고 느낀 특권층 사이에서도 불만이 일었다. 불과 100년 남짓, 서너 세대 동안 유지된 '순수 혈통의' 아랍인 지배가 최후를 맞았다. 그 기간에 '지체 높은' 전사들이 부와 사치의 쾌락, 안달루시아 출신의 아랍 귀족, 이븐 할둔이 훗날 '악의 체현'이라고 묘사한 문명의 쾌락에 빠져 있었다.

당시 모든 면에서 물질적 번영이 급격하던 시절, 당연하게

도 오래된 문명국가들은 지배력을 재확인했다. 820년경 칼리프의 수입이 비잔티움 제국 연간 수입의 5배에 달했다. 그런 엄청난 부는 시대를 앞선 상업 자본주의 덕분이었다. 그들의 무역 시스템은 중국, 인도, 페르시아만, 에티오피아, 홍해, 이프리키아와 안달루시아까지 뻗어 있었다.

'자본주의'가 그리 시대착오적 표현은 아니다. 이슬람 세계의 한쪽 끝에서 다른 쪽 끝까지 이어지는 이슬람 세계에서 투기꾼들은 무역에 아낌없이 돈을 걸었다. 아랍인 작가 하리리는 어느 상인의 입을 빌려 이렇게 말했다. '중국에 사프란을 보내고 싶다. 그곳에서 사프란 값이 비싸다는 이야기를 들어서다. 그다음에는 중국산 도자기를 그리스로 보내고, 그리스산 자수 제품을 인도로 보내고, 인도산 철을 알레포로 보내고, 알레포의 유리를 예멘에 보내고, 예멘의 줄무늬 직물을 페르시아로 들여오고 싶다……' 바스라에서 상인들은 오늘날 **어음 결제**로 불리는 원리에 따라 거래했다.

무역은 곧 도시를 의미했다. 무역 거점으로 거대 도시들이 건설되었다. 바그다드도 그 도시들 가운데 하나였다. 바그다드는 762년부터 몽골의 손에 무참하게 파괴된 1258년까지 구세계에서 가장 크고 부유한 수도이며 '빛의 도시'였다. 836년 바그다드에서 그리 멀지 않은 티그리스강 변에 건설된 거대 도시 사마라, 또 하나의 거대한 항구 바스라, 카이로, 다마스쿠스, (카르타고의 부활이라 할 수 있는) 튀니스, 그리고 코르도바 등도 그런 거대 도시였다.

이 도시들은 나름의 방식으로 쿠란의 언어와 전통 시에서 이른바 '문어체' 아랍어를 만들어냈고 개조했다. 그리스도교 세계에서 라틴어가 그랬던 것처럼, 모든 이슬람 국가들에 공용어가 될 지적 언어, 세련되고 문학적인 언어가 만들어지고 개조되었다. 그렇게 만들어진 '문어체' 아랍어와 비교하면, 다양한 구두 언어는 물론이고 아랍인의 아랍어조차 점점 더 방언처럼 들렸다. 문어체 아랍어는 하나의 언어일 뿐만 아니라, 바그다드에서 진화해 멀리 퍼져나간 문학이고 철학이고, 열렬한 보편적 믿음이자 하나의 문명이었다. 그 때문에 아바스 왕조전에도 관료 채용에 심각한 위기가 나타났다. 700년 우마이야 왕조의 칼리프 아브델-말리크는 장차 그리스도교 수도사가될 다마스쿠스의 요안니스(655-749)를 조언자로 삼았다. 그리고 그에게 모든 공문서에서 그리스어를 금지하기로 했다고 말했다. 아랍의 역사가 발라도리Baladhori는 이렇게 전한다. '칼리프의 이런 결정에 세르기우스[요안니스의 또 다른 이름이다]는 크게 낙담했고 몹시 슬퍼하며 칼리프 곁을 떠났다. 세르기우스는 그리스인 관료 몇 사람을 만나 이렇게 말했다. "생계를 위해 다른 직업을 찾는 편이 낫겠네. 신께서 지금의 일자리를 거두어 가셨네."'

그리스도인들과 무슬림들이 서로 관용하며 살았던 잠정 협정modus vivendi이 끝났음을 의미했다. 완전히 새로운 시대가 시작되고 있었다.

아랍 세계에서 언어의 통일은 사실상 지식의 교류, 사업, 정부와 행정을 위한 필수적인 도구가 창조되었음을 의미했다. 앞서 말한 유대인 상인의 편지는 아랍어로 쓰였지만 히브리 문자를 사용했다.

이런 언어적 자산은 문화에 엄청난 이점을 제공했다. 유명한 칼리프 하룬 알 라시드의 아들 알 마문(813-33)은 수많은 외국 문학, 특히 그리스 문학의 아랍어 번역을 후원했다. 이슬람 세계는 양피지보다 훨씬 저렴한 종이를 일찍부터 사용했기 때문에 이런 지식이 급속히 퍼졌다. 칼리프 알-하캄 2세(961-76)는 코르도바에 40만 권의 장서를 보유하고 도서 대장만 44권에 이르는 도서관을 두었다고 한다. 숫자에 과장이 있을 수 있지만 프랑스 선량왕 장 2세의 아들 현명왕 샤를 5세(1364-1380)의 도서관 장서가 고작 900권이었다는 점에 주목할 필요가 있다.

이 중요한 몇 세기에 이슬람에서 내적 변화가 일어났다. 무함마드의 종교는 비잔티움 방식의 주석으로 한층 복잡해졌고 많은 전문가가 신플라톤주의의 부활이라고 여겼던 신비주의 형식으로 보완되었다. 시아파의 분리를 추동한 엄청난 힘조차도 초기 아랍인의 이슬람 외부에 놓인 심연에서 나온 듯했다. 시아파는 우마이야 왕조에게 암살된 신실한 칼리프 알리를 추앙하며 이슬람의 다수를 차지한 주류 수니파에 반기를 들었다. 그들의 순례지 가운데 하나인 이라크의 카르발라에는 지금도 수천 명의 신자가 운집한다. '알리는 또 다른 예수로 보였고 그의 어머니 파티마는 또 다른 성모 마리아처럼 보였다. 알리와 아들의 죽음은 예수의 수난처럼 이야기되었다.'(고티에 E. F. Gautier)

그러므로 이슬람교는 종교의 핵심에서조차 고대 동방과 지중해 문명들을 빌려 재건되었고 하나의 공통 언어에 힘입어 공통의 영적 의무와 세속적 의무를 강화했다. 아라비아는 하나의 에피소드에 불과했다. 사실, 어찌 보면 아랍 문명이 본격적으로 시작된 것은 다양한 비아랍 민족들이 이슬람으로 개종하기 시작한 때였다. 그리고 대서양에서 파미르고원까지 이슬람 학교가 '움마ummah' 곧 신도 공동체로 확대했을 때 시작되었다. 다시 한 번 옛 술이 새 병에 부어졌다.

이슬람의 황금시대: 8세기부터 12세기까지

사오백 년 동안 이슬람은 구세계에서 가장 뛰어난 문명이었다. 이슬람의 황금시대는 대체로 바그다드에 (도서관이자 번역원이자 천문학 연구소) **지혜의 집**을 만든 알 마문의 치세부터 시작해서 1198년 이슬람의 마지막 철학자 이븐 루시드(아베로에스)가 72세를 일기로 마라케시에서 사망한 때까지 이어졌다. 그러나 사상과 예술의 역사만으로 이 위대한 이슬람 시대를 모두 설명할 수는 없다.

이슬람 철학을 연구한 역사가 레옹 고티에는 이슬람 사상이 가장 번성했던 시기에 관해 이렇게 말했다.

평화의 시대였고 번영이 일반적이었던 시대다. 강력한 계몽 칼리프의 보호를 받을 수 있을 만큼 운이 좋은 시절이었다. 동방에서는 8세기부터 9세기까지 알 만수르부터 알 무타와킬에 이르는 아바스조朝 칼리프들의 치세가 그런 시대였다. 그들은 거의 100년 동안 멈추지 않고 이슬람 세계에서 그리스 과학과 철학의 확산을 장려했는데 네스토리우스파 그리스도교인들의 대규모 번역 운동이 큰 역할을 했다…… 서방에서는 12세기 무와히드 칼리프들의 치세가 그런 시대였다. 그들에게는 총애하는 박사나 철학자와 마주앉아 긴 시간 동안 사변적인 대화를 나누는 관례가 있었다. 그런가

하면 제국이 쇠퇴할 때 대담한 사상가들이 서로 경쟁하는 소수의 권력자를 선택해 관대한 후원을 받기도 했다. 예컨대 9세기 초반 알레포의 에미르, 사이프 알 다왈라는 철학자 알 파라비의 보호자였다.

잘 알려진 대로, 레옹 고티에는 정치사의 견지에서 그 문제를 바라보았다. 그가 보기에 문명을 좌우한 것은 군주, 곧 '계몽 전제군주'였다. 그렇지만 일련의 불운한 사건들이 이어진 결과 유례없는 정치 공간의 파편화로 바그다드 칼리프 국이 급속히 쇠퇴했지만, 철학의 발전을 가로막지는 않았다. 학자들은 한 국가나 권력자의 후원에서 벗어나 인근의 다른 곳으로 도주할 수 있었기 때문에 오히려 일정한 지적 자유가 가능해졌다. 이는 르네상스 시기 이탈리아와 17, 18세기 유럽의 일반적인 특징이었다. 이슬람교도들도 같은 기회를 누렸다.

그러나 이런 지적 우위만으로는 충분치 않았다. 강력한 물질적 우위가 이를 뒷받침하고 설명한다.

750년경에 이슬람은 지리적으로 최대의 범위를 획득했다. 그러나 외부의 반격으로 더 이상의 팽창은 가로막혔다. 718년에 포위공격을 받던 콘스탄티노플은 이사우리아조의 황제 레온 3세의 용기와 그리스의 불 덕분에 위기를 모면했다. 732년 혹은 733년 푸아티에 전투에서 카를 마르텔의 승리와 같은 시기 마그레브에서 일어난 봉기 덕분에 갈리아 지방과 서양이 위험에서 벗어났다. 그 결과 이슬람의 변경이 크게 안정되었고 제국 전역에 하나의 거대한 경제 체제가 뿌리내려 성장하고 열매를 맺었다.

이런 성장에는 시장 경제, 화폐 경제, 농업 생산의 '상업화'가 수반되었다. 현지에서 모두 소비되지 않은 잉여생산물은 도시에서 판매되었고 도시의 성장에 보탬이 되었다. 연간 10만 마리의 낙타가 대추야자 무역에 동원되었다. 도시 시장 중에는 '멜론 시장'으로 불리는 곳이 있어서 트란스옥시아나 메르브산 멜론이 특히 선호되었다. 멜론은 건조 과정을 거친 후 대량으로 선적되어 서쪽 끝까지 운송되었다. 신선과일은 특별한 중개 과정을 거쳐 얼음과 함께 넣어 가죽 통에 담겨 바그다드로 운반되었다. 사탕수수 재배도 산업으로 성장했다. 식량 생산과 관련해 주목할 것은 방아의 발전이다. 예컨대 바그다드 인근에 물레방아가 있었고 세이스탄에서는 947년부터 풍차가 있었으며 바스라에서는 티그리스강의 물살을 이용해 물레방아를 돌렸다.

철, 목재, 직물(린넨, 비단, 면직물, 모직물) 등 다양한 산업의 등장과 동방에서 목화 경작지의 엄청난 확대는 이런 모험적인 경제로 설명할 수 있다. 부하라, 아르메니아, 페르시아산 양탄자는 이미 명성을 얻었다. 바스라는 엄청난 양의 케르메스와 인디고 염료를 수입했는데 직물을 붉은색과 푸른색으로 염색하기 위해서였다. 카불을 거쳐 들어온 인도산 인디고 염료는 상이집트산보다 품질이 우수하다는 평가를 받았다.

이 모든 활동은 수없이 많은 결과를 낳았다. 화폐 경제는 영주와 농민 위주로 구성된 사회의 근간을 흔들었다. 부자들은 더 부유해지고 거만해졌다. 가난한 사람들은 훨씬 더 가난해졌다. 관개 기술의 발달로 농노의 수요가 늘어났다. 이슬람은 쌓아놓은 부 덕분에 경쟁자들보다 대여섯 배 비싼 값에 농노를 사들일 수 있었고 이에 따른 사회적 긴장을 피할 수 없었다.

이슬람의 번영이 사회적 긴장의 유일한 요인은 아니었지만 많은 부분을 설명해준다. 특히 혁명적 분위기를 조성하고 도시와 농촌의 잇따른 소요를 자극했으며 이란에서처럼 민족주의 운동과 결부되기도 했다. 당대의 문헌들은 민족주의, 자본주의, 계급 갈등 등 너무나 근대적인 표현과 개념들을 연상시켰다. 1000년경 알-이프리키가 작성한 팸플릿을 살펴보자. '아니, 맹세컨대, 내 가난이 계속되는 한, 나는 절대 신에게 기도하지 않을 것이다. 기도는 군대를 거느린 샤이크나 할 일이다. 그의 창고는 차고도 넘친다. 그런데 내가 왜 기도해야 하는가? 내게 힘이 있나? 궁전이며 말이며 좋은 옷이며 황금 허리띠가 있나? 땅 한 뙈기 없는 내가 기도를 드린다는 건 터무니없는 위선이다.'

모든 것이 서로 연결되어 있으므로 이런 전성기에 등장한 이슬람 이단자들에게는 중세 유럽의 이단자들과 마찬가지로 정치 사회적 근원이 있었다. 이단자 집단은 장려하거나 박해하는 데에 따라 등장하고 발전하고 변형된다. 무슬림의 지성사는 이런 폭발력 있는 비밀결사체들과 긴밀히 연결되었다.

역사가 애덤 메즈는 '르네상스'라는 모호한 용어로 이슬람의 황금시대를 묘사했다. 이는 이슬람의 황금시대가 이탈리아의 눈부신 르네상스에 견줄 만하다는 점을 시사한다. 어쨌든 그런 비교에는 이슬람 문명에 15세기 이탈리아처럼 물질적 부와 지적 풍요가 모두 포함되었음을 강조한다는 장점이 있다. 사실 이슬람의 황금시대와 이탈리아의 르네상스는 모두 무역과 부의 혜택을 누린 도시 사회에 토대를 두고 있었다. 또 양측 모두 존경심에서 자신들보다 수백 년 전에 존재했던 고대 문명을 되살려내서 그 원전들에 의지한 소수의 탁월한 사람들이 만들어낸 결과물이었다. 그런데 두 경우 모두 외부에 가볍게 위장한 야만인들의 위협이 있었다.

15세기 말 이탈리아 인근에 자리한 이민족은 스위스 여러 지역의 산지 주민들, 브레너 고개 북쪽 독일인과 프랑스인, 전통 신발을 신은 스페인인, 혹은 (1480년 오트란토를 점령한) 튀르크인이었다. 이븐 시나와 이븐 루시드의 이슬람에게 이민족은 셀주크튀르크, 베르베르인, 사하라의 유목민들, 혹은 서양의 십자군들이었다. 그리고 훗날 이탈리아에서 그랬던 것처럼, 이민족을 불러들였다. 바그다드의 칼리프 국 초기부터 튀르크 노예와 용병들이 필요했다. '자녀의 미래를 염려한' 부모가 제 손으로 자녀를 팔아넘겼다. 스페인에서는 아주 오랫동안 금화 몇 푼으로 북쪽의 그리스도교 침략자들을 매수하거나 고향으로 쫓아낼 수 있었다. 그러다가 어느 순간 전투가 심각해졌다. 세비야의 왕 알 무타미드는 그리스도교 이민족을 막기 위해 이제 또 다른 이민족인 북아프리카의 무라비트 술탄국에게 도움을 청해야 했다.

모순적이라고 할 수도 있겠지만, 813년부터 1198년 사이 이슬람 문명은 하나이면서 여럿이었고 보편적인 동시에 지역적으로 다양했다. 우선 일원성을 살펴보자. 이슬람은 어디서나 사원과 마드라사(학교)를 건설했고 장식은 한결같이 정교하고 '추상적'이었다. 모두 같은 형식을 취했다. 중정, 아케이드, 의례를 위한 세면대, 기도자에게 메카의 방향을 알려주기 위한 벽감 미흐라브mihrab, 다주식 회중석에 놓인 설교 연단 민바르 minbar, 첨탑minaret 등. 모든 건축물이 같은 건축 요소들을 사용했다. 기둥머리가 있는 기둥, (나팔꽃 모양, 말굽형, 삼엽형, 다엽형, 선체형, 종유석형 등 다양한 형태의) 아치, 골이 있는 돔, 모자이크화, 타일, 그리고 끝으로 아라베스크의 암시적인 문자화 장식까지.

마찬가지로 이슬람은 같은 원리에 따라 같은 문구를 선호하는 시를 지었다. 신을 찬미하고('무결한 장미가 신이다') 자연, 사랑, 용기, 고귀한 혈통, 말, 낙타('산처럼 거대하고…… 그 발자국은 지구를 두른 띠가 된다'), 지식, 금지된 술과 온갖 종류의 꽃을 찬양했다. 인도에서 유래한 민담이 이슬람 세계 전역에 회자되었다. 세대를 거듭하며 입에서 입으로 전해진 끝에 14세기 후반 글로 기록되어 오늘날에는 『천일야화』로 알려졌다.

이슬람 철학falsafa은 어디서나 아리스토텔레스와 소요학파의 철학을 계승하고 발전시켰다. 그들은, 그리스인의 예를 따라, 우주를 영원한 것으로 여기고 창조 개념에서 벗어나 영원한 우주 안에 신을 자리매김하려고 노력했다.

코르도바 인근 메디나트 알자흐라 유적의 발굴 작업에서 볼 수 있듯이, 어디에나 같은 기술, 같은 산업, 같은 생산품, 같은 가구가 있었다. 또 어디서나 바그다드의 취향을 흉내 낸 같은 유행이 있었다. 스페인은 동방에서 온 그런 문화 수입품들의 종착지였고 그런 수입품들의 점진적인 영향은 스페인 전역에서 확인할 수 있다. 동방의 유명 시인들에게서 빌려온 이름으로 가장하는 유행의 확대, 무라비트인들이 도착한 후 시작된 바누스(아라비아인들이 착용하는 두건 달린 겉옷)의 범용, 특정 문학적 주제나 의학 처방의 유행 등을 꼽을 수 있다.

페르시아부터 안달루시아까지 어디서나 유랑 곡예단의 공연을 볼 수 있었다. 그들은 주로 이집트 출신이었다. 그런가 하면 메디나나 바그다드에서 춤을 익힌 무희와 가수들도 있었는데 이들은 동방에서는 노란 옷을, 서방에서는 빨간 옷을 입었다. 모든 시인이 그들에 관해 이야기했다. 또한 어디서나 체스와 쿠라그kurâg 놀이를 즐기는 사람들을 볼 수 있다. 특히 인기가 있었던 쿠라그 놀이는 기마 형상의 목각 인형을 사용했다. 그것은 사람을 홀딱 빠지게 하는 놀이였다. '알 무타미드의 장군 이븐 마르틴은 코르도바의 자택에서 쿠라그 놀이를 하던 중 적군의 침입에 놀랐다.'

이슬람의 응집력을 보여주는 두 가지 예가 더 있다. 하나는 어느 대신의 사례이다. 그는 10세기 초 호라산의 섭정이었는데 '그리스 제국, 투르키스탄, 중국, 이라크, 시리아, 이집트, 잔잔, 자볼과 카불에 사절단을 보내 궁정과 대신의 관례를 적은 문서를 요청했다…… 그는 그 문서들을 면밀히 검토했고 최고라고 판단되는 것들을 선별해서' 부하라의 궁정과 행정에 적용했다. 또 다른 예는 코르도바의 칼리프 하캄 2세이다. 그는 더 완전한 무슬림 세계의 한계 안에 있었다. 그는 페르시아어와 시리아어로 쓴 책들을 수집했고 보이기만 하면 어디서든 책을 사들였다. 그리고 '아부 파라즈 알아스파하니에게 순금 수천 디나르를 보내서 그가 집대성한 유명한 『노래의 서書』 초판본을 구했다.'(르낭Renan)

그러나 이런 문화적 일원성이 오랫동안 뚜렷하게 유지되어

온 지역의 특성을 파괴하지는 않았다. 10세기 이슬람 제국이 크게 분열한 시기에 각 지역은 어느 정도 자율성을 회복했고 편히 숨 쉴 공간을 얻었으며 나름의 개성을 강화할 수 있었다. 사실 일체로서 이슬람에 이바지하고 그로부터 차용하면서도 지역의 특성은 항상 빈틈없이 보존되었다. 그렇게 새로운 지리적 양상이 드러나기 시작했다.

무슬림 스페인은 연이은 외부 영향에 적응하고 동화하고 물들면서 차츰 그 나름의 스페인적 특성, 역사의 흐름 속에서 여러 형태로 구현된 모습의 하나를 획득했다.

이란은 훨씬 더 강하고 활기 넘치는 개성을 강화했다. 바그다드 칼리프 국과 함께 활력을 찾고 자신의 스타일을 회복했다. 바그다드는 이란의 도시였다. 아바스 왕조 시절에는 유약 입힌 질그릇이 엄청난 성공을 거두었는데 그 본고장은 페르시아였다. 이란의 또 다른 보물 역시 큰 성공을 거두었는데 금속광이 나는 도기였다. 페르시아 이완iwan, 즉 거대한 현관은 호스로의 궁전을 떠올리게 했다. 여전히 아랍어가 지배 언어였지만 아랍 문자로 표기된 페르시아어 역시 위대한 문학의 언어가 되어 아주 멀리 인도까지 퍼졌다(그리고 훨씬 뒤에는 오스만 제국 전역으로 퍼져나갔다). 꽤 대중적인 언어였기 때문에 폭넓은 대중에게 도달하는 장점이 있었다. 그리고 그리스어가 거의 완전히 소멸한 것도 유익했다. 10세기 말 시인 피르다우시는 『왕들의 책Shahnameh』을 써서 고대 이란인들을 찬양했다. 11세기부터 페르시아어를 통한 과학의 보급도 활발하게 진행되었다.

페르시아는 민족 문명으로 확실히 본연의 강한 개성을 지녔지만 이제 거대한 이슬람 문명의 **안에** 자리했다. 이런 관점에서 1961년 파리에서 개최된 대규모 이란 미술 전시회는 시사하는 바가 크다. 그 전시회는 이슬람 이전과 이슬람 시기가 얼마나 뚜렷하게 구별되는지 보여주었다. 하지만, 두 시기의 연속성 역시 보여주었다.

보편성과 지역성의 이런 대비는 이슬람 세계 전역에서 확인된다. 이슬람화된 인도와 인도네시아, 흑아프리카는 극단적인 사례로 이슬람이 깊이 침투했음에도 여전히 뚜렷한 개성을 유지하고 있다

인도에서 두 문명의 상호침투는 진정한 인도 이슬람-예술을 탄생시켜 12세기부터 절정을 맞았고 특히 13세기에 최고의 순간을 맞았다. 특히 델리에는 이를 보여주는 눈부신 예가 남아 있다. 예컨대 1193년에 건축된 델리 최초의 이슬람 사원은 무슬림이 설계하고 인도의 석공과 조각가들이 건축했는데 그들은 소용돌이 형태의 인도식 꽃문양과 아랍의 문자 장식을 결합했다. 이렇게 해서 완전히 새롭고 독특한 예술이 등장했고 시대와 장소에 따라 때로는 무슬림 색채가 두드러졌고 때로는 힌두교의 영향이 두드러졌다. 18세기까지 두 예술의 상호침투는 계속되었고 마침내 둘을 구분하기 어려울 만큼 서로에게 영향을 끼쳤다.

무슬림 문명의 황금시대는 최고의 지점에 도달했을 때 엄청난 과학적 성공과 고대철학의 눈부신 부활을 모두 이루었다. 물론 이슬람 문명이 거둔 성공은 두 분야만은 아니었다. 문학은 또 다른 성공이었다. 그러나 두 분야의 성공은 나머지 성공을 압도했다.

과학과 철학

먼저 과학부터 살펴보자. '사라센'(황금시대의 이슬람은 때때로 이렇게 불렸다)은 바로 이 분야에서 가장 눈부신 혁신을 이끌었다. 간단히 말해, 그 혁신은 다름 아닌 삼각법과 대수학 algebra이었다(algebra는 아랍식 명칭에서 유래했다). 무슬림은 삼각법에서 사인과 탄젠트를 발명했다. 그리스인들은 호의 현만으로 각도를 측정했다. 사인은 현의 2분의 1이었다. 알 하리즈미(무함마드 이븐-무사)는 820년에 2차 방정식까지 나간 대수학 논문을 발표했다. 이 논문은 16세기에 라틴어로 번역되어 서양의 입문서가 되었다. 이후 무슬림 수학자들은 4차 방정식까지 풀었다.

이들만큼 눈에 띄는 이들은 이슬람의 수학적 지리학자들, 그들의 천문 연구소와 관측기구들이었다(특히 아스트롤라베가 있다). 특히 여전히 불완전하기는 했지만 프톨레마이오스의 터무니없는 오류를 교정한 경도와 위도의 측정은 탁월했다. 무슬림들은 광학과 화학(알코올 증류, 특효약과 황산 제조), 약학에서도 높은 점수를 받을 만하다. 세나, 대황, 타마린드, 호두, 연지, 장뇌, 시럽, 물약, 고약, 향유, 연고, 증류수 등 서양에서 사용된 처방과 치료법의 반 이상이 이슬람에서 들어왔다. 이슬람의 의술이 탁월했다는 점은 부인할 수 없다. 비록 활용되지는 않았지만, 이집트인 이븐 알 나피스는 미카엘 세르베투스보다 300년이나 앞서서, 그리고 훗날 윌리엄 하비의 발견보다 훨씬 앞서서 폐의 혈액 순환을 발견했다.

철학 분야에서는 재발견, 귀환이 있었다. 특히 소요학파의 핵심 주제들이 귀환했다. 재발견의 범위는 단순히 소요학파의 주제를 되살리고 전하는 데 그치지 않았다. 물론 그것만으로도 공이 적지 않을 테지만 한 걸음 더 나아가 그들의 주제를 유지하고, 명확하게 하고 창조하기도 했다. 이슬람 세계에 이식된 아리스토텔레스 철학은 세계와 인간에 대한 위험스러운 설명으로 보였다. 마찬가지로 세계에 대한 전반적인 설명을 제시했고 매우 엄격한 설명을 제시했던 계시 종교 이슬람에 맞서는 것처럼 보였기 때문이다. 그러나 아리스토텔레스는 모든 철학자falasifat(즉 철학falsafa의 실천자, 혹은 그리스 철학자)를 사로잡고 굴복시켰다. 이슬람의 황금시대와 르네상스를 비교한 메즈의 주장이 의미 있는 또 다른 이유이다. 실제로 무슬림 인문주의라고 부를 만한 것이 있었다. 값지고 다양했다. 여기서는 지면의 한계 때문에 간단히 짚어보는 데에 그칠 것이다.

서로 다른 시대와 장소에서 활약했던 사상가들의 기나긴 명단이 포함된다. 그 가운데 다섯 사람의 이름이 두드러진다. 알 킨디, 알 파라비, 이븐 시나, 알 가잘리, 이븐 루시드가 그들이다. 이들 가운데 이븐 시나와 이븐 루시드가 가장 유명했고 특히 이븐 루시드가 가장 중요한 인물이었다. 그는 유럽 전역에 엄청난 파장을 일으켰고 그의 사상은 아베로에스주의로 불렸다.

알 킨디(우리가 아는 것은 그의 사망 연도가 873년이라는 사실뿐이다)는 메소포타미아에서 태어났다. 그의 아버지는 그곳 쿠파의 총독이었다. 출생지 때문에 알 킨디는 '아랍 철학자'로 알려졌다. 튀르크계인 알 파라비는 870년에 태어났다. 그는 알레포에서 살다가 950년에 다마스쿠스가 점령당했을 때 그의 후견인 사이프 알 다왈라와 함께 사망했다. 알 파라비는 '제

2의 스승'으로 알려졌는데 아리스토텔레스 다음가는 스승이라는 뜻이었다. 서양에서 아비켄나로 알려진 이븐 시나는 980년에 부하라 인근 아프셰나에서 태어났고 1037년에 아마단에서 사망했다. 페르시아 투스에서 태어난 알 가잘리는 1111년에 그곳에서 사망했다. 말년에 알 가잘리는 일종의 반反철학자가 되었고 전통 종교의 열렬한 대변인이 되었다. 아베로에스로 잘 알려진 이븐 루시드는 1126년에 코르도바에서 태어났고 1198년 11월 10일 마라케시에서 사망했다.

이 연도와 장소명은 이슬람 인문주의가 널리 퍼져 있었고 이슬람 세계 전역에서 오랫동안 유지되었음을 보여준다. 무엇보다 이들은 동료, 제자, 충실한 독자들에 둘러싸여 있었다.

이 목록은 또한 이슬람의 중요한 마지막 철학자가 스페인에서 배출되었음을 보여준다. 마지막 철학자는 아랍 철학과 아리스토텔레스를 서양에 알린 인물이기는 하지만 가장 위대한 철학자는 아니었다.

이런 장기적인 관점에서 진정으로 물어야 할 것은 바로 이슬람 철학이 있었느냐는 것이다. 이는 루이 가르데가 강한 어조로 제기했고 게다가 부정적으로 답했던 질문이다. 질문의 의미는 이렇다. 알 킨디에서 이븐 루시드에 이르는 하나의 철학적 전통이 있었나? 그런 철학은 이슬람의 환경이 작용한 것인가? 이슬람 철학은 본연의 것인가? 흔히 그렇듯이, 이런 경우 신중한 사람이라면 '맞기도 하고 아니기도 하다'라고 답할 것이다. 현명할 뿐만 아니라 피할 수 없는 답이다.

그렇다. 하나의 철학적 전통이 있었다. 한편으로 그리스 사상에 갇히고 다른 한편으로 쿠란의 계시받은 진실에 갇힌 그 전통은 벽에 부딪히고 원점으로 돌아가기를 끝없이 반복했다. 그것은 그리스 덕분이며 이슬람의 과학적 성향 덕분이다. 선명하지만 배타적이지 않은 이슬람의 합리적 경향 덕분이었다. 문제의 철학자들은 모두 우리가 과학자라고 불러야 할 만한 이들이었다. 천문학, 화학, 수학에 관심이 있었고 하나같이 의학에 관심이 있었다. 그들은 의학 덕분에 군주의 총애를 얻고 목숨을 부지할 수 있었다. 이븐 시나는 『의학 전범』을 저술했고 이븐 루시드 역시 의학 사전을 편찬했다. 무슬림의 의학은 몰리에르의 희극에도 등장할 만큼 유럽에서는 오랫동안 최고의 지식으로 꼽혔다.

그리스의 영향으로 무슬림의 철학은 내적 응집력을 얻었다. 이븐 루시드는 『물리학』 서문에 이렇게 썼다. '니코마코스의 아들이요, 그리스 최고의 현자인 아리스토텔레스가 이 책의 저자다. 그는 논리학, 물리학, 형이상학의 기초를 닦고 완성했다. 아리스토텔레스가 기초를 닦았다고 말한 이유는 아리스토텔레스 이전에 이런 주제를 다룬 작품들은 논할 가치가 없기 때문이다…… 지금까지 거의 1500년 동안 아리스토텔레스를 추종한 사람 중에 그의 작품을 보충하거나 그 속에서 심각한 오류를 찾을 수 있는 사람은 없다.' 아리스토텔레스를 찬양하는 아랍 철학자들은 쿠란의 예언적 계시와 그리스인의 인간 철학적 설명 사이에서 끝없는 논쟁을 벌여야 했다. 설명과 계시가 충돌한 격렬한 논쟁에서 이성과 신앙의 상호 양보는 피할 수 없는 일이었다.

무함마드를 통해 계시받은 신앙은 인간에게 신의 메시지를 전했다. 사상가가 아무 도움 없이 세상의 진실을 발견하고 자신의 이성으로 교리의 가치를 판단할 수 있었을까? 이런 딜레마에 직면한 우리의 모든 철학자는 정교한, 지나칠 정도로 정교한 변증법을 선보였다. 막심 로댕송에 따르면, 이븐 시나는 '그야말로 천재였다. 그는 해법을 찾았다.' 이븐 시나는 자기만의 것은 아니어도 해법을 찾았고 그의 해법은 대체로 다음과 같다. 예언자들은 '우화, 상징, 알레고리, 이미지나 메타포 형태로' 더 고매한 진실을 계시했다. 그들의 언어는 대중을 위한 언어였으며 대중을 행복하게 해주려는 것이 목적이었다. 반면 철학자에게는 그런 언어를 뛰어넘을 권리가 있었다. 철학자는 서로 경쟁하는 접근법 사이에 뚜렷하고 철저한 모순이 있을 때도 선택의 자유를 고집한다.

예를 들어, 철학자들은 그리스인들처럼 통상 세계가 영원하다고 믿었다. 그러나 세계가 항상 존재해왔다면, 어떻게 특정 시점에 창조될 수 있었을까? 알 파라비는 자신의 논리를 극단까지 밀고 나가서 신은 구체적 대상이나 존재를 알 수 없으며 오직 개념이나 '보편자들universals'만 알 수 있다고 주장했다. 반면 쿠란의 신은, 구약의 신과 마찬가지로, '땅과 바다의 모든 것을 안다. 신이 모르게 떨어지는 잎사귀는 없다. 어두운 땅속에 묻힌 씨앗, 어린 새순, 마른 나뭇가지 어느 것 하나도 기록되지 않고 글로 쓰이지 않은 것이 없다.' 다른 모순도 있었다. 알 파라비는 영혼의 불멸을 믿지 않았지만 이븐 시나는 영혼의 불멸을 믿었다. 그러나 그는 쿠란이 단언한 육신의 부활은 믿지 않았다. 이븐 시나는 사후의 영혼이 그 나름의 우주, 육신 없는 존재들의 우주로 되돌아간다고 생각했다. 그래서 그의 논리에 따르면, 개인적 보상이나 처벌도, 낙원도, 지옥도 있을 수 없다. 신과 육신이 없는 존재와 영혼은 이상적인 세계이며 그 세계에서 물질은 부패할 수 없고 영원하다. 운동은 정지 상태보다 선행할 수 없고 정지 상태는 운동에 선행할 수 없기 때문이다…… 모든 운동의 원인은 그것에 선행한 운동이다…… 신은 새로울 이유가 없다.'

위의 인용문은 에른스트 르낭의 글인데 호기심을 유발할 수는 있지만 채워주지는 못한다. 그런 설명의 의심스러운 논리를 따라가려면 세심한 주의와 노력이 필요하다.

르낭 이후로 이런 오래된 딜레마들에 관심을 가진 철학자들은 그것들이 풀기에 쉽지 않은 문제임을 알았다. 그들의 해석은 그들의 성향에, 곧 그들이 합리주의자인지 관념주의자인지에 달려 있었다. 아니면 그들이 어떤 철학자를 내밀하게 선호하는지에 달려 있었다. 알 킨디는 어떤 풍파도 일지 않는 종교의 물살 위를 항해했다. 이븐 시나는 부정할 수 없는 관념주의자였다. 이븐 루시드는 세상의 종말을 주장하는 철학자였다. 믿음의 옹호자였던 알 가잘리는 초기 무슬림 신학자들의 완고한 교리를 계승했다. 그는 소요학파의 철학을 외면하고 파괴하려 했다. 그 자신의 사상이 그를 전혀 다른 신비주의의 길로 이끌었기 때문이다. 그는 세상을 버리고 수피sufi들이 입던 수프suf라고 불리는 흰색의 모직 외투를 걸쳤다. 수피들은 신학보다 신비주의적 믿음에 집착했다. 그들은 '신의 바보들'로 알려졌다.

코르도바 출신 의사였던 이븐 루시드는 아리스토텔레스 저작의 충실한 편찬자이자 주석자가 되었다. 그의 작품의 장점은 그리스 원문의 충실한 아랍어 번역이자 논평을 더하고 여담 형태로 자기 의견을 덧붙인 한 편의 논문이라는 점이다. 그렇게 번역된 아리스토텔레스 작품의 원문과 주석은 톨레도에서 다시 라틴어로 번역되어 유럽에 전파되었고 12세기 위대한 지적 혁명에 불을 지폈다. 그러므로 흔히 이야기되는 것과 달리, 무슬림 철학은 알 가잘리의 강력한 필사적 공격에 곧장 최후를 맞지는 않았지만, 12세기가 끝나기 전 이슬람 과학과 함께 결국 최후를 맞았다. 그 뒤에 서양이 그 불길을 넘겨받았다.

정체 혹은 쇠퇴: 12세기에서 18세기까지

12세기에 이례적인 성공을 거둔 후 '사라센' 문명은 갑자기 멈췄다. 스페인에서조차 과학과 철학, 물질적 진보는 12세기 말이 지난 후 가까스로 수명을 이어갔다. 이런 갑작스러운 변화에 몇 가지 의문이 생긴다.

흔히 주장되었듯이, 철학과 자유사상에 대한 알 가잘리의 열정적 공격이 초래한 결과였을까? 그런 논리를 진지하게 받아들일 사람은 없다. 알 가잘리는 시대의 산물이었다. 다시 말해 그는 그런 결과의 원인이기보다 징후였다. 더욱이 '철학'에 대한 반발은 초기부터 있었다. 책을 불태웠던 수많은 시대에서 보듯이 대중의 적대적 공격 행위 없이는 생각할 수 없는 과정이었다. 마찬가지로, 공개적으로 모욕당하고 추방당한 철학자들이 수없이 많다. 물론 상황이 반전되어 되돌아올 때까지기는 하지만 말이다. 그리고 쿠란의 법학인 피크흐Fiqh가 최고의 자리를 차지하고 철학자는 모두 침묵해야 했던 시기들도 있었다. 더욱이 알 가잘리의 철학은 다시 번성했고 이븐 루시드에 한정되지 않았다.

역사가 셜로모 도브 고이틴의 주장대로 '이민족들' 때문이었을까? 그들은 서양과 아시아에서 가해지는 위협에 맞서 이슬람을 보호한 군사적 구원자들이었다. 그런데 그들은 이슬람을 또한 내부에서 약화시킨 이들이 아니었나?

스페인에서 이런 위험한 구원자는 먼저 무라비트, 곧 수단과 사하라에서 온 이민족들이었다. 그다음에는 북아프리카 출신의 무와히드가 있었다. 근동 지역에서 이슬람의 수호자는 중앙아시아의 '아한대' 초원지대 유목민들, 셀주크튀르크, 혹은 코카서스 국가들에서 온 노예들이었다. 고이틴이 보기에 '무슬림 국가들에서 이민족 노예 병사들이 권력을 장악했을 때' 그리고 '지중해 세계의 통일성이 파괴되었을 때' 쇠락이 시작되었다. 이슬람을 형성한 일원성이 '지중해의 전통을 공유하지 않은 이민족'들에게는 무의미했다.

동양에서 그랬듯이 서양에서도 이들 이민족이 첫 번째 정복에 나섰던 대다수 아랍인보다 훨씬 더 야만적이었던 것은 아니라고 반박할 수도 있다. 그리고 그들도 아랍인들과 마찬가지로 고대 이슬람 국가들과 접촉하며 빠르게 문명화했다고 반박할 수 있다. 무와히드의 칼리프들은 이븐 루시드의 후원자였다. 십자군 원정에 관한 전통적 설명에서 쿠르드족 출신의 위대한 술탄이자 사자심왕 리처드의 적수였던 살라딘은 고귀한 인물이었다. 최소한 기독교도 이민족들의 눈에는 그랬다. 마지막으로 이슬람은 이집트 덕분에 1260년에 12월 3일 시리아의 아인 얄루트에서 몽골족을 분쇄할 수 있었고 1291년 성지에 남은 그리스도교의 마지막 전초기지 아크르를 장악하고 그곳의 자치권을 회복할 수 있었다.

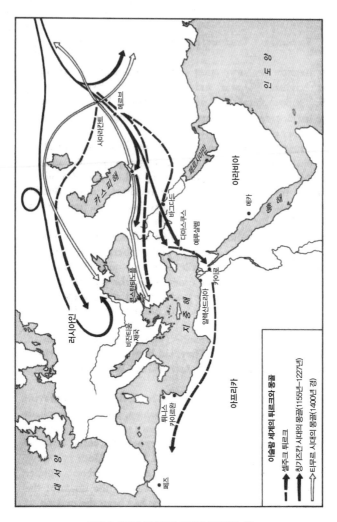

그림 4 몽골은 이슬람의 쇠퇴를 촉진했을까?

칭기즈칸(1155-1227)은 몽골족에 대한 지배력을 얻었다(1205-1208). 그런 다음 중국 북부를 정복했다. 이어서 그는 서쪽으로 향했고 '우랄-카스피해 관문'을 거쳐 코카 서스산맥에 도달했다. 그런 다음 유럽과 아시아로 향했다. 1241년 몽골은 폴란드와 헝가리에 당도했고 1258년 바그다드를 점령했다. 티무르(1336-1406)는 정복 활동을 재개했고 1398년 인도의 델리를 정복했다. 그리고 1401년 바그다드를 파괴했다.

그렇다면 지중해의 상실이 문제였을까? 11세기가 끝나갈 무렵 유럽은 내해인 지중해의 재정복을 시작했고 이슬람은 지중해에서 지배력을 잃기 시작했다. 역사가 앙리 피렌은 8세기와 9세기 이슬람의 정복으로 서양은 지중해에서 이동의 자유를 잃고 물러날 수밖에 없었다고 믿었다. 이제 피렌의 명제가 방향을 틀었다. 지중해가 이슬람에게 닫히기 시작했고 이슬람은 영구적인 손상을 입어 팽창할 수 없게 되었으며 일상적인 삶을 이어갈 수 없었다.

1930년에 사라센 문명의 이런 갑작스러운 종말을 최초로 강조했던 E. F. 고티에가 사라센 문명에 당시 널리 논의되던 앙리 피렌의 이론을 적용하려 하지 않은 것은 이상한 일이다. 현재 우리의 지식에서는 피렌의 이론이야말로 이슬람의 갑작스러운 쇠락에 관한 최상의 설명이다.

기복을 겪었지만 이슬람 문명은 살아남았다. 과거의 전성기와 업적을 더는 경험할 수 없겠지만 그래도 유지되었다. 1922년에 폴 발레리가 '문명이여, 우리는 문명이 유한함을 알고 있다'라고 단언했을 때, 그의 말에는 확실히 과장이 있었다. 역사의 계절을 따라 꽃이 지고 열매가 떨어지지만, 나무는 남는다. 적어도 나무를 죽이기는 쉽지 않다.

12세기 이후 이슬람은 일종의 암흑기를 경험했다. 기나긴 십자군 원정(1095-1270)에서 서양에 맞서 오랜 시련을 겪었고 1291년 아크레를 재정복하는 절반의 승리를 거두며 그 시련에서 벗어났다. 그러나 대륙을 되찾은 이슬람은 바다를 잃었다. 아시아에서는 1202년부터 1405년까지 지속된 몽골의 무자비한 침략으로 거의 빈사 상태였다. 투르키스탄, 이란, 소아시아는 몽골의 파괴적인 공격에서 완벽히 회복하지 못했다. 1258년 바그다드 점령은 이런 불행의 상징이었다. 이슬람은 상처를 극복하지 못했고 부분적으로 회복했을 뿐이다.

동시에 13세기부터 15세기까지 이어진 이 암흑의 시기에 전 세계적으로 불어닥친 경제적 어려움 때문에, 이슬람의 고난은 한층 더 가중되었다. 중국과 인도, 유럽을 포함한 구세계 전체가 장기적으로 지속된 위기에 직면했다. 모든 것이 무너지고 있었고 수백 년 동안 위기가 이어졌다. 유럽에서는 좀 더 늦게 위기가 찾아왔고(1350년이나 1357년에 시작되었다) 더 단기간에 끝났다(1450년에서 1510년 사이에 끝났다). 그러나 위기가 있었던 것은 분명하다. 1337년부터 1453년까지 전개된 이른바 백년 전쟁은 그런 위기의 표출이었고 일련의 해외 전쟁, 내전, 사회적 갈등을 수반하며 황폐화와 빈곤을 초래했다. 따라서 이슬람이 겪은 불행에서 무엇이 세계적 현상이고 무엇이 오롯이 무슬림의 불행인지 구별해야 한다.

어쨌든 무슬림 철학의 마지막 거장 이븐 할둔의 고결한 사상은 바로 이런 불행, 암울하고 비관적인 분위기에 비추어 이해할 수 있다. 역사가(지금이라면 '사회학자'라고 할 수 있다) 이븐 할둔은 1332년 튀니지에서 출생했지만, 그의 조상은 안달루시아 출신이었다. 그는 그라나다, 틀렘센, 베자이아, 페스, 시리아에서 외교관이자 정치인으로서 분주하고 파란만장한 삶을 살았다. 이븐 할둔은 대사로 파견되어 만났던 티무르보다 한 해 늦은 1406년에 카이로에서 카디, 곧 판사로 생을 마감했다.

이븐 할둔의 주요 저작은 『성찰의 책 _Kitab Al-Ibar_』이다. 베르베르인의 역사를 독창적인 방식으로 다룬 방대한 규모의 편찬서였다. 걸작으로 평가받는 서문은 무슬림 역사의 방법론과 사회학을 다룬 최초의 체계적 논문이다. 그 책은 19세기 『역사 서설』이라는 제목으로 프랑스어로 번역되어 출간되었고 1958년에는 『무깟디마: 역사 서설』이라는 제목으로 영역본이 출간되었다.

16세기경 세계 경제가 회복세를 보이자 이슬람은 다시 한번 동양과 서양의 중간지대라는 지리적 이점을 누렸다. 튀르크의 위세는 18세기 이른바 '튤립 시대'까지 계속되었다. 이스탄불에서 '튤립 시대'는 도자기, 모형, 자수에서 매우 사실적이거나 양식화된 재현이 끊임없이 등장하던 시대였다. 튤립 시대는 힘도 없고 품위도 없던 시대에 걸맞은 명칭이다. 정치적으로 이런 회복의 조짐은 1453년 콘스탄티노플 점령 이전 오스만튀르크의 전광석화 같은 정복 활동에서 나타났다. 그런데 이런 눈부신 성공은 이어질 다른 성공을 예고했다. 특히 16세기 튀르크가 지중해의 패권을 장악하게 될 승리의 예고편이었다.

비잔티움과 아랍 성지의 새로운 주인들은 곧바로 이슬람 전체를 새롭게 구축했다. 1517년 이후 '대튀르크' 오스만 술탄이 신도들의 칼리프가 되었다. 튀르크의 지배를 받지 않은 지역은 멀리 떨어진 투르키스탄, 알제리 '섭정 구역' 너머 모로코, 사파비 왕조의 성장으로 어느 때보다 민족주의 색채가 짙었던 시아파 페르시아뿐이었다. 티무르의 먼 후손인 자히르 알딘 무함마드 바부르(1495-1530)가 이끄는 몽골계와 튀르크계 무슬림 용병들이 1526년 델리의 제국을 장악하면서 위대한 무굴

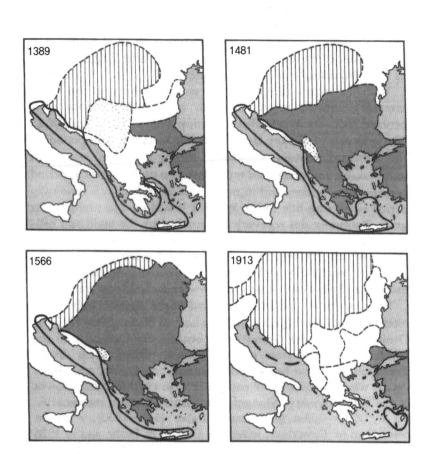

그림 5 오스만 제국의 운명

회색으로 채색된 부분이 오스만의 점령지다. 점으로 표현된 지역은 세르비아이고 빗금으로 표시된 지역은 헝가리이다. 굵은 선으로 묶어 놓은 곳은 베네치아로 1913년 이탈리아의 영토가 되었다.

제국이 시작되었고 곧 인도 대부분 지역을 지배했다.

같은 해에 튀르크는 모하치 전투에서 그리스도교 세력인 헝가리를 물리쳤다. 튀르크와 수니파의 영향력 아래 이슬람의 전반적인 부활이 뚜렷해졌다. 이들은 어디서나 이슬람의 전통 종교와 정통성의 확실한 승리를 이끌었다. 이는 엄청난 힘의 물결이었다. 사상에 대한 엄격한 통제와 철권통치가 시작되고 있었다.

발칸과 근동 지역에서 튀르크의 지배와 함께 물질적 번영이 뚜렷해지고 인구가 급속히 증가했으며 도시가 건설되어 번성했다. 1453년 콘스탄티노플의 인구는 고작 8만 명이었다. 16세기 이스탄불로 바뀌고는 도심과 금각만Golden Horn 너머 페라의 그리스 지구, 보스포루스의 아시아 지역인 위스퀴다르에 70만 명의 인구가 분포했다.

다른 대도시들과 마찬가지로, 엄청난 사치와 끔찍한 빈곤이 공존했던 이 도시는 모두가 부러워하는 제국의 문명을 제공했고 그들의 문명은 오스만 제국의 지배 아래 널리 확산되었다. 술레이만 1세를 위해 건설한 쉴레이마니예 모스크 같은 대규모 사원의 보급을 예로 들 수 있다.

서양에서 오랫동안 부정되었던 튀르크의 진정한 위대함이 이제 역사가들의 연구를 통해 차츰 모습을 드러내고 있다. 마침내 분류와 목록화를 마친 튀르크의 훌륭한 문서고가 학자들에게 개방되고 있다. 그 문서들은 다방면에 걸쳐 정교하게 다듬어진 선진적이고 권위적인 관료제의 작업을 보여준다. 상세한 인구조사를 시행하고 일관된 행정 정책을 고안할 수 있었으며 엄청난 금과 은을 보유하고 유럽에 맞서 제국의 요새인 발칸반도를 체계적으로 식민화하고 그곳의 유목민들을 정착시켰다. 또한 강제 노역을 시행하고 엄격하게 훈련받은 눈부신 군대를 유지했다. 모든 것이 놀랍도록 근대적이었다.

이 위대한 체제가 결국 무너졌다. 그러나 17세기 말 이후의 일이다. 그 최후의 진동은 1687년 빈 점령이었다. 그 뒤로 튀르크 제국은 자유로운 해상 활동의 배출구가 없어서 질식했을까? 모로코가 튀르크 제국의 대서양 진출을 가로막았고 홍해 때문에 인도양 접근에 제약이 있었다. 그리고 페르시아만에서 페르시아의 무력시위에 직면했다. 더욱이 새로 등장한 유럽은 월등한 해군력과 강력한 상업 후원자들을 갖추고 있어 훨씬 더 강력한 적수였다.

아니면 신기술에 신속히 적응하지 못해 튀르크 제국이 최후를 맞았을까?

아니면 18세기, 특히 19세기에 근대 러시아라는 강력한 경쟁자를 만난 것이 더 분명한 이유였을까? 오스트리아 기병이 외젠 드 사부아 공의 원정에서 (특히 1716년부터 1718년까지) 거둔 승리는 튀르크의 유럽 국경을 조금 위협하는 데에 그쳤다. 러시아의 개입과 함께 젊은 거인이 거의 빈사 상태의 저물어가는 강국에 도전하러 왔다.

그렇다고 해도 튀르크 제국이 처음부터 19세기 강대국 외교에서 치욕적 대우를 받을 만큼 '유럽의 병자'였던 것은 아니다. 튀르크가 장악한 이슬람 세계는 오랫동안 강력하고 탁월하며 위협적이었다. 그리고 17세기 예리한 관찰력을 지닌 프랑스 여행가 타베르니에가 칭찬을 아끼지 않았던 사파비 왕조 역시 마찬가지였다. 또한 18세기 초 영국과 프랑스의 감시를 받으면서도 남쪽에서 데칸 전부를 장악했던 무굴제국 역시 그랬다.

그러므로 이슬람의 급속한 몰락을 섣불리 판단해서는 안 된다. 역사를 예단해서는 안 된다!

4. 이슬람의 진정한 부활

이슬람은 에둘러 제3세계라고 부르는 인류의 지옥, 혹은 연옥으로 되돌아갔다. 되돌아갔다고 말한 것은 앞서 상대적으로 더 나은 위치를 누렸었기 때문이다.

조금 늦춰졌을지 모르지만, 뚜렷한 이런 쇠퇴는 19세기 수모와 고통과 비탄으로 이어졌고 외세의 지배로 이어졌다. 잘 알려진 사실이다. 튀르키예만이 그런 운명을 모면했다. 무스타파 케말 파샤(1920-38) 치세 때 재난에 직면한 튀르키예는 잔인하나 훌륭히 대처했고 훗날 민족적 대응과 승리의 모델이 되었다. 이제 이슬람의 해방은 거의 완성되었다. 그러나 독립을 확고히 하는 것과 나머지 세계와 평화로운 관계를 맺고 미래를 확실히 제대로 전망하는 것은 별개의 문제다. 후자는 훨씬 더 어려운 일이다.

식민주의의 종식과 민족주의의 성장

이슬람 세계의 여러 지역에서 식민화와 뒤이은 탈식민화의 연대기를 추적하는 것은 더없이 쉬운 일이다. (구 소비에트 내

이슬람 공화국들을 제외하고) 그들 모두 완전한 정치적 독립을 얻었다.

소비에트의 식민주의라니? 식민주의라면 으레 영국, 프랑스, 벨기에, 독일, 네덜란드가 거론된다. 그들이 중요한 부분을 차지했던 것은 확실하다. 그러나 러시아의 식민주의도 있고 소비에트의 식민주의도 있었지만 거의 거론되지 않는다. 어느 모로 보나 소련은 최소 3,000만 명의 무슬림들을 장악했다. 오늘날 마그레브의 전체 인구보다도 더 많은 숫자다.

그런데 여기서 식민주의라는 용어를 사용하는 것이 적절할까? 1917년 러시아 혁명 직후에 소련을 분권화하고 해방하려는 노력이 분명히 있었다. 지방 자치에 대한 양보가 있었고 엄청난 물질적 진보가 이루어졌다. '오늘날 소비에트의 모든 이슬람 국가에는, 특히 투르키스탄과 코카서스 지역에는 과학적이고 행정적이며 정치 역량을 갖춘 계급, 곧 인텔리겐차가 있다. 그들은 타타르인과 거리를 좁혔고 더는 카잔에서 지식인들의 도움을 구할 필요가 없었다.' 카잔은 러시아 내 오래된 이슬람 문화의 중심이며 한때는 유일한 중심이었다.

그런데 그 과정에서 여러 이슬람 공화국들 사이의 자연스러운 유대 관계가 약화됐고 거대한 '우랄 알타이계' 국가라는 개념은 잊혔다. 소련의 체제 안에서 문화는 '형식은 민족적이지만 내용은 프롤레타리아적이고 사회주의적'이었다. 그 결과는 이슬람의 종교적 가치를 상실한 세속화였고 이제는 사실상 지역의 지평에 갇힌 민족주의였다. 동료-무슬림들의 우마Umma를 이야기하지 않았고 '제도 개혁'이나 '소수민족 출신 행정가들의 더 큰 역할'에 대한 단기적 요구를 했을 뿐이다.

달리 말하자면, 소련의 무슬림 문제는 국제무대에서 한동안 떠들썩하게 표출되던 이슬람의 일상적 요구와 무관했다. 소비에트 내 무슬림 공화국들은 어느 정도 독립성을 영위했지만, 소비에트의 공통된 외교 정책 안에 단단히 묶인 채 방위, 재정, 교육, 교통에서 소비에트에 전적으로 의지했다.

이 모든 것은 술탄 갈리에프의 경험이나 전망과 동떨어진 것이었다. 그는 1917년부터 1923년까지 공산당 고위 관료였으나 이후 반혁명 선동가로 활동하다가 1929년에 사형선고를 받았다. 무슬림으로서 그의 꿈은 소련 내 모든 무슬림을 규합해 하나의 단일 국가를 만들고 그 국가를 기반으로 동쪽으로 길게 촉수를 뻗어 아시아의 심장부에 혁명과 공산 이념을 주입하는 것이었다. 그가 생각하기에 아시아는 정치적 격변의 분위기가 무르익었지만, 산업 노동계급의 유럽은 '혁명의 불꽃이 꺼진 용광로'였다. 이슬람은 아시아를 밝힐 수 있었을까? 지금 이 중심 무대에서 분열된 이슬람의 정치적 후계자를 자처하는 것은 범아랍주의다. 공개적인 국제 분쟁에서 범아랍주의는 승계할 준비가 되었다. 이제 순수한 아랍 세계가 이슬람의 야심찬 핵심이고 교차로이다. 그로 인해 중동(과 북아프리카의 그 전초기지)을 이슬람 전체로 착각하고 한두 지역과 잘 알려진 한두 인물만 보기 쉽다. 이는 매일 뉴스에서 벌어지는 일이다. 확실히 부분과 전체를 혼동해서는 안 된다.

그러나 오늘날 이슬람에서 일관되게 나타나는 근본적인 특징은 정확히 내적 분열, 그 자기동일성과 영역의 잠재적 파편화다. 일부 지역에서 이는 가혹한 정치적 압력의 결과이고 다른 지역에서는 지리의 결과일 수도 있다. 이슬람은 지리적 요

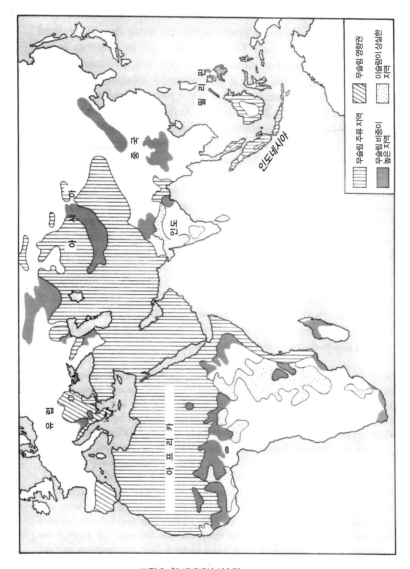

그림 6 현 세계에서 이슬람

(이 지도는 과거 이슬람이 인도의 거의 전 지역을 지배한 사실을 보여주지 않는다)

인 때문에 다른 문명이나 경제 체제의 절대적 영향을 받는다.

말레이제도에서 신실한 힌두교도와 애니미즘의 전통과 뒤섞여 분리할 수 없는 하나의 경제 구조 속에 살아가는 8,000만 명의 무슬림들은 어떤 의미에서 절반쯤 이미 잃었다고 봐야 한다. 인도 아대륙에서 파키스탄은 두 개의 거대한 영역으로 구성되며 사람들이 북적대는 인도가 두 지역을 갈라놓는다. 인도는 인구수만으로도 상당한 위협이 된다. 중국에서 1,000만 명의 무슬림들은 별도의 집단을 형성한다. 그야말로 '잃어버린' 이들이다. 흑아프리카에서 승승장구하는 이슬람은 여러 형태의 강력한 애니미즘 신앙에 희생되거나 부분적으로 변형되었다.

그들에게 이슬람 신앙은 민족주의의 논거이자 저항의 수단이 되곤 한다. 그러나 전체 이슬람의 입장에서 그 모든 국가, 이제는 예전처럼 메카를 바라보지 않고 더는 순례단에 참가하지 않으며 효과적이고 통합된 범이슬람주의라는 정치적 이상에 충실하지 않은 국가들은 의심할 바 없이 잃었거나 잃기 쉽다. 거리, 정책, 무신론과 세속주의의 성장이 모두 일정한 역할을 했다. 1917년 이후 소련에서 메카를 찾은 순례객은 고작 수백 명에 불과했다.

지금 이슬람은 '가리발디 시절'인 걸까? 무슬림 국가들의 핵심 지역인 근동에서 범이슬람주의가 극렬한 지역 민족주의와 갈등을 빚고 있다. 1961년 9월 이집트와 시리아의 아랍 연합 공화국 해체는 충격적인 사례였다. 파키스탄, 아프가니스탄, 이란, 튀르키예, 레바논, 시리아, 이라크, 요르단, 사우디아라비아, 튀니지, 모로코, 모리타니아, 예멘은 모두 구체적 특권에 집착하며 공공연히 서로를 적대시하기도 한다. 물론 때로는 외부 세계의 위협에 맞서 일시적 연대를 형성하기도 한다.

그처럼 극렬한 민족주의는 사람들, 특히 젊은이들과 학생들을 극적이고 폭력적인 행위로 몰아간다. 그리고 냉담한 서양인들의 눈에 그런 행동은 시대착오적으로 보인다. 과거 극단적 민족주의의 대가를 혹독히 치른 우리에게는 후회할 이유가 넘친다. 따라서 아무런 열정 없이 유럽 통합이 추진되고 있다고 해도, 그리고 사실 불공평하게 민족주의자들이 서양을 공격하고 있다고 해도 유럽에서 민족주의가 새롭게 폭발하는 일은 없을 것이다.

불공평? 아프가니스탄의 지식인 나짐 아우드 딘 바마트은 1959년에 쓴 글에서 그런 감정을 아주 정확히 표현했다.

> 오늘날 이슬람은 여러 혁명을 한 번에 겪어야 한다. 종교개혁 같은 종교 혁명, 18세기 계몽주의 같은 지적, 도덕적 혁명, 19세기 유럽의 산업혁명 같은 사회경제적 혁명, 그리고 동서 진영이 대립하는 시대에 작은 민족주의 혁명들까지. 세계 수준에서 조약이 준비되는 시기에 무슬림 국가들은 여전히 자신들의 가리발디를 기다리며 찾고 있다.

가리발디의 눈부신 평판을 비난하는 것은 논점을 벗어나는 일이다. 그러나 우리는 과거 그토록 절실했던 민족의 정체성을 둘러싼 전쟁이 유럽에 초래한 끔찍한 결과를 알고 있다.

민족주의가 유럽보다 이슬람에 조금이라도 더 유익할까? 그런 분열을 감당하기 어려운 상호의존적 세계 경제에서 무슬림 국가들을 궁지로 몰아넣는 것은 아닐까? 더욱이 위험한 갈등을 부추기지 않을까? 약간의 군사력을 갖춘 독립 국가는 범이슬람주의나 범아랍주의를 제멋대로 해석하고 자국의 이해관계와 권리라는 관점에서만 보지 않을까? 모든 사람이 알고 있듯이, 파키스탄, 이라크, 이집트가 과거에 이런 식으로 행동했다. 그리고 그런 예는 얼마든지 있다.

그러나 민족주의는 독립 투쟁에 꼭 필요한 단계일 수 있다. 특히 외세의 지배를 거부하고 무력에 의한 해방을 지지하는 반식민주의 형태의 민족주의는 그렇다.

모든 형태의 아랍 민족주의가 그들의 오랜 숙적 이스라엘에 대한 적대감에 집중한다는 것은 결코 놀라운 일이 아니다. 그들에게 제2차 세계대전이 끝나고 성립된 이스라엘 국가는 서양의 작품으로, 그것도 가장 혐오스러운 작품으로 보였다. 글로벌 자본의 후원을 받은 이스라엘의 눈부신 기술적 승리, 1948년 이집트에 대항한 무력시위, 소규모 군대로 드넓은 시나이반도에 진격해 승리를 거둔 1956년 수에즈 위기, 이 모두는 구원舊怨에 더해 질투심과 두려움, 분노를 일으켰다. 그래서 자크 베르크의 다음과 같은 말은 정당하다.

아랍인과 유대인 모두 신의 백성이라고 할 수 있다. 한 번에 신의 두 민족을 대적해야 한다니! 외교관과 장군들에게는 너무 지나친 일이다! 양측은 사촌 간이고 모두 아브라함의 자손이며 양측 다 유일신 신앙이라는 사실이 피할 수 없는 갈등을 일으켰다…… 서양의 목전에서 그들은 서로 다른 길을 갔다. 디아스포라를 경험한 유대인은 이교도의 강렬한 기술에 적응하면서도 공동체의 이상을 고스란히 간직했다. 제 땅에 남아 있던 아랍인은 침략당했고 분열했다. 하지만 그들은 고유성을 유지할 수 있는 특권을, 아니 불운을 경험했다. 그렇게 해서 한편으로는 현재와 같은 자원의 불평등을, 그리고 다른 한편으로는 말과 행동의 차이를 초래했다. 아랍의 가장 현명한 평론가들은 그들이 1948년 '재앙'이라고 이름 붙인 것을 뼈아프게 곱씹었다. 1870년 이후 이폴리트 텐이나 에른스트 르낭이 그랬듯이 아랍의 평론가들은 동포들에게 다시는 그런 모험으로 되돌아가지 않게 필요한 조처를 취하라고 조언했다.

민족주의는 가까운 미래에 맡아야 할 역할이 있다. 모든 무슬림 국가가 혹독한 긴축 계획을 채택하고 적용해야 할 것이다. 사실 그들에게는 연대와 사회적 규율 계획이 필요할 것이다. 그리고 민족주의는 심각한 경제적 어려움에 직면한 이 신생국들에 도움이 될 것이다. 이 국가들이 낡은 사회, 종교, 가족 구조를 분쇄하는 데에 필수적인 혁신을 받아들이는 데 민족주의가 도움이 될 것이다. 이슬람의 전통주의 속에 영속화되고 그래서 쉽게 격한 반응을 일으키는 해묵은 구습을 혁파하는 데 도움이 될 것이다.

어떤 대가를 치르더라도 이슬람은 근대화해야 하고 서구의 기술력을 대부분 받아들여야 한다. 오늘날 세계가 서구의 기술력에 크게 의존하고 있기 때문이다. 이런 세계 문명을 수용할 것인지 말 것인지에 그들의 미래가 달렸다. 강력한 전통은 거부를 요구할 것이며 민족적 긍지는 사람들에게 본능적으로는 거부할 것을 받아들이도록 자극할 수 있다.

이슬람은 그처럼 격렬한 변화에 필요한 유연성을 거부해왔다. 그래서 수많은 관찰자가 주장하기를, 이 '파고들 수 없이' '완고한' 이슬람의 마음과 정신, 바로 그 문명 때문에 근대화하려는 모든 노력이 결국 허사가 될 것이라고 한다. 과연 그럴까?

사실 이슬람은 그들을 포위하고 있는 근대 세계를 이미 받아들였고 더 받아들일 수도 있다. 과거 그리스도교 역시 주변 세계를 받아들이는 데에 망설임과 갈등이 있었다. 게다가 적응 과정에서도 결국 그 고유성은 간직했다. 이슬람을 유연성이 전혀 없고 유례없이 비타협적인 종교라고 몰아세우는 것은 이슬람이 얼마나 많은 이단을 배양했는지 잊는 것이다. 그들만으로도 불안과 정치적 압박이 충분히 증명된다. 더욱이 쿠란 자체가 개혁가들에게 이즈티하드ijtihad(개인의 노력)의 문을 늘 열어둔다. 피에르 롱도는 다음과 같이 썼다. '예언자 무함마드는 쿠란이나 순나sunnah(전통)의 안내가 없는 경우를 예견했던 것 같다. 그런 경우 예언자는 키야스qiyas, 곧 유추에 의한 판단을 추천했다. 그리고 그렇게 할 수 없을 때는 모든 선례를 토대로 라이ray, 곧 개인적 판단이나 견해를 따라야 한다. 이런 개인적 해석 노력, 곧 이즈티하드는 무슬림 사상의 미래 발전에 중요한 역할을 했다. 오늘날 개혁 운동은 그 문을 다시 열려고 한다.' 사실 모든 종교에는 나름의 비상구가 있다. 이슬람이 변화를 미루거나 변화에 반대할 수 있지만, 또한 영향을 받을 수 있고 의표를 찔릴 수도 있다.

일상의 현실과 씨름하는 경제학자들은 무슬림의 삶의 변함없는 '사실들'에 관한 기성의 상투적 설명에 끝없이 저항한다. 그들은 진정한 어려움은 그들이 이루어야 할 변화의 크기라고 말한다. 이슬람은 서양보다 200년 뒤졌고 그 기간 유럽은 고전 고대부터 18세기에 이르는 기간에 이룬 것보다 훨씬 더 큰 변화를 이루었다. 이슬람은 짧은 기간에 그런 뒤처짐을 어떻게 만회할 수 있을까? 어떻게 시대에 뒤떨어진 이슬람 사회를 흔들어 깨워 변화시킬 수 있을까? 이슬람 사회는 여전히 가난하고 위태로운 농업에 의존하고 있고, 산업은 이슬람 경제의 한복판에 맹아 상태로 고립되어 있어서 빠르게 증가하는 인구를 부양하기에 역부족이다. 더욱이 모든 사회가 그렇듯이 이슬람 사회에도 소수라서 더 강력한 부자들이 있다. 유전을 가졌음에도 불구하고 아니 유전을 가졌기 때문에 예멘에서처럼 종교와 정치가 그야말로 '중세적'이거나 이란에서처럼 봉건적이거나 사우디아라비아에서처럼 원시적이다.

이런 어려움에 직면한 개혁가들의 작업은 심각한 시련을 맞았다. 튀르키예에서 무스타파 케말의 작업은 탁월했지만 무자비했고, 시리아에서는 카셈의 폭력적 수사가 동반되었다. 이집트의 나세르는 완고함이 특징이었고, 튀니지의 부르기바는 지혜롭고 유능했다. 그들의 성격이나 스타일이 어떻든 그들은 거의 비슷한 장벽에 부딪혔다. 개혁가들은 모두 이슬람 문명에 내재한 다양한 금기를 극복해야 했다. 그리고 빼놓을 수 없는 가장 큰 도전은 여성 해방이었다. 먼저 여성 해방 선언이 선행하고 그런 다음 아주 느리게 실행에 옮겨졌다. 일부다처제의 종식, 아내에게 일방적으로 이혼을 통보할 수 있는 남편의 권리 제한, 히잡 폐지, 여성의 대학 진학 허용, 여성의 고용과 투표권 허용. 이 모두가 더할 수 없이 중요하고 앞으로도 중요해질 것이다.

이런 것들을 향해 나아가는 것은 개혁이 절대 상실된 명분이 아니며 개혁의 수호자와 결정적 전투가 필요하다는 점을 증명한다. 투쟁은 다각적이어야 할 것이다. 가장 심각한 위험은 그로부터 멀어지려는 유혹에 빠지는 것이다. 어떤 구실이든 혹은 이유도 없이 격화된 정치 상황에 이끌리거나 정치 상황의 편의성이나 필요성을 이유로 개혁에서 멀어지는 것이다.

이상적인 전술은 하나하나 단계를 밟아나가는 것이고 매번 필수적인 단계를 선택하는 것이다. 그러나 정치는 데카르트의 공리가 아니다. 경제적 진보만 해도 이슬람으로부터 ─어느 누구로부터든─ 집중적인, 어쩌면 순전히 정치적인 노력이 필요하다. 그리고 실제 세계에서는 그로 인해 발생하는 문제와 씨름하는 것을 뜻한다. 그것은 해묵은 문제일 수도 있고 새로운 문제일 수도 있다.

그러므로 그들의 독립에 자부심을 느끼는 국가들은 모두 맹목에서 벗어나 달성하겠다는 절실하고 열정적인 정치적 야심을 품는다. 그들에게는 조심스럽게 다뤄야 할 예민함이 있다. 이슬람도 유럽만큼이나 예민한 부분이 많고 절대 둔감하지 않다. 이슬람에도 젊은이들이 있고 인내심이 부족한 학생들이 있다. 이들은 1830년 7월 혁명에 가담했던 프랑스 에콜 폴리테크니크 학생들과 닮은꼴이다. 1939년 이전 라틴아메리카에서처럼 쉽게 봉기나 쿠데타를 일으킬 수 있는 병사들도 있다. 권력에 굶주린 정당이 있고 자신의 이미지에 취해 거친 말을 쏟아내는 정치인들도 있다. 세상의 아우성을 뚫고 목소리를 내려면 그들은 목청을 높여야 한다.

물론 외세가 존재한다. 북아프리카에 프랑스가 있었고, 쿠웨이트와 인구가 희소한 아라비아 남부에 영국이 있었으며, 어디서나 조용히 신용과 조언을 제공하는 미국이 있고, 이 방대한 무인지대에서 언제나 경계를 늦추지 않고 상황에 따라 신중한 자세를 취하거나 아낌없이 지원하는 소련이 있다. 마지막으로 사회 혁명이 어디서나 본색을 드러내고 요구를 분명히 하며 기다리고 있다.

역사는 사회 혁명의 편이다. 튀르키예에서는 1960년 5월 27일 군사 쿠데타를 계기로 오랫동안 지체되었던 사회개혁을 향한 희망의 문이 열렸다. 이란에서 청년들, 근본주의자들, 전 수상 모사데크의 열성 지지자들, 그리고 이란 공산당 투데 Tudeh의 적대감에도 불구하고, 보수적이며 동시에 근대적인 최초의 위로부터의 혁명이 단행되어 일정한 진보를 이루었다. 요르단에서는 용기 있는 왕이 주변에서 가해지는 모든 위협에 맞섰다. 좀 더 현명하고 만족스러운 시절을 구가하던 레바논은 근동의 스위스가 되고자 했다. 이라크에서 혁명은 말에 그치고 실현되지 못했지만, 쿠르드 문제가 아물지 않는 상처로 남았다. 이집트에서는 시리아의 아랍 연합 공화국 탈퇴 후 일종의 사회 공산주의에 착수했고 그들이 거둔 절반의 성공이 주변으로 확산할 가능성이 있다. 그림을 완성하려면 파키스탄의 불안을 추가해야 할 것이다. 생각보다 더 호전적인 인도가 카슈미르에 눈독을 들이고 있어 파키스탄의 우려가 더 커지고 있다. 고아Goa를 상대로 인도가 거둔 성공에 자극받은 인도네시아는 이리안, 곧 네덜란드령 기니에 보호령을 건설하고자 한다. 그리고 알제리의 비극이 막을 내린 후 어떤 노선을 따를지 알기 위해 지켜보고 있는 북아프리카 전역에 불확실성이 커지고 있다.

이 모든 불안 때문에 이슬람 국가들은 정책에 부담을 느끼고 예기치 않은 폭력에 노출된다. 폭력사태는 당사자들뿐 아니라 인접국에도 큰 피해를 안긴다. 1961년 비제르타Bizerta 위기로 (부유한) 프랑스와 (가난한) 튀니지가 얼마나 혹독한 대가를 치렀는지 누가 감히 판단할 수 있었겠는가? 그 사건에서 비제르타가 정말 중요한 문제였을까? 아니면 서로 자존심에 상처만 입었을까? 프랑스는 자신들이 이슬람을 위해 많은 일을 했다고(분명한 사실이다) 생각했기 때문에 괴로웠고 이슬람은 자신들의 독립이 완성되지 않았다고 믿었기 때문에 괴로웠다. 아닌 게 아니라 경제에 발목이 잡혀 다시 제3세계에 들어가게 된다면 어느 나라도 진정한 독립 상태가 아니다.

그러나 이런 경제적 의존 상태의 지속에 대한 식민 모국의 책임은 일부일 뿐이다. 이슬람의 과거, 천연자원의 고갈과 그 엄청난 출생률 등에도 어느 정도 원인이 있다. 이 모두 심각한 결함이지만 고칠 수 있다.

현실 세계의 무슬림 국가들

성장은 언제나 어려운 일이다. 이슬람은 제3세계 나머지 국가들과 같은 딜레마에 직면했다. 세계 경제에 통합되려면 가급적 서둘러서 산업혁명을 완수해야 한다. 말은 쉽지만 큰 비용과 각고의 노력이 필요한 일이며 그에 따른 결실을 바로 볼 수 없거나 생활수준에 미치는 영향을 즉시 확인할 수 없을지도 모른다. 무슬림 국가들은 식민지로서 보낸 시간 때문에, 이를 감당할 준비가 되지 않았다. 그리고 이에 대한 가장 무거운 책임은 분명 식민 지배 세력에 있다.

사실 식민 지배자들은 그들이 지배한 지역에 중요한 공헌을 했다. 수백 년 동안 삶에 변화가 없던 대단히 후진적인 국가들이 순식간에 고도의 문명들과 연결되었다. 그리고 그 덕분에 무언가를 얻었다. 근대 의학과 위생 덕분에 사망률이 극적으로 감소했다. 상황에 따라 다르기는 했지만, 꽤 효율적인 교육(그리고 이 문제에서 프랑스 식민지들은 대체로 더 나은 편이었다), 항만, 도로, 철도 같은 기간 시설, 관개용 댐을 포함한 현대적 농업 경영, 그리고 어떤 경우에는 산업화에 대한 합리적 접근 기회를 얻었다.

그 점이 중요하다고 말하는 이들도 있다. 그런데 맞기도 하고 틀리기도 하다. 식민주의자들은 한편으로 낡은 구조의 파괴를 도왔다. 그러나 다른 한편으로 그들이 대체한 구조는 매우 불완전했다. 그들이 확립한 것은 국민 경제를 위해 설계되지 않고, 식민 모국과 연결된 경제를 위해 설계되어 식민 모국과 세계의 삶에 의존적이기 때문이다. 그 결과 각 부문의 발전이 고르지 않고 신생 독립 국가는 국민적 필요에 맞게 그들의 경제 구조를 개혁할 필요가 있다. 이런 어려움은 그들이 직면한 여러 어려움 가운데 하나일 뿐이다. 그들 문명의 성격부터 국토 대부분을 차지하는 빈약한 토양까지 그들은 수많은 문제에 직면해 있다.

무슬림 국가들이 이런 문제를 해결하기 위해서는 자구적 노력뿐 아니라 타국의 원조도 필요하다. 그들은 잘 알고 있고 익숙한 특권적인 세계의 변덕스러운 정책에 적응해야 한다. 그들은 이를 잘 알고 있고 능숙히 다룰 수 있다. 그들에게는 지식도 정치적 기술도 부족하지 않다. 그렇다고 해도 그들은 현실 세계와 씨름하며 적응해야 한다. 이는 원을 사각형으로 만드는 것만큼이나 어려운 일이며 그들의 과업 가운데 가장 어려운 부분이다.

단 하나의 간단한 해결책은 없다. 석유가 든든한 후원자이기는 하지만, 그런 해결책을 제공하지는 못한다. 석유는 의심할 수 없는 자산이고 그 덕분에 산유국의 생활수준이 높아졌다. 그러나 근동 지역이 자비로운 자연 덕분에 원유를 얻었다고 해도 오랫동안 그 혜택을 누린 것은 원유 탐사와 시추에 드는 막대한 비용을 감당할 수 있는 세계 주요 석유회사들이었다. 그들은 로열티를 내고 유전을 차지했고 원유를 정제해 공급했다. 유전을 되찾으려는 초기의 노력은 좌절되었다. 1951년 이란이 시도했고 1961년 이라크가 계획했던 국유화 노력은 실패했다. 석유는 팔릴 때만 가치가 있었다. 오늘날에는 소유의 양상이 달라졌다. 그러나 이제 세계에 석유가 부족하지 않다. 그리고 핵에너지를 포함한 다른 형태의 에너지가 등장하면서 에너지 공급의 실질적 독점자로서 이슬람의 지위가 영원하지는 않을 것이다.

덧붙이자면, 외세의 착취만 문제였던 것은 아니다. 이슬람 국가에서 원유에 대한 로열티는 사회적 특권층의 배만 불렸다. 이윤은 공평하게 분배되지 않았으며 특정 신분의 사치에 쓰였다. 이런 사치는 지역의 생산을 자극하지 못했고 자국에서 생산되지 않는 상품을 수입하는 데에 허비되었다. 사우디아라비아는 석유에서 얻은 수입의 많은 부분을 새로운 도시, 도로, 철도, 공항을 건설하는 데에 사용했다. 이는 확실히 진보였다. 그러나 수입의 많은 부분이 왕실과 주요 부족 지도자들의 그칠 줄 모르는 시대착오적 사치에 쓰였다. 그런 광경은 이집트 혁명에 자극받은 청년들뿐 아니라 공공 분야에서 활동하기를 갈망하는 중간계급의 불만을 낳았다.

일부 관찰자들에게 중동의 석유는 16세기 남아메리카의 은과 같아 보였다. 남아메리카의 은은 그곳 경제를 자극하지 못한 채 스페인으로 흘러갔고 유럽 나머지 지역의 번성한 경제를 살찌웠다.

어쨌든 근동에서 석유는 끝없는 분쟁의 진원이었고 앞으로도 그럴 것이다. 이라크의 카삼 장군과 IPC 곧 이라크석유회사로 대표되는 8개의 세계 주요 석유회사 간 갈등은 가장 최근 사례다. 3년의 협상이 결렬되었고 미개발 유전에 대한 회사의 권리는 몰수되었다. 물론 전통적인 이윤 분할방식인 50:50 배분보다 더 나은 조건을 포함해서 회사가 이라크에 양보한다면 협상이 타결될 가능성은 여전히 남아 있다. 그리고 이라크가 페르시아만에서 이미 진행 중인 대규모 해저 석유 탐사 사업에 참여할 것은 틀림없는 사실이다. 가장 늦게 경쟁에 뛰어들었기 때문에 조금은 더 유연한 일본과 이탈리아 석유회사들이 진행하는 사업이다. 그러나 산유국이라고 해도 모든 면에서 유리한 패를 쥐고 있는 것은 아니다. 그들에게도 미래의 실패라는 위험이 존재한다.

모든 무슬림 국가들은 대단한 작업에 착수했고 성과를 거두었다. 생산의 전반적인 성장은 그 가운데 하나이다. 그러나 인구 성장은 계속해서 그들의 노력을 방해한다. 모든 것이 진보하고 있지만, 그래도 모든 것을 새롭게 시작해야 한다.

인구학자 알프레드 소비는 1956년 8월 7일자 〈르 몽드〉에 게재한 중동 관련 기사에서 이 점을 지적했고 그의 지적은 여전히 유효하다. 그는 다음과 같이 썼다.

아랍 세계('전체 무슬림 세계'라고 썼어도 무방할 것이다)는 인구의 화산 같다. 인구 1,000명당 50명, 혹은 가구당 6, 7명은 세계에서 가장 높은 출생률이다. 출생률이 감소하기는커녕 위생의 개선과 일부다처제의 실질적 감소로 출생률이 되레 높아졌다. 그리고 출생률이 새로운 고점을 찍을 때 사망률은 급격히 낮아졌다. 전염병과 기근이 줄고 부족 간 전쟁이 줄어든 덕분이다. 현재의 사망률은 정확히 알려지지 않았지만, 감소세인 것은 분명하며 인구 1,000명당 20명 수준이다. 알제리, 튀니지, 그리고 아마도 이집트가 이에 해당한다. 그런 인구성장률은 한 세대의 인구를 두 배로 늘린 것과 같고 전성기 유럽으로 밀려들던 인구를 크게 상회한다. (당시 유럽의 인구성장률은 연간 1에서 1.5퍼센트 수준이었다) 이민과 식민화라는 안전장치도 없다. 현재 이슬람 세계의 인구 성장 추세는 1880년 유럽의 사망률과 중세 전성기 유럽이 도달했던 출생률을 합한 것과 같다. 가히 폭발적이다.

소비는 이렇게 덧붙였고 거기에는 선견지명이 있었다. '석유, 송유관, 수에즈 운하를 가졌고 인구와 수요가 급속히 늘고 있는 이 나라들이 엄청난 부가 그들의 영토를 지나 흘러가는 것을 지켜보고만 있으리라고 생각하는 것은 너무 순진하다.'

무슬림 국가의 인구가 그렇게 급격히 증가한 결과, 생산이 성장해도 생활수준은 향상되지 않는다. 제3세계에서 흔히 나타나는 현상이다. 그러나 모든 곳에서 이 문제를 극복하기 위한 적극적인 노력이 이루어졌고 그 결과 실업이 감소했다. 예를 하나 들어보자. 튀니지에서 외국의 원조나 대규모 투자 없이 20만 명에서 30만 명의 실업자가 일자리를 얻었다. 그들은 도로 공사, 토양 침식을 막는 토목 공사, 도시의 건설 현장, 식목 작업에 투입되었다. 어느 경제학자의 계산에 따르면, 1952년과 1958년 사이 근동의 농업 생산은 거의 전 세계 농업 생산보다 더 증가했다. 산업 부문에서도 비슷한 진보를 이루었다. 같은 기간 이집트의 제조업 지수는 1953년을 100으로 볼 때, 1951년 95, 1952년 98, 1953년 100, 1954년 107, 1955년 117, 1956년 125, 1957년 132, 1958년 143으로 증가했다. 파키스탄의 산업 생산은 1952년 100, 1954년 128, 1958년 218로 증가했다.

그러므로 진보가 있었고, 국민소득이 전반적으로 증가했으며 그에 따라 더 많이 투자하고 성장을 유지할 가능성이 커졌다. 거기까지는 좋았다. 그러나 인구 성장의 반격이 있었다. 보유한 상품 양보다 인구가 훨씬 빠르게 증가했다. 분모(인구)가 분자보다 빠르게 증가하는 지수가 모두 그렇듯이 1인당 국민소득도 감소했다. 파도를 가르며 수영을 하는 사람이 물속에서 앞으로 나가려고 할수록, 앞으로 더 나가지 못하는 것과 같다. 무슬림 세계에서 모든 것이 발전하는 데에도 생활수준이 하락하거나 거의 제자리인 것을 볼 수 있다.

그러나 1인당 국민소득에 대한 이런 계산은 추산에 불과하다는 점을 덧붙여야 한다. 인구수 자체가 불확실한 경우도 많다. 오차범위가 20퍼센트에 이르기도 한다. 많은 경우에 신뢰할 만한 국가통계가 없어서 1인당 국민소득을 정확히 산출하기 어렵다. 마찬가지로 곳곳에 흩어진 전통 기술자들의 수입을 정확히 산정한다는 것은 어림없는 일이다. 드넓은 자급 농업 지역을 포함한 농업의 수입을 정확히 산출한다는 것도 터무니없는 일이다. 그러므로 우리의 계산에서 모든 수치는 추정치에 불과하다. 그러나 그것만으로도 이미 충분하다.

인구 증가를 감안하면, 1인당 국민소득을 같은 수준으로 유지하는 것만으로도 이미 엄청난 규모의 생물학적 증가를 감당할 만큼 경제의 활력이 있다는 증거다. 전체 이슬람 국가가 이런 활력을 증명했고 설사 실패가 있다고 해도 심각한 수준은 아니라는 것이 증명되었다. 그들 국가의 국민은 (부국의 최저 한계치인) 하루 평균 2,600칼로리 이하를 섭취한다. 그러나 전반적으로 최저 수준보다 나은 생활을 영위한다. 그리고 (사하라 일부 지역을 제외하고) 어디서나 끔찍한 기아의 영역에서 벗어나 있다. 그들은 부와 빈곤을 가르는 경계선 아래쪽에 있다. 그러나 빈곤과 극빈을 나누는 경계선 위쪽에 있다. 최소한 이 점은 소득이다.

이 두 경계선 사이의 다양한 위치에 다양한 국가들이 위치한다. 1960년대 미국의 달러화를 기준으로 측정한 1인당 국민소득을 오름순으로 정리하면 다음과 같다. 리비아 36, 아프가니스탄 50, 나이지리아 64, 파키스탄 66, 인도네시아 88, 요르단 100, 시리아 110, 이란 115, 이집트 122, 튀니지 132, 이라크 142, 모로코 159, 알제리, 210, 튀르키예 219, 레바논 247. 유럽(1,000 이상)이나 미국(2,200)과 비교하면 정말 보잘것없는 수치이며 흑아프리카 등지와 비교할 때만 높아 보인다.

위의 목록 가운데 수치가 가장 높은 몇 나라는 과거 프랑스와 연결되었거나 여전히 연결된 국가들이라는 점에 주목할 필요가 있다. 레바논, 시리아, 모로코, 알제리, 튀니지가 그들이다. 그 점에서 프랑스의 식민화가 공헌한 바가 있다고 주장할 수는 없을 것이다. 그러나 근본적으로 프랑스가 상당수 지식인과 기업인을 양성했고 서로 다른 민족과 문명 사이의 간격을 훨씬 더 효과적으로 메웠다는 점에서 한때나마 공이 있다.

레바논은 자신의 무역, 자본, 문화를 이슬람 세계로, 흑아프리카로, 라틴아메리카 전역으로 확산시킨 덕분에, 그리고 이슬람과 그리스도교의 종교적 유산 덕분에 상대적 번영을 누렸다. 알제리는 프랑스와 국제 사회의 투자(농업, 댐, 도로, 학교, 의료, 사하라의 석유), 프랑스로 향한 노동 이민에서 큰 혜택을 누렸다. 그들 가운데 누구도 1954년에 시작된 알제리 전쟁에 개의치 않았다.

발전을 위한 투쟁에서 모든 경제는 저마다 장점과 비장의 카드를 가지고 있기 마련이다. 이라크, 이란, 사우디아라비아, 알제리에는 석유가 있었다. 이집트에는 비옥한 나일강 계곡, 수에즈 운하, 고품질의 면화와 번성한 섬유 산업이 있었다. 튀르키예와 모로코에서는 대단히 지적으로 설계된 산업화가 있었다. 인도네시아에는 고무, 석유, 광산이 있었다. 파키스탄에는 밀과 황마라는 엄청난 자원이 있었다.

이런 자산들은 엄청난 가치를 지니지만, 과업은 여전히 어렵고 예측을 불허한다.

문제의 해결은 까다롭다. 경제적이면서 동시에 사회적인 문제들은 서로 밀접하게 얽혀서 분리해서 다룰 수 없어 보인다.

그 문제들을 한꺼번에 다루려면 만만찮은 실행 계획이 필요하다.

다음과 같은 것들이 필요하다.

- **농업 개선**. 그러려면 낡은 재산 관련 법률을 가차 없이 손봐야 하고 관개의 문제와 경작지의 토양 고갈을 막는 문제를 다루어야 한다. 한마디로, 농업 정책과 기술을 손봐야 한다.
- **산업체 건설**. (중공업 분야든 경공업 분야든 국영 기업이든 민영 기업이든 관계없다) 그리고 될 수 있는 대로 그들을 전체 국가 경제에 통합해야 한다. 산업체들은 경제의 글로벌 구조에 토대를 두어야 하고 경제의 전반적인 성장에 기여해야 한다.
- **투자 문제 해결**. 해외 원조(스위스 은행을 거쳐 들어오는 국제적인 민간 자본이나 소비에트, 미국, 프랑스, 혹은 유럽 공동체에서 오는 정부 원조)가 관련되어 있어 민감한 문제이다.
- **시장 창출**. 여기에는 두 가지 문제가 있다. 첫째, 시장은 일정한 생활수준을 전제한다(이것이 온갖 수단을 동원해 얻고자 하는 것이다). 그리고 둘째, 내수 시장을 넘어 확장하지 못하는 시장은 유효성이 없다. 따라서 범아랍 시장, 마그레브 시장, 혹은 아프리카 시장을 위한 다양한 계획이 착수되었고 성공 여부와 관계없이 열정적으로 추구되었다. 열심히 하면 실현된다.
- **노동력의 교육과 훈련**. 이제 막 새로 출발하는 산업들이 활

용할 수 있는 자동화에서는 이것이 가장 필요하다. 그렇
지 않으면 실업과 잉여 노동력이라는 시급하고 중요한 문
제를 해결할 수 없을 것이기 때문이다.

- **실무진 양성.** 기술자, 교사, 행정가. 교육과 기술 교육이 의
제가 되어야 하고 이것은 장기적인 과제다. 배움을 향한
대중의 강렬한 열망이야말로 엄청난 어려움을 극복할 동
력이 될 것이다.

전체적으로, 엄청난 투자가 필요하다. 그리고 때에 따라 투
자를 회수하기까지 아주 오랜 기간이 필요할 수 있다. J. 베르
크의 주장처럼, '미래를 위해 여러 세대의 사람들이 희생될 것
이다. 시리아-레바논의 젊은 시인들 일부는 이런 현상을 이해
하려고 노력하면서 고통스러운 죽음과 부활의 운명을 가진 동
방의 신 타누스Thannus의 신화를 환기한다. 그들은 이런 식으
로 자민족의 영속성과 현재 고통을 설명한다.'

선택이 필요하다. 그렇게 심각한 문제, 해결이 시급하고 어
려운 문제, 많은 희생이 불가피한 문제에 직면해 여러 국가의
지도자들이 어떤 전략을 취할지 고심하는 것은 너무도 당연한
일이다. 세계는 그들에게 최소한 두 가지를 제안한다. 그리고
그들의 선택은 이슬람 전체의 미래를 결정하는 것 이상의 일
이 될 것이다.

선택지는 대략 다음과 같다. 정치적 자유를 표방하며 자유
주의와 개입주의를 절충한 서구식 자본주의를 유지하거나 아
니면 소련, 유고슬라비아, 중국 같은 공산주의 실험을 따라가
는 것이다. 더 단순하게 설명하자면, 정부와 사회를 개량해 그

대로 유지하거나 혹은 구조를 완전히 해체하고 새로운 토대 위에 구축하는 것이다. 불행히도 이런 선택들은 지적이기만 한 것도 실험적이기만 한 것도 아니다. 국내외 수많은 요인의 영향을 받는다.

어디서나, 거의 어디서나 중간계급이 등장하고 있다. 그들의 일부는 젊은 지식인들이다. 그들은 여전히 서양을 모방하려는 시도에 깊이 실망하고 분노한다. 예를 들어, 정치에서 아프가니스탄과 예멘을 제외한 모든 무슬림 국가들이 의회를 두고 있다. 그런데 부상하고 있는 중간계급의 입장에서 그런 사실의 장점이 무엇인가? 공적 영역에서 역할을 갈망하다가 실망한 중간계급 구성원들은

공산주의로 눈을 돌린다. 언젠가 그들이 헤게모니를 장악할 수단이라고 생각하기 때문이다. 그들에게 소련의 관료제적 틀과 계획경제의 이상은 해결하기 어려운 경제 문제를 해결하고 안정성을 보장할 수단으로 여겨진다. 젊은 무슬림 지식인들은 마르크스주의 변증법의 현대적이고 과학적인 분위기에 현혹된다. 이는 물론 이슬람 사상을 마비시킨 중세적 제약에 대한 반발이다. 그러나 이들이 이미 서구의 자유주의적이고 민주적인 사상에서 현대적이고 합리적인 문화를 추구했으나 실패한 이력이 있다는 점에서 이들의 선택은 훨씬 더 위험하다. 이제부터는 마르크스주의가 그들에게 유일한 해법으로 여겨질 것이다.(베니그센A. Benigsen)

서양은 이슬람 국가들과 소련의 과거 거래에서 단지 저렴한 가격에 기계, 무기, 차관을 얻으려는 움직임만 보는 경향이 있

다. 그러나 거기에는 훨씬 더 많은 것이 내포되어 있다. 공산주의의 실험은 여전히 이슬람 국가의 많은 젊은이를 매료시킨다. 서양은 종이 인형극에나 나올 법한 퇴행적인 특권층에 의지하는 경우가 많다. 다른 곳에서 그렇듯, 여기서도 진정한 '글로벌 정치'를 찾아보기 어렵다. 사실 서구의 모델이 더 우월하거나 비교우위에 있다고 이슬람을 확신시키는 것이 답이 아니다. 차관을 더 크게 확대하는 것도 답이 아니다. 그보다는 개발도상국의 필요에 맞는 효과적인 계획경제 모델을 제시하고 더 나은 미래에 대한 희망과 전망을 주는 것이 중요하다.

20세기 이슬람 문명

이런 심각한 위기가 무슬림 문명을 위태롭게 할까? 이 질문은 다양한 형태로 제기할 수 있다.

여러 국가로 나뉘어 정치적 경쟁이 치열한데 여전히 일원화된 하나의 이슬람 문명 같은 것이 존재할 수 있을까?

만약 그렇다면, 자크 베르크가 '기술과 행동의 보편적 양식의 채택'이라고 지칭한 것이 이슬람 문명을 위협하지 않을까? 달리 말하자면, 사실상 서양의 창조물이지만 이제는 보편화된 산업 문명의 영향에도 이슬람 문명이 살아남을 수 있을까?

그런데 이슬람 세계가 그들의 결속에 가장 중요한 요소인 종교를 파괴할 수 있는 마르크스주의의 교리를 근대로 향하는 길로 택한다면 이런 위험이 훨씬 더 커지지 않을까?

여전히 단일한 이슬람 문명이 존재할까? 이슬람의 정치적 분열은 오랫동안 범이슬람주의의 꿈이 실현되는 것을 가로막았다. 그러나 과거에 그랬던 것처럼 범이슬람주의는 여전히 무슬림 문명의 엄연한 사실이자 실상이다. 무슬림 문명은 여전히 일상의 삶 속에서 분명하게 눈에 띈다. 이슬람 세계의 한쪽 끝에서 다른 쪽 끝에 이르기까지 신앙, 도덕, 습관, 가족관계, 취향, 여가의 추구, 놀이, 행동과 요리 등에서 유사성을 찾아볼 수 있다. 지중해 일대의 이슬람 도시들을 차례로 경험해 본 유럽인이라면 그들의 차이보다 유사성에 더 놀랐을 것이다. 파키스탄과 말레이제도에서 차이가 크게 느껴질 것이며, 흑아프리카의 무슬림들에게서는 차이를 훨씬 더 크게 느낄 것이다. 사실 그 지역들에서 이슬람 문명은 그들만큼 강하거나 때로 그들보다 훨씬 더 강한 경쟁자들을 만났기 때문이다.

흑아프리카에서 무슬림들은 종교적 결속력이 그다지 강하지 않다. (이집트가 범이슬람주의의 이름으로 대대적인 '선교' 활동을 시도했을 때) 프랑스어권 국가에서 설교는 프랑스어로 진행되고는 했다. 이는 이들에게 문화적 결속이 없거나 있더라도 허약하고 간접적이라는 의미이다. 그리스도교만큼이나 이슬람을 자유롭게 변화시키고 **아프리카화**하는 아프리카의 대중 사이에 종교적 결속이 유효할까? 요컨대, 흑아프리카에 범이슬람주의가 존재한다면, 그것은 기껏해야 정치적이고 사회적인 것일 뿐 문명의 실상은 아니다.

한편 파키스탄은 인도-이슬람 문명의 일부이다. 파키스탄의 국어인 우르두어는 이란어 혹은 아랍어에서 유래한 어휘와 산스크리트어에서 유래한 단어들이 결합되어 만들어졌다. 아랍어처럼 오른쪽에서 왼쪽으로 쓰는 것을 제외하면 아랍어와 우르두어는 공통점이 거의 없다.

그래도 그 나라들이 무슬림 문명의 단일성을 보이는 가장 확실한 증거의 하나가 언어다. 20세기는 '문어文語' 아랍어를 유지했다. 아랍어는 언제나 이슬람을 묶어주는 요소였다. 아랍어는 신문과 책에 사용되는 공용어다. 각 민족의 언어는 오직 구어口語다.

또 다른 연결고리도 있다. 이슬람의 사회경제적 문제는 근본적으로 거의 같다. 여전히 남아 있는 이슬람의 낡은 전통과 모든 면에서 낡은 이슬람 전통을 포위한 현대 문명 사이의 충돌에서 비롯된다는 의미에서 그렇다. 어떤 지역에서는 문제가 잘 드러나지 않는 데 비해 다른 지역에서는 문제가 심각성을 보인다고 해도, 논리적으로 문제의 원인이 같고 그래서 본질적인 해결책이 매우 유사하다는 사실은 달라지지 않는다. 앞서 개혁을 이룬 국가들은 나머지 국가들의 미래를 예고하는 선례일 뿐이다.

그러나 여기서도 흑아프리카, 인도, 말레이제도, 중국에 있는 '국외의 이슬람'은 나머지와 다르다. 이슬람의 미래가 다른 문명들의 미래와 연결되어 있기 때문이다.

또 다른 질문이 있다. 이슬람이 산업화와 근대 기술에 접근할 때 전통 문명을 낡은 옷처럼 벗어 던질까?

이 질문은 이슬람에 국한되지 않는다. 질문의 진정한 의미는 이렇다. 컴퓨터, 인공지능, 자동화, 핵기술을 갖춘 현대 문명은, 득이 되든 해가 되든, 개별 문명들을 획일화하고 파괴할까?

분명 기계화와 그에 따른 모든 결과가 한 문명의 여러 측면을 왜곡하고 파괴하고 재건할 수 있는 것은 분명하다. 그러나 전부는 아니다. 기계화 자체가 문명은 아니다. 그렇다고 주장하는 것은 오늘날 유럽이 산업혁명 시기에 완전히 새로 태어났다고 주장하는 것과 같다. 당시 산업혁명이 엄청난 충격이었던 것은 분명하다. 그러나 유럽 문명은 그보다 훨씬 오래전부터 존재했다. 게다가 유럽의 국가들은 과연 기계화가 지구를 일원화하고 동질화할 수 있는지 몹시 의심스럽게 만들었다. 이미 하나의 단일한 문명, 곧 그리스도교와 인문주의 서양의 문명에 의해 주조되었고, 1세기도 더 전에 산업화라는 같은 모험에 거의 동시에 사로잡혔으며, 같은 기술, 같은 과학, 유사한 기구와 기계화의 모든 사회적 결과들을 공유한 이 나라들은 프랑스 문명, 독일 문명, 영국 문명 혹은 지중해 문명이라고 말할 수 있는 뚜렷한 개성을 이미 오래전에 상실했어야 마땅하다. 그런데 프랑스인이 해협을 건너고 영국인이 대륙에 발을 딛고 독일인이 이탈리아에 들어가는 순간 그들은 산업화가 곧 표준화를 의미하지 않는다는 점을 즉시 깨닫게 된다. 지역 특성을 파괴하지 못하는 기술력이 어떻게 근본적으로 다른 종교, 철학, 인문적 가치와 도덕적 가치에 기반을 둔 위대한 문명의 뚜렷한 개성을 없앨 수 있겠는가?

무슬림 세계가 기술을 포용하고 이슬람의 전통적인 영적 가치에 크게 반하는 신조를 지닌 마르크스주의를 함께 포용하면 문제가 달라질까? 이는 자주 제기되는 훨씬 더 구체적인 질문이지만 답하기 쉽지 않을뿐더러 제대로 답할 수도 없다. 그렇다고 해도 지금껏 이야기한 것이 그에 대한 부분적인 답이 될 수 있을 것이다.

감히 말하지만, 마르크스주의는 그 자체로 하나의 대체 문명이 아니다. 마르크스주의는 사회 운동이자 목적의식이 뚜렷한 형태의 인문주의이고, 인간사의 합리화다. 만약 언젠가 이슬람이 마르크스주의를 받아들인다면 의심할 바 없이 공존과 공유가 될 것이다. 소련에서 마르크스주의가 러시아 문명과 공존하듯이, 혹은 중국에서 마르크스주의가 중국 문명과 공존하듯이 말이다. 마르크스주의는 이들 문명에 큰 영향을 끼쳤지만, 어떤 문명도 완전히 소멸시키지 않았으며 그것이 마르크스주의의 과제도 아니다.

그런 상황에서 '이슬람교는 그리스도교보다 마르크스주의의 통제를 거부하기가 더 어려울 것이다. 이슬람교는 여전히 영적인 것과 세속의 것을 구별하지 않기 때문이다. 이 때문에 공산화된 이슬람 사회에서 영적인 것이 기술적 물질주의에 매몰될 위험이 훨씬 더 크다'라는 Y. 무바라크의 말은 확실히 옳다. 그의 말이 왜 옳을까? 산업혁명의 영향을 받기 **전에** 그리스도교는 거의 어디서나 세속적이고 과학적인 합리주의의 영향을 흡수해야 했다. 그리스도교는 나름의 적응 기간을 가진 뒤 반격에 나섰다. 그러나 그리스도교는 이런 입문 과정을 거친 후 균형을 유지했고 포기할 것을 포기했다. 기술, 합리주의, 마르크스주의와 마주했을 때 그리스도교는 무장을 갖추고 있었다.

종교가 삶의 모든 활동을 결정하는 이슬람의 경우, (마르크스주의이든 아니든) 기술은 낡은 문명을 버리고 현재의 불길 속에서 다시 젊어지기 위해 단번에 통과해야 하는 불의 고리다. 이슬람의 선택은 이슬람에 달려 있기도 하고 동시에 세계에 달려 있기도 하다. 시계추처럼 동과 서, 양쪽 사이를 오간다. 제3세계 전체가 그렇듯이 이슬람은 스스로 원하는 곳으로 가는 것이 아니라 양 진영 가운데 더 무거운 쪽으로 향할 가능성이 크다.

2부.
아프리카

1. 과거

흑아프리카(혹은 흑아프리카들이라고 말하는 편이 나을 것이다)는 거의 두 개의 사막과 두 개의 대양에 둘러싸여 있다. 북쪽으로 거대한 사하라 사막과 남쪽으로 칼라하리 사막, 그리고 서쪽으로 대서양과 동쪽으로 인도양에 둘러싸여 있었다. 이들이 심각한 장벽이 되는 이유는 아프리카의 해양 출구가 대부분 빈약하기 때문이다. 좋은 항구가 없고 강물은 급류와 폭포, 하구의 모래톱 때문에 접근이 어렵다.

그렇다고 넘을 수 없는 장벽은 아니다. 일찍이 선박들은 계절풍을 활용해 인도양을 오고 갔다. 유럽의 탐험가들은 15세기에 대서양을 정복했다. 남쪽으로 향하는 길에서 칼라하리 사막에 가로막힌 곳은 일부에 불과하다. 사하라 사막 횡단은 고대부터 있었다. 1세기를 전후해 북아프리카에 단봉낙타가 등장하면서 사하라 사막 통행량은 10배나 증가했다. 소금과 직물이 남쪽으로 향하고 노예와 사금이 북쪽으로 향했다.

요컨대 흑아프리카와 외부 세계의 접촉은 아주 천천히 이루어졌고 불완전했다. 그렇다고 그 지역이 수세기 동안 닫혀 있었다고 상상하는 것은 잘못이다. 자연은 강하지만 전능하지는 않다. 역사도 사건들에 영향을 끼쳤다.

지리

지리가 모든 것을 결정하지 않는다는 사실은 흑아프리카의 접경이나 주변 지역만 봐도 바로 알 수 있다. 흑아프리카는 아프리카 대륙의 일부일 뿐이다.

북부, 북동부, 동부에서 사하라 사막은 흑아프리카의 특정적인 경계선이다. 파고들 수 없는 경계든 아니든 관계없다.

유럽 공동체가 제시한 명칭처럼 흑아프리카는 '사하라 남쪽의 아프리카'다. 지중해 연안부터 수단의 사헬 지대에 이르는 지역의 아프리카 주민은 피부색이 밝다. 그리고 이 '백아프리카'에는 에티오피아도 포함된다. 의심할 바 없이 에티오피아는 흑아프리카인과 전혀 다른 혼혈 인구 속에 백인종의 혈통을 가진 인구를 가지고 있다. 다른 요인들도 에티오피아를 다른 세계로 만든다. 에티오피아의 독특한 문명이 그렇고 (350년 이후 계속된) 그리스도교가 그렇다. 또한 가축 사육과 경작지 농업에 기반을 두고 밀과 포도를 경작하는 그 혼합 농업이 그렇다. 과거 에티오피아는 자신들을 포위한 이슬람의 공격을 막아 냈을 뿐 아니라 홍해와 인도양에서 에티오피아를 고립시키려고 했던 유럽 세력의 노력도 효과적으로 차단했다.

선사시대 연구자와 민속학자들조차 초기 에티오피아가 인도에서 발원한 경작 농업과 가축 사육의 두 번째 발원지라고 믿는다. 에티오피아의 중간자 역할이 없었다면 괭이로 땅을 일구던 흑인 농부들이 목축의 예기치 못한 장점을 알지 못했을 것이다.

사실 에티오피아는 북으로 나일강(나일강 여섯 번째 폭포), 동으로 소말리 사막, 남으로 케냐, 혹은 그 너머까지 뻗은 드넓은 동아프리카 지역의 중심으로 볼 수 있다. 이 지역은 흑아프리카도 백아프리카도 아닌 중간지대로 백아프리카처럼 문자(와 역사)를 가지고 있다. 북부의 거대한 중심지들과 연결되고 두말할 것도 없이 아시아, 지중해, 유럽의 중요한 상호작용에 관여한 문명이다. 마지막으로 주목할 점은 사하라는 에리트레아와 소말릴란드에서 에티오피아 동부로 이어진다. 길게 뻗은 건조하고 황량한 이 지대는 흑아프리카의 또 다른 경계를 형성한다.

남쪽으로 가면서 역사적 사건들이 흑아프리카의 자연적 팽창을 멈추게 했고 앞으로도 오랫동안 그럴 것이다. 17세기에 인도로 가는 항해의 중간 기착지를 만들고 싶었던 네덜란드인들이 아프리카의 남쪽 끝, 사실상 비어 있던 지역에 정착했다. 1815년에 영국인들이 이 전략적 요충지를 장악했다. 곧이어 네덜란드의 정착민, 곧 보어인(농민)은 북으로 이동해 초원을 확보했고 그곳에 수익성 좋은 목장을 건설했다.

아프리카 대륙의 북부에서 그랬던 것처럼 남부에서도 차츰 백아프리카가 형성되었다. 그곳은 금광과 다이아몬드 광산의 부와 산업을 기반으로 번영했다. 무엇보다 흑색 물결이 거세졌지만(1,000만 명의 흑인, 300만 명의 백인, 150만 명의 혼혈인구) 남아프리카는 교만한 인종차별 정책(아파르트헤이트, 혹은 인종분리정책)으로 버텼고 1960년 영연방에서 탈퇴했다. 그 일은 그저 하나의 에피소드에 불과했을까, 아니면 확실한 단절이었을까? 그 일만으로 역사의 수레바퀴를 멈출 수 없었으며 앞으로도 멈출 수 없을 것이다.

마지막 예외는 마다가스카르인데 역시 역사적인 이유가 있다. 그곳 역시 흑아프리카 외부로 여겨져야 한다. 마다가스카르 인구는 두 가지 요소로 구성된다. 주로 아프리카 본토에서 건너온 반투족 흑인과 여러 차례에 걸쳐 동쪽에서 이주해 온 말레이인들이다. 많은 마다가스카르 주민이 혼혈이지만, 섬의 서부는 주로 반투족, 동부는 말레이인이 주를 이룬다. 한층 더 불완전한 연구에 따르면, 혼혈 인구에서 아프리카계와 말레이계 비율이 2:1로 아프리카계가 우세를 보인다.

그러나 마다가스카르는 인종적 다양성과 달리 문화적으로 강한 통일성을 보인다. 그리고 문화적 통일성에는 말레이의 영향이 지배적이다. 언어는 인도네시아어이고 농업과 수공 기술 역시 그렇다. '화전, 자루 긴 가래, 물을 댄 논, 타로토란 재배, 얌, 바나나, 개, 흑돼지, 가금류…… 향유고래와 거북이 낚시, 아우트리거 카누, 작살, 바람총, 새총을 활용한 사냥, 바구니와 돗자리 짜기(그들의 가구 대부분을 구성한다)……' 마다가스카르 동부의 이주민들은 인도양을 곧장 건너오기보다 북부를 거쳐 들어왔을 것이다. 레위니옹, 모리셔스, 로드리게스 등 마다가스카르 제도에는 17세기까지 사람이 거주하지 않았지만, 말레이제도에서 마다가스카르로 항해해 온 사람들의 자연적이고 필수적인 기항지였을 것이다.

달리 말하면, 아프리카 본토와 동떨어진 마다가스카르는 오랫동안 인도양의 역사와 문명에 지배되었다. 그러나 이제 신생 말라가시 공화국은 근접성 덕분에 점점 더 아프리카와 연결되고 있다.

흑아프리카를 이해하는 데에는 지리가 역사보다 중요하다. 지리적 맥락이 중요한 것의 전부는 아니지만 가장 중요한 부분이다. 서로 다른 생활방식을 수반하는 드넓은 초목 지대의 변화 원인은 기후다.

서쪽에서 적도의 강우가 모여 거대한 처녀림을 형성한다. 같은 위도에 분포한 아마존과 인도네시아의 숲과 비슷하다. 이 숲들은 '스펀지처럼 물을 빨아들인다. 거목들이 밀집하고 작은 초목들이 뒤엉켜 어둡고 고요하다. 개간도, 인간의 정착도 허락하지 않으며 강이 아니고는 여행도 어렵다. 수렵에 기반을 둔 그곳의 삶은 고립되고 위태롭다.' 그곳은 아프리카 최초의 거주민 니그릴로의 계통인 아프리카 피그미족의 대표적 안식처이다.

숲은 적도 남쪽보다 북쪽에서 점점 더 넓어지며 북쪽으로 라이베리아와 카메룬을 잇는 기니만과 경계를 이룬다. 지도에서 숲이 끊긴 지역은 주로 수풀이 우거진 사바나와 야자수 플랜테이션이 있는 베냉 남부이다. 동쪽에서 열대우림은 동아프리카 고원 가장자리인 콩고 분지에서 끝난다.

우림을 중심으로 그 주변에 차츰 건조해지는 열대림이 펼쳐지고 그 주변으로 키 큰 수풀, 관목, 물길을 따라 이어진 잡목 숲이 우거진 사바나, 그다음 건조 사바나, 스텝 순으로 이어진다. 인간의 견지에서는 두 개의 지역으로 구분되며 두 지역 모두 건기와 우기의 영향을 받는다. 한쪽은 가축을 사육할 수 있지만 다른 쪽은 (체체파리 때문에) 가축을 사육할 수 없다.

그림 7 아프리카의 다양성: 지리

　흑아프리카에서 가축 사육이 가장 활발한 지역은 널리 분포하는 괭이 농업 지역과 중첩된다. 괭이를 사용하기 때문에 가축을 견인 목적으로 사용하지 않는다. 재배 작물은 조, 수수, 얌, 옥수수, 쌀이다. 한편 면화, 땅콩, 카카오, 야자를 수출용 작물로 재배하는 데 야자는 특히 나이지리아에서 풍부하게 생산된다.

가장 뚜렷한 구분은 가축 사육 여부다. 목축 지역은 북쪽과 동쪽, 외곽 지역으로 대단히 부유하고 안정적이며 개방적인 지역이다. 그리고 외부 세계에서 볼 때 아프리카 역사의 중요한 현장이다.

이런 지역의 구분에 민족적 차이가 더해진다. 흑아프리카—한순간도 단일한 민족 집단에 속한다고 생각해서는 안 된다—의 인구는 크게 네 부류로 구분할 수 있다. 피그미족이 있다. 이들은 대단히 원시적인 과거의 유산이며 언어를 거의 발전시키지 못했다. 칼라하리 사막 가장자리에 소규모 원시 집단 코이코이족 혹은 호텐토트족과 사안족 혹은 부시먼이 있다. 다카르에서 에티오피아에 이르는 지역에 수단인들이 있다. 그리고 에티오피아부터 아프리카 남부에 이르는 지역에 반투족이 있다.

가장 큰 두 집단은 수단족과 반투족이다. 두 집단 모두 언어적 문화적 실체들이다. 아프리카 대호수Great Lake 지역에서 발원한 것으로 보이는 반투족은 수단족보다 더 강한 결속력을 지녔다. 그러나 두 집단에는 역사적 변화와 지역적 차이 때문에 현저히 다른 여러 민족들을 포함한다. 수단족의 경우, 이슬람 민족과 셈족이 섞였다. 무어인과 이슬람화한 풀라니 베르베르족이 이주해왔기 때문이다. 이들은 유목민이지만 점점 더 정착 생활을 하고 있다. 흑아프리카의 상세한 민족 분포도는 확고한 실제 경험에 근거하지 않은 이론적 설명을 허용하지 않으며 끝없는 갈등, 이동, 이주, 어떤 민족의 전진과 다른 민족의 후퇴를 드러낸다. 그리하여 흑아프리카 전역에서 혼성과 긴장을 찾아볼 수 있다. 한 민족이 다른 민족에 뒤덮이거나 밀려 나는 물결이 거듭되며 정착이 이루어졌다. 아직도 완전한 안정은 없다. 이 모든 이주, 그 연원, 방향, 속도를 안다는 것은 대단히 흥미로운 일이다. 부지런한 연구자에게는 불가능한 일도 아니다. '마을 주민이 공동체의 시조가 어디서 왔는지 모르는' 경우는 거의 없다.

긴장이 가장 극심한 곳은 북위 12도에서 15도 사이 수단족 정착지이다. 가장 전형적인 사례는 원시 흑인paléo-négritiques(피그미족을 제외하고 가장 오래된 주민을 뜻한다)으로 불리는 난민들이다. 그들은 원시적인 수렵 채집인이거나 토질이 형편없는 산지를 개간해 1제곱킬로미터 당 50명 이상의 인구 밀도를 유지하는 데에 성공한 농민들이다. 그들은 통상 방어에 유리한 요새를 차지했다. 가장 북쪽에 정착한 도곤족의 경우가 그랬다. 그리고 아프리카의 이른바 '벌거벗은 부족들'이 모두 그런 경우다. '기니의 코니아기족과 바사리족, 코트디부아르의 보보족과 로비족, 현대 가나의 낭카사족, 토고의 바그라이족과 솜바족, 나이지리아의 파비족과 앙구스족'이 그들이다. 이들은 모두 소규모 민족 집단이고 지도 위의 작은 점에 불과하다.

규모가 큰 집단으로 언급할 만한 것은 투쿨로르족, 만딩고족, 밤바라족, 하우사족, 요르바족, 이보족이다. 요르바족과 이보족은 흑아프리카에서 가장 부유하고 인구 밀도가 높은 나라인 나이지리아의 주요 민족 집단이다.

이들에게는 각자의 신앙, 생활 방식, 사회 구조, 문화가 있다. 이런 다양성이야말로 아프리카를 흥미롭게 만드는 요소다. 지역마다 경험이 뚜렷이 달라서 그들 모두에 공통된 하나의 미래를 상상하기는 어렵다. '흔히 고도로 발달한 수도 인근에 어떤 외부 권위도 거부하는 토착 부족들의 거주지가 있다.'

수단족의 짙은 검은색 피부부터 호텐토트족과 부시먼의 황색에 가까운 밝은 피부색까지 다양한 피부색은 사람, 사회, 문화의 훨씬 더 근본적인 다양성을 보여주는 인류학적이고 생리학적인 지표다.

이 대륙은 전반적으로 수없이 많은 것들이 부족하고 심각한 취약점들 때문에 고통받아왔고 여전히 고통받고 있다. 그런 문제들을 모두 열거할 수도 없을뿐더러 때에 따라 어떻게 문제가 나아지고 악화했는지 설명할 수도 없다. 문명의 모든 진보가 상호 접촉과 영향으로 쉬워진다는 의미에서 흑아프리카에 세계의 다른 지역으로 나갈 출구가 거의 없다는 점은 심각한 결함이라는 사실을 살펴본 바 있다. 유럽인들이 도착해 식민지를 건설하기 전까지 쉽게 메울 수 없었던 (그리고 여전히 메울 수 없는!) 큰 격차는 이런 상대적 고립으로 설명할 수 있다. 예컨대 흑아프리카에는 바퀴가 알려지지 않았다. 쟁기도, 견인동물도 없었으며, 에티오피아, 수단과 아프리카 동안의 국가들을 제외하고 글쓰기도 없었다(실제로 에티오피아는 흑아프리카의 일원이 아니었으며 수단과 아프리카 동안 국가들의 글쓰기는 이슬람에서 왔고 그들은 재빠르게 받아들였다).

이런 예들은 외부의 영향이 아주 천천히 아주 조금씩 사하라 이남의 드넓은 아프리카 대륙으로 흘러들었다는 것을 보여준다.

고대 이집트는 흑아프리카에 얼마나 큰 영향을 끼쳤는가라는 문제, 자주 거론되지만 여전히 해결되지 않은 문제로도 이를 엿볼 수 있다. 가봉에서 유리구슬이 발견되었고 모잠비크의 말롱가, 그리고 잠베지 남부의 다른 곳에서 오시리스 상이 발견되었다. 증거가 충분하지는 않으나 제한적이나마 관계가 있었음을 시사한다. 특히 광범위한 예술과 밀랍 처리를 통한 주형 같은 기술 분야에서 관계의 가능성이 시사된다.

그러나 동아시아산 쌀을 비롯해 옥수수, 사탕수수, 카사바 같은 외래 작물은 아프리카에 꽤 늦은 시기에 들어왔다는 사실을 인정해야 한다. 고대 흑아프리카에는 그런 작물들이 알려지지 않았을 것이다.

또 다른 취약점들이 있다. 경작할 수 있는 (더 깊고 쉽게 부서지는 희귀한 퇴적층의 밝은 붉은색과 대비되는) 붉은 라테라이트 층이 얕았다. 또 다른 약점은 경작할 수 있는 일수가 짧다는 기후적 한계이다. 그리고 세 번째 약점은 대부분 사람의 식단에 육류가 만성적으로 부족했다는 점이다.

아프리카의 부족들은 대부분 특별한 축일에만 고기를 먹었다. 케냐의 키쿠유족 농부들은 희생제와 공적 축일을 위해 밭 주변 황무지에서 기르는 염소와 양을 비축해둔다. 인근의 유목민 마사이족은 축산물로 살아가지만, 그들에게도 가축을 도축하는 일은 드물다. 힘과 활력의 원천으로서 육류는 어디서나 귀했고 갈망의 대상이 되었다. 피그미족의 사냥 노래는 이를 생생하게 들려준다.

당신 말고는 아무도 지나지 않는 숲에서,
사냥꾼이여, 당신은 기쁜 마음에 미끄러지듯 달리고 뛰어오르네.

당신 앞에 고기가 놓였네, 큰 기쁨을 주는 고기-

언덕처럼 성큼성큼 움직이는 고기,

마음을 기쁘게 하는 고기,

당신의 화로에서 구워질 고기,

당신의 이로 베어 물 고기,

신선한 붉은 고기, 김이 모락모락 나는 피.

그렇다고 해도 불리한 점들만 너무 강조해서는 안 된다. 우선 고대 흑아프리카는 고대 유럽의 발전이 부럽지 않을 만큼 급속한 발전을 이루었다. 예술 분야의 성공이 특히 눈에 띈다. 그뿐 아니라 11세기부터 15세기까지 생산된 베냉의 훌륭한 청동 제품, 감탄을 자아내는 다양한 식물성 섬유직물들이 있다. 마지막으로 가장 중요한 것은 아프리카는 초기 야금술의 선구자였다. 그들은 기원전 3000년경부터 철을 생산했다. 포르투갈인들이 보자도르 곶에 도착한 뒤에나 흑인들이 철을 알게 되었다는 주장은 터무니없고 부정확하다. 철제 무기는 아주 일찍부터 소개되었다. 로디지아인(짐바브웨인)의 야금 공정이 중세부터 이미 완벽했다는 점은 확실하다. 나이지리아 북부에서는 2000년 전부터 주석 세공이 이루어졌던 것으로 추정된다. 마지막으로, 흑아프리카 사회에서 대장장이들이 상당한 존경을 받는 별도의 강력한 계급을 형성했다는 점은 자주 언급되었고 꽤 상세히 이야기되었다. 이는 분명 아주 오래된 전통의 산물이다.

암흑의 과거

흑아프리카의 오랜 과거는 알려진 바가 거의 없다. 거의 모든 민족이 기록된 문서를 갖고 있지 않기 때문이다. 그들의 역사는 구전으로만, 인류학 연구와 외부인의 우연한 목격을 통해서만 우리에게 전해졌다.

그러나 이런 암흑의 과거에서 떠오른 세 가지 사실이 있다. (a) 모두 문명과 민족의 혼합에서 비롯된 도시, 왕국, 제국의 성장. (b) 오래된 관행이었지만 16세기 아메리카 대륙이 열리고 유럽이 홀로 감당하기 어렵게 되자 끔찍한 수준으로 확대된 노예 무역. (c) 마지막으로 유럽 열강의 갑작스러운 등장. 1885년 베를린 회의에서 유럽 열강은 지도의 도움을 받아 거대한 아프리카 대륙에서 이론상 '아무도 차지하지 않은' 곳의 분할을 완료했다. 당시 아프리카에서 탐사를 마친 곳은 절반에 불과했으나 그 후로 완전히 식민화되었다.

흑아프리카에서는 한편에 농업과 목축을 위한 자원이 있고 다른 한편에 외부와 접촉이 보장된 지역, 곧 사하라 사막 주변이나 인도양 연안에서만 역사가 고도의 정치적 문화적 형식들의 출현에 유리하게 작용했다. 바로 그런 곳에서 고대 제국과 번영한 고대 도시들이 발견되었다.

역사에 거의 흔적을 남기지 않아 눈에 띄지 않는 아프리카와 대조적으로 그 과거가 상대적으로 잘 알려졌고 국가로 조직된 사회와 문화를 지닌 특별한 아프리카는 바로 이런 곳에서 발전했다. 15세기에 한 포르투갈 탐험가는 대서양에 면한 사하라의 일부 토착민을 두고 다음과 같이 경멸적으로 말했다. '그들에게는 왕도 없다.' 그러므로 왕이 있는 아프리카가 있고 그들의 역사는 상대적으로 잘 알려졌다. 반면 왕이 없는 또 다른 아프리카는 잊혔다.

당시 흑아프리카는 이슬람과 접촉했던 두 개의 외곽 지역에서 발전했다. 이슬람과의 접촉이 늘 평화롭고 유쾌하지만은 않았다. 식민화를 수반하는 일이 많았다. 비록 식민화를 통해서였지만 흑아프리카는 바깥 세계의 공기를 마실 수 있었다.

최초의 빛은 아프리카 동안에서 밝혀졌다. 기원전 수백 년간 그들은 아라비아반도, 인도 아대륙과 교류했다. 그러나 동아프리카가 아라비아, 페르시아와 강한 연결을 형성한 것은 이슬람 최초의 팽창이 있었던 7세기의 일이다. 648년부터 모가디슈, 소팔라, 말린디, 몸바사, 브라바, 잔지바르 등 일련의 상업 도시들이 등장했다. 잔지바르는 739년 아라비아반도 남부에서 온 아랍인들이 세운 도시이며 킬와는 10세기 페르시아 시라즈에서 온 사람들이 건설했다.

이 도시들은 노예, 상아, 황금의 무역을 활발하게 펼쳤다. 아랍의 지리학자 마수디(916)와 이븐 알 와디(975)의 증언에 따르면 소팔라의 드넓은 배후지에 다량의 황금이 있었다. 잠베지와 림포포 사이 마타벨레 고원, 그리고 반론이 있기는 하지만 현재의 트란스발 지역에 금광과 광산이 있었던 것으로 보인다. 황금은 사금과 금광석 형태 모두 발견되었다. 계절풍 덕분에 모든 무역은 인도와 연결되었고 인도의 철과 면제품이 수입되었다.

이 도시들의 인구는 주로 아프리카인들이 다수를 차지했고 아랍인이나 페르시아인은 소수에 불과했다. 그 도시들은 아라비아보다 인도와 더 긴밀한 관계를 유지했다. 15세기에 최고의 전성기를 맞았지만, 당시 그들의 경제는 화폐가 아니라 여전히 물물교환에 의지했다. 적어도 아프리카 배후지와의 거래는 그랬다. 그런데도 그 거래에서 배후지들은 이윤을 거뒀다. 내륙 깊숙한 곳에 로디지아 남부 모노모타파 왕국 같은 정치체들이 있었다(모네네 모타파는 '광산의 군주'라는 뜻이다). 명성에 비해 그 왕국에 관해 실제 알려진 바는 많지 않다. 그리고 17세기 맘보 혹은 로우지의 군주에게 패망했다.

1498년 바스쿠 다가마의 항해 뒤 포르투갈이 인도양에 자리 잡았을 때 남아프리카 해안 무역 도시들은 심각한 타격을 입었을까? 오늘날 우리가 생각하는 일은 일어나지 않았다. 아랍과 아프리카가 반씩 섞인 혼합 문명이 내륙으로 널리 뻗어나갔고 해안 도시들은 그들을 정복하려고 하지 않았다. 케냐와 탕가니카 해안 유적들은 중세까지 거슬러 올라가는 것으로 여겨지지만, 실은 17세기, 18세기, 심지어, 19세기에 발원한 것으로 보인다. 이 모든 도시에서 확인되는 한 가지 특징을 간단히 짚어보자. 이 도시들은 모두 중국의 청화백자를 사용했다.

니제르강의 굽이진 곳에 있었던 제국들은 빈번하고 유익했던 이슬람과의 접촉으로 우리를 인도한다. 앞서 말했듯이 기원전후에 북아프리카와 사막의 산길에 단봉낙타가 등장하면서 사하라 사막의 무역이 증가했다. (황금과 노예) 무역 증가, 대상隊商의 수적 증가는 아프리카-아시아 어족의 백아프리카를 (아랍인들이 수단 내륙Bled es Sudan이라고 부른) 흑인들의 땅으로 이끌었다.

니제르강의 최초 제국은 가나Ghana로 800년경에 건국된 것으로 보인다(샤를마뉴 대제와 동시대이다). 부유하기로 유명했던 수도 역시 가나로 불렸는데 사하라 가장자리, 오늘날 말리의 바마코에서 북쪽으로 340킬로미터 떨어진 쿰비 살레에 위치했다. 그 도시는 피부색이 밝은 북쪽 사람들이 건설했을 것이다. 어쨌든 얼마 지나지 않아 그곳은 만데족의 일파인 소니케 부족 흑인들에게 넘어갔다(이들은 만딩고족에 속한다). 이슬람의 공격을 받은 그 도시는 1077년 함락되어 파괴되었다.

그러나 (세네갈의 황금벌판goldfields, 베누에강과 니제르강 상류에서 생산된) 황금의 무역이 계속되었기 때문에 곧 다른 제국이 출현했다. 조금 동쪽으로 옮겨 만딩고족이 혜택을 누렸고 이슬람교의 영향을 받은 말리 제국이다. 그것은 니제르강에 둘러싸인 원형 지역 전체로 뻗어나갔다. 메카 순례에 나서게 될 칸칸(만사) 무사(1307-1332) 치세에 많은 상인과 학자가 니제르강 유역에 도착했다. 당시 말리 제국의 수도 팀북투는 유목민이던 투아레그족이 정기적으로 방문하는 강력한 도시가 되었다. 훗날 투아레그족은 팀북투를 점령했고 말리 제국의 몰락을 초래했다.

더 동쪽으로 진출한 송가이 제국은 수도 가오와 팀북투에서 번영했다. 송가이 제국은 키레나이카와의 연결과 순니 알리(1464-92)의 위업 덕분에 번영했다. 순니 알리가 제국의 창시자 가운데 가장 강력한 인물이었음은 의심할 나위가 없다. 순니 알리 자신이 정통 무슬림은 아니었으나 그의 후계자들이 찬탈자 무함마드 아스키아에게 패배한 탓에 이슬람교가 새 제국에서 결정적 승리를 거두었다.

그러나 니제르강 유역 제국들의 황금기는 여기서 끝났다. 해상로를 발견한 포르투갈인들이 흑아프리카 국가들의 황금을 대서양으로 쓸어갔다. 그 때문에 사하라 횡단 무역이 사라지지는 않았지만 크게 약화했다. 1591년 팀북투가 정복당하고 송가이 제국이 몰락한 것은 이런 뚜렷한 쇠퇴 기조에서 일어난 일이다. 모로코의 술탄 물라이 아흐메드는 팀북투 정복에서 성공을 거둔 덕에 엘 만수르(승자)와 엘 데비(황금)라는 호칭을 얻었다. 그러나 전설적인 황금의 땅을 정복하리라는 기대로 원정대를 꾸렸던 이들에게 원정은 큰 실망을 안겼다. 이 가난해진 나라들에게 술탄은 멀리 떨어진 명목상의 통치자로만 남았다. 그리고 그곳에서는 1612년부터 1750년 사이 120명이 넘는 파샤가 무어인 수비대의 손에서 옹립되고 제거되었다.

사실 18세기 니제르강 유역 국가들의 권력은 유목민들과 세구Segu와 카르타의 밤바라족들이 나눠 가졌다. 위대한 제국의 시대는 사라졌고 일찍이 그들과 함께 시작되어 눈부시게 번창했던 사하라 횡단 무역도 함께 사라졌다.

그러므로 이들 제국을 전형으로 보아서는 안 된다. 그들은 통상적이기보다 예외적인 존재였다. 흑아프리카에서 그만한 규모에 도달한 국가는 거의 없다. 그러므로 11세기에 이미 눈부셨고 15세기에 예술적 완성도가 절정을 맞았던 베냉은 평범한 규모의 국가였다. 베냉은 그리 잘 조성되지 않은 개척지로 기니만의 바다와 내륙 평원 사이 우거진 열대우림 속에 있었다. 그리고 요루바족 국가들 사이, 니제르 삼각주에서 오늘날 라고스에 이르는 아주 일찍부터 도시화한 지역에 있었다.

베냉은 규모에 비해 높은 명성을 얻었다. 약점도 있었지만, 북부의 무역로를 따라 카이로의 부유한 후원자와 예술가들과 접촉했고 나중에는 포르투갈 사람들과 일찍부터 접촉하는 이

점이 있었다. 또한 이런 연결 덕분에 상아 조각과 청동 주조의 놀라운 예술적 중심이 되는 이점도 누릴 수 있었다. 이런 경이로운 성공은 군주들의 업적이 아니다. 아프리카 연구자인 폴 메르시에 따르면, 요루바 국가, 특히 베냉의 높은 인구 밀도, 도시 구조, 그리고 기후에서 비롯된 가능성, 곧 기니만에 인접해 두 차례의 우기(두 차례 태양의 천정 통과 때)가 있고 그래서 1년에 두 번 수확할 수 있다는 사실에서 베냉의 성공 요인을 찾아야 한다.

15세기의 중요한 현상이었고 16세기에 더욱 두드러졌던 현상은 노예 무역의 발전이었다. 공식적인 금지에도 불구하고 대서양 노예 무역은 1865년까지 계속되었으며 남대서양에서는 그보다 더 오래 유지되었다. 그리고 동쪽으로 향하는 홍해 루트를 따라 20세기까지 계속되었다.

노예 무역은 유럽의 사악한 발명품이 아니었다. 일찍이 니제르와 다르푸르 사이 국가들을 통해, 그리고 동아프리카의 무역지들을 통해 흑아프리카와 접촉하면서 대규모 노예 무역을 시작한 것은 이슬람이었다. 그들이 노예 무역을 시작한 이유는 여러 힘겨운 일들을 감당할 인력이 부족했기 때문이다. 그리고 훗날 유럽도 같은 이유로 그들의 선례를 따랐다. 그런데 인신매매는 원시사회 전반에 존재했던 하나의 보편적 현상이다. 이슬람이 두드러진 전형적인 노예제 사회였으나 노예 제도나 노예 무역을 발명하지는 않았다.

노예 무역에 관련된 많은 문서(예컨대 유럽과 신세계의 무역 기록 같은)가 남아 있어서 통계와 일련의 가격 변동을 추론할 수 있다. 불쾌함 그 자체인 이런 수치화된 역사는 전체 이야기를 들려주지 않는다. 그러나 규모를 이해하는 데 도움이 된다.

16세기에 아메리카에 도착한 흑인 노예들은 연간 1,000명에서 2,000명이었지만 18세기에는 연간 1만 명에서 2만 명으로 증가했다. 그리고 19세기 노예 무역이 금지되기 직전에는 연간 최대 5만 명에 이르렀던 것으로 추정된다. 이 수치는 모두 근사치이며 신세계로 이송된 전체 흑아프리카인 수 역시 근사치다. 가장 신빙성 있는 것은 P. 랭송이 발표한 수치로 대략 1,400만 명이다. 1842년 모르 드 조네가 생각한 1,200만 명보다 많지만, 2,000만 명에 육박한다는 인구학자 손더스의 추정치보다는 적다. 손더스는 1500년부터 1850년까지 350년 동안 연간 평균 6만 명의 노예가 이송되었다고 가정했다. 그러나 그런 수치는 당시의 운송 능력으로는 가당치 않은 수치다.

아프리카에서 출발한 인원과 신세계에 도착한 인원을 구분해야 한다. 포획 과정에서, 그리고 열악하기 짝이 없는 이송 과정에서 엄청난 사상자가 발생했다. 그러므로 유럽의 노예 무역으로만 발생한 인명의 손실이 위의 수치들이 시사하는 바를 훨씬 넘어설 것은 분명하다. 노예 무역은 흑아프리카에 엄청난 인명 손실을 안겼다.

이런 상황이 더욱 참혹한 것은 이슬람의 노예 무역이 계속되었을 뿐 아니라 18세기 말에는 심지어 증가했기 때문이다. 한 번에 1만 8,000명에서 2만 명에 이르는 노예가 다르푸르를 출발해 카이로에 도착했다. 1830년에 잔지바르의 술탄은 연간 3만 7,000명의 노예를 차출했다. 1872년에 연간 1만 명에서 2만 명의 노예가 수아킨을 떠나 아라비아로 향했다. 그러므로 얼핏 보아도 이슬람의 노예 무역이 유럽의 노예 무역보다 훨씬 더 많은 사람에게 영향을 끼쳤다. 유럽의 노예 무역은 항해 거리, 상대적으로 작은 선박의 크기, 그리고 19세기 여러 차례 선포된 노예 무역 금지령의 제약을 받았다. 그런데 19세기에 노예 무역 금지령이 여러 차례 있었다는 사실은 금지령에도 불구하고 노예 무역이 계속되었으며 금지령은 밀수에 따른 어려움을 초래하는 데 그쳤음을 방증한다.

V. L. 캐머런의 계산에 따르면(1877), 이슬람에 의한 인명 손실은 연간 50만 명에 달했다. 그는 다음과 같이 결론지었다. '아프리카에 피가 흐르지 않는 곳은 없다.' 이런 엄청난 수치에 대해서는 면밀한 검토를 거쳐야겠지만 아프리카인의 이동이 광범위했고 극심한 인명 손실이 있었던 것은 분명하다.

그렇다면 이런 문제가 제기된다. 흑아프리카의 출생률 증가는 이런 끔찍한 인구 손실을 얼마나 상쇄했을까? 1500년경 백아프리카 인구를 포함한 아프리카 인구는 2,500만에서 3,500만 명이었다. 물론 이는 역사적 추정치이다. 엄청난 인구 손실에도 불구하고 1850년에 아프리카 인구는 1억 명을 넘었다. 노예 무역으로 상당한 인구 손실이 있었음에도 인구가 증가했다. 최근까지 끔찍한 노예 무역을 지탱한 것은 바로 이런 인구 성장이었다. 물론 이는 가설일 뿐이다.

유럽의 노예 무역이 마침내 멈춘 것은 미국에 더는 긴급하게 노예가 필요하지 않게 되었을 때였다는 점을 솔직히 인정해야 한다. 신세계로 향한 유럽 이민자들이 흑인 노예를 대체했다. 유럽 이민자들은 19세기 전반에는 미국으로, 후반에는 남아메리카로 향했다.

유럽을 변호하자면, 흑인 노예제를 향한 동정과 분노의 반응은 항상 존재했다고 말할 수 있을 것이다. 또한 그런 반응이 그저 형식적인 것에 그치지 않았으며 영국에서 흑인들의 해방을 위한 윌리엄 윌버포스의 운동에서 최고조에 이르렀다고 말할 수 있을 것이다.

그렇다고 두 갈래의 노예 무역 가운데 (아메리카로 향한) 노예 무역이 (이슬람으로 향한) 노예 무역보다 더 인간적이었다거나 덜 비인간적이었다고 주장하려는 것은 아니다. 다만 현시점에서 중요한 한 가지 사실을 지적해야겠다. 즉 오늘날 신세계에는 활력 넘치는 아프리카 공동체가 존재한다. 북아메리카와 남아메리카에서 강력한 민족 집단이 발전했고 살아남았다. 그러나 아시아나 이슬람 땅에서는 그런 아프리카 공동체를 찾아볼 수 없다.

유럽의 아프리카 식민화를 비난할 자리는 아니다. 물론 칭찬할 자리는 더더욱 아니다. 다만 유럽의 식민화에는 문명들 사이의 모든 문화적 접촉과 마찬가지로 긍정적인 영향과 부정적인 영향이 모두 있었다는 점은 언급해야 한다.

식민화는 추악했다. 고작 옷감 몇 필이나 술 몇 병으로 드넓은 영토를 사들이는 등의 악행과 만행이 있었다. 식민화의 충격이 식민화된 흑인 민족들의 사회, 경제, 문화적 발전에 결정적 역할을 했다거나 장기적으로 유익했다는 점을 인정함으로써 그런 만행들을 변호할 수 없다. 유럽의 경우 1885년 베를린 회의가 막을 내린 후 아프리카의 식민화는 마지막 위대한 해외 모험이었다. 이런 때늦은 점령은 오래가지 않았다(1세기도 유지하지 못했다). 이들의 접촉은 순식간이었고 유럽과 세계 경제가 비약적으로 팽창하던 시기에 일어났다.

흑아프리카를 침략해 타격을 준 것은 근대적인 활동과 교통 수단을 갖춘 탐욕스러운 선진 산업 사회였다. 그런데 아프리카는 수용적이었고, 오늘날 인류학자들이 생각하는 것보다 훨씬 더 탄력적이었다. 그들은 서양이 제시한 목적과 형식을 파악할 수 있었을 뿐 아니라 이를 재해석하고 의미를 부여할 수 있었다. 또 가능하다면 언제든 전통 문화의 요구와 이를 연결할 수도 있었다.

다른 곳보다 강도 높은 산업화와 도시화가 급속히 진행되면서 반투 세계가 문화적 변용(다른 문명으로 진입)을 경험한 남아프리카에서도 서구식 교육을 받은 아프리카인들은 서구식 생활을 영위하면서도 여전히 결혼, 가족, 형제의 역할과 서열에서 과거의 전통을 계승하고 유지했다. 한 가지 예를 들어보자. 오늘날에는 신부 지참금을 현금으로 지급하지만, 지참금 액수는 옛 풍속에 따라 가축 수를 근거로 산정한다.

우리가 식민주의의 긍정적 영향을 말할 때 도로, 철도, 항구, 댐처럼 순전히 물질적 이익만을 생각하지 않는다. 또한 식민지 정착민들이 자신들의 필요에 따라 시작한 토양과 하층토 개발 등만을 생각하지 않는다. 이런 유산이 때로 중요해 보이기도 하지만 거의 쓸모없거나 짧은 수명을 다하기도 하고 고통스러운 식민화의 시련 속에 합리적 활용 능력을 함께 전수받지 못하기도 한다. 교육과 일정 수준의 기술, 위생, 의약과 공공 행정은 식민지 개척자들이 남긴 최고의 자산이며 유럽과 접촉으로 파괴된 것들, 이를테면 부족의 오랜 관습, 가족, 사회 풍속 등 아프리카의 모든 조직과 문화가 토대로 삼았던 것들의 파괴를 어느 정도 보상한다. 임금 노동, 화폐 경제, 글쓰기, 토지

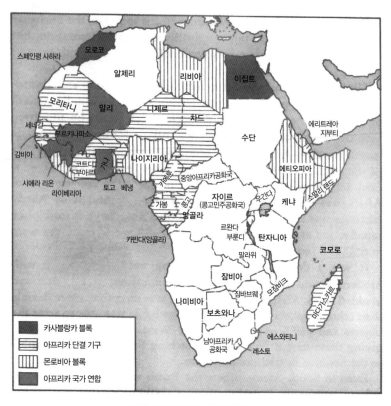

그림 8 아프리카의 내적 다양성

민족의 다양성을 넘어 국가군(群) 사이의 연결고리가 취약하다.

의 사적 소유 같은 혁신의 결과가 얼마나 유효할지는 단언할
수 없다. 옛 사회 체제가 수없이 타격을 입었다는 점은 의심의
여지가 없다. 하지만 그런 타격은 오늘날 일어나는 진보에 꼭
필요한 부분이다.

반대로 식민화는 아프리카를 프랑스, 영국, 독일, 벨기에, 포
르투갈의 영토로 분할하는 심각한 문제를 낳았다. 그런 구분은

오늘날에도 영속화되어 수많은 독립국을 양산했고 이런 양상은 아프리카의 '발칸화'라고 불리기도 한다.

아프리카의 영토 분할 가운데 일부는 인위적이고 일부는 지리적이다. 아주 드물게 문화적인 경우도 있었다. 그런데 그런 분할은 돌이킬 수 없는 해악이었을까? 그것은 하나의 통합된 아프리카, 혹은 적어도 하나의 아프리카 공동 시장이라는 전망의 완성을 심각하게 방해할 수도 있다. 그러나 아프리카가 정치적 통일성은 고사하고 문화적 통일성을 달성하기에 충분한 조건을 갖추었는지도 확실치 않다. 아프리카의 분열에 식민 행정의 경계선들만 작용하는 것은 아니다. 민족, 종교, 언어의 다양성 역시 작용한다. 오늘날 국가의 경계선의 약점은 이런 문화적 경계에 상응하지 않는다는 점이다. 그런데 1세기 전 혹은 그 이전이라면 문화적 경계에 따른 국가의 분할이 가능했을까?

훨씬 더 심각한 비판이 있다. 식민화가 흑아프리카인에게 국제적이며 현대적인 공통 언어라는 유용한 도구를 제공할 때 실제로는 최소 두 개의 언어, 곧 프랑스어와 영어를 제공함으로써 실질적으로 그들에게 고약한 속임수로 작용했다는 것이다. 염려스러운 것은 하나의 언어에 수반하는 모든 것이 교육과 사고의 습관을 형성하고 물들이며 아프리카를 두 진영, 영어권과 프랑스어권으로 분열시켜 통일을 이루려는 아프리카의 모든 노력을 방해할 것이라는 점이다. 한쪽이 다른 쪽을 압도하기는 쉽지 않을 것이다. 예를 들어보자. 숫자상으로는 영어권 아프리카가 프랑스어권 아프리카를 압도하지만, 문화적으로는 프랑스어권이 더 강하고 훨씬 더 효율적인 교육 체계

그림 9 아프리카와 서양

프랑스어권 아프리카와 나란히 영어권 아프리카가 조금 흩어져 분포한다.
경제적 유대 관계는 이런 문화적 유대 관계를 반영한다.

를 가지고 있어 확실한 성공이 보장되는 정치적 행정적 인프라를 구축한다.

그렇지만 아프리카의 통일이라는 미래를 생각할 때, 역사적으로나 지리적으로나 이미 분열될 대로 분열된 아프리카에 이런 심각한 분열이 더해진다는 사실이 안타깝다.

2. 흑아프리카: 현재와 미래

문명의 연구에서 흑아프리카는 특별히 풍부한 원천이다. '형성의 인문주의 형식'으로 불리기도 했던 '네그리튀드' 혹은 근원의 추구는 아프리카의 가치와 가능성을 구체화하기 시작했다. 아프리카인들은 그들 자신의 역사를 규합하고 거의 발명하는 정도로 열렬히 찾고 있다. 이 모든 것이 흑아프리카에 한 가지 큰 장점을 안겼는데 바로 완전하고 급속하게 진화한 문화 세계이다. 외부 관찰자들에게는 가장 오래된 것부터 가장 현대적이고 도시적인 것까지 확인할 수 있는 삶의 모든 양상을 제공한다. 또한 문화 접촉의 모든 단계를 구체화한다.

아프리카의 각성

모든 아프리카 연구자들이 동의하는 한 가지가 있다. 바로 아프리카인의 엄청난 적응력과 놀라운 동화 능력, 모범적인 인내심을 갖고 있다는 점이다. 이 모든 것은 그들이 독자적으로, 점점 더 독자적으로 먼 길을 나서려 할 때, 그들이 초보적인 수준의 경제를 벗어나 완전한 현대적 경제로 향하는 길에 오를 때, 그들을 유혹하는 과거와 전통에 얽매인 삶에서 벗어나 현재의 혹독한 변화의 요구에 응할 때, 또한 여전히 부족적인 사회에서 벗어나 근대화와 산업화에 필요한 국가적 훈련으로 향할 때 꼭 필요한 것들이다. 모든 것을 창조해야 하고 심지어 정신세계까지도 만들어야 한다.

흑아프리카는 특별한 조직력도 없이, 빈약한 자원만으로 서로 다른 지역과 서로 다른 민족들의 다양한 태도에 맞서며 이런 오랜 시련에 직면하고 있다는 것을 우리는 잊지 말아야 한다.

우선 아프리카 대륙의 많은 지역은 인구가 희박하다. 다른 저개발 국가들을 압도하면서 동시에 자극할 만한 인력이 부족하다. 흑아프리카는 저개발 국가들 사이에서도 최하위에 놓인다. 이런 상황이 오히려 가장 극적인 발전의 기회가 될 수 있다는 데에는 의심의 여지가 없지만 갈 길이 가장 멀다는 뜻이기도 하다.

흑아프리카는 고대 문화에 기반을 둔 하나의 실체가 아니다. 이미 서로 다른 신앙과 태도를 구체화한 아프리카 전통 문명은 외부에서 새로운 종교적 요소들을 획득했다. 특히 이슬람의 사회적 지적 명성과 평범한 쿠란 학교들에 영향을 크게 받았다. 사실 이슬람은 원시 종교들을 폭넓게 용인했다. 원시종교들을 압도했지만 배제하지 않았다. 두 번째로 크게 작용한 외부의 영향은 그리스도교였는데 주로 경제 교류가 가장 활발한 지역에서 영향력이 컸다. 그리스도교는 고대 신앙과 관습에 편승했다.

여기에 많은 경제적 격차, 특히 무역이 열려 있는 지역과 닫혀 있는 지역, 곧 도시와 촌락의 격차를 덧붙여야 한다.

이런 이질적인 요소들의 결합체가 흑인 정치인과 지식인들이 용기와 상식으로 심사숙고하는 미래에 맞추어 급격히 변하고 있다.

이런 변형은 분명히 필수적이다. 그리고 이런 변화는 아프리카 신생국들의 정책이나 태도로만 결정되지 않는다. 곧 나머지 세계에 직면해 아프리카 신생국들이 취한 정책이나 태도로만 결정되지 않는다. 또한 카사블랑카 회의(1961년 1월), 몬로비아 회의(1961년 5월), 라고스 회의(1962년 2월)에서 보듯 단일화 가능성이나 격렬한 분쟁을 포함한 아프리카 자체의 문제를 향한 정책과 태도만으로 결정되는 것도 아니다.

정책은 당연히 중요하다. 그러나 정책은 수단이지 목적이 아니다. 입김 하나에도 변하고 궤도에서 벗어날 수 있는 것이 정책이다. 특히 정책만으로 엄청난 변화를 제대로 통제할 수는 없다. 정책은 엄청난 변화의 일부이다.

원시 문화와 종교에 몰두하는 과거 전통의 무게가 전반적인 추진력의 속도를 늦추고 필요한 변화를 어렵게 하거나 지연시킨다.

흑아프리카(특히 흑아프리카의 대다수를 차지하는 촌락 지역) 인구 대부분이 여전히 사회 전체의 기반을 이루는 원시 문화와 종교에 결부되어 있다. 전통 종교는 지역과 민족 집단에 따라 다양한 형태를 띤다. 그러나 어디서나 전통 종교는 애니미즘의 성격을 띤다. 자연의 모든 존재에 정령이 깃들어 있고 존재의 죽음 뒤에도 정령은 살아남는다고 믿고 정령은 물건에도 깃든다고 믿는다(물신 숭배)는 의미에서다. 어디서나 일반적으로 볼 수 있는 또 다른 특징은 조상 숭배다. 전설적 족장이나 영웅들은 처음에는 조상으로 숭배되다가 나중에는 더 높은 신과 섞인다. 천상이나 지상, 혹은 가장 위대한 창조의 신이 덧입혀지곤 한다. 조상의 정령이나 아프리카의 신들은 살아 있는 이들에게 모습을 드러낼 수도 있으며 살아 있는 사람의 몸에 강림할 수도 있다. 이는 여러 강신무降神舞가 함축하는 바다. 예컨대 베냉에서는 무당이 무아경에 빠지면 보둔 신 혹은 오리샤 신이 '그의 머리에 강림한다.'

모든 제례에서 신이나 조상의 제단에 '기도나 주문을 말하고 제례 음식이나 야자유를 올리고 희생제물을 바친다.' 그리고 조상과 신에게 '공양한다.' 신들은 그에 대한 보답으로 살아 있는 이들을 돕고 보호한다.

이런 종교 조직이 아프리카 사회 조직의 보호자들이다. 그들의 사회 조직은 한결같이 혈연과 가부장적 가족 개념에 기반을 두고 있으며 전체 씨족 공동체나 부족에 대한 절대적 권위를 가부장에게 부여하는 엄격한 위계질서를 따른다(가부장의 권위는 일반적으로 부계 후손에게 계승되며 모계로 이어지는 일은 드물다).

위대한 아프리카 제국의 영향력 아래 있던 사회에서 사회의 위계질서는 귀족의 우월적 지위를 특정 가문에 부여한다. 직업에 따른 '계급'도 존재한다. 각 집단에는 신과 조상이 있고 그들의 권능은 사회 집단의 힘에 상응한다.

종교와 사회의 결속이 지나치게 강한 탓에 현대적 삶에 의해(특히 교육을 통해) 이런 사회 질서가 해체된 도시에서는 상황에 따라 그리스도교나 이슬람교가 정령 신앙을 대체했다. 그러나 촌락 지역에서는 여전히 정령 신앙이 신봉된다. 그러므로 교육, 근대화 혹은 산업화의 영향을 받고 노동을 조직한 모든 도시와 촌락이 문화 변용의 문제와 씨름해야 한다.

사회학자 클로드 타르디가 1958년 베냉(예전의 다호메이)의 포르토노보에서 진행한 조사를 예로 들 수 있다. 물론 아프리카 전체에 적용되지는 않는다. 그러나 그 문제에 관한 아이디어를 준다. 베냉의 수도인 포르토노보는 구도시로 바다에 접근하기가 어렵다. 그래서 바다에 접근하기 쉬운 코토누에 밀렸다. 밀렸다고는 하지만 인접국들보다 교육과 지적 수준이 높은 나라에서 포르토노보는 여전히 활기를 잃지 않았다. 엠마뉘엘 무니에의 말을 빌리자면 베냉은 '흑아프리카의 라탱 지구'이다.

그렇다고 교육이 '개화한 사람들 évolués'로 불리는 이들의 미래를 영원히 보장한다는 뜻은 아니다. '개화한 사람'은 정규 교육을 받고, 오늘날 표현으로는 '계몽된 사람'을 의미한다 (1954년에 4만 3,419명의 아동이, 학령 인구의 15퍼센트가 실제로 학교에 입학했다. 아프리카에서 이런 수치는 놀라운 것인데 그 중요성은 충분히 강조되어야 한다). '개화한 사람' 가운데도 고등 교육을 받은 사람과 초등 교육만 받은 사람이 있을 것이다. 전체 인구가 150만 명 남짓이고 도시 인구가 10만 명을 조금 넘는다면 사회의 피라미드 꼭대기에 위치하며 진정한 교양을 갖춘 진짜 엘리트는 기껏해야 1,000명 남짓일 것이다. 300명에 불과했던 과거 백인 식민주의자의 3배 정도이다. 한 줌밖에 안 되는 이런 소수의 사람을 훈련하는 것조차 얼마나 어려운 일인가!

포르토노보 같은 도시에서도 가장 중요한 장애물은 당연히 전통 사회의 관성이다. 사실 전통 사회는 이미 분열되었고 적어도 세 개의 집단으로 구분되었다. 도시에 정착한 베냉 농민의 후손인 군Gun이 있고, 이웃한 나이지리아 출신의 상인 요루바Yoroba가 있고, 마지막으로 '브라질인'이 있다. 이들은 브라질에서 귀환한 흑인들로 통상 그리스도교를 믿지만 간혹 놀라운 모험을 좇아 이슬람으로 개종한 사람도 있다. 이들 집단에는 각각 나름의 문장紋章이 있고 나름의 감수성이 있으며 나름의 방식으로 변화를 거부한다. 그들에게는 '파벌'이 있고 파벌에 따라 주거지가 형성되고 결혼도 파벌에 따라 주선되며 종교의 규율과 관행 역시 파벌에 따라 유지된다. 포르토노보의 한 선교사는 사회의 접합제로서 종교의 가치에 관해 이렇게 말했다. '물신 숭배에 관해 나는 한마디만 할 수 있습니다. 하지만 선교에서 비롯된 어떤 가치가 있을 것입니다. 물신 숭배는 시들어가는 훌륭한 관습입니다.' 그리고 그는 이렇게 덧붙였다 '그러나 세련된 종교라는 말은 아닙니다.'

여성들은 스스로 선택한 결혼을 하기 위해 가족의 전통에 반기를 든 첫 번째 사람들이었다(오늘날 여성 두 명 가운데 한 명이 자신의 선택으로 결혼한다). 그러나 이들의 해방은 여전히 다중혼과 지극히 보수적인 과거에 맞선 투쟁이다. 한 베냉 여성의 말은 이 점을 보여준다. '남편은 다른 부인을 취했으나 돈은 첫 번째 아내인 내게 맡겼고 내가 그 돈을 다른 부인들에게 나누어 주었다. 결혼 후 몇 년이 지나서 남편의 다른 두 아내를 선택한 사람은 바로 나였다. 다른 부인들은 내게 무릎을 꿇고 절했으며 내가 지시하는 일을 했다.' 또 다른 여성은 이렇게 말했다.

나는 시아버지와 시어머니, 숙부와 숙모, 남편의 형과 누나에게 무릎을 꿇고 절을 했다. 시동생과 손아래 시누이에게는 무릎을 꿇지 않아도 존중해야 한다. 나는 모든 시댁 식구의 시중을 들었다. 심부름하고 집안일하고 모두를 위해 물을 긷고 장터에 나가고 고추를 빻았다. 식사를 준비할 때 때때로 숙모와 숙부, 남편의 형제, 시어머니, 시아버지에게 내가 요리한 음식을 대접했다.

그런 파벌에 속하면서 여전히 촌락 인근 도시에 사는 '개화한 사람'을 상상해 보자. 그는 새로운 문화적 습관, 때로는 해외에서 익힌 습관과 그에게는 의미 있는 이런 의례 사이에서 괴로울 것이다. 곧 가족에 대한 사랑과 복종할 수 없는 가족의 행동 규범 사이에서 갈등할 것이다.

모든 것을 뒤흔든 것은 일, 학업, 심지어 거리의 풍경에 이르기까지 도시 환경이다. 반면 도시에서 멀리 떨어진 곳에서는 모든 것이 고집스럽게 제자리를 지킨다. 개화한 사람이었던 어느 재봉사는 코토누의 수녀들에게서 일을 배웠고 공무원과 결혼했다. 그녀는 자신의 작업장에서 일하며 고객을 응대하는 일에 만족을 느꼈다. '결혼하고 1년쯤 지나서 행정 서기였던 남편이 북부로 발령받았다. 거기서 나는 할 수 있는 일이 없었다. 여자들이 나뭇잎으로 몸을 가리거나 거의 벗고 살았기 때문이다.' 마침내 그녀의 남편이 다시 발령받아 돌아왔다. '포르토노보에 살던 마지막 해에…… 남편은 내게 재봉틀을 하나 더 사주었다.'

이런 증언에 따라 우아한 도시 여성을 떠올려보라. 혹은 고급스러운 흰 천을 두른 다카르의 모델들을 떠올려보라. 미래의 이미지로, 도시의 대담한 현대성 같다. 다카르 건너편 고레의 옛 식민 시절 저택들만큼 시적이지는 않을 테지만 시대정신은 더 뚜렷하다.

이곳의 도시와 촌락은 선진 문명과 원시 문화 사이의 오래된 대화에 돌입했다. 그러나 아프리카에서 도시는 소수일 뿐이다. 그리고 아프리카의 발전 속도는 도시의 상대적 강점이나 약점에 달렸다.

급조되기는 했으나 독립 정부들은 의외로 안정적이었다. 개별 사례들도 흥미롭기는 하지만, 이는 일반적 현상이므로 일반적인 설명이 필요하다. 사실, 이런 정부를 마주한 피지배층은 무한한 인내심을 보였다. 그들이 보인 인내심은, 예컨대 태양왕 루이 14세를 향한 신민들의 복종보다 훨씬 컸다. 흑아프리카에서 통치는 곧 군림을 뜻한다. 놀랍게도 그곳에서는 권력을 행사하는 일이 권력을 소진하기는커녕 권력에 활력을 불어넣고 강화한다. 1944년부터 임기를 시작한 라이베리아 대통령 투브먼은 1962년에도 여전히 재임 중이다. 그의 공직 재임 기간은 정말 길다. 이곳의 권력에는 유럽의 불안정성을 막아주는 무언가가 있다. 거의 왕권의 기미가 있다.

어떤 경우든, 가나의 오사계포Osagyefo('모든 것을 승리한다'로 번역할 수 있다), 곧 과메 은크루마 대통령의 동상 기단에는 이런 문구가 새겨져 있다. '먼저 정치의 왕국을 찾아라. 그러면 나머지는 저절로 따라올 것이다.' 그 말은 '정치가 우선이다!'

라는 프랑스의 간결한 격언으로 축약할 수 있다.

그러므로 권력을 장악하고 유지해야 한다. 권력은 나눌 수 없고 통제도 어려워서 반대 세력은 존재 이유가 없다. 반대 세력이 된다는 것은 치명적일 수 있다. 가나, 시에라리온, 기니는 이 점을 분명하게 보여주었다. 자국의 독재정권에 맞섰던 젊은 지식인들이 유럽이나 미국의 대학에 자리 잡았다. 그들 중에는 본국으로 귀환하는 것이 현명하지 않다고 생각해 망명을 신청한 외교관들도 있다. '우리는 가나식 정치에 관심이 없다'라는 세네갈 수상의 말은 아프리카가 정치의 영역에서도 획일적이지 않다는 점을 증명한다.

그러나 대부분의 아프리카 통치자에게는 현실적 유혹을 물리치기 위한 많은 지혜가 필요하다는 점을 우리는 인정해야 한다. 유럽인들이 기이해 보이는 이런 정부와 일당 독재 국가들을 평가하면서 공정성을 잃지 않으려면, 아프리카에서 통치계급이 얼마나 소수인지 알아야 한다. 흑아프리카의 통치자들 주변에는 항상 같은 사람들, 극소수의 사람들이 포진한다. 이들의 숫자는 과거 앙주의 르네René of Anjou나 부르고뉴 공작 필리프 3세 주변의 사람들보다 훨씬 더 적다. 예를 들어 라이베리아에서 행정을 맡은 사람들은 인구의 2퍼센트에 불과한 아프리카계 미국인들인데 심지어 정규 고용된 사람들도 아니었다. 인구 대부분은 여전히 무기력하고 국가의 공적 기구에서 소외되어 있다. 그렇다고 이 소수의 엘리트 집단이 분열되지 않았다는 뜻은 아니다. 그들 내부에 끝없는 의견의 불일치가 있고 그래서 갑작스러운 당국의 강력한 조치에 정당성이 없지 않다.

동시에 통치에 따른 정치적 문제가 거의 없어도 그 행정적인 문제는 어마어마하다. 사람들을 근대화에 전념하게 하려면, 그들에게 확신을 주고 동원해야 한다. 이 어려운 작업을 수행하면서 정부가 자충수로 발목이 잡히기도 했다.

효율적인 행정에는 인원이 필요하고, 관리자와 흔들림 없는 헌신과 규율이 필요하다. 건설은 처음부터 자본과 세심하게 계산된 투자가 필요하다. 특히 명분이 절대적이다. 그러나 세계 어느 국가에서도 가장 찾아보기 힘든 것이 바로 그런 명분이다.

1958년 드골 정부가 기회를 주자 아프리카 내 프랑스 영토 가운데 가장 먼저 자유와 독립을 선택한 기니에서는 세쿠 투레의 사회주의 정부가 3개년 계획을 시행했다. 경제적 기준과 일련의 통계에 근거를 두고 입안된 계획 자체만 두고 보면 방향성에도 문제가 없었고 잘못된 부분도 없었다. 그런데 전통 사회는 언제나 고려해야 할 추가적인 문제 요소였다. '외국 상품의 수입을 책임진 국영기업들이 차례로 몰락했다. 식품 전문 업체 알리마그Alimag, 종이와 서적 전문 업체 리브라포르Libraport, 기술 장비 전문 업체 에마테크Ematec, 제약 전문 기업 파르마기네Pharmaguinée. 이들은 모두 자매 기업이었다.' 그런데 이들의 실패 원인은 대내(외)적인 추문만이 아니었다. 계산 착오, 곧 조직을 만들면서 기니의 인적 요소를 고려하지 않은 데 따른 결과이기도 했다. 이들은 제대로 교육받은 정직한 사람들을 전제했을 뿐 아니라 행정의 위계, 관리자, 감시 체계를 전제했다. 모든 국영 기업에는 매우 유능한 경영진이 필요하고 그들은 모두 훈련받아야 한다.

경제적 사회적 쟁점들

흑아프리카 국가들의 미래는 여전히 불투명하며 아프리카와 세계라는 장기판 위에서 활력으로 그리고 얼마간의 환상으로 결정되고 있다.

경기에 참여한 일부 국가는 인접국의 영토에 대한 단기적이고 어쩌면 오판에 따른 계획을 품는다. 아프리카의 인위적인 국경이 이를 정당화하지는 못한다. 그러나 때때로 구실을 주기는 한다.

모로코는 과거에 모리타니아 전체, 리우데오로, 이프니, 알제리의 사하라 일부에 대한 영유권을 주장했다. 기니는 인구밀도가 높은 시에라리온에 눈독을 들인다. 의도적으로 과거 대제국을 연상시키는 국가명을 사용하는 가나는 역사를 근거로 토고와 코트디부아르를 합병하고자 한다. 마찬가지로 의미심장한 국가명을 가진 말리는 부르키나파소, 니제르와 '연방을 결성'하고 알제리의 사하라 일부를 차지하려는 꿈을 꾼다. 1961년 동시에 열린 경쟁적인 두 국제회담에서 아프리카 국가들을 두 그룹으로 규합하려는 시도가 윤곽을 드러냈다. 모로코, 가나, 당시 아랍연합공화국(R.A.U: 이제는 이집트와 시리아로 분리되었다), 기니, 알제리공화국임시정부(G.P.R.A.)로 구성된 극단주의적인 카사블랑카 그룹과 튀니지, 리비아, 모리타니아, 세네갈, 시에라리온, 라이베리아, 코트디부아르, 오트볼타Haute-Volta(현재의 부르키나파소), 나이지리아, 니제르, 차드, 카메룬, 중앙아프리카공화국, 가봉, 콩고(브라자빌), 에티오피아, 소말리아, 마다가스카르로 구성된 중도적인 몬로비아Monrovia 그룹이었다.

알제리의 독립이 결과를 예측할 수 없는 새로운 요소를 안 겼다는 이유만으로도 이런 분류는 한시적인 것으로 보였다. 그 때 이후 많은 것이 달라졌다. 그리고 아프리카 통합의 미래 혹 은 통합의 모색을 포함해서 미래는 여전히 결정되지 않았다. 어쨌든 그 문제는 1962년 2월 라고스에서 개최된 3차 회담의 의제였지만 나이지리아 정부의 준비가 미흡했고 실패로 돌아 갔다. '브라자빌 12개국Brazzaville Twelve'은 카사블랑카 그룹 국 가들의 반대에 직면했다. 알제리 임시정부를 초대하지 않았다 는 것이 빌미가 되었다.

이를 포함한 이후의 작전은 복잡할 수밖에 없었다. 모두가 원칙적으로는 아프리카의 완전한 자유를 지지했다. 그러나 자 유는 다양한 것을 의미할 수 있다. 가나의 은크루마 대통령은 1962년 12월 31일까지는 유럽의 마지막 점령지가 해방되기를 원했다. 그러나 동시에 그는 이런 '철권' 정책으로 지도자의 위 치를 보장받고자 했다. 그러나 다른 국가들은 그에게 그런 지 위를 부여하려 하지 않았다. 가나와 기니의 동맹 구상이 중단 된 것도 이 때문이었다.

한 세대가 지났어도 어느 국가가 혹은 어느 국가 그룹이 다 른 국가들을 압도하고 전체에 하나의 통일성을 부여하게 될지 알 수 없다. 지도력은 무자비한 힘의 문제이기도 하지만 지혜 의 문제이기도 하다. 그리고 정치적 힘보다는 실질적 힘의 문 제이다.

아프리카처럼 인구가 부족한 대륙에서 인구 규모는 많은 것 을 함축한다. 그리고 영어권 아프리카 국가들이 확실히 우세하 다. 전반적으로 높은 인구 밀도 덕분이며 가나, 시에라리온, 나이지리아의 도시 덕분이다. 진보는 도시에서 발생한다. 그리고 나이지리아의 도시들은 흑아프리카에서 가장 크다. 1963년 라고스 인구는 30만 명이 넘고 이바단 인구는 50만 명이 넘었다. 1980년 라고스 인구는 400만 명이 넘었고 이바단은 100만 명 정도다.

처음에는 기니를 제외한 프랑스어권 흑아프리카가 재빨리 유럽 공동체와 관계를 맺었다. 유럽 공동체가 확대되어 영국을 포함하자 영어권 흑아프리카 국가들 역시 이들의 예를 따랐다.

인구 밀도가 낮다는 약점에도 불구하고 프랑스어권 흑아프리카에는 훌륭하게 교육받은 중간계급이라는 장점이 있었다. 지리학자들은 지리적 위치의 힘으로 볼 때 프랑스어권 아프리카 도시 다카르가 세계적 도시라고 주장한다. 남대서양 항공로와 아프리카 횡단 항공로를 장악하고 있는 다카르는 확실히 그런 도시이다. 물론 이 모든 것은 세계 교통의 변화에 따라 바뀔 수도 있고, 공고해질 수도 있다.

정말로 중요한 것은 분명 발전이다. 곧 권력, 숫자, 경제적 진보 차원에서의 진화다. 세네갈의 석유 산업이나 기니의 알루미늄 공장을 제외하고 아프리카의 후진적인 경제는 가공되지 않은 광물이나 식료품을 수출하고 산업 제품들을 수입한다. 그 미래는 필연적으로 구매자와 공급자가 결정할 수밖에 없을 것이다. 상호무역의 정상적 조건에 따르면 발전 가능성과 연례적 투자 가능성은 희박하고 성장은 더디다. 그런 문제들을 개선하려고 할 때, 자칫 차관 정책으로 향할 수 있는데, 그 경우 좋든 싫든 즉각적인 종속의 길을 여는 셈이다. 러시아가 코나크리-칸칸 철도 노선에 철로를 공급하게 되면 어떤 기술자가 철로를 유지 보수해야 하고 철도원과 노조의 관계는 어떠해야 할지의 문제가 생긴다. 세네갈과 베냉이 주요 대학을 설립한다면 그들은 의심할 바 없이 프랑스에서 계승한 노선에 따라 거의 전면 무상교육을 토대로 삼을 것이다. 그런데 이를 위해서는 앞서 그들이 중등교육을 위해 기술진과 교사진을 요청했듯이, 프랑스에서 교수진과 자금을 조달해야 할 것이다. 하나는 또 다른 것으로 이어진다.

그러므로 흑아프리카는 거대한 두 산업 진영으로부터, 그리고 제3의 진영인 중국으로부터 원조를 구할 수밖에 없다. 중국은 거의 선교자의 자세로 서비스를 제공하지만 넘치는 인구 탓에 늘 대규모 인력 파견이 뒤따른다.

어쨌든 흑아프리카는 이런 해결책들 가운데 한두 가지, 혹은 전부를 받아들이지 않고는 중요한 공공사업을 완수하거나 경제 계획을 실현할 가망이 없다. 1961년 12월 19일, 나이지리아가 독립기념일을 맞아 단행했던 공무원 임금 삭감, 관용차 축소, 초과근무 수당 삭감, 세금 인상 등 눈에 띄는 희생을 치르는 것으로도 충분치 않다. 여전히 필수 도구들이 필요했다. 마찬가지로 세네갈과 결별한 뒤 말리는 서독에서 보내온 대형 트럭 덕분에 칸칸에 출로를 만들 수 있었다. 곧 코나크리 철도와 그 너머 해양을 연결할 수 있었다.

마찬가지로 세계의 모든 설비는 운용할 기술 인력이 없다면 쓸모없는 것이다. 이런 본질적인 문제의 해결은 아프리카 국가들의 내적 발전과 의식적인 노력에 달렸다.

스위스의 어느 언론인은 공산주의 성향의 세쿠 투레 정권이 집권한 기니에서 체코슬로바키아 기술진과 나눈 대화에 관해

보도했다. 그 가운데 한 사람이 이런 말을 했다. '보시다시피'

프랑스인이 우리보다 유리했습니다. 그들은 지시를 내릴 수 있었죠. 어제 내 차의 배터리가 방전되었습니다. 그게 다였어요. 하지만 공식 수리소에서 내 말에 귀 기울이는 사람은 없었고 흑인 수리공은 곧바로 기화기를 만지작거렸어요. 그들은 엔진의 가장 민감한 부분을 얻고 싶어 안달이죠. 결국 그 뒤로 나는 어디든 걸어 다녀야 했고 그런 상황은 꽤 오래 지속될 수도 있습니다. 프랑스인이라면 폭발했을 겁니다. 하지만 우린 그럴 수 없어요. 이런 열기와 습기 속에서는 그럴 수 있겠죠. 있을 수 있는 일이겠죠. 아프리카는 정말! 사실 난 이해할 수 없습니다. 프랑스와 영국이 왜 아프리카라는 짐을 짊어졌는지 말입니다. 내 계약 기간은 1년입니다. 계약이 끝나면 미련 없이 떠날 겁니다. 아무에게도 기술을 가르치지 않을 겁니다. 가능하지 않은 일이에요.

이 소소한 사회극의 교훈은 간단하다. 모든 교육은 받는 사람이 원할 때만 효과가 있다.

조금 희망적인 징후는 젊은 프랑스 교사의 증언에서 찾아볼 수 있다. 그는 1961년 10월에 코트디부아르에 도착했다. 그는 3, 4학년 학생들이 얼마나 강하게 지식을 갈망하는지 그들이 얼마나 자발적으로 노력하고 얼마나 지적인지 알게 되어 기뻤다. 그들은 최소한 자신들이 아프리카의 미래라는 사실을 알고 있었다.

미술과 문학

미술과 문학은 이렇게 변화하는 세계에 관해, 현재와 미래의 격차에 관해 어떤 증거를 제공할까? 모든 관찰자는 아프리카의 토착 미술이 우리 눈앞에서 쇠퇴해 사라져가고 있다는 것을 인정해야 한다. 가면, 청동, 상아, 목각 제품 등은 서양이 너무도 칭송했던 것들이다. 아프리카의 미술은 이미 죽었다. 흔히 말하듯이, 그런 미술을 부양해온 사회적 틀, 그리고 특히 종교적 틀 자체가 거듭된 도시 산업 문명의 무자비한 공격에 무너지고 있기 때문일까?

어쨌든 한때 우리가 알던 아프리카가 점점 더 멀어지고 있다는 사실은 부인할 수 없다. 그 노래, 춤, 미술적 시선, 종교, 구전의 전설, 과거 시간의 개념, 우주의 개념, 인간의 개념, 동식물의 개념, 신의 개념도 모두 멀어지고 있다. 우리가 서양의 사례로 알고 있는 것처럼 현재 진행되는 쇠퇴가 가속되면서 전통 문명 전체가 쓸려나갈 것이다.

그러나 유럽은 그 과거 전통을 꽤 지켜냈고 여전히 잘 간직한다. 물론 때로는 전혀 의식하지 못한 채 그렇게 하기도 한다. 아프리카는 그 문명에서 무엇을 간직할까?

아프리카 미술은 우리를 사라진 문명으로, 지금 우리 눈앞에 있는 것보다 훨씬 더 오래된 문명으로 인도한다. 흑아프리카의 청년 문학은 다르다. 유럽의 언어들을 사용하는 탓에 철저히 서구화되었다. 아프리카의 언어를 사용한 문학적 실험은 거의 없다. 아프리카의 구어를 글로 옮겨 적는 작업은 늦기도 했고 어렵기도 하다. 더욱이 이 새로운 문학은 검은 진보—대다수 아프리카인이 '계몽되었을' 때의 상황을 상정한—의 아득한 끝으로 우리를 인도한다. 이런 불굴의 생동감 있는 이야기들은 사실 '개화인'이 바라본 아프리카의 현실을 반영한다. 그리고 그들은 특히 가장 본연의 측면, 다른 문명의 가치와 공통 요소가 거의 없는 측면들을 조명한다.

서아프리카의 저명한 작가 비라고 디오프의『아마두 쿰바의 새로운 이야기*Nouveaux Contes d'Amadou*』를 예로 들어보자. 그 주제는 과거일 것이다. 그러나 형식은 문학의 규칙에 따라 균형 있는 서사로 종결되는 선형적인 방식이며 장 뒤비뇨가 민담의 '잃어버린 낙원'이라고 불렀던 것을 넘어선다. 그 글의 서구적인 형식만으로도 '여전히 꿈에 젖어 있는 공동체에서 분리된' 문학을 상징한다. 이를테면 갈리아 최초의 라틴 작가에 비유할 수 있다. 새로운 흑인 문학이 어디서 어떤 언어로 등장하든(아프라카든 신세계든 혹은 랭스턴 휴즈, 리처드 라이트, 에메 세제르, 상고르[전 세네갈 대통령], 디오프, 파누, 글리상, 페르디낭 오요노, 디올레, 카마라 레와 함께 프랑스어, 영어, 스페인어, 포르투갈어 등 어떤 서양의 언어로 표현되든) 그것을 배신이라고 이야기해서는 안 될 것이다. 오히려 변화하는 시대에서 비롯된 피할 수 없는 간격을 뛰어넘으려는 열정적 헌신을 이야기해야 할 것이다.

장 뒤비뇨가 제대로 말했듯이, '언어는 생명을 지닌 삶의 한 방식이라는 점에서 언어가 존재의 구조 자체를 바꾸어 놓았다. 그리고 그 과정에서 무언가가 소멸했다. 바로 신화의 직접성이다.' 의심할 수 없는 사실이다. 그러나 이 작가들에게 영향을 끼친 단층, 구조적 변화는 언어의 변화만이 아니다. 카마 레의『검은 아이*L'Enfant noir*』가 말해주듯, 그것은 온전한 변신이다.

이 작품은 어느 시골 청년을 그린 자전적 소설인데, 청년은 '대장장이 대가족의' 아들로 파리 유학길에 오른다. 어머니는 아들이 떠날 때마다 무력하게 지켜본다.

그렇다, 어머니는 되풀이되는 이 과정을 지켜보아야 했다. 쿠루사의 시골 학교에서 코나크리로, 그리고 거기서 다시 프랑스로 이어지는 과정을 지켜보았다. 그러는 동안 어머니는 줄곧…… 애를 태우며 변화의 단계를 지켜보아야 했다. 첫 단계, 두 번째 단계, 세 번째 단계, 그리고 나면 또 다른 단계. 얼마나 여러 단계인지 어쩌면 다른 사람은 못 보았을지도 모른다. 운명의 수레바퀴가 돌아가는 것을 막으려면 무엇을 해야 했을까? 그저 지켜볼 수밖에, 펼쳐지는 운명을 지켜볼 수밖에 없었다. 내 운명은 떠나는 것이었다!

그렇다. 새로운 문명은 허약할 수도 있고 확고할 수도 있지만 그대로 최선이며 여전히 그 사람들을 부양하는 살아 있는 전통 문명의 오랜 흐름에서 탄생한다. 그 점이 중요하다. 아프리카는 수백 년을 이어온 문명을 등졌지만 그렇다고 해서 **자신의** 문명을 잃지는 않을 것이다. 변형되고 분열되어도 그 자체는 심리, 취향, 기억이 깊이 각인된 채로, 그리고 그 땅에 특성을 부여한 모든 것이 깊이 각인된 채로 남을 것이다. 상고르는 아프리카의 '생리학'을 말하기도 했는데, 그에 따르면, 그것은 세계에 대한 특정한 '감정적 태도'를 가리키며 '아프리카인들에게 마법의 세계를 눈에 보이는 세계보다 더 현실적인 것으로 만든다.' 그것은 곧 진실에 이르는 길이다. 작품에서는 가장 서구화된 것처럼 보이는 흑인 작가들은 또한 그들 민족의 특정한 심리적 통찰을 강하게 주장하는 이들이기도 하다.

『검은 아이』의 또 다른 몇 개의 구절에서 이 점을 확인할 수 있는데 주인공의 어머니가 지닌 특별하고 거의 마법에 가까운 재능을 묘사한 구절들에서다.

정말이지 비범한 이런 경이로움이 지금의 내게는 아주 먼 옛날의 우화적인 사건으로 여겨진다. 그러나 그런 과거는 아주 가까이 있다. 어제의 일일 뿐이다. 그러나 세계는 움직이고 있고 변하고 있으며 내 세계는 어쩌면 다른 세계보다 훨씬 더 빠르게 변하고 있다. 그래서 우리는 더는 과거의 우리 같지 않다. 우리는 더 이상 과거의 우리가 **아니다**. 우리 눈앞에서 이런 기적이 일어났을 때 우리는 이미 정확히 우리 자신이 아니었다. 그렇다. 세상은 움직이고 변한다. 세상이 움직이고 변하기에 나는 나 자신의 토템—내게도 나만의 토템이 있다—을 알지 못한다.

과거와의 단절을 이보다 더 잘 설명할 수 있었을까? 그러나 작가는 덧붙인다.

나는 어머니의 이런 힘이 무엇인지를 말하기 망설여진다. 사실 그에 관해 설명하고 싶지도 않다. 내 설명이 의구심을 불러일으키리라는 것을 안다. 나 스스로도 그 일을 기억할 때면 어떻게 받아들여야 할지 확신이 없다. 믿기지 않는다. 경이롭다! 그러나 내가 할 일은 내가 본 것, 내 눈으로 본 것을 기억하는 것이다…… 나는 믿기지 않는 것들을 보았다. 설명할 수 없는 것들은 어디나 있지 않나? 우리에게는 설명할 수 없는 것이 수없이 많다. 그리고 내 어머니는 그런 것들에 친숙한 삶을 살았다.

'설명할 수 없는 것'은 아마도 모든 문명이 저마다 간직한 비밀일 것이다.

3부.

극동

1. 극동의 소개

우리의 목적은 지리학과 역사학의 도움을 받아 극동의 공통된 기본 특징을 **오롯이** 고려하는 일이다. 그리고 이어서 극동 문명들의 아주 먼 기원을 살펴보는 것이다. 특히 이 부분은 가장 중요한 특징이다.

지리학이 보여주는 것

극동을 그 거대함 속에서 보는 것만으로 이미 그 기이한 운명과 문명들을 절반은 이해하는 것이다. 이런 첫 만남에서 가장 좋은 안내자는 여행가, 언론인, 지리학자다. 단 그들이 절대적 지리 결정론에 근거해 권위주의적인 방식으로 모든 것을 설명하지는 않는다는 전제가 필요하다. 유럽과 마찬가지로 아시아에서도 지리 결정론은 더 이상 통용되지 않는다. 사실 오랫동안 역사와 끈기 있는 인간적 노력으로 심혈을 기울인 어떤 나라에서도 지리 결정론은 통하지 않는다.

극동은 대체로 열대와 아열대의 세계이다. 인도의 '혹서의 땅' 숲과 정글이 그렇고, 덥고 습기 많은 중국 남부가 그렇다.

또 거대한 숲과 속성으로 자라는 식물로 뒤덮인 말레이제도가 그렇다. (자바에 있는 뷔텐조르그 식물원의 넝쿨 식물 중에는 하루에 1미터씩 자라는 것도 있다)

그런데 인도에는 인더스강, 갠지스 중부, 서고츠산맥에 숨은 데칸고원 중부―달리 말하면, 건조지대와 반건조지대―도 있다. 마찬가지로 중국도 북부가 그렇다. 그곳에는 황토층과 최근 형성된 충적토층이 드넓게 펼쳐진 거대한 평원이 있다. 혹한의 겨울과 삼림이 우거진 만주와 더 북쪽으로 동토의 사막들이 있다.

남동쪽 끝의 제국 수도 북경을 포함해 중국 북부 전체가 혹한으로 고통을 겪는다. 그곳에서 겨울에 농민들은 구들 위에서 잠을 잔다. 이런 속담도 있다. '이웃집 기와에 내린 서리는 신경 쓰지 말고 제집 앞 눈이나 쓸어라.' 18세기에 어느 학자는 이렇게 말했다. '혹한에 가난한 친척이나 친구가 찾아오면 먼저 밥 한 그릇을 듬뿍 담아 생강 절임 한 접시와 함께 내어줄 것이다. 노인의 몸을 따뜻하게 하고 어려운 사람을 위로하는 데에는 이 방법이 최선이다…… 그리고 우리는 어깨를 잔뜩 움츠린 채 양손으로 걸쭉한 죽 한 그릇을 들고 들이켤 것이다. 서리가 내리거나 눈이 온 날 아침에 이런 죽을 먹으면 온몸에 온기가 돈다.'

가끔은 이런 혹한과 눈보라가 열대 지역인 남부로 향하기도 한다. 1189년에는 항주에 눈이 내렸는데 양자강에서 멀지 않은 이곳은 남송의 도읍이었다. '대나무 줄기가 이상한 소리를 내며 부러졌다.'

언뜻 보면, 다면적인 국가에서 지리는 단일성이 아니라 다양성을 증명한다. 그런데 어쩌면 이는 그런 각도에서 사물을 보도록 우리를 오도하는 것일지 모른다. 사실 지리적 환경은 다양성 자체라 할 수 있다. 동남아시아의 단일성은 동질적인 **물질** 문명에서 비롯된다. 물질 문명은 지리적, 물리적, 인간적 요인들과 더불어 거의 어디서나 지배적이다. 물질 문명은 아주 오래되었으며 먼 과거에 뿌리를 두고 있다. 그리고 '지역의 물리적 조건들의 집합으로만 보기에는 너무 개별적이고 집단적인 심리의 산물이다.'(피에르 구루P. Gourou) 물질 문명은 어느 정도 독립적인 요인이며 뚜렷한 영향력으로서 거의 독자적으로 존재한다.

모든 기록은 이 문명이 거의 한결같이 채식한다는 사실을 보여준다. 과거나 지금이나 거의 모든 서양 여행객이 아시아에 발을 들인 순간 이 사실을 보고한다.

1609년 스페인 출신의 어느 방문객의 보고에 따르면 일본인들이 먹는 고기로는 사냥한 고기가 유일했다. 1690년에 어느 독일인 의사는 일본인들이 우유와 버터를 모른다고 주장했다. 그들은 '땅에서 나는 다섯 가지 산물'(중국과 마찬가지로 일본에서도 5는 신성한 숫자다)을 먹는다. '눈처럼 흰' 쌀밥, 쌀로 빚은 술 사케酒, 주로 가축을 먹이기 위한 것이지만 가루로 빻거나 떡으로 만드는 보리(밭에 무르익은 보리 이삭을 보며 '감탄을 자아내는 붉은색'이라고 말했다), 마지막으로 우리의 잠두와 비슷한 백태다. 여기에 기장, 채소, 생선, 그리고 언제나 아주아주 적은 고기가 더해진다.

그보다 20여 년 앞서 인도에서 어느 프랑스인 의사는 델리에서 카슈미르로 향하는 무굴제국 황제 아우랑제브를 수행하는 엄청난 규모의 행렬을 목격했다. 그는 병사들의 절제에 놀랐는데 '식사가 아주 간단했다…… 아우랑제브를 수행하는 그 많은 기병 가운데 고기를 먹는 사람은 10분의 1 아니 20분의 1도 되지 않았다. 그들은 쌀과 다른 야채를 섞고 끓인 버터를 부어 먹는 키차리에만으로 만족했다.'

수마트라 섬 아체의 주민들은 그 병사들보다도 더 욕심이 없었다. 1620년 한 여행객은 이렇게 말했다. '그들의 유일한 식량은 쌀이다. 부자는 약간의 생선과 채소를 곁들인다. 수마트라에서는 군주가 아니고는 삶거나 구운 닭고기를 먹을 수 없다…… 그래서 사람들은 그 섬에 그리스도교인이 2,000명만 되어도 쇠고기와 가금류가 남아나지 않을 것이라고 말한다.'

중국인들의 식사도 비슷했다. 1626년에 데 라스 코르테스 신부는 '중국인이 스페인 사람처럼 고기를 많이 먹는다면, 목초지가 부족할 것이다.' 부자들도 고기를 거의 먹지 않았다. '그들은 식사 때 입맛을 돋우기 위해 약간의 돼지고기나 닭고기 등의 고기를 곁들인다.' 우리라면 전채요리라고 부를 수 있을 정도의 양이다. 18세기 어느 영국인 여행가의 설명도 비슷했다. 그러나 타타르의 가축이 공급되는 북경에서도 '사람들은 고기를 거의 먹지 않고 그나마 맛을 위해 채소를 곁들여 먹는다. 중국인은…… 우유도, 버터도 치즈도 알지 못한다.' 그렇다고 그들이 고기를 싫어하는 것은 아니다. 오히려 가축이 사고나 병으로 죽으면 소나, 낙타나, 양이나, 당나귀나 가리지 않고 곧바로 먹어 치운다. '이들은 신선한 고기나 불결한 고기를 가리지 않는다.' 영국인은 역겨워하며 이렇게 결론지었다. '중국 사람들은 뱀, 개구리, 쥐, 개, 박쥐 등등을 먹는다.'

일상생활의 주제를 아주 정확히 기록한 중국 문헌에도 이를 확인시키는 수많은 문구들이 있다. 어느 소설에 등장하는 젊은 과부는 '어느 날에는 오리고기를 먹고 싶었고, 어느 날에는 생선을, 또 어느 날에는 신선한 채소를, 또 어느 날에는 죽순으로 끓인 탕을 먹고 싶었다. 할 일이 없었을 때도 그녀는 오렌지, 과자, 수련을 먹고 싶었다. 그녀는 쌀로 빚은 술을 많이 마셨다. 매일 저녁 제비 튀김, 소금에 절인 가재를 먹는다. 그녀는 수백 송이 꽃으로 빚은 술을 세 병씩 마신다.' 이 모든 것은 부자들의 방탕과 변덕스러움이다.

문필가이자 화가였던 정섭鄭燮(1693-1765, 정판교鄭板橋로 널리 알려졌다)은 매우 관대한 사람이었다. 그는 명절이면 대문을 활짝 열어 사람들을 맞았다. 『정판교가서鄭板橋家書』에서 그는 '생선, 밥, 과일, 떡이 있을 때마다 고루 나누어 먹어야 한다'고 말했다. 그의 편지에는 메밀전병, 되직하게 끓인 따끈한 쌀죽 등의 음식이 언급된다. 평범한 음식들이다. 중세 민담에 등장하는 어느 고리대금업자는 엄청난 부자이며 전당포를 소유했지만 '땅에서 동전 한 닢을 줍고' 좋아서 어쩔 줄 모를 만큼 지독히 인색한 사람이었는데 점심으로 찬밥 한 그릇을 더운물에 말아먹는다.

사실 20세기에도 달라진 게 별로 없다. 중국 요리를 잘 아는 어느 언론인은 이렇게 썼다. '중국 요리는 언제나 무에서 유를 창조하는 예술이라는 점을 잘 알고 있다. 인구가 너무 많아서 너무 많은 풀을 먹어 치우는 소의 사육을 금지한 중국은 우리라면 버릴 것들을 모두 활용하려고 한다.'

중국인은 여전히 채식을 유지한다. 그들은 열량의 98퍼센트를 채소로 섭취한다. 그들의 식단에는 버터도, 치즈도, 우유도 없고 고기도 생선도 거의 없다. 그들은 일부 탄수화물을 밀에서 얻는다. 그리고 북부에서는 주로 기장에서 남부에서는 쌀에서 얻는다. 단백질은 콩류, 겨자씨, 그리고 다양한 식물성 기름에서 얻는다.

식습관에서 변화를 겪고 있는 유일한 나라는 일본인데 생선 섭취가 크게 늘고 육류 섭취가 특히 크게 늘었다.

채식 위주의 식단이 보편적이었던 이유는 동남아시아 어디서나 쌀이 생산되고 생산된 쌀이 북쪽으로 수출되었기 때문이다. 밀을 포함해 이와 유사한 곡물을 섭취하는 서양은 역사 초기부터 휴경과 윤작법을 받아들여야 했다. 그렇지 않으면 토양이 고갈되고 소출이 적기 때문이다. 그러므로 토지 일부는 자연스럽게 초지나 목초지가 되었다. 더욱이 밀 재배에는 가축이 꼭 필요했다. 반면 쌀은 매년 같은 논에서 생산을 계속할 수 있다. 그리고 어디서나 대부분 수작업이 이루어졌다. 소는 논의 진흙 속에서 가벼운 작업에만 활용된다. 사실 어디서나 수확은 사람의 손으로 세심하게 이루어졌다. 이런 상황에서 육류 섭취는 끔찍한 낭비가 될 것이다. 사람들이 즐겨 먹는 곡식을 가축에게도 먹여야 하기 때문이다.

이에 따른 중요한 결과는 육식 식단보다 인구가 훨씬 더 많이 증가할 수 있다는 것이다. 채식 식단을 유지할 때 1헥타르 (2.47 에이커)당 6-8명의 농민을 부양할 수 있다. 이런 식으로 활용된 동일 면적에서 식량 생산성이 다른 식으로 활용할 때보다 훨씬 더 크다는 사실은 부정할 수 없다. '아시아의 높은 인구 밀도'가 가능했던 이유다.

인도와 마찬가지로, 중국의 인구 증가도 비교적 최근 현상이다. 이기작二期作이 가능한 조생종 벼가 보급되면서 11세기와 12세기에 중국 남부의 실질적 인구 증가가 시작되었다. 13세기에는 인구가 1억 명에 도달했다. 17세기 말부터 인구가 급속히 증가했다. 오늘날에는 인구가 너무 많아서 원한다고 해도 식습관을 바꿀 수 없다. '그러므로 중국인들은 결정론에 발목이 잡혔다. 그들의 문명은 지나온 경로를 계속 유지하는 것 말고 달리 선택의 여지가 없다.' 18세기에는 인도의 인구 역시 1억 명을 넘었다.

비트포겔은 다음과 같이 주장한다. 쌀에 기반을 둔 문명은 인공적인 관개 시스템을 포함하는데, 이는 다시 엄격한 시민적, 사회적, 정치적 규율을 필요로 한다. 극동의 민족들은 쌀 때문에 물과 결합된다. 인도 남부에서는 물탱크나 저수지와, 인도의 갠지스 평원에서는 우물이나 하천을 활용한 관개수로와 연결된다. 마찬가지로 중국에서는 다양한 형태의 관개가 이루어진다. 남부에서는 물살이 거세지 않은 강들에 의지한다(그리고 양자강 주위 파양호鄱陽湖와 동정호洞庭湖의 정기적인 범람에 의지한다). 그리고 북부에서는 (교통수단이자 관개 수단인 대운하를 본떠 만든) 운하에 의지한다. 그리고 물살이 거세서 둑을 쌓거나 치수 사업을 해야 하는 회수淮水나 황하 같은 강들에 의지한다. 게다가 제방이 자주 터진다. 필리핀이나 자바의 경사지, 광동廣東, 일본, 어디서나 관개 작업이 이루어진다. 대나무 도수관과 원시적이거나 현대적인 펌프를 사용하며, 관개에 대한 엄격한 규제의 고전적 사례인 고대 이집트처럼 엄격한 작업 수칙과 복종이 요구된다.

벼농사는 기원전 2000년경 저지대의 평지에서 시작되었음이 거의 확실하다. 그런 다음 물을 댈 수 있는 모든 경작지로 서서히 확대되었다. 그와 동시에 조생종 벼를 선별한 덕분에 많은 개선이 있었다. 비트포겔은 벼농사 때문에 그때부터 극동에서는 많은 국가 관리를 거느린 권위적인 관료주의 정권이 수립되었다고 주장했다.

비트포겔의 테제는 여러 지점에서 수많은 반론에 직면했다. 무엇보다 지나치게 단순하다는 점이 지적되었다. 벼는 물 공급이 필요했고 벼 자체도 극동의 삶의 여러 특징을 결정했음은 분명하지만, 이런 제약들은 훨씬 더 복잡한 구조의 한 부분일 뿐이다. 그 점을 잊어서는 안 된다. 그러나 그렇다고 해도 이런 제약들은 반드시 기억해야 한다. 과거에도 중요했고 지금도 여전히 중요하기 때문이다.

주로 관개가 필요한 평지 문명들이 번성했다지만 극동의 드넓은 지역이 여전히 야생의 상태 혹은 원시의 상태로 남아 있다. 사실, 산지에도 물을 댄 계단식 논들이 있다. 그러나 좁은 경사지 논에서 엄청난 양의 작업을 해야 하므로 자바처럼 인구 과밀 지역에 국한되었다. 통상 집약적 농업이 성공을 거둔 곳에서 극동의 문명화된 민족은 작은 영역만 차지한다. 나머지 지역, 특히 산지와 오지, 일부 섬들은 원시 민족과 문화의 안식처가 된다.

조르주 콩도미나는 1957년에 발표한 책 『우리가 숲을 먹어 치웠다*Nous avon mangé la forêt*』에서 사이공 인근 달랏 리조트로 우리를 인도한다. 그리고 원시 부족의 일상생활을 하루하루 시간순으로 들려준다. 부족민들은 숲에 살면서 매년 작물의 재배

면적을 넓혀간다. 나무들을 '포위하고' 베어내거나 불태운다. 그렇게 개간한 땅에 '막대로 흙을 파서 파종을 시작한다. 재빨리 구덩이를 파고 씨앗 몇 개를 넣은 뒤 발끝으로 흙을 덮는다.' 작물은 대부분 마른 밭에서 재배한 벼다. 매년 숲의 일부가 잠식된다. 모든 것이 순조롭다면, 즉 휴경지로 남겨둔 숲이 제때 다시 우거지면, 20년 뒤 그 부족은 다시 원점으로 돌아오게 된다.

이런 돌려짓기(말레이어로는 라당이라고 하는데 명칭은 달라도 어디서나 찾아볼 수 있다)는 가축 없이 실행되는 원시 농법이다. 그 농법은 낙후한 수많은 원시 부족을 부양한다. 분명히 그들은 현대에 잘 적응하지 못하지만 고립된 지역에서 살아남았다.

반면 서양은 아주 일찍부터 그들의 원시 민족들을 동화시켰다. 유럽에도 고립되거나 낙후한 지역들이 적지 않았다. 그런 지역들은 오늘날에도 여전히 확인할 수 있다. 그러나 서양은 그들에게 손을 뻗었고 그들을 변화시켰고 그들을 도시와 연결했고 그들의 자원을 착취했다.

극동에서는 그런 과정이 일어나지 않았다. 이런 엄청난 차이는 중국에 '중국인이 되지 못한' 부족이 그토록 많이 존재하는 이유를 설명해준다. 또한 인도에서 그토록 많은 부족이 카스트 제도와 그 금기를 벗어나 (사실상 인도 문명 밖에) 존재하는 이유를 설명한다.

그것은 또한 과거와 현재의 많은 세부 사실들을 설명해준다. 1565년에 탈리코티 전투에서 데칸고원의 힌두교 국가, 비자나야나가라 왕국은 100만 대군에도 불구하고 기병, 특히 이슬람 술탄의 대포에 대패했다. 위대하지만 눈부신 도시는 무방비로 버려졌고 주민들은 도망칠 수도 없었다. 모든 교통수단과 견인 동물이 적의 손에 넘어갔기 때문이다. 그러나 도시를 약탈한 것은 승자들이 아니었다. 그들은 도시를 침공하는 대신 피정복민들을 쫓고 그들의 목을 베는 일에 정신이 팔려 있었다. 그 도시로 내려와 약탈을 자행한 것은 브린샤리스족, 반샤라족, 쿠룸바족 등 주변의 원시 부족이었다.

17세기에 한 독일인 의사는 시암(태국)으로 **가던 길에** 일본인 상인을 만났는데 그는 몇 해 전인 1682년에 동료들과 함께 필리핀의 루손 해안 인근의 무인도에 난파되었다. 그와 함께 난파된 10여 명은 그곳에서 야생 조류의 알과 해안을 따라 즐비한 조개류로 풍족하게 살아갈 수 있었다. 그들은 이런 기묘한 삶을 8년 가까이 이어가다가 배 한 척을 만들어 항해를 시작했고 마침내 기진맥진한 상태로 통킹만 해남도海南島에 도착했다. 그리고 자신들이 가까스로 죽음을 면했다는 사실을 알게 되었다. 해남도에는 중국인과 원시 부족이 절반씩 살았는데 그들은 다행히도 중국인 지역에 상륙했다. 다른 쪽에 도착했다면 야만인들이 그들에게 자비를 베풀지 않았을 것이다. 마찬가지로 1683년에 중국이 점령한 포모사(대만)는 오랫동안 중국인 지역과 비중국인 지역으로 나뉘어 있었다. 여러 개의 섬 같았고 '대륙에서 거의 완전히 분리된 지역들' 같았다.

중국의 비중국계 민족들에 관한 최근 수치는 인상적이다. 그들은 전체 인구의 6퍼센트 남짓이지만 중국 전체 영토의 60퍼센트를 차지한다(당연히 고비 사막과 투르키스탄과 티베트처럼 황량한 지역들도 포함한다). 공간의 면적에서 보면 그들이 여전히 다수를 차지한다.

거기에는 광서장족자치구廣西壯族自治區의 장족壯族, 묘족苗族, 려족黎族, 태족傣族, 이족彝族(이들 네 민족은 주로 운남성雲南省부터 감숙성甘肅省까지 흩어져 있다), 그리고 감숙성의 회족回族, 요족瑤族이 포함된다. 과거 청나라와 그 뒤로 장제스蔣介石는 그들에 대해 엄격한 분리 정책을 시행했다. 이족이 거주하는 도시들 입구에는 이런 공고가 붙어 있었다. '이족은 3인 이상이 거리에서 만나거나 거닐어서는 안 된다.' '이족에게 승마를 금지한다.' 오늘날 중국은 그들의 상황을 개선했고 어느 정도 자치권을 부여했다. 그러나 소련이 소수 민족에게 부여한 수준의 독립성을 부여하지는 않았다. 동시에 이들 후진적 사회(량산이족자치주涼山彝族自治州의 이족은 노예제를 시행하고 티베트인들은 울라ula라는 이름의 농노제를 유지한다)들은 기반부터 흔들렸다. 그들에게 문자를 보급하는 결정적 조치가 시행되었다. 이렇게 중국이 후진적 인구에 관심을 가진 것은 최근 들어서의 일이다(그들에게 이롭기는 하겠지만 그들의 의지에 반하는 일임은 분명하다).

문명 지역 사이에서 원시 민족들이 차지한 땅은 야생동물들의 땅이기도 하다. 이 점은 아시아 전 지역의 특징으로 그 지역에는 많은 야생동물이 서식한다. 펀자브 지역에는 사자들이 있고, 수마트라 해안에는 야생 멧돼지가 분포하며, 필리핀의 강들에는 악어들이 있고 어디에나 날카로운 이빨을 가진 맹수의 왕 호랑이가 존재한다. 호랑이는 때로 사람을 잡아먹기도 한다. 수많은 옛날이야기들이 이런 사실을 다채롭게 들려준다. 에스파냐 예수회 소속 라스 코르테스 신부는 1626년 광주廣州

부근에서 난파했는데 중국의 촌락 지역에 호랑이들이 득실대며 가끔은 도시와 촌락에 출몰하며 사람을 잡아간다고 말했다.

프랑스인 의사 프랑수아 베르니에는 1600년경에 갠지스 삼각주를 방문했다. 그는 당시 벵골 지방이 인도에서 가장 부유하고 인구가 많은 지역이라고 보고했다. 그는 이집트가 나일강의 선물이듯이 벵골은 '갠지스의 선물'이며 많은 양의 설탕과 쌀을 생산한다고 보고했다. 그런데 이런 번영한 지역의 한복판 갠지스강 지류들 사이에 무인도가 있고 해적들이 자주 출몰했다. 베르니에는 '이 섬들에는 호랑이밖에 살지 않는다. 호랑이들은 때로 섬에서 섬으로 헤엄쳐 옮겨가기도 한다. 혹은 산양, 돼지, 가금류들이 다시 야생으로 돌아갔다. 흔히 볼 수 있듯이, 작은 배로 노를 저어 섬 사이를 이동하는 사람들이 섬에 상륙하면 위험한 것도 호랑이 때문이다. 밤에 배를 나무에 묶어둘 때는 강가와 일정한 거리를 유지하도록 주의해야 한다. (그리고 그 지역 뱃사공의 말을 믿는다면) 호랑이는 가끔 아주 대담하게 배에 뛰어들어 배 안에서 자는 사람 중 덩치가 가장 크고 살집이 있는 사람을 골라 물어가기도 한다.'

야만 대 문명: 역사의 증언

극동의 거대한 문명들에게, 국경 내 원시 지역, '숲을 잠식하는' 가난한 농부들의 형편없는 영역이 그것들을 불편하게 만든 유일한 요인이었다면, 특히 인도 문명과 중국 문명은 평화롭게 살았을 것이다. 그러나 성경에 등장하는 이집트의 역병처럼, 진정한 재앙은 여름이면 태양이 작열하고 겨울이면 엄청난 눈으로 뒤덮이는 (중국 서부와 북부, 인도 북부와 서부까지 뻗은) 대사막과 초원 지대에서 비롯되었다.

이런 황무지들에는 튀르크, 투르크멘, 키르기스, 몽골 등 다양한 유목민들이 거주한다. 그들은 역사에 등장한 순간부터 17세기 중반 쇠락할 때까지 물불을 가리지 않는 용맹을 과시하며 난폭하고 잔인한 약탈자로서 맹위를 떨쳤다. 사실 정착민들은 17세기 들어 화약의 도움을 받고서야 원시적 유목민들을 물리칠 수 있었다. 그 뒤로 정착민들은 유목민들을 먼 곳에 묶어 둔 채 위협하며 그 규모를 줄이고 현재까지 겨우 생존하고 살아갈 수 있게 했다. 오늘날 세계라는 체스판에서 두 개의 몽골(중국과 소련의 내몽골과 외몽골)도, 투르키스탄(중국과 소련)도 주요국이 아니다. 중요한 것이라고는 그들의 영공과 비행장인데, 그마저도 그들의 소유가 아니다.

그렇다면 현재의 문명 연구와 관련해서 우리가 이 유목민들에게 관심을 두는 이유가 무엇일까? 의심할 바 없이 그들의 엄청난 습격이 이웃한 위대한 문명의 발전을 지연시켰다. 헤르만 괴츠는 고전적 편찬서 『인도 문명의 시대들*Epochen der indischen Kultur*』(1929)에서 인도에 관해 그런 이야기를 했다. 그런데 그의 말은 중국에도 그대로 적용된다. 인도의 경우 유목민들에게 열려 있는 곳은 아프간 산맥의 좁은 고갯길 카이베르 고개뿐이다. 그러나 중국의 경우 불행히도 고비 사막이 유목민들과 접경을 이룬다. 기원전 3세기 이후 계속 축성된 만리장성은 중요한 군사 장벽이었다. 그러나 만리장성은 실효성보다 상징성이 더 컸다. 그리고 만리장성은 여러 차례 침범당했다.

중국 연구자 오언 라티모어에 따르면, 유목민들도 과거에는 농민이었다. 선진 농업의 발달에 적응하지 못한 농민들은 '숲을 잠식하는 자들(화전민)'의 산악지대로 내몰렸다. 그리고 사막과 초원지대 근처까지 내몰렸다. 풍요로운 지역에서 내몰린 이들이 선택할 수 있는 곳은 이 방대하고 황량하기 그지없는 초원지대뿐이었다. 그러므로 문명은 '야만의 어머니'였다. 문명은 경작자들을 유목민으로 만들었다. 그러나 유목민들은 내적 위기, 사회적 혁명, 폭발적 인구 증가 때문에 초원지대를 벗어나 정착민들의 땅으로 되돌아오기를 반복했다. 그리고 이들의 회귀가 평화롭게 진행된 적은 거의 없었다. 그들은 습격자로, 승리한 정복자로 돌아왔다. 그들은 패배한 정착 농민들을 무시하고 경멸했다. 1526년 인도 북부 지역을 대부분 장악한 무굴제국의 첫 황제 바부르의 『회고록』에 귀를 기울여보자.

힌두스탄은 자연의 매력이 넘치는 곳이지만 주민들은 품위가 없다. 그들과의 거래는 즐겁지도 않고 반응도 없으며 지속적인 교류도 없다. 그들은 능력도 없고 지성도 없으며 사회성도 없다. 그들에게서는 관대함이나 남자다움을 찾아볼 수 없다. 그들은 일에서도 그렇지만, 생각에서도 요령이 부족하고 지구력도 없고 질서도 원칙도 부족하다. 그들에게 품종 좋은 말도 없고, 육즙이 풍부한 고기도 없다. 그들에게는 포도도, 멜론도, 맛있는 과일도 없다. 그곳에는 얼음도 없고 신선한 물도 없다. 시장에서 고급 음식을 구할 수도 없고 좋은 빵도 살 수 없다. 그곳에서는 목욕도, 초도, 횃불도, 촛대도 알지 못한다……

협곡과 심연을 흐르는 강과 시내는 있어도 그들의 정원과 궁전을 흐르는 물은 없다. 그들의 건축물은 매력도 없고 근사한 외관도 없으며 균형도, 품위도 없다. 시골 사람들과 하층민들은 거의 벗은 채로 돌아다닌다. 그들이 입는 옷은 랑고타langota라는 것이 전부인데 배꼽 밑으로 40-50센티미터 정도를 가린 작은 천 조각에 불과하다. 그 밑에는 랑고타의 끈을 사용해 두 다리 사이에 고정한 또 다른 천 조각이 있다. 천 조각은 랑고타를 통과하고 랑고타는 그 천이 뒤쪽에 붙어 있도록 지탱한다. 여성들은 랑lang으로 몸을 감싸는데 랑의 절반은 배를 감싸는 데에 사용하고 나머지 반은 머리에 두른다.

힌두스탄의 큰 장점은 거대한 규모의 영토, 그리고 금괴나 주화의 형태로 그곳에서 발견되는 많은 양의 황금이다.

승리감에 도취한 투르키스탄 출신의 이슬람교도 바부르는 사막의 유목 생활을 자랑스러워하며 자신이 속한 이슬람교의 위대함에 고무되어 인도의 고대 문명, 예술, 건축을 경멸한다. 그의 오만은 '서양인의 오만' 못지않게 거슬린다.

여기서 우리의 관심은 몽골의 정복 활동에 관한 세세한 사실들이 아니다. 그보다 중국과 인도의 중심부에 심각한 타격을 주고 영향을 끼쳤던 사례들, 13세기부터 14세기, 16세기부터 17세기 두 차례에 걸친 몽골족의 침공이 우리의 관심사다. 130, 259, 305, 306쪽의 지도는 서양과 먼 유럽으로, 그다음 동양으로, 다시 남방과 인도로, 그리고 중국으로 방향을 바꾼 침공의 연대와 다양한 양상을 보여준다. 이는 의심할 여지 없이 15세기 초부터 중국이 '아시아의 병자'로 침략자들의 욕망을 자극했기 때문이다. 1405년 사망 당시 티무르는 중국에 대한 공격을 준비 중이었다.

사실 유목민들의 공격이 있을 때마다 중국과 인도가 희생양이었다. 그들의 수도도 예외가 아니었다. 두 쌍의 연대가 같은 이야기를 들려준다. 필리프 2세가 부빈 전투에서 오토 4세를 상대로 승리를 거둔 1215년에 칭기즈칸은 북경을 정복했다. 1644년에는 몽골의 도움을 받은 여진족이 또다시 북경을 정복했다. 1398년에 티무르는 델리를 정복했다. 그리고 1526년에 바부르가 다시 델리를 정복했다.

이런 사건들은 찬양할 수 없는 재난이었다. 매번 수백만 명의 목숨이 희생되었다. 20세기 들어 기술력의 전쟁이 있기 전까지 서양은 그런 대규모 학살을 자행한 적이 없다. 문명들의 충돌(이슬람교로 개종한 이민족의 인도 침공)로 이런 전쟁이 한층 더 복잡해진 인도는 끔찍한 역사를 겪었다. 중국과 마찬가지로 인도는 탁월한 생명력 덕분에 최종적으로는 이런 다양한 침략을 물리쳤다. 또한 최남단의 카니아쿠마리까지 완전히 정복된 적이 없었다. 그리고 데칸의 경제는 언제나 (때로는 해외 이주를 통해) 인도양 국가들과 연결되었다.

중국과 마찬가지로 인도의 경우에도 이런 침략의 물결은 파괴와 후퇴의 반복을 의미했다. 그리고 장기적으로는 침략자들을 흡수했다. 대가는 엄청났다. 그렇다면 유럽과 극동 사이의 격차가 크게 벌어진 것은 이들의 책임일까? 이들의 침략이 극동 지역의 운명에 결정적 요인이었을까?

인도의 경우는 대체로 그렇다고 할 수 있다. 역사 초기 (기원전 2000년경) 편자브 지역의 아리아인은 그리스인, 켈트인, 이탈리아의 그리스 정착민들, 게르만과 공통의 조상을 지녔다. 『일리아드』와 『오디세이아』는 『마하바라타』가 들려주는 갠지스 평원 정복 전쟁의 기사 문화에 상응한다. 기원전 5세기, 붓다 시절 북인도는 귀족 공화국과 소규모 왕국들이 가득해 청동기 시대 그리스와 다르지 않았고 그리스에서처럼 상업도 시작되었다. 3세기에 찬드라굽타와 아소카는 첫 번째 제국을 건설했고 데칸 남부를 제외한 아프가니스탄과 인도 전역을 통일했다. 사실 데칸 남부는 어떤 정복자도 장악하지 못한 곳이다. 이 시기는 알렉산드로스의 그리스-마케도니아 제국이 건설되던 시기였다. 예수의 탄생과 함께 북쪽에서 스키타이인의 침략이 시작되었다. 이들의 침략은 3세기에서 8세기 사이 방대한 굽타 제국에서 최고조에 이르렀고 인도의 끊이지 않는 투쟁, 피부색이 밝은 민족과 피부색이 어두운 민족들 사이의 투쟁을 다시 촉발했다. 곧이어 서양의 중세에 그랬던 것처럼 대규모의 농노가 있었고, 봉건국가들이 있었다. 물론 인도와 유럽 사이의 유사성이 절대적이었던 것은 아니다. 특히 각 사회의 형태가 그랬다. 그러나 13세기 몽골의 침공이 있기 전까지 그들의 차이는 크지 않았다.

그때부터 차츰 간격이 커지기 시작했다. 그리고 중국에도 같은 문제가 발생했다. 1279년에 완료된 몽골의 정복으로 그들의 발전은 얼마나 지체되었을까? 그리고 1644년부터 1683년 사이 여진족의 침공은 중국의 발전을 또 얼마나 지체시켰을까? 최소한 13세기까지는 중국이 과학과 기술에서 서양을 앞섰으나 그때부터 중국은 서양에 추월당하기 시작했다.

그러나 확실히 극동의 운명을 뒤바꾼 것이 초원 침략자들의 탓만은 아니다. 침략자들의 파괴 행위는 엄청났지만, 시간이 지나면서 모든 것이 복구되고 치유되었다. 심지어 아주 제대로 치유되었다고 할 사람도 있을 것이다. 서양에는 과거와의 단절과 새로운 문명의 탄생을 의미했던 침략이 중국과 인도에는 물질적 재난에 그쳤을 뿐 그들의 사고방식도, 사회 구조도, 생활 방식도 바꾸지 못했다. 고대 문명이 그리스에서 로마로, 혹은 개종한 로마에서 그리스도교 세계로 향하거나, 혹은 중동에서 이슬람으로 나아간 것 같은 비약적 발전은 없었다.

극동의 부동성, 고유의 방식을 집요하게 고수하는 태도는 어느 정도 그 내적 요인에 따른 결과였다. 더욱이 그런 요인들은 그 지역이 뒤처진 이유를 어느 정도 설명해준다. 사실 그런 후진성은 순전히 상대적인 것이다. 극동이 정말로 후진적이었던 것은 아니다. 그 지역은 그대로 있었지만 나머지 세계가 눈부시게 진보했고 극동 지역은 점점 더 뒤떨어졌다.

먼 기원: 문화적 부동성의 이유

어쩌면 주사위는 선사 시대, 최초 문명들의 여명기에 던져졌을 것이다. 극동의 문명들은 아주 일찍부터 유달리 성숙했고 그런 배경 속에서 그 기본적인 구조 가운데 일부는 거의 변하지 않았다. 그래서 놀라운 통일성과 응집력을 얻었다. 그러나 그들은 진보를 추구하거나, 진보하는 것에 적응하는 것이 몹시 어려웠다. 마치 변화와 진보를 체계적으로 거부하는 것 같았다.

서양인들은 자신의 경험은 접어두고 극동의 두 위대한 문명이 수천 년을 이어왔다는 사실을 이해하려는 노력이 필요하다. 극동의 기념물들은 너무 쉽게 부서지고 무너진다. 중국과 일본에서처럼 너무 부서지기 쉬운 재료로 만드는 일이 많기 때문이다. 그러나 인간 사회와 문화는 파괴할 수 없어 보인다. 그런 기념물들은 수백 년 전도 아니고 그보다 더 오래된 아주 먼 과거에 만들어졌다. 파라오의 이집트가 기적적으로 보존되어 현대의 삶에 어느 정도 적응했으나 그 신념과 관습 일부분을 간직하고 있다고 상상해 보라.

지금도 활력이 넘치는 힌두교는 1000년 넘게 인도 문명의 변치 않는 토대가 되었다. 더욱이 그보다 1000년을 더 앞선 종교적 관념들을 차용하고 전달했다. 중국에서 조상과 자연신 숭배는 적어도 기원전 1000년까지 소급되며 이를 억압하지 않는 도교, 유교, 불교에도 파고들었고 현재까지 살아남았다.

이렇게 집요한 고대 종교 체계는 그에 못지않게 내구력 있는 사회 구조—인도의 카스트 제도, 중국의 가족과 사회적 위계질서—와 연결된다. 두 경우 모두 영속적인 종교와 영속적인 사회가 서로를 지탱하는 것처럼 보인다. 이는 원시 문화의 특징으로 그 안에서는 모든 삶의 방식과 사고방식이 전적으로 그리고 직접적으로 초자연적인 것에 뿌리를 두고 있다. 인도와 중국처럼 그렇게 고도로 발전한 문명에서 이를 발견하는 것은 당혹스러운 일이지만, 그래서 더욱 주목할 만하다.

인간적인 것과 신성한 것을 선명하게 구분하는 서양과 달리, 극동에서는 그런 구분을 하지 않는다. 종교는 삶의 모든 영역에 통합된다. 국가가 종교고 철학이 종교고 윤리가 종교고 사회적 관계도 종교다. 이 모든 것에 신성함이 깃들어 있다. 그리고 그것들이 변화를 거부하는 성향은 여기서 비롯된다.

가장 사소한 것까지 포함해서 삶의 모든 행위에 신성함이 개입한다는 사실이 서양인들을 당황하게 하는 이유는 신기하지만 이해할 수 있는 한 가지 모순 때문이다. 종교를 영적인 것의 최상위에 두는 데 익숙한 서양인들은 극동에는 종교적 감성이 없으며 형식적인 의례가 있다고는 하나 종교적 감성을 제대로 대체하지 못한다는 인상을 받는다.

그런 의례를 행한다는 것은 인간사를 모두 관장하는 신의 질서를 확인하는 일이다. 그것은 종교적 삶을 사는 것이다. 그러므로 힌두교의 본질은 영적 존재에 대한 신앙과 그 파편에 불과한 신들에 대한 예배보다는 카스트의 위계질서로 표현되는 가치들을 인정하는 데에 있다.

마찬가지로 중국인들은 수많은 신을 구별하는 데에는 별 관심이 없다. 중요한 것은 신들을 향해 의례의 모든 의무를 이행하는 것이고 조상 숭배에 필요한 모든 의무를 다하는 것이며 마지막으로 가족과 사회생활의 복잡한 위계질서에서 부과되는 모든 의무를 이행하는 것이다.

사실 인도와 중국에서 영적인 맥락은 상당히 다르다. 그들의 종교와 사회 체제에는 닮은 점이 전혀 없다. 우리가 서양과 극동을 각각 하나의 **진영**으로 보고 대비시킨다면, 그 지역에 깊이 내재하는 불일치를 간과할 위험이 있다. 말할 필요도 없이 인도는 중국이 아니다. 그리고 중국은 서양과 비교하면 종교색이 짙은 사회로 보일 수 있지만 인도와 비교하면 합리적인 국가로 보일 것이다. 먼 과거, 기원전 5세기부터 3세기 사이 전국시대에 중국이 겪은 심각한 지적 위기는 과학 정신을 탄생시킨 고대 그리스가 주요 철학에서 겪었던 위기와 비슷하다. 앞으로 보겠지만 불가지론과 합리주의의 위기라는 유산을 정치 상황에 맞게 조정한 유교는 10세기 말 엄청난 종교적 위기를 돌파할 수 있었고 13세기부터 널리 확산할 성리학으로 변신하는 데에 성공했다.

그러므로 중국에서는 두 갈래의 사상이 공존했다. 그리고 사회의 부동성은 종교의 영향력 못지않게 정치, 경제, 사회적 요인에서도 비롯되었다. 반면 인도에서는 종교가 지배적인 역할을 했다. 인간 사회의 조직이 영적 진실을 반영한다면 어떻게 개혁할 수 있겠는가? 의문조차 제기할 수 없을 것이다.

2. 고전 시대의 중국

우리가 중국의 과거에서 시작해야만 하는 이유는 과거의 중국이 완전히 사라지지 않았으며 아주 오랜 시간에 걸쳐 그 본연의 특징들을 발전시켰기 때문이다. 그렇게 해서 중국은 아주 독특한 실체가 되었고 역사가들이 그토록 좋아하는 '시대'를 구분하기 어렵다. 수백 년에 걸쳐 끊임없는 재난과 정복을 겪으면서도 중국은 변하지 않았고 변할 수 없었다.

그러나 이 거대한 전제국가의 진화가 느리기는 했지만, 변화가 없었던 것은 아니다. 모든 문명이 그렇듯이 중국은 경험을 쌓고 그 자원과 가능성 속에서 끊임없는 선택을 했다. 보기와 달리 중국은 외부 세계로 향하는 문을 닫지 않았다. 외부의 영향이 중국에 작용했고 중국은 그 존재감을 드러냈다.

종교

중국에서 이해하기 어려운 첫 번째, 가장 중요한 측면은 종교적 삶이다. 이들의 종교적 삶은 정의하기 어렵다. 서양의 종교와 마찬가지로 중국의 종교는 서로 다른 여러 시스템을 받아들였다. 그 시스템들은 서로 배타적이지 않았다. 한 사람의 신자는 신비주의와 합리주의를 동시에 포용하며 여러 형태의 신앙심을 옮겨 다닐 수 있다. 유럽인이 프로테스탄트 신앙에서 가톨릭 신앙으로, 그리고 심지어 무신론으로 옮겨가며 지적으로나 종교적으로 아무런 어려움 없이 필요한 것을 얻는다고 상상해 보라. 마르셀 그라네는 이렇게 썼다. '중국인 중 가장 극단적인 불가지론자나 순응주의자 안에는 잠재적 무정부주의자와 신비주의자가 있다…… 중국인들은 미신적이거나 현실적이다. 아니 미신적인 동시에 현실적이라는 편이 옳다.' 서양인들이 파악하기 어려워하는 부분이 바로 이 '동시에'라는 부분이다.

이 말은 가까운 과거에도 그대로 적용되며 한 가지 중요한 사실을 미리 설명해준다. 따라서 처음부터 기억해둘 필요가 있다. 중국에서 유교와 도교가 거의 동시에 모습을 갖추고 훨씬 뒤에 불교가 뒤따라왔는데 세 종교는 다툼과 분쟁을 이어가면서도 어느 하나가 나머지를 대체하지는 않았다. 사실 세 종교가 늘 뚜렷이 구별되지도 않았다. 세 종교는 훨씬 더 오래되고 원시적이며 강력한 종교적 삶에 접목되었다. 이들 '3대 종교'는 고대 종교의 물살을 가르고 나왔다고 이야기된다. 사실을 말하자면, 세 종교는 그 속에 함몰되었다.

중국의 종교적 삶의 뿌리는 거기에 접목된 세 개의 위대한 영적 계율들보다 훨씬 더 오래되었다. 이런 이종 결합 속에서 여러 경향이 약진하고 모든 종교적 관행으로 파고들었다. 중국의 종교적 유산은 기원전 1000년보다 더 멀리 소급된다. 당시 중국 자체가 처음 모습을 드러냈고 그 뒤에 근본적으로 달라진 것은 없었다.

쟁기의 도입으로 인구 밀도가 크게 높아질 수 있었고 촌락과 영지에 인구가 밀집했다. 당시 중국은 조상 숭배와 성황신앙城隍信仰을 모두 유지했다. 가장 뚜렷하게 비교되는 대상은 초기 그리스나 로마다. 두 곳 모두 전형적인 고대 도시들을 갖추고 있었다.

조상 숭배는 가부장적인 가계를 특히 중시했다. 가계 안에서 아들은 아버지의 이름을 물려받았다. 이런 가계를 넘어 더 큰 씨족 집단(중국어로 성姓)은 모두 한 조상의 후손이며 같은 성을 사용한다. 그리하여 희씨姬氏의 시조는 후직后稷이고 사씨姒氏의 시조는 황하의 홍수를 잠재운 전설적 영웅 우왕禹王이다. 본래 조상 숭배와 가계는 귀족 계급에 한정되었지만, 나중에는 평민 가족도 이 오래된 모델을 따라 조상을 신처럼 받들기 시작했다.

조상 곁에는 그들과 거의 다를 바 없는 가택, 언덕, 개천 등 성읍의 각 영역에서 다양한 자연력을 행사하는 신들부터 나머지 모두를 지배하는 토지신, 사社에 이르기까지 고을 신들이 있다. '기원전 548년 전쟁에 패한 진陳의 공자公子가 상복 차림으로 사직社稷의 신주를 품에 안고 그의 장수에게는 종묘의 단지를 들려 앞세우고 정복자에게 항복했다. 그렇게 그가 넘긴 것은 고을 자체였다.'(앙리 마스페로H. Maspéro)

중국이 정치적으로 통일되고 개별 성읍이 왕권에 종속되었을 때, 왕령─주군의 영토─의 신 태사太社는 나머지 모든 성읍의 신들보다 상위에 있었다. 당연한 일이지만, 태사는 사자死者들의 신이기도 했다. '빛이 없는 지하 감옥, 황천 가까운 구천 중심에 있는 감옥에 죽은 자들을 가두었다.' 또한 천신天神 혹은 상제上帝도 있었다. 산신山神, 사해용왕四海龍王, 하신河神(황하의 무시무시한 신, 하백河伯)도 있었다. 사실 고대 중국의 한자에는 신들을 표상하는 문자가 수없이 많았다.

이렇게 성행한 다신교는 영혼의 불멸성—황천이나 지옥으로 가든 상제의 천상으로 가든, 혹은 지상에서 조상을 모신 사당에 들든—을 포용했다. 무덤을 나온 혼령이 향하는 곳은 일반적으로 이승에서 가졌던 사회적 지위에 따라 결정되는 경우가 많았다. 군주와 대신들, 그 밖의 주요 인사들은 천상에서 편안한 사후의 삶을 누렸다. 그 가운데 가장 지위가 높은 사람들은 하인을 동반했다. 평범한 사람들은 죽어서 황천이나 구천, 곧 지옥으로 향했다. 중간 지위의 사람들은 조상의 묘 안에서 살았다. 하지만 이 모든 경계는 모호했다. 모두에게 여러 혼령이 있기 때문이기도 하고 신에게 바치는 것과 비슷하게 살아 있는 사람들이 그들에게 바치는 제수祭需만으로도 사후의 삶이 가능했기 때문이다. 죽은 자와 신 모두 음식을 먹는다. '우리는 목기로 만든 잔이나 도자기 잔에 제주祭酒를 담아 올린다.' 제물을 올리고 축문을 읽는다. '향을 피우면 상제께서 흠향한다.' 신과 살아 있는 사람 사이에 정규적으로 거래가 이루어진다. 어느 신은 '내게 제를 올리면 복을 받을 것이다'라고 말했고 군주는 '저의 제물은 풍성하고 정결합니다. 신령들이여 저를 도우소서'라고 말했다. 그런가 하면 이렇게 불평한 군주도 있었다. '사람들이 얼마나 많은 죄를 짓기에 하늘이 이런 재앙을 내린단 말인가! 곡식과 채소가 부족할 지경이다! 내가 제를 올리지 않은 신이 없고 제물을 아낀 적이 없거늘!'

기원전 5세기부터 3세기 사이 봉건 질서의 중국은 '전국시대戰國時代'로 알려진 분열의 시기를 맞았다. 끊임없는 전쟁 속에서 더 규모 있고 안정적인 패권국이 제후국들을 장악했다. 뒤이어 한漢 제국이 등장했고 통일을 달성하고 태평성대를 이루었다. 난세가 오래 계속되면서 도덕적 관심이 높아졌고 이에 자극받은 중국의 사상가들은 격렬한 이데올로기 논쟁에서 초기 종교와 그 형식주의에 반발했다. 중국의 지적 미래 전체가 이 혼란기의 영향을 받았다. 그리고 이 시기는 기원전 5세기부터 4세기 사이 그리스, 혹은 르네상스 시기 이탈리아의 정치사회적 드라마를 떠올리게 한다. 그 시기 군주와 백성 모두에게 가장 큰 과제는 그저 살아가는 것, 살아남는 것이었다.

그러므로 기원전 6세기부터 3세기 사이 중국에는 책사들이 있었고 군주나 국가에 어떤 기운氣이 닥칠지를 점치는 데에 골몰했다. 또 공공복리에 관심을 두는 '현사賢士'들도 있었다. 이들은 통상 묵가 사상으로 알려진 묵자墨子의 고대 학파에 속한 경우가 많았다.

묵자의 제자들은 억압받는 자들을 위해 복무하는 일종의 기사단, 혹은 설교단이었을까? 이런 비유는 그들의 활동과 '현실참여'를 어느 정도 설명해준다. 그리고 훗날 역사가들이 그들에게 부여한 '현사賢士'라는 명칭은 저마다 다른 노선의 사상을 따르며 논리적 주장을 펼치고 끝없이 논쟁하는 일을 향한 그들의 열정을 반영한다. 철저히 상대주의적이고, 합리주의적인 철학은 종교적 가르침과 전혀 다른 것으로 이런 활기찬 논의를 배경으로 형성되었다.

이런 철학적 혁신 가운데 한대漢代까지 살아남은 것은 유교로 분명 고대 종교에 반대했고, 합리주의적이었다. 그런가 하면 현사의 지나친 수사, 그 이론의 다중성과 그에 따른 정치 사회적 결과에 대한 반발이기도 했다. 사실 유교는 3가지 측면—지적, 정치적, 사회적 측면—에서 질서order 회복을 추구했다.

동시에 유교는 중국에서 유사 합리주의로서 영속하며 도교의 종교적 압력, 특히 불교의 압력을 견뎌냈다. 13세기에 유교는 성리학으로 확고한 기반을 구축했다.

유교는 세계를 합리적으로 설명하려는 시도였을 뿐만 아니라 정치 사회적 윤리 체계이기도 했다. 유교는 일반적으로 주장되는 바와 같이 진정한 종교는 아니었으나 최소한 회의주의나 단순한 불가지론에 적용할 수 있는 것은 물론이고 종교적 틀에도 적용할 수 있는 철학적 태도였다.

유교라는 명칭은 공자孔子(전승에 따르면 기원전 551-479)에서 비롯되었다. 공자 자신은 단 한 편의 글도 직접 쓰지 않았고 제자들이 그의 이론을 전했지만, 공자는 중국 지식 계층의 상징이 된 유교의 창시자였다.

유교는 사실 특정 신분, 사대부로 알려진 지식층의 표상이었고, 그들은 중국의 봉건제 해체 후 떠오른 새로운 사회 정치 질서의 대변자였다. 요컨대 사대부는 새로운 중국의 행정관이자 관리였다. 국가의 권위를 체현한 문관文官들은 수가 점점 늘어 가장 높은 지위를 차지했으며 글文은 규제와 통치의 필수적인 매체가 되었다. 오랫동안 그들은 종속적 지위만 허락받았던 반면 귀족 가문이 상위를 독점했다. 그러나 최초의 위대한 제국, 한漢 제국 형성기(기원전 206년부터 220년까지)에 사대부의 궁극적 승리가 확인되었다.

유교의 발전은 지식층 교육과 연계되었다. 기원전 124년에
무제는 태학太學을 설립했고 그곳에서 5경(시경詩經, 서경書經, 주
역周易, 춘추春秋, 예기禮記)의 주해에 바탕을 둔 복잡한 이론 체
계를 가르쳤다. 5경은 유교의 전통을 표상한다고 여겨졌다. 사
실 5경은 공자의 시대 전후로 지어졌고 기원전 4, 5세기경이
되어서야 학자들이 제대로 재구성해 성문화하고 알기 쉽게 해
설했다.

박사博士는 언제나 같은 경전만 가르쳤고 하나의 해석만 따
랐다. 그러므로 태학에는 경전마다 여러 명의 박사가 있고 각
자의 해석이 있었다(1세기에 15가지 해석이 있었다). 박사는
10여 명의 제자에게만 강의했고 박사의 제자들이 학생을 가르
쳤다. 130년 한 해에만 1,800명의 학생이 태학에서 수학했고
강의만 듣는 학생은 3만 명에 달했다. 그들의 학업은 엄격한
시험을 거쳤다. 지원자들은 질문이 적힌 과녁에 활을 쏘았고
화살이 꽂힌 질문에 답을 해야 했다.

이런 체제는 대체로 20세기 초까지 유지되었으나 세월이 흐
르는 동안 자연스러운 변형이 있었고 새로운 주석과 총서sum-
mae가 등장해서 사실상 새로운 경전이 만들어졌다. 이 가운데
가장 중요한 변화를 이끈 것은 성리학의 창시자로 일컫는 5명
의 박사였다. 이들 가운데 가장 유명한 인물은 주희朱熹(1200년
사망)로 그는 1912년 청이 몰락할 때까지 중국 철학의 변치 않
는 공식적 틀로 남은 원칙의 창시자였다.

지식층을 위한 하나의 원칙으로서 유교는 세계를 설명하려
는 시도였으며 일반적 의미의 전통을 중시했으나 원시의 민간

신앙은 거부했다. 그리하여 거만한 태도로 미신을 경멸했고 회의주의를 분명하게 드러냈다. 공자는 신에 관해 이야기한 적이 없다. 그는 귀신과 조상을 존중했지만, 거리를 두는 데 더 무게를 두었다. '사람을 섬기지 못하면서 어찌 귀신을 섬길 수 있겠는가? 산 자도 알지 못하는 자가 어찌 죽은 자를 알겠다 기대하는가?'

유학자들은 자연의 힘, 그리고 초자연적인 세계와 인간의 관계에 관한 전반적인 설명을 제시했다. 이들의 설명은 우주에 관한 과학적 이론의 개요로 볼 수 있다. 그들은 세속적인 삶과 그 변화를 은혜든 노여움이든 신의 변덕으로 여기지 않았고 인간 외부의 요인들이 상호작용한 결과라고 생각했다. 그리하여 그들은 하늘을 이야기할 뿐 옥황상제를 이야기하지 않았다. 그러나 이런 혁신적 설명에도 불구하고 유학자들은 많은 경우에 민간이나 농민들로부터 유래한 아주 오래된 용어와 개념을 사용했고, 거기에 새로운 철학적 의미를 부여했다. 그런 용례 가운데 하나가 음양陰陽이었다.

민간의 언어와 문학에서 음양은 그저 상반된 의미를 내포했다. 음은 그림자, 양은 태양이었다. 음은 차갑고 습한 계절인 겨울을, 양은 뜨겁고 건조한 계절인 여름을 뜻할 수 있고, 음은 여성적이고 수동적인 것을, 양은 남성적이고 적극적인 것을 뜻할 수도 있었다. 유학자들은 이 두 단어를 취해서 '공간상에서 상반되고 시간상에서 서로를 대체하는 두 가지 구체적이고 보완적인 측면'을 뜻하는 것으로 사용했다. 음과 양의 상호 대립은 우주 모든 에너지의 원천이었다. 둘은 끝없이 서로 교대한다. '휴식의 시간은 음으로 불리고 활동의 시간은 양으로 불리며 동시에 존재하지 않는다. 둘은 끝없이 서로의 뒤를 잇는 다. 그리고 음양의 교대로 모든 것이 결정된다.' 이는 계절에서 가장 뚜렷하다. 가을과 겨울의 음은 봄과 여름의 양으로 이어 졌다. 그리고 밤과 낮, 추위와 더위에도 같은 것이 적용되었다. 음과 양은 인간에게도 적용되어 증오와 사랑, 분노와 기쁨을 낳았다.

음양이 교차하는 리듬이 바로 도道였다. 도는 교대의 원칙 그 자체로서 모든 실체의 일관성과 진화의 원칙이었다. 『주역 周易』은 이를 다음과 같이 말했다. '한 번은 음이 되고 한 번은 양이 되는 것을 일컬어 도라 한다.一陰一陽之謂道'

불행히도 자연의 모든 것이 예정된 길인 도를 따르고, 하늘 의 양과 땅의 음이 틀림없이 교대해 자연과 인간의 모든 문제 를 해결하지만, 인간만은 예외다. 인간은 우주 안에서 특별히 까다로운 요인이다. 유일하게 도를 따르지 않을 자유가 있고 올바른 길에서 벗어날 자유가 있기 때문이다. 인간이 도를 따 르지 않고 탈선할 때 그들의 사악한 행동은 세상 본연의 조화 를 파괴한다. 유학자들은 이런 식으로 자연재해(일식, 지진, 홍 수)든 인재人災(혁명, 사회적 재난, 빈곤)든 인간이 겪는 모든 재 난에 인간이 개입한다고 믿었다. 반면 성리학자들은 인간에 대 한 인간의 파괴 범위를 한정했다. 덕이 부족한 인간은 자신을 추락시킨다. 앞으로 살펴보겠지만 이는 황제 권력의 원칙이었 다. 주권은 그것이 하늘이 명한 길天命을 따르는지 따르지 않는 지에 따라 필연적으로 지위가 높아지거나 지위를 잃는다.

유학자들은 그렇게 사회와 국가 안에서 위계질서를 유지하 는 윤리와 삶의 규범을 확립했다. 이는 묵가와 법가의 지적 사회적 무질서와 분명하게 대비된다.

고대의 종교적 측면에서 출발했지만, 유학자들은 도덕적 균형과 감정의 통제를 위해 일련의 의례, 가족, 사회적 태도에 의지했다. 이런 절차들이 모든 사람의 삶, 지위, 권리와 의무를 제어한다. 도를 따른다는 것은 무엇보다 사회적 위계질서 안에서 영원히 올바른 자리에 머문다─혹은 그들에게 부여된 본분을 지킨다─는 의미이다. '바로 그것이 공자가 뜻하는 좋은 정부의 진정한 의미이다. "군주는 군주다워야 하고 백성은 백성다워야 하며 아버지는 아버지다워야 하고 아들은 아들다워야 한다."'

당연히 군주나 관리가 받아야 할 복종과 공경은 그들의 우월성에서 비롯된다. '군주의 본질은 바람과 같고 비천한 자들의 본질은 풀과 같다. 바람이 불면 풀들은 눕는다.' 군주의 백성들이 지녀야 할 중요한 덕목은 절대복종이고 공동체의 조화가 그에게 달려 있었다. 유교는 '조상 숭배에서 실질적인 신앙심을 제거하면서도 위계질서의 접합제로서 그 중요성을 유지했다.'(에티엔 발라즈E. Balazs) 조상 숭배가 가족 안에서 위계질서와 절대복종을 유지했기 때문이다.

확실히 '유교가 가르친 덕목들─공경恭敬, 겸양謙讓…… 연장자와 높은 신분의 사람들에 대한 순종과 복종─은' 식자층, 곧 사대부의 사회 정치적 권위를 강화했다. 이 공식적이고 전통적인 윤리는 중국의 연속성과 사회적 부동성에 크게 이바지했다. 유교와 거의 같은 시대에, 같은 난세의 위기에 탄생한 도교는 신비주의 방식으로 개인의 구원을 추구한 종교였다. 일반적인 형태의 도교는 중국에서 너무도 중요했던 비밀결사와 연결되었다. 이론적으로 도교는 '스승' 노자의 가르침에서 시작했다. 노자는 기원전 7세기경 살았다고 전하는 신비의 인물이다. 그러나 그가 저술해서 도가 사상 교리의 출발점이 되었다는 책은 기원전 4세기나 3세기에 저술된 것이다.

도교는 신비주의적 절대성과 불멸을 추구한다. 유학자들과 마찬가지로 도학자들도 음, 양, 도와 같은 일반적 개념을 재해석했다. 그들에게 도는 신비의 절대성, '모든 것이 도출된' 생명의 궁극적 힘이었다. 이런 신비의 절대성을 규정하기는 어려운 일이다. 노자가 저술했다고 주장되는 글에서 도를 규정하려는 시도가 있었다.

도는 문자로 표현하면 영원한 도가 아니고, 이름은 문자로 규정하면 영원한 이름이 아니다. 무명은 만물의 시작이요, 유명은 만물의 어미이다. 그러므로 항상 욕심이 없으면 그 신묘함을 보고, 항상 욕심이 있으면 그 돌아가는 끝을 본다. 이 두 가지는 함께 나와 이름을 달리 한 것으로 함께 일컬어 '신비하다'고 하는데, 신비하고 또 신비한 것이 뭇 신비함이 나오는 문이다.

道可道 非常道 名可名 非常名 無名天地之始 有名萬物之母 故常無欲以觀其妙 常有欲以觀其徼 此兩者同出而異名 同謂之玄 玄之又玄 衆妙之門 (道德經 제1장)

도가가 추구한 완전성 혹은 선인仙人은 영원한 도와 신비한 합일에 이르는 것이다. 도는 '스스로는 포위되지 않으면서 만물을 감싸는 본연의 지고한 존재 안에서, 만물이 생성하는 무안에, 영생을 지닌 도 안에 살며 자신을 비우는 일'이었다. 그것은 동시에 장생불사하는 일이었다.

이는 그 자체로는 파악하기 어렵고, 수행과 명상을 통해서만 닿을 수 있는 신비로운 경험이다. '귀가 아니라 마음[중국어에서 마음은 정신을 의미한다]으로 들어라. 마음이 아니라 기氣로 들어라…… 기는 마음을 비워 사물을 기다리는 것이다. 도는 오직 마음을 비우는 곳에 응집된다. 마음을 비우는 것이 마음을 재계하는 것이다.無聽之以耳 而聽之以心 無聽之以心 而聽之以氣 …… 氣也者 虛而待物者也 唯道集虛 虛子心齋也'(莊子, 內篇, 人間世 1)

진인眞人이라면 단 며칠 만에 이룰 수 있는 것을 오랜 세월의 명상과 정화, 거듭된 선행을 통해 달성하는 것이 목적이다. '3일 뒤에 그는 천하에서 벗어났고…… 7일 뒤에는 만물에서 벗어났고…… 9일 뒤에는 삶에서 벗어날 수 있었다. 그런 뒤에…… 그는 아침 햇살처럼 명징한 상태에 도달했고 그렇게 된 뒤에는 홀로 볼 수 있었다. 홀로 본 뒤에 그는 현재도 과거도 아닌 상태에 도달할 수 있었다. 그리고 마침내 삶도 죽음도 없는 상태에 도달할 수 있었다.吾猶守而告之 參日而後能外天下 已外天下矣,吾又守之,七日而後能外物 已外物矣,吾又守之,九日而後能外生;已外生矣,而後能朝徹;朝徹,而後能見獨;見獨,而後能無古今;無古今,而後能入於不死不生,殺生者不死'(莊子, 內篇, 大宗師, 4) 여기서 도교는 그리스도교든, 이슬람교든, 불교든 모든 위대하고 신비한 경험과 함께할 수 있었다.

그런데 도학자들이 추구했던 불멸성은 정신의 구원만이 아니라 육체의 불멸이기도 했는데 장수를 위한 일련의 처방으로 육체의 속박에서 벗어나고 육체를 정화한 덕분이었다. 여기에는 끝없는 수행이 포함되었다. 진식眞息은 기와 혈의 자유로운 순환을 도왔고 '혈행이 막히거나 혈액이 응고해 혈전이 생기는 것'을 막았다. 평범한 식재료(특히 곡물)를 피하고 채소와 무기질, 약초로 대체한 세심한 식사, 그리고 마지막으로 연금술이 있다. 마지막 장에는 모든 음식을 정화하는 황금 용기, 금액金液, 그리고 가장 중요한 단사丹砂(붉은색을 띤 황화수은)가 등장한다. '환단還丹'을 짓기 위해 수은으로 만들었다가 다시 단사로 만들기를 아홉 번 반복했다.

이런 다양한 처방으로 '뼈는 황금으로, 살은 옥으로 변했고 몸은 썩지 않게 되었다.' 몸은 지푸라기처럼 가벼워져서 신선의 지위에 오른다羽化登仙. 그래서 이제 불사의 몸이 된 신선은 신의 거처로 인도된다. 이승에서 문제를 일으키지 않기 위해서 신선은 다른 사람처럼 죽은 체한다. 등 뒤에 막대나 검을 두어 시체처럼 보이게 했다.

연금술과 불로장생 비결의 추구는 장춘진인長春眞人의 이야기에 의미를 더한다. 칭기즈칸은 당시 (200세로 여겨졌지만) 73세의 도학자였던 장춘진인에게 도관道觀을 떠나 불로장생의 비결을 가지고 몽골에 올 것을 명했다. 1221년 12월 9일 그가 도착하자 칸이 물었다. '진인께서 먼 길을 오셨는데 어떤 장생의 약이 있어 짐에게 주려 하오?' 진인이 답했다. '생명을 지키는 도가 있을 뿐 영원히 살 수 있는 약은 없습니다.'問: 眞人遠來, 有何長生之藥以資朕乎. 師曰: 有衛生之道, 而無長生之藥(『長春眞人西遊記』 卷上, 『中華道藏』 第47冊) 1227년 진인과 황제는 며칠 간격으로 세상을 떠났다.

마지막으로 민간신앙으로서의 도교가 있다. 이들은 신선의 성스러움과 불로장생을 추구하는 복잡한 실천을 무시했다. 중국어는 '신도'인 도민道民과 진정한 숙련자인 도사道士를 구분한다. 다수의 도민은 시주를 늘리고 참회를 수행하는 등 많은 일에 참여했다. 도민은 불로장생을 주장할 수 없으나 이승에서 순결한 삶을 살면 저승에서 더 나은 존재가 되는 것을 보장받을 수 있다. 그들은 황천을 면할 수 없으나 지신을 보좌하거나 비천한 사자死者들의 무리를 다스릴 수 있다. 이런 세부적인 사항은, 다른 문제들과 마찬가지로, 민중의 도교가 고대 신앙을 어떻게 다루었는지 보여준다.

민간신앙으로서의 도교는 지극히 위계적인 종교 단체를 결성했다. 무정부적이고 신비주의적인 경향을 지닌 일련의 비밀 결사를 두고 있었다. 전통주의의 입장에서 사회 질서를 열렬히 지지하는 유교에 맞서 도교는 언제나 개인주의, 개인의 자유, 반란의 상징이었다.

'3대 종교' 가운데 가장 늦게 도착한 불교는 인도와 중앙아시아 승려들을 통해 중국에 유입되었다. 그런데 불교 역시 전통적인 중국 사상이라는 공통의 원천을 빌렸고 그 과정에서 상당한 변화를 겪었다.

불교는 기원전 6세기에서 5세기 사이 인도에서 발생했다. 그곳에서 불교는 아소카 황제 시절에 전성기를 맞았다(기원전 273-236). 힌두교에 점차 거부당하고 동화되었지만, 알렉산드로스의 정복으로 생겨난 그리스계 왕조들과 함께 인도 북부와 북서부에서 한동안 성행했고 그 뒤로 중앙아시아, 박트리아와 타림 분지에 전파되었다.

기원전 2세기경 중국의 정복자들은 그곳에서 불교와 마주했다. 300년 뒤인 1세기에 불교는 중앙아시아 무역로를 통해 한漢 제국에 전파되었다. 그뿐만 아니라 바다를 통해, 그리고 중국 남서부 운남성을 통해 전파되었다. 얼마 지나지 않은 3세기에 불교는 엘리트와 대중을 모두 포함한 중국 사회 전체로 퍼져 나갔다. 10세기까지는 불교의 영향이 지배적이었다.

불교는 사람들이 사후에 다른 몸으로 다시 태어나 전생의 업보에 따라 더 행복하거나 덜 행복한 삶을 사는데 고통은 언제나 따른다고 가르친다. 이 고통에서 벗어나는 유일한 길은 붓다가 가르친 길이며 이 길을 따라가면 열반에 이를 수 있다. 곧 조건 없는 영생으로 녹아들고 윤회에서 벗어날 수 있다. 그런데 그 길은 어려운 길이다. 사람들이 죽은 뒤에 다시 태어나는 이유가 바로 삶에 대한 갈망이기 때문이다. 초탈과 금욕으로 갈망을 억제해야 한다. 이를 위해서는 자아도 자아를 둘러싸고 있는 것도 모두 실재가 아니라 허상이라는 것을 깨달아야 한다. 그런 각성은 이성적인 앎이 아니라 직관적인 깨달음이다. 오직 한 번의 삶, 혹은 몇 번의 삶에서 수행한 묵상과 영적 수련을 통해서만 얻을 수 있는 지혜다.

중국인의 정신에는 생소한 이런 종교가 초기에 거둔 성공은 오해의 결과였다. 중국인들에게 불교는 그 본연의 모습으로 제시되지 않았다. 처음에 불교는 도교에서 온 모든 것을 받아들였다. 그리고 그들은 불교가 그들의 종교를 조금 변형했을 뿐이라고 생각했다. 불교와 도교 모두 구원에 바탕을 둔 종교였고 겉으로 보기에 묵언 수행도 비슷했다. 하지만 불교의 묵상은 신체적으로 덜 고통스럽고 더 매력적일 수 있었다. 두 종교의 불일치를 분명하게 드러낼 수 있었던 산스크리트어 경전은 뒤늦게 알려졌다. 그 경전들은 중국어로 번역하기 어려웠지만 인도 승려들과 불교로 개종한 도사들의 협업으로 번역되었다.

따라서 그들은 자연스럽게 도교의 용어들을 활용했고 두 종교의 혼선은 한층 더 심해졌다. 그렇게 해서 불교의 깨달음은 도와 결합했다. 니르바나涅槃는 불멸의 거처를 지시하는 중국어 극락極樂으로 번역되었다. 이런 왜곡된 형태의 불교는 기존에 형성되어 있던 남녀 도인道人 공동체의 드넓은 네트워크 덕분에 급속히 퍼졌다.

대승 불교는 도교의 경우처럼 신도들을 규합했다. 그들은 가장 단순한 법회에 참가하고, 기도를 올리고, 시주를 드리고, 오역죄五逆罪를 피하고, 조상의 망혼을 저승에서 불러내 구원하는 승려들의 법회에 참가하는 데에 만족했다. 같은 방법으로 신자 자신도 사후에 저주받은 영혼의 구원자인 보살들의 인도를 받아 서방정토에 가기를 바랄 수 있다.

그런 오해가 불식된 것은 뒤늦게 산스크리트어 경전들을 활용할 수 있게 되었을 때, 곧 6, 7세기경이었다.

사실, 도교와 불교는 서로 모순된다. 도교는 육체를 파괴하지 않는 '장생불사의 약'을 추구했지만, 불교는 육신을 사람들의 불완전에서 비롯된 족쇄로 여기며 실재하지 않는 것으로 여기기 때문이다. 불교도의 경우 자아 자체가 실재하지 않는다無我. 니르바나에서 자아는 모두 소멸한다. 도교도의 경우 장생불사의 낙원에서 모든 선인은 자아를 영원히 유지할 것이다.

7세기 중국의 어느 사상가가 썼듯이, 위대한 중국의 일부 사상가는 뒤늦게 이런 차이를 발견하고 '불교의 체계를 활용해 도의 의미를 깨우칠 수 없다는 사실'에 혼란스러워했다. 당시 불교는 이미 '중국적인 것'이 되었다. 지지와 박해가 교차했고, 845년에는 모든 사찰이 폐쇄되는 박해를 받았으나 불교는 '정식으로 채택된 소수의 신앙으로 영속했고 중국은 자신들의 쓰임에 맞게 불교를 변용하는 일 없이 불교의 유산을 인정했다.' (폴 드미에빌P. Demiéville) 이렇게 영혼의 윤회에 대한 믿음이 중국 전역으로 전파되었고 도교 지식인들 사이에도 전파되었다. 반면 불교의 형이상학은 13세기 성리학에 거듭 큰 영향을 끼쳤다.

그러므로 중국 문명이 불교를 파괴했다고는 말할 수 없다. 오히려 불교는 중국 문명에 더해졌고 (수많은 예술 작품에서 그랬던 것처럼) 그 위에 영원한 흔적을 남겼다. 그와 동시에 중국 문명의 영향에 깊이 침윤되었다. 이는 모든 종교가 중국에서 겪은 운명이다.

그렇다면 13세기 성리학의 대격변 이후 다수의 중국인에게 종교의 의미는 무엇이었을까? 달리 말하자면, 대다수 사람은 목재나 진흙 담장에 둘러싸인 갈색이나 회색의 집들 위로 솟은 밝은색 벽돌의 사찰에서 무엇을 보았을까? 특정 종교를 보지는 않았을 것이다. 동시에 모든 종교를 보았을 것이다.

신자들은 각자 때로는 불교 승려에게, 때로는 도사에게 향했다. 승려와 도사는 같은 사찰에서 수행했다. 지신의 재단이나 신격화된 공자상이 불상과 나란히 있었다. 그들 모두에게 제물을 바쳤다. 제2차 세계대전 중에 중국의 어느 사찰에서는 승려 한 사람이 그리스도를 포함해 687위의 신에게 제를 올렸다고 한다. 흥미로운 것은 이 많은 신이 아득히 먼 과거에서 유래했으며 고대 종교들의 다툼으로 하나의 신앙이 다른 신앙보다 더 우위에 놓이지 않았다는 점이다.

마르코 폴로 시대에 중국과 몽골 제국을 모두 장악했던 쿠빌라이 칸의 조정에서 모든 것을 파괴할 듯한 종교의 소용돌이가 몰아쳤다. 쿠빌라이 칸은 (자신에게 복무하는 대신을 제외한) 유생들을 추방하고 도가를 박해해서 일부를 죽음에 이르게 했다. 그리고 쿠빌라이 칸은 몽골의 무속인들(정령 신앙을 받드는 이들)을 우대하고 불교와 티베트 불교의 의례를 장려했으며 자신의 조정에 라마승과 기적을 행하는 사람들, 주술사들을 환대했다. 그리스도교의 한 분파인 네스토리우스교도들도 그의 총애를 받았다. 마르코 폴로가 떠난 직후, 서양의 수도사 조반니 디 몬테코로비노 수사는 북경에서 쿠빌라이 칸이 종소리를 들을 수 있을 만큼 궁궐 가까운 곳에 최초의 가톨릭교회를 건축하는 데 성공하기도 했다. 조반니 수사는 '이런 특별한 일은 다른 어느 곳에서도 들은 바 없다'라고 말했다. 그러나 그의 야심도 예수회의 야심도 결실을 얻지 못했다. 중국인들이 하나의 종교로 개종하는 일이 가능했을까? 더구나 외국에서 들어온 종교로?

정치

이 표제 아래 우리는 길고 복잡한 진화의 과정을 따라가야 한다. 그리고 그 일은 제국의 기념비적인 제도에 내포된 수많은 관습과 의례를 추구하는 것만으로는 충분하지 않을 것이다. 어떻게 중국의 힘이 근대까지 중국 사회와 문명의 가장 눈에 띄는 고유의 특징이던 지식인 관료 집단, 사대부에서 비롯되었는지 설명해야 할 것이다. 마지막으로 이런 제도들은 그 성과로 정당화되었음을 확인하게 될 것이다. 곧 거대한 한 사회에서 안정성을 유지하고 드넓은 영토에서 정치적 통일성을 유지한 성과로 정당화되었다는 점을 보게 될 것이다. 그런 통일성이야말로 황제가 다스리는 군주정의 **존재 이유**였다.

군주정은 '중국의 연속성'을 가시화했다. 중국의 연대기 작가와 역사가들에 따르면 중국 군주정의 역사는 4000년에 이르며 22개의 왕조가 단절이나 간섭 없이 연이었다. 물론 깔끔한 주장을 곧이곧대로 받아들여서는 안 된다. 우선, 이런 꾸준한 계승에는 폭동, 단절, 음모가 끼어 있었다. 둘째, 진의 '시황제', 진시황秦始皇(221-206 BC)이 통일하고 한漢(기원전 206-기원후 220)이 공고히 하고 안정화하기 전까지 중국에 황제 체제는 없었다.

이를 타당한 출발점으로 받아들인다면, 중국 제국은 기원전 221년부터 1911년 혹은 1912년까지, 1644년에 시작된 (청 왕조로 알려지기도 했던) 여진족의 왕조가 몰락할 때까지 계속되었다. 그러므로 황제정은 그렇게 세기를 거듭하며 오랫동안 유지되고 하나의 축을 중심으로 돌아갔던 중국 역사의 장기 지속적 특징이다. 그러므로 무엇이 중국의 철학자와 역사가들을 사로잡았는지 쉽게 이해할 수 있다. 그들은 군주정의 오랜 수명과 정통성을 강조하고자 했고, 필요하다면 역사적으로 무질서했던 시대까지 소급해서 질서를 회복하고자 했다. 무엇보다도 중국 황제정의 질서는 인간적일 뿐만 아니라 종교적이기도 했으며 초자연적인 가치들을 토대로 하고 있었다.

사실 사회적 질서와 초자연적 질서는 동전의 양면이었다. 따라서 황제는 세속적 지배자이자 영적 지배자였다. 황제의 행위에 오롯이 세속적인 것은 없었다. 그리고 사실 황제는 세계의 자연적 질서와 초자연적 질서를 모두 관장하고 두 세계를 평화롭게 유지했다. 두 영역의 주권자로서 황제는 관리를 임명하는 것은 물론이고 사원의 위계도 결정했으며 '신격화된 고대의 성현'을 지정하기도 했고 봄의 제사 때 첫 번째 고랑을 쟁기질해서 농사의 의례적 시작을 이끌기도 했다.

중국학자들은 중국의 황제는 신권神權으로 다스리지 않았다는 점을 자주 강조한다. 중세와 근대 초 서양에서 두드러졌던 왕의 신권과 비교하면 분명히 그렇다. 그러나 예컨대 고대 로마의 제정과 중국의 제정에는 한 가지 비슷한 점이 있다. '중국의 정치 철학은 결코 서양의 왕권신수설 같은 것을 가르친 적이 없다. 그런데 황제가 "진정한 천자"이고 그가 천명에 따라 다스린다면, 어느 중국 철학자의 말처럼 굳이 "덕으로만 보상받는" 계약이 필요했을까?' 제국과 황제 자신에게 닥친 재앙, 황제가 항상 막아낼 수는 없는 재앙을 설명해야 할 때 덕이 중요한 역할을 한다. 홍수, 기근, 조세 저항, 접경 지역 이민족의 침략, (빈발했던) 민란 등 이 모든 재앙의 이유는 덕이 부족한 황제가 기본 계약을 위반하고 더는 천명을 수행하지 못했기 때문이다. 그런 전조는 틀리지 않는다. 그런 재앙들은 역성혁명易姓革命의 징후였으며 역성혁명에 실패하면 여러 세대의 민중이 무능한 황제를 따라 갑작스러운 망각으로 빠져들 위험을 겪는다. 적어도 고대 중국에서 민란은 황제의 몰락을 알리는 사전 경고로 여겨졌다. '민심이 곧 천심이다'라는 오래된 속담이 있다. '백성의 원성이 하늘의 소리다vox populi, vox Dei'라는 서양의 속담과 비슷하다. '하늘은 백성의 눈으로 본다!'

그렇게 천명은 몰락한 왕가에서 덕을 지닌 새 왕조로 적법하게 계승될 것이다. 천명을 받은 새 왕조는 틀림없이 덕을 지녔다. 중국어의 혁명革命은 영어의 'revolution'을 번역한 용어이자 중화민국이 적용했던 용어로서 글자 그대로 '천명을 거둬들였다'라는 뜻이다. 없어서는 안 될 이런 보호장치를 잃은 통치자는 황제 자리에서 내려와야 한다. 그러므로 황제 통치의 연속성과 중국의 통일성을 위해서는 연속된 왕조의 연대기를 조정해 정통성 없는 찬탈자들이 통치했다고 이야기되는 '단절기' 윤閏을 제거하는 것이 필수적이었다. 한 왕조가 끝나면, 필연적으로 또 다른 왕조가 천명을 받았다. 역사가들에게 몇몇 경쟁자들이 패권을 다투거나 권력을 공유하는 혼란기는 당혹스럽다. 중국의 역사가들은 누가 진정한 천명, 혹은 '정통continuité'의 계승자―서양에서 적통la légitimité이라고 말하는 것―인지 말하기 어렵다. 더 나은 대안이 없으면 역사가는 '가장 유력해' 보이는 이들을 선택하고 소급해서 그들에게 '천자에게 합당한 모든 경의'를 표할 것이다.

권력을 장악할 만큼 강한 사람이면 누구든 (그의 힘은 분명 하늘에서 왔기 때문에) 당연히 정통성을 부여받았다는 사실은 연속성을 끊는 극적인 봉기들에도 불구하고 중국사의 연속성을 설명해준다.

이런 불변의 군주정에 대한 공적인 과시는 특별했고 화려함으로 채워졌다. 대신, 관료, 환관, 궁인, 후궁들로 북적이는 궁궐과 화려하게 연출된 예식들이 그랬다. 송대宋代의 황제는 종묘사직에 제를 올리기 위해 도읍 임안(臨安, 항주)의 남부 외곽으로 향했다. 사당으로 이어진 대로는 평평하게 다지고 모래를 덮어 포장했다. 병사들이 도로에 늘어섰고 화려하게 장식한 코끼리들이 황제의 마차 앞에서 걸었다. 그리고 행렬이 시작되었을 때, 땅거미가 내려앉은 도로 양편으로 밝혀졌던 횃불이 모두 일시에 꺼졌다. 그것은 엄청난 광경이었고 대중의 감정을 자극하는 장면이었다. 사실 세계의 모든 통치자는 의심할 바 없이 복잡하고 잘 준비된 예식의 효과를 계산한다. 예컨대 프랑스에서 왕들이 그들의 왕도에 '입성'할 때 역시나 만반의 준비가 있었다. 중국 군주들이 연출한 장관壯觀에도 비슷한 동기가 있었다. 그러나 훨씬 더 웅장했고 종교색이 더 뚜렷했다. 그 효과를 가늠하려면, 유럽에서 제1차 세계대전까지 아우구스투스와 같은 양식과 의미를 유지했던 여러 황실의 영향력을 상상해 보라.

본질적으로 원시적이라고 해도 무방할 이 군주정은 '근대적' 지식 관료, 사대부와 공존했다. 서양인들은 그들의 존재에 당황했고 그들의 진정한 지위를 이해하지 못했으며 명이나 청에서 가깝든 멀든 유럽 사회와 유사성을 찾으려는 헛된 시도를 했다. 유럽에서 군주정은 성직자, 귀족, 제3신분과 함께 했고 사대부의 중요성은 서양인의 눈에는 귀족과 비슷해 보였다.

사실, 그들은 고위 관료였다. 복잡한 경쟁시험을 거쳐 채용된 소수 정예였다. 그들은 (출생이 아니라) 직업과 교육을 통해 배타적 계급을 형성했다. 13세기에 그들은 다 합쳐 10개 정도의 가문에서 배출되었다. 그들은 지식인 계급이었으며 폐쇄적인 사회 계급이 아니었지만 진입하기 어려웠다. 그들의 지식, 언어, 관심, 관념, 사고방식은 그들을 일종의 동조자로 묶어주었고 동시에 나머지 세계와 분리했다.

단언컨대, 그들은 귀족이나, 영주 혹은 자본가로 정의되지 않는다(물론 그들 가운데 일부는 그랬을 수도 있지만 말이다). 에티엔 발라즈에 따르면, 그들과 가장 가까운 이들은 산업 사회인 오늘날의 '기술 관료'다. 이들은 강력한 국가를 표상하며 효율성과 생산성에 관심이 깊은 개입주의자들이며 철저한 합리주의자들이다.

사대부는 기술 관료와 비슷했다. 그들은 지적 자질과 과거 시험을 통과한 덕에 기술 관료들처럼 사회적 이권과 예외적 특권을 누렸다. 그리고 사대부 역시 '극소수였지만 권력, 영향력, 지위와 특권에서 전능했다.' 기술 관료들처럼 '그들은 오직 하나의 직업—행정과 통치—만' 알았다.

생각하는 자와 몸으로 일하는 자를 구별한 맹자(기원전 314)의 널리 알려진 문구는 사대부의 이상을 명쾌하게 설명했다. '예로부터 이르기를, 어떤 이는 마음을 쓰고 어떤 이는 몸을 쓰거늘, 마음을 쓰는 자는 **사람을 다스리는 자**요, 몸을 쓰는 이는 다스림을 받는 자라. 다스림을 받는 자는 다른 사람들을 먹이는 자요, 다스리는 자는 다른 사람의 노력으로 먹으니, 이는 세상에 공통된 도리다故曰, 或勞心, 或勞力, 勞心者治人, 勞力者治於人, 治於人者食人, 治人者食於人, 天下之通義也.' 육체노동을 혐오하는 것이 명예의 표지였다. 배운 자의 손은 손톱을 길게 기르고 오직 한 가지 일, 붓을 잡고 글 쓰는 일만 할 수 있었다.

그런데 고대 중국에서 다스린다는 것은 무슨 뜻이었을까? 현대 국가로 치면 행정과 사법의 모든 업무를 수행하는 것이다. 사대부는 세금을 징수하고 판사석에 앉았으며 사회의 치안을 돌보고 필요하다면 군사작전도 수행했으며 업무 계획을 세우고 도로와 운하, 댐과 관개 시설을 건설하고 유지했다. 비트포겔의 표현을 빌리자면, 그들의 역할은 '자연의 무자비함을 바로잡는 것'이었다. 가뭄과 홍수를 예견하고 식량을 비축하고 엄격한 규율이 필요한 복잡한 농업 사회가 제대로 작동하도록 감독하는 일, 특히 강을 통제하고 치수 사업이 효율적으로 이루어지도록 보장하는 것이었다.

사대부는 이런 규율을, 사회, 경제, 국가와 문명의 안정을 표상했다. 그들은 무질서에 맞서 질서를 표상했다. 물론 질서가 행복한 결과만 준 것은 아니다. 질서는 '중국 문명의 획일성, 긴 수명과 생명력을 위한 대가'였다. 한편으로 봉건 제후에 맞서고, 다른 한편으로는 방치하면 언제든 한결같이 무정부 상태에 빠지는 농민들에 맞서 거대한 제국의 통일성을 유지하는 일은 사대부의 철권鐵拳으로만 할 수 있는 일이었다. 그러므로 모든 집단적 억압에 반대하며 자연으로 돌아갈 것을 주장한 도교에 맞서 사대부들은 위계질서, 공적 질서, 유교 윤리를 설파했다.

이런 의미에서 중국 사회의 부동성은 대체로 그들에게 책임이 있었다. 대토지를 소유하고 의무에 구속된 제후들과 가난에 찌들었지만 그래도 척박한 농지를 보유한 농민들 사이에서 사대부는 균형을 유지했다. 사대부는 잠재적 자본가, 상인, 고리대금업자, 그리고 신흥 부자에게서도 눈을 떼지 않았다. 이들은 사대부의 감시에 굴복했지만, 사대부의 특권에 매료되었다. 부를 일군 상인의 후손들은 지식인의 삶과 권력에 매료되어 과거 시험을 치르고자 했다. 이는 적어도 중국 사회가 서구 사회처럼 자본주의 체제로 진화하지 않은 이유 가운데 하나이다. 중국 사회는 여전히 가부장제와 전통의 무대에 남아 있었다.

중국의 통일은 북부에 남부가 더해지는 것을 의미했다. 중국 영토는 13세기 대재앙이 중국 전역을 휩쓸었을 때 비로소 통일되었다. 몽골의 정복(1211-79)은 남부에서 송나라가 패배해서 수도 항주가 함락되었을 때 최고조에 이르렀고 얼마 뒤 마르코 폴로는 항주에서 온갖 부와 보물을 목격한다. 중국의 새 주인은 중국의 지배권을 지리적으로 최대 규모까지 확대했다. 그들은 서로 다른 영토의 봉합에 생명력을 불어넣고 힘을 주었다. 한, 당, 송대에도 영토의 봉합이 있었지만, 이미 완료된 발전이 절정을 맞고 중국 남부의 부와 패권을 확고히 해 제국 전체가 번영을 이룬 것은 바로 이때였다.

수백 년 동안 남부는 '서부 개척지Far West'였고 '야만족에 가까운 남부Mezzogiorno'였으며 통제가 어려운 떠돌이 원주민을 제외하면 주민도 거의 없었다. 그러나 늦어도 11세기부터 남부는 반식민 상태의 잠에서 깨어났다. 1년에 2번 수확할 수 있는 조생종 벼 덕분이었다. 그 뒤로 남부는 줄곧 중국의 곡창이 되었다. 처음 2000년(11세기 이전)은 황하 주민들이 지배했고 (11세기부터 20세기까지) 1000년은 양자강과 더 남쪽으로 광주에 이르는 지역의 주민들이 지배했다. 그러나 푸른 강물이 흐르는 장강 지역의 도읍인 항주와 남경은 모두 북경에 자리를 내주었다. 북경은 북방 이민족과 유목민을 막기 위한 방패로서 더 뚜렷한 지정학적 목적으로 수립된 수도였다.

남부의 우세는 인구 규모에 곧바로 반영되었다. 13세기까지 북부 주민 1명당 남부 주민 10명이 있었다. 또 지금도 그렇듯이 질과 효율성에서도 우세했다. 지난 3세기 동안 중국의 지식인 대다수가 강서성江西省과 절강성浙江省 출신이었다. 그리고

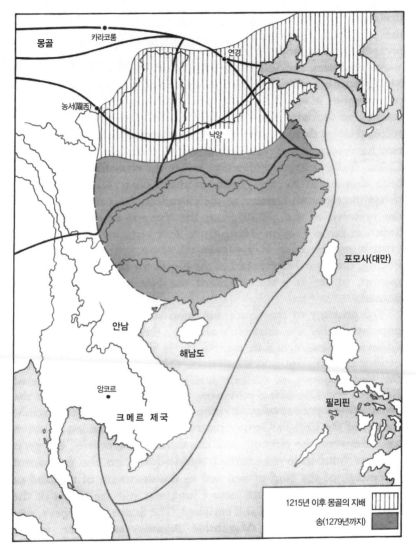

그림 10 고대 중국의 도로와 강

도로는 굵은 선으로 강은 가는 선으로 표시되어 있다.

20세기 혁명 지도자 대부분이 호남성湖南省 출신이었다. 오늘날의 그런 상황은 1000년 전 중국의 무게 중심이 이동한 데 따른 결과이다. 11세기와 13세기 사이 중국의 모래시계가 뒤집혀 쌀에는 유리하고 조와 밀에는 불리해졌다. 그러나 새로운 중국은 여전히 과거의 중국이었다. 그렇게 중국은 계속되었고 부유해졌다. 말하자면, 남부는 중국의 아메리카였다. 훨씬 뒤인 20세기에 만주가 그랬던 것처럼 말이다.

사회와 경제

거의 변동이 없던 고대 중국에서 경제 사회적 구조 역시 거의 변동이 없었다. 사실 중국의 사회 경제적 구조는 중국이라는 거대한 저택을 떠받치는 토대였다.

글로벌한 사회들이 다 그렇듯이, 중국은 서로 다른 사회가 서로 얽혀 있는 하나의 복합체였다. 어떤 사회는 보수적이고 또 어떤 사회는 좀 더 진보적이었다. 변화는 감지할 수 없을 만큼 서서히 진행되었다.

중국 사회의 기반은 농업과 무산 계급이었다. 엄청난 수의 궁핍한 농민들과 빈곤한 도시 거주자들을 거느리고 있었다. 가난한 사람들의 세계에서 그 주인들은 거의 볼 수 없었다. 황제나 혈통 귀족은 거의 볼 수 없었는데 이들은 엄청난 부호였으나 극소수였다. 대지주 역시 거의 볼 수 없었다. 좀 더 자주 볼 수 있었던 이들은 농민의 미움을 받던 토지 관리인이었다. 그들은 밀폐된 구역에서 일했다. 그리고 농민들이 두려워했던 고관대작들 역시 거의 볼 수 없었는데, 드 라스 코르테스 신부의 말을 빌리자면, 그들은 멀리서 '죽장竹杖으로' 국가를 통치했다.

그러나 모든 사람이 하급 관리들에게는 동정적이었다. 그리고 마지막으로 모든 사람이 고리대금업자와 채권자가 비참하게 죽기를 끊임없이 바랐다.

송대부터 전해진 민담의 기조가 그랬다. 민담이 그려내는 사회는 가부장적이며 노예제에 기반을 둔 사회, 근대적이면서도 농민풍의 ―서양 사회의 '모델'과 확실히 다른― 사회였다. 강력한 가족의 유대, 끊긴 적 없는 오랜 조상 숭배의 흐름에 따른 가부장적 사회였다.

가족의 유대는 먼 친척까지 확대되고 심지어 유년의 친구까지 확대되었다. 이는 정情의 문제가 아니라 의義의 문제였다. 성공한 특권층은 가문의 덕을 이용하고 조상의 음덕에 기댈 수 있었다. 그렇게 가족의 운을 쓴 사람은 친척들 덕에 얻은 성공을 반드시 모든 친척과 공유해야 공평하다고 평가받았다.

이 사회는 또한 노비제에 기반한 사회였다. 노비제가 중국 사회의 주요 특징이 아닐지라도 흔한 관행이었다. 일반적으로 노비는 혹독한 가난과 치유할 수 없는 인구 과밀의 자연스러운 결과였다. 불운한 희생자들은 어려운 시절에 팔려갔다. 중국에서 그런 관행은 청대 말인 1908년 노비와 아동 매매가 법으로 금지될 때까지 계속되었다. 그러나 그 법은 부모에게 '기근이 있을 때 장기 노비 문서에 서명할 권리를 인정해주었는데 계약은 아이가 25세가 될 때까지 유지되었다.'

농민이 대다수를 차지했던 중국 사회는 진정한 의미에서 봉건적이지는 않았다. 서임 대상이 될 봉토가 없었고 농민 보유지도 없었으며 농노도 없었다. 게다가 일종의 지방 귀족이라할 수 있는 신사紳士가 있었는데 이들은 토지를 빌려주고 때로고리대금업자로 행세하며 농민에게 자신들을 위해 일하도록강요하고 가마와 방앗간 사용료를 현물로, 곡식이나 기름으로내도록 요구했다. 동시에 이들은 사대부(많은 수가 대지주였다)와 연결되어 있었다. 사대부는 국가의 이익을 표상하고 그래서하나의 계급이 다른 계급에 과도한 권력을 행사하지 못하게막는 경향이 있었다. 특히 중앙 권력에 도전할 수 있는 봉건 계급을 억제했다.

이런 복잡한 사회 연결망은 오래된 네 계급, 사대부士, 농민農, 장인工, 상인商의 위계질서를 유지했다. 결정자의 역할을 할수도 있었을 두 계급, 장인과 상인은 다른 계급들과 마찬가지로 정부의 빈틈없는 감시를 받았다. 어쨌든 그들의 영향력은경제 성장의 속도에 달려 있었고 중간계급에 불과했다.

중국에 친숙한 전문가들과 역사가들의 주장에도 불구하고중국의 경제적 성과는 서양 경제와 비교해 보잘것없고, 솔직히말해 후진적이었다. 물론 유럽과 비교해 중국이 글로벌하지 못하다고 비난할 수는 없다. 중국의 열등성은 경제 구조에 있다.중국의 시장과 중간계급 상인들은 이슬람 세계나 서양만큼 발달하지 못했다. 가장 결정적인 차이는 자유도시가 없었다는 점이다. 이윤을 열망하는 기업가도 없었다. 유감일 수도 있고 아닐 수도 있으나 서양에서 진보를 자극한 것은 분명 그런 열정이었다. 일찍이 13세기 중국 상인들은 오만과 허영에 찬 공적허례에 기꺼이 돈을 쓰려고 했다. 이 점에서 그들은 서양의 상인들과 닮았다. 그러나 서양 상인들과 비교해 그들은 문학에

애정과 취향이 있었다. 어느 상인의 아들은 모든 종류의 시를 쓸 수 있었다. 송대의 민담에서 찾아볼 수 있는 '상인에 대한 모든 설명은 안락한 삶을 영위하기 위해 많은 돈을 벌고 도덕적 사회적 의무를 이행하고 무엇보다 부모와 가문 전체에 의무를 다하는 것이 그들의 목적'이었음을 보여준다. 그리고 대부호의 경우에 친척 가운데 일부는 특권적인 사대부 계급에 합류할 수 있었다.

달리 말하자면, 그들에게는 서양의 자본가 정신이 절반밖에 없었다. 더욱이 많은 중국 상인들이 장인들처럼 행상하며 곳곳을 떠돌아다녔다. 그리고 이것만으로도 중국 경제가 아직 성숙하지 않았음을 알 수 있다. 13세기 유럽은 이미 그 단계를 벗어나고 있었다. 중세 초에 행상은 하나의 규범이었다. 그러나 점점 더 많은 상점이 자리를 잡았다. 가난한 상인들만 행상에 나섰다. 그들은 상관도, 지점도 갖지 못했고 서류로 사업을 할 수도 없었기 때문이다. 마찬가지로 가난한 장인들도 장비를 등에 지고 일거리를 찾아 도시와 촌락을 옮겨 다녔다. 그러나 중국에서는 13세기에도 설탕 장인이 장비를 들고 사탕수수밭을 찾아가 맨손으로 사탕수수를 부수고 시럽과 갈색 설탕을 만들었다. 마찬가지로 산업 발전 역시 드물었다. 북부에 몇 곳의 초보적인 탄광이 있었고 남부에는 유명한 도자기 가마가 있었다.

최소한 18세기, 그리고 (일부 지역에서는) 19세기까지 어떤 신용 체계도 없었다. 그러므로 중국 사회에서 고리대금업자의 중요성은 오랫동안 가시처럼 불편하게 박혀 있었고 경제의 후진성을 나타내고 그 숨통을 죄는 분명한 신호로 남아 있었다.

마지막으로 강과 정크선, 삼판, 뗏목, 지역 간 자유 무역, 짐꾼, 북부의 낙타 대상에도 불구하고 중국은 형편없는 내부 교통망, 그리고 그보다 더 형편없는 나머지 세계와의 연결망 때문에 어려움을 겪었다. 또한 인구 과밀도 심각했다.

고립된 중국은 자체의 자원으로만 살아가는 경향이 있었다. 유일한 두 출구는 바다와 사막이었다. 이조차 상황이 좋을 때만 활용할 수 있었고 그 여행의 끝에 잠재적 무역 상대가 있을 때만 활용할 수 있었다.

몽골의 지배 기간(1215-1368) 가운데 약 100년 동안(1240-1340) 두 출구가 동시에 작동했다. 마르코 폴로의 친구이자 보호자였던 쿠빌라이 칸(1260-94)과 그의 가족은 함대를 구축하려고 엄청난 노력을 기울였다. 이슬람 선박들을 제거하고 일본의 경쟁자와 해적들을 막기 위해서였다. 동시에 그는 카스피해 너머 흑해로 이어지는, 카파와 타나 지역에 있던 제네바와 베네치아의 번성한 식민지들로 연결되는 대몽골의 도로를 열어 모든 장애물을 제거했다.

그렇게 개방된 중국은 두말할 필요 없이 번영했고 서양 상인들이 은화를 공급했다. 더더욱 놀라운 것은 중국이 지폐도 발행했다는 점이다. 그러나 짧은 기간이었다. 어쨌든 명明이 몽골족을 사막으로 내몰고 동화되지 않은 이방인들을 중국에서 몰아낸 혁명(1368)은 사실상 밖으로 향하는 두 갈래의 무역로를 모두 닫아버렸다. 사막은 이제 새로운 중국이 건널 수 없는 장벽 그 이상이었다. 바다도 실망스러웠다. 1405년부터 1431-2년까지 정화는 최소 7차례나 연이어 해양 원정에 올랐다. 한번은 62척의 정크선에 1만 7,800명의 선원을 태우고 해외 원정길에 올랐다.

중국의 보호령을 복구하기 위해 함대 전부가 남경을 떠나 순다 제도로 향했다. 순다 제도는 사금과 후추, 향신료를 제공했다. 그들은 실론 섬에 도착했고 그곳에 주둔군을 남기고 페르시아만, 홍해까지 나아갔고 마침내 아프리카 해안에 도착했다. 그곳에서 그들은 진기한 기린 몇 마리를 싣고 돌아와 사람들을 놀라게 했다.

중국 연구자들에게 이런 이야기는 낯설지만 흥미롭게 다가왔을 것이다. 바람이 조금만 더 불었다면, 그리고 중국 선박이 포르투갈인들보다 반세기 먼저 희망봉을 돌았다면 그들은 유럽을 발견했을 테고 어쩌면 아메리카를 발견했을지 모른다. 그러나 1431-2년에 모험을 끝냈고 다시 모험에 나서지 않았다. 중국은 거대했지만 상존하는 북방의 적에 맞서기 위해 자원을 재분배해야만 했다. 1421년 중국은 도읍을 남경에서 북경으로 옮겼다.

17세기, 18세기에 청의 황제들이 사막길을 다시 열었고 티베트와 카스피해까지 이어지는 드넓은 지역에서 유목민들의 저항에 부딪히자 그들을 더 서쪽으로 내몰았다. 이런 정복 활동은 중국 북부에 평화를 선사했고 만주를 넘어 아무르강까지 진출해 시베리아 일부를 차지할 수 있었다(1689년 러시아와 체결한 네르친스크 조약). 또 다른 결과로, 18세기 중반 이후 이르쿠츠크 동남쪽 캬흐타의 거대한 시장이 열렸고 북극산 모피가 중국산 면, 비단, 차와 거래되었다. 16-18세기에 유럽인들은 해상 무역로를 열려고 갖은 노력을 했다. 19세기에 성공을 거두었으나, 그들 자신의 이익을 위한 것이었다.

중국은 팽창했다. 13세기에 이르러 중국의 인구는 1억 명에 달했다(9,000만 명은 남부에, 1,000만 명은 북부에 살았다). 1368년 명 왕조의 혁명으로 몽골의 지배가 끝나면서 인구가 감소했다. 1384년에 중국의 인구는 6,000만 명까지 감소했다(신뢰할 만한 수치다). 그러나 다시 평화가 찾아오자 인구는 곧바로 증가하기 시작했고 이전 수준을 회복했다. 여진족의 정복 과정(1644-83)에서 다시 한 번 인구가 감소했다. 그리고 평화를 되찾은 후 18세기까지 엄청난 인구 팽창이 있었다. 그 뒤로 현기증이 날 정도로 빠른 속도로 인구 증가가 이어졌다.

이렇게 넘치도록 풍부한 노동력에는 필연적으로 약점이 있었다. 그것은 기술적 진보를 가로막았을 가능성이 있다. 고전 그리스와 로마에서 노예제가 그랬던 것처럼, 풍부한 노동력 때문에 기계가 필요치 않았다. 어디든 인간의 노동력을 활용할 수 있었다. 1793년 영국의 한 여행객은 배 한 척이 수문을 거치지 않고 오직 인력만으로 다른 곳에 옮겨지는 광경을 보고 놀랐다. 1626년에 드 라 코르테스 신부는 혼자서 거대한 나무 둥치를 들어 올리는 중국인 짐꾼을 묘사하며 감탄을 쏟아놓은 바 있다.

보수적 행정력의 철권에 장악되어 옴짝달싹하지 못한 중국은 모든 기술적 진보를 차단당한 채 인구 과밀의 무게에 짓눌렸다. 중국에도 과학이라 할 만한 것이 있었다. 풍요롭고 때 이른 중국 과학의 탁월함, 심지어 그 근대성이 점점 더 주목받고 있다. 중국 과학의 연대기를 세심하게 기록한 조지프 니덤은 중국의 '유기적' 세계관은 정확히 오늘날 과학이 향하고 있는 지점으로 19세기 말까지 널리 퍼졌던 뉴턴의 기계론적 관점과 대비된다고 말했다. 그러나 이상하게도 중국에서 기술은 과학과 보조를 맞추지 못했다. 중국의 과학은 제자리걸음을 했다. 주된 이유는 의심할 바 없이 넘쳐나는 인력 때문이었다. 중국은 인간의 노동력을 절약하기 위해 기계를 고안할 필요가 없었다. 중국은 만성적 인구 과밀에 따른 가난의 영원한 희생자였다.

3. 중국의 어제와 오늘

과거의 중국은 하루아침에 사라지지 않았다. 중국은 조금씩 퇴행했다. 그러나 19세기 전까지는 아니었다. 그때부터 상황이 빠르게 진행되었다. 고대 중국은 무력에 의해 문호가 개방되었고 오랜 기간 치욕을 감수했다. 중국이 얼마나 뒤졌는지를 깨닫기까지 오랜 시간이 걸렸다. 그리고 해법을 찾기까지 훨씬 더 오랜 시간이 걸렸다. 20세기 들어 성공적으로 해법을 찾았으나 유례없이 엄청난 대가를 치러야 했다.

불평등 조약의 시대: 중국의 치욕과 수난(1839-1949)

중국은 인도처럼 점령당하거나 식민지로 전락하지는 않았다. 그러나 중국 영토는 침략당하고 약탈당하고 착취당했다. 모든 강대국이 제 몫을 챙겼다. 그리고 중국은 1949년 중화인민공화국이 수립되고 나서야 비로소 고난에서 벗어날 수 있었다.

16세기부터 중국은 유럽과 교역을 계속했다. 그런 무역이 중요하기는 하지만, 훗날 불평등 조약을 강요당하기 전까지 중국에 거의 영향을 끼치지 못했다.

1557년에 포르투갈인들이 광동廣東 건너편 마카오에 정착했다. 그리고 그곳을 거점으로 중국과 일본 사이에서 중요한 역할을 담당했다. 17세기에는 네덜란드와 영국이 최고의 이익을 거뒀다. 광동에 한정되었지만 18세기 후반 '중국 무역'의 황금시대가 시작되었다.

그 무역이 중국에 중요하기는 했으나 국가 전체로 보면 영향이 크지 않았다. 영국인이 대부분이던 유럽 상인들은 공행公行으로 불리는 중국의 특권적인 상인들과 거래했다. 그들은 무역 독점권을 가지고 있었다. 양측 모두에게 이익이 되는 선에서 그런 무역은 비약적으로 발전했다. 그들의 무역에서 거래된 것은 금(중국에서 은의 희소성과 높은 가격 탓에 금값은 상대적으로 저렴했다. 금과 은의 가격 비율이 중국에서는 8:1이었지만 유럽에서는 15:1이었다), 당시 유럽에서 수요가 많았던 차, 그리고 인도에서 수입된 면과 면제품이었다. 이들의 무역은 뒤늦게 채용된 신용 체제로 재정이 조달되었다. 유럽 상인들이 중국 무역상에게 돈을 선지급하고, 중국 무역상들은 그 돈을 나누어서 다시 빌려주었고, 그 대가로 중국 오지의 생산품들을 확보했다. 그렇게 해서 이미 근대적인 금융망이 형성되었다. 유럽의 해외 무역에서는 통상적인 관행이었다. 여행 때마다 다음 방문을 위한 화물을 수집하는 데 필요한 돈을 지역 상인에게 빌려주고 그렇게 시장에서 우월한 지위를 누렸다.

의심할 바 없이, 유럽은 '중국 무역'에 마음을 뺏겼다. 항상 그런 것은 아니지만 엄청난 이윤을 내는 일이 많았기 때문이다. 중국 역시 실질적으로 이익을 누렸고 외국의 상품과 방식이 침투하는 데에 분개를 느끼지 않았다. 이런 경제적 충격은 소수에 한정되었고 국가 전체에서 보면 영향이 거의 없었다.

그러나 19세기에 모든 것이 달라졌다. 유럽은 더 강해지고 탐욕스러워졌다. 더욱이 영국이 인도를 정복해 아시아에 확고한 교두보를 마련하면서 그런 경향은 더욱 강해졌고 서양의 무자비한 간섭과 파괴가 뒤따랐다.

1840년에서 1842년 사이 아편전쟁의 결과 (남경 조약으로) 광동과 상해를 포함한 5개 항구가 서양에 개방되었다. 1860년에 서양인들은 태평천국의 난에 힘입어 더 깊숙이 침투할 수 있었고 7개 항구가 더 개방되었다. 그렇게 해서 러시아인들은 중국에 해안 지역의 양도를 강요했고 블라디보스토크를 건설했다. 사실 중국의 고난은 시작에 불과했다. 제1차 청일전쟁으로 중국은 조선을 잃었다. 그리고 유럽 열강은 청의 쇠락을 이용해 더 깊숙이 중국 내부로 침투했다. 러시아인들은 만주에 정착했다. 1900년 의화단의 난으로 외국인들이 표적이 되자 미국과 일본의 후원을 받은 유럽 열강이 더 깊이 개입했다. 1904년에서 1905년 사이 러일전쟁에 승리한 일본인들은 러시아가 중국에서 차지했던 것을 일부 넘겨받았다. 제1차 세계대전으로 일본은 더 많은 이익을 얻었는데, 이때는 독일을 통해 주로 산동山東 지역에서 이익을 취했다.

그 결과, 1919년까지 중국은 영토의 중요한 부분들을 잃었다. 서양과 일본은 중국의 국경 안에서도 자유와 특권을 누렸고 '조계지'를 얻었다. 가장 잘 알려진 것이 상해이 공공조계지였다. 그들은 차관의 이자 지급을 위한 담보로 철도와 관세 일부를 차지했다. 곳곳에 자체적으로 우편사무소, 영사재판소,

은행, 무역 상관, 산업 시설과 광산을 건설했다. 1914년에 외국 세력이 중국에 투자한 돈은 16억 1,000만 달러에 달했고 그 가운데 일본이 투자한 돈은 2억 1,900만 달러였다.

의화단 운동 이후 1901년 8개국 군대가 출병해 청 제국의 수도를 장악한 후 북경의 외교관 지구에 군대를 주둔시켰고 '주변에 방호벽을 쌓았다. 그런데 그곳은 중국 정부가 건축을 전면 금지한 지역이었다.' '북경의 외교단은 법적으로는 몰라도 실효적으로는 중국의 모든 사안, 적어도 북경 정부가 효과적으로 통제하는 모든 것을 철저히 감시했다.'

경제적으로 파괴된 중국에 외국 문화와 종교가 대대적으로 침투했다. '불평등 조약'을 강요당했을 때 중국은 물리적으로도 정신적으로도 몰락했다.

서양의 굴레에서 벗어나기 위해서 중국은 우선 근대화, 곧 어느 정도의 서구화가 필요했다. 개혁과 해방은 때때로 충돌을 일으켰다. 그렇지만 두 가지 모두 달성해야만 했다. 그들이 해야 할 투쟁의 의미가 선명해질 때까지 많은 시간과 고통이 따랐고 시련과 정체를 감수해야 했다. 중국은, 일본이 메이지 유신에서 했던 것처럼, 서양의 방식을 하룻밤 새 흡수할 수는 없었다. 사실 중국은 감당하기 어려운 이중의 과업을 수행해야 했다.

그러므로 1850년부터 1864년 사이 짧은 기간 남경에 정부를 수립했던 태평천국 운동은 강력하고 복합적이며 (농민 운동이었기 때문에) '전통적인' 운동이었으며 반외세를 외친 민족 운동이었다. 그러나 동시에 태평천국 세력은 중국의 오랜 사회적 정치적 관행 일부를 전복하려고 했다. 승리를 거둔 짧은 기간 동안 태평천국 세력은 노비제를 철폐하고 여성을 해방했으며 일부다처제와 전족纏足을 금지했고 여성의 과거 응시와 공직 진출을 허용했다. 그들은 또 피상적이었지만 기술과 산업의 근대화를 달성하고자 했다. 근본적으로 태평천국 운동은 과거에 왕조가 바뀌기 직전 발생했던 많은 농민 반란 가운데 하나였을 뿐이다. 그런 의미에서 태평천국의 난은 지주들을 몰아내고 그들의 영지를 공영화하려는 시도였다. 태평천국 운동이 결국 실패한 원인은 서양이 무역의 이익을 유지하기 위해 청 왕조를 도왔기 때문이다. 또 다른 원인은 태평천국의 근대화 계획이 너무 모호했고 중국은 아직 그 근대화 계획을 받아들일 상태가 아니었기 때문이다.

1900년 신비주의적이고 폭력적인 비밀결사가 이끈 의화단 운동의 주된 동기는 반외세였다. 그러나 위력적인 자희慈禧 태후(서태후)가 (아마도 의화단을 묵인하면서) 외국인에 대한 공격의 신호를 주었을 때 중국 전체에 반외세 분위기가 팽배했다. 그리고 1901년 의화단과 중국 모두 사실상 괴멸하는 결과를 초래했다. 덧붙이자면, 자희 태후는 개혁에 격렬히 반대했다. 1898년 변법자강운동은 지략과 기교를 동원한 자희 태후의 손에 의해 분쇄되었고 '백일천하'로 끝났다. 이런 시도는 최소한 문서상으로 중국의 제도와 경제에서 진정한 혁명이 시작될 수 있는 토대를 마련했다.

요컨대 20세기 초, 개혁의 시간은 아직 시작되지 않았고 변화를 추구하는 사람들은 '사대부의 기질적 난청'과 맞서야 했다. '그들의 귀를 여는 일은 중국의 항구를 여는 일보다 더 어려웠다.'(에티엔 발라즈E. Balazs) 개혁파는 민중의 무관심에도 직면했다. 민중은 오직 '맹목적 반외세'에만 이끌렸다. 그들 모두는 기껏해야 외국인들의 '기술', 그들의 효율성의 비결을 배우고자 했을 뿐이다.

이중의 문제는 해결하기 어려웠다. 서양 '오랑캐'를 쫓아내야 했으나 이를 위해서는 중국이 서양의 과학 기술을 익혀야만 했다. 아주 더딘 수련은 젊은 중간계급 지식인들의 몫이었다. 그들은 서양인을 만났고 해외를 여행했다. 그리고 훨씬 더 많은 수의 가난한 학생들은 청대 말에 정부가 세운 근대식 학교와 대학에서 공부했다. 그들은 일련의 비밀결사를 결성했다. 일부는 공공연한 공화주의자였고 다른 이들은 여전히 군주정을 지지했지만 모두 중국의 '회복'과 급진적 개혁을 열망했다.

그렇게 해서 중국 최초의 진정한 혁명 운동이 시작되었다. 주로 쑨원孫文의 이름과 긴밀히 연결되었다. 쑨원(1866-1925)은 광동의 한 촌락에서 태어난 의사였다. 그는 많은 혁명 운동에 관여했고 그 때문에 여러 해 동안 중국 밖에서 망명 생활을 해야 했다. 1905년 그는 도쿄에서 중국혁명동맹회 회장이 되었다. 그 단체는 중국 전역에서 엄청난 영향력을 발휘했고 훌륭한 정치 프로그램을 만들어냈다. 이 운동은 1911년 혁명으로 이어져 청 제국을 전복했고 쑨원은 중국 최초의 공화국 정부 수반이 되었다. 그러나 이 혁명은 곧바로 좌초되었다. 14일 만에 쑨원은 군벌 위안스카이袁世凱(1916년 사망)에게 권력을 이양하고 물러났다. 위안스카이는 구체제를 복원하고 그 수혜자가 되고자 했다.

그렇게 해서 1912년 자유 헌법은 중지되고 중국은 무정부 상태에 빠졌다. 군벌로 불리게 될 지방의 군사 정부는 호족들과 결탁해 가능한 많은 세금과 지대地代를 강탈했다. 그들은 곧 중국의 무자비한 지배자가 되었다. 다시 한 번 망명길에 오른 쑨원은 중화혁명당이라는 이름의 새 정당을 창설했다. 이는 언어의 유희였다. 행복감에 취해 있던 공화국 초기 창설한 국민당은 '국민의 위대한 당'을 의미했다. '국민'을 '혁명'으로 대체한 것은 본래의 당이 작업을 완수하지 못했으며 여전히 혁명을 추구하고 있음을 의미했다.

그 과정에서 중국의 불운과 위기는 거듭되었고 1949년 공산당이 승리하고 중화인민공화국이 수립되고 나서야 끝이 났다. 그 연도는 의미가 깊다. 아편 전쟁(1840-1842)으로부터 중국이 독립과 자존심을 회복하기까지 한 세기가 걸렸다. 1951년 어느 교수는 '이제부터 우리가 중국인이라는 사실에 다시 자부심을 가질 수 있다'라고 선언했다.

기대와 투쟁으로 점철된 한 세기 동안 구체제가 쇠퇴하기 시작했다. 특히 가장 전통적이고 보수적인 면에서 그랬다. 구체제는 '크리스털이나 진주 단추로 장식한 사대부의 위계질서를 포기했고 붉게 채색된 왕좌에서 천자가 올리는 상서 의례, 자수 장식의 의복을 갖춘 청중도' 포기했다. 그리고 서양인과 일본인들에게 부여한 터무니없는 특권도 폐지했다.

당시 수많은 고통을 겪고 난 중국은, 하나의 문명이 그때껏 근본으로 삼았던 구조적 특징의 일부를 던져버리고 부활한 진기한 순간에 도달했다. 중국의 위기는 더없이 이례적이었다. 수천 년 동안 자리를 지켜온 것들이 도전받았다. 그런데도 전면적인 파괴는 없었으며 그런 파괴는 있을 수 없었다. 새롭게 건설되는 과정에서 중국은 그 나름의 사상과 감수성에 충실했다. 새로운 중국 문명이 나름의 형태를 갖추기까지 수십 년의 시간이 걸릴 것은 분명하다.

　그동안 우리가 할 수 있는 일은 지금 진행되고 있는 실험을 이해하기 위해 노력하는 것뿐이다. 그런데 사실 그 실험은 거의 시작도 되지 않았다.

새로운 중국

　이 자리는 중화인민공화국을 칭찬하거나 비난하는 자리가 아니다. 우리의 목적은 무엇이 이루어졌는지 혹은 이루려 한 것이 무엇인지를 살펴보고 오랜 역사에서 가장 크고 급진적인 실험을 수행하는 중국 문명에 그것이 어떤 영향을 주었는지 살펴보는 것—살펴보려 노력하는 것—이다. 지금 진행되고 있는 것은 사회, 경제, 정치, 지식, 도덕 등 여러 영역에서 질서를 확립하려는 노력이다.

　이는 사물, 사람, 계급을 새로운 상황에, 그리고 되도록 외부 세계에 자리매김하는 것을 의미한다. 그 과정에서 자부심은 나름의 역할을 한다. 자부심은 최소한 고대 중국이 세상의 중심에서 스스로의 역할을 자신하던 시절과 이어주는 하나의 연결고리다.

　중화인민공화국은 엄청난 인구와 자원을 가졌다. 일부는 실질적이고 일부는 잠재적이어서 개발되어야 한다. 중국의 경제 발전은 이 두 가지에 달렸다.

　중국의 인구는 계속해서 증가하고 있다. 1952년에 5억 7,200만 명이었고 1953년 5억 8,200만 명, 1954년 5억 9,400만 명, 1955년 6억 500만 명, 1956년 6억 2,000만 명,

1957년 6억 3,500만 명, 1958년 6억 5,000만 명, 1959년 6억 6,500만 명, 1960년 6억 8,000만 명, 1961년 6억 9,500만 명, 1984년에는 10억 명을 넘겼다. 1953년을 제외하면(그조차 단서가 필요하다) 정확한 인구조사로 얻은 수치는 아니다. 모두 추정치이며 근거는 충분하다. 모든 저개발 국가들이 그렇듯이 (1949년 중국은 세계에서 가장 큰 저개발 국가였다) 높은 출생률(1,000명당 40명)과 감소하는 사망률 때문에, 인구 성장이 심각한 문제를 초래했다. 이 정도 규모의 인구 성장은 장차 더 높은 생활수준에 대한 실질적 희망을 꺾는다. 사실상 심각한 위협이다.

그런데도 1949년부터 1962년까지 중국의 경제 성장은 경이로웠고 과거에도 현재에도 타의 추종을 불허한다. 러시아의 제 1차 경제개발계획도 1953년부터 1957년까지 중국의 경제개발계획을 능가하지 못했다. 물론 경제는 출발점에 있었다고 할수 있다. 과거 후진국들이 상대적으로 인상적인 속도로 성장할기회를 얻었다. 출발이 가난했기 때문에 그들은 부를 두 배로 늘리고도 부유해지지 못할 수 있다. 나중에 그들이 일정 수준에 도달했을 때, 자본주의 경제도 사회주의 경제도 피할 수 없는 이윤 감소의 법칙에 굴복하게 될 것이다.

중국의 이례적인 발전을 가늠하기 위해서는 그것이 세계 최대의 인구 대국이 보인 굽힐 줄 모르는 의지와 노력의 결실이라는 점을 기억해야 한다. 일찍이 소련의 노력뿐 아니라 최근 자본주의 자체의 노력으로도 이미 증명되었듯이 경제 계획도 하나의 기술이라는 점을 덧붙일 수도 있다.

여기는 상세한 대차대조표를 그릴 자리는 아니다. 1952년 이후 총수입에 대한 공식통계를 근거로 확인하기 어려운 통계를 너무 세밀히 검토하지 않고도 이어진 일련의 진보를 확인할 수 있다. 1952년 100, 1953년 114, 1954년 128, 1955년 128, 1956년 145, 1957년 153, 1958년 206, 1959년 249. 1958년과 1959년의 성장률은 각각 34퍼센트와 32퍼센트로 가히 전설적이다. 그토록 방대하고 다채로운 국가의 총수입을 확인하는 일이 쉽지 않다는 점을 참작해도, 경제학자들은 놀라움을 감추지 못한다. 이는 그야말로 '대약진Great Leap Forward' 이었다.

경제학자가 아니어도 구체적인 생산물의 수치를 보면 발전이 있었다는 판단을 쉽게 내릴 수 있다. 석탄 1949년 16만 톤, 1952년 130만 톤, 1960년 184만 톤, 선철 1949년 32만 톤, 1960년 425만 톤, 전기 1949년 42억 킬로와트시, 1969년 580억 킬로와트시, 면화 1949년 190만 미터, 1960년 7,600만 미터, 곡물, 고구마, 감자는 생물 무게로 1949년 1억 8,500만 톤, 1958년 2억 5,000만 톤. 1957년 2억 7,000만 톤. 추가 정보는 중국의 철도를 그린 지도 세 개로 추론할 수 있다. 이 지도들은 1949년에 존재했던 철도, 1960년에 건설된 철도, 그리고 계획된 철도를 보여준다. 또 다른 세 개의 지도(옛 지도, 신 지도, 계획안 지도)는 일반 발전소는 물론이고, 수력발전에 관해서 추론할 수 있다. 사천四川 분지 저지대에서 시작해 가장 긴 석림곽륵錫林郭勒을 포함한 급류와 협곡까지 이어지는 양자강의 대규모 치수 사업을 잊어서는 안 된다. 이런 대규모 공공사업 덕분에 엄청난 전력이 공급되었고 북부에서 중요한 관개 사업이 가능했으며 강의 흐름이 개선되어 심해어선이 강에서 수천 킬로미터를 항행할 수 있게 되었으며 협곡에 초현대적인 공장들이 설립될 수 있었다.

이런 성과는 초인적 노력의 결과였으며 중국의 거대 사회를 동원해 가능했다. 거대한 중국 사회는 정치적 지지와 강제 노동을 강요당했을 뿐 아니라, 또한 개조되어야만 했다.

이는 목적을 이루기 위한 효율적인 수단에 그치지 않았다. 그 자체가 하나의 목적이었고 도박이었다. 정권은 가차 없는 근대화 계획을 중단 없이 수행하는 데에 사활을 걸었고 걸고자 했다. 그리고 주저 없이 가혹한 법령을 채택했고 장제스 집권 말기 끔찍한 부패를 척결했다는 이유로 중국 대중의 지지를 받았다.

사회 전체가 장악되었다. 농민, 산업 노동자, 지식인, 당원. 중간계급 가운데 가장 부유한 사람들―중국 상인과 유럽 상인을 이어주는 중개상―은 1949년 장제스의 실권과 함께 도주했다. 산업계 중간계급은 1956년 민간 기업이 (민간기업과 공기업의) 합작사로 바뀌었을 때 체제 안에 흡수되었다. 소수의 중간계급만 변함없이 유지되어 일부 무역을 다루었으나 확실히 위태로운 지위였다.

농민들 사이에서 개혁은 점진적이었지만 파격적이었다. 개혁은 1950년 6월 30일 토지개혁법으로 시작되었고 토지 소유주와 부농을 무자비하게 몰아냈다. 덜 부유한 농민들도 재산을 잃었다. 마지막으로 농민들은 각자 소규모 농지(1/3에이커)를 할당받았다. 이는 토지를 차지한 농민의 수가 얼마나 방대했는지 보여준다. 1954년에서 1955년 사이 중국인 6억 명 가운데 5억 명이 토지에 기반을 두었다. 이 무수한 땅 조각이 소인국 단위의 평등주의적 소유권의 시작이었다.

1956년 10월 집단농장이 설립되면서 집단화가 시작되었다. 다음 단계는 1958년 농촌 공동체(인민공사)의 창설이었다. 인민공사는 2만 명 넘는 농민들로 구성되었지만, 집단농장은 고작해야 수백 명의 농민을 포함했다. 인민공사는 새로운 형식의 조직이었고 어쩌면 야심이 지나친 기획이었다. 그들의 역할은 정치적이면서 동시에 농업, 산업, 군사를 겸했다. 농민은 병사이기도 해서 무기를 보유했다. 이들 덕분에 정권은 언제든 개입할 수 있는 군을 장악하는 부수적인 안전장치를 확보할 수 있었다. 그러나 1960년 11월 20일 생산 대대가 인민공사의 특권과 책무를 박탈한 것처럼 보였다. 그런데 생산 대대의 전망은 불투명했다. 당국은 목적을 두고 망설인 것이 아니라 목적을 어떻게 달성할지를 두고 망설였다. 식량 생산은 경제에서 여전히 성장이 지체된 유일한 부문이었기 때문이다.

당국은 산업 노동자들도 비슷한 방식으로 동원했다. 산업 노동자 수는 계속 증가했고, 당과 연결된 노동조합이 그들을 장악했다. 정부는 농민과 마찬가지로 산업 노동자에게도 초인적인 노력을 요구했다. 제2차 경제개발 5개년 계획이 끝났을 때 정부는 애초에 구상하지 않았던 '대약진'을 위한 계획을 적극적으로 선전했다. 그리하여 생산 목표에 도달하기 위한 엄청난 위업과 일단의 구호를 볼 수 있다. '더 많이, 더 좋게, 더 빨리, 더 싸게' '하루가 24년 같고 1년은 1000년 같다.' '1958년은 앞으로 있을 1000년을 위한 고된 3년의 투쟁을 시작하는 첫해가 될 것이다.'

열악한 노동 조건, 저임금, 부족한 식사와 주거 부족에도 불구하고 영웅적 노력을 기울인 수많은 예를 쉽게 인용할 수 있다. 특권뿐 아니라 별도의 의무를 상징하는 모범적 여성 노동자―특권뿐 아니라 부가적인 의무를 의미하는 호칭이다―는 공장에서 야간작업을 하는 동안 잠을 깨기 위해 찬물 세수를 반복했다고 칭찬받았다.

지식인과 학생, 당원의 경우 그들의 영웅주의는 그렇게 뚜렷이 드러나지 않았던 것일까? 그들에게 부과된 과제는 거의 드러나지 않았던 것 아닐까? 확실한 것은 그들에게 부과된 규율이 더 복잡하고 더 변덕스럽고 더 무자비했다는 것이다.

당원들은 숙청과 강제 자백을 피할 수 없었다. 그들은 '삼반운동三反運動'과 '오반운동五反運動' 같은 것을 견뎌야 했다. 삼반운동은 1952년 1월에서 2월 사이 정부 관리들의 '부패, 낭비, 관료주의'를 공격했다. 그 운동으로 여러 추문이 적발되고 나중에는 고의로 과장되었으며 농촌 출신으로 도시에서 '당직자'가 된 사람들 가운데 일부는 익숙해진 일자리를 잃는 충격을 경험했다. 같은 해 '오반운동'은 부패反行賄, 세금 탈루反偷稅漏稅, 사기反偸工減料, 국가 자산 매각反偸工減料, 경제 기밀 누설反盜竊國家經濟情報에 반대하며 파란을 일으켰다. 자살자가 속출했고 대대적인 엄벌이 뒤따랐다. 숙청, 강제 자백, 자살이 잇달았다.

학생 수는 꾸준히 늘고 있었는데 정부는 단 한순간도 그들에 대한 억압의 손길을 늦추지 않았으며 그들을 모욕하고 규율했으며 공장이나 농지에서 육체노동을 강요했다.

교사와 다른 지식인들도 결코 탄압을 피할 수 없었다. 1956년 소련의 헝가리 침공 이후 아주 짧은 기간 그들의 생각을 이야기하는 것이 허용되었다. 이른바 '백화제방백가쟁명百

花齊放百家爭鳴' 시절이었다. 수백 가지 꽃이 있듯이 생각도 수백 가지 다른 형태로 피어날 수 있다는 뜻이었다. 지식인들은 본인의 생각을 말하라고 소환되었지만 망설였고, 특히 그들이 말한 것이 곧바로 언론에 공개되고 난 뒤로는 이상한 상황에 놓였음을 알았다. 그들 가운데 한 사람이 이렇게 선언했다. '마르크스-레닌주의는 철 지난 낡은 이론이며 중국에는 맞지 않는다. 수정이 필요하다.' 의견을 밝히려 하지 않았던 한 교사는 이렇게 말했다. '나는 지금의 이 자유가 두렵다. 그 자유의 기본 특징은 말을 해야 한다는 것이다. 압박이 고통스럽다. 잠시 숨을 고르게 해달라. 무슨 일이 벌어지고 있는지는 나중에 알게 될 것이다.' 또 다른 교사는 이렇게 말했다. '먹을 것이 충분치 않은데도 생활수준이 높아졌다고 말하는 이들이 있다.' 단순한 괴롭힘이라고 생각했을지 모른다. 공산주의 재교육 프로그램을 싫어하는 지식인들을 조금 놀리는 것이라고 생각했을지 모른다. 그러나 그와는 반대로, 그것은 매우 심각한 사태였다. 백화제방은 봄 한 철도 지속되지 못했다. 1957년 5월부터 6월까지 '고작 한 달 동안 뜨겁게' 꽃을 피웠다. 그다음, 핍박이 뒤따랐다. 부주의했던 많은 이들이 본인의 말 때문에 즉결심판을 받고 추방당했다. 이 모두는 중국이 공개적인 토론이 아니라, 일생일대의 투쟁에 몰두했음을 일깨워준다. 문제는 사회를 혁신하고, 심리를 바꾸고, 과오와 유산을 씻어내고, 혹시 있을 후회를 씻어내는 것이다. 그리고 긍지와 노력, 자족감으로 중국 사회를 감격하게 하는 것이며 무엇보다 복종을 강요하는 것이다.

'만약 누군가 6억 5,000만 명의 중국인이 올바로 생각하도록 강제한다면, 그들은 규범에 따라 올바르게 행동하게 될 것이다. 중국공산당이 사회주의 중국을 향한 전진에 필요하다고 판단한 규범에 따르게 될 것이다.' 이런 목적을 위해 라디오, 신문, 수많은 연설이 끝없는 선전에 몰두했다. 다른 어떤 '사회주의'나 '전체주의' 실험과도 비교되지 않을 정도였다. 주요 무기는 비판이었고 모든 작업장에서 의무적인 토론을 통해 매일 준비되었다. 이는 만족스러운 태도를 지닌 집단, 설득할 수 있는 집단, 누그러뜨릴 수 없는 반대파 집단을 찾아내는 방법이었다. 모든 사람이 소집되어 이런 반동분자들을 공격했다. '구두 공격'(투쟁)은 '신랄한 비평과 힐난, 비난, 그리고 드물지만 가벼운 체벌이 결합된 모욕'이었다.

이런 이데올로기적 행동은 '장기적이고 복잡하며 대규모의'(마오쩌둥) 운동으로 인식되었다. 엄격함은 사회 집단마다 다르게 적용되었다. 농민들에게는 온건하게, 그러나 공장, 사무실, 대학, 학교, 군대에서는 대단히 강하게 적용되었다. 그런 이데올로기의 주입에 저항이 있었고 이를 강제하기 위해 처벌이 가해졌다. 혁명 초기 처벌은 잔인하고 무자비했다. 나중에는 완화되었다고는 하지만 여전히 매우 가혹했다.

문화와 예술에서는 당에 '문화' 인민 위원이 있어서 간교한 부르주아와 반혁명 분자의 침투에 맞선 투쟁과 규율을 책임졌다. 모든 작가는 말에서만이 아니라, 행동에서 모범을 보여야 했다. 촌락에 거주하던 한 작가는 매일 아침 '집체集體 문학'의 맥락에서 글을 쓰고 고구마밭에서 노동하고 돼지를 사육했다고 칭찬받았…… '우파의 일탈'로 고발당한 작가들은 처벌받을 가능성이 있었다. 유명 소설가 딩링丁玲처럼 '노동으로 재

교육'되기 위해 만주 북부 불모지로 보내질 수도 있었다. 그녀는 그곳에서 2년을 지내야 했다.

물론 혁명의 초기 몇 개월간 ─그리고 훗날─ 있었던 끔찍한 즉결 처형에 비하면 이런 처벌은 비교적 가벼운 것이었다. 물론 공문서에 언급된 저항이나 태업은 예외였고 일반적인 것이 아니었다. 진지하고 열정적인 전향은 훨씬 더 수가 많았다. 그리고 많은 것이 감동적으로 표현되었다. 이제 승리한 이데올로기의 포용은 조국과 민족의 포용을 의미했다. 미래를 믿고 중국을 믿는다는 의미였다.

농업의 실험이 공산 중국의 유일한 주요 실패였다. 소수의 수확 기록, 일부 과장된 통계와 낙관주의라는 당국의 강력한 처방 덕분에 1958년까지 현실을 은폐할 수 있었다. 서양에서는 열정적인 책과 글들이 환상을 유지하는 데에 이바지했다. 그러나 1959년, 1961년, 1962년의 재앙적인 수확량은 그런 낙관주의를 끝장냈다. 조금은 불공평했을 수도 있다. 이런 형편없는 수확의 원인은 주로 자연에 있었기 때문이다. 중국은 늘 가뭄과 홍수라는 상반된 재난에 취약했다. 때로는 번갈아 겪기도 했고 때로는 동시에 겪었다. 특히 북부의 성省들이 영향을 받는다. 1961년은 홍수와 가뭄으로 작황이 절반까지 떨어졌다. 돌풍과 홍수로 수백만 명의 재해자가 발생했다. 반면 그해 3월부터 6월까지 주안부터 하류 쪽에서는 사람들이 걸어서 황하를 건널 수 있었다. 가뭄으로 강의 수위가 터무니없이 낮아졌기 때문이다. 가뭄, 태풍, 홍수, 해충 등 오랜 적들 가운데 어느 것도 새로운 중국에 굴복하지 않았다.

모든 공산주의 국가가 그렇듯이, 중국은 산업의 성공을 위해 값비싼 대가를 치렀다. 중국은 농업을 희생시키면서 산업화에 지나치게 몰두했다. 공식 언론은 '100년을 통틀어 전대미문의 자연재해'를 탓했고 태업을 이유로 사람들을 비난했다. '1960년 8월 일부 관료와 보조 노동자들이 농촌에 파견되었다. 인민공사가 수확물을 지키도록 돕기 위해서였는데 임무를 완수하지 못했고 정부와 당의 명령에 불복했으며' '사람들 사이에 숨은 반혁명 분자들'을 묵인하는 일도 잦았다. 우리는 이런 '희생양들의 설명'을 곧이곧대로 들어서는 안 된다. 다른 곳과 마찬가지로 중국에서도 집단화는 통상 다른 이들보다 더 전통적이던 농민들의 저항에 부딪혔다. 당국이 취한 후속 조치 가운데 일부는 이들에 대한 양보였을 것이다. 이를테면 대규모보다 소규모의 생산 대대를 더 강조하는 식이다.

중국의 흉작은 많은 연쇄적인 결과를 낳았다. 경제 성장이 늦춰졌으며 러시아의 상품과 서비스의 수입 비용을 충당하는 데에 보탬이 되었던 대對러시아 식량 수출을 줄일 수밖에 없었다. 중국은 자본주의 국가들에 곡물 배송을 요청할 수밖에 없었다. 캐나다, 오스트레일리아, 미국, 프랑스, 버마, 그리고 심지어 대만에 900만에서 1,000만 톤의 곡물을 요청했다. 런던에서 이 엄청난 화물의 해상 운송을 준비했다. 이를 위해 중국은 3년 동안 한 해 8,000만 파운드의 비용을 지급한 것으로 추정된다. 어떻게 지급했을까? 아마도 수은과 금, 은으로 지급했을 것이다.

의심할 바 없이 이는 성장하는 경제에 심각한 타격을 입혔다. 그리고 중국의 미래에도 의구심을 남겼다. 사실 이는 다른 면에서는 부인할 수 없이 활력 넘치고 괄목할 성공을 거둔 경제 성장의 어두운 이면이었다.

현대 세계의 중국 문명

거대한 중국에서 민족주의를 대신한 어떤 것—오싹하게도 누군가는 '문화주의'라고 불렀던 개인적 정서—의 도움 없이는 결코 이와 같은 어떤 진보도 이룰 수 없었을 것이다. 이는 사실 민족적인 것이 아니라 문화적인 자긍심, 민족과 결부되지 않고 문명과 결부된 자긍심이다. 그것은 아주 오랫동안 유지되어온 현상이다. 그리고 탐구가 필요하다. 오늘날의 중국은 얼핏 보기에 혁신적이고 혁명적이지만 자랑스러운 오랜 전통, 공산 혁명 전 슬픈 세기(1840-1949) 때문에 깊이 상처 입은 오랜 전통과 연결되어 있다.

중국은 스스로 강대국이자 위대한 문명으로 여긴다. 중국은 언제나 세계 나머지 국가들보다 우월하다고 믿었으며 그 문명의 지배력을 믿었다. 중국의 시각에서 중국 밖에는 오랑캐가 있을 뿐이었다. 과거 중국의 자긍심은 서양이 느끼는 자긍심과 거의 같았다. 이런 이유로 불평등 조약의 세계는 몇 배 더 잔인했다. 중국의 첫 번째 굴욕은 중국이 많은 나라 가운데 하나로 축소되었다는 것을 발견한 것이다. 두 번째 굴욕은 과학과 무기를 갖춘 오랑캐의 지배를 받게 되었을 때였다. 오늘날 중국의 민족주의는 복수처럼 여겨질 수 있다. 어떤 대가를 치르더라도 강대국, **유일한** 강대국이 되겠다는 결연한 의지로 읽힐 수 있다. 그래서 혁명적 노력을 배가하고 무조건 강행하며 러시아의 마르크스-레닌주의 교본 같은 새로운 자원에 집착하는 열성을 보였다. 과거 불교 경전들에 귀 기울이고 미스터 De(민주주의)와 미스 Sai(과학)에 친숙해지려고 했던 것처럼 이제 중국은 역사학, 사회학, 민속학을 추구한다.

의심할 바 없이 공산 중국은 신속한 혁명의 달성 방법을 증명하고 기꺼이 관대하게 그 교훈을 가르치며 지나치게 잘살고 부유한 세계의 국가들에 맞서 프롤레타리아 민족들을 이끄는 소임이 있다고 느낀다. 중국은 자국의 어려움에도 불구하고 식량과 자본의 수출을 멈추지 않았다. 1953년에서 1959년 사이 알바니아, 버마, 캄보디아, 실론, 쿠바, 이집트, 기니, 헝가리, 인도네시아, 몽골, 네팔, 북한, 북베트남, 예멘에 11억 9100만 달러를 나누어주었다. 이 목록에는 알제리 반군이나 1961년 가나 합의는 포함되지 않았다. 이 사실과 또 다른 사실(예컨대 차관의 40퍼센트는 비 공산권 국가에 제공했다)은 중화인민공화국이 국제적 역할을 하고자 한다는 점을 보여준다. 그 역할은 현재 중국의 자원을 넘어서는 일이지만, 분명 중국의 야심에는 못 미치는 것이다.

인도와의 잠재적 갈등으로 이어진 1950년 티베트 점령, 장제스의 군대가 도피한 포모사 섬(대만)에 대한 영유권 주장, 마카오와 홍콩을 통한 기계류의 밀수입에서 보듯이, 러시아보다 훨씬 더 중국의 필요에 부합하는 경제를 지닌 일본과 서양에 대한 관계를 정상화하려는 열망, 그리고 마지막으로 당시 대만 국민당 세력의 차지였던 유엔 진출 바람, 1961년 모스크바 협상에서 표출된 중국과 소련의 마르크스주의를 둘러싼 충돌과 균열에서 보듯 이 모든 것은 힘과 영향력을 향한 열망을 반영했다. 강대국이 되려는 중국의 의지는 확고하다. 1945년 중국은 '스쿠터를 만들지 못했다.' 1962년에 중국은 원자탄 생산을 목전에 두고 있었다. 이 놀라운 혁명을 통해 중국은 위대한 문명으로서 본연의 자부심과 긍지를 되찾았다.

이는 중국학의 권위자, 에티엔 발라즈의 주장이다. 중국 혁명을 오랜 역사적 맥락에서 본 그의 시각을 요약하면 다음과 같다.

중국의 실험이 확실한 성공을 거둔다면 다른 모든 저개발 국가들은 중국을 본받으려 할 공산이 크다. 이는 중국의 우방과 적 모두에게 너무나 중요하고 고통스러운 일이 될 것이다. 실험이 성공할 것인지 아니면 이미 실패하고 있는지가 관건이다.

수치와 통계치를 연구하는 일은 무의미하다는 점을 솔직하게 인정하자. 명분에 유리하도록 조작되어서이기도 하지만 시행착오를 거듭하며 오락가락하는 중국의 통계치를 신뢰하기 어렵다는 것이 더 중요한 이유이다. 정말 놀라운 점은 추정치가 불확실하다는 것이 아니다. 오히려 큰 실수 없이 진행할 계획을 수립하고 전반적인 흐름을 도출할 만큼 정확히 산출된 통계라는 점이다. 그리고 무엇보다도 도출된 흐름은 긍정적이다.

물론 '포켓' 용광로, 부족한 식량 생산, 인민공사의 난제 같은 5개년 계획의 악명 높은 실패들을 지적할 수 있다. 그러나 중국의 실험이 지닌 기본적이고 안정적인 특징들은 비판하기보다 고려할 가치가 있다. 잘 설계된 것으로 보이기 때문이다.

• 소련이나 동유럽 혹은 저개발 국가들보다 월등한(그리고 월등히 높은 상태를 장기적으로 지속할 가능성이 있는) 성장률(평균 20퍼센트, 다른 국가들은 7-10퍼센트에 그친다)을

보인 가장 단호한 산업화

- 필요하다면 '양발로 걷는다'라는 확실한 결단. 예컨대 산업의 수입은 성장률을 유지하기 위한 투자에 활용하며 다른 부문에서는 계속해서 수중에 있는 자원을 활용하게 하는 것, 예컨대 농민 대중을 위해서 촌락의 장인들이 농기구와 다른 소비 상품을 제공하게 한다는 결정.
- 대중에 국한하지 않고 그래서 그들에게 희생을 강요할 수 있게 하는 전반적인 긴축 프로그램
- 실수를 인정하고 즉각 정책을 전환할 수 있는 당국의 엄청난 유연성

이 모든 것은 중국 문명의 근본적인 요소들 덕분에 가능했다.

첫째는 숫자다. 실험에 따른 역경으로 일부 사람들, 심지어 많은 사람의 희생이 따르더라도 실험 자체의 성공을 양보할 수 없다. 중국에는 너무 많은 사람이 존재하고 늘 그래왔다.

그러나 무엇보다 1,000만 명의 관리, 곧 훈련된 헌신적인 당원 1,000만 명이 6억이 넘는 사람을 동원한 것은 전대미문의 일이다. 그리고 당 수뇌부에는 옛 수호자들, 예외가 있기는 했지만, 30년의 핍박, 내전, 대일 무장 항쟁, 군사 전략과 정치 전술에서 지난한 진퇴를 경험하며 사람과 사물을 통제하는 데에서 각별한 경험을 지닌 지도자들이 남아 있었다.

그들은 옛 제국의 위대한 관료제의 전통, 위대한 국가를 철권으로 다스리는 데에 익숙한 지식인 관료, 곧 사대부의 계승자들이라고 생각하지 않을 수 없다. 대담하고 적극적인 새로운 인텔리겐치아는 현학적이고 보수적인 옛 지식층을 제거하고

그들을 굴복시켰다. 꼭대기부터 말단까지 끊어짐 없이 이어져 모두를 쉼 없이 일하게 할 수 있는 이 강력한 조직이야말로 중국의 독특한 실험의 비결이다. 가장 오래 생존한 문명이 단기간에 저개발 국가 가운데 가장 젊고 활력 넘치는 세력이 되었다. 그런데 그것은 중국이 그 오래된 문명의 가장 오래되고 확고한 특징 가운데 하나, 곧 관료주의 전통에 의지할 수 있었기 때문이다.

중국의 발전이 불러온 또 다른 문제는 중소 갈등이다. 1961년 제22차 소련 공산당 대회에서 표출된 시위, 그리고 대립하는 공식 기관지들, 모스크바의 〈프라브다〉와 북경의 〈인민일보〉가 게재했던 교묘한 비꼬기는 정말 갈등이었을까? 아니면 피상적인 외양일 뿐이고 사회주의의 연대는 언제까지나 건재한 것일까?

진실을 말하자면, 이들의 결별은 거의 불가능했다. 이들이 결별했다면 국제적인 결과가 나타났을 것이며 양측 모두에게 대단히 위험했을 것이다. 그러나 실제 깊은 반목이 있었다. 그리고 거기에는 역사적 원인이 있다.

사실, 그 갈등은 근대에 기원을 두고 있다. 근대화를 바라며 공산주의를 실험하려 한 위대한 두 민족이 있었다. 한쪽은 40년의 빈곤을 딛고 한숨을 돌렸지만, 다른 쪽은 초인적 노력에 허덕이며 참담한 긴축정책에 굴복했다. 신흥부호는 유엔 안전보장이사회에 거만하게 자리 잡았지만, 가난한 친척은 거기서 목소리를 잃었고 나병 환자처럼 국제사회에서 모습을 감췄다. 한쪽은 원조에 의지해 모든 대가를 치르며 전진해야 했지만 다른 쪽은 신중하고 조심스럽게 성장했다. 이들의 마찰에는 확실히 이유가 있었다.

그러나 양측의 경쟁심은 더 깊이, 중국의 가시 돋친 민족주의와 서양에 복수하고픈 열망에 있었다. 사회주의이든 아니든 러시아는 여전히 서양적이고 야만적이었다. 중국은 과거를 지우려는 노력에서 제3세계의 중심이 될 것을 주장한다. 그렇게 해서 중국은 다시 한 번 '중화 제국'이 될 것이다.

4. 인도의 어제와 오늘

인도는 여러 지역, 서로 다른 경험의 결합체로서 결코 일체화하지 못했다. 그러기에 인도는 너무 방대하다(파키스탄을 포함한 면적이 400만 제곱킬로미터인데 이는 유럽 공동체를 결성한 6개 창립 회원국 규모의 서너 배에 해당한다). 인구 밀도 역시 지나치게 높다. 1963년 파키스탄을 제외한 인도의 인구는 4억 3,800만 명을 넘었고, 20년 뒤에는 7억 3,000만 명을 넘겼다. 게다가 인구의 구성도 매우 다양하다. 남부에는 데칸 지역이 있다. 그곳은 보수적인 민족과 문명들이 자리한 지역으로 변화를 완강히 거부한다. 북서부에는 인더스의 메마른 땅이 이란과 연결되고 카이베르Khyber 고개 너머로는 투르키스탄과 소란스러운 중앙아시아 전 지역과 연결된다. 이 북서부 접경 지대는 침략에 취약하며 위험스럽고 비극적인 지역이다. 마지막으로 (영국의 지배 기간을 제외하고) 과거에도 현재도 인도 아대륙 전체를 지배하는 데에 성공한 권력은 없었으며 1947년 피로 얼룩진 인도와 파키스탄의 분리가 뒤따랐다.

고대 인도(영국 지배 이전)

(기원전 3000년에서 1400년까지 이어진) 신비한 인더스 문명까지 거슬러 올라가지 않더라도 인도 문명을 셋으로 구별할 수 있다. 세 문명은 점진적으로 출현했고 서서히 교체되었으며 일정 기간 중첩되기도 했다.

- 기원전 1400년부터 7세기까지 인도-아리아 문명 혹은 베다 문명
- 13세기까지 앞선 문명을 대체한 중세 힌두 문명 (힌두교)
- 13세기부터 18세기 사이 승승장구하던 이슬람의 압박을 받은 이슬람-힌두 문명, 활력적으로 유지되던 그들의 식민지는 18세기부터 영국의 식민지로 대체되었다.

이 세 문명 가운데 어느 것도 인도 아대륙 전체를 통일하지 못했다는 점을 다시 한 번 강조해야겠다. 그 문명들이 계속해서 지지했던 위대한 '보편' 제국들 가운데 어느 것도 마찬가지였다. 18세기까지 인도는 결코 중국의 과거를 특징짓던─그리고 대단히 단순화된─하나의 단일한 정권을 수립한 경험이 없다.

베다 시대 인도는 기원전 1400년부터 기원후 7세기 사이에 서너 개의 중요한 단계를 거쳤다. 이 2000년은 투르키스탄에서 건너온 아리아인들의 침략과 정착으로 점철되었다. 그들은 북서부에서 인도로 들어왔고 인더스 중부 평원 일대로 서서히 퍼져나갔다. 그리고 나서는 갠지스 중부로 퍼져나갔다.

(신성한 지식, 『베다』에서 유래한) 최초의 '베다' 문명은 새로 유입된 사람들이 가지고 온 것에 의지하기도 하고 이미 그곳에 있던 사람들에게서 많은 것을 빌리기도 했다. 그 문명은 아

주 서서히 발전했고 때때로 현지의 매우 다양한 황인 혹은 흑인 주민과 충돌했다. 아프리카에서 일찍이 이주한 피그미족, 그들보다 뒤에 메소포타미아에서 건너온 원형적 지중해인, 이들의 신체적 특징은 남부 드라비다인들 사이에 남아 있다. 몽골족의 특징을 지닌 중앙아시아 출신의 민족들(특히 벵골 지역)이 그들이었다.

아리아인에 앞서 이곳으로 이주한 이들이 대부분 지역에 이미 정착해 있었다. 농업과 목축을 겸하는 정착민들로 촌락에 집단을 형성했으며 인더스 강변의 도시들에서도 집단을 이루었다. 인더스 강변의 도시들은 시민과 상인이 형성한 기존 고대 문명의 중심이었다. 아리아인 이전에 정착한 이들은 수가 많았고 여전히 그렇다. 오늘날에도 그들은 인더스 인구의 다수를 차지한다.

반면 인도-아리아인들은 전부는 아니어도 대체로 밝은 피부색과 금발을 지녔다. 그들은 기원전 2000년대에 이란 평원이나 소아시아, 유럽의 변방 국가들을 침략한 여러 민족과 연결된 유목민들이었다. 이들 인도의 침략자들은 그리스인, 이탈리아 남부의 그리스인, 켈트족, 게르만족, 슬라브족과 혈연이었다.

• 1단계, 기원전 1000년 이전: 침공

아리아인의 첫 번째 침공은 투르키스탄에서 이란과 인도를 향해 진행되었다. 그렇게 해서 메소포타미아에서 인더스까지 이미 도시, 고층 건물, 정착 농민들을 갖춘 동질적이고 번성한 문명을 장악했다. 침입자들이 인더스의 국가들에 도착했을 때 이미 그 문명은 쇠락해 있었다. 그러나 그 국가들은 새로 온 이들로부터 자신들의 독립을 지키기 위해 오랫동안 투쟁을 이어 갔고 새로 온 이들이 동쪽으로 진출하는 것을 지체시켰다.

산스크리트어로 적은 아리아인들의 신성한 경전들은 기원전 1000년 이전 펀자브와 카불강 유역에서 신들과 신의 적수들(아수라, 혹은 적들의 수호신)이 개입한 끊임없는 투쟁을 기술한다. 길게 이어진 이 시기는 경전 『리그 베다』나 『찬가』의 가장 오래된 부분에 반영되어 있는데, 최초 베다 신앙의 신화나 믿음을 구체화하고 있다. 여기에는 적어도 33위의 신이 포함되었는데 지상의 신, 천상의 신, '중간 지대'(대기)의 신으로 구별된다. '피부색이 다소 밝은' 신들 가운데 두 신이 두드러진다. '우주와 도덕의 법'을 관장하고 '그의 덫에 걸린 죄인을 감시하는' 바루나, 그리고 훨씬 더 중요한 인드라는 수많은 분쟁에서 승리한 금발의 영웅으로 악마 비타를 물리치고 천상의 물을 범람시켜 땅을 비옥하게 했다. 이 모든 신들은 트로이의 성벽 아래에서 맞섰던 전사들과 뒤섞인 올림포스의 신들처럼 인간과 뒤섞였다. 모든 신은 우유, 밀, 고기, 신비의 식물에서 얻은 발효주(소마) 등의 제물을 요구했다.

요컨대 이는 하나의 공식적인 다신교로 순수하게 예식으로만 구성되었다. 아리아인은 더 질서 있는 정착 생활을 위해 유목 생활의 습성을 모두 포기하지는 않았다. 종교의 영역에서도 마찬가지였다.

• 2단계, 기원전 1000년부터 기원전 500년까지: 정복과 정착

침략자들은 더 동쪽에서 정착 생활에 적응하고 더 동쪽으로 뻗어갔다. 그 중요한 교차로가 바로 현재의 델리다. 이런 동진은 현재의 바라나시까지 도달했고 대규모 전투, 혹은 대규모였다고 보고된 전투에 개입했다. 800년경 침입자들은 벵골에, 어쩌면 인도 중부에 도달했다.

그에 따른 거대한 지리적, 사회적, 경제적, 정치적 변화는 새로운 경전, 『범서』(『브라마나』), 『우파니샤드』—종교적 명상이라는 비밀의 문을 연 『접근법에 관한 논문』—에 기록된 엄청난 종교적 혁신의 이유를 설명해준다. 본래의 토대를 유지하긴 했으나, 종교는 점차로 복잡해졌다. 승자와 패자가 뒤섞이고 아리아인의 신앙이 아닌 종교적 요소들이 흘러들었으나 차츰 유일신 신앙의 경향을 보이기 시작했다. 요가('자기 통제')도 여기에 포함된다. 요가 수행은 희생제와 함께 베다 종교의 중요한 부분이 되었다.

종교적 믿음과 태도는 점점 더 어두워졌다. 곧 사람들의 영혼이 끊임없이 환생했고 끝없는 고통으로 가득한 새로운 이승의 삶으로 끊임없이 되돌아온다고 생각하기 시작했다. 동시에, 최초의 사회적 구별(바르나varna)이 '마법적'인 동시에 '유사 봉건적'이고 '식민적'인 사회—(흔히 생각되는 것처럼) 모든 것을 승자와 패자의 견지에서 설명할 수 없는 혼합—에 나타났다. 가장 높은 신분인 브라만은 사제이고 영적 문제를 관장한다. 그 아래는 전사, 왕, 군왕, 대영주(크샤트리아)이다. 세 번째 신분은 소농, 목축인, 장인, 상인(바이샤)이다. 그리고 네 번째와 마지막 계급은 수드라로 본래는 원주민 노예들이었다. 나중에 이런 신분제가 서서히 굳어졌고 금기, 배제, 계급 간 결혼에 관한 많은 금기와 순수한 것과 불순한 것이 엄격히 구분되었다.

세속 권력과 영적 권력은 두 개의 높은 계급으로 구별되었다. 본래의 왕족은 곧 모든 종교적 독점권을 잃었다. 그것은 예컨대 고대 이집트나 중국 등 다른 곳에서 일어난 과정과는 대조적이었다.

제국의 영적 원칙과 정치적 원칙의 관계는 특정 제도에서 명확해졌다…… 크샤트리아 계급의 모범 혹은 본질인 왕은 공적인 예식에 브라만을 기용하는 것으로 충분치 않았다. 왕은 한 사람의 브라만, 그의 푸로히타(말 그대로 '앞에 선 사람')와 영속적인 사적관계를 맺어야 했다. 우리 식으로는 '담당 사제'라고 할 수 있다. 영적 전위 혹은 대리된 권위—'더 큰 자아'—라는 관념을 염두에 두어야 한다. 신은 푸로히타 없이는 왕이 바친 제물을 먹지 않으며 왕 자신의 활동도 푸로히타에 의지해야 한다. 푸로히타의 도움 없이는 왕의 활동이 성공을 거둘 수 없을 것이다. 왕과 푸로히타의관계는 생각과 의지의 관계와 같으며 결혼과 비슷한 관계였다. 『리그 베다』는 이미 그 점을 이야기했다. '그는 자신의 거처에 살며 영화를 누린다. 땅은 그에게 선물을 쏟아부을 것이다. 백성은 자발적으로 그에게 복종한다. 이것이 왕이다. 왕의 영지에서 브라만은 앞서 걷는다.'

(루이 뒤몽Louis Dumont)

최소한 브라만의 경전에서 공언되고 반복되는 내용이다.

이런 종교의 우월성은 정치권력과 결부되지만 동일시되지는 않는 것으로 루이 뒤몽이 보기에는 인도 사회를 분열시킨 중요한 요인이었다. 처음 두 계급은 서로 연결되었고 그들은 사회의 나머지와 대립한다. 그리고 마찬가지로 앞의 세 계급은 수드라 대중을 꺼렸다.

브라만의 우월한 지위는 그들이 유발하는 터무니없는 두려움에 근거를 두고 있었다. 의례의 복잡성은 희생제의 조직자로서 그들을 꼭 필요한 존재로 만들었다. 세부적인 한 가지 절차만 생략해도 기원의 대상이 된 신이 순식간에 사라지고 무시무시한 바루나가 무자비한 복수를 실행할 것이다. 예식의 비밀을 지키는 수호자로서 사제는 합당하다고 생각하는 대로 행동할 수 있었다. 그들은 아리아인들의 낡고 순진한 신인동형설을 공격하거나 인드라와 옛 찬송의 모든 신적인 영웅들을 힐난할 수 있었다. 사제들은 자신들의 목적을 위해 절대적 신, 그들의 희생제를 이끄는 신 브라마를 창조했다. 사실, 브라마는 결코 대중적이지 않았다.

그러나 중요한 다른 두 신에게는 열렬한 추종자들이 있었다. 시바 루드라 신은 농민들이 열렬히 따랐고 영웅 크리슈나 바수데바와 동일시된 비슈누 신은 귀족들이 추종했다. 또한 '전사'와 '농민'(카스트의 2신분과 3신분)은 이미 브라만도 받아들인 요가로 향했고 또 다른 토착 의례의 관행들로 향했다. 경우에 따라서는 자유로운 철학적 사유로 향하기도 했는데, 기원전 6세기와 5세기에 두 개의 새로운 종교, 자이나교와 불교의 탄생으로 이어졌다.

• 3단계: 기원전 6세기와 5세기 자이나교와 불교의 초기 성공

차츰 소규모 왕국들이 출현했고 뒤를 이어 무역으로 서로 연결된 귀족들의 도시가 출현했다. 곧바로 인구가 늘어난 도시들은 군왕의 궁정 사치품과 그들의 부유한 중간계급 시민들로 번영했다. 은행가들과 상인들은 해상 무역과 대상 무역에서 큰 이익을 얻었다. 그들의 무역로를 따라 특히 면, 린넨, 비단 등 고급 직물이 들어왔다. 기원전 600년부터 줄곧 철의 주조가 이루어졌는데 그 점은 당시의 무덤에서 출토된 무기로 확인할 수 있다. 멀리 떨어진 아덴은 대규모 시장이 있던 도시로 인도의 철을 지중해에 재수출했다.

같은 세기 그리스의 환경과 견줄 수 있는 이런 분주한 환경에서 두 개의 위대한 종교가 발전했고 두 종교는 각각 구원을 약속했다. 바로 자이나교와 불교였다. 불교가 자이나교보다 더 잘 알려졌고 더 중요한데 인도 밖으로 전파되었기 때문이다. 그러나 인도 안에서는 두 종교 모두 같은 정도의 지지를 받았다. 두 종교는 똑같이 '비공식적'이고 '세속적'이었으며 브라만과 별개로 통치계급이 받아들였고 상인들에 의해 보급되었다. 두 종교 모두 사원을 지었고 개인의 해탈을 위한 계율을 제시했다. 이미 살펴보았듯이 불교는 윤회를 설법했다. 살고자 하는 욕망과 삶의 의미를 부정했으며 열반에 이르기 위해 윤회의 악순환을 끊고자 했다. 반대로, 자이나교는 개인의 고통 속에서, 그리고 고통의 추구에서 구원에 이르는 효과적인 길을 보았다. 두 종교는 모두 귀족이 창시했다. 불교는 사키아 무니(사키아의 현인)로 알려진 왕의 아들 고타마 싯다르타(563?=483?) 혹은 붓다가 창시했고 자이나교는 바르다마나 마하비라(540?-468), 곧 세상(자이나)의 '정복자'가 창시했다.

네팔 출신인 붓다는 525년에 '깨달음'을 얻었다. 그리고 남은 생을 갠지스 계곡에서 설법하며 보냈다. 그의 사후 그의 종교는 곧바로 수정되기 시작했다. 그의 제자들이 수집해 기록한 그의 가르침이 바탕이었다. 그의 가르침에는 신에 대한 언급이 없었다. 그러나 신에 대한 이런 침묵이 곧 신을 부정하는 것은 아니었다. 그 점은 붓다의 교리의 특징으로 남았다. 일원론—우주에 단 하나의 실존 혹은 존재가 있다는 믿음—의 거부가 그의 교리의 특징으로 남았듯이. 당대의 지배적 관념(『우파니샤드』의 관념)에 따라 그 역시 세상과 우주적 존재가 실재라는 관념을 거부한다. 그에게는 우리의 의식 밖에서 실재하는 것은 없었다. '너는 육지를 찾으려 배를 떠나 사방으로 날아갔지만 어디서도 육지를 발견하지 못한 새처럼 내게 돌아왔다. 원소들(흙, 불, 물, 공기)의 토대는 의식 속에 있다. 그래서 의식을 잃으면 토대를 잃는다. 의식이 더 이상 존재하지 않으면, 우주의 모든 요소도 완전히 파괴될 것이다.'

사실, 붓다는 '출가자' 곧 유행자遊行者, sannyasi였다. '출가자'는 사회를 등지고 방랑하며 시주에 기대 살아가는 사람으로 그를 자유롭게 할 영적 절대성을 추구한다. 출가자는 사회를 개혁하는 일에 관심이 없으며 자신의 개인적 구원에 관심이 있다. 그러므로 불교는 개인, '속세를 떠난' 사람의 종교였다. 이런 점에서 불교는 인도에서 꾸준히 등장하는 많은 이교 신앙, 개인적 금욕과 성스러움의 추구로 브라만에서 벗어나고 브라만과 긴밀히 연결된 속세의 굴레에서 벗어났던 많은 이교 신앙들과 비슷했다. (죽음을 피하는 것이 목적인) 그리스도교의 수도자와 달리, 불교의 유행자는 삶과 윤회에서 벗어나려고 애썼다. '나의 도반道伴이여, 고통을 누르는 성스러운 진실이 여기

있노라. 윤회를 거듭하게 되는 것은 존재와 쾌락에 대한 탐욕 때문이다. 욕망을 없애고 욕망을 떨치고 욕망을 버리고 욕망에 여지를 남기지 않으면 이런 탐욕은 사라진다.' 그것이 윤회의 사슬을 끊고 열반을 얻기 위해 치를 대가였다.

열반에 이르기 위해서 의로운 자는 (모든 허상을 쫓아낼 정견正見을 포함한) '팔정도八正道'를 따라야 한다. 그리고 다섯 가지 금기(살생殺生, 도둑질偸盜, 사음邪婬, 음주飮酒, 거짓말妄語)를 반드시 지켜야 하며 (모욕, 험담, 질투, 증오, 사견邪見를 포함한) 10가지 죄를 삼가야 하며 6가지 초월적 덕(박애, 인내, 도덕적 순결, 열정, 자선과 친절)을 실천해야 한다. 그러나 완전은 그보다 더 나아가는 것을 의미했다. 보살 혹은 성인이 되고 그런 다음 (신비한 각성究竟覺을 이루고 나서) 부처가 된다는 것을 의미했다. 부처만이 열반 가운데 소멸할 수 있다.

• 4단계: 기원전 321년부터 535년까지 이른바 '제국' 시기

자이나교와 불교가 널리 퍼져 철학과 예술을 지배했지만 당시 통용되던 의례적 관행들을 단 한순간도 대체하지 못했다. 그 관행들이 베다에서 도출되었는지는 관계없다.

자신들의 지위를 지키기 위해, 브라만은 점점 더 민간신앙에 의지했고 마치 그것이 방어벽이라도 되는 것처럼 여겼다. 서서히 진행된 이런 과정은 힌두교의 방향으로, 거대한 절충적 통합으로 이어졌다. 우리는 곧 그것을 살펴보게 될 것이다.

그렇게 해서 위계적인 사회가 형태를 갖추고 공고해졌다. 특히 기원전 300년부터 700년 사이에 인도 특유의 신분제로 성장했다. 그런데 이는 상대적으로 뒤늦은 현상이었다. 그리고 이전의 바르나스varnas와 혼동해서는 안 된다. 바르나스는 이슬람 이전 이란의 사회 계급과 더 닮았다. 천 년에 걸쳐 출현했고 인도에서 오늘날에도 여전히 존속하는 카스트 제도는 인종과 문화의 우연한 결합에서 비롯된 것이기도 하고 직업의 세분화에 따른 결과이기도 했다. 그 결과는 수천 개의 카스트였다(1960년에 2,400여 개의 카스트가 있었다). 피라미드의 맨 밑바닥에는 모든 금기의 희생자인 파리아pariah, 곧 '불가촉천민'이 있었다.

이런 복합적인 문명은 보편 제국(기원전 321년부터 기원전 181년 사이 마우리아 왕조, 그리고 특히 320년부터 525년 사이의 굽타 왕조)의 건설 덕분에 인도 북부의 삼엄한 경계를 넘어 네팔과 히말라야, 티베트, (특히 굽타 왕조 몰락 후) 타이와 인도네시아까지 퍼져나갈 수 있었고 '식민화된' 실론 섬뿐 아니라 드라비다족의 아성인 데칸 지역까지 파고들 수 있었다. 어디서나 '고전적이고 세련된' 산스크리트어를 강요했고 인도 전역에서 대중들의 문화와 대비되는 왕후王侯의 문명을 위한 도구가 되었다.

마우리아 제국과 아소카 왕의 치세(기원전 264-226)에 불교는 전성기를 맞았다. 그러나 수 세기 뒤에 새로운 고전 인도가 모습을 갖추었을 때 힌두교의 승리 깃발 아래, 혹은 힌두 '르네상스'로 알려진 것 아래에서 불교가 전성기를 맞았다. 이때는 예술적 위대함의 시대였고 인도가 다른 곳에서 배운 모든 것에 통달했던 시대였다. 특히 기원전 327-325년 인더스에서 펼쳐진 알렉산드로스 대제의 정복 활동으로 유입된 그리스 미술이 여기 포함되었다. 그런데 인도 미술은 고유의 순수성과 힘을 고스란히 간직했다. 즉, 서양의 성당처럼 인도에 전형적이었던, 힌두 사원(시카라sikhara—글자 그대로 풀이하면 빼어난 사파이어라는 뜻이다)을 고안했다. 거대한 단 위에 세워져 상층부까지 계단식으로 이어지는 사원을 예배소나 회랑이 에워쌌다. 성소의 규모만으로도 신들이 산다고 믿은 신비의 산, 메루 Meru 산을 표상했다.

힌두 문화의 르네상스는 또한 위대한 문학의 시기이기도 했다. 찬드라굽타 2세(384-414)의 궁정에서 '아홉 보석'—당대의 뛰어난 시인과 사상가들—이 살았고 활동했다. 특히 칼리다사는 『샤쿤탈라』를 썼는데 이 희곡은 1789년에 영어로 번역되었고 1791년에는 독일어로 번역되어 헤르더와 괴테에게 깊은 인상을 주었다.

힌두교는 고대의 전통을 일부 계승했기 때문에 그 정확한 연원은 알 수 없다. 굽타 왕조 말기였을 수도 있고 단명한 하르샤 제국(606-647)의 해체기였을 수도 있다. 그러나 인도의 중세라 할 수 있는 이 시기—대략 하르샤의 죽음과 1206년 델리 술탄국의 성립 사이—에 확립된 것은 분명하다. 힌두교는 하나의 종교나 사회 체제 이상이며 인도 문명의 요체다. 그리고 고대에 기원을 두고 있지만 자와할랄 네루와 그 후임자들에게도 여전히 살아 있는 실체다.

이런 현상을 탐구하면서 우리는 유럽의 역사에서 도출된 표현—'중세', '봉건적 분열' 등—으로 조명하기에 유용한 어떤 빛을 발견하게 될 것이다. 그러나 그런 표현을 사용하더라도 글자 그대로 받아들여서는 안 된다. 힌두교가 중세 유럽의 그리스도교만큼 중세 인도에 중요했지만, 인도에는 메로베우스나 카롤링거의 유럽, 심지어 중세 유럽과도 닮은 점이 거의 없다.

역사적 맥락을 설명하자. 굽타 왕조가 끝나기도 전에 이미 무역이 서서히 퇴조하고 있었다. 이런 쇠락은 자이나교와 불교 신봉자와 지지자였던 상인들에게 영향을 끼쳤다. 곧 두 종교 모두 핍박받았고 신자들은 무력해졌고 처형당했으며 사원은 파괴되었다.

인도 역사 내내 가장 부유한 지역—갠지스에서 구자라트와 아라비아해 연안에 이르는 지역—이 대규모 무역의 자극 아래 번영하지 못할 때면 어김없이 거대한 통일 제국들이 무너졌다. 제국의 붕괴가 대다수 인도 인구에 많은 어려움을 주었다는 뜻은 아니다. 왕과 지배계급은 언제나 나머지 피지배민들과 다른 계급이었다. 그렇다면 이런 경우 인도가 독립 국가들로 분열되고 이들이 다시 호전적인 번왕국과 영지로 분열되는 것은 자연스러운 일이었다. 지역 '군벌'이 지배한 힌두 '중세'의 역사는 수백 개의 지방 연대기로 구성되어 학식 있는 전문가들도 쉽게 길을 잃을 수 있다.

흥미로운 것은 이 나라들의 역사를 일일이 추적하는 것이 아니다. 벵골, 구자라트, 혹은 데칸(888-1267 콜라 제국 시절 그 특별한 운명, 강력한 저항, 해상 팽창 등을 고려해 일부 역사가들이 '인도의 비잔티움'이라고 부르는 곳이다)에서 만개한 지역적 충성심을 고찰하는 것도 아니다. 아니다. 우리의 목적에 가장 중요한 현상은 캄베이만과 카티아와르 반도에 둘러싸인 지역에서, 주로 남부 드라비다 계통의 언어에서 벵골어와 구자라트어 문학의 발전이었다('드라비다계'라는 단어는 1856년에 로

베르트 갈드웰 주교가 급조했고 이제는 없어서 안 될 단어인데 데 칸의 인종이 아니라 데칸의 언어를 지시한다. 이 계통에서 가장 중요한 언어는 타밀어이다).

요컨대 힌두 '중세'와 경제의 서서한 둔화는 인도 인구의 다양성과 지리적 다양성 — 어떤 경우에도 항상 강력했다 — 에 새로운 힘과 활력을 불어넣었다. 이런 다양성은 '열대 식물'만 큼 무성하게 자라났다. 그것은 힌두교의 기본 특징의 하나였다. 그리고 현대 인도에는 언어의 다양성을 선사했고 이는 일종의 결점이 되었다. 그러나 동시에 다양성에도 불구하고 종교적 문화적 일원성이 모습을 갖췄다는 데에는 의심의 여지가 없다.

일원성은 믿음을 종합하려는 브라만의 노력에서 비롯된 결과였다. 인도 북부에서 힌두교는 베다의 요소와 베다 이후 요소들, 수 세기 전에 동화한 비非아리안 요소, 그리고 마지막으로 모든 것을 포용하고자 한 하나의 종교가 차지한 지방의 다양한 개별 신앙들을 활용해 브라만이 완수한 종교적 종합이었다.

이런 더딘 과정이 진행되는 동안 남부에서는 어떤 일이 일어났을까? 점차 인도 남부는 정치, 예술, 그리고 종교적 관념의 발전에서 북부를 대체해갔다. 7세기에서 12세기 사이 데칸은 최고 수준의 가장 눈부신 미술적 성취의 본거지였다. 마말라푸람의 섬세하고 고전적인 팔라바Pallava 미술, 엘로라Ellora의 과격하면서 탁월한 기예가 돋보이는 미술, 코나라크Konarak의 서정적이고 관능적인 미술 등이다. 우리는 또 이런 미술의 승리가 있기 오래전에 남부에서 인도 최후의 위대한 철학자이

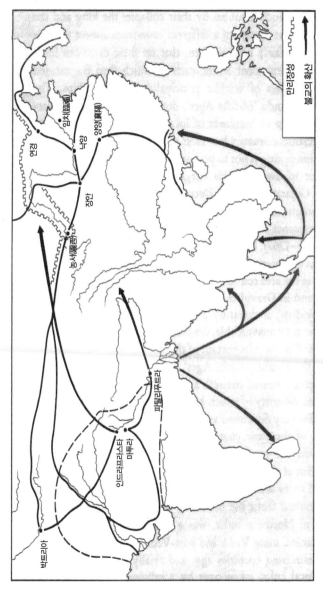

그림 11 붓다 이후 중국과 인도(기원전 500~기원후 500)

이 혼란의 시기 동안 불교는 육로를 통해 인도차이나, 인도네시아, 한국으로 퍼졌다. 반면 인도에서는 불교가 쇠퇴했다. 파탈리푸트라는 아소카 왕의 수도였다. 박트리아 제국(박트리아와 인드라프라스타와 같은 도시들이 포함된 경우 점선으로 표시)은 한동안 한쪽인 파탈리푸트라까지 뻗어 있었다. 이 헬레니즘 지역은 불교의 중개자 역할을 했다.

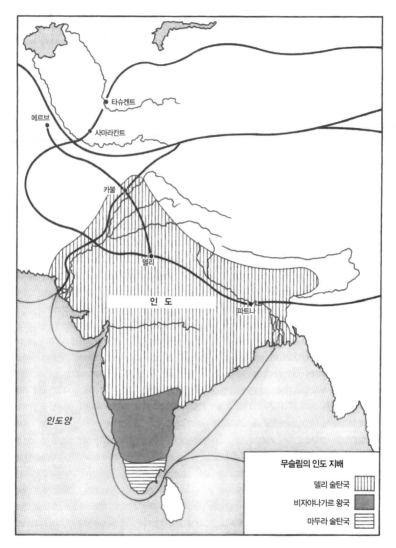

무슬림의 인도 지배

델리 술탄국

비자야나가르 왕국

마두라 술탄국

타슈켄트

메르브

사마라칸트

카불

델리

인 도

파트나

인도양

그림 12 14세기 인도

이 지도는 주요 도로(짙은 검은 선)와 정치적 경계선, 그리고 1335년에 건설되었지만
단명한 (남단의) 마두라 술탄국을 보여준다.

자 신학자인 상카라와 라마누자가 배출되었다는 사실도 주목해야 한다.

힌두교가 수천 개의 서로 다른 이름으로 대중화시킨 것은 다가갈 수 있고 자비로운 신, 기꺼이 돕고 예배받기를 기뻐하는 신이었다. 이미지는 다양해도 본질은 같았다. 전통 종교 힌두교는 불교와 자이나교에 맞서 복수를 감행했다. 비록 순수성과 비폭력을 가르친 두 종교를 수용하고 동화시켰으며 심지어 그들의 채식주의마저 수용했지만 말이다. 그러나 힌두교는 고대의 민간신앙을 새로운 언어로 재해석했다.

이런 힌두교는 위대한 세 신이 '천상에서' 공존한다고 결론지었다. (특히 '문학적 경배'를 받은) 브라마는 세상의 창조주였고 비슈누는 세상의 수호자였으며 시바는 세상의 파괴자였다. 그들은 분리되었지만 분리될 수 없고 서로 다른 방식으로 초월적 존재를 표현했다. 그들의 역할은 인간을 위한 섭리였다. 이는 비슈누 신의 화신avataras—세상의 평화를 지키기 위한 그의 수많은 화신—에서처럼 그 신들이 지상에 '강림한' 사례들을 설명했다. 비슈누 신은 물고기로, 거북이로, 거대한 야생 멧돼지로, 사자-인간—이는 아홉 번째 화신이다—으로, 그리고 붓다의 형상으로도 나타날 수 있다. 그렇게 해서 그의 작업은 전체 종교 시스템 안에 통합되었다. 파괴자 시바 신은 '죽음, 시간'과 동일시되었다. '시바 신은 하라Hara였고 그는 하라를 제거한다.' 비슈누 신과 마찬가지로 시바 신은 자신의 권력을 여신들에게 위임하곤 했다. 인도 남부에서는 시바 신에게 미낙시라는 이름의 아내가 있었는데 어느 왕의 딸이었다('그녀는 물고기의 눈을 지녔다').

여기서 이 다채롭고 풍성한 신화를 충분히 검토하기는 어렵다. 지적이고 설득력 있는 하인리히 치머의 책『인도 미술과 신화 연구에서 신화와 상징』(1951)은 유용한 아이디어를 제공한다. 우리는 기도와 희생제 같은 사소한 의례, 사자死者 숭배, 대다수 힌두교도에게 여전히 일반적인 화장의 의례(수행자와 어린이만 매장한다), 혹은 길고 복잡한 결혼식을 더는 깊이 생각할 수 없다. 그런 의례에 관해 인도는 지극히 보수적이었고 여전히 보수적이다.

신자들에게 필수적인 문제는 개인의 구원이었다. 호의적 판결을 받으면 그들은 '햇살이 내리쬐는' 낙원에 들어간다. 저주받아 지옥에 간다면 보상이든 처벌이든 판결이 오래 유지되지 않을 것이다. 영혼은 다시 태어나 불행한 운명을 되풀이할 것이다. 그러나 때로는 기도로, 제례로, 순례로, 혹은 부적의 도움으로 업業에서 벗어날 수 있었다. 업은 항상 반향이 있는 행동이다. 특히 윤회의 원인이다. 이런 식으로 그들은 '구원될' 것이다. 그러나 그들의 구원은 부정적이며 영적 자유로 향하는 불교의 정진과 다르다. 불교의 정진에는 개인의 정화와 금욕, 성스러운 출가가 필요하다.

힌두교—인도 문명 자체—의 혼탁한 흐름이 자이나교를 삼켰듯 불교도 삼켰다. 불교의 형식적 측면 가운데 일부는 동화되었지만, 그 정신은 거부되었다. 불교가 깊이 뿌리내린 벵골에서도 그랬다. 성인 혹은 '출가자'는 언제나 추종자들을 그들에게 이끈다. 촘촘히 짜여 벗어날 수 없는 사회의 무게에 굴복한 지배 종교는 부정의 형식, '무위無爲'의 형태로만 개인의 자유를 허용했다. 이런 상황에서는 자연스럽게 '종파'가 많아졌다. 그것들은 지적 도덕적 해방의 수단이었다.

어쩌면 그것은 불교가 남긴 공백이었고 이를 통해 12세기 불교 신도들이 마지막으로 핍박받은 뒤 벵골에서 대규모 이슬람 개종이 일어났다. 15세기 발칸반도에서도 비슷한 일이 벌어졌다. 박해받은 적이 많았던 그리스도교 이단 보그밀 파가 튀르크족의 도착 후 이슬람으로 개종했다.

무슬림 인도(1206-1757)는 7세기에 말라바르 연안에 무역을 위한 식민지 건설로 시작되었고 711년에서 712년 사이 신드Sind의 침략과 내륙의 여러 식민지 건설로 확고해졌다. 무슬림 인도는 인더스강과 갠지스강으로 이어진 땅으로 아주 서서히 퍼졌다. 나중에는 인도 아대륙 전체를 정복하려는 헛된 노력을 했다. 무슬림들은 오랜 세월 동안 인도 북부의 반건조 사막 지대를 차지하기 위해 투쟁했으나 부질없는 시도였다. 11세기 초, 1030년까지도 그들이 차지한 것은 펀자브 지방뿐이었다. 그들이 델리에 술탄국을 건설하고(1206) 인도 북부까지 확장하는 데에는 200년 넘는 시간이 걸렸다. 인도 북부는 그들에게 모든 것을, 거의 모든 것을 선사한 중요한 거점이었다.

이런 정복 활동은 무수히 후퇴를 거듭한 후 성공을 거뒀고 전면적인 군사적 점령으로 끝났다. 소수에 불과하고 대도시에만 근거지를 둔 무슬림들은 체계적인 공포 말고는 촌락 지역을 지배할 수 없었다. 무자비함이 규범이었다. 방화, 즉결 처형, 책형이나 관통형 등 기발한 고문이 자행되었다. 이슬람 사원을 짓기 위해 힌두 사원이 파괴되었다. 개종을 강요하는 일도 빈번했다. 반란이 일어나면 즉각 무자비하게 진압되었다. 가옥이

불탔고 촌락은 폐허가 되었으며 남성들은 살해되고 여성들은 노예가 되었다.

통상 경작지는 토호나 촌락 공동체가 운영했다. 이들 중간 권력은 무거운 세금 징수를 책임졌고, 라지푸타나의 라자(왕)들의 사례에서 보듯이, 때로는 일정한 자치권에 상응하는 것이었다.

인도는 오직 그 인내심, 그 초인적 힘과 방대한 규모 덕분에 살아남았다. 부담해야 할 세금이 거의 괴멸적이어서 흉작이 한 번 들면 기근과 전염병이 창궐하기에 충분했다. 전염병은 한 번에 수백만 명의 목숨을 앗아갈 수 있었다. 언제나 끔찍한 가난이 정복자들의 부와 짝을 이루었다. 정복자들의 부에는 술탄들이 수도로 정한 델리의 눈부신 궁전과 축제가 포함되었는데 이븐 바투타 같은 유명한 이슬람 모험가들에게 경외의 대상이 되었다.

델리의 술탄들은 운이 좋았는데, 13세기 칭기즈칸과 그 후계자들이 이끈 몽골 최초의 침략에서 비롯된 충격이 널리 퍼진 덕분이었다. 그들은 이런 상황을 이용해 남쪽으로 정복 활동을 확대했다. 그때까지 인도 남부는 이슬람 지배자들의 진출에 저항했다. 티무르가 그들의 영토를 침략하고 1398년 델리 습격에 성공하며 무자비하게 약탈했을 때 상황이 바뀌었다. 그런데 델리를 정복한 뒤 티무르는 전리품을 포기하고 포로를 풀어주었다. 그렇게 무슬림들은 인도를 어느 정도 재장악할 수 있었다. 물론 과거의 영광을 되찾지는 못했다.

130여 년이 지난 1526년, 칭기즈칸의 후손을 자처한 바부르의 군대가 파니파트 전투에서 무너뜨린 것은 병들고 분열된 제국이었다. 바부르의 군대는 소규모였지만 화승총과 야전포로 무장하고 있었다. 전장에서 야전포를 실은 수레의 바퀴는 장전에 대비해 쇠사슬로 단단히 고정되었다. 게다가 승리 후 바부르는 이란, 카슈미르, 이슬람 국가들, 그리고 나중에는 서양 출신 용병으로 자신의 군대를 확충했다.

바부르는 수니파 무슬림이었다. 그러므로 그의 승리는 밝은 피부색과 화약을 가진 정통 이슬람의 승리였다. 이와 함께 대★ 무굴제국이 성립했다. 무굴제국은 원칙적으로 인도 폭동 후 영국의 뒤늦은 탄압이 있었던 1857년까지 300년 이상 유지되었다. 그러나 실은 1757년 영국이 벵골을 점령하기 훨씬 전에 무굴제국의 위대한 지배자 가운데 하나였던 아우랑제브(1658-1707)를 끝으로 무굴제국의 영광은 막을 내렸다.

1526년부터 아우랑제브가 사망할 때까지 이슬람이 지배한 인도는 새로운 영광을 얻었다. 델리 술탄국의 영광스러운 날을 연상시키는 영광을 되살렸다. 같은 폭력, 같은 방식의 강제된 공존, 같은 정도의 강제력과 같은 성공으로 영광을 되살렸다.

같은 폭력: 이슬람은 공포로 지배했고 인도의 전반적인 빈곤을 토대로 사치를 추구했다. 어쩌면 대안이 없었을지 모른다. 한편에는 서양 여행객들의 찬탄을 받던 엄청난 부가 있었고 다른 편에는 거듭된 기아와 엄청난 사망률, 그리고 수많은 고아나 가족에 의해 인신매매된 아동들이 있었다.

같은 방식의 강제된 공존: 세월이 흐르면서 점점 더 많은 연결고리가 만들어졌다. 무굴제국의 가장 위대한 통치자 악바르 대제(1555-1606)는 전제적이지 않은 지배를 확립하려 노력했고 이슬람교와 힌두교를 하나의 체제로 묶은 새로운 종교Din-i Ilhai(신의 종교)를 확립하려 하기도 했다. 그러나 제국 경계 밖에서 이 종교로 개종한 사람은 거의 없었고 그의 사망과 함께 그 종교도 사라졌다. 그럼에도 그 시도는 중요한 움직임이었다.

사실, 정복자들은 힌두교도 백성들 없이는 통치할 수 없었다. 인도의 방대한 지역은 세금 납부와 관계없이 독립적인 상태로 남아 있었다. 무굴제국을 연구했던 프랑스인 프랑수아 베르니에 박사는 1670년에 이런 기록을 남겼다. '이 나라의 영토 안에는 수많은 민족이 있고 무굴은 진정한 지배자가 아니다. 그 민족들은 대부분 나름의 통치자와 지도자를 두고 있고, 그들은 강요당할 때만 무굴에 세금을 내거나, 내도 아주 조금 내거나, 전혀 내지 않기도 하기 때문이다.'

원칙적으로 무굴제국의 권위는 절대적이었지만, 전쟁과 끊이지 않는 소규모 분쟁을 피할 수 없었기에 대무굴제국의 권위는 제한적이었다. 무굴제국 황제의 궁정은 델리에서 5만 명에서 20만 명의 대규모 군대를 징집했다. 기병, 총병, 포병, 그리고 경포輕砲, 이른바 '등자포stirrup artillery'와 중포重砲, 기마부대와 코끼리부대 운영을 위한 예비 병력─병사, 사육사, 하인 무리─을 징집했다. 그들의 지휘관, 오메라omerah는 연금과 소득을 누렸다(그들은 평생 보유할 수 있는 토지를 하사받았다). 그들은 모험가들이고 때로는 미천한 출신도 있었는데 이들의 거리 행차는 누구도 막아서는 안 되었다. 그들은 '사치스러운 옷을 걸치고 때로 코끼리나 말에 타기도 하고 때로는 가마나 가마 의자에 올라 대규모 기병과 호위대를 대동했는데 수많은 보병이 앞이나 옆에 따르며 공작털로 파리를 쫓고 먼지를 털며 길을 열었고 이쑤시개와 타구, 혹은 음료를 들고 수행했다.'

베르니에는 '무슬림 한 명에 수백 명의 불신자가 있었다'라고 말한다. 밝은 피부색을 지닌 이른바 무굴인들만 선발해서는 군대를 유지할 수 없었다(이들은 자손들이 특권을 잃게 될까 두려워 카슈미르 출신의 밝은 피부색을 지닌 여성들과의 결혼을 선호했다). 그래서 불신자들과 짙은 피부색을 지닌 사람들 가운데에서도 병사를 선발해야 했다.

델리의 분견대에는 언제나 라지푸트인(라지푸타나 토착민)이 포함되었고 라자가 그들을 지휘했다. 라자 가운데 일부는 필요하면 토착민 병사들로 대규모 군대를 양성할 수 있었다. 그들은 때로 이슬람 용병이나 시아파 페르시아인 같은 위험한 인접국 군대에 맞서 싸워야 했으며 파탄족이나 벵골 출신 무슬림, 혹은 힌두교도나 전통적으로 적대적인 데칸 출신 무슬림 군왕에 맞서 싸워야 했다.

이들의 급여는 모두 대무굴제국의 풍족한 국고에서 지급되었다. 국고는 영토에서 거둔 수입보다 방대한 국가의 무역에서 거둔 수입으로 채워졌다. 사실 국고는 부를 수집하고 배분하는 중심이었다. 그곳에는 언제나 은화가 쌓여 있었는데, 은화에는 작은 구멍이 뚫려 있었다. 많은 동전에 비슷한 다양한 표지가 있었다.

인도의 비이슬람 지역 가운데 상당히 많은 곳이 이런 분배 시스템에 참여했다. 어쩌면 시스템의 한 부분이었다고 말할 수 있다. 세월이 흐르면서 공존을 피할 수 없었고, 양보와 제한적이지만 서로에 대한 관용이 있었다. 우리는 이미 델리와 무굴제국의 다른 주요 도시에서 이슬람 미술과 힌두 미술의 융합이 있었다는 점을 이야기한 바 있다. 한 가지 분명한 사실은 그것이 진정한 혼성이었으며 이슬람적인 만큼 인도적이었다. 그러나 인도는 문화와 종교적인 면에서 여전히 그 고유의 모습을 유지했다. 모든 것에도 불구하고 이슬람은 인도에 깊은 영향을 끼치지 못했다. 힌두어 최고의 시인이 된 브라만 계급의 툴시 다스가 1523년부터 1623년 사이 무굴제국 지배 아래 살았다는 점은 의미심장하다.

사실 이슬람의 전제적인 지배가 수많은 결과를 남겼다고 하지만 힌두 사회와 인도 경제에 끼친 영향은 크지 않다. 사실 14세기 말에 시작되어 16, 17세기에 증가했고 18세기에 크게 팽창한 서양과의 접촉에 비할 바가 아니었다. 1526년 이슬람의 승리에 큰 역할을 했고, 1565년 비지아나가람의 파괴에도 큰 역할을 했던 화약 말고는 무슬림에게 그들이 정복한 인도보다 우세한 점은 없었다.

이미 보았듯이, 1707년 아우랑제브의 죽음과 함께 무굴제국은 서양과 남부의 위협에 직면해 흔들리기 시작했다. 1738년에 아프간인이 델리를 장악했다. 그리고 1659년에 이미 인도 중부 힌두교 지역인 마라타가 강력한 공격을 시작했고 잠시 중단하기도 했지만 18세기에 승기를 굳혔다.

그러나 너무 성급하게 인도에서 무슬림의 기록을 비난해서는 안 된다. 폭력적이었고 길게 지속되었다고 해서 이런 식민 실험을 당시 세계에서 수없이 발생한 유사한 착취와 따로 떼어 설명한다면 공평하지 않은 일이 될 것이다. 어쨌든 수백 년 동안 이어진 점령으로 인도의 수많은 대중 속에 엄청난 수의 신실한 무슬림들을 심어놓았다. 1931년 인구조사에 따르면 무슬림 인구는 전체 인구의 24퍼센트였다(힌두교 인구가 2억

3,900만 명이었고 무슬림 인구는 7,700만 명이었다). 30년이 지나 인도와 파키스탄의 분리가 임박했던 1947년에 인도에서 무슬림의 비중은 20-25퍼센트로 두 번째로 많은 인구였고 전체 인구 4억 3,800만 명 가운데 4,400만 명을 차지했다. 파키스탄 인구는 소수의 비이슬람 신자를 포함해 8,500만 명이었다. 그러므로 무슬림 인도는 기적적으로 살아남았고 인도-무슬림 문명의 일부로서 분리하기 어렵다.

영국령 인도 제국(1757-1947): 근대 서양이 장악한 고대 경제

16세기에 포르투갈인은 극동에 많은 상관商館을 두고 있었다. 바스쿠 다가마는 1498년 5월 17일에 캘리컷에 도착했고 1510년에는 고아를 점령했다. 그러나 포르투갈령 인도의 번영은 100년도 유지되지 못했다. 17세기에는 영국, 네덜란드, 프랑스 회사들이 주도적인 세력이었다.

1763년 프랑스의 패배가 있기 전인 1757년 6월 23일 플래시(현재 콜카타 북쪽)에서 로버트 클라이브가 거둔 승리로 결국 인도에 대한 영국의 식민 지배가 시작되었다. 그리고 영국의 식민 지배는 1947년 인도가 독립할 때까지 거의 200년 동안 유지되었고 무굴제국의 지배 기간에 상응했다. 무굴제국과 마찬가지로 영국의 식민 지배는 차츰 확대되었고 1849년 펀자브 지방을 정복한 뒤에도 완료되지 않았다. 마찬가지로 영국은 다수의 자치 국가, 토착 국가, 대리 기구들을 직접 지배에서 제외했다. 물론 영국의 지배 아래서 그들의 독립성은 실제적이기보다는 이론적인 것에 가까웠다. 사실 엄청난 경제적 우세를 배경으로 영국이 행한 공격적인 지배의 충격은 인도 아대륙 전체에서 느껴졌다. 먼 나라 영국은 제1차 세계대전이 있기까지 산업, 무역, 금융에서 세계 최강국이었다. 영국의 인도 지배는 인도의 삶에서 모든 구조적 측면에 뚜렷한 영향을 남겼다.

인도는 원료 수출국이 되었다. 점차 인도의 더 많은 지역이 점령되었고 동인도 회사의 수중에서 착취가 이루어졌다. 동인도 회사는 1858년까지 해체되지 않았다. 그리고 (하원의 공격을 받고 1774년 자살한) 클라이브 경 시절, 부패가 극심했던 초기부터 영국의 인도 지배는 세 가지 형태로 지역 유력 인사, 상인, 농민을 착취했다. 벵골, 베아르, 오리사의 부유한 정복지들에서 거리낌 없이 착취가 이루어졌다. 1784년까지 질서와 정의는 전혀 이루어지지 않았고, 그 이후에나 좀 더 정직한 정권이 수립되었다.

그 시절 초반, 약탈과 횡령으로 이미 끔찍한 재난이 닥쳤다. 1789년 9월 18일에 인도 총독 콘월리스 경은 이렇게 썼다. '나는 주저 없이 힌두스탄 동인도 회사 영토의 3분의 1은 야생동물만 서식하는 정글이라고 말할 수 있다.' 사실이었다. 공동 책임을 맡은 새로운 통치자들은 그들이 거의 통제한 적 없는 과정의 노리개이자 희생양이었다. 문제가 된 악덕의 많은 부분이 인도 같은 나라에서 화폐 경제를 발전시킨 결과였다. 인도는 그토록 오랜 세월 세계 무역에 노출되었는데도 이전에는 화폐 경제 같은 것을 알지 못했다. 영국의 법, 토지 소유에 관한 서양적 개념은 예기치 못한 재앙을 초래했다. 특히 인도는 대부분이 극히 빈곤한 마을들로 이루어진 촌락 세계였다. 1962년에도 마드라스 같은 도시 인근에서 오두막의 군락을 볼 수 있었다. '진흙 벽과 야자수 잎을 엮은 지붕에 낮은 문이 유일한 출입구이고…… 말린 소똥을 태우는 화로에서 나온 연기가 지붕의 구멍으로 간신히 빠져나갔다.' 그런데 이런 촌락들은 긴밀히 조직되어 안정적이고 자급적인 공동체를 형성했으며 촌장이나 장로 회의가 지배했고 일부 지역에서는 정기적인 토지의 재분배가 있었다. 마을에는 장인들—대장장이, 목수, 벌목꾼, 금세공인—도 있어서 수백 년 동안 대를 이어 같은 직업에 종사했고 마을에서 수확한 식량 일부를 봉사의 대가로 받곤 했다. 노예를 둔 마을도 있었는데 이들은 의식주를 제공하는 더 부유한 농부를 위해 일했다. 국가나 가까이 있는 영주가 요구하는 세금이나 부역을 공동체 전체가 책임졌다. 그래서 일부 수확물과 노동력은 다른 곳, 멀리 행정 도시들에 사는 소수의 인도인을 위해 따로 책정해 두었는데 그들로부터 돌려받는 건 없었다. 세금은 도시와 촌락의 유일한 연결고리였다. 촌락은 도시에 수입되거나 그곳에서 제조된 어떤 상품도 구매할 수 없었다. 도시의 산업에서 생산된 제품들은 여전히 사치품이었고 소수의 도시 거주자들이나 수출을 위한 것이었다. 그러나 이런 특권층의 압력은 견딜 수 없이 무거워졌고 촌락민들은 더 나은 운명을 기대하며 다른 정착지를 찾아 도망칠 수 있었다.

촌락의 옛 자급자족경제는 오랫동안 유지되었다. 자급자족경제는 농부와 장인으로 구성되었기 때문에, 소금과 철을 제외하고 외부 세계가 거의 필요하지 않았고 그래서 거의 폐쇄된 체제로 남아 있었다. 자급자족경제의 사회 조직은 신분제에 토대를 두었으며 (교사이자 사제이자 점술가인) 브라만부터 높은 신분에 속한 부농에 이르기까지 모든 촌락민은 각자의 지위를 유지했다. 신분제의 맨 밑은 토지에서 일하는 다수의 불가촉천민이 차지했다.

이런 신분 체제는 18세기와 19세기에 차츰 붕괴했다. 세수를 늘리기 위해 영국인들은 기존 징세업자들을 활용하면서 그들에게 촌락의 소유권—전에는 없었던—을 부여했다. 그렇게 해서 벵골을 시작으로 자민다르zamindar로 불린 가짜 지주들이 다수 생겨났다. 그들의 임무는 정해진 액수의 세금을 영국 당국에 제공하는 것이었다. 그런데 그들은 수수료를 보전하기 위해 농부들로부터 영국의 요구보다 많은 세금을 거뒀다. 곧이어 그들은 현지에 거주하지 않고 대리인을 고용했다. 벵골의 불운한 농민들은 자신들이 중개인과 기생충들의 인상적인 집합panoply에 걸려들었음을 깨달았다.

영국인들은 자민다르를 두지 않은 곳에서 직접 세금을 징수했고 세금은 현금으로 낼 수 있었다. 현금이 부족한 농민들은 이제 고리대업자에게 의지해야 했다. 그런 고리대업자들이 인도 전역에서 번창했다. 과거에 그들은 농민의 저항과 분노를 염려해야 했지만 이제 그들에게는 법과 재판관이 있었다. 그들은 채무를 상환하지 못하는 농민들에게서 가축을 빼앗았고, 그런 다음에는 토지를 빼앗았다. 가난한 농민, 가엾은 농부ryot들이여! 토지 가격이 계속 상승했기 때문에 고리대업자는 쉽게 지주가 될 수 있었다. 더욱이 엄청난 가격 상승에 이끌린 투자자들을 끌어들였고 보장된 수익원으로 토지를 사들였다. 그결과 대지주가 많이 늘었는데 그들은 보통 토질 개선에 거의 관심이 없었고 이자로 살아갔다. 19세기 말 1억 명의 농민 가운데 3분의 1은 여전히 소농이었고 그들이 보유한 땅의 평균 크기는 생존에 필요한 최소한의 토지인 10에이커에도 못 미쳤다. 그 과정에서 (오늘날 다시 활성화되고 있는) 장로회의의 90퍼센트가 사라졌다.

상황은 더욱 심각해졌다.

- 영국 산업, 심지어 인도 산업과의 경쟁으로 촌락의 장인들이 파산했고 그들은 토지에서의 노동으로 내몰렸는데 토지에서도 이미 압박이 컸다.
- 그리고 영국의 자본가들은 이중적인 정책을 체계적으로 추구했다. 그들은 인도를 (a) 그들의 산업 생산품을 위한 시장으로 여겼다(그들은 재빠르게 인도의 아주 오래된 면직물 산업을 파괴했다. 인도의 면직물 산업은 18세기에 급속히 발전했는데 당시 유럽에서 인도의 염색 천이 크게 유행했다). 그리고 (b) 또한 그들은 인도를 원료를 구할 수 있는 시장으로 여겼다. 벵골의 황마와 뭄바이 인근의 검은 레구르 토양에서 생산된 면화가 랭커셔의 면직물 공장으로 운반되었다.

수출품으로 분류된 원료는 철도를 이용해 항구로 운반되었다. 상당히 일찌감치 건설된 철도는 19세기 중반 인도 내륙을 혁명적으로 변화시켰다. 상품의 수집과 운송만을 위한 도시들이 생겨났다. 또한 인도 농민들은 가족이나 마을을 부양할 목적이 아닌 환금성 작물의 재배를 확대했다. 산업을 위한 작물 재배가 식량을 위한 작물 재배를 대체했다. 펀자브의 곡식밭은 예외였지만 그곳에서 생산된 밀 역시 수출되었다. 그 결과, 인구가 증가한 상황 속에서, 19세기의 마지막 30년 동안 재난에 가까운 기근이 닥쳤다. 그리고 우리에게 남은 불완전한 통계에서도 식량 소비의 지속적 감소를 확인할 수 있을 정도였다.

1929년 세계 경제 위기와 원자재 가격 폭락은 지주와 고리
대업자에게 부를 더욱 집중시키는 결과를 낳았다. 자영농들
의 농지 규모는 크게 줄었고 그들의 부채는 터무니없이 커졌
다. 그런 부담에 발목이 잡힌 채 채권자들과 마주한 자영농들
의 처지는 영주와 마주한 농노들의 처지보다 더 나빴다. 법률
상 이론적 자유는 컸던 농부들은 경제적으로 점점 더 자유를
잃었다.

근대적 산업은 1920년대 후반 시작되었고, 동시에 보호관세
가 처음 등장했다. 그 시절 지역 산업의 성장은 풍부하고 값싼
노동력, 대규모 프롤레타리아가 있는 근대 도시의 출현, 원료
에 대한 손쉬운 접근, 그리고 마지막으로 자본가의 활동 등의
요인들에 힘입었다.

이런 요인들은 세 주요 집단에서 비롯되었다. 먼저 파르시
인들이 있었다. 이들은 1000년도 더 전에 페르시아를 탈출한
조로아스터교 신자들의 후손이었다. 그들은 주로 뭄바이 지역
에 거주했다. 다음으로 마르와리 인들이 있었는데 그들은 라지
푸타나(라자스탄) 내 높은 신분 출신이었다. 이들은 영국과의
경쟁을 피할 수 있었는데 이유는 그들의 지역이 너무 낙후했
기 때문이다. 그리고 마지막으로 구자라트 출신의 자이나교도
들이 있었다.

세 개의 산업 도시가 주도적이었다. (파르시 인 가문) 타타
Tata 그룹의 금속 산업과 황마가 대량으로 생산되던 콜카타(동
쪽 150마일 지점), 면직물 산업과 자동차 조립의 중심지 뭄바
이, 북쪽 500킬로미터 지점의 아흐메다바드는 순전히 면화의

중심지였다. 이들 산업과 다른 산업—주로 식품 산업—들이 제2차 세계대전 중에, 특히 1942년 이후 무질서하게 발전했는데, 식량과 직물 부족으로 한동안 암시장 가격이 폭등했기 때문이다. 당시에는 일본의 위협으로 인도가 완전히 무너질지 모른다는 공포가 있었다.

1944년 산업가들은 뭄바이 플랜을 받아들였다. 미래를 내다본 이 대규모 투자는 공적 성격이 짙었고 과도하게 낙관적이었는데, 제2차 세계대전 동안 영국이 인도에서 늘렸던 부채를 상환하면서 가능해졌다. 뭄바이 플랜은 자동차 생산을 위한 비를라-너트필드 협약처럼 영국의 기업들, 사업가들과의 협약을 장려했다. 인도가 독립한 지 오래인 오늘날에도 영국 자본은 여전히 콜카타 클리버 가의 은행들이 장악한 많은 기업에 투자된다.

이런 산업의 호황은 토지에서 도시로의 이동을 촉진했다. 타밀어 속담은 이렇게 말한다. '파산하거든 도시로 도주하라.' 도시에는 소규모 작업장, 공장, 가사 노동(그곳에서는 임금이 '없는 거나 다름없는')의 일자리가 있었다. 카티아와르 반도의 일부 신분들과 뭄바이의 부유한 가정에서 일할 요리사, 혹은 데칸 지방의 남서부 해안에 사는 가난한 사람과 뭄바이 공장 연초장의 숙련공 사이에 예기치 않은 연결이 만들어졌다. 이 모든 것이 결국 힌두교도 주민들의 사회적 이동을 증가시켰고 그들의 전반적인 지위를 상승시켰다.

독립 이전에도 인도에는 이미 분주한 현대적 도시들이 있었고 불결한 빈민가들이 있었다. 콜카타의 버스티bustee, 뭄바이의 촐chawl, 마드라스의 체리스cheris 같은 판자촌 가옥들은 촌락의 가옥들처럼 흙벽으로 지어졌다.

영국인들은 1857-1858년 세포이, 혹은 토착 병사들이 일으킨 인도 폭동 이후 인도에서 그들의 정책을 재고했다. 사실 이 사건은 영국의 태도 전반을 고칠 기회였다. 그리고 1858년 9월 1일 동인도 회사의 지배에 마침표를 찍었다. 그러고 나서 런던에서 크고 강력한 부서인 인도청이 동인도 회사를 대체하는 한편 콜카타에서는 총독이 과거 동인도 회사 총재의 자리를 대신했다.

예컨대 영국은 인도 번왕국 영토들의 합병을 너무 급하게 진행했던 것일까? 이후로 영국은 지역의 독립성을 존중하기로 했다. 그리고 1881년 그들이 전에 점령했던 마이소르 술탄국의 독립을 회복시켰을 때 이는 새로운 접근법의 상징이 되었다. 인도의 이 복잡다단한 세계에서 직접 지배가 더는 어렵다면 최선은 이미 존재하는 그 나라의 경계선들을 세심하게 유지하고 활용하는 것이다. 특히 무슬림과 힌두교도를 구분하는 경계선을 유지하고 활용하는 것이 중요하다. 이런 경계선은 특히 군대에서 유지해야 했다. 이와 관련해 엘핀스톤 경은 1858년에 의미심장한 비유를 사용했다. 그는 영국의 권력을 유지하기 위한 안전장치는 증기선이라고 말했다. 증기선의 안전은 선체를 방수 처리된 격실로 구분함으로써 보장된다. '같은 방식으로 인도군을 창건해서 인도 제국의 안전을 지키고 싶다.' 힌두교도, 이슬람교도, 히말라야 시크교도는 그 후부터 별도의 부대로 편성되었고 같은 부대에서 복무하지 않았다.

곧 벌어진 사건들이 이런 계획의 허를 찔렀다. 1870년대에 장기적인 세계적 경제 위기가 인도에 영향을 끼쳤고 기근, 전염병, 반란을 촉발했다. 선의를 가진 사람들은 체제를 자유화해야 한다고 생각했고 행정에, 어쩌면 정부에도 힌두교도를 받아들여야 한다고 생각했다. 1885년에 '총독의 축복'과 함께 국민회의National Congress Party가 결성되었다. 이제야 말이지만, 인도 국민회의는 민족주의의 확성기가 되었다. 당시 민족주의자들은 여전히 소수에 불과했지만 적극적이었다.

그 지지자들은 도시와 대학에서 출현한 중간계급 출신이었고 점점 더 수가 늘었다. 이들은 전통적인 과거에 천착하고 인도의 지배자들과 아주 잘 어울리는 사회적 보수주의를 고수하는 귀족이나 군왕이 아니었다. 대신에 그들은 진정한 중간계급이었다. 다양한 출신 배경을 지녔고 변화하는 상황에서 배출된 사람들이었다. 파르시 인, 마르와리 인, 자이나교도 같은 자본가들이 이 계급에 속했다. 또한 이스마엘의 후손인 무슬림들, 혹은 카슈미르의 판디트처럼 정치적 직책을 가진 사람들도 이 계급에 포함되었다. 특히 후자는 브라만 계급과 연결되었고 무굴제국 시절 많은 정치인을 배출했다(그리고 계속해서 자와할랄 네루 가문과 함께 일했다). 마하트마 간디 역시 구자라트 카티아와르 반도에서 여러 세대 동안 지배 군왕을 위한 재상들을 배출한 가문 출신이었다.

서양 문명에 이끌린 이들은 혜택을 누렸고 그 장점과 위험을 모두 봤다. 예컨대 간디의 철학은 인도의 비폭력 전통, 톨스토이의 격렬한 평화주의, 예수의 산상수훈에 의지했다. 인도의 이 지식인들은 고난의 바다를 항해하며 종교적 통합을 꿈꾸었는데 그 때문에 힌두교가 제거 대상이 될 수도 있었다. 의식적으로든 아니든 그들 가운데 많은 이가 인도의 수많은 이단 종교에서 영감을 얻었다. 바야난드 사라바티(1824-1883)를 포함해서 그런 이들의 이름을 수십 명은 열거할 수 있다. 그는 새로운 힌두교 종파를 창시하고 그리스도교와 이슬람교를 모두 거부했으나 서양에 매료되었음을 인정했고, 『베다』에서 전기와 증기엔진을 포함한 근대 과학의 일부 요소를 찾으려고 노력했다. 그러가 하면 그 명단의 마지막에는 간디의 정신적 지주였던 고팔 크리슈나 고칼레(1866-1915)와 라빈드라나트 타고르(1861-1941)가 자리할 것이다. 타고르는 시로 전 세계에서 명성을 얻었고 1913년에 노벨상을 받았다. 그의 시 〈자나 가나 마나Jana Gana Mana〉는 현대 인도의 국가國歌가 되었다.

사회적 소요와 정치 선전, 절차를 둘러싼 논쟁이 끊이지 않던 긴 시간은 1947년 8월 15일 마침내 인도의 독립과 분할로 이어졌다. 한쪽의 요구와 경고, 다른 쪽의 위반과 위선으로 협상은 소득이 없었다(다른 탈식민화 과정과 다를 바 없었다!). 한때 합리적이던 것이 다음 순간 불합리한 것이 되고 양보는 언제나 때늦은 것이 되었다. 더욱이 무슬림에게 만족스러운 일(1905년 벵골이 두 지역으로 분할되고 동쪽이 아삼과 합쳐져 하나의 민족을 형성한 것)이 힌두교도들에게는 불편했다. 1911년 그 결정이 지연되었을 때는 무슬림들이 불편해했다. (1906년 이슬람 동맹으로 뭉친) 힌두교도와 무슬림의 통합은 민족주의자들에게 미해결의 문제를 남겼다.

또 다른 중요한 난관은 대중과 접점을 만드는 일이었다. 이는 마하트마 간디(1869-1948)의 탁월한 업적이었다. 뭄바이와 런던에서 법률을 공부한 간디는 1893부터 1914년까지 남아프리카 나탈에서 변호사로 개업하고 인도 이민자들을 변호했다.

1914년에 인도로 돌아온 간디는 곧 민족주의자들에게 깊은 인상을 남겼고 그들을 장악하고 동원했다. 간디의 프로그램은 '정치 세력들을 종교적으로 활용하는 것'이었다. 마하트마라는 그의 이름의 의미는 '고결한' 또는 '경애하는'이었다. 그가 생각하기에 다른 사람의 의지를 제한할 수 있는 유일한 힘은 바로 진실의 힘, 곧 모든 피조물에 대한 비폭력과 순수성이었다. 그의 작업에서 종교의 강조는 효율성을 100배 더 증가시켰다. 간디는 대중을 자극했다. 1919년 헌법에 대한 첫 번째 거부 운동(1920년 9월 20일)이 바로 영국의 양보를 얻어냈고 1921년 12월 간디가 불복종 운동을 외쳐 다시 한 번 영국의 양보를 얻어냈을 때 이 점은 분명해졌다. 그런 강력한 침묵시위에 심각한 소요와 살인이 뒤따랐을 때 간디는 자신의 주장을 고수했고 시위를 멈췄다. 그의 두 번째 운동은 1930년 1월 26일 (정부가 판매하는) 소금 불매 운동으로 끝났다. 합의, 기나긴 저항 운동(1932-4)이 뒤따랐고 마침내 새로운 헌법, 1937년 인도법으로 이어졌다.

그러므로 제2차 세계대전이 발발하기 전에 이미 인도의 독립은 무르익었고 그 전쟁으로 더욱 촉진되었다. 1942년 8월 8일 국민회의는 영국을 향해 인도에서 떠날 것을 촉구한 간디의 발의안을 채택했다. 1942년에서 1943년 사이 일본이 버마에 진출해 아삼을 위협하자 상황이 몹시 심각해졌다. 기차역과 공공건물들이 파괴되었다.

평화가 돌아왔을 때 긴장이 고조되었다. 1947년 6월 11일, 영국 의회는 마침내 인도의 독립에 동의했다. 두 나라의 기존의 관계는 깨졌다. 그러나 해방 인도는 내적으로 분열되었다. 8월 15일, 인도는 두 '영토'—인도 자치령과 파키스탄(파키스탄은 두 지역이었다)—로 쪼개졌다. 분할은 불완전했고 4,400만 명의 무슬림을 소수자로 남겼다. 동부에서 정치적 국경은 파키스탄에 황마 제조 지역을 남겼고 인도에는 훌리강 유역을 따라 섬유 공장을 남겼다. 양방향으로 난민들이 유입되었다. 상황은 험악했고 수많은 살인이 있었다. 간디는 이슬람과 합의에 이르려고 노력했지만 헛수고였다. 그러나 1948년 1월 30일 광적인 힌두교 지지자 한 사람이 어떤 합의도 힌두교도에 대한 배신이라고 믿고 마하트마 간디를 암살했다. 내전과 알려지지 않은 폭력 속에서 분할이 이루어졌다. 200–300만 명의 목숨을 대가로 치렀다.

흔히 인도의 분할은 영국의 정책 탓이라고 이야기된다. 과연 그럴까? 그런 주장은 정치적 제스처와 투명할 정도로 뻔한 술책에 너무 큰 중요성을 부여했다. 다시 한 번 인도의 과거는 그 현재를 결정했고 복수를 택했다. 과거가 진정한 원흉이었다.

그렇게 인도는 독립하자마자 둘로 쪼개졌다. 1947년 버마의 독립과 분리까지 포함하면 셋으로 쪼개졌고 1971년 동파키스탄이 방글라데시로 분리된 것까지 추가하면 넷으로 쪼개졌다. 한편 1948년 2월 4일 실론 역시 독립 영토가 되었다. 고유의 문명을 지닌 실론은 언제나 별개의 세계였으며 영국령 인도에 포함된 적이 없었다.

중국식 혁명이 인도로 확산할까?

1947년 이래 인도는 상당한 산업의 진보를 이루었고 앞선

150년 동안 이룬 것보다 더 큰 발전을 이루었다. 그러면서 인도는 파키스탄보다 더 성공적으로 분할에 적응했다. 인도는 국내 질서를 확립했다. 인도는 프랑스와 합의에 도달했고 프랑스는 인도에 설치한 상관들을 포기했다. 인도는 군왕과 마하라자가 장악한 번왕국들을 장악해 병합했다. 특히 하이데라바드를 합병했다(1948년 9월). 인도는 1961년 포르투갈로부터 고아, 다만 디우Daman and Diu를 빼앗았다. 인도는 카슈미르에 대한 권리를 확고히 했고 불확실한 히말라야 변경에서 중국의 압박에 대항했다. 인도가 고아를 차지하는 과정에서 보인 무자비함은 전 세계 인도 우방국들에 실망을 안겼다. 그들에게 인도는 정치적 지혜를 보여줄 흔치 않은 국가의 하나로 여겨졌기 때문이다. 네루의 명성은 그런 충격도 견뎌냈다. 그는 살아 있는 동안 제3세계의 가장 뛰어난 대변자였다.

하원과 14개 주의회 선거에서 보듯이, 인도의 의회제가 상당히 잘 작동한다는 점을 덧붙인다면, 그리고 인도가 합당한 방식으로 언어가 다른 14개 주로 구분되었다는 점을 덧붙인다면, 독립 인도는 몇 차례의 가치 있는 성공을 거두었다는 사실이 확실해진다. 그러나 이는 인도가 세계와 인도 자체의 복잡한 인간계에 보여준 인도 고유의 특징이 아니다. 정말로 충격적인 것은 인도 정부의 끈기 있는 노력이다. 제3차 그리고 뒤이은 5개년 계획들에서 정부가 기울인 끈기 있는 노력은 배가되었고 국민을 끔찍한 고난에서 구출하는 결과를 얻었다. 1960년대 초 인도의 인구는 이미 5억 명에 달했고 20년 뒤에는 거의 7억 5,000만 명에 이르렀다. 정부의 과제는 폭력도 과장도 없이 자연, 환경, 인력에 기대에 그들의 경제적 발전을 돕는 것이었고, 경제 발전을 실현할 수 있고 성공을 이룰 수 있어 보이는 곳에서만 사건의 속도를 높이는 것이었다.

네루 대통령은 1962년 4월 18일에 프랑스의 한 언론인에게 자신의 정책을 아주 잘 설명했다. 그는 이렇게 말했다. '우리는 교조적인 사회주의들이 아닙니다.'

장기적으로 우리는 이 나라의 번영을 이끌고자 합니다. 단기적으로는 생활수준을 향상하고 사회적 불평등을 해소하고자 합니다. 그런 목적을 위해 우리는 경제에 주력하고 있지만 민간 기업에 많은 여지를 주고 있습니다. 중공업 부문, 중소 규모의 모든 산업, 그리고 농업 전반이 공공부문 바깥에 있습니다. 촌락에서 우리는 협동조합을 장려하고 있지만 집단농업을 강요할 의도는 없습니다. 거듭 말하지만 우리는 교조적인 사회주의들이 아닙니다. 우리는 한 단계 한 단계 나아가고 있습니다. 그리고 평화롭게 문제를 해결하려 노력하고 있습니다. 예컨대 우리는 마하라자들을 폐위시켰지만, 그들이 그들의 궁에 머물게 했고 면책권과 특권을 보장하며 그들에게 종신 연금을 주었습니다. 그것도 아주 후하게 주었음을 잊지 마십시오. 아시겠지만 우리는 언제나 민주적인 길을 따르려 노력하고 있습니다.

어쩌면 장단점과 이중성을 모두 포함해서 자유주의적liberal 이라는 말이 더 어울릴 것이다. 어떤 경우든 문제는 명확히 설명된다. 인도는 '자유세계'의 방법과 관점을 받아들였다는 점이다. 인도는 혁명해야 했고 그러기를 원했다. 중국식 모델을 취하지 않고도 그럴 수 있을까?

인도의 과제는 끔찍한 빈곤의 종식이고, 그것이 어렵다면, 최소한 빈곤의 개선이다. 고통스럽지만 실재하는 이런 빈곤은 지배적인 문제이며 우리가 시작해야 할 출발점이다.

다른 많은 국가와 달리 인도는 밖으로나 안으로나 상처를 감추지 않는다는 장점이 있다. 인도는 늘 빈곤에 시달려 왔다. 기원전 재앙에 가까운 기근에 관한 최초의 증언으로 우리는 이에 관해 알고 있다. 오늘날 빈곤은 한 눈에 볼 수 있을 만큼 자명하다. 예컨대, 거대한 콜카타, 엄청난 규모의 뭄바이, 심지어 수도 뉴델리의 매력적인 지역들을 벗어나면, 인도의 대도시들에서 넝마 같은 옷차림, 병든 육신, 헛간 같은 집, 찌꺼기 음식 등 참담한 광경을 볼 수 있다.

인도의 빈곤을 가장 분명하게 보여주는 지표는 지독히 남아도는 인력이다. 대무굴제국 시절에 수많은 아이가 부모에 의해 노예로 팔렸고 그래서 그 아이들을 노예로 사주는 것이 자선 행위가 될 정도였다. 1923년에 앙드레 셰브리옹은 다음과 같은 사실에 주목했다.

이곳에서 노동 분업은 무한대의 수준이다. 마부는 말을 몰고 하인은 문을 열고 막일꾼은 길을 비키라고 소리치는 일을 한다. 유럽인들은 이런 야단법석을 견뎌야 한다. 걷거나 짐을 옮기는 일은 끔찍한 일이 되곤 한다. 어느 영국인 장교는 사람들과 짐꾸러미 행렬이 뒤따르지 않으면 꼼짝하지 못한다. 지난해 런던에서 만난 일개 사병은 내게 이렇게 말했다. 인도에서는 자신이 종을 울려 하인에게 그의 손수건을 집게 했다…… 하인과 피보호자와 해방 노예 무리를 거느린 로마의 귀족과 같았다……

과거의 풍경이고 시대착오적으로 보이기도 한다. 하지만 오늘날에도 여전한 사실이다. 평범한 중산층 가정이 하인을 10여 명씩 거느린 것을 어떻게 이해해야 하는가? 혹은 (1962년에) 콜카타의 강변에서 볼 수 있는 남녀노소를 가릴 것없이 참혹한 모습의 사람들은 어떤가? '파리가 들끓는 오물더미에 쪼그리고 앉아 무심히 파리를 쫓거나 행인들에게 손을 뻗어 구걸하는 이들'은 어떤가? 같은 증언자에 따르면, 지옥을 방불케 하는 도로 공사 현장은 어떤가? '벌거벗은 남성, 사리sari를 걸친 여성과 넝마를 걸친 아이들이 장작 위에 놓인 거대한 가마솥에서 가열한 타르를 거의 맨손으로 바르고 있는' 모습은 또 어떤가? 만약 작업장이 현대화된다면 실업자가 급증할 것이다. 데칸의 벵갈루루에서는 초현대적 공장에서 자동차가 생산된다. '그러나 작업 공정의 끝에는 일개미 같은 사람들이 다시 등장한다. 그 자리에서는 수많은 일꾼이 도색 작업을 하고 있다.'

이런 슬픈 풍경은 현대 인도에 관한 서류첩에 첫 번째로 포함되어야 할 것들 가운데 하나다. 그런 풍경은 항상 존재해왔던 인도에서 유래한 것이다. 몇 가지 특징들이 그런 상황을 요약해서 보여준다. 1962년 인구 4억 3,800만 명, 인구 1,000명당 25명에서 30명이라는 높은 사망률, 1,000명당 45명에 이르는 '자연적' 출생률, 그리하여 해마다 1,000명당 20명, 곧 800만 명씩 증가하는 인구. 이런 수치는 절망스럽다. 국민총생산이 증가한다고 해도 그런 증가율은 향후 1인당 수입의 증가를 방해할 것이다. 그리고 그 점은 이미 명백하다. 루피화의 가치가 1프랑스 프랑이었던 1962년에 1인당 수입은 연간 280루피였다. 그러므로 1인당 1일 수입은 구화폐로 100프랑 혹은 신화폐로 1프랑, 즉 신화폐로 10펜스였다. 도로 공사 작업장에서 임금은 하루 1루피였다.

인구 증가를 늦출 수 있을까? 더 높은 생활수준으로만 그렇게 할 수 있다—그런데 그것은 이미 문제가 해결되었음을 의미할 것이다. 공공연히 옹호되는 산아 제한과 불임 시술(150만 건의 자발적 불임 시술)에 대한 선전으로는 이런 인구 추세를 막기 어렵다. 인도는 일본만큼 규율 잡힌 사회가 아니다. 일본은 같은 문제에 대해 훨씬 더 효율적으로 씨름하고 있지만 역시 쉽지 않은 과제다.

게다가 문제는 이뿐이 아니다.

경제학자가 아니어도 제3차 5개년 계획(1961-5)이 무엇을 계획하는지 쉽게 알 수 있다. 예전 계획들과 마찬가지로 3차 계획은 몇 가지 다룰 수 있는 것들에 집중했다. 농업을 위한 비료, 교통, 중공업, 기계 공업 등—쉽게 변하는 모든 것, 그리고 그 결과가 더 넓은 반향을 가질 것이라는 희망으로 재빨리 정당화되는 모든 것—에 집중했다. 개입은 가능성 있는 모든 형식을 취했다. 정부는 1959년 4월 포드 재단의 전문가 집단이 내놓은 권고를 듣지 않았다. 그들은 준비된 것보다 전면적인 새 계획의 추진은 농업에 국한해야 한다고 주장했다. 그들은 인도의 곡물 생산을 늘리라고 권고했다. 1959년 7,300만 톤으로 추산된 생산량을 1억 톤이나 1억 1,000만 톤까지 증산해야 한다고 주장했다. 1965년까지는 식량 상황이 파국적이지는 않으리라고 믿으며 다른 전문가들이 생각하고 정부가 결정했던 것처럼, 산업화 노력과 그에 필요한 투자를 포기하지 않는 편이 더 현명했을까? 식량은 몹시 어려운 문제로 남을 것이 분명하지만, 인도는 그런 시련들을 견뎌왔다.

일단 선결 과제가 결정되자 통상적이고 거의 변함없는 상황은 미뤄졌다. 국가 수입의 상당 부분이 필수적인 투자에 배정되었다. 제1차 5개년 개혁의 5퍼센트, 제2차 계획의 11퍼센트, 제3차 계획의 14퍼센트였다. 이런 거액의 투자 때문에 예산 부족의 심화를 피할 수 없었고, 통상 불리한 조건으로 대량의 해외 구매가 있었기 때문에 더더욱 그랬다. 그래서 인도는 해외 원조를 호소해야만 했다. 일부는 비밀리에 이루어졌고 결코 공짜가 아니었다. 일부는 보조금이나 저리 융자 형식이었다. 이는 다시 한 번 미국과 소련의 극적인 경쟁을 초래했다. 두 나라는 각각 인도의 제3차 5개년 계획에서 예상된 해외 원조의 5퍼센트를 제공했다. 소련은 빌라이 제철소 같은 대형 프로젝트에 자금을 집중적으로 투입했다. 과거 경쟁자의 20배에 이르는 원조를 제공했던 미국은 여러 영역에 원조를 제공했다. 하지만 두 강대국 사이의 단조로운 경쟁에 많은 시간을 할애할 필요는 없다. 산업 투자를 일일이 살필 필요는 없다. 예컨대 제철소 건설을 둘러싼 경쟁이나 한 프랑스 회사가 설립했고 미국에 이어 인도를 세계에서 두 번째로 큰 영화 제작자로 만든 영화촬영소 건설 등을 세세히 살필 필요는 없다.

흥미로운 점은 경제가 도약하고 있다는 사실이다. 인도는 일본에 이어, 그리고 중국에 그리 뒤처지지 않는 아시아의 위대한 산업 세력의 하나가 되어가고 있다. 인도가 일찍이, 최소한 1920년대에 시작해 게임에 앞설 수 있는 어드밴티지를 갖고 있다고 믿을 이유가 있다. 오늘날, 마침내 경제가 치솟는 인구수에 맞선 경쟁에서 승리할 것으로 보인다. 1963년에는 1970년이면 1인당국민소득이 두 배로 증가하리라고 믿기 어려웠다. 280루피이던 1인당국민소득이 1983년에는 2,400루피까지 올라갔다. 그렇다고 인도가 약속의 땅에 도달했다는 뜻은 아니었다. 그러나 인도는 제 길을 가기 시작했다.

앞에 놓인 험난한 길에 정치적, 사회적 문화적 장애물이 널렸다. 정치적 어려움 중에는 자와할랄 네루와 그 가족들의 도덕적 독재도 포함되었는데 만만치 않은 권력 승계 문제를 촉발했다. 국민회의의 우월한 지위 자체가 헌법 체계는 아니다. 그리고 권력을 향한 유익하고 합리적이고 건설적인 경쟁자들의 상호작용을 어렵게 만든다. 1960년대 초에 반동적인 우익은 쇠고기를 먹는다는 이유로 공산당과 친공산주의 좌파를 비난했다. 실망스러운 논쟁이었다. 1962년 공산주의에 고무된 좌파는 선거에서 10퍼센트의 표밖에 얻지 못했다. 그러나 좌파는 케랄라의 지방 정부에서, 이유 없는 횡포로 축출당하기 전까지, 보기 드문 성실성과 유능함을 발휘한 바 있다. 네루의 후임자들과 마찬가지로, 사회주의자들은 '부패 정권'을 감쌌다는 이유로 네루를 비난했다. 그러나 이들 반대 세력은 비주류로 남았고 국민회의가 주류로 남았다.

사회 문제에 관해서는, 부의 공평한 분배를 말하기는 쉽지만 실행하기는 어렵다. 토지 소유라는 중요한 쟁점에 관해, 여러 주에서 통과된 다양한 농업법이 실제로는 효력을 발휘하지 못했다. 법적 소유권을 잃은 대토지 소유주들은 거의 어디서나 소농을 상대로 그들의 유리한 위치를 회복했다. 소농은 자유 신분이었고 이는 놀라운 진보였다. 그러나 그들은 여전히 몹시 가난하고 시설이나 장비도 거의 없었다. 경작할 수 있는 토지 일부는 여전히 휴한지로 남아 있었다. 대규모 관개 사업도 대토지 소유주들에게 유리했다. 그들은 물세를 내야 하거나 물이 크게 부족할 때 본인들을 위한 물을 비축한다. 문제를 더 심각하게 만든 것은 대토지 소유주들이 보수적이고 기술적 진보의 수용에 소극적이라는 점이다. 사실 인도에는 '부패 정권'과 혁명 전야의 상황이 있다.

마지막으로, 전통 문명은 여전히 여러 면에서 인도의 대중을 강하게 장악하고 있다. 힌두인들이 신분제에서 벗어나 근대적 삶의 사회 혁명에 합류한다는 것은 전혀 다른 우주로의 필연적인 이행과 같다. 사실 힌두교는 근대화로 향해가는 진지한 행보에 주요 장애물이고 근본적인 어려움이다. 예컨대 1962년 행성들의 근접이 임박한 종말을 예고한다고 주장되었을 때처럼 특정한 상황에서, 영양실조로 죽기 직전인 사람들이 가져오는 믿기 어려운 양의 제물에서 힌두교의 힘을 확인할 수 있다. 할 수만 있으면 어디서든 부족한 먹이를 먹는 떠돌이 암소들의 행렬, 곡식을 훔쳐먹는 까마귀 떼와 수확을 망쳐도 결코 제거된 적 없는 곤충 떼, 이 모든 것이 힌두교에 따라다니는 것들이다. 암소는 신성하고 모든 생명체가 존중받아야 한다.

힌두교에서 최악인 것은 의심할 바 없이 수많은 구획 속에 사람들을 가두는 신분제이다. 사실, 어느 정도의 사회적 이동성이 있다. 그리고 장기적으로 신분제가 사라지리라는 데에는 의심의 여지가 없다. 그러나 끈질기게 유지되고 있다. 불가촉천민—최소 5,000만 명에 이르며 간디가 지키고자 했던 하리잔harijans—은 다른 사람들처럼 법의 지배를 받게 되었다. 인도의 헌법은 국민 사이의 모든 법적 구별을 제거했다. 더욱이 인도 헌법은 종교적이지도 않다. 그러나 이론과 현실 사이에는 여전히 큰 괴리가 있다. 이 지역에서 변화는 매우 느리고 거의 온전히 지적 엘리트에만 국한된다. 심지어 그들조차 변화를 주저한다. 수많은 정치 투쟁이 여전히 개인의 경쟁의 문제일 뿐만 아니라 계급 차이의 문제라는 것이 중요하지 않을까? 그러나 중간계급이 성장하고 있다. 중간계급 구성원들은 46개가 넘는 인도의 대학들 가운데 하나를 거치며 행운을 찾고자 한다. 모두가 성공하는 것은 아니어서 이른바 '고등실업자'가 존재한다. 그러나 그들 대부분은 행정 관료, 법률가. 의사, 정치인이 된다.

이런 다양한 면모를 지닌 중간계급이, 최소한 겉으로 보기에는, 모든 신분에 열려 있다. 중간계급은 옷차림과 행동에서 공공연히 영국인을 흉내 냈다. 그런데도 이들에게 가정생활은 종종 그들의 전통 의상과 식사를 재발견하고 예전 생활방식으로 돌아갈 수 있는 안식처다. 그리고 현대적 삶은 거의 모든 면에서 종교적 전통과 단절을 표상한다. 예컨대 수도 공급이 오염되지 않고 순수하다고 여기는 건 전통에 반하는 일이다. 수돗물은 '불순한' 여러 장소를 지나기 때문이다. 의사가 처방한 대구 간유를 먹는 것은 전통에 반한다. 생선은 금기이기 때문이다. 계급 간 결혼에 동의하거나 '신분은 중요하지 않다'라고 말하는 문구와 함께 신문에 결혼을 공고하는 일 역시 전통에 반하는 일이다. 혹은 신축 공장 근처에 기술자, 공장장, 노동자를 한 건물에서 지내게 하고 함께 기숙하면서 금기를 어기는 것을 못 본 척한다면 그 역시 전통에 반하는 일이다.

그런 사례들이 있었다는 사실은 힌두교의 개혁에 어느 정도 진척이 있었고 힌두교의 형식주의가 약화되고 있다는 것을 보여준다. 사실, 붓다 이후 인도에서 가장 활동적인 종교 사상가들은 힌두교의 과도함에 맞서 투쟁했다. 1800년에 람 모한 로이는 브라모 사마지로 알려진 새로운 종파의 창시자로서 이런 식의 힌두교 개혁을 시도했고 힌두교를 유일신교로 변화시키려고 했다. 다른 개혁가들이 뒤를 따랐고 여전히 또 다른 개혁가들이 등장하리라는 데에는 의심의 여지가 없다.

인도는 이제 그 문화적 전통에서 비롯된 장애물들이 앞길에 놓여 있음을 의식하고 있다. 이런 깨달음은 이미 마하트마 간디 시절에도 있었다. 간디는 분명히 그 누구보다 열렬하게 저항하며 현대 인도를 '드러내는 데' 큰 역할을 했다. 사실 간디는 인도의 모든 영적 전통을 자신이 본 진보의 명분과 결부시키고 국민적 자긍심을 강화하고자 했다. 이는 간디가 확실한 본능으로 인도의 대중을 일깨우고 열정적인 민중 운동을 형성한 방식이었다. 그러나 동시에 그가 되살리려 한 전통이 몇몇 영역에서 인도가 어떤 근대적인 방식을 받아들이지 못하게 가로막는다는 것을 의미했다.

이는 결국 간디와 사회주의자였던 그의 동료 투사, 네루를 분열시킨 기본적인 갈등이었다. 네루 자신은 이를 '미래지향적인 심리를 지닌 사람과 과거에 기울어 있는 사람을 가르는 심연'이라고 요약했다. 간디의 원칙은 운명적으로 그를 사회주의 혁명에서 멀어지게 했다. 그에게 혁명은 사람들의 마음에서 일어나야 했다. 혁명은 사물의 기존 질서를 바꾸는 문제가 아니라 어떤 부와 영향력을 지녔든 관계없이 사람들을 설득해서

그들이 동료 인류에게 봉사하는 데에 전념하고 동조하게 만드는 문제였다. 간디의 말을 빌리자면,

> 금욕과 자발적 가난의 기술과 미덕으로 채워지고…… 제 손으로 직접 실을 잣고 옷감을 짜며…… 민족의 기본이 되는 활동을 포용하고…… 마음속에서 신분의 편견을 모두 털어버리고, 독한 술과 약을 완전히 끊는 데에 동참하고…… 전반적으로 존재의 순수성을 배양하는 것이다. 이런 일들은 사람들이 가난 속에서 살아갈 수 있게 하는 봉사의 수단이다. 촌락 생활의 전통적인 틀에 맞게.

요컨대 네루는 그의 책 『나의 삶과 수감 생활』에서 간디의 관점을 다루며 이렇게 결론지었다. '대중에게 봉사하려는 사람은 생활수준을 높이는 일에 신경 쓰지 말아야 하고 자신을 낮추고, 말하자면 대중에 맞춰 그들과 어울려 살아야 한다는 게 간디의 생각이다. 그에게는 그것이 진정한 민주주의다.' 네루와 그의 동료들은 이런 개인의 윤리와 간디에게 칭찬할 만한 점이 있다고 느꼈지만, 개인의 윤리를 집단의 이상으로 삼는 것은 '현대의 민주주의자, 사회주의자, 심지어 자본가의 논리적 개념에 반하며 가부장제의 낡은 정신으로 되돌아간다는 뜻이고 어리석으리만치 반동적이다'라고 생각했다. 특히 인도가 저개발과 대중의 빈곤에서 벗어나려 할 때 과거와 단절해야 할 측면들을 직시하지 못한다는 것을 뜻한다고 생각했다.

사실 인도가 간디보다 네루를 따랐다는 사실은 간디의 제자 비노바 바베의 실패에서도 볼 수 있다. 그는 바푸bapu 혹은 '아버지'가 죽기 전인 1947년에 부단 운동Bhoodan Movement을 시

작했다. 운동의 목적은 농업의 고통스러운 문제를 해결하기 위해 토지 소유주들을 설득해서 자발적으로 토지를 헌납하게 하는 것이었다. 이렇게 헌납된 토지는 개인적이든 집단적이든 가난한 이들에게 재분배될 것이었다.

이런 이상적인 운동의 의미를 이해하기 위해서는 비노바 바베를 기억해야 한다. 그는 좋은 집안에서 태어나 교양을 갖춘 훌륭한 수학자였지만 1916년 어머니 앞에서 자신의 졸업장을 모두 불태우고 '출가자', 힌두교 수행자의 생활방식에 헌신했다. 그는 간디의 모든 운동에 (여러 차례 감옥에서) 참여한 중요한 인물이었다. 부단 운동을 시작하면서 그는 농민 문제 해결을 위해서는 6,200만 에이커의 경작지가 필요하다고 주장했다. 10년 뒤에 그는 고작 500만 에이커의 토지를 확보했다. 양적 측면에서 그의 실패는 명백했다.

그 운동을 펼치면서 비노바 바베는 최소한의 식사만 하고 간디가 설파한 면직물을 매일 짜면서 수천 마일을 걸어서 마을에서 마을로 옮겨 다녔다. 그러나 간디 시절에 가능했던 것은 간디 덕분이었고 시대가 달랐기 때문인데 현대 인도에서는 시대착오적인 것이 되었다. 비노바 바베는 열정을 불러일으켰다. 그러나 구자라트의 일부 농촌에서 그가 조롱받은 것은 새로운 시대, 새로운 각성의 신호였다. 그의 실패는 교훈적인 이야기책에서나 볼 법한 슬픈 이야기이지만 썩어빠진 구체제에 맞서 현실적이고 합리적 현대적 해법을 찾으며 인도가 얻은 깨달음을 보여준다.

네루는 다음과 같이 결론지었다.

오늘날 인도의 옛 문화는 해묵은 것이 되었다. 그것은 조용히 필사적으로 새롭고 너무도 강고한 적, 자본주의 서양의 문명에 맞서 투쟁하고 있다. 인도의 옛 문화는 패배할 것이다. 서양이 과학을 가지고 왔기 때문이다. 그리고 과학은 수백만 명의 굶주린 사람들에게 빵을 의미한다. 그런데 서양은 잔인하게 난도질하는 문명의 독을 치료해줄 해독제도 가져온다. 그 해독제는 사회주의 원칙이며 공동체에 봉사하고 모두의 선을 위한 협력의 개념이다. '봉사'에 관한 브라만의 오랜 이상과 그리 동떨어지지 않은 것이다. 오히려 모든 계급과 집단의 '브라만화'를 뜻한다(물론 세속적 의미에서). 그리고 계급의 구분을 없애는 것을 의미한다. 그래서 어쩌면 인도는 넝마 조각이 되어버린 낡은 관습을 바꿀 수밖에 없게 되었을 때, 새로운 관습을 이런 양상에 맞출 것이다. 현 상황과 정신의 오랜 습성에 모두 맞추기 위해서다. 인도가 지지할 원칙들은 땅속에서 그 뿌리들과 만날 것이 분명하다.

5. 극동 해양

얼핏 보면, 인도차이나, 인도네시아, 필리핀, 한국, 일본을 하나로 묶는 것은 터무니없어 보일 수 있다. 그러나 이들은 서로 멀리 떨어져 있지만, 역사적으로는 두 개의 대양, 중국해와 인도양으로 긴밀히 연결되어 있었다. 중국과 인도는 쉼 없이 폭넓은 영향력을 끼쳐왔다. 해상로로 쉽게 접근할 수 있었기 때문에 긴밀성이 커졌다. 동아시아와 동남아시아의 바다—예컨대, 동해(일본해), 황해, 동중국해, 반다해, 술루해—는 작고 얕으며 대륙에 인접한 바다로 인근의 육지로 둘러싸여 있었다. 필리핀과 일본 근해를 벗어나 깊은 바다에 도달하려면 동쪽과 남쪽으로 화산섬 제도들을 지나야 한다. 이 섬들은 인도양과 태평양으로부터 좁은 바다를 갈라놓는다. 그러므로 그 좁은 바다들은 육지에 둘러싸이고 섬들이 늘어선 해상 공간, 곧 '지중해'들이다. 그들 바다의 모든 것이 이미 인간화했다.

그들의 또 다른 공통점은 계절풍—여름의 초입과 겨울의 초입에 정기적으로 그 방향을 반대로 바꾸는 몬순—에 휩쓸린다는 것이다. 또한 어디나 태풍이 있고 때로는 허리케인만큼 강하다. 비극적인 경우도 많지만, 영원하지는 않다. 통상 배들은 평온한 바람에 의지해 섬 사이, 혹은 해안을 따라 평화롭게 항해할 수 있다. 이곳에서 항해는 섬에서 섬으로 이어지며 갑작스러운 태풍을 피할 수 있고 맹그로브가 줄지어 선 해안 풍경을 놓칠 수 없다. 파도가 너무 거세서 바다가 위협적일 때는 통상 수면에 아주 가까운 해저에 닻을 내린다. 수많은 증언대로, 그렇게 안전을 확보한 아랍의 다우선, 중국의 정크선이나 네덜란드 화물선은 쉽게 악천후를 피하고 악천후가 지나가면 항해를 계속한다.

그런 부분은 이 친숙한 근해의 장점이자 가능성이었다. 그런 바다에는 그곳을 편안하게 느끼며 잘 정립된 일정에 따라 무역 활동이나 해적 활동을 하는 선원들이 넘쳐난다. 멀리 마다가스카르까지 항해한 말레이인들이 있었는가 하면 아우트리거 카누를 타고 하와이, 이스터섬, 뉴질랜드까지 항해한 폴리네시아인들도 있었다. 그런데 그들은 항로를 잘 아는 내해에 머무는 때가 더 많았다. 일본인과 중국인은 이 점을 보여주는 좋은 예였다. 드 라 코르테스 신부는 1626년에 '중국인은 원양으로 나아가지 않는다'라고 주장했다. 그러나 원양 항해는 아랍인들을 머나먼 섬들로 인도했고 포르투갈인, 네덜란드인, 영국인이 그 뒤를 따랐다.

분주한 왕래는 곧이어 이런 내해들을 인간화했고 그 해안을 연결했으며 그들의 문명과 역사를 연결했다. 그런 실체는 각각 그 나름의 영속적인 특성을 유지했다. 그러나 바다는 문화-접변culture-contact의 기적을 수행했고 그들의 상호 교류를 촉진했으며 그들을 서로 닮아가게 했다.

인도차이나

 인도차이나는 이런 해양 공동체의 가장 좋은 예는 아니다. 인도차이나는 동남아시아의 큰 부분을 차지하는데 그 이름은 네덜란드계 프랑스 지리학자 콘라드 말테 브룬(1755-1826)이 붙였다. 드넓은 인도차이나 반도에는 높은 산맥도 가로지르고 있지만 북에서 남으로 이어지는 드넓은 계곡 역시 가로지르고 있다. 그래서 마치 손가락을 펼친 손처럼 보인다. 남으로 가면서 좁아져서 기다란 말레이반도로 줄어든다. 동쪽과 서쪽 양옆으로 바다가 펼쳐진다. 훨씬 더 넓은 북쪽 지역에는 선사시대부터 끊임없이 수많은 민족이 넘나들었다—선사시대를 연구하는 역사가들이 확인한 모든 인종이 이곳에 흔적을 남겼다. 오스트레일리아 원주민, 말레이시아인, 선사시대 중국에서 넘어온 몽골족 등. 이런 종족들이 현재 거주하는 사람들의 토대다. 여전히 원시적인 삶을 사는 산악 민족들 사이에서도 말레이시아 계통이 발견되었다.

 역사 시대에 4차례의 주요한 인구 이동이 인도차이나에 영향을 끼쳤다. 중국에서 온 첫 번째 이동은 무력을 동원한 침입이었다. 바다를 거쳐 인도에서 온 두 번째 이동은 평화적이었다. 나머지 두 차례의 이동은 모두 바다를 거쳤다. 이슬람 세력이 말레이반도까지 들어와서 그곳을 차지했고 유럽인들(프랑스와 영국)의 침략은 19세기에 크게 강화되었다. 이는 모든 것을 덮었고 최근에는 더 혹독하고 지난한 탈식민화의 갈등 속에 묻혔다.

 고대 인도차이나 문명은 측면에 위치했고, 대체로 두 개의 방대한 영역, 중국과 인도로 설명되었다.

중국 문명은 약 1000년 전 힘을 앞세워 통킹과 안남(베트남 북부와 중부)에 도착했다. 이는 군사적인 동시에 행정적이며 종교적이고(유교, 도교, 불교) 장기적인 식민 정복이었다. 중국 사에서 주요 사건인 중국 남부 점령이 남쪽까지 확대된 것이었다. 토착 주민은 내쫓기거나 지배 대상이 되었다. 그렇게 해서 안남인의 생기 넘치는 문화가 존재하게 되었다. 그리고 그 문화는 결국 인도차이나 남부에서 더욱 퍼졌다.

힌두교의 영향은 상인들의 영향이었다. 그들은 항구와 상관을 설치하고 그곳에서 무역 활동을 했으며 지역의 권력자와 결탁하는 일이 많았다. 지역의 일부 권력자는 이런 접촉의 결과로 엄청난 부를 얻었다. 그들의 기술적 문화적 우위 덕분에 영향력을 행사할 수 있었고 자신의 입지를 굳히고 왕국을 세웠다. 그 왕국으로부터 힌두 문명이 섞인 혼합 문명이 등장했다. 베트남 중부 해안의 참파 왕국, 동남아시아 서쪽 끄트머리의 몽 왕국, 그리고 메콩 삼각주의 푸난 왕국이 이에 포함되는데, 푸난 왕국은 훗날 진랍 왕국에 흡수되어 크메르 제국을 탄생시켰다. 크메르 제국은 9세기부터 14세기까지 동남아시아의 최강국이었다.

11세기부터 14세기 사이에 버마인과 타이('자유')인의 침략과 정복은 더 많은 토착 왕국들의 출현으로, 크메르인과 몽족의 희생으로 이어졌다. 이 왕국들은 결국 버마인의 란상 왕국을 탄생시켰다. 그 동부는 오늘날 라오스와 시암(오늘날의 태국, 곧 '자유의 땅')으로 살아남았다.

19세기에 도착해 20세기에 떠난 유럽인들은 이 나라들을 한시적으로만 차지했다. 그런데도 동남아시아는 이 강제적인 식민 정복에 깊은 영향을 받았다. 1896년 그 지위를 인정받은 시암을 독립적인 완충 국가로 동쪽은 프랑스, 서쪽은 영국이 차지했다. 1887년에 프랑스는 통킹, 안남, 코친차이나, 캄보디아, 라오스를 묶어 인도차이나 연방을 결성했다. 영국은 버마를 그들의 인도제국에 추가했고 말레이반도 끝자락에서 말레이 국가를 지배하고 싱가포르를 극동에서 가장 큰 항구로 만들었다.

일본의 지배력이 동남아 전역에서 급속히 확대되었던 제2차 세계대전은 이 짧은 수명의 식민 구조를 한순간에 파괴했다. 말레이 국가, 싱가포르와 버마는 영국의 현명한 정책 덕분에 분쟁 없이 독립을 확보했다. 그러나 베트남인들은 프랑스를 상대로 오랜 투쟁을 이어갔다. 인도차이나 동부 국가들은 1954년 7월 21일 제네바 조약이 성립할 때까지 완전한 독립을 얻지 못했다.

이 조약으로 과거 프랑스령이었던 인도차이나는 넷으로 나뉘었다. 제네바 조약은 북위 17도 선에서 안남을 분할했다. 북부와 통킹을 묶어 베트남 민주공화국으로, 남부는 코친차이나와 함께 베트남 공화국이 되었다. 독립 왕국 라오스는 이미 1949년에 프랑스의 인정을 받았다. 그리고 캄보디아는 1949년 11월 8일에 독립을 인정받았다. 대체로 라오스와 캄보디아는 양 진영, 미국과 소련 사이에서 중립을 유지했다. 북베트남은 공산 세계에 속했으며 그들을 중시한 중국, 소련, 체코슬로바키아와 유대 관계를 맺었다. 남베트남은 미국의 통제 아래 놓였다.

이 제한적인 독립을 시작으로 이들 국가는 모든 저개발 국가들을 포위했던 무시무시한 문제들에 직면했다. 근대화된 산업과 농업, 국제 수지 개선이 인구의 지속적인 성장과 보조를 맞추거나 가능하다면 인구 증가를 앞지르는 등의 문제였다. 북베트남이 취한 사회주의 방법들은 자유 진영이 다른 곳에서 채택한 것보다 더 성공적일까? 답하기 어렵다. 정치와 분쟁 가능성이 자유로운 선택과 정직한 비교를 가로막았다. 예컨대 북베트남이 무기―전통적인 러시아 무기―를 보유했다는 사실이나 캄보디아의 조립 공장에서 시트로엥 2마력 자동차가 수출된다는 사실에서 추론할 수 있는 것은 없다.

이 신생국들 어디에도 상황이 단순한 곳은 없었다. 북베트남은 활력이 넘치지만, 동남아시아에서 유일한 공산주의 실험을 진행했다. 그리고 그런 예외적인 위치 덕분에 유리한 점도 있었지만, 가장 가까운 거대한 이웃 중국이 영위한 흡인력에 다소 불편을 느꼈다. 남베트남은 미국과의 동맹에서 이익을 얻었다. 그러나 그 결과 영토 내 전쟁을 감수해야 했다. 인민은 미국식 반+식민주의를 유지하는 데에 반대했고 북부의 공산주의와 동맹하기를 더 원했다. 베트남전 종전으로 이 동맹은 공산주의의 지배를 받는 남과 북의 연방으로 바뀌었다.

라오스와 지금은 캄푸치아인 캄보디아의 중립적 지위가 위태롭듯이, 이 지역의 균형은 위태로웠고 여전히 위태롭다. 서로 충돌하는 수많은 이해관계가 얽혀 아무도 현재의 갈등이 어떤 결과로 나타날지 합리적으로 예측할 수 없다.

이런 눈앞의 문제 너머에 해묵은 문화적 문제들이 남아 있다. 평야의 인구 과밀은 절반쯤 비어 있는 산악 지대와 대조를 이룬다. 두 개의 역사 시대가 서로 충돌한다. 평야, 벼농사 덕분에 홍강, 메콩강, 메남강(짜오프라야강), 이라와디강의 삼각주 지역들은 인구 과밀이 가능했다. 이런 형태의 농업과 많은 인구가 지배적인 문명들의 토대가 되었다. 중국 문명의 계승자인 안남인은 늘 홍강 삼각주의 저지대를 차지하고 있다. 17세기에 그들은 힌두교의 영향을 받은 참파 왕국을 파괴했고 18세기에는 캄보디아인들로부터 메콩강 삼각주를 빼앗았다. 역사적 차원에서 보면 이들이 거둔 이런 승리는 상대적으로 최근 일이었다.

동으로 캄보디아, 시암과 버마에서 촘촘히 짜인 평야 문명들은 힌두교의 영향을 크게 받았고 불교의 영향도 강하게 유지했다. 그러나 이들 국가의 산악지대로 더 높이 올라가면 원시적이고 반 독립적인 소수 민족들이 정령 신앙과 함께 화전에서 작물을 재배했다. 그들은 지금도 살아남았다.

인도차이나의 다채로운 세계에서 그리스도교 선교사들은 주목할 만한 성공을 거두었는데 거의 언제나 불교와 이슬람의 영토 밖에서였다(이미 살펴보았듯이 이슬람의 주요 영역은 말레이반도였다). 북베트남 출신 그리스도교 농민들은 1954년 이후 남베트남을 향한 30만 명의 대탈주를 연출했다. 남베트남에서는 사이공의 가톨릭이 세력을 장악했다. 이상할 것도 없는 일이지만, 그리스도교의 선전은 정령 신앙을 믿는 이들 사이에서 가장 성공적이었다. 그렇게 해서 버마 연방에서 카렌족 다수의 프로테스탄티즘 개종은 그들의 결속을 강화했고 특히 버마 불교도들이 장악한 중앙 권력에 맞서 그들의 세력을 키울 수 있게 했다.

이런 사실들이 동남아시아의 복잡하고 불투명한 미래를 보여주는 지배적인 특징은 아니다. 그러나 여전히 그곳에 존재하는 영국과 프랑스 학교들이 그렇듯이, 그 미래를 조명한다. 동남아시아는 여전히 교차로이며 여러 영향을 환영하며 서로 다른 민족과 문화적 조성에 따라 서로 다른 방식으로 그런 영향을 흡수하거나 거부한다.

인도네시아

말레이반도 너머에서, '아시아는 태평양에 빠진다.' 인도네시아는 동남아시아의 동쪽으로의 연장이다. 인도네시아의 수천 개 섬은 '세계에서 가장 큰 다도해'를 이룬다. 그곳은 언제나 다채로운 색들이 만나는 장소였으며 여전히 그렇다. 그러나 이런 다양성이 어떤 통일성을 앗아가지는 않았다. 일관성에는 언제나 안전장치가 있었고 자주 재확립되었고 과거에 그랬던 것처럼 지금도 그렇다.

인도네시아 열도는 언제나 거대한 나침반의 중심이었고, 아주 멀리서 벌어진 사건들의 충격을 꾸준히 느꼈다. 선사시대부터 그랬다. 그리스도교가 만들어진 1세기에, 인도의 선원과 상인들이 버마나 시암, 캄보디아에서 그랬던 것처럼, 이곳에 식민지를 건설하러 오면서 힌두교와 불교를 들여왔다. 이들 종교는 나란히 번성했으며 지역의 섬 '문화'를 받아들였고 새로운 왕국들의 지지자 역할을 했다.

이런 새로운 왕국들 가운데 첫 번째 국가가 수마트라에 건설되었다. 그러나 가장 중요하고 강력한 왕국은 자바에서 번성했다. 그러나 그들의 영향력은 다소 제한적이었다. 그들이 들여온 문명의 영향력이 제한적이었던 것과 마찬가지였다. 자바에는 높은 산맥이 있었고 거대한 처녀림, 마을로 조직된 농민 인구가 있었다. 그들에게는 만족스러운 활기 넘치는 전통이 있었다. 그 결과, 인도의 팔리 문자에서 도출된 그들의 문자로 표상되든, 힌두교를 모태로 한 시나 우화로 표상되든, 아니면 18세기 보로부두르 언덕을 뒤덮은 건축물 군群을 이룬 무덤과 사원들―마하야나(大乘, 거대한 탈것) 불교에 따르면 세상의 이미지―로 표상되든 인도-자바 문명은 표면에 얇은 겉치레를 남겼다.

크라톤Kraton 요새의 '왕들' 사이에는 전쟁이 끊이지 않았고 13세기 하나의 '보편' 힌두 제국, 마자파힛 제국의 출현에서 절정을 맞았다. 이 제국은 자바를 거점으로 종주국과 속국의 방대한 네트워크 안에서 강력하고 적극적인 함대의 도움을 받아 다른 섬들을 지배했다. 마자파힛 제국은 말레이반도 남쪽 해안의 '사자獅子들의 도시' 싱가포르를 지배했다. 동쪽으로 마자파힛 제국은 뉴기니까지 뻗어갔다. 그리고 북쪽으로 필리핀까지 뻗어 있었다. 1923년에 마자파힛 제국은 원元이 파견한 해상 원정대를 무장 해제시켰다.

그러나 제국의 강대함은 오래가지 못했다. 1420년 이슬람 세력이 믈라카를 차지했다. 1450년부터 줄곧 이어진 그들의 성공적인 침략이 마자파힛 제국을, 혹은 그 제국의 남은 부분을 끝장냈다. 정치적 이기심과 성전聖戰의 결합으로 제국의 거대한 구조가 영원히 파괴되었다.

포르투갈인들은 1511년에 믈라카를 점령했다. 그리고 1512년에는 말루쿠, 혹은 향신료 섬(정향의 원산지)을 점령했다. 1521년에 그들은 수마트라의 거대한 섬에 상륙했다. 포르투갈의 침략은 믈라카 제도를 분열시킨 정치적 분쟁에 힘입었다. 그러나 즉흥적인 일이었고 포르투갈인들은 그곳에 정착하려는 별다른 노력을 하지 않았다. 많은 것이 들고났지만 믈라카 제도의 전통적인 삶은 거의 영향을 받지 않았다. 수마트라의 서쪽 끝 아친을 나서는 아랍 선박들의 교역도 이에 포함된다. 그들은 그곳에서 향신료와 사금을 싣고 홍해로 향했다. 중국 남부에서 온 정크선이 정기적으로 운항하며 마르코 폴로 시절과 그 이전(사실 북동의 보르네오의 경우 7세기부터) 인도네시아의 섬들을 방문해서 장신구, 도자기, 비단, 동전, 혹은 사페케sapeke라는 납동전을 가져와 희귀한 목재, 후추, 향신료, 보르네오와 술라웨시(셀레베스)의 사금 채취자들이 가공한 사금과 교환했다.

포르투갈의 침략은 자바에서 광동 인근의 마카오까지 그리고 멀리 일본까지 포괄한 고대 무역의 연결망을 무력으로 착취했다. 17세기에 한층 더 심각한 네덜란드의 침투가 있었다. 1605년 그들은 말루쿠의 암보이나에 도착했고 1607년에는 술라웨시에 도착했다. 1619년에 그들은 바타비아를 건설하고 자바를 복속시켰다. 그들은 그곳에서 섬의 술탄들 사이에 경쟁을 부추겨 분할통치 정책을 시행했다. 중세의 군주인 술탄들의 크라톤(반 요새이자 반 성곽)은 높은 곳에 자리했다. 1604년 믈라카에서 포르투갈인을 쫓아낸 네덜란드인은 말레이제도 전체를 지배하게 되었다.

그 뒤로 그들은 두 개의 거대한 해상로, 수마트라와 말레이 해안 사이, 서쪽으로 시암과 인도로 이어진 길에 있는 믈라카 해협과 자바와 수마트라 사이의 순다 해협을 지배했다. 강력한 대형 범선들이 희망봉에서 인도를 거치지 않고 곧장 도착해서 동양의 화물을 가득 싣고 같은 경로로 유럽으로 돌아갈 때 거치는 통로가 순다 해협이었다. 이곳을 이용하던 일군의 무역상들은 다른 상인들로 대체되었는데, 이들은 초기에 영국 상인들과 경쟁을 벌이기도 했지만 네덜란드 동인도 회사가 결성되면서 전성기를 맞았다. 1602년에 설립된 네덜란드 동인도 회사는 오랫동안 서구 자본주의의 주력으로 남아 있었다. 1798년 실수와 곤혹스러운 상황, 예외적인 정치적 상황에서 비롯된 뒤늦은 실패에 직면할 때까지 그랬다. 영국인들이 잠시 네덜란드 동인도 회사를 차지했다. 그러나 1816년에 홀란트가 되찾았다. 그리고 1942년 2월 28일 일본의 침략이 있기 전까지 다시 안정을 찾았다.

일본의 침략과 함께 모범적인 구조가 붕괴했다. 1945년 일본의 패배 후 (전시에 침략자들에게 부역했으며 동시에 그들에 맞서 격렬히 항쟁했던) 인도네시아 민족주의자들은 1945년 8월 7일 민중의 열광 속에 아흐메드 수카르노 대통령의 영도 아래 인도네시아의 독립을 선포했다. '한 달 뒤인 9월 28일 영국-인도 군을 이끌고 바타비아에 상륙한 총사령관 크리스티슨은 도시의 성벽을 도배한 반反네덜란드 구호를 발견했다.'

네덜란드 정부의 강경 대응, 그리고 구질서를 재확립하려는, 최소한 그 일부라도 되찾으려는 노력은 고전적인 탈식민화의 위기를 촉발했는데 프랑스의 최근 역사에서 몇 차례 발생한 위기와 비슷했다. '식민주의자들'은 인도네시아에서 술라웨시와 보르네오처럼 인구 밀도가 낮은 곳에서 쉽게 성공을 거두었지만, 수마트라에서는 거센 저항에 직면했고 자바에서는 저항이 훨씬 더 거셌다. 네덜란드 군대는 게릴라 전사들에 의해 발이 묶였고 대도시 근처에서의 그들의 승리를 쓸모없는 것으로 만들었다. 1947년 7월 21일에 시작된 네덜란드 군대의 대대적인 '치안 작전'은 엄청난 난관에 봉착했다. 그들은 자바 반군 지역 봉쇄에서 더 성공적인 결과를 얻었는데, 이는 이루 말할 수 없는 고통을 낳았다. 1948년 2월 17일 인도, 오스트레일리아, 미국, UN의 개입으로 마침내 불완전하나마 합의가 도출되었다. 그러나 두 번째 '치안 작전'이 뒤따랐고 첫 번째 작전만큼이나 무익했다. 1949년 12월 27일 헤이그에서 네덜란드 여왕은 과거 네덜란드령 동인도에 대한 주권을 포기하고 뉴기니의 '네덜란드' 지역을 보전하는 조약에 서명했다. 자카르타로 이름을 바꾼 바타비아에서 빨간색과 흰색, 파란색으로 이루어진 네덜란드 국기가 인도네시아 국기, 상 사카 메라 푸티로 교체되었다.

이런 내용은 길고 극적이었던 갈등을 요약하기에는 모자라지만, 오늘날의 인도네시아를 이해하는 데에는 필수적이다. 사실 인도네시아는 아직도 그 최근 투쟁에서 벗어나지 못했다. 인도네시아의 투쟁은 여전히 되살아나고 있다. 네덜란드에 대한 적대감을 그들이 겪는 어려움의 구실로, 어려움에 대처하는 자극제로 삼곤 한다. 그런 적대감이 신생 공화국에는 통일의 동력으로서 필수적이었다. (네덜란드 령 뉴기니였다가 1963년 5월 1일 인도네시아에 편입된) 서 이리안 섬을 둘러싼 난타전에는 달리 **이유**가 없었다.

옛 지배자들은 인도네시아의 마지막 영토를 독단적으로 차지했던 것일까? 그곳은 원시의 섬이었고 천연자원이 있었다.

그러나 그 자원의 개발은 인도네시아나 네덜란드의 능력 밖이었다. 섬주민들―파푸아인들―의 입장에서는 인도네시아인도 네덜란드인도 그들과 공유한 것이 없었다. 그런데 무슨 상관인가?

인도네시아 문명은 인종, 종교, 생활수준, 지리적 특징과 문화의 극단적인 혼합이다. 자바를 포함한 모든 섬에 여전히 구석기의 조건에서 살아가는 원시 민족들이 터를 잡고 있었다. 또한 서로 다른 많은 인종을 포함한다. 자바에는 세 말레이인 집단이 있다. 수단인, 마두라인, 그리고 자바인이다. 수마트라에는 말레이인, 생소한 민족인 미낭카바우인, 바탁인, 아체인이 있다. 도시의 중국 상인들은 포함하지 않았다. 그들은 미움을 받지만 없어서 안 될 사람들로 도매상, 소매상, 대금업자와 고리대금업자의 역할을 맡는다. 그리고 모든 사람이 그들을 기생충으로 여기지만 그들이 없다면 아무 일도 할 수 없다. 더욱이 1948년 이후 그들은 강력한 공산 중국의 지원을 받아왔다.

이 민족들에게는 고유의 언어나 방언이 있다. 그러나 그들에게는 그들의 폐쇄적인 세계를 연결할 공통의 언어, 링구아 프랑카lingua franca 같은 것이 필요하다. 그리고 16세기 이래(그 전부터라는 데에는 의심의 여지가 없다) 말라요-폴리네시아어 혹은 더 친숙한 표현으로 말레이어가 그런 역할을 해왔다. 말레이어는 신생 공화국의 공식 언어가 되기 전에 민족주의자들의 공식 언어였던 인도네시아어, 곧 바샤 인도네시아어의 토대이다. 그렇다고 해도 그 언어는 새로운 활용, 특히 과학 분야에 적응해야 했다. 한번은 전문 용어를 위한 위원회가 하나의 법령에만 37,795개의 새로운 표현을 받아들였다.

사실상 그것은 새로운 언어이다. 인도네시아에서 그것의 역할은 인도에서 힌디어의 역할과 비교될 수 없다. 힌디어가 공통 언어이지만, 영어와 병용되고 영어는 여전히 적극적으로 활용된다. 인도네시아에서 네덜란드어는 영어처럼 살아남지 못했다. 이유가 많지만, 근본적으로 네덜란드는 (때늦고 부적절한 몇 가지 노력을 제외하고) 근대 기술 교육을 발전시키거나 자국의 언어를 가르치지 않았기 때문이다. 어느 경제학자의 주장에 따르면 네덜란드인들은 '현지인들의 무지를 토대로 자신들의 우월성을 확립하고자 했다. 네덜란드어 사용은 지배자와 피지배자의 간격을 좁힐 것이고 어떤 대가를 치르더라도 피해야 할 일이었다.'

인도네시아의 언어적 다양성은 문화적 다양성과 문화적 혼란에 반영된다. 말레이제도에서는 위대한 종교들의 흥미로운 모험이 펼쳐졌다. 그 종교들은 제 힘으로 승리한 적이 없다. 그 종교들은 그들을 괴롭히고 그들과 중첩된 민간신앙과 공존했다. 그리고 때때로 주요 경쟁자 가운데 하나와 결합했다.

예컨대 욕야카르타에서 25킬로미터가량 떨어진 촌락의 일부 주민들의 증언을 들어보자. 이곳은 바타비아를 다시 점령한 네덜란드가 잠깐 자바의 수도로 삼았던 곳이다. 그들은 유럽에서 온 여행객들과 이야기를 나눴다. 농민 카르조디크로모는 주저 없이 이렇게 선언했다 '자바에서 우리는 모두 무슬림이다.' 그는 조금의 주저함도 없이 말했다. '그런데 당신들은 왜 당신들의 신을 이야기하는가? 이슬람교도는 유일신을 믿는다.' 카르조디크로모는 짜증이 난 듯 보였고 그의 아버지가 그를 구하러 달려왔다. 그는 차분히 말했다. '우리가 다른 신을 부정할 수는 없다. 그들은 우리를 도울 수도 있고 우리에게 해를 끼칠 수도 있다. 우리의 쌀은 비슈누 신의 아내 데비 쉬리에게 달렸다.'[데비는 실제로 시바 신의 아내라고 주장된다.](티보르 멘데)

더욱이 나라 전체에서 모스크는 단 하나도 보이지 않았다. 무슬림 마을 주민들은 데비 쉬리의 재단에 과일과 음식물을 바쳤다. 그리고 악령을 쫓기 위해 바람이 불면 소리가 나는 대나무 피리를 들에 두었다. 마찬가지로 그들은 '수확자가 손에 감춘 작은 칼날' 아니아니ani-ani로 조용히 벼를 베어야 했다. 조용히 그리고 신속하게, 그래서 선한 영들이 멀리 날아가지 않게.

발리도 비슷한 그림을 그릴 수 있다. 발리는 위대한 자바제국의 유산과 그 힌두교 신앙이 보존된 경이로운 섬이다. 그런데 얼마나 오랫동안일까? 이곳에서는 죽은 자들을 화장했는데 그들의 영혼이 빛을 향해 날아오를 수 있게 하기 위해서였다. 그런데도 동시에 정령 신앙과 그 제례가 존속했고 여전히 널리 행해지는 조상 숭배와 연결되었다.

이런 다양한 민족들의 통일성을 주장하기는 쉽지 않다. 네덜란드인들에 대한 적대감이 만능은 아니었다. 가난에 찌든 원시 경제를 근대화해야 할 때, 혹은 혹사당하는 농민들이 주를 이루는 인구에 인내심을 불어넣어야 할 때 통합은 어렵다. 네덜란드의 식민화가 신생 정부에게 준 가장 큰 도움은 농촌 인구를 너무 철저히 착취해서 오직 소수의 토지 소유주만이 소유지를 유지할 수 있었다는 점이다. 그래서 신생 인도네시아 공화국은 토지 재분배 문제라는 거대한 문제에 직면하지 않았고 농업의 불안을 두려워할 필요가 없었다. 모든 농민이 다 같이 가난했다.

그들은 대체로 자급자족경제의 포로였다. 그들에게 쌀은 기본 식량이었고 옥수수, 토란, 혹은 녹말보다 훨씬 중요한 곡식이었다. 소는 견인 동물로만, 짐을 운반하는 동물로만 사육했다. 거의 혹은 전혀 식용은 하지 않았고 적은 양의 생선만 먹었다. 시장에 내놓을 것은 거의 없었다. 약간의 쌀, 약간의 옷감, 집에서 만든 장난감―도시에서 팔리는 그런 소소한 것들로 얻은 돈은 '정향의 향을 입히고 길게 늘인 고깔 모양의' 싸구려 담배를 포함해 소소한 것들을 살 수 있는 정도의 액수였다.

수카르노 박사가 국유화하기 전까지 영미 회사들이 운영했던 정유 시설, 고무 플랜테이션과 그와 연관된 공장, 수마트라 양 섬(주석의 경우 방카섬과 벨리튼섬)의 석탄과 주석 광산을 제외한 산업은 여전히 초보적인 수준에 머물렀다. 그러나 유럽계 기업이든 중국계 기업이든 국영기업이든, 인도네시아의 산업 활동은 결코 경제 성장을 촉진할 수준이 아니었다. 동시에 네덜란드와 결별 후, 네덜란드가 전통적인 식량 작물들을 희생한 대가로 발전시킨 주요 수출품―고무, 커피, 코프라와 설탕―의 방출구가 거의 없었다.

그럼에도, 인도네시아 수출품의 75퍼센트가 여전히 고무, 원유, 주석 같은 원자재다.

그러므로 독립에도 불구하고 인도네시아는 여전히 전형적인 식민 경제 상황에 있었고 위험스러울 정도로 세계 시장의 변동에 의존하고 있었다. 그리하여 1953년 한국전쟁이 끝나고 원자재 가격의 상승이 멈추자 인도네시아의 수지에 재앙적인 결과가 나타났다.

급격한 인플레이션과 거의 연간 100만 명에 이르는 인구 증가로 1960년대 초 상황은 계속해서 악화하고 있었다. 해외에서 쌀을 대량 수입하지 않으면 자바는 굶어 죽을 지경이었다. 거기에 능력 있는 경영자의 부족, 불안정한 행정, 특유의 치안 불안과 형편없이 조직된 군대를 덧붙여야 한다. 이리안자야(서 파푸아) 섬의 사례처럼 구호와 정치 선동에 너무 많은 시간을 허비하고 체계적인 계획에는 충분한 시간을 할애하지 않는다는 인도네시아의 정치적 반대파의 주장에 동의하지 않기가 어렵다.

사실은, 계획이 너무도 시급했다. 자유를 회복해 기쁨에 젖은 사람들에게 엄청난 노력을 촉구한다는 것은 쉽지 않은 일이다. 그러나 그런 노력이 있어야 했다. 인도네시아 자체가 통합되어야 했다. 해군도 공군도 없는데 곳곳에 흩어진 그 많은 섬에 무슨 통일성이 있을 수 있었겠는가?

자바는 대규모 인구 덕분에 인도네시아 '태양계'의 중심에 있다. 1815년 500만 명이던 인구는 1945년에 5,000만 명으로 늘었고 1962년에는 6,000만 명이 되었다—인도네시아 전체 인구의 3분의 2에 해당했다. 그리고 인도네시아 전체 자원의 4분의 3을 가지고 있었다. 그러나 그 인구밀도(1제곱킬로미터당 400명)는 사실상 한계점에 가까웠다. 이미 최소 수준에 이른 숲을 개간해 경작지를 늘리기는 어려웠다. 더 나아가는 것은 '위험 지대로의 진입'이 될 것이다. 1제곱킬로미터당 인구가 30명에 불과하고 토지와 광물 자원이 풍부한 수마트라섬이 안전판이 될 수 있었다. 그러나 수마트라의 토양은 자바만큼 비옥하지 않았고 평범한 농민들이 할 수 없는 특별한 조치가 필요하다.

자바 중심주의는 많은 인도네시아인의 분노를 자극했고 적극적인 분리주의와 효율적인 연방을 요구하는 여러 운동을 자극했다. 1950년대 말부터 1960년대 초 사이에 분리주의 폭동이 증가했다. 암보이나Amboina에 말루쿠공화국이 들어섰고 수마트라 서부의 다룰 이슬람Darul Islam, 자바의 판순다Pansunda, 수마트라 파당 지역에서 하타 박사의 운동이 있었고, 술라웨시에서는 '대령들'의 이탈Permesta(보편투쟁헌장운동)이 있었다. 이들 가운데 마지막이던 심볼론 대령은 1961년 7월 27일에 투항했다.

또 다른 난관들이 있었다. 정부는 공산주의자, 사회주의자, 자유주의 이슬람 정당들의 자유를 제한해야 한다고 느꼈다. 그러면서 '수카르노주의'는 '교도민주주의guided democracy' 프로그램을 갖춘 유일한 정당이 되었다.

자유는 제한되고 반대자들은 사면되었지만 밀려나면서 '강한 남자'―'방 카르노'(수카르노 형제)―는 눈부신 정책들을 추구할 수 있고 추구해야 한다고 느꼈다. 그리하여 1955년 반둥에서 제3세계 중립국들의 위대한 회담이 개최되었다. 그렇게 해서 이리안자야(서 파푸아)를 획득하려는 노력이 시작되었다. 모든 영역에서 여러 해 동안 어렵고 불명예스러운 일만 마주했던 정부는 민족주의를 자극해 도움을 얻었다. 1967년, 실제적으로, 수카르노가 실각하고 T. N. 수하르토가 뒤를 이었다.

필리핀

필리핀의 사례는 동남아시아 국가들의 일반적인 상황에서 벗어나지 않는다. 필리핀에는 눈에 띄는 교차로이자 서로 다른 민족들이 마주치는 만남의 장소가 있다.

그곳에는 최소한 구석기 시대부터 인류가 존재했고 기원전 수백 년 전에 철기 제작이 시작되었다. 5세기 이후 필리핀제도는 인도-말레이 문명에 갇혀 있었는데 그 주된 원천은 자바였다. 번성한 마자파힛 제국 아래 인도-말레이 문명은 필리핀 섬들로 퍼졌다. 또한 중국 상인들도 존재감을 발휘했다. 그들은 상인과 선원들의 엘리트 집단을 형성했고 농민들, 토지에 매인 농노들에게 영향력을 행사했다.

15세기 민다나오의 큰 섬에 이슬람이 출현했다. 16세기 페르난도 마젤란이 이끄는 스페인 사람들이 필리핀 제도를 발견했다. 마젤란은 1521년 그곳에서 사망했다. 1565년 스페인 사람들은 북쪽의 또 다른 큰 섬 루손에 정착했다. 그들과 함께 그리스도교는 극동에서 이교도 모로스Moros(무어인)와 오래된 전투를 재개했다.

반란이 잦았고 마닐라의 당국은 어느 경우에도 제대로 통치하지 못했지만, 필리핀 제도는 1898년까지 스페인의 지배를 받았다. 1898년 내부에서 반란이 일어났고 미국 함대가 개입했다. 그 결과 즉각적인 독립으로 이어지지는 않았다. 1898년 12월 10일 파리 조약이 체결되고 미-서 전쟁이 끝났을 때, 필리핀은 미국의 보호 아래 놓였기 때문이다. 지역 민족주의자들에게는 엄청난 치욕이었다. 부끄러운 양심을 달래기 위해 미국 대통령 윌리엄 매킨리는 '필리핀 사람들을 가르치고 문명화해서 십자가에 못 박힌 예수가 구원하고자 한 사람들로 만드는' 일을 자신의 임무로 삼았다.

필리핀은 1946년이 되어서야 독립했다. 최소한 이론상으로는 그랬다.

프랑스 영토의 절반에 불과한 30만 제곱킬로미터의 영토에서 해마다 70만 명의 인구가 늘면서 상당히 소란스러운 과거를 겪고 난 1960년대에 그들에게는 2,500만 명이라는 막대한 인구가 있었다. 혼합된 인구로 그중 95퍼센트는 말레이인이지만 다른 요소도 섞여 있다. 40만-50만 명은 분류하기 어려운 원시 민족이고, 20만 명이 중국 이민자, 7만 명이 네그리토였다.

가톨릭교도가 2,000만 명 정도였다. 극동에서 유일하게 규모가 크고 긴밀하게 연결된 그리스도교인 집단이었다. 다음으로는 200만 명에 이르는 가톨릭계 반체제집단 혹은 필리핀 독립교회 Aglypayans 그리스도교인이 있었다. 이들의 명칭은 전직 사제이자 그 종파의 창시자 아글리파이의 이름을 딴 것이다. 아글리파이는 1898년 반란을 조직하는 데에 큰 역할을 했다. 그다음은 50만 명의 프로테스탄트들이 있다. 무슬림은 200만 명 정도였고 종교가 없는 사람은 50만 명이었다. 1898년 이후 유서 깊은 소수 가문을 제외하고 필리핀에서는 영어가 스페인어를 거의 대체했다. 반면 말레이 방언인 타갈어도 되돌아왔다. 마지막으로 수많은 다른 방언들이 사용되었다. 1960년대 초에 최소한 인구 절반은 문맹 상태였다.

필리핀은 극빈의 상태는 아니어도 가난했고 기본적으로 촌락이 중심이었다. 그리고 소농들을 희생시킨 대규모 농장이 계속 성장하고 있다. 어느 미국인 관찰자가 '기생적-봉건' 사회라고 불렀던 것이 개혁을 가로막아 해외 원조를 방해하는 경향이 있다. 화폐 경제는 마닐라에만 존재한다. 필리핀의 나머지 지역은 물물교환에 의지한다. 농민들의 가난은 훅huk의 대규모 공산주의 반란Hukbalahap을 설명해준다. 이들은 제2차 세계대전 중 일본 지배 기간에는 환영받았으나 전쟁과 점령이 종식되자 필리핀 당국의 무자비한 탄압을 받았다. 그러나 잿더미 아래에서도 불씨가 남아 여전히 연기를 피우고 있었다. 중국, 쿠바 피델 카스트로의 예는 여전히 사람들의 상상력을 사로잡았다. 미국의 도움(과 감시)에도 불구하고 필리핀의 진보는 더디기만 했다. 그래서 미래의 어떤 개선도 인구 성장에 흡수되어 버렸다.

한국

1950년부터 1953년 사이 한국은 극적인 역할을 했다. 희생자의 역할이었다. 그리고 여전히 그 역할을 하고 있다. 그 기간의 한국전쟁은 근본적으로 세계열강들의 분쟁이었고 동양과 서양 사이에 벌어진 무장 투쟁이었다.

제2차 세계대전 중인 1945년 2월 얄타 회담에서, 그리고 전쟁이 끝난 같은 해 12월 한국의 독립은 당연하게 여겨졌다. 북쪽은 소련군이 남쪽은 일본을 거쳐 들어온 미군이 해방했다. 두 점령 지역은 북위 38도의 관행적인 분단선으로 구분되었다. 그러나 유엔의 개입에도 불구하고 그 선에 따른 한국의 분단은 유지되었다. 남측에서는 1948년 8월 15일 대한민국이 건국되고 북측에서는 공산주의인 조선인민민주공화국이 건국되었다. 1950년 북한 공산군이 남한을 침공했고 미국과 동맹국들의 무력 대응이 뒤따랐다. 북한은 중국 의용군이 개입해 균형을 맞췄다. 1953년 7월 휴전협정으로 38도 선을 따라 분단선이 다시 확립되었다. 임의적인 분단은 남측과 북측 어느 쪽의 삶도 여의치 않게 했다.

한반도는 일본 열도, 만주, 시베리아, 중국에 둘러싸인 독특한 전략적 위치의 희생양이 되었다. 강대국에 인접한 작은 나라들을 위협하는 위험의 중요한 예다. 예나 지금이나 강대국은 자신들이 하는 일은 무엇이든 정당하다고 생각한다.

남과 북으로 길게 뻗은 22만 제곱킬로미터의 커다란 한반도와 만주는 압록강과 두만강의 좁은 계곡으로만 나뉜다. 두만강은 백두산—한반도의 독립을 유지하는 데, 그리고 어쩌면 최초에 독립을 가능하게 했던 자연적 경계—과 나란히 놓인다. 북위 43도부터 34도 사이의 이 나라는 800-900킬로미터 길이의 땅으로 한눈에 보아도 이탈리아 반도와 비슷하다.

이탈리아와 마찬가지로, 한국은 자연의 통로가 되는 불운을 겪는다. 중국은 한반도를 입구로 여기며 투르키스탄이나 북베트남처럼 감시해야 한다고 생각한다. 일본은 지리적으로 마치 일본 열도가 약간 긴 실에 묶여 있는 것처럼 보이는 한반도에 공정한 수단을 통해서든, 안전을 평계로든 접근할 수 없을 때 당혹감을 느낀다. 그래서 특히 일본이 강하다고 느끼거나 때나 특히 위협받고 있다고 느낄 때 한반도는 그에 따른 고통을 겪었다. 1592년부터 1598년 사이 조선을 차지하려던 도요토미 히데요시豊臣秀吉의 무익한 노력이 있었던 때부터 1910년부터 1945년 사이 일본이 성공적으로 한반도를 점령했을 때까지 한국은 몇 차례 고통을 겪었다.

설상가상으로 한국은 '블라디보스토크항이 얼었을 때 소련의 출구'이기도 했다. 동해는 북위 38도까지 언다. 그리고 20세기 초 차르가 지배한 러시아는 이 중요한 통로에 관심을 기울였다. 과거 일본이 조선의 고종 황제를 위협했을 때, 황제는 러시아 공사관에 몸을 숨겼다.

최소한 북으로 서울까지 논과 대나무가 있었지만 춥고 북쪽에는 거대한 침엽수림으로 덮여 있는 가난한 나라, 한국에는 서쪽과 남쪽으로만 분주한 해안선과 드넓은 평야가 있다. 평야에서 생산되는 곡식은 3,100만 명(1제곱킬로미터당 140명)에 이르는 많은 인구를 부양하기에는 부족했다. 한반도 남부는 바다로 길게 뻗어 있고 일련의 섬들로 연결된다. 그 가운데 가장 잘 알려진 섬이 대한해협 한복판에 있는 쓰시마 섬이다. 한반도와 일본 사이는 직선거리로 100킬로미터에 불과하다. 한반도와 양자강 어귀의 거리는 500킬로미터다.

한국은 바다의 영향을 많이 받는다. 토지, 숲, 광산으로 살아가는 농민들의 나라이기만 한 것이 아니라 어부, 선원, 상인의 나라이기도 하다. 역사의 아주 이른 시기부터 중국, 일본과 유익한 관계를 형성했다. 그리고 중세 이후 특히 아랍과 페르시아 무역상과 접촉한 중국 남부와 북부 지역들 사이에서 연결고리 역할을 했다. 통로이자 교차로로서 한국은 무역상과 이주자들의 나라였다.

한국은 거의 하나의 섬이다. 은둔의 나라이지만 동시에 자의든 타의든 외부 세계에 열려 있는 나라이기도 하다. 그 때문에 문화적으로 풍요롭다.

(기원전 1세부터 7세기까지) 삼국의 오래된 역사는 한반도에서 펼쳐진 중국의 문화적 정복의 역사이다. 이 세 왕국은 50년이 채 안 되는 기간에 차례로 등장했다. 신라가 기원전 57년에, 고구려가 기원전 37년에, 그리고 위태로운 백제 왕국이 기원전 18년에 등장했다. 그러므로 세 나라는 대체로 같은 시대에 속했다. 그러나 그들에게 중국 문명이 차례로 다가왔다. 불교는 고구려에 맨 처음 자리 잡았다. 그다음 384년 백제, 그리고 마지막으로 527년 신라에 자리 잡았다.

신라는 세 나라 가운데 가장 원시적이었지만 668년부터 나머지 두 나라를 제치고 앞서나갔으며 935년까지 한반도 전역을 장악했다. 그렇게 성장한 신라는 당이 중국을 지배하는 동안(618-907) 무역이 크게 번성했다. 신라는 그렇게 반사 이익을 누렸다.

신라가 무너진 뒤에 새로운 단일 국가 고려(913-1392)가 한반도의 통일을 되찾았다. 코리아korea라는 명칭은 고려에서 비롯되었다. 고려의 문명은 인쇄술의 발전에 이를 만큼 번성했다. 인쇄술은 중국의 선물이었다. 인쇄술은 중국이 9세기에 발명했지만 금속활자는 1234년 고려가 발명했다. 지식인 계급과 민중 사이에 단순화된 형태의 선종禪宗 불교가 퍼졌다. 동시에 유교가 더 강하게 뿌리를 내리고 번영했다. 주철 조각상들이 등장했고 뒤이어 칠기와 청자가 등장했다. '그리고 청자에서는 고려의 전통적인 금세공 취향을 엿볼 수 있다.'

이런 번영이 극동 전역에서 전개되었던 전반적인 발전과 연결되었다는 데에는 의심의 여지가 없다. 그런데 오랫동안 중국을 지배했던 이민족들의 파괴적인 공격을 피할 수 있었다는 점에서 고려는 운이 좋았다. 그러나 결국 중국의 문을 모두 열고자 했던 원은 일본에는 실패했지만 고려에서는 성공을 거둬 1259년부터 1368년까지 고려를 복속시켰다.

원의 간섭에서 벗어난 후 한반도에서는 마지막 왕조인 조선의 지배가 시작되었다. 조선은 1910년 일본에 강점되기 전까지 권력을 유지했다. 예컨대 1592년부터 1635년 사이에 조선은 일본의 공격과 명의 간섭으로 어려운 시기를 겪기도 했지만 대체로 평화와 자주성을 유지했다.

이 시기의 주요 특징은 의심할 바 없이 중간계급의 출현과 그에 따른 문명의 등장이었다. 그 문명은 마르지 않는 민중의 상상력에서 영감을 얻게 될 것이다. 글쓰기의 변화가 이런 민중 문화의 동화에 일조했다. '그 전까지는 지식인들만 한자를 사용해 생각과 말을 글로 옮길 수 있었다. 그런데 한때는 한자로 글을 썼던 양반들이 이제 한글로 글을 쓰기 시작했고 완전히 새로운 사회 계급이 문화에 접근했다. 18세기의 이런 문화적 향상은 유럽의 계몽주의에 비견할 만한 활력을 만들었다.' (바딤 엘리세프Vadime Elisseeff)

그러나 조선 사회의 최상부에는 여전히 귀족적이고 세련된 문명이 남아 있었다. 성리학의 성공으로 이성적이고 금욕적 성격을 띤 문명이었다. 바로 그 시기에 조상 숭배와 성리학에 토대를 둔 윤리가 뿌리를 내렸다. 많은 어려움을 겪었지만 한국인들은 오늘날까지도 '성리학의 가장 충실한 대변자들'이다

현재 상황에 관해서는 아무것도 단언할 수 없다. 단일성을 타고난 나라, 수백 년의 역사로 그 단일성을 확고히 한 나라가 현대의 사건 때문에 두 동강 났고, 한어머니에게서 난 경쟁자

들처럼 서로를 바라본다. 옛 수도 한양은 이제 서울('수도'를 의미한다)로 불리며 남한에 속해 있고 더 이상 서울-원산간 철도를 관할하지 못한다. 이탈리아가 둘로 갈라져 로마가 안코나로 향하는 도로를 잃었다고 상상해보라. 북한에는 산업, 강철, 철, 전기가 있다. 1960년대 초 남한에는 쌀, 넓은 토지, 드넓은 바다밖에 없었다.

당시 남북한은 1953년 이후 줄을 잡고 작동시키는 사람이 없어 버려진 채 꼼짝할 수 없는 꼭두각시 인형처럼 보였다.

6. 일본

일본은 인간 세계의 극단에 놓여 있다. 북쪽 섬 홋카이도는 외떨어진 오오츠크 해의 냉대에 위치한다. 일본 최고의 항구들이 위치한 동편은 망망대해인 태평양에 접해 있다. 서쪽과 동쪽에는 그보다 덜 위협적이지만 짙은 안개가 자주 끼는, 한반도와 남쪽 섬 규슈 사이의 좁은 바다가 있다.

일본 열도는 때때로 브리튼 제도에 비교되기도 하지만 브리튼 제도는 대륙에 훨씬 더 가깝다. 일본 열도는 더 고립되고 외떨어져 있다. 그 고립을 깨기 위해 일본은 더 자주 더 의식적인 노력을 해야만 했다. 그러지 않으면 일본은 자연스럽게 내향적이 되었을 것이다. 그런데도 일본 역사가들은 '우리 문명에서 일본적인 것이 실은 모두 외부에서 온 것'임을 지적했다.

사실 이미 16세기에 '중국화된 일본'이라 부를 만한 것이 있었다. 그리고 1868년 이후 지극히 성공적인 '서구화된 일본'이 있다. 그런데 이런 중요한 영향도 일본 안에서 비롯된 '일본다운' 일본에 통합되었다는 데에는 의심의 여지가 없다. 축소판 정원과 다도, 벚꽃의 나라에서는 중국을 거쳐 들어온 불교조차 일본에 맞게 변형되었다. 일본의 불교는 중국의 불교보다 훨씬 더 불교 본연의 모습에서 벗어나 있다.

일본은 매우 순응적인 듯 보이지만 차용한 많은 것들을 자신의 문명에 맞게 변형시켰다. 일본은 오랜 전통들을 충실히 간직한다. 그래서 일본이 거의 1세기 전부터 강대국이 되는 열쇠로 광범위하게 서구화를 추진했지만 전통의 요소들이 공존한다. 이런 기이한 이중성은 1961년 어느 언론인이 한 말을 설명해준다. 그는 이렇게 말했다. '일본에서 가장 이례적인 것은 무엇일까? 바로 일본답다는 것이다.'

중국의 영향을 받기 전 일본

기원전 5천년기 일본의 기원부터 중국 문명이 뚜렷한 영향을 끼치기 시작한 6세기까지 일본은 서서히 발전한 원시적이지만 역동적인 문화의 영향권 안에 있었다. 이 시기 일본에 관해서는 알려진 것이 거의 없어서 전공자들은 서슴없이 552년 불교가 들어오기 전까지 일본에는 역사가 없었다고 주장한다. 사실 먼 과거가 장차 일어날 일을 예고한 것 같다. 침략과 외부 혁신의 영향을 받은 일본은 외국을 본따 스스로를 만들고 개조했다.

기원전 5천년기에는 지금은 교토로 알려진 지역과 남동쪽의 야마토大和 사이 중앙 평원을 빼고 일본에 뚜렷이 눈에 띄는 지역은 거의 없었다. 고대 문헌에서 이 지역은 긴키近畿 지방으로 불린다. 혼슈本州의 중앙부를 형성하는 긴키 지방은 좁고 아름다운 일본의 지중해이자 시코쿠四國와 규슈九州 같은 남부 섬

들과 혼슈를 잇는 세토 내해에서 그리 멀지 않은 곳이다,

이 지역은 세 차례의 큰 변화가 연이어 일어난 현장이었다.

- 원시 민족인 아이누족이 일본 열도 최초의 주민이라는 것은 거의 확실한 사실로 받아들여진다. 지금도 류큐 섬에서 그들의 흔적이 발견된다. 그러나 현재는 홋카이도北海道와 사할린에만 분포한다. 고고학자들이 발견한 최초의 문화에는 한반도, 만주에서 유래한 요소들이 포함되었으며 시베리아의 바이칼호에서 유래한 요소도 포함되었다. 그 가운데 두드러진 것이 밧줄 문양이 새겨진 원시 토기이다. 조몬繩文(밧줄 무늬를 뜻한다) 문화라는 명칭은 거기서 비롯되었다. 이 혼합된 유산에서 추론할 수 있는 것은 대륙 출신의 민족이 아주 이른 시기애 일본에 도래했으며 일본인이 아이누를 상대로 오랫동안 벌이게 될 투쟁이 그 시기에 시작되었다는 점이다.

- 기원전 3세기에서 2세기 사이에 중국(특히 중국 남부)에서, 그리고 머나먼 인도네시아에서 새로운 유입이 있었다. 다양한 새 물품들이 이 시대에 기원을 두고 있다. 도자기용 물레, 청동과 청동 거울, 종, 철, 한대漢代의 동전, 그리고 마지막으로 쌀과 개방적이고 공기가 잘 통하는 남방식 가옥 등이다. 이른바 '야요이彌生' 문명으로, 그런 특징적인 유적이 발굴된 도쿄의 거리 이름에서 유래한 명칭이다. 당시의 혁신 가운데 기장을 쌀로 대체한 것은 그야말로 혁명적인 변화였다. 왕은 살아 있는 신이라는 관념은 당시 남방의 프로토-말레이인들이 들여왔을 것으로 여겨지며 일본사 전체를 관통하게 될 관념이다.

• 2세기와 3세기는 다수의 고분前方後円墳 건설이 특징적인 시기로 그 고분들은 오늘날까지 보존되었다. 이 시기에 몇몇 귀족 가문이 출현했고 소수의 자영농과 수공인, 그리고 다수의 농노가 있었다. 씨족의 수장들은 자신들이 지방신의 자손이라고 주장했다. 한반도의 영향으로 농민 집단은 직업 이름 뒤에 베部를 붙였는데 집단 혹은 분파를 뜻하는 말이다. 문인은 후미베文部, 직인 집단은 오리베織部, 마구를 제작하는 사람들은 쿠라츠쿠리베鞍作部, 이야기꾼은 가타리베語部로 이들은 영웅적 업적에 관한 전승을 전달했다.

이 시기에 이미 자연의 다양한 힘을 신격화한 원시 신앙을 바탕으로 한 일종의 신정체제神政體制가 자리잡고 있었다. 대단히 보수적인 일본은 이런 종교를 포기한 적이 없었고 오랜 세월이 흐른 19세기에 신도神道로 불리게 되었다. 서양은 이를 가리켜 신토교shintoism라고 부르곤 한다.

일본이 처음으로 국가 건설을 시도한 것은 바로 이 시기이며 그들은 아이누 국가들에 맞서 야마토 지역에서 출발했다. 일본은 그 기원을 태양신 아마테라스天照에서 탄생한 전설의 일본 황실까지 소급한다. 1945년 일본이 패했을 때도 이 끈질긴 종교적 전통은 신사神社에서 여전히 기념되고 있었다. 미 점령군의 압박을 받은 일본 천황은 마침내 자신이 천손天孫이라는 주장을 철회했다.

국가가 확립되기까지는 시간이 걸렸다. 8세기 『일본서기日本書紀』가 편찬되었을 때 일본은 아직 완전한 통일 국가가 아니었다. 황실과 마찬가지로 각자 수장, 영토, 농민과 장인을 거느린

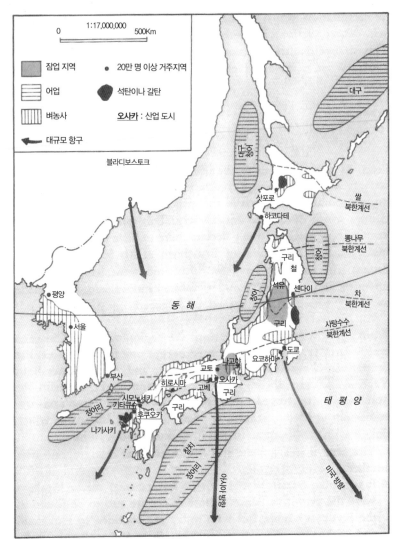

그림 13 일본, 태양과 바다의 나라

일본은 중국의 오리엔트다. 그것이 바로 한자 '日本', 곧 해가 뜨는 땅'이라는 이름의 기원이다.

여러 지역의 씨족을 황실과 연결하는 아주 더딘 과정이었다. 씨족의 수장들은 외부(한반도나 중국) 기원을 가졌다는 점에서 훨씬 더 어려웠다. 그러나 '동쪽 국경 너머'에 있는 이민족 아이누에 맞서 군대를 연합해야 했기에 국가를 형성하는 과정이 좀 더 쉬워졌다.

이런 봉건적인 왕정 체제가 본격적으로 모습을 갖춘 것은 6세기에 한반도에서 한자, 유교, 불교가 전해졌을 때였다. 604년 쇼토쿠聖德 태자가 발효한 칙령에서 유교 이념의 영향이 뚜렷이 나타났다. 쇼토쿠 태자는 분열되지 않은 중앙 권력을 주장했다. '한 나라에 두 군주가 있을 수 없다. 백성은 두 군주를 섬길 수 없다.'

이는 역사적으로 알려진 일본의 시작이었다. 위계질서를 갖추고 역사가를 두었으며 역사서를 기술하고 607년 처음으로 중국에 사절인 견수사遣隋使를 파견했다. 토지와 장원莊園의 분봉자인 군주 주변에서 궁정 귀족인 쿠게公家가 형성되었다. 그래서 모두가 장원을 서양에서 '봉토封土'라 부르는 것으로 바꾸려 노력했다.

천황이 지배한 일본은 당시 성장 중이었으며 결국 강력하게 부상한 중국 문명의 영향 아래 발전했다. 심지어 중국은 일본을 가리켜 '해가 뜨는 땅', 곧 중국어로 지팡(日本, 'Japan'의 어원이다), 일본어로 니폰(같은 문자를 일본식으로 읽은 것이다)으로 불리는 일본 열도를 인정했다.

일본 중국 문명을 배우다

수백 년 동안 중국 문명이 일본을 지배했다. 일본에서 중국 문명은 예기치 못한 방식으로 번성했다. 때로는 중국 문명이 너무 변모되어 알아볼 수 없게 되었다. 12세기부터 단 한 차례 운명의 반전으로 '유혈이 낭자한 사무라이'의 교리가 된 선禪宗 불교의 사례가 그랬다. 다른 영역에서 일본은 중국에서 차용한 것들을 중국에서조차 사라진 시대착오적인 형태로 간직했다. 고대 중국 음악이 그랬다. 중국에서는 사라진 지 오래지만, 일본에서는 여전히 연주되었다. 어쨌든 중국의 문명은 중국과 전혀 다른 전통을 지닌 다른 민족의 사회에 영향을 받아 변형되었다. 더욱이 중국의 양식들은 한반도를 거쳐 일본에 전해졌고 그들 역시 중국의 원형原型을 그대로 따른 것은 아니었기 때문에 변형을 피할 수 없었다.

최초의 중국식 일본 문명은 고대 일본의 황금시대에 번성했다. 이 오랜 이식 과정에서 일본은 중국의 고전, 서예, 회화, 건축, 당唐의 율령律令 제도 등 중국의 모든 것을 받아들였다.

그래서 일본은, 중국의 드넓은 영토에 비해 훨씬 작은 규모였지만, 중국과 마찬가지로 주province로 분할되었다. 710년 수도 나라奈良(한국어에서 유래?)는 낙양洛陽의 중국식 모델을 채용한 백제의 왕도를 본따 북쪽 끝에 황궁을 둔 격자판 모양箕田으로 건설되었다. 994년에 헤이안쿄平安京, 혹은 교토京都로 도읍을 옮겼을 때도 역시 같은 설계를 따랐다. 공교롭게도 이후 과거처럼 도읍을 여기저기 옮기는 일은 없어졌다. 나라奈良를 건설했을 때 궁과 궐의 규모가 커져서 왕권이 바뀔 때마다 새로운 곳으로 자주 옮겨 다닐 수 없게 되었고, 교토로 도읍을 옮긴 후에는 수백 년 동안 그곳에 머물렀다.

중국의 영향은 어디서나 찾아볼 수 있었고 이 시대의 연대기를 기록한 사부史部의 역사는 한자를 차용해 관료적 문체의 일본어(가나假名)로 서술되었다. 더욱이 일본이 중국에서 많은 것을 차용했다는 사실이 오해를 부르는데, 중국 문화를 흡수한 교토의 궁궐은 훨씬 더 큰 국가의 작은 중심이었을 뿐이다. 그리고 일본의 나머지 지역에서 그런 문화의 확산은 단편적이었고 느리게 진행되었다. 교토가 크게 부각되었지만, 그 주변에는 여전히 많은 그림자가 드리웠다.

그러나 10세기 말부터 12세기 초까지 그 좁은 무대 위에서 경제적 호황과 연결된 눈부신 광경들이 펼쳐졌다. 이런 초기 번영이 사라지자 교토의 문화적 황금기도 사라졌고 암울한 시기가 이어졌다.

황금시대에서 살아남은 것 가운데 소설과 우화가 섞인 이야기(物語, 모노가타리)의 탁월하고 진기하고 시적인 문학이 있다. 그 가운데 하나인 『오치쿠보 이야기落窪物語』는 신데렐라 이야기와 유사하다. 더 충격적인 것은 일기다. 남성들이 한자로 글을 쓴 반면, 궁중 여성들은 가나假名로 글을 썼다. 이런 생생한 여류문학은 우리에게 궁중의 흥겨움—연주회, 시 경연, 군주의 지방 행차, '잘 준비된 발레처럼 궁중의 삶을 끝없는 과시로 만드는 엄격한 격식이 지배하는 오락'—을 전해준다. 또한 놀랄 것 없이 궁중문학은 '궁궐이라는 불완전하게 분리된 구역에서 벌어지는 일련의 정치적이고 호색적인 암투와 그에 따른 피할 수 없는 성적 문란함을 드러낸다.'

궁은 '문학에 오염된' 게으르고 무익한 세계로 보인다. 1000년경 살았던 것으로 보이며 세이 쇼나곤清少納言이라는 필명으로만 알려진 어느 궁중 여인은 때로 무자비하기도 했지만 언제나 흥거운 글을 남겼다. 쇼나곤이 용납할 수 있는 것과 용납할 수 없는 것을 구별하는 데서 그런 기조를 엿볼 수 있다. 그녀는 용납할 수 있는 것이 용납할 수 없는 것보다 많다고 말한다. '책상 위에 놓인 머리카락 한 올이나 먹물에 들어 있는 모래 하나, 말 많고 요란하게 웃는 보잘것없는 사람, 뭔가 들으려고 할 때마다 울어대는 아기, 밤에 은밀히 만나려고 오는 사람을 보고 짖어대는 개, 숨어서 코 골기 시작한 사람, 또는 밤에 은밀히 누군가를 만나러 오는 사람이 눈에 띄는 높은 모자를 쓰고 와서 떠날 때 눈에 띄지 않게 주의하라고 경고했는데 물건에 부딪혀 떨어뜨리며 소란을 일으키는 일.' 그녀는 이런 것들을 용납할 수 없었다(시페르R. Sieffert의 글에서 인용).

특권층은 이렇게 유희에 빠져 살아갔으나 새롭고 민주적인 형식의 불교가 일본에 확산되었다. 영감을 받은 한 승려가 '중간계급'—장인과 소농—과 접촉했다. 신자들에게 서방 극락정토를 약속한 구원의 부처 아미타불에게 간결한 형식의 예불을 드렸다. 중국에서처럼 진정한 불교의 관념과 믿음에 관한 지식은 극소수 이론가와 지식층에 국한되었고 민간의 불교는 신도新道에 대한 오랜 신앙을 포함해서 모든 것을 담았다. 그래서 두 종교는 사실상 하나의 종교로 융합했다. 바로 진언종眞言宗이었다. 여기서 토속신들은 불교 신들의 구체적이고 세속적인 현신이 되었다.

신사神社는 밀교密敎로도 알려진 이 새로운 종파가 장악했다. 아미타불의 숭배와 함께 새로운 불교의 도상이 등장했다. 이 시기에 시작된 화려한 '탱화幀畵'는 일본의 풍경도 보여준다. 그리고 때로 다양한 사회 계급의 활동을 웃음기 넘치는 장면으로 그려내기도 했다.

동시에 글쓰기가 좀 더 널리 퍼졌고 주로 47개의 글자로 구성된 단순화된 가나 문자를 활용했다.

12세기 이후 이런 천황의 질서가 좌초했다. 천황제는 오랫동안 약점을 드러냈다. 당대唐代 중국의 눈부신 제도들을 모방했으나 관인官人을 확보하지 못했는데, 당 황실이 옛 귀족의 힘과 야심을 분쇄할 수 있게 한 주역이 바로 이들이었다. 곧이어 제국은 쇼군將軍에 길을 내주었다. 그리고 쇼군은 1191년부터 1868년까지 중세 내내 일본을 지배했다.

8세기 말부터 1186년까지 거의 4세기 동안 섭정 가문(攝家, 셋케)이 황제의 권위를 위협했다. 주권자는 여전히 천황이었지만 통치는 거의 하지 않았다. 천황은 강력한 후지와라藤原 가의 포로이자 꼭두각시였다. 후지와라 가는 요직을 꿰찼고 그들의 친족 사이에서만 천황의 황후나 후궁을 선발했으며 심지어 천황을 폐위하고 후계자를 선택하기도 했다. 어느 역사가는 이렇게 말했다. '미카도帝의 힘은 빈 상자이고 그 열쇠는 후지와라 가가 빈틈없이 지키고 있다.'

후지와라 가의 오랜 지배가 막을 내리고 막부幕府 시대로 알려진 지루한 시대가 시작되었다. 이런 예기치 않은 사태의 전환은 쇼군이 대리하는, 권문權門에 의한 천황 지배를 어느 정도 제도화했다. 권문은 천황의 후손인 경우가 많았는데 이들은 특권적인 귀족을 형성했다. 막부 시대에는 서로 다른 가문이 권력을 차지하기 위해 암투를 벌이고 서로의 자리를 차지했지만, 암묵적 합의의 틀 안에서 벌어지는 일이었다. 그들은 다른 것은 몰라도 나머지 계층을 지배하는 일에서는 서로 단합했다.

여러 신분 ─귀족, 농민, 장인과 상인─ 가운데 오직 귀족들만 평화를 누릴 수 있었다. 신분제의 가장 밑에는 부락민部落民으로 불린 천민─주로 무두장이─이 있었다. 그런데 이들은 인도의 불가촉천민보다 훨씬 적은 수였다.

막부 시대는 경제 위축으로 빈곤이 만연했던 시절의 봉건적이고 군사적인 반동을 표상했다. 막부 정권은 일종의 무신 정권으로 규정될 수 있다. 조정에서 멀리 떨어진 막부 정권은 말이 대량 사육되는 '울타리 너머' 혼슈 북부와 동부를 식민화하고 오래 지나지 않아 거세게 저항하던 지역에서 광범위한 지배력을 확보했다. 유약하고 오만불손한 탓에 증오의 대상이던 조정 대신들이 포진한 교토에 맞서 새 정권은 무사들의 평등 정부, 쇼군將軍을 수장으로 한 막부幕府, 혹은 '야영 정부'를 자처했다. 막부 정치는 유럽에서 메로베우스 왕조 쇠퇴기 재상의 통치에 견줄 수 있다. 그러나 한 가지 차이는 일본에서는 무력하고 유명무실한 통치자가 절대 폐위되지 않았다는 점이다. 미카도帝는 제위에 있었지만, 쇼군과 나란히 통치하지는 않았다. 유럽에서 교황이 황제에게 하듯 미카도는 신의 권위로 쇼군에게 권한을 부여했다.

초기 쇼군들은 도카이도東海道(교토에서 에도江戸로, 곧 오늘날의 도쿄로 연결되는 도로)의 끄트머리 가마쿠라鎌倉에 터를 잡았고 그곳은 결국 일본의 도읍이 되었다. 그리고 1332년까지 그곳에 머물렀다. 그 뒤 1393년부터 1576년 사이에 그들은 교토의 무로마치室町로 돌아갔다가 1598년에 당시 어항漁港에 불과했던 에도에 정착해 1868년까지 그곳에 머물렀다. 역사가들은 일반적으로 가마쿠라 시대, 무로마치 시대, 에도 시대라고 이야기하기도 하는데 모두 수세기에 걸쳐 쇼군의 지배를 받았던 막부 시대에 포함된다(1192-1868).

이 시대의 지배적인 인물은 전사이자 기사, 곧 무사武士들이었다. 지배계급으로서 그들은 서슴없이 자신들의 견해와 취향, 무자비함을 강요했다. 그뿐만 아니라 ─특히 처음부터─ 정부에도 어떤 단순성을 도입했다. 그들의 의상과 가정생활에 단순성을 부여했듯이 말이다. 그들은 과장되고 거추장스러운 노시直衣나 속대束帶 대신 평상복인 수이칸水干과 히타타레直垂를 공식 예복으로 삼았다. 또한 케케묵은 과거의 오락을 사냥과 마상 창 겨루기, 말타기 경주로 대체했다.

그 시대의 관행이던 폭력은 1393년부터 1576년 사이 쇼군이 교토에 정착했을 때 어느 정도 순화되었다. 그때 고대 도시 교토의 권위와 역할이 회복되었고 그 결과 기사와 무사 시대에도 고전기 황금시대의 빛이 완전히 바래지는 않았다.

16세기 말과 17세기 초 몇 년 동안 막부 정권의 긴 통치 기간에 급격한 단절이 눈에 띄었다. 도쿠가와 혁명으로 일본은 200년 넘게 나머지 세계에서 고립되었고 봉건적 관습과 제도를 강화했다.

16세기 도요토미 히데요시로 불린 농부의 아들이 실질적 독재 체제를 수립했다. 그는 비록 쇼군의 지위를 갖지 않았지만 일본 열도에서 질서를 회복했고 조선에 대한 긴 전쟁을 감행했다. 정당성이 부족했던 전쟁은 그의 죽음으로 막을 내렸다. 그 후 도쿠가와德川 가문은 인내심 있고 능숙했던 도요토미 히데요리豐臣秀賴 집권기 도쿠가와 이에야스德川家康와 함께 명망을 받았다. 그 후 천황이 쇼군으로 지명한 이에야스는 에도에 정착했다. 일본을 통치하려면 교토가 아니라 그 소란스러운 지역, 에도에 있어야 한다는 현명한 믿음에서였다. 아들에게 양위한 이에야스는 그의 가문이 쇼군을 세습하도록 하는 데에 성공했다. 그렇게 해서 그의 가문은 1868년까지 권좌를 유지했다.

1639년에 에도 정부는 쇄국이라는 운명적인 결정을 내렸다. 그때부터 중국과 네덜란드 선박의 입항만 허락되었다. 그리고 네덜란드인에게도 군수품, 무기, 안경, 담배 수입만 허용되었다. 나머지는 일본이 자급할 수 있었고, 자급했다. 금지령은 타국 선박뿐만 아니라 일본 선박에도 적용되었는데 사실은 일본 선박의 출항 금지로 시작되었다(1633). 쇄국은 장기적인 결과를 남겼다. 과연 그런 조치를 정당화할 수 있을까?

보기에 따라서는 일본의 통치자들이 서양인을 두려워하게 되었다고 생각할 수 있다. 포르투갈인이 처음 일본에 도착했을 때는 1534년이었고 도착 장소는 규슈였다. 섬 주민들은 그들의 화포, 화승총, 엄청난 크기의 범선에 깊은 인상을 받았다. 게다가 새로 온 사람들이 순식간에 엄청난 수의 그리스도교 개종자를 확보한 사실은 더욱더 인상적이었다. 이 종교는 1638년에 그랬던 것처럼, 농민들의 반란을 부추기지 않았을까?

동시에 중국에서 시작된 심각하고 광범위한 경기 침체가 멀리 인도에까지 영향을 끼쳤다. 일본은 자국을 보호하고 특히 귀금속의 유출을 막아야 한다는 위기감을 느꼈을까? 수없이 조선과 명明의 선박을 약탈 대상으로 삼아온 일본이 도요토미 히데요시의 영웅적 시절 이후 조선과 명을 침략했다는 사실은 일본이 점점 더 독자 세력으로 성장하고 있음을 보여준다. 명의 탁월함은 일본에 전혀 감흥을 주지 못했다. 결국 일본의 통치자들은 불안한 사회를 안정화하려 노심초사했고 농민들 역시 결과에 절망하면서도 자유를 갈망했다. 그리하여 쇄국은 1853년 페리 제독의 '흑선'이 도착할 때까지 일본의 제도들을 '경직시켰다.'

그때까지 일본은 자급적으로 살아가며 유서 깊은 가문과 귀족들을 유지했고, 불교의 낯선 변형인 자야나dhyana, 혹은 선禪의 지속적인 성공에서 볼 수 있듯이, 그 필수적인 계급에 모든 것이 종속되었다.

그런데도 삼중으로 문을 걸어 잠그고 고립된 일본은 어쩌면 보기보다 운이 나쁘지 않았고 잃은 것도 없었다. 물질적인 자원뿐 아니라 영적인 자원도 활용해야만 했다. 그런 건강함과 부를 보여주는 상징은 16세기부터 일본어 문학이 풍성해지고 1650년부터 1750년까지 '오사카의 세기' 동안 이루어진 발전이다. 그렇게 해서 전통극 노能와 나란히 춤과 노래가 있는 가부키歌舞伎가 생겨났다. 막부 시대가 결코 완전한 암흑기만은 아니었다는 뜻이다.

물론 막부 정권은 그다지 강하지 않았다. 엄격한 사회적 규율을 유지하며 경찰국가라고 부를 수 있을 정도에만 머물렀다. 가문과 지역의 수장인 다이묘大名가 270여 명에 달했다. 그들은 수많은 '충직한 심복', 사무라이侍를 마음대로 부렸다. 사무라이들은 금전이나 현물로 대가를 받았을 뿐 서양에서처럼 일정한 독립을 보장해줄 수 있는 토지를 영구히 하사받는 일은 없었다. 로닌浪人, 영주를 잃었거나 (만약 그런 일이 있을 수 있다면) 영주 곁을 떠난 사무라이는 굶어 죽거나 산적이 되는 수밖에 없었다.

모든 설명은 거듭해서 그들이 종교에 가까운 명예율, 무사道武士道의 불문율에 따라 주군에게 몸과 마음을 바쳤다고 주장한다. 1703년 겨울 47인의 로닌이 자살한 주군의 복수를 완수하고 나서 주군의 무덤에서 자결했다는 이야기는 사람들 사이에서 거듭 회자됐다. 이 거친 명예율은 무자비한 다이묘大名들의 거듭된 내전에서 발전했다.

일본인은 대체로 서로에 맞서 싸웠다. 아이누족에 관해서는 더 이상 들을 수 없다. 원이 1274년과 1281년 두 차례 일본을 향해 함대를 출격했다. 그러나 가미카제神風가 휘몰아쳐서 침략군의 함대가 파괴되었다. 이미 보았듯이 일본이 조선을 상대로 싸운 것은 고작 6년간이었다. 그러므로 일본인은 서로를 향해 검과 창을 휘둘렀다. 계속된 싸움에서 그들은 일단 정해지면 영원히 유지되는 위계를 존중하도록 훈련받았다. 그래서 1868년 무렵의 일본어 문장에서도 동사는 '주체와 객체의 지위를 모두 보여주었다.' 예컨대 조동사 아게루(あげる, 올리다, 바치다)의 활용은 '본동사가 표현하는 행동이 상급자의 은혜에 보답하기 위해 하급자가 했음'을 보여준다.

그 결과는 고도로 규율화되고 신분제로 나뉘어 확고히 통치되는 나라, 과시적이면서 절망적으로 가난한 나라였다. 누군가에게는 부와 번영 그리고 다른 누군가에게는 절망적 빈곤이라는 이런 이중적 이미지가 베스트팔렌 출신 의사 엥겔베르트 캠퍼의 여행기에 생생히 묘사되었다. 네덜란드 동인도회사 소속이었던 캠퍼는 1690년 일본 방문을 훌륭한 여행기로 기록했다. 물살을 줄이고 위험을 덜기 위해 손을 맞잡고 강둑 사이에 늘어선 뱃사공들의 보호를 받으며 강을 건너야 했던 혹독한 여행기는 읽어본 사람이면 결코 잊을 수 없는 이야기였다. 비루한 오두막이 들어선 촌락과 호화로운 귀족들의 행렬에 도로 옆 밭에서 무릎을 꿇는 농민들에 관한 캠퍼의 회상 역시 인상적이다. 교토와 막부의 본거지인 에도를 잇는 도로는 다이묘들의 통행으로 분주했다. 정기적으로 막부를 방문하는 것이 그들의 의무였다. 창병, 총병, 하인 등이 그들의 행차를 호위했다.

이 부유한 봉건 영주들은 1년에 6개월을 애도에 마련된 본인의 성에서 지내야 했다. 건물 외관은 호화로운 문장紋章으로 장식되었는데 1609년 로드리고 비베로는 감탄하며 이를 묘사했다. 이들의 성은 도시의 나머지 지역에서 벗어나 쇼군의 성 주변에 모여 있었다. 그런데 성이 아무리 아름다워도 실제로는 감옥이나 다를 바 없었다. 그들은 성에 머무는 동안 감시를 받았다. 성을 비울 때는 가족을 인질로 두어야 했다. 그들에게 붙은 수많은 평자評者와 첩자, 그리고 도로, 성 안, 술집에 포진한 염탐꾼들을 피할 도리가 없었다. 이들을 피할 수 있는 사람은 없었다. 중국처럼 성 안의 모든 거리는 격리되었다. 좀도둑을 포함해서 범죄 사건이 발생하는 즉시 각 도로 끝에 있는 성문이 닫혔다. 실제 범죄자든 범죄 용의자든 즉시 체포되어 신속한 처벌을 받게 되는데 대체로 사형에 처해졌다.

마찬가지로 1639년 이후 입항금지령과 함께 유일하게 허용된 중국과 네덜란드를 상대로 한 무역에도 삼엄하고 세밀한 감시가 따랐다. (파렴치하게도 네덜란드는 1638년 일본 가톨릭 신자들의 봉기를 진압하도록 선박을 제공했다.) 네덜란드 동인도회사 선박은 도착 즉시 나가사키 항구의 데지마 섬에 격리되었다. 그리고 회사의 모든 상품, 선원, 상인, 대리인과 관리들에 대해 정밀한 검열이 시행되었다. 전해지는 당대의 기록에서는 조심스럽고 의심 많은 정치 체제로 요새와 병사들이 넘치는 나라라는 인상을 받는다. 서양의 형벌이 가혹했다지만 이곳의 형벌은 훨씬 더 가혹했다. 모든 여행객이 교수대와 고문당한 시신을 보고 충격을 받았다.

문화와 종교 문제에서 봉건 시대의 일본은 확실히 진화했다. 한반도와 중국에서처럼 불교는 다양한 형태(그 가운데 하나가 선禪이었고, 법화경을 신봉하는 또 다른 종파는 일본이 진정한 부처의 땅이라고 주장했다)를 보였다. 선 역시 중국에서 왔지만 12세기 이후로 사무라이와 동일시되었다. 합리주의적인 성리학이 막부 정권에 편리한 이론이었지만 선은 병사들의 신앙이 되어, 사랑과 비폭력의 종교 본연의 역할에서 멀어졌다. 그러나 이런 변형은 그 시대와 사회의 특징이었다.

선의 가르침은 아주 간결한 예화인 공안(公案, 看話禪)에 압축적으로 담겼다. 공안은 의도적인 모순을 통해 예상치 못한 도덕적 교훈을 전달했다. 그 가르침들은 어떤 대가를 치르더라도 잠자는 무의식의 본능적 자아를 일깨우고자 한다. '산속에서 급류에 떠내려가는 공처럼 마음이 가는 대로 흐르게 두라.' 본능을 해방하고 일깨우려 노력하고 본인의 충동을 믿으라는 기이한 종류의 자기 수련이었다. 돌이켜보면 이런 말은 우리에게 콤플렉스를 떨치라고 요구하는 정신분석학의 치료법처럼 들린다. '걸을 때 걷고, 앉을 때 앉고, 특히 절대 서두르지 마라!' 아무것도 주저하지 말라는 것이 가장 잦은 조언이며 확실히 병사들에게 맞는 조언이다. '네 앞에 놓인 모든 장애물을 치우라. 만약 부처가 네 길을 방해한다면 부처를 죽여라. 조상이 길을 막는다면 조상도 죽여라. 네 부모가 방해한다면 부모도 죽여라. 친척이 방해물이라면 친척을 죽여라. 이렇게 해야만 자신을 해방할 수 있을 것이다. 이렇게 해야만 족쇄를 풀고 자유로워질 것이다.'

물론 이런 말을 액면 그대로 받아들여서는 안 된다. 부처, 조상, 친척은 예禮에 집착하는 사회의 모든 구속을 상징할 뿐이다. 그런 사회에서 모든 소년 소녀는 어려서부터 철칙과 다를 바 없는 교육에 속박당했다. 모든 사람이 먹고 말하고 앉는 법을 지시하는 규범에 복종하도록 훈련받았다. 심지어 잠잘 때도 작은 목침을 베고 미동도 없는 자세를 유지해야 했다. 가장 자연스러운 반사작용을 극복하려는 조절력 덕분에 '결코 본인의 몸과 마음에 대한 자제력을 잃지 않는다.' 마치 식물들을 자연스럽게 심어놓은 축소 모형 정원과 같다. 병사들의 몫이 된 선의 가르침은 일본의 '예의범절'이라고 불리는 금기와 제한을 겨냥한 듯하다. 모든 사회에서 그렇듯이 실제 삶은 대립을 완화하고 화해시켰다. 일본은 엄격한 동시에 탄력적이었다. 선은 없어서는 안 될 대항력이었다.

현대 일본

1868년 메이지 시대가 시작되고 곧이어 강도 높은 산업화가 이어질 때까지 일본의 쇄국은 200년 동안 계속되었다. 일본의 산업화는 독특한 현상이었다. 일본 문명을 새롭게 부각한 '경제 기적'이었다. 경제학자들이 흔히 하는 주장이 타당하지만 그런 주장만으로는 일본의 엄청난 산업화 속도와 성공을 모두 설명할 수 없다.

고립되었던 시간도 일조했다. 일본은 1639년부터 1868년까지 나머지 세계와 거의 완전히 격리되어 있었으면서도 엄청난 진보를 이루었다. 18세기에 이런 사실이 분명해졌다. 인구가 증가했고 쌀 생산도 늘었다. 새로운 작물의 재배도 늘었고 도시는 더 커졌다. 18세기 에도의 주민은 100만 명이 넘었다. 도시의 시장에 내놓을 농산물의 잉여 생산, 특히 쌀의 잉여 생산이 없었다면, 이런 전반적인 경제의 급상승은 가능하지 않았을 것이다. 또한 곡식의 비축과 운송이 쉬워지고 석탄 형태의 연료가 도시에 충분히 공급된 것도 도움이 되었다.

사회 자체도 경제 발전을 자극했다. 의심 많은 정권 탓에 본거지를 떠나 에도에서 살아야 했던 다이묘들은 비싼 비용을 치르며 여행을 계속한 탓에 체계적으로 몰락했다. 17세기에 진정한 화폐 경제가 시작되었을 때 일본은 중국보다 규모가 작았지만 활력이 넘쳤다. 도시의 사치품은 현금 지출을 함축했고 실제로 현금 지출이 필요했다. 이 때문에 지체 높은 귀족들은 돈을 빌려야 했고 수확한 쌀도 일부 팔아야 했다. 오래 전부터 알려졌던 신용 체계가 이제 일본에서 보편화되어 다양한 종류의 수표와 어음이 유통되었다. 사무라이와 마찬가지로 귀족에게도 상업은 금지되었다. 그러므로 그들은 대리인을 고용했다. 그렇게 해서 상인 계급이 대두했고 다이묘들에게 돈을 빌려주고 그들의 여행에 동행하면서 번성했다. 그리고 그들은 특히 한 지방에서 다른 곳에서보다 더 좋은 옷을 걸치고 결혼과 입양을 통해 자녀들을 명문가에 들여보냈다. 그러나 상인들은 상당한 규모의 재산을 몰수할 구실이 되었던 정부의 본보기용 처형에 놀라 대부분 눈에 띄지 않게 몸을 낮췄다.

당시 일본 경제의 중심이었던 오사카에서 상인들은 특히 중요했다. 그리고 부유한 귀족과 상인들이 도시의 유곽 '하나마치花街'에서 만난 것도 이곳 오사카에서였다. 하나마치에서는 '고급 교육을 받은' 게이샤들이 '교토 궁정에서 귀족 여성들의 역할'을 했다. 하나마치와 그곳의 추문, 자살, 살인에 관한 조롱 섞인 신랄한 이야기들이 무지한 대중들을 즐겁게 했다. 진정한 문학 애호가는 '유교의 금욕 정신이 주는 즐거움'을 선호하고 이런 대중의 오락거리를 경멸했다.

이 모든 것에서 볼 수 있는 것은 일본에서의 삶이 1868년 이전에도 급속히 변화했다는 점이다. 18세기에 경기 호황으로 능동적인 형태의 전前자본주의가 이미 도약을 시작했다. 19세기에는 모든 것이 한층 더 빨라졌다. 앞서 나타난 변화와 구도, 선행한 경제적 자원과 자본의 축적, 그것들이 함축한 모든 사회적 긴장을 빼고는 메이지 시대를 이해할 수 없다.

수많은 다이묘가 정치나 사치품 때문에 몰락했다. 점차 일본은 주군 없는 사무라이, 낭인, 가난에 찌든 무사들이 많아지기 시작했다. 힘이 곧 정의였던 15세기 독일과 비슷했다. 어찌되었든 혁명의 첫 번째 성공적 동력을 제공한 것이 바로 이 부랑자들이었다. 1853년 미 함대의 도착은 '화약에 불을 댕긴 불꽃'이 되었다. 1868년 무츠히토睦仁가 메이지 천황으로 등극했을 때 그는 어려움 없이 봉건 체제와 그 전통적인 신분제를 전복했다. 사실 그가 전복한 것은 외형뿐이었다.

산업화는 단순히 하나의 경제 현상에 그치지 않는다. 거기에는 언제나 사회적 변화가 따르고 그런 변화들은 경제적 과정 자체에 도움이 되거나 방해가 될 수 있다. 일본의 경우 사회는 방해물이 아니었다. 대체로 산업화가 사회에 단층을 만든다는 점에서 그런 사실이 더 뚜렷하다. 마르크스가 언급했듯이, 서양에서 산업화는 프롤레타리아 대중, 계급 갈등, 사회주의 운동을 낳았다.

일본은 독특한 사례였다. 어떤 의미에서는 얼핏 이해가 되지 않는 일이다. 일본은 산업혁명을 완수했고 그에 수반된 모든 활동의 변화가 있었다. 그런데 사회 구조에 혁명적 단절은 없었다. '이런 엄청난 변화는 이미 변화하던 문화에 의해 촉진되었고, 돌이켜보면, 완전히 새로운 길을 따랐다.'

아마도 몇 가지 이유가 있었을 것이다. 일본 사회에는 고도의 규율이 있었고 1868년 이후 새로운 경험을 하는 동안 그 전통적 규율이 유지되었다. 위계를 존중하고 그에 복종한 일본은 언제나 불평 없이 사치품을 소수의 전유물로 받아들였다. 그리고 항상 그 사실을 깨닫지는 못한 채, 일본에서 현대적 자본주의가 여전히 봉건적인 관계들 속에서 구축되어야 한다는 것을 받아들였다. 우랄산맥의 농노들 사이에 정착했던 18세기 러시아의 산업가들을 생각해보라. 일본의 대형 산업체들에 대해서도 비슷한 그림—얼마간의 준용으로mutais mutandis—을 그릴 수 있다. 19세기에 노동자 대중의 어떤 반발도 자극하지 않은 채 산업화의 성공을 보장하고 그로부터 이익을 도출한 것이 바로 그들이었다.

1942년 태평양 전쟁 이전에 기껏해야 15개 가문이 일본 자본의 80퍼센트 이상을 차지했다. 흔히 그들은 재벌財閥—고전이 된 용어─로 알려졌다. 그중에 유명한 미츠이, 미츠비시, 스미토모, 야스다, 그리고 황실이 있다. 전문가들에 따르면 지금까지 이들 가운데 가장 부유한 가문은 황실이다. 사회적 위계에서 이들 재벌의 총수는 과거에 일문을 거느린 다이묘에 상응한다. 노동자들은 그들의 농노이고 공장장, 경영인, 기술자들은 현대판 사무라이들이었다. 기업은 가족 사업으로 남아 있었고 '자유 기업과 공산주의 모두 낯선 외부 관념으로 일본의 황도皇道를 파괴할 것이라고 여겨지는' 이 세계에서 봉건제와 가부장제가 혼합된 것이었다. 당국은 적은 보수에 만족하고 순응하며 참을성 있게 부지런히 일하는 민중에게 그들의 바람을 강요할 수 있었고 여전히 강요할 수 있다.

이것은 1868년에 발생한 기적적인 표변을 설명해준다. 쇼군은 원칙적으로 일본의 가장 전통적인 권위인 천황에게 권력을 이양했다. 서양에서 사람과 재산에 대한 세속적 권력을 갖는 교황을 상상해 보라. 그리고 이런 전통적 권위를 행사하는 황제는 혁명을 선택했다. 그는 봉건 체제를 철폐했고 산업 건설을 명령했으며 필수적인 투자를 주선했고 직접 공장을 설립했다. 그리고 나서는 선별된 개인들에게 그 회사들을 수여했다. 마치 지금까지 알려진 바 없는 종류의 봉토를 수여한 것과 같았다. 동시에 천황은 일본에 엄청난 노동 프로그램을 부과하고 시행했다. 신성한 혈통을 이유로 신사에서 숭배받는 태양의 아들은 일본의 산업화를 명령했다. 그 때문에 일본은 새로운 이념이나 믿음이 필요하지 않았다. 국가 전체를 일체로 다룰 수 있는 이념이 이미 존재했다.

이런 상황에서 일본이 근대적인 동시에 매우 전통적일 수 있었다는 점은 전혀 놀랍지 않다. '천황의 권위의 신비한 성격은 현상과 혁명—사회적 부동성과 전혀 새로운 경제—에 모두 일조했다.'

이는 왜곡된 설명이 아니다. 18세기에, 그리고 19세기에 한층 더 신도의 이름 아래 조직된 아주 오래된 국가 신앙의 의식적 부활이 그 점을 확인시킨다. 신도神道는 카미神의 길道이었다. 그러나 이런 맥락에서 카미의 의미는 머나먼 남양South Seas에서 사물과 존재에 깃든 비인격적이고 초자연적인 힘을 표상한 마나mana의 의미에 더 가깝다. 최고의 카미는 태양의 여신 아마테라스天照에게 속했고 그녀는 아들들에게 대대로 이를 전했다.

히로시마(1945년 8월 6일)와 나가사키(1945년 8월 8일)에 원자탄이 투하된 후 일본의 항복은 예기치 않은 붕괴로 이어졌다. 일본은 그 얼마 전까지 동남아시아 대부분을 정복했었지만 이제 모두 잃었다. 더욱 심각한 것은 메이지 유신 이후 확립했던 모든 것, 20세기 초반 극동에서 일본을 특별히 예외적인 존재로 만들어준 모든 것을 잃었다는 사실이다.

1945년 이후 일본의 기적(일본 역사에서 두 번째 기적)은 독일, 프랑스, 이탈리아의 기적과 마찬가지로 번영의 토대를 다시 마련했고 전에 없던 수준의 발전을 일본에 선사했다. 현기증 나는 성과였다. 이제 일본은 더는 1942년과 같은 군사 강국이 아니었으나 경제 강국이었다.

1961년부터 1970년의 경제 개발 계획은 몇몇 부문의 눈부신 성공과 함께 마지막 해에 1960년의 2배에 이르는 국민 소득을 목표로 했다. 1955년을 100으로 잡을 때 '목표 연도'까지 산업과 광업 생산을 648, 철강 생산을 296, 기계류 448, 그리고 화학을 344까지 올리는 것이 목표였다. 물론 이런 계산은 확실하지 않았다. 그러나 무책임하지도 않았다. 가까운 과거가 그 점을 입증했다.

19세기 말과 제2차 세계대전 사이에 일본의 평균 성장률은 연간 4퍼센트 대였다. 1946년부터 1956년까지의 성장률은 10.6퍼센트로 프랑스의 4.3퍼센트와 비교된다. 1957년부터 1959년까지 9.2퍼센트. 그리고 1959년부터 1962년까지 엄청나게 높은 성장률을 유지했다. 서독과 소련만이 경쟁할 수 있는 수치였다. 1961년부터 1970년까지의 경제 개발 계획은 연간 8.3퍼센트의 성장률을 목표로 설정했다.

이런 발전의 이유를 멀리서 찾을 필요는 없다. 의심할 바 없이 미군정 당국이 기업들이 예전의 수준을 어느 정도 회복하도록 허용한 것이 가장 중요한 이유였다. 몇몇 재벌이 재등장하기도 했으나 가부장적인 옛 재벌은 해체되었고 세계적 기업으로 꼽히는 대형 기업들이 새로 등장했다. 이런 유례없는 발전을 성공시킨 일본의 자본주의는 미국의 자본주의와 마찬가지로 소규모 수공업 회사보다 노동과 자본을 훨씬 더 효율적으로 운용할 수 있는 대기업에 의지했다. 소규모 수공업 회사는 어려움 속에서 가족노동과 저임금 노동에 의지해서만 살아남을 수 있었다.

동시에 일본의 대기업들은 더 이상 1941년 이전처럼 자기 자본만으로 운영할 수 없었다. 산업적 성공은 일본의 중앙은행, 그리고 프랑스보다 훨씬 더 자유로운 대형 은행과 투자신탁이라는 전체 시스템의 비호를 받는 기성세력과 연결되었다. 이들은 미국식 대중성과 선전의 모든 자원을 동원해 소규모 저축자들의 자본을 끌어들였다. 그 결과는 주식시장의 열광적 매수였다. 태생적으로 신중한 농민들마저 주식 매수에 나섰고 호황기 도쿄증권거래소에서 거둔 엄청난 수익, 전쟁 전의 400배에 달하는 수익이 자극제가 되었다. 그러나 1961년 6월부터 가격 하락이 이 과도한 도박의 기세를 꺾었고 개인의 투자금을 은행 예금과 저축으로 되돌려 놓았다.

소규모 저축자들이 많았다는 것은 일본의 높은 투자 수준(1962년 국가 지출의 20퍼센트)과 외국, 특히 미국 자본가들이 일본 기업에 보인 관심을 설명해준다. 그들의 관심은 지금까지 거의 이상적인 수준이라 할 수 있는데 1960년에 일본은 주식 시장에 대한 규제를 완전히 풀지 않았고 자본 투자의 수익은 국외로 반출하기 어려웠다. 1961년 4월 12일자 스위스의 한 신문은 일본 자본 시장의 완전 개방 가능성을 예상하며 이렇게 선언했다. '대체로 우리는 남아프리카보다 일본을 선호한다. 그곳에 많은 유럽 자본이 묶여 있다. 일본이 완전히 팽창하고 있다는 데에는 의심의 여지가 없다. 특별한 기술을 지닌 풍부한 노동력이 있고 일본의 지도층은 그들의 성공에 대한 무언의 믿음을 가졌을 뿐 아니라 놀라운 능력을 지녔다.' 외국 국외 자본이 깊이 개입했다면 일본의 성장률은 훨씬 더 인상적이었을 것이다.

그런 진보의 이면에 있는 추진력을 누구나 확인할 수 있을까? 급격하게 변동하는 경제를 분석하기는 늘 어렵다. 통계치는 쉽게 식상해지고 현실과 유리된다. 그러나 최근까지 풍부한 노동력이 강력한 자극이었다는 점은 분명하다. 일본의 경제 계획은 1961년 인구를 9,400만 명으로, 1970년 인구를 1억 400만 명으로 추정했는데 연간 100만 명 증가를 예상한 결과였다. 1984년에 일본의 인구는 1억 2,000만 명에 도달했다.

이런 증가가 경제 성장을 방해하지 않았다. 경제 계획은 1970년까지 국가 소득이 2배로 늘 것으로 예상했다. 그리고 산아 제한은 인구 성장률을 늦출 것으로 예상되었다. 게다가 1962년에는 전쟁 중 태어난 세대로 이전보다 더 적은 수의 사람들이 노동 시장에 진입해 노동력 부족(특히 숙련 노동자의 공백)이 매우 심각했다. 그에 따라 기술자와 교사들에게 지급되는 임금이 상승했다.

의심할 바 없이, 당시 임금과 생활수준 모두 서양이나 미국에 비해서는 크게 낮은 수준이었다. 그러나 일본의 서양과 다른 습성과 수요를 고려할 때, 상황이 그리 참담하지는 않았다. 오사카와 도쿄 주변에는 분명히 빈민가가 있었다(연간 40만 명씩 늘었고 그 가운데 30만 명이 이주민이었다). 그러나 빈민들의 식량 소비는 하루 2,100칼로리였고 일인당 연간 소득은 200-300달러 수준으로 인도의 4배에 달했다. 1984년에는 일인당 연 소득이 8,810달러에 도달했다. 어획량의 엄청난 증가는 대서양과 카리브해 같은 원양에서 끌어왔는데, 연간 600만 톤의 어획량을 기록하며 다른 모든 국가를 앞질렀다. 토지 생산성도 개선되었다. 미군정 당국은 6에이커가 넘는 모든 토지 보유지의 매도를 주장했고, 농촌은 겨울에 유리 온실 재배로 2차 수확을 할 수 있었다. 조생종 벼는 여름 태풍을 피할 수 있었다. 마지막으로 추운 북쪽 섬, 에조치(蝦夷地, 홋카이도)의 자원을 서서히 개발하려는 시도가 있었다. 이 모든 것이 안정적인 큰 성장에 일조했다.

내수 시장 역시 산업 팽창을 지원했다. 높은 생활수준은 세탁기, 라디오, 텔레비전, 카메라(일본의 대형 공장들이 먼저 가전 시장에 뛰어들었다) 등에 대한 새로운 구매력을 의미했다. 새로운 기호—더 많은 고기와 생선, 서양식 빵, 가공식품과 냉동식품, 치료제(특히 안정제), 맥주(차츰 곡주를 대체했다), 홍차(일본에서 연간 7만 7,000톤이 생산되던 녹차를 밀어냈다)—가 수요를 변화시켰다. 복식과 실내 장식은 서양 모델을 따르기 시작했다. 당연한 일이지만 평균적인 일본인은 언론인 로베르 길랭이 '이중-문명화'라고 불렀던 상태에 머물렀다. 거리에서는 서양 의복을 입지만 저녁에는 일본의 전통 의복과 관습으로 돌아갔다. 그러나 일본인은 점점 더 서양의 방식에 매료되고 그로부터 영향을 받았다. 그리고 사로잡혔다.

그러나 장애물도 여전했다. 모든 것이 일본 경제에 좋은 징조만은 아니다. 노력과 인내심, 부지런한 노동으로 이룬 기적이었지만 거기에도 한계가 있고 약점과 위험이 있었다. 농업 개혁은 수많은 소농을 배출했고 그들 중 가장 가난한 이들은 그들보다 조금 나은 이들에게 의지했다. 그리고 함께 뭉치거나 진정으로 근대적이고 과학적인 방법을 받아들일 수 없었던 이들이 있었다는 점을 잊어서는 안 된다. 어느 기자는 이렇게 주장했다. '오직 사회주의만이 성공할 수 있을 것이다.' 농업이 모든 사회주의 실험에 걸림돌이 되었다는 건 그럴듯한 이야기이다. 게다가 농업 개혁에 쏟은 모든 노력은 급격하고 급진적이고자 했을 때 언제나 어느 나라에서나 커다란 실망으로 이어졌다.

더욱 심각한 사실은 일본은 프랑스의 절반 크기밖에 안 되는 지역(30만 제곱킬로미터 vs 55만 제곱킬로미터)에 거의 2배의 인구를 가지고 있었다는 점이다. 프랑스의 경작지 면적은 전체 국토 면적의 84퍼센트인데 비해 일본의 경작지 면적은 전체의 15퍼센트에 불과했다. 일본의 산업을 위해서는 모직물, 면직물, 석탄, 철광석과 원유 모든 것을 수입해야만 했다. 그리고 일본의 성장률을 위해서는 외국산 기자재의 대량 구매가 필요했다. 그러므로 1961년 정부의 낙관적 전망에도 불구하고 무역 수지 악화의 불안한 조짐이 나타났다. 합리적 추산에 따르면, 일본에서 미군정의 기회비용 없이는 흑자 수지가 불가능할 것으로 보였다. 이는 일본의 성공이 얼마나 취약했는지를 보여준다.

산업적 번영에 집착하는 국가의 문제는 생산이 아니라 판매다. 이 문제에서 일본은 여전히 '자유진영' 무역 상대의 번영과 선의에 의지했다. 그런데 이런 선의는 당연하지 않았다. 서양, 특히 (이 문제에 늘 조바심을 보이는) 프랑스는 1939년 이전 집요했던 일본의 덤핑 무역을 기억했고 이제는 저임금의 결과로 일본 산업의 강력한 가격 경쟁력을 염려했다. 불완전한 무역 합의조차 결정이 지체되고 합의를 끝없이 문제 삼으면서 서양의 유보적인 태도가 뚜렷해졌다.

이 모든 것은 '네루 같은 중립주의자'가 되어 중국과 동남아 경제에 깊숙이 관여하고픈 유혹을 느끼기에 충분할 만큼 일본을 불안하게 하는 요소였다. 일본의 사회주의자와 공산주의자들은 미국의 존재가 사라졌을 때 다수의 사회적 진보가 위태로워질 것을 염려할 수밖에 없었다. 특히 1951년 헌법, 그리고 무엇보다 너무도 순응적인 나라에서 대규모 자본이 받아들이기를 꺼리면서 더디게 발전한 노동조합이 위태로워질 것을 두려워했다. 이런 엇갈린 관심은 1961년 선거 결과를 설명해주었다. 그 선거는 '온건 자유주의자들'—정통한 소식통에 따르면, '마지막 기회를 살리고' 사회주의자들을 물리치기 위해 50억 엔(100엔은 대략 1프랑스 프랑에 해당한다) 이상을 지출한 대기업—에게 '판에 박힌 또 한 번의 승리'를 안겼다.

그러나 문제를 영원히 미뤄둘 수는 없다. 일본의 번영이 계속된 긴장을 수반하는 초인적 임무를 강요하기 때문에라도 그렇다. 도쿄는 세계에서 가장 인구가 많은 도시이며(교외 지역에 1960년대 초 1,000만 명의 인구가 있었다) 너무 빠르게 성장해서 이미 숨이 막힐 지경이라 간척을 생각하고 있다. 오사카가 이미 선례를 남겼다. 엄청난 노동력에 이끌려 그곳으로 몰려든 중공업에 공간을 제공하기 위해서였다. 이런 사실들은 전설적인 일본의 성장에 웅대함과 위태로움이 어떻게 공존하는지를 보여준다.

그러나 가장 큰 불확실성은 정치에서 그리고 문명의 더 큰 영역에서 비롯된다. 미국의 칙령으로 일본이 하루아침에 의회 민주주의 국가가 된 것이 아니다. 그런 기대를 할 수도 없었다. 그리고 수많은 작고 의미심장한 사실들이 그 점을 확인시켜준다. 일본의 산업가들은 여전히 가부장적이고 용의주도하다. 과거 민족주의자들의 공격성은 절대 소멸하지 않았다. 일본에는 폭력적이고 광적인 우익 정당이 있고 그 나라의 열렬한 전통주의를 자극한다. 제2차 세계대전에서 승자들에게 굴욕을 당한 일본 황실이 여전히 자리를 지키고 있다. 그리고 황실에 반기를 드는 이들은 여전히 공격당할 위험이 있다. 과거의 영원한 일본은 죽지도 잊히지도 않았다.

1960년 11월 2일에 '일본의 미라보'로 불리던 사회주의 지도자 아사누마 이네지로浅沼稲次郎가 텔레비전 연설을 했다. 그는 '양키 제국주의의 공격적 도구, 이른바 미일안전보장조약의 위법성을' 비난했다. 그런 다음 한 학생이 보였다. 아직 열일곱 살도 채 안 된 학생이었는데 달려들어 그를 찔렀다. 그는 곧장 찌르기 위해 유도가柔道家의 추천대로 두 손을 엇갈려 칼을 잡았다. 3주 뒤 학생은 도쿄 소년감별소 본인의 방에서 자살했다. 암살과 자살은 엄청난 감정의 물결을 일으켰다. 일본은 본인의 사상을 위해 기꺼이 죽고자 하는 사람을 칭찬하지 않을 수 없었다. 설사 그의 범죄가 무가치하고 혐오스러운 것일지라도 말이다. 이런 태도를, 그리고 또한 다른 태도를 종교적 신념의 반영으로 여긴다면 실수다. 다른 나라와 비교해 일본이 특별히 종교적이지는 않으며 사후의 삶에 특별한 관심도 없다. 이 점에서 인도와 상반된다. 사회와 교육에서 일본을 지배하는 것은 특정한 코드다. 명예와 문명의 코드, 바로 **일본** 문명이다.

PART

III

유럽 문명

이슬람, 흑아프리카, 중국, 인도, 일본, 한국, 인도차이나와 인도네시아까지 비유럽 문명을 살펴보며 우리의 이야기를 시작했다. 유럽 밖으로 나가서 유럽과 일정한 거리를 두고 이야기를 시작하면 유럽이 우주의 중심이 아니라는 점을, 혹은 이제 더는 아니라는 점을 제대로 깨닫게 되는 장점이 있다. 그렇다고 해도 세계를 있는 그대로 설명하려는 진지한 시도라면 유럽과 비유럽을 대조하는 일이 꼭 필요하다.

그러므로 이제 우리는 우리 자신으로, 그리고 우리의 인상적인 문명으로 돌아간다. 다른 문명들을 연구했기에 우리는 우리 자신과 우리 문명을 더 객관적으로 보게 될 것이다. 그리고 우리가 말하는 유럽에는 서양과 구세계뿐만 아니라 신세계도 포함된다. 유럽에서 파생된 아메리카의 다양한 경험, 그리고 소련의 구체적인 이데올로기와 경험도 포함된다.

1부.

유럽

우선 몇 가지 자명해 보이는 기본 개념들을 돌이켜보는 것이 유용할 것이다.

유럽은 아시아에 속한 반도—'작은 곳'—이고, 따라서 이중의 역할이 있다. 첫째, 유럽은 차츰 드넓어지는 대륙인 동양과 연결된다. 한때는 건너기 어려웠지만, 철도의 발달로, 그리고 오늘날에는 항공 덕분에 어려움이 없다. 둘째, 유럽은 모든 방향에서 세계의 일곱 바다와 연결된다. 유럽 역사의 핵심적인 부분은 선박, 호송선단, 그리고 해양 정복의 역사다. 1697년 첫 유럽 여행길에 오른 표트르 대제가 암스테르담 인근 기적의 도시 사르담(현재의 잔담) 조선소에 가서 일한 것은 잘못된 생각이 아니었다. 15세기 말에 이미 세계의 바다를 누비며 위대한 발견과 함께 팽창한 서유럽은 그들이 가진 이중의 역할을 분명하게 확인했다.

남과 북, 동과 서는 뚜렷이 대비된다. 남부의 내해Mare Internum로서 따뜻한 지중해와 북부의 차가운 '지중해' 영국해협, 북해와 발트해도 뚜렷이 대비된다. 민족, 식사, 기호와 각 문명의 시대까지 모든 면이 대비를 이룬다. 남과 북은 (러시아, 독일, 프랑스의) 여러 '지협'으로 연결되며 서쪽으로 갈수록 점점 더 짧아져서 지리학자에게 서유럽은 동쪽으로 열린 깔때기를 연상시킨다.

이런 동서와 남북의 대비는 지리의 결과이기도 하지만 역사의 결과이기도 하다. 역사적으로 서유럽은 로마와 연결되고 동유럽은 콘스탄티노플과 연결된다. 9세기 두 지역의 결별에 성 키릴로스와 메토디오스가 결정적 역할을 했는데 이들이 복음을 설교하고 그리스정교회의 노선을 따라 동방의 미래를 결정하는 데에 성공했기 때문이다. 이후에도 분할이 있었다. 이번에는 종교개혁으로 남과 북이 분리되었다. 흥미롭게도 대략 고대 로마제국의 국경선limes을 따라 그리스도교 세계가 '쪼개졌다.'

1. 공간과 자유

어디서나 사적 '자유', 참정권, 혹은 크고 작은 특정 집단에 국한된 자주권의 꾸준한 증대를 볼 수 있다는 것이 유럽 역사의 특징이다. 이런 자유는 서로 충돌하거나 서로를 배척했다.

분명 이런 자유는 서유럽이 모습을 갖추고 상대적으로 안정되었을 때 비로소 존재할 수 있었다. 유럽이 분쟁으로 분열되어 방어할 수 없게 되었을 때는 그런 호사를 누릴 수 없었다. 자유와 안정은 불가분의 요소이다.

유럽이 모습을 갖추다: 5세기부터 13세기까지

다음에 나오는 두 개의 지도는 유럽으로 향했던 주요 침략을 보여준다. 이 지도들을 보는 것만으로 유럽 반도가 하나의 응집력 있는 일체를 형성하는 과정의 여러 사건과 재난들이 충분히 설명될 듯하다. 유럽의 지리적 영역은 일련의 전쟁과 침략 과정에서 규정되었다. 그 모든 과정은 로마제국의 분할과 함께 시작되었다. 395년 테오도시우스의 죽음과 함께 로마가 분할되었지만 그의 죽음은 로마의 분할을 확인한 것일 뿐 그

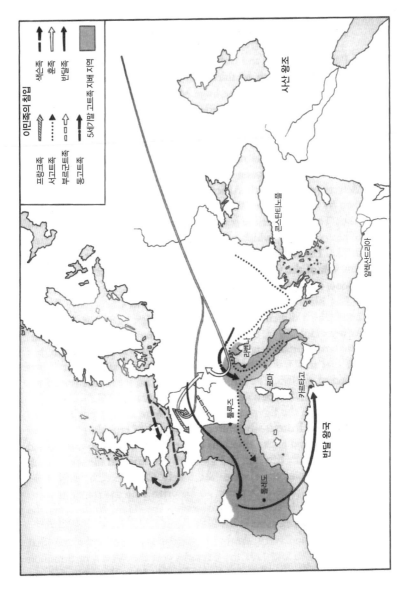

그림 14 대침략 (1)

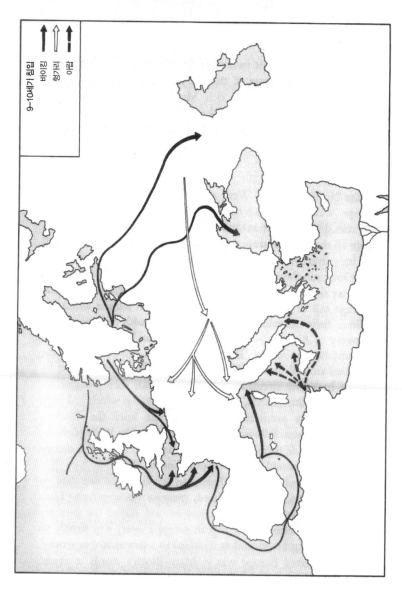

그림 15 대침략 (2)

원인은 아니다.

동지중해에는 거의 언제나 많은 인구와 유서 깊은 문명, 그리고 활발한 경제 활동이 있었다. 서지중해 역시 로마의 정복 활동이 시작되었을 때부터 존재했는데, 야만적이지는 않아도 원시적이던 서쪽 끝을 의미했다. 로마는 그곳에 도시를 건설하고 문명을 일궜다. 딱히 로마 문명은 아닐지라도 최소한 로마 문명을 본받은 문명이었다.

395년 로마의 분할이 이루어졌을 때 동부pars Occidentis는 세 개의 접경에서 일련의 재난에 직면했다. 라인강과 다뉴브강을 따라 늘어선 북동쪽 접경, 지중해에 면한 남쪽 접경, 그리고 오랫동안 평화를 유지했던 덴마크에서 지브롤터로 이어지는 방대한 '해안 접경'인데, 새로운 위협과 그에 대한 대응이 유럽의 지리적 영역을 규정하고 정착시켰다.

북동쪽 라인강과 다뉴브강의 이중 경계는 훈족을 피해 도망쳐온 게르만족의 압력을 견디지 못했다. 405년 라다가이수스가 고트족 군대를 이끌고 이탈리아 토스카나까지 침입했다. 바로 이어 406년 한 무리의 고트족이 마인츠 인근에서 얼어붙은 라인강을 건너 속주 갈리아로 밀려들었다.

한번 돌파된 문은 451년 샬롱쉬르마른(현 샬롱앙샹파뉴)에서 훈족을 패퇴시킬 때까지 다시 닫히지 않았다. 그 후 꽤 신속히 재건이 진행되었다. 메로베우스 왕조가 라인강 경계를 재건했고 곧이어 동쪽으로 이동했다. 카롤루스 왕조가 강 건너 멀리까지 라인강 경계를 유지하며 독일 전역에 주권을 행사했고 당시 아바르족이 장악하고 있던 '헝가리'까지 압박했다. 교황

보니파키우스의 활약 덕분에 아바르족이 그리스도교로 개종하면서 이 엄청난 동방 진출이 확실해졌다. 사실 서양이 성공을 거둔 곳은 아우구스투스와 티베리우스가 신중함 때문에 실패했던 곳이다.

그 뒤로 게르마니아는 아시아적인 동방에 맞서 서방 세계를 보호했다. 933년 메르제부르크에서 헝가리 기병을 저지했고 955년에는 아우크스부르크에서 그들을 분쇄했다. 800년 크리스마스에 카롤루스 대제가 세운 카롤루스 제국을 962년에 게르만의 신성로마제국이 대체했을 때 그들은 이런 보호자 역할을 그들의 **존재 이유**로 삼았다.

위협이 사라진 동쪽 경계는 성장점이 되었고 11세기부터 13세기까지 진행된 식민화의 결과 폴란드, 헝가리, 보헤미아에서 그리스도교 국가가 탄생했으며 접경은 더 동쪽으로 이동했다. 이 지역은 상대적으로 평화로웠고 그런 평화는 1240년경 몽골족이 침략해 폴란드 국경과 아드리아해에서 기적적으로 멈출 때까지 유지되었다. 러시아 남서부 지역은 몽골 침략의 유일한 희생자였다.

남부에서는 이슬람 최초의 정복이 성공을 거두면서 위태로운 접경이 탄생했다. 무엇보다 (그때껏 그리스도교 세계였던) 북아프리카, 에스파냐, 시칠리아가 연이어 '이탈'했기 때문이다. 서쪽에서는 지중해가 '이슬람의 호수'가 되었다. 이에 맞선 첫 번째 효과적인 대응은 중무장 기병의 창설이었는데 그들은 732년 푸아티에에서 카를 마르텔에게 승리를 안겼다. 그 승리의 결과는 엄청났지만 카롤루스 왕조에는 짧은 승리였다. 그들의 영향력은 라인강 너머 작센과 헝가리까지 뻗어갔다.

그러나 이슬람은 강력한 이웃이었고 힘겹고도 극적인 군사 행동으로 그들을 응대해야 했던 그리스도교 세계는 그들만의 성스러운 전쟁, 십자군 전쟁을 생각해냈다. 십자군 전쟁은 끝 없는 전쟁이 되었다. 1095년 시작된 제1차 십자군은 이슬람에 맞선 최초의 전쟁은 아니었으나 집단적이고 자의식적이며 웅장한 전쟁으로는 첫 번째였다. 마지막 원정은 1270년 성왕 루이의 튀니지 원정이었다. 그러나 결코 투쟁이 끝난 것은 아니었다.

1291년 이집트의 아크레 재탈환으로 동방을 향한 이 엄청난 모험은 중단되었으나 서양에서 십자군에 대한 호소는 계속되었고 15세기와 16세기에 뜻하지 않게 되살아나면서 서양에서 감정의 혼란을 초래했다. 17세기에 또다시 '고독한 십자군'들이 있었다. 이는 역사가 알퐁스 뒤프롱의 표현인데, 그는 이런 광신적 믿음을 19세기, 식민주의의 마지막 모험에서도 추적했다.

신뢰성에 문제가 있지만 최근 추산에 따르면 1095년부터 1291년 사이 십자군 원정은 5,000만 명 남짓의 서양 인구 가운데 400만 명에서 500만 명을 희생시켰다고 한다. 이런 수치가 정확한지는 아무도 알 수 없다. 어쨌든 십자군은 유럽의 형성에서 극적인 경험이었고 최소한 두 가지 면에서 유럽 최초의 진정한 승리였다. 첫 번째는 위태롭고 한시적이었지만 성묘Holy Sepulchre를 재장악했다는 점이고, 두 번째는 결정적으로 부의 운송로인 지중해를 재정복했다는 점이다. 십자군 원정은 그 과정을 완수함으로써 서양의 남쪽 경계를 확정했다. 그리고 15세기와 16세기 대항해 시대가 시작될 때까지 그곳은 가장 중요한 지점이었다.

북서쪽과 서쪽으로, 그리고 남쪽으로 멀리 지중해까지 8세기, 9세기, 10세기까지 이어진 노르만족의 침략은 유럽으로서는 뜻밖의 일이었다. 그들을 눈치채지 못했고 힘이 없다고 생각했기 때문에 더욱 고통스러웠다. 네덜란드, 아일랜드, 이탈리아를 제외하고, 유럽은 서서히 자신만의 해상 능력을 갖추어 나가고 있었다. 하지만 장기적으로 노르만족의 침입은 유럽에 유리한 결과를 가져다주었다.

그렇다고 무자비한 노르만의 약탈 행위를 옹호할 생각은 없다. 그들이 유럽에 엄청난 피해를 준 것은 사실이다. 하지만 그들이 이룬 것, 예컨대 러시아 전역에 걸친 그들의 이동이나, 앙리 피렌이 썼듯이 '아직 유럽에 필요하지 않았기 때문에' 발견하자 곧 다시 잃었지만, 아메리카의 발견처럼 칭찬할 만한 업적까지 외면할 수는 없다. 경제사가들은 바이킹들에 대해 훨씬 더 관대하다. 경제학자들은 특히 교회에서 보물을 약탈하고 다시 유통한 바이킹이 로마 몰락 후 서유럽 경제 침체로 잠자고 있던 귀금속 등의 자본을 다시 활성화했다고 주장했다. 바이킹은 약탈 행위로 화폐 공급자가 되었고 서양 경제를 다시 한 번 자극했다는 것이 경제학자들의 주장이다.

유럽 최초의 문명을 이해하려면 9세기와 10세기 참혹했던 '암흑시대'와 그들이 겪었던 재앙을 가늠해 봐야 한다. 그리고 하루하루 그저 살아남기 위해 분투했던 초기 유럽의 빈곤을 생각해 봐야 한다. 출구 없는 자급 경제로 축소된 이 가난한 유럽은 마르크 블로흐의 표현대로 '포위된, 혹은 침략당한 성채'

였다. 그리고 그때 유럽은 덩치 큰 국가의 무게를 감당할 수도 없었다. 그래서 국가가 건설되더라도 곧 붕괴하거나 분열했다. 카롤루스 대제의 제국은 빠르게 건설되었지만 814년 그의 사망 직후 분열되었다. 게르만족의 신성로마제국은 순식간에 버려진 대저택이 되었고 서유럽은 수많은 작은 영역들로 쪼개졌다. 봉건제는 서양의 여러 왕국 안에서 실질적이기보다 이론적인 통합을 유지했다. 그 가운데 일부는 프랑스 왕국처럼 아주 서서히 근대화되는가 하면 다른 경우는 반대로 독일 제국처럼 '고색창연한' 상태로 남아 있었다.

그런데도 내부의 억압과 외부의 공격으로 어려움을 겪던 이 세계는 이미 뚜렷이 동질적인 문명이었다. 다양성에도 불구하고 어디서나 같은 조건에서 같은 문제와 씨름하고 같은 해결책을 추구한 그 문명은 뤼시앵 페브르의 표현대로 '봉건 문명'이라고 불러야 한다. 이 문명은 많은 민족과 경제의 복합체에서, 반복적인 투쟁과 공통의 믿음에서, 그리고 무엇보다 해결하려고 노력했던 '같은 문제'에서 탄생했다.

봉건제가 유럽을 건설했다. 11세기와 12세기에 유럽은 생동적인 봉건 체제 아래서 그 최초의 젊은 혈기를 얻었다. 봉건 체제는 이미 제2, 제3의 동요를 겪은 문명에 토대를 둔 구체적이고 독창적인 정치, 사회, 경제 질서였다.

그런데 이 다채로운 문명을 어떻게 정의해야 할까?

유럽에서나 다른 곳에서나 더 큰 정치체가 해체되지 않고는 봉건제가 있을 수 없었다. 이 경우 그 정치체는 거대한 카롤루스 제국이었다. 그 명칭(유로파Europa, 카롤루스 제국vel veguum Caroli)이 확인시켜주듯이 최초의 '유럽'이었다. 그런데 그 제국은 궁정 시인들이 '유럽의 아버지pater Europae'로 추켜세웠던 위대한 황제 사후 곧 사라졌다.

봉건제는 카롤루스 제국의 분열에 따른 자연스러운 결과였다. 1940년 6월 나치가 프랑스를 점령했을 때, 어느 프랑스 장교는 꿈을 품었다. 기적이 일어나서 기지의 각 부대가 최고 사령부의 명령에 복종하지 않고 자율적으로 행동할 권리를 회복하는 꿈이었다. 갈수록 무능해지는 사령부가 깨닫지 못한 채 그들을 패배로 내몰고 있었기 때문이다. 봉건제는 이와 비슷한 대응에서 탄생했다. 물론 근본적인 차이는 있었다. 봉건제를 탄생시킨 재난은 1940년 6월의 재난만큼 긴박하지 않았다. 봉건제가 정착하기까지 수백 년의 시간이 걸렸다. 그런데도 봉건제의 본질은 방어적이고 지역적이었다. 언덕 위 요새화된 성이 있고, 성 주위에 다닥다닥 모여 성의 보호를 받는 마을(들)이 있었다. 이는 이유 없이 임의로 선택된 체제가 아니라 방어의 수단이었다.

그런데 봉건제는 또 다른 무엇이기도 했다. 그것은 인간과 인간 사이의 관계, 종속의 연쇄에 기반을 둔 하나의 사회였다. 봉건제에서 토지는 봉사에 대한 유일한 보상은 아닐지라도 가장 자주 제공되는 보상이었다. 영주는 자신의 영주인 왕으로부터, 혹은 자신의 상위 영주로부터 봉토feodum나 영주권을 부여받는다. 그 대가로 그는 다음 4가지 지원을 포함해서 몇 가지 봉사를 제공해야 했다. 1. 본인이 모시는 영주의 몸값을 내야 한다. 2. 장남이 기사 작위를 받을 때 3. 장녀가 결혼할 때 4. 영주가 십자군에 나설 때도 비용을 감당해야 했다. 이어 그의 영주는 본인의 영주권 일부 혹은 그 구성 요소를 종속된 사람들에게 양도한다. 하위 영주일 수도 있고 농민일 수도 있다. 영주는 농민들에게 경작지를 나누어 주었다(우리는 아직도 '보유지tenure'나 '임차지tenement'를 이야기한다). 농민들은 토지에 대한 임차료로 현금(면역지대quit-rent)이나 수확물 일부(10분의 1세나 소작)를 바쳤다. 그 대가로 영주는 농민들을 방어하고 보호했다.

이런 사회적 피라미드, 의무와 지배, 충성이 있고 경제, 정치, 군사적 힘을 동원하는 사회적 피라미드 덕분에 서양은 살아남을 수 있었고 오래된 그리스도교와 로마의 유산을 지켜내고 거기에 영주 체제의 이상, 미덕, 이념(그 자체의 문명)을 덧입힐 수 있었다.

그때 유럽은 이미 유럽이라는 이름을 잊었다. 현실에서 유럽은 조각조각 나뉜 세계가 되었다. 그곳에서 중요한 것은 작은 지역, 좁고 한정된 모국이었다.

분명 초기 유럽의 삶에는 마치 야생 식물처럼 각 지역이 나름의 방식으로 느긋하게 성장할 수 있는 엄청난 이점이 있었다. 그러므로 각 지역은 강인하고 자의식적인 실체가 될 수 있었고 이미 그 영토와 독립성을 방어할 준비가 되어 있었다. 그럼에도 흥미로운 것은 이런 정치적 구획화에도 불구하고 유럽 문명과 문화에는 일치점이 있었다는 사실이다. (가령 산티아고 데콤포스텔라를 향한) 순례 여행에 나서거나 사업차 여행길에 오른 사람은 뤼베크에서 파리에 있는 듯한 편안함을, 런던에서 브뤼허 같은, 쾰른에서 부르고스, 밀라노, 베네치아에서와 같은 편안함을 느꼈을 것이다. 종교, 문화적 가치와 전쟁, 사랑, 삶과 죽음의 법칙이 어디서나, 곧 봉토마다 같았다. 어떤 다툼이든, 어떤 반란이든, 어떤 갈등이든 양상이 같았다. 하나의 단일한 그리스도교 세계였기 때문이다. 마르크 블로흐의 말처럼, 거기에는 기사도와 궁정 음악가와 음유시인, 궁정 연애의 문명이라고 할 만한 것이 있었다.

십자군 원정은 그런 통일성을 드러냈다. 십자군 원정은 수많은 소규모 모국들이 공유한 대중 운동이자 집단 모험이었고 열정이었다.

자유와 권리: 11세기부터 18세기까지

5세기부터 현재까지, 혹은 18세기까지 유럽사에 관한 우리의 모든 지식을 총망라해 그것을 하나의 전자적 기억으로 (그런 기록이 가능하다면) 기록할 수 있다고 상상해 보라. 컴퓨터에 이 기나긴 역사를 통해 시간과 공간상에서 가장 빈발하는 문제 하나를 지적하라고 명령해 보라. 의심할 바 없이 그 문제는 자유liberty에 관한 혹은 여러 자유들에 관한 것이다. 자유라는 단어가 핵심어다.

서양 세계가 스스로를 '자유세계the free world'로 부르기로 했다는 사실은 20세기 이념의 갈등 속에서는 그 의도의 순수성을 의심할 수 있지만 오랜 시간 이어온 유럽 역사에서 보면 정당하고 적합하다.

자유의 뜻을 이해하려면 '방종하게 행동하다taking liberties'처럼 경멸적인 의미를 포함해서 모든 함축을 고려해야 한다. 사실 모든 자유는 서로를 위협한다. 하나의 자유는 다른 자유를 제한하며 제한받은 자유는 또 다른 경쟁자에 굴복한다. 이런 과정은 절대 평화롭지 않다. 그런데 그게 바로 유럽의 진보를 설명하는 비밀 가운데 하나이다.

그런데 '자유'라는 단어가 의미하는 바를 명확히 할 필요가 있다. 여기서 자유는 개인의 자유, 곧 오늘날 '자유세계free world'의 일상적 척도인 개인의 자유를 뜻하지 않는다. 집단의 자유를 뜻한다. 중세에 단수로서의 자유libertas보다 복수로서의 자유libertates를 훨씬 더 많이 말했다는 것은 결코 우연이 아니다. 복수로 쓰인 자유는 특권privilegia이나 권리jura의 의미가 더 크다. 사실 복수로 쓰인 자유는 지배권을 보호하거나 이런저런 집단이나 이해관계를 보호하는 특권이며 때로 그런 보호를 활용해 뻔뻔스럽게 다른 사람들을 착취하는 데에 사용되기도 했다.

이런 집단적 자유가 완전히 발전하기까지 오랜 시간이 걸렸다. 나중에 그런 자유가 합리적으로 제한되거나 제거되기까지 오랜 시간이 걸렸다. 일반적으로 그런 자유는 끈질기게 오래 유지되었다.

농민 해방은 가장 먼저 시작되었으나 마지막에나 완수될 것이다. 오늘날에도 농민의 해방은 여전히 불완전하다고 할 수 있다. 우리가 사용하는 의미로 농민은 자유롭다. 농민과 토지 사이에 외부의 이해관계―영주나 도시민 혹은 자본가의 자산이라는 외부 자산―가 끼어 있지 않다는 전제에서다. 부역의 의무가 없다는 전제에서 농민은 자유롭다. 그리고 마지막으로 농민의 노동이 충분한 생산성을 갖추어 본인을 부양할 수 있고 잉여생산물을 얻을 수 있고 그 잉여생산물을 근처 시장에 판매할 수 있고 그저 약간의 거간비에 그치지 않고 최소한 필요한 것이라도 살 수 있는 정도의 돈을 얻을 수 있다면 그는 자유롭다고 말할 수 있다.

그것이 최소 요건이다. 과거 유럽 농민들이 어느 정도 이익과 몇 가지 자유를 누렸다고 말할 수 있지만, 이는 분명 훨씬 더 고통받는 다른 농민들과 비교했을 때일 뿐이다. 대체로 유럽 농민들은 경기가 좋을 때마다 그 혜택을 누렸다.

유럽의 경제적 각성은 일찍이 10세기부터 시작되었다. 당시 농업 생산은 어디서나 향상되었다. 게르만족의 땅에서, 폴란드에서, 3년 돌려짓기가 널리 행해지던 북부 '신생' 국가들에서, 그리고 여전히 2년 돌려짓기가 관행이던 남부 지역(이탈리아와 프랑스 남부)에서도 생산이 증가했다.

이런 생산 증대는 인구 증가와 도시 성장으로 이어졌는데 도시의 성장은 수확의 증대에 필수적인 전제조건이었다. 그런데 도시도 그 혜택을 얻었다.

11세기 이후 줄곧, 그리고 경제 성장이 유지되면서, 그때까지 농노로 토지에 매여 있던 농민들의 운명이 급격히 달라졌다. '검을 가진 자들과 그들의 경쟁자인 성직자에게 속했던 땅이 이제 밭을 가는 자들의 차지가 되었다······ 예전 소유주들에게 해마다 소액의 이자를 지급하는 조건으로 땅을 갖고자 하는 일꾼이면 누구든 땅을 넘겨받았다.' 이런 면역지대免役地代 체제는 '땅은 풍족하고 사람은 귀할 때, 땅보다 인력을 얻기 위해' 채택되었다.(다브넬d'Avenel) 넓은 지역에 걸쳐 (전부는 아니지만) 농민들이 일정한 정도의 자유를 누렸다. '12세기에 우리는 자유로워졌다.' 역사가 앙리 피렌은 서양의 농민들을 언급하며 이렇게 말하고는 했다.

그러나 이런 해방은 완전하지도 않았고 보편적이지도 않았다. 무엇보다 결정적이지 않았다. 사실, 어떤 균형이 존재했고 꽤 널리 확산되었다. 그런 균형에 따라 농민들은 토지를 보유했고 본인의 영지에서 영주이자 토지의 주인이었다. 그리고 그들은 본인의 보유지를 양도하거나 팔 수 있었다. 더욱이 현금 지대는 일찌감치 고정되었고 장기적으로 농민들에게 이익이 되었다. 수백 년 동안 화폐가치는 계속 하락했고 일찌감치 정해진 지대의 가치 역시 하락해 결국 현실적으로 별것 아닌 것이 되었기 때문이다.

그런데 이런 장점에 확고한 법적 토대가 있었던 것은 아니다. 영주는 계속해서 토지에 대한 지배권을 유지했고 시간, 장소, 상황만 맞으면 언제든 억압적 권력을 회복할 수 있었다. 농민 반란의 역사가 이를 증명한다. 1358년 프랑스에서 자크리jacquerie의 난이 있었고, 1381년 잉글랜드에서 노동자와 농민들이 참여한 와트 타일러의 난이 있었으며, 1524-5년 독일 농민들의 대규모 반란이 있었다. 그리고 17세기 전반前半 프랑스에서 다시 농민 반란이 반복되었다. 이런 봉기, 혹은 '총파업'은 번번이 진압되었다. 늘 존재하는 이런 위협은 농민들에게 예전에 얻은 자유와 이점을 조금이라도 유지하는 데 도움을 줄 뿐이었다.

유럽 전역에서 근대 세계의 자본주의적 경제 발전과 함께 이런 특권들이 다시 한 번 도전받고 있다. 16세기를 시작으로, 그리고 17세기에 경기 침체에 직면한 자본주의는 다른 곳에서 손쉬운 출구를 찾지 못했고 다시 토지로 되돌아갔다. 귀족뿐 아니라 중간계급 '영주의' 대대적인 반동은 크고 작은 도시에서 주변 촌락 지역으로 확산되었다. 새로운 유형의 자산('농지', '창고' '소작지' 등 지칭하는 용어는 지역마다 달랐고 언제나 실질적 의미가 담기지는 않았다)이 확립되었고, 농민들의 소규모 보유지들을 희생시켜 하나의 단일 임차지로 만들려는 경향이 나타났다. 그런 자산 소유자들은 통상 타고난 자본가 정신에 물들어 있었다. 그들은 대금업자로서 생산성과 이윤을 추구했다. 농민들은 그들에게 빚을 졌고 그래서 어느 순간 보유지를 빼앗기거나 부자들에게 지급할 수많은 등록세 가운데 하나를 적용받았다. 공증인 서류철에는 그런 계약들이 넘쳐났다. 당시 농민은 모든 면에서 불리했다. 지대는 현금으로만 지급되지 않았고 현물, 곧 밀로 요구되기도 했다.

이런 현상은 유럽 전역에서 볼 수 있었지만, 중부 유럽과 동부 유럽에서 특히 비극적이었다. 엘베강 너머 독일, 폴란드, 보헤미아, 오스트리아에서, 그리고 심지어 발칸과 모스크바 공국에서 이런 현상이 두드러졌다. 16세기가 끝났을 때, 역사가들이 '두 번째 농노제'라고 부르는 것이 이 일대에 확립되었다(일부 지역은 '더욱 야만적'이었다). 농민들은 다시 한 번 영주의 지배 체제에 흡수되었다. 이번에는 과거보다 더 심각했다. 영주는 농장주였고 기업가였고 밀 판매상이었다. 곡식 재배 수요에 맞추기 위해 농민들이 감당할 부역의 양을 늘리라고 강요했다. 보헤미아에서는 부역이 일주일에 5일이어서 농민은 토요일에만 본인의 농지를 경작할 수 있었다. 그런가 하면 슬로베니아에서는 15세기 1년에 열흘이던 부역이 16세기 말에는 연간 6개월로 늘었다. 영주가 직접 경작하는 영주 직영지에서도 부역이 시행되었다. 이런 체제는 19세기까지 동방에서 지속되었으며 이 지역이 서방에 현저히 뒤떨어지게 된 원인이었다.

사실 서방에서는 18세기—프랑스에서 (시골의 주정뱅이를 포함해) 모든 것을 자극한 존 로John Law의 은행 시스템과 함께—에 상대적으로 자유로운 체제 아래서 농민들에게 유리한 변화가 시작되었다. 프랑스 혁명은 단번에 농민들의 보유지를 봉건적 의무에서 해방함으로써 이런 발전을 완성했다. 혁명 전쟁과 나폴레옹 전쟁 동안 다른 곳에서도 이런 선례를 모방했다.

도시는 절대 멈추지 않는 동력 장치였다. 도시는 유럽이 처음 출현하던 순간의 타격을 감내했고 그 '자유'로 보상받았다.

서양의 오랜 침체는 10세기 도시의 궤멸에 가까운 상태로 이어졌고, 도시는 가까스로 살아남았다.

그러나 11세기부터 13세기까지 경기 호황으로 경제 흐름이 바뀌고 도시의 대 부활이 시작되었다. 도시는 이런 경제 회복에서 육중한 영토국가들보다 더 빠르게 번성했다. 영토국가들은 가장 빠른 경우에도 15세기까지는 어떤 근대적 특성도 보이지 않았다. 그러나 도시는 11세기와 12세기에 이미 그들을 성장시킨 봉건국가의 틀을 깨고 나왔다. 근대적이고 시대를 앞질렀던 도시는 미래를 예고했다. 사실 도시가 이미 그 미래였다.

물론 도시가 언제나 독립적이었던 것은 아니다. 그리고 처음부터 철저히 독립적이었던 것도 아니다. 그러나 일찍이 이탈리아에서 거대한 자유 도시들이 모습을 드러냈다. 당시 이탈리아는 서유럽에서 가장 진보한 국가였다. '제2의 이탈리아'로 불린 네덜란드도 그랬다. 베네치아, 제노바, 피렌체, 밀라노, 헨트와 브뤼헤는 이미 '근대적' 도시였다. 반면 루이 9세의 왕국(프랑스)은 여전히 '중세의' 전형이었다.

공작, 총독, 집정관이 통치했던 이 도시들을 본받아 수많은 소규모 도시들이 투쟁을 통해 (특허장으로) 자치권을 획득하고 그들의 재정과 사법 체계와 보유 토지의 관리 권한을 획득했다.

일반적으로 완전한 자유는 오직 충분한 물질적 부를 통해서만 달성될 수 있었다. 특히 혜택받은 도시들은 물질적 부를 통해 경제적 생존을 보장받았을 뿐만 아니라 외부 공격을 방어할 수 있었다. 이들은 도시국가였고 소수의 도시만 이런 지위를 획득했다. 그런데 그 도시들 모두 무역과 장인 길드의 작업에 의지했고, 그들에게 일정한 독립성과 사적 자유를 누릴 권리를 부여했다.

길드는 지역 시장과 장거리 무역에 종사했다. 도시 경제는 대체로 그 지역의 경계를 넘어섰기 때문에 번성할 수 있었다는 사실에 의심의 여지가 없다. 15세기에 뤼베크—한자 동맹으로 알려진 발트해와 라인강 사이 거대한 도시 무역 집단 가운데 가장 중요한 집단—는 알려진 모든 세계와 연결되었다. 베네치아, 제노바, 피렌체, 바르셀로나에 관해서도 같은 이야기를 할 수 있다.

이런 특권적 중심지들에서 초기 자본주의의 승리는 장거리 무역의 결과였다. 상인 모험가들의 시대가 시작되었다. 그들은 원료와 노동력을 공급했고 산업 생산품의 판매를 보장했다. 반면 길드의 장인들은 이 선대제수공업 Verlagssystem — 독일 역사가들이 활용한 용어인데 번역이 까다롭다. 대략 주문생산제 정도로 풀이할 수 있다―의 '직공들'처럼 점차 임금노동자가 되어갔다. 상인들은 대인배popolo grasso 혹은 부유한 부르주아의 등대였다. 그들의 지배하에 있던 '소인배들thin people'은, 예컨대 헨트, 혹은 1381년에 치옴피의 폭력적 혁명이 발생했던 피렌체에서처럼 반란을 시도했으나 성공을 거두지 못했다.

제조업 도시의 이런 내적 갈등은 사회적 긴장이 이미 계급투쟁임을 보여준다. '타크반taquebans'은 보마누아가 플랑드르의 수공업자들을 거론할 때 사용한 단어였는데, 그들은 지금이라면 임금 인상을 위한 파업이라고 부를 만한 일을 벌였다. 차츰 길드 장인과 '직인' 사이에 골이 깊어졌다. 직급의 상승을 보장받기 위해 값비싸고 어려운 '걸작'을 만들어야 하는 직인들은 모임, 조합, '지부'를 결성하고 여러 도시를 돌아다녔다. 그들은 사실 최초의 노동계급 프롤레타리아였다.

그런데 그런 프롤레타리아가 만약 시민이라면 시민권의 특권을 보장받았다―최소한 독립적이거나 반독립적인 도시들의 위대한 시절이 계속되는 동안에는 그랬다.

막스 베버가 생각했던 대로 중세 유럽 도시에 적용할 수 있는 특별한 유형―그의 표현을 빌리자면, '닫힌 도시'―이 있었을까? 그 도시들은 배타적이었고 성벽 밖의 사람들을 고려하지 않았다. 어떤 것도 그들의 상위에 있지 않았다. 국가의 대리인으로서 중국의 관리가 시행했던 효율적이고 전제적인 정치에 비견할 만한 것이 없었다. 주변 촌락 지역은 보통 도시의 통제를 받았다. 시민이 될 수 없는 농민들은 도시의 시장에서만 곡식을 팔아야 했다. 그리고 도시가 요구하지 않는 한 그들은 직조기를 사용할 수 없었다. 확실히 고대 세계의 도시국가 체제와 전혀 달랐다. 고대 도시국가는 정치적으로 주변 촌락에 열려 있었다. 당시 아테네 농민들은 도시 주민들과 동등한 지위의 시민이었다.

도시가 인구를 시급히 늘려야 할 때를 제외하고 시민권 부여에 인색했다는 사실은 놀랄 일이 아니다. 예컨대 1345년 흑사병 발생 직후 베네치아는 정착한 사람들 모두에게 시민권을 약속했다. 통상 '시정부Signoria'는 그리 관대하지 않았다. 당국은 두 종류의 시민권을 인정했다. 데 인투스de intus(내부 출신)로 알려진 시민권은 2등 시민이 되었고 데 인투스 에트 데 엑스트라de intus et de extra로 알려진 시민권은 모든 권리를 부여받았고 자신들의 특권을 지키느라 전전긍긍인 귀족들은 질투 어린 시선을 받았다. 베네치아에서 데 인투스 시민권을 획득하려면 15년의 거주기간이 필요했고 데 인투스 에트 데 엑스트라 시민권을 얻으려면 20년을 거주해야 했다. 두 시민권은 각각 '신' 시민권과 '구' 시민권으로 구분되기도 했다. 1368년에 발효된 칙령은 '구' 베네치아인에게만 그 도시에 기반을 둔 독일 상인과 거래할 권리가 있다고 규정했다.

자기중심적이고, 빈틈없고, 단호한 도시들은 나머지 세계에 용감히 맞서 자유를 옹호할 준비가 되어 있었다. 그리고 때로 다른 도시의 자유는 아랑곳하지 않았다. 피에 굶주린 도시들 사이의 전쟁은 다가올 국가 간 전쟁의 전초전이었다.

그러나 발전 속도가 느렸던 근대 국가들이 15세기 들어 점차 강해지면서 도시의 자유는 곧 위협받았다. 특권을 부여할 수도 있고 제재를 가할 수도 있는 국가는 도시들에 복종을 강요하는 일이 많았다. 그에 따라 몇 차례 심각한 위기가 있었다. 예컨대 1521년 카스티야에서 코무네로Comuneros의 반란, 혹은 1540년 카를 5세의 헨트 탄압이 있었다. 타협 또한 피할 수 없었는데 근대적 군주정에 도시의 지원이 필요했기 때문이다. 도시는 권력에 굴복했고 다른 특권을 보전하기 위해 특권의 일부를 포기했다. 특정 권리를 포기한 대가로 그들은 근대 국가의 새로운 세계—더 큰 무역, 수익성 좋은 대출, 프랑스 같은 일부 국가에서는 관직 매매—에 접근할 수 있었다. 영토 경제 économie territoriale가 성장하며 선행했던 도시 경제를 대체했다. 그러나 여전히 도시가 이런 영토 경제를 통제했다. 국가와 나란히 도시가 지배를 이어갔다.

이른바 영토국가(곧 근대 국가)는 유럽에서 후발주자였다. 옛 형태의 왕국은 혈연과 영주와 봉신의 관계에 기반을 두었고 사라지기까지 혹은 최소한 변형되기까지 오랜 시간이 걸렸다. 15세기에 전환점이 찾아왔다. 그리고 처음에는 도시 혁명이 가장 미약했던 지역에서만 나타났다. 이탈리아, 네덜란드, 심지어 이미 자유롭고 활기 넘치는 부유한 도시가 많았던 독일도 이 새로운 유형의 정부를 위한 선택지는 아니었다. 근대적 군주정은 에스파냐, 프랑스, 영국에서 (페란도 2세의 아버지) 아라곤의 주앙 2세, 루이 9세와 랭커스터 가의 헨리 7세 등 새로운 종류의 통치자들과 함께 발전했다.

'공무원'—혹은 시대착오를 피하기 위해 '관리'라고 부르기로 하자—들이 이 영토국가에 종사했다. 그들은 로마법을 훈련받은 '법률가'와 국가의 각료, 대신들로 모두 국가의 공복이었다.

국가는 또한 대중의 충성심으로부터 도움을 받았다. 대중은 군주를 교회와 귀족에 맞서는 그들의 보호자로 여겼다. 프랑스에서 군주정은 18세기까지 대중의 헌신에 의지할 수 있었다. 역사가 쥘 미슐레는 이를 가리켜 '사랑의 종교'로 불렀다.

근대 국가는 새롭고 긴급한 전쟁의 필요에서 생겨났다. 화포, 전함, 대규모 군대는 전투를 그 어느 때보다 고비용의 일로 만들었다. 모든 것의 어머니인 전쟁 ─ bellum omnium mater ─은 근대 세계도 탄생시켰다.

근대 국가는 곧 자국의 권위보다 더 높은 권위를 인정하지 않았다. 자국 군주가 갈수록 무시하는 신성로마제국도 인정하지 않았고 한때 어마어마한 도덕적 정치적 권위를 지녔던 교황도 인정하지 않았다. 모든 국가는 분리되고 통제받지 않고 자유롭기를 원했다. 국가 이성은 궁극의 법이 되었다(이제 최후 수단ultima ratio이 된 '국가 이성raison d'Etat'이라는 표현은 델리카사 추기경이 카를 5세에게 한 설교에 처음 등장했다. 설교 주제는 만토바 점령 중에 벌어졌던 비열한 사건이었다). 이는 서양 정치 체제의 발전에서 가부장적이고 신비주의적 색채가 짙은 전통적 왕정에서 벗어나 법률가들의 근대적 군주정으로 향하는 단계였다.

몇몇 작가들은 더 높은 권위를 인정하지 않는 국가─14세기 법률가 바르톨로 데 사소파라토의 말을 빌리자면, '상위 권력을 인정하지 않는 국가superiorem non recognoscentes'─의 출현을 재빠르게 알아챘다. 그러나 그들은 정치 현실을 앞질렀다. 프랑스에서 분할되지 않는 국가 주권에 관한 이론은 1577년에 가서야 장 보댕의 『국가론Traité de la république』─여기서 république는 공적인 것res publica이라는 라틴어의 의미를 넘어서지 않는다―에서 지지를 받았다. 보댕에게 주권 국가는 자연법과 교회법을 제외한 모든 법 위에 있는 것이었다. 인간의 삶에서 법 위에 있는 것은 없었다.

교회법 학자들의 말대로 교황이 절대로 제약을 받아서는 안 되는 것처럼 군주 역시 제약을 받아서는 안 된다. 설사 군주 본인이 원한다 해도 안 될 일이다. 그래서 우리는 칙령과 법령 마지막에서 이런 말을 보게 된다. '우리의 기쁨이 그와 같으니, 군주의 법은 지당하고 타당한 이유에 근거하나 오롯이 군주의 순수하고 단순한 의지에 따른 것임을 분명히 알리노라.'

주권자의 의지가 국가를 침범했다. 독일의 한 역사가는 '짐이 곧 국가다Das Ich wird der Staat'라고 썼다. 흔히 루이 14세가 했다고 알려졌지만, 잉글랜드의 엘리자베스 1세가 한 말이라고 이야기된 적도 있다. 에스파냐 군주들은 본인을 '가톨릭 왕'이라고 불렀고 프랑스 왕들은 본인을 '그리스도교의 왕'이라고 불렀지만, 그들은 때로 교황권에 맞섰으며 프랑스 가톨릭교회의 자유를 옹호하거나 에스파냐의 한시적이고 영적인 관심사를 옹호했다. 이들은 시대의 변화를 보여주는 징후였다. 물론 그런 행동에는 선례들이 있었다. 그러나 이제는 체계적이고 자연적이며 당연한 것이 되어가고 있었다.

근대 국가가 지배력을 키우면서 유럽 문명은 '영토적'이고 민족적인 것이 되었다. 그때까지 유럽 문명은 도시적이었으며 작고 특권적인 여러 도시에서 성숙했다. 이제 에스파냐의 황금기(1492년부터 1660년까지)와 프랑스의 위대한 세기는 모두 전체 국가와 겹쳤다.

이렇게 더 크게 문명화한 실체의 중심에서 정부의 존재와 비용으로 유지되고 그래서 초대형 도시라는 유례없는 지위에 오른 수도가 중요한 역할을 했다. 파리와 마드리드가 그 위대한 명성을 확실히 했다. 런던이 곧 잉글랜드가 되었다. 전 국가의 무게와 삶이 이런 괴물 같은 도시에 집중되었다. 이후로 경쟁자가 없는 사치의 도구이며 문명과 빈곤을 동시에 창출하는 기계였던 괴물 같은 도시에 집중되기 시작했다.

이런 거대한 국가들이 낳은 사람과 자본과 부의 거대한 이동을 쉽게 상상할 수 있다. 그에 따른 자유의 재분배, 어떤 것은 제거되고 어떤 것은 묵인 아래 유지되고 또 어떤 것은 조장되거나 새롭게 발명되는 자유의 재분배를 쉽게 상상할 수 있다. 특별히 특권적인 도시에는 레반트 무역의 실질적 본거지였던 마르세유, 1666년에 건설되어 인도 무역의 독점권을 부여받은 로리앙, 그리고 1503년 아메리카 무역에 대한 독점권이라는 엄청난 특권을 획득한 '카스티야의 인도', 세비야가 포함되었다. 그런데 세비야의 특권은 1685년에 카디스Cadiz에 이양되었다.

어떤 자유는 국가가 모든 걸 할 수 없어서, 혹은 국가가 그 모든 권리를 보유할 수 없어서 보장된다. 예컨대 프랑스에서는 1683년 콜베르의 죽음 이후 1789년 프랑스 혁명이 일어날 때까지 절대주의 국가가 차츰 효율성을 잃어갔다. 그리고 국가에 '관리'를 제공한 부르주아가 정치권력 일부를 차지했다. 왕에 맞서 지방의 자유가 옹호되었다. 성직자, 귀족, 제3신분의 사회적 특권은 프랑스 국가의 구조 안에 놓였다. 프랑스는 그런 특권들을 없앨 수 없었고, 그런 특권들 때문에 18세기 '계몽된' 개혁을 놓쳤다.

당시 정치적 자유를 획득한 국가들조차 국가의 책임을 강력한 특권층 집단에 맡겼다. 네덜란드 연합공화국과 부르주아 사업가들의 경우가 그랬다. 또한 1688년 명예혁명 후 브리튼의 경우가 그랬다. 영국 의회는 이중의 귀족, 휘그와 토리, 부르주아와 귀족을 대변했다. 확실히 국가 전체를 대표하지 않았다.

'자유'와 특권이 축적되는 동안 개인의 자유는 어떻게 되었을까? '개인의 자유'가 오늘날 뜻하는 바—모든 사람의 개인으로서의 자유, 그저 개인이기 때문에 개인으로서 누리는 자유—와 같다면 이 질문은 무의미하다. 그런 자유의 개념이 명확해지기까지는 오랜 시간이 걸렸다. 그러므로 기껏해야 개인의 자유가 실질적으로 증진되었는지를 물을 수 있을 뿐이다. 그 답은 모순적이고 비관적일 수밖에 없다.

르네상스와 종교개혁의 지적 변화는 (새로운 발견에 대한 개인적 해석의 자유라는 원칙을 세웠다는 점에서) 양심의 자유를 위한 토대를 마련했다. 르네상스 인문주의는 개인으로서 인간 존재의 위대함을 존중하라고 가르쳤다. 르네상스 인문주의는 개인의 지성과 능력을 강조했다. 15세기 이탈리아에서 비르투Virtù는 덕성뿐만 아니라 명예, 실력, 권력도 의미했다. 지적으로 레온 바티스타 알베르티가 묘사한 보편적 인간l'uomo universale이 이상이었다. 17세기에는 데카르트와 더불어 철학 체계 전체가 '나는 생각한다 그러므로 나는 존재한다Cogito, ergo sum'—개인의 생각—에서 출발했다.

그러므로 개인에 부여된 철학적 중요성은 전통적 가치의 포기와 동시에 이루어졌다. 16세기와 17세기에 효율적인 시장 경제의 진보적 기득권층이 이를 조장했고 아메리카에서 유입된 귀금속과 신용 도구들의 성장이 이를 가속했다. 화폐는 도시 당국과 수공업자나 상인 길드 같은 경제 사회적 집단을 지배한 옛 원칙들을 흔들고 허물었다. 그 모든 원칙들이 과거의 엄격성을 잃었을 뿐만 아니라 효율성도 잃었다. 그러므로 개인은 일상생활에서 선택의 자유를 일부 회복했다. 그러나 동시에 국가의 근대적 구조는 새로운 질서를 부과했고 그런 자유를 엄격히 제한했다. 개인은 사회에 대한 의무를 이행해야 하고 특권을 존중하고 특권을 가진 사람들을 존중해야만 했다.

데카르트의 편지 중에 그 문제를 분명하게 거론한 것이 있다. 이론상 모든 사람이 자유롭고 자립적인 개인이라면, 사회는 어떻게 살아남고 어떤 규칙을 따를까? 질문한 사람은 제임스 1세의 딸이자 팔츠 선제후의 부인이던 엘리자베스 공주였다. 그리고 1645년 9월 15일에 데카르트는 이렇게 답했다.

우리는 모두 다른 사람과 구별되는 한 사람의 인간이고, 그래서 어떤 면에서는 세상의 나머지 사람들과 구별되는 이해관계를 갖지만 혼자서는 살아남을 수 없다는 사실을 늘 생각해야 합니다. 결국 우주의 일부이고 좀 더 구체적으로는 지구의 일부이며 이 나라, 이 사회, 이 가족의 일원이라는 점을, 주거지로, 맹세로, 출생으로 이 나라, 이 사회, 이 가족의 일원이 된다는 점을 늘 명심해야 합니다. 사람은 늘 구체적인 본인의 이해관계보다 본인이 속한 전체의 이해관계에 이바지해야 합니다.

17세기는 '전체의 이해관계'라는 이름으로 빈민뿐 아니라 사회의 '쓸모없는' 요소—일하지 않는 모든 사람—를 위한 혹독한 '훈련 프로그램'을 실행했다. 사실 16세기 내내 계속된 인구 증가와 16세기 말에 시작되어 19세기에 더욱 악화한 경제 위기 때문에 빈민이 우려스러울 만큼 증가했다. 증가한 빈민의 수는 구걸, 유랑, 도적질의 사례들을 통해 알 수 있고 억압적인 대응이 이어졌다. 1532년에 파리 의회는 파리 시내 걸인들을 체포해서 '두 사람씩 사슬로 묶어 하수도에서 강제노역을' 시켰다. 1573년에 트루아Troyes 시가 빈민을 어떻게 다루었는지와 비교해보라.

그러나 이런 것들은 일시적 조치였다. 중세 내내 빈민, 부랑자, 광인들은 신의 이름으로 그들에게 부여되는 구호와 자선의 권리로 보호받았다. 어느 날 그리스도가 빈민의 옷을 입어 그들을 신성시했기 때문이다—그리고 빈민은 언제나 신의 전령임이 드러날 것이다. 성 프란체스코로 의인화된 영성 운동 전체가 성녀로 표상된 성스러운 가난의 신비주의적 가치를 찬양했다. 그리고 어떤 경우든 사회의 불행한 사람, 낙오자, 광인들은 도시를 전전했다. 사람들은 대부분 그들을 도시 성벽 안에 가두기보다 길에 내보내기를 반겼다.

그러므로 영주에게서 도망쳐 덜 억압적인 다른 영주를 찾거나 도시로 도망치려는 농민에게 특정한 형태의 자유, 최소한 신체의 자유가 열려 있었다. 모병 장교를 찾는 병사도 마찬가지였다. 혹은 더 나은 임금이나 더 나은 삶이라는 환영을 찾아 신세계로 떠나는 이주민도 마찬가지였다. 또한 실업자, 만성적 부랑자, 걸인, 정신 질환자, 장애인과 도둑이 늘 있었다—일하지 않고 자선이나 범죄로 살아갈 수 있고 그래서 어떤 의미에서 그들은 자유로웠다.

그 전까지 전능자의 그늘에서 보호받았던 이 모든 사람이 17세기에 사회의 적이 되었다. 그들을 적으로 간주한 사회는 도시적이고 이미 자본주의적이며 질서와 효율성에 천착하고 이런 정신에 맞추어 국가를 건설한 사회였다. 유럽 전역에서 (프로테스탄트 지역과 가톨릭 지역을 가릴 것 없이) 온갖 종류의 비행자들과 함께 빈민, 병자, 실업자, 광인을 무자비하게 구금했다(때로 가족이 함께 구금되기도 했다). (근대 초 광기와 그런 현상을 연결해 연구했던) 미셸 푸코는 이를 가리켜 빈민의 '대감금'이라고 불렀다―각고의 행정으로 조직해낸 합법적 구금이었다. 이 덕분에 타락하거나 방탕한 아들이나 씀씀이가 헤픈 아버지를 가족의 요구에 따라 쫓아버릴 수 있었을 뿐만 아니라 왕의 구속영장lettre de cachet으로 정적을 제거할 수도 있었다.

병원, 자선 작업장, 구빈원, 교정원Zuchthäuser 등 많은 시설이 이런 목적으로 설립되었다. 어떻게 불리든 그런 시설들은 강제노동을 시행하는 혹독한 막사였다. 1656년 프랑스에서 종합병원Hôpital-Général 설립을 명령하는 칙령이 발효되고 동시에 전혀 새로운 사회 정책이 시행되자 파리 인구의 거의 1퍼센트가 구금되었다! 이런 가혹한 탄압은 18세기까지 완화되지 않았다.

특권층만을 위한 자유가 이미 존재했던 세계에서, 17세기는 도망치거나 부랑자가 될 수 있는 기본적 자유―당시의 빈민에게 허락된 유일한 자유―를 구속하는 데에 일조했다. 동시에 이미 살펴본 대로 농민의 자유는 침해되었다. '계몽주의 시대'가 시작되자 유럽은 고통의 나락으로 떨어졌다.

이런 암울한 그림의 유일한 교정책이 있다. 소수만 얻을 수 있는 자유가 유럽에서 여전히 이상으로 남았고 사람들의 생각과 그들의 역사가 천천히 그런 이상으로 향하고 있었다. 17세기의 수많은 농민 반란이 보여주었듯이, 그리고 빈번했던 민중 봉기(1633년 파리, 1634년부터 1639년 사이 루앙, 1623년, 1629년, 1633년, 1642년 리옹)가 보여주었고 18세기 정치와 철학의 발전이 보여주었듯이 그것은 유럽사에서 중요한 경향이었다.

프랑스 혁명 자체는 완전한 자유를 확립하는 데에 성공하지 못했는데, 오늘날 우리가 자유를 확립했다고 자랑할 수 없는 것과 마찬가지였다. 프랑스 혁명으로 1789년 8월 4일 밤 봉건적 특권이 제거된 것은 사실이다. 그러나 농민들은 여전히 채권자와 마주하고 지주와 마주해야 했다. 1791년 르샤플리에 법에 따라 프랑스 혁명은 동업조합을 없앴고 그와 동시에 노동자들을 고용주의 재량에 맡겼다. 1884년 프랑스에서 노동조합이 합법화되기까지 100년의 시간이 걸렸다. 그런데도 1789년 인간과 시민의 권리에 관한 선언은 여전히 자유의 역사에서 하나의 이정표로, 유럽 문명의 발전에서 하나의 근본적인 사실로 남아 있다.

자유인가? 아니면 평등의 요구인가? 나폴레옹은 프랑스인들이 자유를 원하는 것이 아니라 평등—법 앞의 평등, 봉건적 권리의 제거—을 원한다고, 한마디로 개인적 자유와 특권의 종식을 원한다고 믿었다. 구체적 자유들liberties에서 관념적 자유liberty로, 이 문구는 유럽 역사의 근본적 동력의 하나를 요약한다. 르네상스와 종교개혁부터 프랑스 혁명까지 발전한 더 추상적이고 이론적인 자유의 개념이 인간과 시민의 권리에 관한 선언에 언급되었을 때 더욱 강력해졌다. 자유주의의 출현과 함께 그것은 하나의 원칙이 되었다.

그 후로 자유―단수로서―는 세계와 역사의 뚜렷한 동인이 되었다. 19세기 거의 모든 이념과 요구가 ―합법적이거나 아니거나― 자유를 호소했다. 자유주의라는 인위적인 용어, 너무 풍부한 의미 탓에 너무 모호한 인위적 용어가 다양한 움직임들을 포괄했다.

자유주의라는 용어는 동시에 (입법과 사법의 권한을 증대하고 행정의 권한은 제한하는) 정치 원리를 가리킨다. 이런 의미에서 자유주의는 권위주의에 반한다. 다른 의미에서 자유주의는 경제 원칙이기도 하다. '방임하라, 놓아 두라laissez faire, laissez passer'라는 의기양양한 표어와 함께 개인과 계급과 민족의 경제적 관계에 국가가 개입하는 것을 막고자 한다. 마지막으로 자유주의는 철학 원칙으로 사상의 자유를 주장하고 사회나 민족의 일원성에 종교의 일원성이 필수불가결한 요소sine qua non는 아니라고 주장한다. 이는 인간은 인간에게 신성한 존재다Homo homini res sacra라는 고대의 문구에 표현된 것처럼 관용과 타인과 인간 개체에 대한 존중을 함축한다.

그러므로 자유주의는 '한 당파의 독트린…… 여론의 풍향'을 넘어선다. 자유주의는 19세기의 다양한 문제를 극복하려 노력하면서 수많은 일과 씨름했고 수많은 장애물에 직면했다. 독일과 이탈리아에서 자유주의는 민족주의와 동일시되었다.

자유를 쟁취해야 한다면 그 첫 번째는 민족의 자유가 아니었을까? 에스파냐와 포르투갈에서 자유주의는 교회의 지원을 받은 견고한 구체제ancien régime의 괴력에 맞섰다. 반면 잉글랜드와 프랑스에서 자유주의는 사실상 그 정치적 목적을 달성했다. 느리고 불완전했지만, 입헌 자유 국가가 모습을 갖추었고 기본적인 자유, 언론 출판의 자유와 의회의 자유, 개인의 자유, 그리고 투표권의 점진적 확대가 실현되었다.

그렇지만 19세기 전반 자유주의는 새로운 유산 계급, 부르주아와 엘리트 기업가들이 정치적으로 부상하는 명분이 되었다. '이 소규모 집단을 제외하면, 자유주의가 그토록 열렬히 그 권리를 옹호했던 개인은 하나의 추상적 개념이었고 그들은 이런 유리한 상황을 충분히 누릴 수 없었다.' 보수주의자와 자유주의자, 유서 깊은 부자와 신흥 부자가 공존하는 영국에서는 정말 그랬다. 왕정복고와 7월 왕정이 있었던 프랑스도 마찬가지였다. 자유주의적이라고 자부하는 유산 계급은 보통선거에 즉각 반대했고 대중에 대해서도 전반적으로 반대했다. 그런데 조만간 끔찍한 현실이 드러날 산업 사회와 마주해서 어떻게 그런 정치적 이기주의를 지지할 수 있었을까? 개인의 대등한 경쟁을 전제한 경제적 자유주의는 경건한 허구에 불과했다. 시간이 갈수록 그런 허구가 터무니없다는 사실이 명백해졌다.

사실, 이 첫 번째 '부르주아적' 형식의 자유주의는 귀족적인 구체제에 맞선 방어적 행동이었다. 결코 사심 없는 행동이 아니었다. 곧 '500년에 이르는 전통이 신성시한 기득권에 대한 도전'이었다. 이런 식으로 자유주의는 그것이 파괴한 구체제의 귀족 사회, 그리고 프롤레타리아가 권리를 요구하기 시작한 산업 사회 사이에서 등장했다. 요컨대, 자유에 대한 부르주아의 신봉은 보기와 달랐다. 자유를 얻으려고 했다지만 실제로는 특권을 추구했던 집단들의 오랜 투쟁과 훨씬 더 닮아 있었다.

1848년 혁명은 자유를 향한 결정적인 이정표였다. 프랑스에서 이때 보통선거가 확립되었다. 반면 영국의 중요한 선거 개혁은 1832년에 있었다. 그 후로 참정권이 있든 없든 살아남을 수 있었던 유일한 형식의 자유주의는 바로 정치적 자유주의였다. 그리고 그것은 원칙적으로 모든 계급에 열려 있었다. 알렉시스 드 토크빌과 허버트 스펜서는 방식을 달리했지만 이런 발전에 주목했고, 두 사람 모두 대중의 승리를 예언하며 두려워했다. 그러나 그렇게 자유주의의 새로운 힘을 결집했음에도 불구하고 곧 어느 때보다 직접적이고 강력한 사회주의의 공격에 부딪혔다. 또한 칼라일이나 나폴레옹 3세 같은 권위주의—오늘날 '파시즘'이라고 부르는 이들도 있다—의 예언가들과 충돌했다.

그러므로 자유주의는 다양한 형태로 다가오는 사회주의 혁명과 아직은 그 이름도 모르고 어디까지 나아갈지도 알 수 없는 반혁명 사이에 놓여 있었다. 자유주의는 그 사이에서 생명을 이어갔고 많은 정부를 수립했으며 부르주아의 지혜와 이기심을 실행했다. 프랑스에서 자유주의는 교회와 벌인 투쟁에서 조금 되살아났다. 자유주의자들은 그렇게 자신들의 한계를 깨달았고 심지어 본인들의 명분을 의심하기 시작했다. 1902년에서 1903년 사이 계간지 〈형이상학과 윤리Revue de métaphysique et de morale〉는 '자유주의의 위기'에 관한 일련의 글, 특히 교육의 독점에 관한 글을 수록했다. 그러나 마지막 진짜 위기는 조금 더 뒤, 양차 대전 사이에 찾아왔다.

그런데 자유주의가 사실상 현실 정치에서 자취를 감추고 지적으로도 평가절하되었다지만, 오늘날 누가 감히 자유주의가 정말 죽었다고 주장할 수 있겠는가? 자유주의는 정치적 시대를 넘어서며 특정 계급의 발명품이나 위장을 넘어선다. 서양 문명에서 자유주의는 고귀한 이상이었다. 그리고 아무리 변색하고 신뢰를 잃어도 여전히 우리 유산의 한 부분이자 언어의 한 부분이다. 자유주의는 우리에게 제2의 본성이 되었다. 개인의 자유를 침해하는 것은 우리를 모욕하고 화나게 하는 일이다. 정치적으로도 저항적이고 무정부적인 자유주의가 권위적인 기술 관료의 국가, 그리고 언제나 강압적인 사회에 맞서 개인과 개인의 권리를 호소하며 서양과 세계에서 그 개혁 과업을 이어가고 있다.

2. 그리스도교, 인문주의, 과학적 사고

유럽의 영적, 지적 삶은 항상 급격한 변화를 겪어왔다. 유럽은 끊임없이 더 나은 세상을 추구하며 일탈과 단절, 격변을 반겼고 이루어왔다.

그러나 이런 극적 반전들에 시선을 빼앗겨 유럽 사상과 문명의 끈질긴 연속성을 간과해서는 안 된다. 이 점은 토마스 아퀴나스의 『신학 대전』에서 데카르트의 『방법 서설』까지, 그리고 르네상스, 종교개혁, 프랑스 혁명으로 끊임없이 이어진 일련의 시대를 지나며 분명하게 드러났다. 심지어 과거와의 결정적 단절을 의미하는 산업혁명조차 유럽의 삶과 사상의 모든 측면에 영향을 주지는 못했다.

그리스도교

모든 종교는 진화한다. 그러나 제각기 다른 방식으로 특정한 세계를 구축한다. 그 세계에는 나름의 성심, 나름의 영속성, 나름의 기준틀이 있다.

서양의 그리스도교는 유럽인의 사고에서 중요한 구성 요

소—그리스도교를 공격하지만 거기서 파생한 합리적 사고를 포함해서—로 남아 있다. 서양 역사 내내 그리스도교에 고무된 문명의 핵심에 그리스도교가 놓여 있었다. 심지어 서양 문명이 그리스도교를 배척하고 파괴할 때도, 그리고 그리스도교에서 벗어나려 할 때도 그리스도교가 서양 문명을 에워싸고 있었다. 누군가에게 반기를 든다는 것은 그 궤도 안에서 생각한다는 것이기 때문이다. 무신론의 유럽은 여전히 그리스도교 전통에 깊이 뿌리내린 윤리와 심리적 행동에 갇혀 있다. 몽테를랑이 신앙을 잃었음에도 본인은 '가톨릭교회의 후손'이라고 말했던 것처럼, 유럽은 여전히 '그리스도교의 후손'이다.

로마제국에 이미 널리 확산되었던 그리스도교는 예수가 탄생하고 300년이 흐른 313년 콘스탄티누스의 칙령으로 공식 종교가 되었다. 로마제국은 지중해의 모든 국가와 유럽에서 올리브와 포도나무의 땅 밖에 놓인 몇몇 국가들로 구성되었다. 이는 처음부터 신생 종교가 상속한 공간, 폴 발레리의 문구를 활용하자면, '그리스도교 권역aire chrétienne'이었다. 그는 중의적 의미를 활용해('aire'는 '영역'과 '타작마당'을 함께 뜻한다) 땅과 빵, 포도주와 밀, 포도나무와 성유—이 모두는 지중해의 특징이고 지중해는 그리스도교 신앙이 널리 확산한 출발점이다—와 연결되는 그리스도교를 강조했다.

이런 식으로, 5세기의 침략에 따른 고난과 7세기와 8세기 사이 이슬람의 승리에 뒤따른 재앙이 있기 전 그리스도교는 어느 정도 로마 세계에 적응할 시간이 있었다. 거기서 그리스도교는 종교의 위계를 확립했다. 그리스도교는 세속적인 것—'카이사르의 것'—과 영적인 것을 뚜렷이 구분하는 법을 배웠다. 그리스도교는 또한 격렬한 교리 논쟁을 극복했는데, 그리스어와 그리스 정신의 섬세함과 예리함에서 비롯되었을 뿐만 아니라 그리스도교의 신학적 토대와 모습을 갖추고 그 결과를 확인하는 데에 필요했던 논쟁이다.

이렇게 더디고 힘겨운 과업은 제1차 공의회(312년 니케아, 381년 콘스탄티노플, 431년 에페소, 451년 칼데아 등등)의 임무이자 교부들의 임무였다. 콘스탄티누스 황제 이전에 이교도와 맞섰던 호교론자들, 그 뒤로는 반기를 든 분파들에 맞서 그리스도교 교리를 규정한 교조주의자들이 그 임무를 맡았다. 성 아우구스티누스가 이 계보를 잇는 마지막 인물은 아니었다(일부 해석학자들은 이 계보가 8세기까지, 혹은 12세기까지도 이어진다고 생각한다). 그런데 성 아우구스티누스는 지금까지도 서양에 가장 중요한 인물이다. 354년 아프리카의 타가스테(현재의 수크아라스)에서 베르베르족으로 태어난 아우구스티누스는 히포(나중에는 보네로 불렸고 현재는 안나바로 불린다)의 주교로 430년 반달족이 그 도시를 유린하고 있을 때 사망했다. 그의 빼어난 작품들(『신국론』,『고백록』), 모순적인 성격, 신앙과 이성, 고전 문명과 그리스도교 문명, 오래된 포도주와 새 포도주를 아우르려는 열망 등 이 모든 정교한 노력이 그를 일종의 합리주의자로 만들었다. 그에게는 신앙이 우선이었다. 그러나 그렇다고 해도 그는 '이해하기 위해 믿는다Credo ut intelligam'고 선언했다. '실수한다는 것은 내가 존재한다는 뜻이다Si fallor, sum', '의심한다면 살아 있는 것이다Si dubitat, vivit'라고도 말했다. 그의 이런 말들 속에 '나는 생각한다, 고로 존재한다'라는 데카르트의 명제가 예고되었다고 생각한다면 지나친 일이 될 것이다. 두 사람 사이에는 분명히 유사점이 있다. 후세는 신학자 아우구스티누스에 관심을 집중했고 예정설에 관해 관해 그가 집필한 것에 관심을 기울였다. 그런데 아우구스티누스의 사상이 서양의 그리스도 세계에 준 것은 적응하고 논쟁하는 성향과 능력이었다. 그는 완전한 각성과 깊은 개인적 성찰, 그리고 그에 맞게 행동하려는 의지로 신앙을 받아들여야 한다고 주장했다.

이민족의 침입이라는 대재앙에 압도된 것은 머뭇거리는 신생 교회가 아니었다. 5세기 암흑의 시대에 그리스도교는 이미 로마제국 자체와 마찬가지로 고대 세계 문명으로서 완전한 모습을 갖추었다. 어떤 면에서 그리스도교는 스스로를 구원함으로써 고대 세계를 장악하고 구원할 문명의 모습을 갖추었다.

겁에 질린 세계에서 교회는 수많은 영웅적 행적으로 스스로를 구했다. 교회는 새로 온 이들을 개종시켜야 했다. 그리스도교인이라고 부르기도 민망한 농민들, 혹은 교회의 가르침을 너무 쉽게 부정하는 촌부들과 새로 점령한 지역의 주민들을 개종시켜야 했으며, 봉건주의로 서양이 작은 교구와 주교좌로 분할되던 시기에 로마와 로마 주교인 교황에 연결된 위계질서를 유지해야만 했다. 힘겨운 싸움을 해야만 했다. 가장 유명한 것이 제국과 교황권의 투쟁이었다. 1122년 서임권을 둘러싼 보름스 협약으로 일단락되었지만 종결된 것은 아니었다. 몹시 힘겨운 투쟁이었다. 반복되는 지루한 설득 작업은 실패와 모든 것이 의문스러운 새로운 시작의 반복으로 점철되었다. 그러나 11세기와 12세기 베네딕투스회와 시토회와 더불어 발전한 수도원 생활이 촌락의 물질적 영적 식민화로 이어졌다. 한편

13세기에는 도미니코 수도회와 프란체스코 수도회의 설교가 도시에 강한 영향을 주었다.

시대마다 도전과 투쟁이 있었다. 13세기에는 카타리파에 맞선 투쟁이 있었다. 난폭한 14세기에는 콘스탄츠와 바젤에서 공의회와 교황권 사이에 격렬한 투쟁이 있었다. 16세기에는 종교개혁이 분출했고 그런 다음에는 예수회가 주도하는 대응 종교개혁Counter-Reformation, 신세계의 개종, 그리고 트리엔트 공의회(1545-1563)의 권위주의적인 선언이 있었다. 17세기에는 얀센주의의 도전이 목격되었다. 18세기에는 새로운 종류의 무신론 지지자들에 맞선 더 결연한 투쟁이 있었다. 그들은 17세기의 '자유사상가들'보다 신중하지 않았다. 18세기를 지나고도 그 투쟁은 끝나지 않았다. 프랑스 혁명이 발생했을 때 그 투쟁은 시작되지도 않았다.

마지막으로 의식적이고 분명한 이념을 지닌 적대자들의 적대감과 별개로, 교회는 정례적이고 단조로운 탈그리스도교화 과정과 씨름해야 했다. 그 과정은 문명에서 야만으로 역행하는 조악한 일탈과 다름없었다. 궤도를 벗어나 의사소통이 어려운 곳이면 어디서든 (예를 들어 알프스에서 혹은 유럽의 가장자리에서, 혹은 13세기 메클렌부르크에서, 혹은 15세기와 16세기에 리투아니아와 코르시카에서) 과거의 이교 신앙이 기회 있을 때마다 고개를 들었다. 어떤 곳에서는 뱀을 숭배하기도 하고 또 어떤 곳에서는 죽은 자와 별을 숭배하기도 했다. 너무 많은 미신이 있었고 민속 신앙에 너무 깊이 뿌리를 두고 있었기 때문에 교회는 거기에 살짝 교회의 외피를 씌우는 데에 만족해야만 했다.

그리스도교는 이 투쟁에 교육, 설교, 세속 권력, 미술, 종교극, 기적, 민간의 성인 숭배까지 온갖 종류의 무기를 동원했다. 때로 성인 숭배가 너무 강해서 놀란 교회의 성직자들이 그에 맞서기도 했다. 1633년 리스본에서 카푸친회 수도사 두 사람은 이런 사실을 인정해야만 했다. '파도바의 성 안토니우스는 리스본의 신이 된 듯하다…… 가난한 자들은 오직 그의 이름으로만 자선을 구한다…… 위험에 빠졌을 때 그들은 그에게만 간청한다. 그들에게는 성 안토니우스가 전부였다. 설교자의 말대로 그는 그들의 N극이고 바늘의 성인이다. 바늘을 찾으려는 여성이 있다면, 성 안토니우스의 도움으로 바늘을 찾는다.' 성 안토니우스를 향한 열정은 바다도 건넜다. 100년 뒤 브라질에서 어느 프랑스인 여행객은 그에 대한 사람들의 '경이로운 신앙심'을 보고했다.

　사실 민간의 미신은 언제나 신앙의 토대 자체를 망가뜨려 종교적 삶을 내부에서 파괴하거나 왜곡시킬 수 있었다. 그러면 모든 것을 다시 시작해야 했다. 성녀 테레사가 맨발의 가르멜회의 첫 수도원을 열었던 카스티야의 두루엘로에 두 명의 동료와 함께 정착한 십자가의 요한은 한겨울 눈 속에서 더할 수 없이 검소한 수도원 생활을 했다. 그러나 은둔은 아니었다. '그들은 마치 야만인들에게 하듯이 농민들에게 복음을 설파하기 위해 맨발로 가장 험한 길을 나서곤 했다.' 그리스도교의 촌락 지역에서도 여전히 개종이 필요했음을 입증하는 증거였다.

　그리스도교는 서로 다른 두 차원에서 작업을 해야 했다. 우선 지적인 삶의 차원에서 적들에 맞서 스스로를 방어해야 했다. 때로는 선의를 가진 적들도 있었지만, 결코 적지 않은 적대자들이 있었다. 또 다른 차원은 대중의 차원이었다. 그들 역시 힘겹게 고립된 삶을 살기에 종교적 감정과 기본 교리에서 멀어졌다.

그리스도교는 성장과 쇠퇴를 겪었다. 성공과 후퇴와 오랜 정체기를 겪었다. 우리는 밖에서 피상적으로만 이를 추적할 수 있다. 종교의 일상적인 경험과 보통 사람의 현실이 제대로 알려지지 않은 경우가 많기 때문이다. 그러나 대체로 그 전반적인 진화는 놓칠 수 없다.

10세기부터 13세기 사이에 그리스도교는 어디서나 역동적으로 전진하고 있었다. 많은 경우 교회와 수도원은 여전히 증인으로 자리하고 있었다. 활력 넘치고 급속히 팽창하는 유럽의 경제적 성장과 사회적 형상의 강력한 움직임에 교회 전체가 이끌렸다. 그 뒤에 흑사병이 찾아왔고, 흑사병과 함께 가혹하고 참담한 후퇴가 있었다. 역사가들이 100년 전쟁(1337-1453)이라고 부르는 오랜 동요와 투쟁의 기간에 모든 것이, 심지어 그리스도교의 진보조차 타격을 입었다. 그 여파는 두 교전국, 프랑스와 영국을 넘어 멀리까지 퍼졌다. 사실 서양 전체에 여파가 미쳤다.

15세기 후반에 종교가 새롭게 재유행했다. 유럽 전체에 영향을 끼친 종교의 재유행으로 평화가 회복되었지만 심각한 분쟁도 되살아났다. 1450년경부터 1500년경까지 뤼시앵 페브르가 '불안의 시대'라고 부른 시기가 있었다. 일부 역사가들은 간단히 '종교개혁 전 단계'라고 불렀다. 그러나 이는 잘못된 명칭이다. 왜냐하면 당시 만연했던 불안은 절대 '프로테스탄트', 곧 종교개혁의 저항적 태도에 이르지 못했기 때문이다. 여전히 로마에 충성스러웠던 국가들에서는 같은 종교적 불안이 다른 개혁, 딱히 적절한 용어는 아니지만 대부분 역사가가 '대응종교개혁'이라고 부르는 가톨릭 종교개혁으로 이어졌다.

아무리 그렇다고 해도 16세기와 17세기는 열렬한 종교적 열정의 시대였으며 격렬한 영적 분쟁의 시대였다. 그 시대의 격렬함은 놀랍지 않다. 예컨대 생-시랑, 포르루아얄의 신사들, 세비녜 부인, 라신, 파스칼의 시대에 얀센주의들의 엄격함과 예수회의 더 단순하고 더 느슨하지만 매우 인간적인 윤리의 날카로운 분쟁이 그랬다.

18세기에 대반전이 있었다. 이번에는 물질적 진보가 교회의 명분에 도움이 되지 못했다. 진보와 이성의 이름으로 교회에 반대한 과학적이고 철학적인 운동이 수반되었다.

인문주의와 인문주의자

유럽의 사고는 오직 그리스도교와의 대화라는 맥락에서만 인식할 수 있다. 심지어 대화가 예리하고 격렬한 논쟁일 때조차 그렇다. 이런 맥락은 서양 사고의 근본적 측면의 하나인 인문주의의 이해에 필수적이다.

우선, 용어의 문제다. 인문주의라는 말은 모호하다. 그래서 그 활용과 지위를 즉시 규정하지 않는다면 위험스러울 수 있다. 그 말은 19세기에 독일 역사가들이 고안한 학술용어다 (정확히 1808년에 사용되기 시작했다).『페트라르크와 인문주의 *Pétrarque et l'humanisme*』의 저자 피에르 드 놀라크는 '1886년 사회과학고등연구원에서 개설한 강의에서 프랑스 대학의 공식 언어로 그 용어를 도입하게 되어 영광이라고 주장했다.' 그러므로 그 단어는 상대적으로 최신 용어다. 그래서 제대로든 아니든 개인적 해석에 쉽게 활용된다. 그때까지는 '인문주의자'라는 용어만 사용되었고 15세기와 16세기에 스스로 그 명칭을 직접 사용했던 사람들의 집단을 지칭했다.

그러나 인문주의라는 용어는 이 '인문주의자들'과 그들이 체현한 '이탈리아와 유럽의 르네상스 정신'에만 한정되지 않았다. 인문주의는 다른 많은 것도 의미했다—너무 많은 것을 의미해서 오늘날의 활용에서 엄청나게 풍부한 함의에 이르게 되었다. 1930년에 한 연구조사에서는 '신 인문주의' '그리스도교 인문주의' '순수 인문주의' 심지어 '기술 인문주의'와 '과학 인문주의' 같은 표현을 열거했다. 최근 조사는 비슷한 결과를 내놓으며 그 단어가 한때는 학술적이고 기술적인 표현이었지만 이제 대중화되어 새로운 의미를 지니게 되었고 그래서 현실적인 물음과 관심에 상응한다는 것을 입증한다.

역사 연구에서 우리는 (스콜라철학을 바탕으로 한) 12세기의 인문주의, 르네상스나 종교개혁의 인문주의, 프랑스 혁명의 인문주의(이 말은 독창성과 다면성을 의미하곤 한다), 심지어 '카를 마르크스나 막심 고리키의 인문주의'에 관한 언급도 찾아볼 수 있다. 이 일련의 '인문주의'를 하나의 범주에 속한 문제들로 파악하는 일에 특별한 열의나 필요를 느끼지는 않더라도 그들의 공통점이 무엇인지 궁금할 수 있다.

토스카나와 유럽의 인문주의를 연구한 역사가 오귀스탱 르노데의 폭넓은 정의를 빌리는 것이 합리적일 것이다. 그의 정의는 지극히 일반적인 의미를 포괄하는 것으로 보인다.

인문주의라는 명칭은 인간의 고귀함에 바탕을 둔 윤리에 적용할 수 있다. 인문주의는 연구와 행동 모두를 지향하며, 인간 재능의 위대함과 그 창조력을 인정하고 찬양하고 그 힘으로 생명 없는 자연의 무자비한 힘에 맞선다. 인류를 확장하고 강화하는 것은 아무것도 잃지 않도록 엄격한 조직적 훈련을 통해 자신에게서 인간의 모든 능력을 발전시키려는 개인의 노력이 필수적이다. 괴테는 『파우스트』의 2부를 시작하며 '끊임없는 노력으로 가장 고귀한 형태의 실존에 도달하라'고 말했다. 마찬가지로 스탕달은 1850년 1월 31일에 외젠 들라크루아에게 이렇게 말했다. '당신을 위대하게 만들 수 있는 것은 어느 하나도 외면하지 말라.' 인간의 고귀함을 바탕에 둔 그런 윤리는 가장 완벽한 형태의 인간관계를 구현하기 위해 꾸준히 노력하라고 사회에 요구한다. 엄청난 위업, 엄청난 문화적 성취, 인간과 세계에 관한 전에 없이 방대한 지식을 요구한다. 그런 윤리는 개인과 집단의 도덕성의 토대를 마련하고 법을 확립하고 경제를 창조하며 정치 체제를 만들고 미술과 문학에 자양분을 공급한다.

이런 정의는 확실히 설득력 있고 적절하다. 그러나 에티엔 질송이 간결한 정의로 과장해서 강조했던 움직임의 의미, 곧 르네상스 인문주의는 '인간적인 것이 더해진 게 아니라 신적인 것이 덜해진' 중세라고 한 것에 대해서는 충분히 강조하지 않는다. 사실 질송의 문장은 편파적이고 너무 극단적이지만 의식적이든 아니든 모든 인간 사상의 자연적인 경향을 지적하고 있다. 인문주의는 신의 역할을 완전히 잊지는 않지만 그것을 감소시켜서 인간성을 해방하고 찬미한다.

또한 어떤 의미에서 인문주의는 언제나 무언가에 맞선다. 신에 대한 절대복종에 맞서고, 세상을 물질적으로만 규정하는 개념에 반대하고 인간을 외면하거나 외면하는 듯한 어떤 교리에도 저항하며 인간의 책임을 축소하는 모든 시스템에 맞선다…… 그것은 일련의 영속적 요구, 자부심의 선언이다.

칼뱅은 어떤 환상도 품지 않았다. '자신의 힘과 능력에 의지하라는 말을 들을 때 우리는 갈대의 끄트머리, 우리 무게를 견디지 못하고 부러져 우리를 떨어트릴 갈대의 끄트머리에 오르고 있는 게 아닌가?' 칼뱅은 인간성에 대한 믿음을 최우선에 두는 사람은 아니었다.

인문주의자에게 그것은 전혀 달랐다. 인문주의자에게 믿음이라는 게 있다면, 그 믿음은 인간에 대한 확신을 받아들여야 했다. 그리고 사회학자 에드가 모랭이 공산당을 떠나면서 한 말은 쉽게 고쳐지지 않는 유럽 인문주의의 이런 전통에 비추어 이해할 수 있다. '동지들이여, 마르크스주의는 경제와 사회 계급을 연구해왔다. 마르크스주의는 경이롭지만, 인간성의 연구를 잊었다.'

인문주의는 인간성의 진보적 해방을 향한 추진력이며 힘겨운 행진이다. 인간의 운명을 바꾸고 개선하는 길을 꾸준히 모색한다. 방해와 반전으로 점철된 인간의 역사는 복잡하고 변덕스러우며 유럽의 과거 전반에 퍼진 뚜렷한 모순이 특징적이다.

유럽은 언제나 그 문제와 어려움에 대한 해결책, 이미 확보한 해결책 외에 다른 해결책을 찾느라 고심해왔다. 새로운 것, 어려운 것, 금지된 것, 소란스러운 것에 병적으로 집착한다. 그래서 서양은 그에 관한 풍부한 정보의 원천이 된다. 지면이 부족하기에 예외적이고 의미 있는 세 가지 사례, 르네상스 인문주의, 거의 동시대인 종교개혁의 인문주의, 그리고 훨씬 뒤인 18세기 프랑스 혁명의 열정적 인문주의만 다룰 것이다.

르네상스 인문주의는 로마와 로마의 대화, 곧 이교도 로마와 그리스도교 로마, 고전 문명과 그리스도교 문명의 대화였다. 분명 서양에 알려진 가장 유익하고 지속적인 대화의 하나였다.

그것은 삶의 문제, 다시 한 번 과거와 함께 살아가는 문제였다. 다음은 짧지만 자주 인용되는 마키아벨리의 『전술론*Dell'arte della Guerra*』 마지막 문장이다. '이 나라[이탈리아]는 죽은 것을 되살리려고 태어난 것 같다.' 그런데 이 죽은 것cose morte을 그토록 간절히 되살리려 한다는 것 자체가 그것들이 삶에 필요하고 우리 손에 있으며 절대 죽지 않았다는 것을 증명한다.

사실, 서양에서 이교도 로마는 죽은 적이 없다. 에른스트 쿠르티우스는 세심한 기술적 연구에서 비잔티움 제국이 얼마나 끈질기게 살아남았는지를, 그리고 서양이 문학적 주제, 사고방식, 심지어 상투적 표현과 메타포까지 상상을 초월할 정도로 크게 비잔티움 제국에 기대고 있음을 보여주었다.

그리스도교 유럽이 고대 로마와 이런 일상적 접촉을 받아들이는 것은 자연스러운 일이었다. 다른 대안의 경쟁자, 경쟁할 다른 문명이 없었기 때문이다. 마찬가지로, 그리스도교는 로마 제국이 멸망하기 전 그런 공존을 묵인했다. 2세기에 순교자 유스티누스는 고귀한 사상은 '어디서 왔든 그리스도교의 자산이다'라고 선언했다. 성인 암브로시우스는 이렇게 말했다. '해석자가 누구든 모든 진실은 성령에서 나온다.' 오직 테르툴리아누스만 이렇게 물었다, '아테네와 예루살렘의 공통점이 무엇인가?' 그러나 그의 목소리는 거의 반향을 일으키지 못했다.

그런데 고전 시대의 유산이 서양 중세의 삶과 언어, 사고의 습관 속에 파고들었지만 고전 문학과 시인, 철학자, 혹은 역사가는 지식인의 열정은커녕 관심도 얻지 못했다. 라틴어는 여전히 사용되는 언어였지만 그리스어는 거의 아무도 모르는 언어가 되어 있었다. 최고의 도서관, 고전 작품의 필사본은 먼지 속에 파묻힌 채 잊혔다. 인문주의자들은 어디서나 이런 텍스트들을 찾아내고, 다시 읽고, 편집하고, 열정적으로 주석을 달았다. 그들이 함께 살아온 고전 고대―그리스와 로마―의 작품과 언어의 명예를 공개적으로 회복시켜주기 위해서였다.

어쩌면 1513년 인생의 황혼에 접어들어 두 번째 망명 중이던 마키아벨리보다 그 점을 더 잘 표현한 사람은 없을 것이다. 당시 그는 농민과 나무꾼들 속에 살았다……

밤이 되면 집으로 돌아와 서재에 들어간다. 그리고 문턱을 넘는 순간, 나는 흙과 먼지로 뒤덮인 일상의 옷을 벗어 던지고 궁정의 의상을 걸친다…… 그렇게 명예롭게 차려입고 나는 고대인들의 고전 시대 궁정으로 들어간다. 그들은 나를 따뜻하게 맞아준다. 그리고 나는 성찬을 즐긴다. 나는 그 성찬을 위해 태어났고 바로 나를 위한 성찬이다. 나는 주저 없이 그들과 대화하고 그들의 행동의 동기를 묻는다. 그리고 그들은 인간성의 덕으로 내게 충분히 답한다.

그런 읽기, 그런 지속적인 대화가 르네상스 인문주의의 특징이다. 라블레와 몽테뉴는 이런 종류의 인문주의자들이었다. 읽기에 관한 기억으로 가득한 그들의 책은 살아 있는 증거다. 사람들은 모든 인문주의자 곁에서 그들의 손을 잡아끌며 그들에게 자신을 설명하고 드러내는 고대인을 발견하고 고개를 끄덕이거나 짓궂은 미소를 지을 것이다. 이제는 인문주의자들의 군주로 알려진 로테르담의 에라스무스는 그의 적들에게 '루키아노스'로 불렸다. 라블레와 보나벤투라 데 페리에 역시 또 다른 '루키아노스 지지자'였고, 한편 마키아벨리는 폴리비오스 '였다.'

이런 광범위한 사상적 조류의 시작점을 정하기는 쉽지 않다. '인문주의'라는 인위적인 용어와 (쥘 미슐레와 야코프 부르크하르트가 인위적으로 고안했다고 할 수 있는) '르네상스'라는 용어는 다른 이들의 기분을 상하게 한다. 두 현상의 시기와 공간은 중첩된다.

아비뇽이 인문주의와 르네상스의 출발점이었다는 데에는 의심의 여지가 없다. 1337년 페트라르카의 귀환으로 그 도시는 활기를 되찾았다. 아비뇽은 교황이 체류한 덕분에 오랫동안 서양에서 가장 '유럽적'이고 호화로운 도시였다. 1376년 교황 정부가 로마로 돌아간 뒤에도 대립교황Anti-Pope들 덕분에 그 도시는 호화로움과 광채를 유지할 수 있었다. 그러나 훗날 '문화적 헤게모니'를 완전히 장악한 것은 피렌체였다. 최소한 1492년 로렌초 데 메디치가 사망할 때까지 피렌체는 문화적 헤게모니를 그대로 유지했다. 심지어 클레멘트 7세와 카를 5세의 신성로마제국 군대에 점령된 1530년까지도 피렌체의 문화적 헤게모니는 유지되었다. 1337년과 1530년이라는 이런 시간의 경계는 확실히 이탈리아뿐 아니라 서양 전체에 영향을 주었던 일단의 현상들에도 적용할 수 있다. 마지막 위대한 인문주의자 에라스무스는 1437년 로테르담에서 태어나 1536년 바젤에서 생을 마감했다. 그런데 이 기나긴 두 개의 세기는 역사의 그물망을 더 넓혀 1337년(연도는 좀 더 유연하게 정할 수 있다) 이전과 1530년 이후를 포괄하지 않는다면 결코 이해될 수 없다.

과거로 거슬러 오르는 이유는 중세에서 르네상스로의 이행이 흔히 상상하는 것처럼 뚜렷한 단절이 아니었기 때문이다. 인문주의자들이 스콜라철학을 어떻게 조롱했든 르네상스는 중세 철학의 반대편에 있지 않았다. 1942년에 어느 역사가는 이렇게 썼다. '50년 전에 중세와 르네상스는 흑과 백이나 밤과 낮처럼 완전히 다르다고 여겨졌다. 그런데 하나의 주장에 다른 주장이 합쳐지면서 두 시대의 경계가 모호해졌고 둘을 구별하려면 나침반이 필요해졌다.'

1530년 혹은 1536년을 지나 앞으로 나아가면, (오늘날 자유주의적 정신을 지닌 모든 사람의 영웅인) 에라스무스가 세상을 떠난 뒤 르네상스 문명이 다음 세기와 그 너머까지 이어진 종교전쟁의 냉혹한 공격에 자유를 잃고 최후를 맞았다는 것은 결코 분명하지 않다.

그런 사건들은 확실히 승승장구하는 르네상스의 전진을 방해했다. 그러나 200년 넘게 존속했던 문명의 실체가 하루아침에 파괴될 수는 없다. 장기적인 관점에서 인문주의자들은 몇 가지 중요한 것을 획득했다. 그들은 교육의 영역에서 승리했는데 고전 고대는 거의 오늘날까지도 교육의 필수적인 요소로 남아 있다. 우리는 이제야 거기서 벗어나기 시작했다. 그러나 특히 인문주의자들 이후 유럽은 그들이 찬양했고 서양의 삶과 사유에서 가장 위대한 자극으로 남아 있는 인간의 능력과 지성에 대한 확신을 잃은 적이 없다.

인문주의는 상대적 소수 집단—열정적 라틴 학자, 그들보다 소수지만 열정은 그들 못지않은 그리스 연구자, 밧줄 제작자였던 토마스 플래터나 피코 델라 미란돌라 같은 헤브라이즘 연구자—의 '엘리트 정신'이 빚은 작품이었다. 그러나 그들의 영향은 소수의 도시나 프랑수아 1세처럼 뛰어난 군주의 궁정에 한정되지 않았다. 인문주의자들은 유럽 전역에 흩어져 있었고 수없이 편지를 주고받으며 서로 연결되어 있었다. 예컨대 에라스무스의 멋진 라틴어 편지들은 P. S. 앨런과 H. M. 앨런 등이 편집한 12권짜리 8절판 책을 가득 채웠다. 유럽 전체가 인문주의 현상의 영향을 받았다. 이탈리아를 필두로 프랑스와 독일(보헤미아의 역할을 빠트려선 안 된다), 헝가리, 폴란드, 네덜란드, 영국도 영향을 받았다⋯⋯ 그 점을 입증할 여러 명단을 인용할 수도 있다. 그리고 프랑스의 경우 프랑수아 1세의 후원으로 창설된 '왕립 콜레주'를 들 수 있다. 대학에서 금지된 주제를 가르치도록 선발된 비상근 교수들로 구성되었으며 훗날 콜레주 드 프랑스의 발판이 되었다.

르네상스 인문주의는 그리스도교에 대한 공격이었을까, 아니었을까? 그 운동이 무신론이나 무신앙으로 곧장 이어졌다고 보아야 할까? 혹은 최소한 마키아벨리나 라블레, 몽테뉴를 진정한 자유사상의 전조로 반겨야 할까?

그렇게 하는 것은 어쩌면 지나치게 오늘날의 기준으로 르네상스를 판단하는 일일 것이다. 르네상스가 스콜라철학과 신학의 전통적 가르침에서 멀어진 것은 확실하다. 그리고 철저히 이교적인 고전 문학을 즐겼고 그런 사고의 추진력은 인간에 대한 찬미였다는 것 역시 분명하다. 그러나 그렇다고 반드시 인문주의를 신이나 교회와 대립시켜야 하는 것은 아니다.

뤼시앵 페브르는 라블레의 작품에 관한 상세하고 면밀한 연구에서 라블레의 시대에 철학적 무신론을 자신 있게 포용한다는 것은 불가능했거나 지극히 어려운 일이었다고 결론지었다. 그 시대의 정신적 소양은 그런 사유를 거의 허용하지 않았는데 핵심 어휘, 단호한 주장, 그리고 없어서는 안 될 과학적 입증이 없었다. 르네상스는 과학적 연구를 부정하지 않았지만 크게 중시하지도 않았다.

사실 당시의 사고와 감정들을 거듭 고찰하고 당대의 논객이나 역사가들의 열정에 의해 성급하게 무신론으로 고발당한 사람들을 일일이 재검토할 준비가 되지 않았다면, 결코 유효한 결론에 도달할 수 없다. 거의 모든 경우에 판단은 해결할 수 없는 오류와 모호성에 직면할 것이다.

당대에 파란을 일으킨 로렌초 발라의 대화편 『쾌락에 관하여De Voluptate』(1431)는 키케로식 라틴어로 진행된 에피쿠로스학파와 스토아학파 사이의 논쟁을 담고 있다. 당시까지 (페트라르카, 살루타티, 포조Poggio의 작품에서) 스토아학파가 유행했다. 발라의 대화편은 에피쿠로스학파를 지지하며 균형을 조금 재조정하고자 했다. 그러나 순전히 문학적이었던 논쟁 막바지에 작가가 다시 등장했고 그리스도교의 초자연적 질서를 재확인했다.

오늘날이라면 위선이라고 생각할 수도 있다. 그러나 무신론이 한참 뒤에 확고한 물질주의적 과학을 검토하며 생겨났음을 인정하지 않는다면, 그것은 경박하게 역사를 다시 쓰는 일이 될 것이다. 16세기에 하나의 일반 규칙으로서 신을 부정하는 일은 사람들의 관심사도 아니었거니와 바라는 바도, 필요를 느끼는 바도 아니었다.

너무 성급하게 마키아벨리를 이교도라고 비난해서는 안 된다. 그가 사제와 교회를 가리켜 '우리를 신앙 없는 악한으로 만들었다'고 비판했고, 혹은 '미천한 사람들과 명상가들을 성스럽게 여기고 최고의 덕을 비하했으며…… 고대 종교는 영혼의 위대함을 찬양한다'라는 이유로 그리스도교를 비난했다고 해도 말이다. 차라리 본인이 살았던 끔찍한 시대의 교훈을 너무 잘 알고 정치에서 윤리를 제거했다는 이유로 마키아벨리를 비난하는 편이 더 공정할지 모른다.

마찬가지로 로렌초 데 메디치가 설립한 아카데미에 관해서도 정확히 평가해보자. 아카데미의 토대는 신플라톤주의였고 아리스토텔레스의 철학에 맞서 플라톤의 이상주의를 지지했다—아마도 고전 고대와 그리스도교의 타협을 모색했을 것이다. 그러나 아카데미에 참여했던 피코 델라 미란돌라가 인간의 존엄성에 관한 연설—〈인간의 존엄성에 대하여De dignitate hominis〉—을 했지만, 이런 사실이 짧은 생을 마감하며 대단히 용감하게 '손에 십자가를 들고 맨발로 도시, 읍내, 시골에' 가서 복음을 설교하고 도미니쿠스회 수도복을 입은 채 묻히고 싶다는 그의 희망을 가로막지는 않았다. 그는 '종교적 인문주의'로 불린 수많은 사례 가운데 하나였다. 누군가에게는 명백한 무신론자 보였던 파도바의 폼포나치도 다른 사람들에게는 판단하기 어려운 경우로 남아 있다. 『세계의 심벌즈*Cymbalum Mundi*』(1537-1538)의 기이한 보나펜투라 데 페리에의 사례는 뤼시엥 페브르가 1942년에 출간한 훌륭한 책에서 연구되었다. 뤼시엥 페브르는 이 대화편의 등장인물 머큐리가 그리스도를 표상한다면(확실해 보이기는 한다), 이번에는 그리스도가 공격받고 있고 그래서 무신론을 의심해야 한다고 결론지었다. 보나펜투라 책의 중요성을 무시해서도 과장해서도 안 된다. 그 책은 당대 문학에서 매우 예외적인 사례이다.

피렌체의 콰트로첸토(14세기)를 헌신적으로 연구한 역사가 필리프 무니에는 고대인들의 특권에 매료된 인문주의자들은 '고대인들의 글을 필사하고 모방하고 되풀이했으며 그들의 모델, 그들의 예시, 그들의 신, 그들의 정신과 언어를 받아들였다.' 그리고 '논리적 극단까지 치달은 그런 움직임은 그리스도교적 현상을 제거하는 것이나 다를 바 없는 데로 향하는 경향이 있다'고 주장했다. 아마도 우리의 논리에 따른 것일 테고, 15세기와 16세기의 논리에 따른 것은 아닐 것이다. 사회학자 알렉산더 뤼스토브는 이렇게 썼다.

교회에 대한 고전 고대의 승리가⋯⋯ 거의 교회 안에서 완성되고 발생했다는 점을 고려할 때 그런 반목을 찾는 것은 무의미할 것이다. 로마는 르네상스의 번영한 중심으로 발전하지 못했을까? 그래서 교황은 그런 움직임의 발단이 아니었을까? 피렌체에서 1498년 5월 20일 인문주의자들의 적 사보나롤라를 화형에 처한 사람이 알렉산드로스 6세였다. 더욱이 이제 사람들의 마음속에 되살아난 고전 고대는 관용되었다. 그리스 철학자들은 향연과 신을 위한 제례에 참석했다. 신을 믿든 믿지 않든 관계없었다. 인문주의의 사도들은 왜 그들에게 별다른 적대감을 보이지 않았던 교회를 공격했을까? '성인 소크라테스여 우리를 위해 기도하라!'라고 외친 사람이 바로 에라스무스였다.

르네상스는 관념의 영역보다 삶의 영역에서 더 중세 그리스도교와 거리를 두었다. 그래서 철학의 배신이 아니라 문화의 배신이라 불러야 할 것이다. 마치 서양이 수백 년 동안 계속된 사순절을 끝낸 듯이 생동감과 향락의 분위기였으며 눈과 몸과 마음의 즐거움이 가득했다.

르네상스에는 기쁨의 사회학, 기쁨의 심리학이 목격되었다. 역사에서 사람들이 자신들이 행운의 시대를 살고 있다고 강하게 느끼는 경우는 거의 없다. '중세의 메멘토 모리(죽음을 기억하라)는 메멘토 비브르(삶을 기억하라)로 대체되었다.' 15세기 죽음과 죽음의 무도에 대한 성찰은 마법처럼, 마치 서양이 (미셸 푸코의 의미에서) '갈라진' 것처럼, 혹은 죽음에 관한 성찰이 정신에서 분리되어 나간 것처럼 사라졌다. 변화는 성공적인 여러 죽음의 기술Artes moriendi, 곧 잘 죽는 법에 관한 일련의 논문에서 찾아볼 수 있다. 그 글들에서 죽음은 차츰 더 나은 삶을 향해 천상으로 가는 조용한 여행이 아니라 세속적 죽음이 되었고, 인간이 직면해야 할 가장 큰 고난으로 변해갔다. 이제 기꺼이 성 아우구스티누스와 말을 나누려는 사람이 없었다. '우리는 여기 밑에서 죽음을 열망하는 여행객들이다.' 그러나 동시에 '현생이 삶이 아니라 죽음, 일종의 지옥이다'라는 말을 믿는 사람이 더는 없었다. 삶이 가치와 중요성을 회복했다.

　사람들이 그들의 왕국을 건설해야 하는 것은 지상이었다. 그리고 이 새로운 확신이 '근대 문화에서 모든 긍정적인 힘'의 확립을 주도했다. '사상의 자유, 권위의 불신, 출생의 특권을 누른 지적 교육의 승리(콰토르첸토의 용어로 하자면, 귀족nobilitas 개념을 누른 인간Humanitas 개념의 승리), 과학을 향한 열정, 개인의 해방……'(니체)을 확립했다.

　인문주의자들은 새롭게 일고 있는 이런 정신의 동요를 잘 알고 있었다. 마르실리오 피치노(1433-1499)는 이렇게 선언했다. '이 시대가 황금시대라는 데에는 의심의 여지가 없다.' 1517년에 에라스무스도 거의 같은 말을 했다. '우리는 행운의 세기를 기원해야 한다. 이 세기는 황금시대가 될 것이다.' 1518년 10월 28일 뉘른베르크의 인문주의자 빌리발트 피르크하이머에게 보낸 유명한 편지에 울리히 폰 휘텐은 다음과 같이 썼다. '얼마나 멋진 세기인가! 얼마나 멋진 문학인가! 살아 있다는 것이 얼마나 좋은가! 어떻게 라블레 소설 속 가상의 텔렘 수도원을 덧붙이지 않을 수 있겠는가! 그토록 유명하거늘…… 그렇거늘!'

　인간의 방대하고 다채로운 잠재력에 관한 이런 명확한 인식이 장기적으로 근대의 모든 혁명을 예비했고 무신론 역시 예비했다는 사실을 부정할 사람은 없을 것이다. 그러나 인문주의자들은 그들의 왕국을 구축하느라 바쁜 나머지 신의 왕국에 도전할 겨를이 없었다.

　16세기 초 르네상스의 동력과 활기가 꺾이기 시작했다. '암울한 사람들'이 차츰 서양의 무대를 채웠다. 기쁨이 넘치는 시대, 찬란했던 시대, 실제든 가상이든 행운이 넘치는 시대의 수명은 모두 짧았다. 알렉산드리아의 눈부신 시절이 그랬고, 아우구스투스의 시절이 그랬으며 계몽주의의 시대가 그랬다. 마찬가지로 르네상스의 완벽함 역시 역사 속에서 짧은 기간만 유지되었다.

프로테스탄트 인문주의는 15세기와 16세기 사이 종교개혁의 대홍수를 분출한 원천이었다. 1517년 10월 31일은 중요한 날이었다. 이날 루터의 95개조 반박문이 비텐베르크 대학교 교회 문에 게시되었다.

종교개혁의 물결은 종교전쟁의 범람으로 이어졌다. 독일에서 종교전쟁이 본격적으로 시작된 것은 1546년 루터가 사망한 해였고 100년 뒤인 1648년에 끝이 났다. 종교전쟁은 순식간에 다른 모든 나라로 퍼졌고 엄청난 폐허를 남겼다. 뒤늦게 아우크스부르크 화약(1555), 낭트 칙령(1598), 황제 칙서(보헤미아, 1609) 등 타협안들이 조인되었지만 오래가지 못했다. 그러나 르네상스 인문주의와 달리, 종교개혁은 곧바로 대중 운동으로 이어졌다. 남녀를 불문하고 수많은 사람이 그들의 신앙을 지키려다가 (펠리페 2세 시절 네덜란드에서, 1685년 낭트 칙령 철회 후 프랑스에서, 그리고 세벤Cévennes 반란 시절에) 내전과 가혹한 탄압에 직면했다. 대안은 국외 탈출이었다. 신세계로 가거나 '그의 왕국에 그의 종교Cujus regio, ejus religio'의 원칙에 따라 그들의 종교를 지지하는 나라로 가는 것이었다.

이 모든 폭력은 18세기를 전후해 잠잠해졌고 그보다 일찍일 때도 있었다. 프로테스탄티즘은 살아남았고 오늘날 서양 세계대부분을 물들였다. 특히 영미계, 독일계, 노르만계 국가들이 각양각색의 인문주의와 함께 프로테스탄티즘을 받아들였다. 그러나 프로테스탄트 인문주의의 정확한 성격을 확인하기는 쉽지 않다. 프로테스탄트 교회가 하나가 아니라 여럿이며 다양한 민족의 서로 다른 시각을 드러내기 때문이다. 그렇지만 그들은 같은 무리이며 특히 그들의 이웃인 가톨릭의 서양과 대립할 때 그렇다.

여기서 우리의 관심사는 종교개혁 자체가 아니라 종교개혁이 근대 유럽에 남긴 유산이다. 그러므로 우리는 종교개혁과 프로테스탄티즘의 고전적 역사에 많은 시간을 할애하지 않을 것이다. 필요하다면 에밀 레오나르가 제공한 훌륭한 요약을 참고할 수 있다.

두 유형의 프로테스탄티즘—두 개의 장기적인 '물결'—이 20년 안에 차례로 나타났다. 하나는 마르틴 루터(1483-1546)의 열정적인 활동이 지배했고 다른 하나는 신중하고 권위적인 칼뱅(1509-1564)의 활동이 인도했다. 두 사람은 닮은 점이 거의 없었다. 루터는 독일 동부 변경 지역 농민 출신이었다. 그의 투박한 영적 반란에는 무언가 직접적이고 강하며 자연스러운 것이 있었다—니체는 이를 가리켜 '정신의 농민성ein Bauerstand des Geistes'이라고 불렀다. 교회의 권력 남용, 불합리, 모순을 비난하는 것, 신앙에 의한 구원에 모든 것을 집중하며 불확실성을 쫓아버리는 것('의로운 사람은 믿음으로 구원을 받는다'), 자발적이고 감정적인 시각에 만족하며 세심한 질서로 환원하려 하지 않는 것을 포함하는데, 그것은 청년 루터의 아주 명백하고 간결한 메시지였다. 낭만적이고 혁명적이었다. '신은

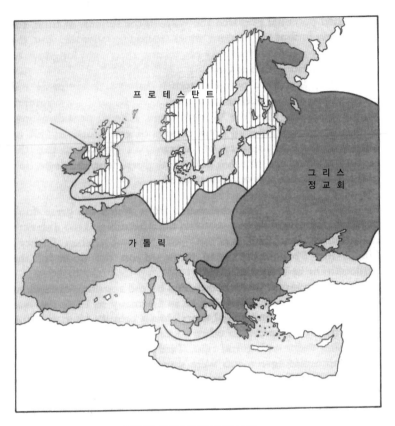

그림 16 유럽의 세 가지 그리스도교

이를 오래 참지 않으실 것이다!'라고 그는 외쳤다. '우리는 어제의 세계에 살고 있지 않다. 그 세계에서는 모든 사람이 놀이처럼 몰리고 사냥당했다.' 루터는 이런 태도를 영원히 견지할수 없었다. 부자와 힘 있는 자들을 불편하게 만들었기 때문이다. 1525년 루터는 엘베강과 라인강의 농민들과 알프스 사이의 농민들에 거리를 두어야 했다. 그들은 그의 글에서 영감을 받아 궐기한 농민들이었다.

그렇다고 해도 루터는 여전히 칼뱅의 반대편에 남아 있었다. 칼뱅은 도시 주민이자 냉정한 지식인이었으며 인내심 있고 지칠 줄 모르는 조직가였으며 언제나 자신의 논리를 끝까지 따르는 법률가였다. 루터는 예정설을 계시된 진실로 대했다. 칼뱅은 예정설을 수학 공식처럼 다뤘고 결과로 환원했다. 선제후에게 언제나 구원이 예정되었다면, 다른 사람들을 지배하는 일이 그들의 소명 아니었을까? 이는 칼뱅이 1536년부터 1538년 사이, 그리고 1541년부터 1564년 사이 제네바에서 철권을 휘둘렀지만 겸양의 정신을 호소하며 적용한 논리적 결론이었다. 청교도 혁명의 가혹한 시절에 브리튼 제도에서 올리버 크롬웰이 했던 일이기도 하다.

그들은 프로테스탄티즘의 중요한 두 가지 경향이었다. 그런 경향들은 서로 다른 곳에서 널리 퍼져 나갔지만, 몇 가지 공통점을 지녔다. 로마와 단절했고 로마의 성인 숭배와 단절했으며 정규 성직 제도를 폐지했고 7개의 성사를 2개(성찬식과 세례)로 축소했다. 성찬식에 대해서는 오랜 의견 차이가 있었지만. 간결함을 위해 (완전한 목록은 아주 길어질 테니) 초기 인문주의의 변형 같은 기이하거나 주변적인 형식의 프로테스탄티즘(취리히의 츠빙글리, 바젤의 외콜람바디우스, 브리튼의 헨리 8세), 혹은 훨씬 더 크게 박해받았던 재세례파의 '경건주의' 프로테스탄티즘을 잊어서는 안 된다.

가톨릭 세계와 프로테스탄트 세계의 접경은 여전히 유럽 문명의 실질적인 특징이다. 그 특징은 오직 전쟁의 운명으로만 결정되었을까?

나이테처럼 유럽은 연속된 층에서 성장했다. 가장 오래된 나무—나무의 핵심—는 로마제국에 정복되었다(고 문명화되었)다. 한 방향은 서쪽과 북쪽, 라인강과 다뉴브강까지 뻗어나갔고 다른 방향은 브리튼 제도로 뻗어갔다(여기서는 전체의 한 부분, 주로 남동쪽에서만 불안전하게 유지되었다). 이 변경 너머에 유럽 문명은 로마제국이 몰락한 후 뒤늦게 도착했다. 이들은 새로 생긴 바깥쪽 나이테였다. 중세 서양은 그들의 영역과 인접한 이 세계를 (용어의 가장 알맞은 의미에서) 식민화했으며 선교사를 파견하고 교회를 세웠다. 로마에서 멀리 떨어진 곳에 수도원과 주교좌를 설립해 강력한 토대를 마련했다.

로마제국의 오래된 접경, 옛 유럽과 '식민화된' 새 유럽 사이의 접경이 가톨릭 세계와 프로테스탄트 세계를 구분하는 경계와 대체로 일치한다는 것이 과연 우연일까? 물론 종교개혁에는 순수하게 종교적인 측면이 있었다. 그리고 그것은 신자들이 교회의 권력 남용과 무질서를, 그리고 진정한 열정이 아니라 몸짓에 불과했던 신앙심의 부족을 어느 때보다 확실히 깨닫게 되면서 유럽 전역에서 일어난 뚜렷한 종교의 물결이 남긴 결과였다.

이런 감정들은 그리스도교 세계 전체의 공통된 경험이었다. 그런데 오래된 종교적 전통에 더 집착하며 로마와 긴밀히 연결되었던 옛 유럽은 그 연결을 유지했지만, 더 젊고 더 많은 것이 섞여서 종교적 위계와 결속이 강하지 않았던 새 유럽은 완전히 떨어져 나갔다. 이미 여기서 민족적 반응 같은 어떤 것을 감지할 수 있을 것이다.

두 세계의 이후 발전은 분파적 자긍심이라 할 만한 것에 불을 지폈다. 프로테스탄티즘의 미덕은 자본주의의 등장과 과학적 사유, 곧 근대세계의 등장에 큰 역할을 했다고 여겨져 왔다. 그러나 프로테스탄티즘과 가톨릭의 입장은 경제사와 일반사의 배경에 비추어 더 합리적으로 설명될 수 있다. 사실 프로테스탄티즘에서 가톨릭 세계보다 그들을 지적으로 더 우월하게 ─혹은 더 열등하게─ 만드는 것을 찾아보기는 어렵다. 반면 프로테스탄티즘이 유럽 문화에 영향을 끼치고 새롭고 독창적인 나름의 공헌을 했다는 것은 확실하다.

그 공헌이 무엇인지를 분명히 하기 위해서 16세기 초 호전적인 프로테스탄티즘과 18세기 성공적으로 확립된 프로테스탄티즘을 구별해야 한다.

자유와 반란의 기치 아래 시작된 종교개혁은 곧 적을 비난했던 정도의 비타협성에 빠져들었다. 프로테스탄티즘은 중세 가톨릭교회만큼이나 엄격한 구조를 확립했다. '중세 가톨릭에서는 국가, 사회, 교육, 과학, 경제, 법 등 모든 것이 계시의 초자연적 가치 체계에 종속되었다.' 사다리 맨 꼭대기에는 '성서', 곧 성경과 그 해석자들인 프로테스탄트 교회와 국가가 있었다. 국가(공국 혹은 도시)에는 옛 주교 법jus episcopale이 있었다.

말할 필요도 없이 이 체제는 사람들이 본래 추구했던 종교적 자유를 만들어 내지 않았다. 질서, 엄격성, 철저한 통제를 낳았고 이는 바젤에서든 취리히에서든 초기 프로테스탄트 교회의 강령이었다. 종교개혁가들은 에라스무스의 추종자들일지도 모르지만 불쾌한 재세례파를 익사시키는 일에 주저함이 없었다. 네덜란드에서도 비슷한 학살이 있었다. 역설적인 일이었다. '교황 지지자들'은 성삼위일체를 부정하거나 성자(그리스도)의 신성을 부정하며 동시에 교회와 국가와 부자를 공격했던 불운한 사람들을 사냥하고 교수형에 처하고 도살하거나 익사시켰다. 자비롭지는 않았지만 최소한 일정한 논리는 있었다. 그런데 종교개혁은 과연 어떤 근거에서 그런 박해를 자행할 수 있었을까? 한 가지 예는 바로 노예의 비극tragoedia serveta이었다. 에스파냐의 프로테스탄트 의사 미카엘 세르베투스는 어느 날 제네바에서 교회를 나서는 길에 체포되었다. 범신론을 믿고 성삼위일체를 부정한 혐의로 고발당한 세르베투스는 오랫동안 그를 감시해온 칼뱅의 명령으로 고문 끝에 화형을 당했다. 1554년 '사부아Savoyard' 인문주의자이자 자유로운 종교개혁의 사도였던 세바스티안 카스텔리오(1515-1563)는 예전에 본인이 종사하고 좋아했던 제네바의 통치자에게 전하는 감동적이고 분노에 찬 팸플릿에서 이를 항의했다. 그는 승리에 도취한 종교개혁의 오류와 범죄를 민감하게 받아들이는 사람이 없다는 사실에 분개했다. '다른 사람을 이단으로 여기지 않는 분파가 거의 없다. 그래서 어느 도시나 지역에서 당신이 옳다고 여겨져도 다른 곳에서는 이단으로 여겨질 것이다. 그래서 오늘날 살고 싶은 사람은 도시나 분파만큼 많은 믿음을 가져야 한다. 한 나라에서 다른 나라로 옮겨갈 때마다 한 곳에서는 가치 있지만 다른 곳에서는 무가치한 탓에 매일 화폐를 교환해야 하는 것이나 마찬가지다.' 카스텔리오 자신은 의연하게 성경의 자유로운 해석을 지지했다. '재세례파가 신의 말씀에 관해 그들이 느끼고 생각하고 쓴 것으로 무엇을 할지는 그들이 결정할 일이다.'

카스텔리오의 목소리는 고립되었다. 그는 소수의 충실한 추종자에 둘러싸여 가난하게 죽어갔다. 그러나 17세기 칼뱅파와 아르미니우스파, 소치니파 사이에 분쟁이 일자 카스텔리오의 글들이 암스테르담에서 재출간되었다. 그 가운데는 『사부아의 촛불』이라는 의미심장한 제목의 글도 있었다. 사실 사부아인 카스텔리오는 프로테스탄티즘의 새로운 경로를 예고한 선구자의 한 사람이었다.

나중에 프로테스탄티즘은 양심의 자유를 지지했다. 교리적 엄격성은 차츰 느슨해졌고 18세기에 특히 그랬다. 아마도 가톨릭과 열정적인 대응종교개혁Counter-Reformation의 적극적인 압박이 감소했기 때문일 것이다. 그러나 프로테스탄티즘 역시 계몽주의와 같은 정신에서 그리고 주로 과학적 진보의 영향 아래서 자발적으로 더 큰 양심의 자유를 향해 나아갔다. 늘 그렇듯이 원인과 결과를 구별하기가 몹시 어렵다. 프로테스탄티즘은 그 영적 기원과 성경의 자유로운 연구로 되돌아감으로써 유럽이 더 큰 독립의 정신으로 향하는 데 일조했을까? 혹은 프로테스탄티즘의 발전은 유럽에서 진행된 철학적 사유와 과학적 사유의 전반적 발전의 일환이었을까? 두 가지 가능성이 결합해 서로에게 영향을 주었을 것이다. 프로테스탄티즘은, 경쟁자인 가톨릭과 달리, 위대한 자유의 시대의 발전에 부합했음을 부인할 수 없다. 그러나 프랑스처럼 가톨릭을 수련하고 가톨릭 전통을 유지한 국가들이 그런 발전의 정신적 지주였다는 점 역시 받아들여야 할 것이다.

모든 사건에서 프로테스탄티즘은 이제 성경의 자유로운 연구, 신성한 경전에 대한 역사적 비평, 그리고 일종의 이신론적

합리주의로 향하는 경향이 있었다. 그러면서 내부의 분쟁을 종식했다. 그리고 그 점은 중요했다. 그때껏 경계해야 할 사람들로 여겨지던 모든 주변적인 분파―브리튼의 청교도, 독일과 네덜란드의 재세례파―가 증가하고 번성했다. 메노파라는 이름으로 영국에서 번성했던 재세례파가 아메리카로 건너가 로드아일랜드 프로비던스에 식민지를 건설하고 미국에서 강력한 프로테스탄티즘 분파가 되었다. 17세기 말에 (16세기의 '영감을 받은 자'들의 후예로서) 다시 등장한 그 집단은 스스로 친우회Society of Friends라고 칭했지만 통상 퀘이커로 더 잘 알려졌다. 1681년에 퀘이커교도 윌리엄 펜은 펜실베이니아 식민지를 건설했다. 브란덴부르크 선제후(그는 1701년 최초로 프로이센 왕에 즉위한 프리드리히 1세다)의 피후견인 필리프 야코프 스페너의 경건주의로 독일에서도 비슷한 물결이 거세게 일었다. 스페너는 1681년 할레 대학교 설립에도 관여했다. 18세기 중반 루터파 독일 전체가 그의 제자들에 자극받았다. 그러나 이 가운데 어느 것도 영국의 존 웨슬리와 찰스 웨슬리, 그리고 조지 화이트필드의 감리교Methodism만큼 강력하지는 않았다.

엄격한 신학에 구속받지 않는 종교 운동에서 프로테스탄티즘이 얼마나 자유롭게 번성했는지를 보여주지 않고서, 이런 분파들을 나열하기만 하는 것은 무의미한 일이다. '신학이 더는 종교와 동일시되지 않는다.' 1914년 프로테스탄트 대학의 교수였던 페르디낭 뷔송Ferdinand Buisson은 이렇게 썼다. '하나가 지나가야 다른 것이 유지될 수 있다.' 이는 근본적으로 오늘날 프로테스탄트 사회와 가톨릭 사회를 구분짓는 것이다. 프로테스탄트는 언제나 홀로 신과 동행했다. 말하자면, 제 나름의 종교를 만들고 누리고 종교 세계에 따를—순응할—수 있었다. 더욱이 고통 없이 본인의 문제를 해결해 줄 분파를 선택할 수 있다. 서로 다른 분파는 각각 서로 다른 사회 집단이나 계급에 상응한다고 말할 수 있을 것이다.

그 결과 프로테스탄트 사회는 세속적인 것과 종교적인 것 사이의 균열에 별 영향을 받지 않았다. 그런데 그런 균열은 현대 가톨릭교회의 특징이다. 가톨릭 사회에서 모든 사람은 정신적 복종을 선택하거나 아니면 교회—우리가 속하거나 속하지 않은 공동체—와 결별을 선택해야 한다. 그런 뜻에서 가톨릭에서 영적 갈등은 공개적이다. 의무적으로 입장을 정해야 한다. 프로테스탄트 사회에도 분명 그런 갈등이 있지만 내밀하다. 그러므로 영미 세계와 가톨릭 유럽의 행동과 태도 사이에는 미세하지만 지울 수 없는 선이 존재한다.

유럽은 언제나 혁명적이었고 지금도 여전히 혁명적이다. 유럽 역사 전부가 그런 사실을 확증한다. 그러나 동시에 유럽은 언제나 반혁명적이었고 지금도 끝없이 반혁명적이다. 여기서 다시 중요한 것은 일련의 혁명적 순간들 자체가 아니며 그런 순간들이 미래에 끼치는 영향이다—그것을 가리켜 '혁명적 인문주의'라 부를 수 있다. 이런 낯선 문구로 우리가 의미하는 것은 혁명의 인간적인 내용과 이상적 '유산'이다. 다른 이들은 같은 의미로 '혁명적 신비주의'나 '혁명 정신'을 거론한다. 물론 여기서 우리가 다룰 것은 프랑스 대혁명, 1917년 러시아 혁명이 있기 전까지 유럽과 세계에 중요한 의미를 지닌 유일한 혁명이다.

혁명적 움직임들과 혁명

러시아 혁명이 있기까지 1789년 프랑스 혁명은 언제나 '혁명의 대명사La Revolution'였고 최초의 혁명이자 유일한 혁명을 뜻했다. 그러나 사실 그 전에 수많은 혁명적 움직임이 있었다. 팽팽한 긴장으로 안절부절못하며 마지못해 최악을 견디던 유럽에서 수많은 혁명적 움직임이 있었다. 그러나 역사가들은 그런 순간들을 '혁명'이라고 부르기를 꺼려왔다.

예컨대 역사가들은 14세기와 17세기 사이 유럽의 여러 지역에서 목격된 다양한 농민 봉기를 혁명으로 부르는 일이 거의 없다. 그리고 '혁명'이라는 단어가 사용되는 것은 통상 구체적인 의미에서, 예컨대 민족 해방을 위한 투쟁에 관해서였다. 1412년에 결정적으로 해방된 스위스 지방들, 1648년 마침내 승리한 네덜란드 공화국, 1774-1782년 장차 미국이 될 영국의 아메리카 식민지, 1810년과 1824년 사이 에스파냐령 아메리카에 의해 민족 해방을 위한 투쟁의 의미로 혁명이라는 단어가 사용되었다. 또한 평화적으로 혹은 무력으로 독립을 얻은 스칸디나비아 국가들—스웨덴, 노르웨이, 덴마크—의 출현에도 혁명이라는 용어를 적용할 수 있다. 이 모든 것은 의심할 바 없이 근대 국가에 대한 대응이었다. 그러나 여전히 외국인들에 대한 경우가 더 많았다—중요한 함축이다.

'실제' 혁명은 언제나 근대 국가에 맞선 것이다. 그것은 필수적이다. 그리고 혁명은 내부로부터, 스스로를 개혁할 목적에서 비롯된다. 1789년 이전 유럽에서 (가톨릭 연맹과 프롱드 난의 실패를 무시한다면) 영국의 두 혁명만이 그 이름을 지닐 만하다. 첫 번째(청교도 혁명)는 무자비한 내전(1640-1658)을 동반했고 두 번째(1688년의 '명예 혁명')는 평화로웠다. 그러나 서양에서 가장 강력한 국가를 전복한 프랑스 혁명은 전혀 다른 반응을 불러일으켰다. 1789년과 1815년 사이 혁명은 유럽 전역에 퍼졌다. 그리고 프랑스 혁명의 기억은 세계 전체에 강력한 상징의 가치를 지니는 것이 되었다. 세대마다 새롭게 보였으며 언제나 새로운 열정을 불러일으킬 수 있는 상징이었다.

그런 상징의 힘은 여전히 크다. 1958년 소련을 여행하던 어느 프랑스 역사가는 소련의 동료 역사가들이 '혁명'으로 그들의 혁명이 아니라 프랑스 혁명을 지칭했다는 사실에 놀랐다. 그 역사가는 1935년 브라질의 상파울루대학에서 가르치며 알베르 마티에를 연상시키는 투로 1792년 국민공회의 이른바 '거인들'이 죽음을 피할 수 없는 평범한 사람들이었다고 설명했다. 그러자 수업을 듣던 브라질 학생들은 마치 신성모독을 목격하기라도 한 것처럼 즉각 반응했고 그중 한 학생이 이렇게 외쳤다. '교수님도 아시듯이, 우리가 기대하고 있는 것은 프랑스 혁명입니다.'

1789년 혁명은 전 세계에서 생명을 얻었다. 심지어 러시아의 10월 혁명이 신화로서 프랑스 혁명의 자리를 대체했을 때도 마찬가지였다. 프랑스에서 러시아 혁명은 노동조합과 혁명적 언론을 완전히 장악했다. 시대의 실질적 현실을 이야기하는 한 그랬다. 상당히 최근에도 1789년은 여전히 열광을 부르며 비교적 최근까지도 그랬다. 이런 열광을 제대로 평가할 수 있는 것은 알퐁스 올라르(1928년 사망)의 소르본 강의를 맞았던 소란스러운 흥분과 열기를 기억하는 사람들, 그리고 알베르 마티에(1932년 사망)나 조르주 르페브르(1960년 사망)의 강의를 들으려고 그곳에 갔던 사람들뿐이다. 유럽인의 정치적 윤리적 사고에 살아남은 프랑스 혁명은 그들의 주장과 태도에 영향을 끼쳤다. 그들의 태도가 프랑스 혁명에 적대적일 때조차 그랬다.

두세 개, 혹은 네 개의 프랑스 혁명이 있었다. 오늘날 다단계 로켓처럼 프랑스 혁명에는 몇 개의 연이은 폭발과 추진 장치가 있었다

처음에 프랑스 혁명은 바스티유 함락과 공포정치 같은 극적인 순간들도 있기는 했지만 온건한 '자유주의 혁명'처럼 보였다. 이 처음 혁명은 네 단계를 거치며 급진적으로 발전했다. 귀족 반란(1788년 명사회), 이미 언급했듯이 '법률가들'의 부르주아 혁명(전국 신분회 소집), 그 뒤에 도시 혁명과 농민 혁명, 둘 다 결정적이었다.

1792년 4월 20일 오스트리아에 선전포고 후 두 번째 무자비한 혁명이 뒤따랐다. '프랑스 혁명이 길을 잃은 것은 1792년 전쟁 때문이었다.' 알퐁스 올라르는 이렇게 썼다. 사실이다. 그리고 제마프 점령에 이은 네덜란드 점령으로 분쟁은 피할 수 없게 되었다. (1792년 애국의 춤과 노래가 울리기도 전에) 프랑스가 근대 국가로 전환함으로써 프랑스 혁명은 그 힘을 드러내고 확인했으며 뒤이은 폭발을 준비했다. 이 두 번째 국면은 외부에서만큼 내부에서도 폭발적이었는데 1794년 7월 27일에서 28일 사이(공화력 2년 테르미도르 9일에서 10일) 로베스피에르의 몰락으로 끝났다.

세 번째 혁명(그 용어가 여전히 적절하다면)은 테르미도르와 브뤼메르 사이(1794년 7월 28일에서 1799년 11월 9-10일까지)에 발생했고 국민공회의 마지막 몇 개월과 총재정부의 전 기간을 포함한다. 네 번째 프랑스 혁명(1799-1815)에는 통령정부, 제국, 백일천하가 포함된다.

나폴레옹은 확실히 혁명을 안정시키고 장악했으며 프랑스 혁명을 이어갔다. 그러나 혁명의 폭넓은 미래의 불확실성에 그의 경력의 극적 불안정성과 정통성 없는 정권의 취약성이 더해지면서 끊임없는 성공으로 정권을 정당화해야만 했다. 아우스터리츠에서 패배한 뒤 황제 프란츠 2세는 충성스러운 백성들의 성원을 받으며 프랑스 대사에게 이렇게 말했다. '대사, 당신의 주인도 나처럼 전투에 패배한 뒤 파리에서 환영받겠는가?' 이런 비아냥은 나폴레옹의 영광에 매료된 어느 왕당파 프랑스인의 탄식과 같은 의미가 담겼다. 그는 이렇게 말했다고 한다. '그가 부르봉가의 일원이 아니라니 애석한 일이야!'

프랑스 혁명이 그 본래의 의도를 유지했다면 '계몽군주정'과 비슷했을 것이다

이토록 다채로운 역사에서 두 번째 프랑스 혁명에만 극적인 폭력이 수반되었다. 그것은 규범으로부터의 예기치 않은 일탈이었다. 프랑스 혁명이 1792년 봄 피로 물들지 않았다면, 그 많은 프랑스 사상가의 바람대로 영국의 선례를 본받은 평화롭고 온건한 혁명이 되었을 것이다. 그런 바람을 드러냈던 인물 가운데 몽테스키외도 있었다. 그는 1721년 『페르시아인의 편지』에 이렇게 썼다. '기존의 법은 아주 신중하게 손대야 한다.'

또 다른 인물은 루소였다. 그는 오래된 민족은 혁명의 충격을 견뎌낼 수 없다고 믿었다. 루소는 '그것은 족쇄가 풀리는 순간 산산이 부서져 더는 존재하지 않는다'고 주장했다.

혁명적이기보다 개혁을 추구한 점에서 프랑스 혁명의 시작에는 이런 정신이 반영된 듯하다. 강력한 왕이라면 현상을 유지하거나 복구할 수 있었을 것이다. 그러나 미라보의 조언도 바르나브의 조언도 루이 16세를 특권층과 떼어놓을 수 없었다. 그들은 왕의 주변을 포위하고 왕을 궁정의 포로로 만들었다. 그런데 이런 해묵은 논쟁을 되살릴 필요가 있을까?

설득력 있는 정치적 해결책을 외면한 것이 이번만은 아니었다. 프랑스에서 계몽된 개혁자들의 계획은 루이 16세의 치세가 시작된 이후 늘 차단되었다. 그 결과 1776년에 튀르고는 해임되었다. 그리고 이와 비슷하게 완고한 반응을 유럽의 계몽군주정 어디서나 볼 수 있었다. 계몽군주정의 많은 훌륭한 이들이 군주나 왕을 설득하는 것만이 자신들이 해야 할 일이고, 일단 왕을 '철학자'로 만들면 모든 것이 잘되리라고 믿었다. 그러나 계몽 군주들은 임시방편을 더 좋아했다. 프리드리히 2세가 프로이센의 귀족들을 굴복시켰을 때도 적당한 정도로 했기 때문에 1787년 그가 사망하자 프로이센에서 귀족 세력의 부활이 대세를 이루었다.

루이 16세는 어떻게 프리드리히 2세가 실패한 지점에서 성공하기를 바랄 수 있었을까? 마침내 루이 16세가 외국에 원조를 요청했을 때 반혁명 세력과 유럽 보수주의자들의 능숙하고 교묘한 술책이 고삐 풀린 듯 시작되었다. 사건들이 휘몰아치자 프랑스 혁명은 지지자들도 예상치 못한 방향으로 진행했다.

그들은 많은 것을 받아들였다. '혁명가는 타고나는 게 아니라 만들어지는 것이다.'(카르노) '상황의 힘은 전혀 생각지 못한 결과로 우리를 이끌고 갈 것이다.'(생쥐스트) 혁명이 이런 예기치 못한 경로로 향해 혁명 자체와 타인들의 참혹한 희생으로 향한 것은 몇 개월뿐이었다. 로베스피에르의 몰락은 반동과 부활의 달콤함으로 향하는 길을 열었다. 미슐레는 '파리에 다시 활기가 넘쳤다'고 썼다.

테르미도르의 반동이 끝나고 며칠 뒤 당시 열 살로 아직 살아 있었던 한 소년이 부모의 손에 이끌려 극장으로 향했다. 나오는 길에 소년은 전에 본 적 없는 눈부신 마차들이 길게 늘어선 것을 보고 찬사를 늘어놓았다. 하인 복장을 갖추고 손에 모자를 든 사람들이 극장에서 나오는 사람들을 향해 이렇게 말했다. '**주인님**, 마차가 필요하십니까?' 소년은 이 새로운 표현을 전혀 이해할 수 없었고 설명을 부탁했다. 그리고 로베스피에르의 죽음으로 커다란 변화가 왔다는 말을 들었다.

그런데 미슐레가 테르미도르 10일에서 그의 『프랑스 혁명의 역사』(1853)를 끝낸 것이 과연 옳았을까? 논리적으로는 그렇지 않다. 테르미도르 반동이 끝났을 때 프랑스는 온건한 '첫 번째' 혁명으로 돌아갔다. 그리고 총재정부와 통령정부도 프랑스 혁명의 핵심 요소들을 유지했다. 부정된 것은 국민공회 공포정치가 행한 일들이었다.

어쨌든 외국에서 프랑스 혁명이 끝났다고 믿는 사람은 없었다. 1797년 9월 12일에 영국 주재 러시아 대사는 (프랑스어로)

자국 정부에 이렇게 보고했다. '파리에서 있었던 일을…… 설명하자면, 독재적인 3인의 총재가 어떤 법적 절차도 없이 두 명의 총재와 양원의 의원 64명을 체포했습니다. 체포된 사람들은 마다가스카르로 보내질 예정입니다. 프랑스의 멋진 헌법과 자유여! 본인은 평등과 자유의 이 나라에 사느니 모로코에 살고 싶습니다.' 이런 증오는 왜일까? 프랑스 밖에서는 그 누구도 '프랑스의 아름다운 자유' 같은 역설적 표현을 사용하지 않기 때문이다. 나폴레옹은 프랑스 혁명의 이름으로 정복 활동을 펼쳤다. 그리고 그의 정권이 수립된 곳이면 어디서나 점령에 따른 분노와 증오에도 불구하고 법과 관습과 감정에 항구적인 영향이 남았다. 괴테와 헤겔은 나폴레옹을 지지했다. 프랑스가 도달한 정치적 사회적 단계에 크게 뒤떨어진 반동적인 유럽을 마주한 그들에게 나폴레옹은 헤겔의 표현으로 '말을 탄 세계정신'이었다.

나폴레옹 전쟁은 프랑스의 내전을 유럽 전체로 확대했다. 25년 동안 나폴레옹의 위협을 받은 모든 나라에 프랑스 혁명은 하나의 현실이자 위협이었다. 그렇게 해서 임박한 가능성으로 인식된 프랑스 혁명의 메시지는 찬사를 받든 혐오를 받든 서양에서 강력하게 전진하며 열정을 자극하고 의견을 분열시켰다. 그리고 마침내 그 생생한 색채, 성인과 순교자, 교훈, 영감을 갖춘 드라마, —실망을 주기도 했지만 언제나 부활한— 프랑스 혁명은 20세기에 거의 성경처럼 보였다.

프랑스 혁명의 메시지

어느 모로 보나 프랑스 혁명이 1815년 이후 침묵에 빠진 것처럼 보인 것은 사실이다. 그러나 혁명은 사람들의 마음속에 줄곧 살아 있었고 혁명의 근본적 성과는 유지되었다.

왕정복고도 프랑스 혁명을 통해 제거된 모든 사회적 특권을 되살리지 못했다(유서 깊은 봉건적 특권을 되살리지 못한 것은 확실하다). 국유재산은 예전 소유자들에게 되돌아가지 않았다. 그리고 너무 많은 것이 부자들의 몫이 되어 분배가 불공평했다고 해도, 이 영역에서 프랑스 혁명의 성과는 안전하게 유지되었다. 이를테면 개인의 권리에 관한 원칙들은 1814년 헌장으로 보장되었다. 샤를 10세 정부가 반동적인 조처를 준비하는 것으로 보이자 즉시 반발이 일었다. 7월 왕정이 뒤따랐으며 삼색기가 다시 등장하고 혁명 언어와 이념이 다시 등장했다.

1828년에 이미 그라쿠스, 곧 프랑수아 바뵈프의 동료였던 필리프 부나로티는 『바뵈프 음모로 알려진 평등을 위한 음모의 역사Histoire de La conspiration pour L'Egalité, dite de Babeuf』에서 '평등주의자들'이 어떻게 일종의 '평민들의 방데Vendée plébéienne'를 계획했는지, 그들은 어떻게 실패하고 처형되었는지—바뵈프는 1797년 3월 26일 처형을 피하고자 스스로 목숨을 끊었다—를 설명했다. 그것은 루소의 문구에 충실한 '공산주의' 혹은 코뮌 운동이었다. '토지는 누구의 소유도 아니며 그 결실은 모두의 몫이라는 것을 잊으면 당신은 패배한 것이다.' 그 모범과 책 모두 엄청난 성공을 거두었다. 조급한 혁명가였고. 돌이켜보면, 누구라도 좋아할 수밖에 없는 오귀스트 블랑키는 부나로티의 열렬한 독자였다.

이런 사례는 어떻게 프랑스 혁명이 모든 세대가 듣고 싶어하는 언어로 말할 수 있었고 여전히 그런지를 보여주는 데에 도움이 될 것이다. 1875년 이후 줄곧 제2제국에서 확실히 사라졌던 혁명의 상징들은 계속해서 제3공화정과 혁명적 사회주의 운동의 이념적 토대를 형성했다.

혁명적 인문주의가 근본적으로 믿었던 것은 법, 평등, 사회 정의 혹은 사랑하는 모국을 방어하는 데에 사용될 때만 폭력이 합법적일 수 있다는 점이다. 혁명가들은 혁명의 작가일지 모른다―혹은 희생자일 수도 있다. '시가를 점거한다는 것'은 승리일 수도 있지만 그곳에서의 죽음, 최후의 저항이 될 수도 있기 때문이다. 그러나 폭력의 수용은, 곧 죽거나 죽이는 일은 운명을 비껴가며 혁명을 더 인간적이고 형제애 넘치는 것으로 만들 때만 용인할 수 있다. 한마디로 프랑스 혁명은 이성에 봉사하는 폭력을 의미했다. 반혁명도 같은 뿌리에서 자라났다. 역사적 견지에서 프랑스 혁명의 실패는 뒤를 돌아보고 되돌아가려 했다는 점이다. 그리고 과거로 돌아가는 것은 일시적으로 가능할 뿐이며 오점이 된다. 장기적으로 역사의 속도에 맞춰 역사의 방향으로 가지 않고 헛되이 역사의 방향을 틀려고 한다면 역사의 중력을 견디지 못해 오래갈 수 없다.

어쨌든 1789년 혁명이 20세기까지도 노동자들의 대중 운동에 영감을 주었다는 사실은 여전히 놀라운 일이다. 우선, 프랑스 혁명은 그 결과만큼이나 처음 의도에서도 신중했기 때문이다. 신에 가까운 '거인들'의 기적으로 채운 혁명 역사의 전설은 객관적 역사가들의 탈신화화 노력으로 빛이 바랬고 일부는 파괴되기도 했다. 문서들을 참고해 그들의 혁명적 열정을 실현하려 노심초사하는 좌파 역사가들보다 더 효과적으로 이 일을 수행한 사람들은 없었다. 이렇게 해서 프랑스 혁명은 그 성인들을 많이 잃었다. 그러나 동시에 프랑스 혁명의 메시지는 더 선명해졌다.

사실 수정주의 역사학은 공포정치의 '붉은' 시기를 되살렸다. 그 기간에 가해지고 겪었던 고통의 의미를 확인하고 정당화의 차원에서 그 상황의 비극성을 부각했다. 그 후로 '승리의 조직자' 카르노나 당통보다 '청렴결백한Incorruptible' 로베스피에르가, 그리고 뒤늦은 영웅 그라쿠스 바뵈프가 앞에 섰다. 그리고 우리에게 전해진 강력한 언어는 바로 그들의 것이었다. 그들의 언어는 앞으로 닥칠 일을 예고한 것이었기 때문이다. 보통선거, 정교 분리, 부의 재분배를 선사한 방토즈 법은 모두 '두 번째' 혁명의 일시적 승리였으며 미래를 예고하는 예들로 테르미도르 반동 후 철회되었다. 어떤 것들은 우리 시대에 우리에게 유익하도록 되살리기까지 오랜 시간이 걸렸다.

어쨌든 1789년의 혁명적 인문주의가 여전히 살아 있는 것은 모두 그들 덕분이다. 특히 최근에 유럽의 사회주의가 혁명의 이상과 형식이 다른 공산주의를 마주하고서 보인 망설이며 물러서는 태도는 기억과 핵심어에 의존하는 특정 좌파 이념이 사회주의 혁명을 마르크스나 소비에트의 혁명과 동일시하지 않으려 한다는 것을 시사한다. 1905년 '공산당 선언의 후원 아래' 사회주의의 통합을 확정하는 협정에 쥘 게드와 함께 서명한 뒤 장 조레스가 내놓은 논평을 일례로 들 수 있다.『프랑스 혁명의 사회사』서두에서 조레스는 '마르크스의 물질주의와 미슐레의 신비주의—미슐레에 따르면 프랑스 혁명의 살아 있는 유산인 '혁명적 신비주의'—에 동시에 충실할 것'이라고 선언했다. 프랑스와 다른 곳의 서양 문명은 뒤늦게 그리고 불완전하게 1789년의 유산과 이상과 거리를 둘 수 있게 되었다.

19세기 이전 과학적 사고

18세기 이전 유럽의 과학적 사고는 근대 과학의 태동—사실상 전-과학(산업혁명 이전을 '전-산업'이라고 말할 수 있는 것과 같은 의미에서)—이라는 문제를 제기한다. 이 자리가 과학의 진보를 요약할 자리는 아니다. 전-과학과 근대 과학의 구분선을 확인할 생각도 없다. 과학이 어떻게 발전했는지가 아니라왜 발전했는지, 왜 서양 문명의 맥락에서만 과학이 발전했는지가 중요한 문제다. 화학자이자 중국학자 조지프 니덤은 그 점을 명료하게 말했다. '유럽은 그냥 과학을 창조한 것이 아니라세계 과학을 창조한 것이다.' 그리고 그것은 거의 유럽 홀로 한일이다. 그렇다면 왜 과학은 훨씬 더 이른 문명에서 발전하지않았을까? 예컨대 중국이나 이슬람에서 발전하지 않았을까?

모든 과학적 절차는 세계에 대한 특정한 관점의 맥락에서진행된다. 일단의 참고 사항이 있어서 입장을 정하고 방향을선택하지 않는다면 진보도, 추론도, 유익한 가설도 있을 수 없다. 서로 다른 세계관이 연속하는 방식은 과학의 발전을 연구하기에 가장 좋은 배경이 된다.

과학의 역사는 일정한 거리를 두고 보면 하나의 일반적인합리적 설명에서 또 다른 일반적인 설명으로 아주 느리게 이행하는 과정으로 보인다. 각각의 설명은 활용할 수 있는 모든과학적 데이터를 고려하는 하나의 이론으로 취급된다. 그런데그런 설명은 완전히 반대인 새로운 데이터에 파괴될 때까지만모든 것을 포괄하는 하나의 이론으로 다루어진다. 그리고 하나의 이론이 파괴되면 우리는 또 다른 가설을 세우고 그 가설은 이어서 또 다른 진보의 출발점이 된다.

13세기 이래 서양의 과학은 오직 세 가지 일반적 설명 혹은 세계 체제와 함께 이어졌다. 우선 아리스토텔레스의 세계 체제로 고대의 일원임에도 불구하고 13세기에 서양의 해석과 성찰 속으로 들어왔다. 다음은 데카르트와 뉴턴의 세계 체제로 고전 과학을 확립했고 아르키메데스를 차용한 것 말고는 서양의 독창적인 창조물이다. 마지막은 1905년에 소개된 알베르트 아인슈타인의 상대성 이론으로 현대 과학의 출발점이다.

세계에 관한 이런 방대한 해석은 과학을 지배한다. 그러나 물론 세계를 완전히 요약한 적은 없다. 그런 해석 체계의 확립은 그 파괴만큼 복잡한 문제를 제기한다. 그런 해석 체계가 사실에 더는 부합하지 않는 순간이 바로 진정한 진보의 시작이자 전반적인 과학의 역사에서 하나의 전환점이 된다.

아리스토텔레스의 체제는 기원전 4세기 소요학파에서 시작된 아주 오래된 유산이었다. 그 가르침의 핵심적인 부분들은 훨씬 뒤에 서양으로 전해졌는데 이븐 루시드(아베로에스)의 주석이 첨부된 아랍의 번역서를 통해서였다. 파리에서 이는 진정한 혁명을 의미했다. 1215년에 파리대학의 강의 개요가 완전히 바뀌었다. 형식논리학이 라틴 문학, 특히 시인들의 문학 연구를 대체했다. '철학이 모든 것에 파고들어 파괴하고 있다.' 아리스토텔레스의 번역서들이 넘쳐났고 엄청난 양의 주석이 뒤따랐다. 고대인과 현대인의 격렬한 논쟁이 뒤따랐다. 1250년경의 시에서 철학자는 시인에게 말한다. '나는 지식에 몰두하는데, 자네는 산문, 리듬, 운율 같은 유치한 것들을 좋아하는군. 대체 그런 것들이 무슨 소용인가? 자네는 문법을 알지만 과학과 논리에 관해서는 아는 바가 없어. 그렇게 무지한데도 어떻게 그리 자만할 수 있는가?'

아리스토텔레스가 발전시킨 세계 체제는 17세기까지, 그리고 18세기까지도 유럽을 지배했다. 코페르니쿠스, 케플러, 갈릴레오의 공격에 즉시 무너지지는 않았기 때문이다.

아리스토텔레스의 우주론은 물론 완전히 낡은 것이다. 그러나 그것은 하나의 이론이며 수학적이지는 않아도 정교하게 작동했다. 그것은 상식의 조악한 언어적 확장이 아니며 유치한 환상도 아니다. 그것은 하나의 학설이다. 비록 자연스럽게 상식의 발견들에 토대를 두었지만 그럼에도 그 발견들을 체계적으로 정교하게 다듬었다. 지극히 엄격하고 일관성 있는 방식으로.

알렉상드르 쿠아레

의심할 바 없이 아리스토텔레스는 '코스모스'—단 하나의 우주—가 있었다는 것을 하나의 공리로 언급했다. 그렇다면 아인슈타인은 무엇이 달랐을까? 폴 발레리가 '자연에 단일성이 있다는 증거는 무엇인가?'라고 물었을 때, 아인슈타인은 이렇게 답했다. '신앙 행위가 그 증거입니다.'(폴 발레리, 『고정관념』) 그리고 아인슈타인은 다른 곳에서 이렇게 말했다. '나는 신이 우주로 주사위 놀이를 한다고는 생각할 수 없다.'

이런 세계의 아리스토텔레스적 단일성은 하나의 '질서'였다. 모든 존재에는 자연스러운 자리가 있다. 그래서 영원히 그대로 있어야 한다. 그렇게 우주의 중심에 정해진 지구의 자리가 있고 다른 일련의 천체들에도 정해진 자리가 있다. 그러나 우주는 여러 운동의 방해를 받았다. 땅으로 떨어지는 물체처럼, 혹은 하늘로 솟는 가벼운 물체—불꽃이나 연기—처럼 혹은 별이나 천체의 주기적 운동처럼 어떤 것들은 자연스러웠다. 반면 어떤 운동은 난폭하고 비정상이며 물체를 밀거나 당겨서 물체에 각인된다. 추진력이 멈출 때 운동도 멈췄다. 꽤 큰 예외가 하나 있었다. 던져진 물체, 곧 발사체의 운동이다. 그 운동은 자연스럽지 않고 더는 추진력을 갖지 않는다.—발사체는 밀리지도 당겨지지도 않는다. 그러므로 발사체는 통과하는 공기의 소용돌이에 의해 추진되어야 한다. 이런 해결책은 체제를 구하기 위한 것이었다. 그러나 그것은 모든 비평가의 공격을 받는 약점이었다.

비평가들은 한결같이 물었다. '발사체를 움직이는 것은 무엇인가a quo moveantur projecta?' 그 질문은 관성이나 무거운 낙하 물체의 가속도를 포함해 여러 문제를 일으켰다. 그리고 이런 문제들은 윌리엄 오컴, 장 뷔리당, 니콜 오렘을 포함해서 14세기 파리의 '유명론자'들이 이미 다룬 적이 있다. 오렘은 수학의 천재로 관성 법칙의 원리를 발견했다. 곧 낙하 속도는 낙하에 걸리는 시간에 비례한다는 사실 등. 그러나 그의 생각이 곧바로 규명되지는 않았다.

고전 물리학과 과학이 아리스토텔레스의 체계를 왕좌에서 내몰고 결국 뉴턴의 체계에 이르는 투쟁과 뒤이은 시행착오의 역사는 길고 흥미로운 이야기가 될 것이다. 이런 '도약'은 서로 연결된 탁월한 이들이 이룬 결과였다. 그러므로 과학은 국제적이며 정치적 언어적 경계를 초월했고 서양 전체를 채웠다. 의심할 바 없이 16세기의 경기 호황은 진보에 일조했다. 그리고 인쇄술 덕분에 고대 그리스의 과학서들이 널리 확산된 것 역시 도움이 되었다. 예컨대 아르키메데스의 작품은 당대에, 16세기 마지막 몇 해 동안에 비로소 알려졌다. 그리고 아르키메데스의 사고는 아주 유익했다. 미적분을 예고한 그는 극한limit이라는 유용한 개념을 제시했다. 극한의 가치를 평가하려면 원주율의 계산을 생각해보라.

그러나 진보는 더뎠다. 과학사가들이 열거한 대로 수학에서 5단계의 발전은 긴 간격을 두고 일어났다. 피에르 페르마(1629)와 르네 데카르트(1673)의 분석 기하학, 페르마의 고급 산술(1630-65), 조합 분석(1654), 갈릴레오의 역학(1591-1612)과 뉴턴 역학(1666-1684), 뉴턴의 만유인력(1666, 1684-7).

이는 수학에만 해당하는 일은 아니었다. 비록 잠깐이었지만 그리스인은 천문학의 방대한 주제에서 태양 중심의 우주론을 향유했다. 프톨레마이오스에게서 물려받은 지구 중심의 체계는 변화를 거부했고 코페르니쿠스(1473-1543)와 케플러(1571-1630)가 지지를 얻기까지 긴 시간이 걸렸다.

이 모든 노력을 초월한 중요한 사건은 세계의 새로운 모델을 확립한 것이다. 추상적이고 기하학적으로 구성된 데카르트의 우주와 모든 것이 하나의 원칙에 달린 뉴턴의 우주, 물체들이 그 질량에 비례하고 그들 사이 거리의 제곱에 반비례해서 서로를 잡아당기는 만유인력의 우주(1687)라는 새로운 모델의 확립이었다.

이런 세계의 이미지는 끈질긴 생명력을 보였다. 세계에 대한 새로운 설명—아인슈타인의 특수 상대성 이론(1905)과 일반 상대성 이론(1916)—이 등장할 때까지 19세기의 모든 과학 혁명을 견뎌냈다. 1939년 이전에 연구를 완성한 사람은 누구든 여전히 뉴턴식 우주의 정신과 명료한 틀 안에서 살아갈 것이다.

'자유인' 데카르트

기하학적으로 혹은 수학적으로 기술된 우주는 특별히 우리가 인용했거나 인용할 수 있었던 학자의 창조물이 아니었다. 더욱이 철 지난 민족주의는 던져버리고 르네 데카르트(1596-1650)에게 그가 있어야 할 제자리를 돌려주자.

그에 관한 여담으로 시작해보자. 전기 작가들에게 데카르트는 파악하기 어려운 사람이었다. 그는 사려 깊고 수줍음이 많았으며 감정을 절제하는 사람이었기 때문이다. 1628년 이후 몇 차례 방문한 것을 제외하고 그는 프랑스 밖에서, 주로 홀란트에서 살았고 스톡홀롬에서 스웨덴 크리스티나 여왕의 손님으로 머물다가 세상을 떠났다. 그는 암스테르담에서 많은 시간을 보냈는데 '알아보는 사람 없이' 군중 속에 묻힐 수 있다는 걸 기뻐했다. 그의 생각을 재구성하고 그 운동을 재발견하는 것은 그의 비밀스러운 삶을 조사하는 일만큼이나 어려운 일이다.

그의 『방법 서설Discours de la Méthode』(1637)은 우리가 보기에 모든 것을 단순화하는 경향이 있다. 우리는 그저 결정적인 법칙들만 보고 싶어하는 경향이 있다. 그러나 『방법 서설』은 『굴절광학La Dioptrique』, 『대기학Les Météores』, 그리고 잘 알려진 『기하학 *Géométrie*』, 세 작품의 서문이다. 그리고 그 작품들을 분리하지 않는 것이 중요하다. 더욱이 『방법 서설』은 어떤 면에서 데카르트 사후 출간된 『정신 지도의 규칙 *Regulae ad directionem ingenii*』의 요약본이다. 『정신 지도의 규칙』은 1629년경에 저술되었다가 1637년에 다시 『방법 서설』로 추출되었을까? 아니면 반대로, 편지에 적은 대로 방법의 네 가지 원칙은 1619년에서 1620년으로 넘어가는 그 유명한 겨울에 시작되었을까? 그렇다면 『정신 지도의 규칙』이 나중에 나온 확장판일 것이다. 사실, 사유 방식은 책마다 다르다. 엄격하고 준엄한 『기하학』은 데카르트의 『서한집』에 제시된 더 다채롭고 창의적인 수학과 대비된다. 여기서 데카르트는 '적들의 도발'에 흥분하고 분개했다. 그러므로 몇 가지 의문이 남지만 그렇다고 전체의 의미가 달라지는 것은 아니다. 우리는 데카르트로부터 지식에 대한 최초의 체계적이고 근대적인 비판적 평가를, 모든 지적 혹은 형이상학적 환영, '시적 직관에서' 비롯된 모든 오류에 맞선 최초의 영웅적 투쟁을 얻었다.

과학 분야에서는 이야기가 길어질 수밖에 없다. 데카르트 작품의 연구를 미래에 관한 것과 오늘날에 살아남은 것에 한정하고 딱히 혁명적이지 않은 물리학과 광학을 제외하고 그의 관점에서 그의 방법을 적용하기에 가장 적합한 기하학에 집중하더라도 그렇다.

어려움이 없었던 것은 아니지만, 데카르트는 그리스인들의 '기하학적 실재론'을 배제했다. 그의 수학은 순수한 추상을 소개했다. '사고의 범위는 실재론의 방식으로 부과되는 대신에 관계의 망으로 결정된다.' 이런 수단을 가지고 데카르트는 그의 선임자들—특히 그가 알았던 프랑수아 비에타와 그가 알아야 했을 보나벤투라 카발리에리—보다 멀리 나갔으며 '방정식 이론의 거대한 물결을 예고했다. 추가의 발전을 위해서는 에바리스트 갈루아(1811-1832)를 기다려야 했다.'

오늘날 막 수학 공부를 시작한 학생들도 데카르트의 수학을 이해할 수 있다고 해서 데카르트의 업적이 지닌 위대함을 잘못 판단해서는 안 된다. 데카르트가 방정식의 '참'(긍정적) 근과 '거짓'(부정적) 근에 더해 '순전한 가상의' 근을 환기했을 때, 그의 증명은 (수직을 이루든 아니든) 좌표축을 확정하지 않고도 좌표축을 함축하며, 그래서 함수를 분해하거나 더 정확히 말하면 하나하나 곱해 나가는 1차 방정식 형태의 여러 이항식으로 함수를 사전에 구성한다. 예를 들면 이렇다. $(x-1)(x+4)(x-7)$, 등

역사가 뤼시앵 페브르의 데카르트에 대한 평가는 옳았다. 데카르트는 우화, 근사치, 논리 이전의 사유, 정성적定性的 물리학, 자연주의 운동에서 16세기가 가져온 모든 것을 차단하고 자연에서 오직 '일단의 기적과 꿈의 유인'만 보았던 르네상스 '합리주의자'들을 모두 배격하고 자신의 신념을 따라 삶으로써 그의 이성을 실천했다.

1780년부터 1820년 사이 중요한 시기에 마지막 문제가 있었다. 진정한 근대 과학으로 향하는 문턱을 넘는 문제였다. 근대 과학의 태도, 언어, 방법에 능숙했던 18세기가 눈부시기는 했지만 아직은 근대 과학과 같은 차원에 있지 않았다.

이 점은 가스통 바슐라르의 멋진 저서 『과학 정신의 형성 *La*

Formation de l'esprit scientifique』(1935)으로 증명되었다. 그는 책에서 일반적인 편견에서 벗어나려 노력하고, 오늘날 그 힘과 무게가 놀라워 보이는 전-논리적 사고방식에서 벗어나려 노력하는 역사가들이 겪은 어려움과 불편함을 열거했다. 계몽주의 시대의 과학 정신에 대한 이런 정신분석은 확실히 그 어두운 측면, 오류, 일탈과 모순에만 집중했다. 그런데 과학 정신의 진보에는 언제나 모순이 따르지 않을까? 미래의 과학과 마주할 때도 그런 모순에서 벗어날 수 없지 않을까?

18세기에 발전을 가로막은 가장 큰 장애는 무엇이었을까? 아마도 과학을 서로 다른 독립된 분과로 나눈 일일 것이다. 수학, 화학, 열역학, 지질학, 경제학(경제학도 과학이라면) 같은 분야는 급속히 발전했다. 또 다른 분야는 뒤처지고 때로 정체되기도 했다. 의학과 생물학이 그런 분야였다. 당시 서로 다른 과학 분야 사이에 연결고리가 부족했고 수학의 언어는 그런 분야에 잘 파고들지 못했다. 적잖이 심각한 결함이었다. 그리고 기술과 연결은 산발적이었다.

이런 어려움은 서서히 해결되었다. 프랑스에서는 1820년부터 1826년 사이 과학아카데미가 '앙페르, 라플라스, 르장드르, 비오, 푸앙소, 코쉬 등 전에 없이 탁월한 학자들의 만남 장소'(루이 드 브로글리)가 되었던 시기에 비로소 진정 새로운 경지에 도달했다. 유럽 전체가 빛나던 시기였다.

왜 하필이면 그때, 결정적으로 추진력을 잃던 바로 그때 문턱을 넘고 한 문명의 과학적 미래를 확고히 했을까? 분명한 유물론적 설명이 있다. 18세기에 발생한 유례없는 경제 발전이 전 세계에 영향을 끼쳤고 유럽은 전 세계를 지배하는 세력이 되었다. 물질적 기술적 조건들은 그들의 요구와 한계를 증대시켰다. 차츰 하나의 공동 대응이 나타났다. 그러므로 다음 장의 주제인 산업화는 결정적 요소이자 변화의 동력이었다. 이는 뚜렷이 서양적인 하나의 현상―과학―을 또 다른 서양적 현상―산업화―으로 설명하는 것이다. 확실히 유럽 특유의 두 현상은 서로를 반향하고 동반했다. 이는 이미 인용했던 조지프 니덤이 단언하고자 한 바이다. 중국은 일찍이, 서양보다 훨씬 앞서서 꽤 정교하고 선진적인 형태의 과학이라 할 만한 것을 가지고 있었다. 그러나 중국은 결정적 단계에 도달하지 못했다. 유럽을 자극했던 그런 경제적 동력을 중국은 경험하지 못했기 때문이다. 유럽인들이 경기 막바지, 혹은 중간에 장애물을 뛰어넘을 수 있게 해준 '자본주의적 긴장', 중세 대형 상업 도시의 등장과 특히 서양이 16세기부터 계속해서 느꼈던 창조적 긴장을 중국은 경험하지 못했기 때문이다.

유럽의 모든 정신적, 물질적 힘이 응집되어 이런 발전을 이루었다. 수반된 책임을 분명하게 의식하며 완전히 무르익은 한 문명의 결실을 수확했다.

3. 유럽의 산업화

유럽의 중요한 책임 가운데 하나는 산업혁명을 시작했다는 것이다. 산업혁명은 전 세계로 퍼졌고 여전히 퍼지고 있는 중이다. 이 굉장한 기술적 진보는 유럽의 성과였고 문명사에서 상대적으로 최근의 일이다. 겨우 200년 전에 일어난 일이기 때문이다. 그때까지 유럽은 두각을 나타내지 못했고 물질적 차원에서는 저개발의 상태였다. 물론 주변 세계와 비교해서가 아니라 미래의 유럽과 비교했을 때 그랬다. 당시 유럽은 어떻게 성공적으로 산업화의 문턱을 넘어섰을까? 유럽 문명은 스스로 거둔 성과에 어떻게 반응했을까?

즉시 이런 질문들이 떠오른다. 그리고 그 물음들은 바로 지금 우리의 관심사이기도 하다.

그런 질문들에 답하기 위해서는 산업화 이전 유럽의 상태를 살펴보아야 한다. 그리고 그런 경제의 구체제는 여전히 세계 여러 지역에 널리 분포하며 이를 극복하려는 노력이 진행 중이다.

산업혁명은 복잡한 현상이다. 그리고 산업혁명은 어디서도 하나의 단일한 과정으로 일어나지 않았다. 어떤 부문은 오랫동안 지체되어 있었다. 예컨대 산업혁명의 선두에 있던 영국의 예만 보더라도 요크셔의 모직 산업이나 버밍엄 일대의 제철업은 19세기 중반까지도 정체되어 있었다. 예컨대 오늘날에는 남아메리카에서나 볼 수 있는 극명한 대비가 산업화 과정에서는 모든 나라에서 흔히 볼 수 있는 일이었다.

유럽의 예에서 증명되는 것은 산업화는 처음부터 심각한 문제를 일으켰다는 사실이다. 산업화를 수행 중인 국가는 사회 구조에서 일어나는 변화를 직시해야 한다. 유럽이 호되게 겪고 크게 고통받았던 혁명 이데올로기의 성숙을 피하고 싶다면 말이다.

제1차 산업혁명의 기원

네 차례의 연이은 산업혁명이 있었다. 각각은 앞선 혁명의 성과 위에 구축되었다. 증기 혁명, 전기 혁명, 내연기관 혁명, 그리고 핵에너지 혁명이다.

우리의 문제는 이 일련의 혁명이 어떻게 시작되었는지 될 수록 명확히 살펴보아야 한다는 것이다. 그것은 1780년부터 1890년 사이 영국의 선도적 위치를 살펴본다는 뜻이다. 영국은 왜 산업혁명의 첫 주자가 되었을까? 그리고 1780년 이전 산업의 문제에서 유럽의 전반적인 상황은 어떠했을까?

18세기 이전, 혹은 19세기 이전에 '산업'이라는 단어는 그릇된 이미지를 환기할 우려가 있다. 기껏해야 그때는 '전-산업'이라 할 수 있는 것이 있었다. 최초의 '산업혁명'은 12세기 풍차와 물레방아가 유럽 전역에 퍼졌을 때 일어났다고 말할 수 있을지 모른다. 그러나 그 뒤로 700여 년 동안 별다른 기술적 혁신은 없었다. 전-산업 단계에서는 18세기에도 중세적 자원과 중세적 형태의 에너지밖에 없었다. 물레방아의 힘은 통상 5마력 정도였다. 홀란트처럼 바람에 노출된 지역에서 풍차의 힘은 10마력을 넘기도 했다. 그러나 그 결과는 간헐적이었다. 풍부한 에너지원과 강력한 기계가 없었기 때문에, 소소하고 다양한, 그리고 때로는 독창적인 기술에도 불구하고, 산업 생활은 거의 정지 상태였고 형편없는 농업 생산성, 값비싸고 원시적인 운송, 불충분한 시장 등 낡은 경제 체제에 갇혀 있었다. 노동력만 넘쳐났다.

그리고 어떤 의미의 근대적 산업도 사실상 존재하지 않았다. 집 가까이에서 일하는 지역 수공업자들은 인근 주민들의 필수적인 수요에 대응했다. 더 넓은 시장을 위해 사업을 하거나 사치품을 전문으로 취급하는 회사들은 소수 부문에만 있었다. 프랑스에서는 17세기부터 '왕실' 제조업자들이 있었다. 이런 예는 선진적인 섬유 산업에서 일반적이었다. 사실 영국의 산업혁명이 시작된 것도 바로 섬유 산업이었다.

사실 섬유 산업은 여전히 전통적인 수공업자들의 세계에서도 다른 산업에 비해 생산 규모가 컸다. 16세기와 17세기, 심지어 13세기에도 이탈리아와 플랑드르의 섬유 산업 도시에서 '작업을 위탁한qui faciunt laborare' 부유한 상인들은 시내에 꽤 큰 조직─몇몇 대형 작업장과 일부 소매점─을 결성하도록 장려했다. (보통 두세 명의 조수를 거느린 평범한 임금노동자인) '장인들'은 집에서 일했고 도시 밖에서 같은 생산 활동에 종사했던 농민들도 흔히 볼 수 있었는데 이들 역시 집에서 일했다.

16세기에 작성된 한 문서는 세고비아 상인들을 그렇게 묘사했다. 그들은 직물 생산으로 부를 일궜고 '가문의 진정한 아버지로서 집 안팎에서 많은 사람, 많게는 200에서 300명에 이르는 사람을 부양하고 다른 일손들을 고용해서 다채로운 최고의 직물을 생산한다'라고 설명한다.

1700년경 라발에서는 도시 안팎에 사는 5,000명가량의 노동자가 린넨 산업에 종사했다. 그들의 가족까지 포함하면 2만 명이 넘었다. '그들 가운데 가장 부유한 사람도 재산을 다 합쳐야 100프랑이 채 안 되었다.' 500명이 넘는 직조 장인들이 있었고 이들은 원사 판매상으로부터 실을 샀다. 판매상들은 '불운한 직공들을 착취한다고 해서 **암적 존재**로 알려졌다.' 그들 위로 30명가량의 도매상이 있었다. 이들이 린넨 산업의 진정한 조직자였다. 그들은 아마를 표백해 먼 시장에 보냈다. 이들 상인-기업가들은 상투적인 역사가들이 '상업 자본주의 혹은 상인 자본주의'로 부르는 것을 표상한다. 그들은 원자재를 공급하고 임금을 지급하고 상품을 비축해서 판매했다. 그리고 장거리 무역에서 돌아올 때 이윤이 되는 다른 상품들을 구매한다.

여행이 아주 느려서 이런 상업 거래가 완료되려면 오랜 시간이 걸렸다. 에스파냐에서 세척된 양모는 피렌체에서 가공되어 알렉산드리아, 이집트에서 고급 직물로 판매되었다. 판매 대금은 동방에서 오는 상품의 구매에 사용되었고 구매된 상품은 피렌체나 유럽의 다른 곳에서 판매되었다. 이 모든 과정이 완료되기까지 3년 넘는 시간이 걸렸다. 그러므로 수익성은 좋지만, 시간이 오래 걸리는 사업이었다. 장기간 많은 자본이 묶이고 위험도 감수해야 했다. 상인-기업가들이 상황을 통제했다. 비용을 충당할 충분한 자본이 있었기 때문이다. 그들은 위험을 분산하기 위해 일반적으로 다른 상인들과 제휴했다. 책임과 이익 모두 상인-기업가의 몫이었다.

매뉴팩처링Manufacturing은 오랫동안 제대로 정의되지 못한 용어다. 그 당시의 상황을 돌이켜보면, 같은 작업장에 (혹은 인접한 여러 작업장에) 노동자를 집결시키고 감독자의 감시 아래 두는 것을 지시하기에 꽤 적합한 용어다. 18세기에 이런 관행이 점점 더 널리 퍼졌고 작업장에서는 일종의 노동 분업이 이루어졌다. 1761년『백과전서』에 수록된 기사는 리옹 비단 공장들의 우수성이 다음과 같은 사실에서 비롯되었다고 평가했다. 그 공장들은 대규모 인원을 고용했고(그 도시에서는 3만 명 가량의 노동자들이 비단 생산에 종사했다) '한 사람의 노동자는 평생 오직 한 가지 일만 하게 될 것이며 다른 사람은 다른 일을 할 것이다. 그리하여 모든 사람이 즉시 주어진 임무를 신속히 잘 수행한다.'

그러나 이런 조직은 예외적이었다. 평범한 수공업자는 통상 분업 없이 작업했다. 산업혁명의 첫 신호탄이 올랐을 때도 마찬가지였다.

전-산업 단계의 유럽에 기업가도 부족하지 않았고 자본도 부족하지 않았다. 해외 시장을 포함해서 시장의 요구에도 무관심하지 않았다. 곳곳에 이미 대규모로 동원된 노동력이 있어서 기업가를 위해 일할 준비를 마쳤다. 그러나 오늘날 저개발 국가들처럼 제대로 분화하지 못한 경제가 타격을 주었다. 경기를 완전한 수준까지 부양시키기에는 농업 부문이 특히 취약했다.

시장은 불충분하고 경쟁은 치명적일 정도로 치열했다. 작은 위기에도 모든 것이 무너졌다. '산업가'와 상인의 파산이 빈번했다. 18세기 중반에 등장한 무역 안내서는 다음에 매뉴팩처의 '유행'에 따른 위험을 환기시켰다. '지방에서는 파산한 매뉴팩처의 흔적을 볼 수 있다. 해마다 하나가 망하면 다른 하나가 생기고 곧 망하는 모습을 볼 수 있다.'

사실 전-산업이 살아남은 것은 순전히 저임금의 결과였다. 임금 상승이 허용될 만큼 번성한 일부 지역에서 노동자들의 조건이 향상되었을까? 역설적이지만 그렇지 않다. 노동자들의 상황이 개선된 지역에서는 치열한 해외 경쟁으로 산업이 고사하거나 최소한 심각한 위기에 직면했다. 17세기 베네치아와 18세기 홀란트의 상황이 그랬다. 1777년 피카르디 지사는 다음과 같은 사실을 주목했다. '식량 가격이 절반 수준이던 50년 전과 비교해 현재 일용직 노동자들이 생계를 해결하려면 두 배의 돈이 들지만, 수입은 그때보다 적다. 그러므로 그들은 필요한 돈의 절반도 벌지 못하는 셈이다.'

기술 혁신 없이는 아무것도 변할 수 없고 변하지 않을 것이다. 그러나 그런 혁신이 일시에 모든 걸 결정할 수 없다는 사실을 인정해야 한다. 이는 영국의 특수한 사례에서 알 수 있다. 영국은 두 개의 주요 산업에서 기술 혁신을 이루었다. 바로 (특히) 섬유 산업과 광업이었다. 그 반향이 늘 신속하지는 않았다. 오히려 그런 혁신들이 다른 경제 부문에 도달하기까지 아주 오랜 시간이 걸렸다.

영국의 광산, 특히 콘월의 주석 광산은 오랫동안 채굴해온 탓에 한없이 땅속 깊이 들어갔고 계속되는 지하수 유입으로 어려움을 겪었다. 16세기 게오르기우스 아그리콜라가 그의 논문 『금속에 관하여*De re metallica*』에서 제기한 해묵은 문제였다. 그런데 당시 사용되던 대형 수차가 강력한 펌프, 혹은 연쇄 펌프들을 작동시킬 수 있었을까? 진공 상태를 만들기 위해 그들은 공기압을 사용했는데 그 힘을 초과할 수는 없었다. 이론상 수차는 매번 10미터 정도 높이의 물기둥을 일으켰다.

크고 강력한 펌프를 모색하던 끝에 마침내 1712년에서 1718년 사이 토머스 뉴커먼이 육중하고 큰 비용이 소요되는 증기엔진을 발명했다. 에든버러대학에서 일했던 스코틀랜드인 제임스 와트는 뉴커먼의 엔진을 수리하다가 발견한 것을 바탕으로 1776년 훨씬 더 단순하고 효율적인 기계를 구상했고 발명으로 이어갔다. 그러므로 증기는 와트 이전부터 사용되었다. 최근 연구로 입증된 바에 따르면, 18세기 초부터 증기엔진은 일반적으로 생각했던 것보다 훨씬 더 널리 사용되었다. 1750년경 프랑스의 발랑시엔 인근 앙쟁 광산에서도 이미 증기엔진이 일부 사용되었다. 더 눈부신 성과들—최초의 운송 장치, 뵈뇨와 조프리가 만든 최초의 증기선—이 1770년경에 등장했다.

그러나 섬유 산업이 핵심 추진력이었다. 19세기 중반까지 그리고 철도가 등장할 때까지 계속 그 힘이 유지되었다. 섬유 산업은 다른 모든 것을 이끌었고 기본적인 필수품의 생산자이자 사치품의 공급자였다.

막스 베버에 따르면, 섬유 산업의 부침은 서양의 모든 물질적 과거를 지배했다. 첫 번째는 린넨의 시대였다(카롤루스 대제는 캔버스 천 같은 것으로 옷을 지어 입었다). 다음은 모직물의

492

시대였다. 그리고 다음이 18세기 면직물—면직물 열풍—의 시대였다. 최초의 실질적 공장들이 등장한 것은 바로 면직물을 위해서였다. 인도, 아프리카, 아메리카 무역과 연결되었고 노예 무역과 연결된 면직물 산업은 리버풀과 글래스고 같은 거대한 식민 항구와 그 주변에 정착했다. 그 장소들의 에너지와 축적된 자본이 면직물 산업에 유익했다. 이 대중적인 산업이 기술 발전을 요구했고 어떤 의미에서 기술 발전을 시작했다는 사실은 놀라운 일이 아니다.

새로운 기계들이 등장했고 기계마다 별명이 있었다. 1733년 존 케이의 플라잉 북, 1767년 제임스 하그리브스의 제니 방적기, 1769년 리처드 아크라이트의 수력 방적기, 1773년 새뮤얼 크럼프턴의 뮬 방적기 등이다. 이런 업적 가운데 최고를 이룬 곳은 의심할 바 없이 프랑스였다. 바로 1800년 조지프 마리 자카르가 발명해 1801년 전시한 직조기가 그 주인공이다.

여기서 한 가지 설명되는 것이 있다. 경제 성장은 특정 산업 분야에 유리했고 기술력은 수요에 부응한다는 점이다. 모든 것은 자연발생적이고 경험적으로 일어난다. 기술력은 과학에 대한 수요를 낳았고, 과학은 자연스럽고 즉각적으로 대응했다. 호모 사피엔스는 호모 파베르와 힘을 합쳤고 이제 그들은 함께 나아갔다.

과학은 18세기에 뚜렷한 진보를 이루었다. 그러나 그것은 전반적으로 정교한 이론적 작업이었고 기술과 함께하는 데에는 익숙하지 않았다. 기술은 여전히 수공업 단계에 있었고 거기에 어떤 의문도 제기되지 않았다. 그런데 18세기 말에 모든 것이 달라졌다. 그 후로 산업 자체가 손과 단순한 기술의 과학이 아닌 순수과학을 요구하기 시작했다.

예를 들어 훌륭한 제임스 와트(1736-1819)는 단순히 독학의 기술자가 아니었다. 그는 과학 정신을 지녔고 공학과 화학에 모두 일가견이 있었다. 전문 과학자였던 존 블랙은 1728년 보르도에서 스코틀랜드인 부모에게서 태어났고 에든버러대학의 화학과 교수였다. 그는 그곳에서 알칼리에 관한 주목할 만한 연구를 했고 1799년 사망했다. 제임스 와트가 증기엔진의 토대로 삼은 잠열의 원칙을 제시한 사람이 바로 존 블랙이었다. 그는 덮개를 씌워 실린더 온도를 따뜻하게 유지함으로써 증기의 팽창력을 이용했다. 그때까지는 냉각된 실린더에 넣어 응축시키고 그렇게 허비되던 힘이다.

과학은 산업 성장에도 비슷한 공헌을 수없이 했다. 그와 같은 일은 린넨의 표백에도 있었다. 전통 공정에서는 옷감을 넓은 장소에 펼쳐놓고 물을 뿌리고 다양한 용제에 담갔다. 처음에는 알칼리성 용액에, 그다음에는 약산성 용액에 담갔다. 이런 공정에는 드넓은 공간과 많은 시간이 필요했고 때로는 6개월이 걸리기도 했다. 급속히 팽창하는 산업에서 이런 사실은 병목현상을 일으켰다. 특히 '산화제'로 불리는 약산성 용액은 버터밀크였고 산업적인 규모로 생산되지 않았다. 개선책의 하나는 묽은 황산 용액을 사용하는 것이었고 작업이 훨씬 빨라졌다. 그러나 묽은 황산을 대량 생산해야만 했다. 이 문제를 해결하는 데 공헌한 과학자는 레이든대학에서 수학한 존 화이트라는 이름의 의사였다. 1774년 스웨덴의 카를 셸레가 발견한 염소鹽素를 프랑스인 클로드 루이 베르톨레가 직물 표백에 활용하고 영국에서 이를 위한 실용적인 방법이 개발되면서 그 공정은 완성되어 갔다. 확실히 그것은 국제적인 과학적 노력의 결실이었다.

어쩌면 과학과 기술의 공조를 가장 잘 보여주는 사례는 매슈 볼턴의 이력이다. 출신이 보잘것없던 ('신인') 볼턴은 실용적이고 창의적인 산업가였다. 그는 제임스 와트의 연구를 재정적으로 지원했다. 그런데 사실 볼턴도 화학에 열정적으로 몰두한 과학자였다. 그는 제임스 와트 말고도 의사이자 수학자였던 윌리엄 스몰, 에라스무스 다윈(찰스 다윈과 프랜시스 골턴의 할아버지) 등 여러 사람과 친분이 있었다. 산업 국가 영국은 그 자본 덕분에 버밍엄과 맨체스터에서 과학 국가 영국이 되어갔다. 상업 자본주의의 중심인 런던은 오랫동안 이런 혁신성의 범위 밖에 있었다. 그리고 1820년 영국의 과학적 삶에서 제 위치를 찾았다. 그 사실만으로도 주목할 만하다. 과학을 움직인 것은 산업의 성장이었다.

그런데 그것만으로 충분한 설명이 될까? 프랑스의 응용과학이 영국을 앞섰다는 데에는 의심의 여지가 없다. P. J. 마케르(1718-84)나 클로드 루이 베르톨레 같은 화학자만 생각해도 알 수 있는 일이다. 그렇다면 왜 프랑스 산업의 진보는 훨씬 더 뎠을까? 산업혁명의 발생에는 다른 원인도 작용한 것은 사실이다. 그 가운데 일부(가장 중요한 것)는 경제적 원인이었다. 또 다른 것은 사회적 원인이었다. 더 확대된 (경제적이고 사회적인) 설명이 사실상 최상의 설명이다.

오래전 1688년 '명예' 혁명 혹은 '부르주아' 혁명 덕분에 영국은 정치적 안정을 얻었다. 영국 사회는 자본주의에 열려 있었다. 잉글랜드 은행이 1694년에 설립되었다. 영국 경제는 도로나 운하 같은 기간 시설 사업에 많은 투자를 하면서 혜택을 얻었다. 18세기에는 '운하 열풍'이 있었을 정도이다.

영국에서 산업혁명은 18세기 전반적인 경기 호황의 일부로 시작되었다. 이후 그런 경기 호황은 전 세계에 영향을 끼쳤다.

그러나 18세기에 64퍼센트에 이르는 급속한 인구 증가가 없었어도 영국의 산업혁명이 가능했을까? 비슷한 인구 증가가 세계 곳곳에서 일어났다. 유럽에서처럼 중국에서도 인구가 증가했다. 그러나 일부 지역에서 더 두드러졌다. 예를 들어 프랑스에서 인구 증가는 35퍼센트에 그쳤다. 영국은 인구 증가의 결과로 저렴한 노동력이 넘쳐났다.

마지막으로 가장 중요한 역할을 한 것은 인클로저 운동과 새로운 과학적 영농법으로 대표되는 영국 농업의 변화였다. 이런 변화 덕분에 식량 생산 부족이라는 만성적 굴레를 벗을 수 있었다.

영국의 산업혁명은 두 단계로 진행되었다. 첫 번째 국면은 1780년부터 1830년 사이 면직물 산업에서 찾아왔다. 그리고 두 번째 단계는 제철 산업에서였다. 중공업을 포함한 두 번째 단계의 산업혁명은 철도 건설로 가능해졌다. 이 두 번째 단계는 엄청난 영향을 끼쳤다. 그런데 이를 뒷받침한 재원은 첫 단계의 산업혁명에서 마련되었다. 면직물이 길을 열었다. 그래서 산업혁명이 어떻게 시작되었는지를 판단하기 위해 우리는 면직물 산업으로 되돌아가야 한다.

면직물의 유행은 당시 영국을 포함해 유럽 전역에 퍼졌다. 영국은 자국 시장은 물론이고 유럽과 다른 곳의 시장에 공급하기 위해 오랫동안 날염과 채색된 면제품을 수입했다. 이 제

품들은 프랑스에서는 엥디엔으로 영국에서는 친츠로 알려졌
는데 힌두어 친트에서 유래한 이름이다. 이런 면직물의 성공에
고무된 영국의 제조업자들이 이 직물들을 모방했다. 기술적 진
보에 자극받은 면직물 산업은 점점 더 팽창했다. 아프리카 연
안에서도 면직물에 대한 수요가 엄청났다(그곳에서 노예 한 명
은 한 '필', 오래된 포르투갈어로 표현하면, '인도면 한 필uma peça
d'India'로 알려졌는데 염색 천 한 필과 교환되었기 때문이다). 다
음으로 큰 시장은 브라질에 있었다. 1808년 영국이 개방시켜
독점한 시장이었다. 2년 뒤에는 에스파냐령 아메리카 전역에
서 같은 과정이 일어났다. 나중에는 영국에서도 영국산 면직
물이 인도산 면직물과 직접 경쟁을 벌였고 인도의 경쟁자들을
완전히 밀어냈다. 영국은 또한 지중해에도 면직물을 수출했다.
1820년부터 1860년 사이 나머지 세계에 대한 영국의 면직물
판매는 계속 증가했다. 영국의 공장에서 사용한 면화의 양은
1760년 200만 파운드에서 1850년 3억 6,600만 파운드로 증
가했다.

이런 엄청난 성공은 많은 반향을 일으켰다. 면직물 산업의
경이로운 호황을 등에 업은 영국은 온갖 종류의 상품을 들고
전 세계 시장에 침투했다. 그리고 세계 시장에서 다른 이들을
몰아냈다. 공격적인 영국 정부는 필요하면 전쟁도 불사하며 영
국 산업을 위해 이 광대한 영역을 보유했고 영국의 팽창은 끝
이 없어 보였다. 영국이 장악한 이 시장에 아무도 도전할 수 없
었다. 생산 증가가 놀라운 비용 감소를 동반했기 때문이다(이
런 사실은 미래에는 상식이 되었다). 1800년부터 1850년 사이
면제품 가격은 81퍼센트 넘게 떨어졌고 밀과 다른 식재료 가

격은 거의 3분의 1로 떨어졌다. 임금은 어느 정도 안정을 유지했다. 기계류 덕분에 인적 요소가 많이 줄었고 그 비용 발생 역시 훨씬 낮아졌다. 이런 대량 생산의 첫 번째 사례가 사람들의 운명을 크게 개선했다는 것은 놀라운 일이 아니다. 미슐레는 1842년 면화 위기를 논하면서 프랑스에서도 비슷한 상황을 관찰했다.

제철 산업의 팽창은 훨씬 뒤에 찾아왔다. 이 분야에서 생산은 19세기까지 오직 전쟁에만 의존했다. '18세기에 주철은 대포의 주조를 의미했다.' 1831년 어느 영국인은 이렇게 썼다. 그러나 영국인들은 육상전보다 해전을 위한 대포를 제작했다. 사실, 18세기에 그들은 러시아나 프랑스보다 적은 철을 생산했고 가끔 러시아나 스웨덴에서 철을 수입했다. 결정적인 기술적 발견은 코크스를 사용한 제련법의 발견으로 17세기에 이루어졌다. 그러나 그 기술은 널리 사용되지 않았고 숯을 사용한 제련법이 오랫동안 계속되었다.

1830년에서 1840년 사이 철도의 등장이 모든 것을 바꿔 놓았다. 철도는 엄청난 양의 철, 주철, 강철을 소비했다. 영국은 국내와 해외에서 모두 철도 건설에 나섰다. 동시에 철제 증기선의 등장은 영국의 조선업을 엄청난 중공업으로 탈바꿈시켰다. 그와 함께 면직물 산업은 영국의 경제생활에서 더 이상 중요한 부문이 아니었다.

유럽 내, 그리고 유럽 너머로 산업주의의 확산

유럽과 나머지 세계의 다른 나라들에서 산업화 시기는 제각기 달랐고 맥락도 조금씩 달랐다. 그러나 전반적으로 보면 역사는 서로 다른 사회, 서로 다른 경제, 서로 다른 문화에서 언제나 반복되는 듯하다. 사실 경제학자들이라면, 경제의 본질을 두고 볼 때, 모든 산업혁명은 꽤 단순한 동일 '모델'을 따랐다고 말할 것이다.

1952년 미국의 경제학자 월트 W. 로스토가 제시한 가설에 따르면 경제 성장은 세 단계를 거친다. 논란의 소지가 있지만 확실히 그의 가설은 논의를 명료하게 해준다.

가장 중요한 첫 단계는 도약이다. 활주로를 달리며 속도를 높이는 비행기처럼 팽창하려는 경제는 꽤 가파르게 산업의 구체제에서 분리되어 솟아오른다. 통상적으로 도약은 한 부문에서, 혹은 기껏해야 두 부문에서 발생한다. 영국과 뉴잉글랜드('아메리카식' 도약의 특수한 사례)에서는 면직물 산업이었고 프랑스, 독일, 캐나다, 러시아, 미국에서는 철도였다. 스웨덴에서는 건축용 목재와 철광 산업이었다. 각각의 경우마다 주요 부문은 빠르게 앞으로 나아가며 급속하게 근대화한다. 그 성장 속도와 기술력의 근대성은 산업혁명과 이전의 산업적 팽창을 확실히 구분한다. 이전의 팽창은 폭발력도 없고 장기적인 지속력도 없었다. 그러므로 앞으로 치고 나간 산업은 생산을 증대하고 기술을 혁신하고 시장을 조직하고, 그런 다음 경제의 나머지 부분에 자극을 준다.

그런 다음 최초의 추진력이 되었던 중요 산업은 최고 고도에 도달하고 안정화한다. 그리고 그 산업에서 축적된 자본이 다른 산업으로 이전되는데 보통은 첫 번째 산업과 관련된 산업이다. 그리고 이어서 그 산업이 도약하고 근대화되고 완성된다.

이런 과정이 하나의 부문에서 다른 부문으로 확대되면서 경제 전체가 산업의 성숙에 이르게 된다. 서유럽에서 철도 산업(곧 철, 석탄, 중공업)의 도약 다음은 강철, 현대적 조선, 화학, 전기, 기계 공구 산업의 도약이었다. 훨씬 뒤에 러시아가 같은 경로를 밟았다. 스웨덴에서는 펄프(제지용), 목재, 철이 핵심 역할을 했다. 일반적으로 서양 세계 전체가 성숙의 문턱에 이른 것은 20세기 초반 몇 해 동안이었다. 1850년에 그 문턱을 넘은 영국은 이제 상대자들과 어느 정도 같은 수준에 있다는 것을 깨달았다.

그 지점에서 많은 경험과 상당한 균형을 갖춘 영국 경제는 적절한 수입을 보장했고 일정한 부를 달성했고 더는 산업 팽창이 그들의 기본 목표가 아니었다. 그렇다면 이제 그들은 그들의 힘과 투자를 어디로 향했을까? 선택의 순간—선택할 수 있게 되었기에—에 직면한 모든 산업 사회가 같은 대응을 하지는 않았다. 그들의 서로 다른 대응에는 역사의 특성, 그때까지 그들이 겪어왔고 어느 정도 그들의 미래를 결정한 역사의 특성이 반영되었다. 의식적이든 아니든 그들이 서로 다른 문명의 성격을 선택의 토대로 삼았다고 해도 놀랄 일은 아니다. 많은 선택지가 있다. 어떤 사회는 전체 주민의 안정, 복지, 여가를 우선시하며 사회 입법에 집중할 것이다. 그런가 하면 다른 사회는 대량 소비의 확산에 의지하며 충분한 상품과 높은 수준의 용역을 폭넓은 대중에게 제공하면서 복지를 달성하기로 할 수도 있다. 또는 마지막으로 사회나 국가의 더 큰 힘을 활용해 세계 정치를 지배하겠다는 때로는 헛되고 위험한 요구에 부응하려는 사회도 있을 것이다.

세기 전환기인 1900년을 즈음해서 미국의 성숙이 목격되었다. 당시 미국은 잠깐이지만 진지하게 힘의 정치를 시도했다. 1898년 쿠바와 필리핀을 얻기 위해 에스파냐에 맞선 전쟁의 형태였다. 당시 시어도어 루스벨트가 쓴 '미국은 전쟁이 필요하다', 혹은 '미국에는 물질적 소득 외에 생각할 무언가가 주어져야 한다'라는 글의 관점에서 보면, 이는 의식적인 몸짓이었을 것이다. 몇 년 뒤에 미국은 진보적인 사회 정책을 추구하는 소극적이고 덧없는 시도를 했다. 그러나 제1차 세계대전이 있고 나서 미국은 자동차, 건축, 가전 제품 등이 호황을 보이며 대량 소비라는 선택지에 골몰했다.

서유럽에서는 두 차례의 세계대전과 전후 재건으로 선택이 지연되었다. 대체로 말해 대량 소비는 1950년 이후 나타났다. 그러나 정부 정책과 강력한 사회주의 전통의 압력으로 제한과 변형이 있었다. 예컨대 프랑스에서는 자유 교육부터 '사회보장'의 의료 조직에 이르는 일련의 사회보장법이 이에 포함되었다. 더욱이 일부 부문은 환경의 힘 때문에 혹은 전통적인 방식을 포기하지 않으려는 태도 때문에 한없이 지체되었다. 한 가지 예를 들자면 미국식 농업 혁명은 유럽 대륙에서 수많은 장애에 직면했다. 소련이 이 분야에서 지속적으로 문제에 직면했다는 것은 널리 알려진 사실이다. 그리고 상황은 프랑스와 이탈리아에서도 복잡하다. 어느 곳도 농업을 완벽히 현대화하지 못했다.

마지막으로 모든 지역이 그 과정에 똑같이 참여한 것은 아니다. 미국 남부는 1900년 이후로도 오랫동안 후진적인 상태에 머물렀다. 유럽 대부분 지역이 낙후되었다. 프랑스 남서부와 서부, 이탈리아 남부(메초조르노mezzogiorno), 산업 중심지 바르셀로나와 빌바오를 제외한 이베리아반도 전역이 여기 포함되었고 (소련, 체코슬로바키아, 동독을 제외한) 공산 체제의 공화국들, 발칸반도와 튀르키예의 나머지 지역이 여기 포함되었다.

요컨대 언제나 두 유럽이 존재했다. 1929년 어느 언론인의 표현을 빌리자면 자동차의 유럽과 수레의 유럽이 있었다. 수없이 많은 예가 있겠지만 일례로 크라쿠프 근처를 가볼 수 있다. 그곳 도로에는 자동차보다 땔감을 실은 네 바퀴 수레와 농부가 몰고 가는 거위 떼가 더 많다. 그러다가 갑자기 사회주의 폴란드가 무에서 창조한 철강 도시 노바후타의 거대한 시설을 보게 된다. 그런 대비는 오늘날에도 유럽의 삶에 중요한 부분이다.

신용, 금융 자본주의, 국가 자본주의, 요컨대 신용혁명이 산업혁명과 병행되었고 산업혁명의 성공으로 충분한 이익을 거뒀다.

어떤 형태든 자본주의는 늘 존재했다. 은행가와 상인이 장거리 무역에 종사하고 환어음, 약속어음, 수표 등 모든 신용 수단을 갖추고 있던 고대 바빌론에서도 자본주의가 목격되었다. 이런 의미에서 자본주의의 역사는 '함무라비부터 록펠러까지' 포괄한다. 그러나 16세기와 17세기 유럽의 신용은 여전히 역할이 제한적이었다. 신용은 18세기에 상당히 발달했다. 그때쯤 인도 무역과 동인도회사, 광주廣州 개발에 일조한 중국 무역만으로도 유럽 내 거의 모든 상업 중심지를 포괄하는 국제 자본주의가 존재했다. 그러나 당시 금융가들은 무역과 산업에 거의 관심이 없었고 국가를 위해 공적 자금을 운용했다.

산업화에 성공하면서 은행업과 투자업이 급속히 발전했다. 산업 자본주의와 나란히 금융자본주의가 유리한 입지를 확보했고 조만간 경제생활을 지배하는 모든 수단을 통제할 정도였다. 프랑스와 영국에서 금융자본주의의 우세는 1860년대에 뚜렷해졌다. 옛 은행과 신설 은행이 지점망을 확대했고 예금 은행, 대출 은행, 상업 은행 등으로 특화했다. 은행의 근대화를 따라가다 보면, 예컨대 프랑스에서 1863년에 설립된 크레디리오네Credit Lyonnais 은행의 역사를, 미국에서 존 피어폰트 모건의 역사를, 혹은 로스차일드가의 세계적 금융망을 추적할 수 있다. 어디서나 은행은 대규모 고객, 곧 '저축 정신이 투철한 대중'을 끌어들이는 데에 성공했다. 그들은 '모든 휴면 계좌, 혹은 소득 없는 계좌'를 찾아내서 차지했다. 아무리 작은 계좌라도 개의치 않았다. '지분'에 대한 열풍이 시작되었다. 산업, 철도, 운송회사가 차츰 이 복잡한 은행망에 사로잡혔다. 그리고 금융자본주의의 작용은 곧 국제적인 것이 되었다. 프랑스 은행들은 점점 더 해외채권에 이끌렸다. 프랑스의 예금자들은 위험천만하게도 러시아로 향하는 채권의 길을 택했다. 그런데 이런 해외채권은 곧 프랑스 경제의 주요 수입원이 되었다. 국제 수지 흑자가 무역 수지 적자를 메웠다. 1850년 이후 그들은 유럽 대부분 지역과 다른 곳에서 기본 투자에도 공헌했다.

그 주제가 언제든 이론적 논쟁을 촉발할 수 있고, 몇몇 예외적인 사례들이 규칙을 반증할 뿐이라고 해도 이제 유럽 금융자본주의의 전성기는 지난 것 같다. 그러므로 BNP파리바 같은 상업 은행이 여전히 중요한 세력이며 런던, 파리, 프랑크푸르트, 암스테르담, 브뤼셀, 취리히, 밀라노는 여전히 중요한 금융 중심지들이지만 국가 자본주의는 이 시대의 가장 두드러진 특징이 되었다. 설사 국가사회주의에 대한 환멸이 일고 사유화를 통해 공적 비용을 제한하려는 노력이 있다고 해도 그 점은 부정할 수 없는 사실이다.

'국유화'되어 점점 더 국가가 주도하는 '계획' 경제 부문에서 국가 자체가 산업가이자 은행가로 변신했다. 다른 곳에서도 19세기 이후 국가의 역할이 엄청나게 커졌다. (프랑스의) 우편환, 저축은행, 국고채, 혹은 (영국의) 국영 저축은행, 정부 지원 대출, 국채와 같은 공공기금 투자와 짝을 이룬 조세 확대로 엄청난 액수의 자금이 정부의 재량에 맡겨졌다. 국가는 산업 기간 시설에 대한 대규모 투자 주체다. 그런 기간 시설이 없다면 성장 정책도, 효율적인 사회사업도 있을 수 없다. 한마디로 미래가 없다.

해마다 우리의 크지 않은 진보를 보장하기 위해서도 상당한 몫의 정부 세입이 투자되어야 한다. 투자는 모든 경제 거래를 활성화하며 그 최초 효과를 배가한다. 점점 더 국가가 경제 발전을 계획하는 일이 필요해 보인다. 국가는 이를 통해 앞으로의 발전 방향을 결정하고 합의에 기초한 행동의 결과를 예측할 수 있기 때문이다. 세계 전역의 많은 국가가 소련의 유명한 5개년 계획을 모방했다. 1962년 1월 케네디 대통령은 실제로 미국 무역을 위한 5개년 계획을 선언했다. 과거 프랑스의 4개년 계획(1961)도 격렬한 논쟁을 일으켰다. 어떤 의미에서 경계 계획은 경제의 대차대조표일 뿐만 아니라 동시에 국가의 양심을 검토하는 일이다. 경제 계획의 목적 가운데 하나는 후진 지역의 도약을 돕는 것인데 그들은 이를 가리켜 '훈련 정책a poli-cy of training'이라고 부른다.

산업혁명과 그 반향을 돌아보면서 우리는 식민주의의 추진력을 무시해서도 안 되고 과장해서도 안 된다. 식민주의가 유럽을 세계의 중심, 최고의 자리에 올려놓지는 않았지만 유럽이 그 자리를 유지하는 데에 일조한 것은 사실이다. 우리는 식민주의—세밀히 검토해야 할 또 다른 용어다—로 유럽의 모든 팽창을, 최소한 1492년 이후 유럽의 팽창을 이해한다.

팽창이 유럽에 유익했다는 것은 부인할 수 없는 사실이다. 유럽은 팽창을 통해 새로운 지역에 접근해 과잉된 인구를 정착시킬 수 있었고 그 인근의 이용 가능한 풍요로운 문명들을 성공적으로 착취했다. 이 착취 과정에 중요한 이정표가 된 것은 16세기 아메리카에서 '보물'(금괴와 은괴)이 도착하고, 영국이 플라시 전투(1757년 6월 23일)에서 벵골의 나와브를 물리친 후 인도를 무자비하게 개방하고, 제1차 아편전쟁 후 중국 시장을 강압적으로 착취하고 1885년 베를린 회의에서 아프리카를 분할한 일이었다.

유럽에서 그 결과는 이베리아반도, 홀란트, 그리고 브리튼 제도에서 대규모 무역 거점들이 확립되어 산업화의 발전을 촉진하는 자본주의 네트워크 일부가 크게 강화했다는 사실이다. 유럽은 해외의 멀리 떨어진 땅에서 엄청난 잉여 수익을 얻었다.

그리고 그런 잉여 수익은 제 역할을 했다. 해외에서 크게 성공을 거둔 영국이 '도약'을 누린 첫 주자가 된 것은 우연이 아니었다. 우리가 믿는 것처럼 산업혁명이 유럽의 우위와 특권을 확인시키고 뒤이어 유럽에 유리한 방향으로 식민주의를 공고하게 했는지는 여전히 확인이 필요한 사실이다. 그러나 프랑스의 산업 성장이 세네갈에서 프랑스의 영향력과 알제리(1830), 코친차이나(1858-67), 통킹과 안남(1883)의 프랑스 식민지에 의지했다는 점에는 의심의 여지가 없다.

식민주의의 인간적 도덕적 기록들 자체도 논란의 여지가 있다. 그것은 책임과 죄의식이 공존하는 복잡한 문제이다. 식민주의에는 긍정적인 면과 부정적인 면이 모두 있다. 한 가지 확실한 것은 그런 유형의 식민주의 역사는 끝났고 과거의 일이 되었다는 점이다.

사회주의와 산업주의

산업화에 따른 여러 난관에 봉착해서 사회적이고 인간적이며 적절하고 효과적인 대응책을 열심히 모색했다는 것은 서양의 장점이다. 서양은 우리가 인문주의의 사회적 형식이라 부를 만한 것을 이루었다. 우리가 이미 그 편리한 용어를 남용한 것이 아니라면 말이다.

19세기 내내 적절한 해결책이 모색되었다. 슬프고 극적이지만 천재들이 넘쳐난 세기였다. 일상생활의 추악함 때문에 슬펐고 계속된 봉기와 전쟁 때문에 극적이었으며 과학과 기술의 진보에서 천재들의 활약이 눈부셨고, 그리고 그만큼은 아니어도 사회공학의 발전에서 역시 천재들의 활약이 눈부셨다.

그 모든 것에도 불구하고 결말은 분명했다. 19세기가 지나고 오랜 세월이 흐른 지금, 여전히 개선의 여지는 있지만 진지한 사회보장책들이 법률로 자리 잡았다. 법의 목적은 민중에게 더 나은 삶을 보장하고 그들의 혁명에 대한 요구를 누그러뜨리는 것이다.

이렇게 복잡하고 불완전한 성취는 공평무사한 도덕이나 사실의 분석에서 저절로 쉽게 얻어지지 않는다. 그것은 결연한 투쟁의 결과물이었다. 서양에서 그런 투쟁은 적어도 세 단계를 거쳤다. (우리는 러시아와 소련의 구체적 사례로 다시 돌아와야 한다.)

혁명적이고 이념적인 단계는 사회 개혁가나 '예언가들'(많은 적들이 그들을 이렇게 불렀다)의 단계로 1815년부터 1871년까지, 곧 나폴레옹 보나파르트의 몰락부터 파리 코뮌까지 계속되었다. 아마도 1848년이 그 진정한 전환점이었을 것이다.

군사적으로 조직된 노동자들(노동조합과 정당)의 단계는 실질적으로는 파리 포위전에 앞서 시작되었지만 주로 1871년부터 1914년에 집중되었다.

정치와 정부의 단계는 대체로 제1차 세계대전 이후 시작되었다. 1919년과 1929년 이후 국가가 사회보장을 시행하기 시작했고, 1945년부터 1950년 사이에 시작해 현재까지 더 커진 부 덕분에 국가는 사회보장을 강화했다.

이런 연대기적 틀이 시사하는 것은 산업화에 직면한 노동자들이 물질적 번영의 변화에 따라 저항과 요구의 방향과 기조를 달리했다는 것이다. 경제적 어려움이 닥쳤을 때(1817-51; 1873-96; 1929-1939) 노동자들의 요구와 저항은 과격해졌으며 경제 성장기(1851-73, 혹은 1945년 이후)에는 다소 누그러졌다. 어느 역사가는 독일의 경우를 이야기하면서 '1830년에 프롤레타리아라는 용어는 아직 알려지지 않았고 1955년에는 그 쓰임이 다했다'라고 주장하기도 했다.

문제의 세 단계 가운데 첫 번째(오직 사회 사상에만 골몰한 시기)가 아마도 가장 중요했을 것이다. 문명 전체의 전환점을 상징했기 때문이다. 1815년부터 1848년까지, 그리고 1871년 위대한 사상들의 움직임, 예리한 분석과 예언이 이데올로기적 관심의 방향을 정치에서 사회로 바꾸었다. 그 후 민중의 요구는 국가를 표적으로 하지 않았다. 이제 이해하고 치유하고 개선해야 할 것은 사회였다.

새로운 프로그램과 함께 새로운 언어가 등장했다. '산업적', '산업가', '산업 사회', '산업체', '프롤레타리아', '대중', '사회주의', '사회주의자', '자본가', '자본주의', '공산주의자', '공산주의' 등 혁명 이데올로기가 새 어휘를 얻었다.

'산업적'이라는 형용사와 '산업'이라는 명사를 고안한 사람은 생시몽이다. 그는 산업이라는 오래된 단어에서 이 용어들을 도출했다. 그리고 오귀스트 콩트, 허버트 스펜서 등을 사로잡았던 '산업 사회'라는 문구 역시 생시몽이 고안했을 것이다. 콩트는 군사 사회를 대체한 새로운 형태의 사회를 지칭하는 데에 '산업 사회'라는 용어를 사용했고 바로 전까지 지배적이던 군사 사회는 호전적이었지만 산업 사회는 평화로우리라고 생각했다. 이는 정확히 허버트 스펜서가 부정했던 주장이다.

'프롤레타리아'는 1828년 아카데미 프랑세즈 사전에 수록되었다. 단수와 특히 복수의 '대중'은 핵심 단어가 되었는데 '루이 필리프 시대에 분출한 변화의 징후를 지시하는 용어'였다. 알퐁스 라마르틴은 이렇게 말했다. '나는 본능적으로 대중을 지지한다. 대중은 나의 유일한 정치적 자산이다.' 루이-나폴레옹 보나파르트는 『빈곤의 퇴치*The Extinction of Pauperism*』(1844)에서 다음과 같이 선언했다. '이제 신분의 지배는 끝났다. 오직 대중과 함께해야 통치할 수 있다.'

'대중'은 가난했고 착취당했으며 주로 도시 노동계급이었다. 그러므로 사회계급 사이의 대립이 현재를 지배한다는 생각—카를 마르크스가 '계급 갈등'이라 부른 것—으로 이어진다. 계급 갈등은 오래된 현상이고 과거 물질적으로 진보한 모든 사회에서 나타났다. 그러나 19세기에 계급 갈등은 특히 첨예했고 강렬한 각성을 초래했다는 점을 부인할 수 없다.

1830년대에 경제 사회적 평등의 개념이 널리 확산하면서 '사회주의자'와 '사회주의'라는 용어가 널리 사용되었다. '공산주의' 역시 널리 사용된 용어다. '혁명 대중의 장군'으로 불린 오귀스트 블랑키는 '공산주의는 개인을 위한 안전판이다'라고 쓸 수 있었다. '자본주의'는 『노동의 조직화*Organisation du travail*』(1848-50)에서 루이 블랑이, 그리고 1857년에 프루동이 사용했으며 1867년에는 라루스 사전에 수록되었다. 그러나 이 단어는 20세기 초에 이르러 확실하게 대중화되었다. '자본가'라는 용어는 훨씬 더 활발히 사용되었다. 1843년에 라마르틴은 이렇게 강변했다. '프랑스 혁명이 이렇게 될 줄 누가 알았겠는가? 우리는 독립적인 노동과 산업을 영위하는 대신 자본가들에게 프랑스를 팔아버렸다!' 앞선 용어들만큼 성공적이지는 않았지만 '부르주아주의', '집단주의' 같은 신조어도 있었다.

그렇다고 해도 1789년에 대한 기억들은 힘을 잃지 않았다. 자코뱅, 공포정치, 공안위원회 등의 단어와 관념들이 때로는 범례로, 때로는 공포로 민중의 마음을 계속 사로잡았다. 대다수 개혁가에게 '프랑스 혁명'은 여전히 마법의 주문이자 힘의 원천이었다. 1871년 파리 코뮌 시절에 라울 리고는 이렇게 주장했다 '우리는 합법성을 추구하는 게 아니라 혁명을 만들어가고 있다.'

생시몽에서 카를 마르크스에 이르기까지 '대중 철학들massive philosophies'(막심 르로이의 표현을 빌리자면 대중 문제에서 영감을 얻은 철학을 말한다)의 형성은 1848년까지 마무리되었다. 그해 2월에 카를 마르크스와 프리드리히 엥겔스가 『공산당선언』을 발표했고 여전히 대중 철학의 경전으로 남아 있다.

19세기 초반에 활약한 개혁가들의 상세한 명단은 산업화에 직면했던 세 나라, 영국, 프랑스, 독일의 주도적인 역할을 꽤 분명하게 보여준다. 또한 그 문제에 관한 프랑스인의 성찰이 얼마나 중요했는지도 보여준다. 그리고 그것은 우리가 곧 다시 돌아가게 될 주제이기도 하다. 마지막으로 생시몽이 담당했던 역할을 강조할 것이다. 이 비범한 인물은 광적인 천재였고 어떤 의미에서 모든 사회사상, 사회주의와 비사회주의를 망라한 모든 이념의 선조이자 사실상 (조르주 귀르비치가 말했듯이) 프랑스 사회학의 시조였다. 그는 분명 또 다른 위인, 훨씬 더 위대한 인물 카를 마르크스에게 영향을 끼쳤다. 마르크스는 트리에에서 보낸 젊은 시절에 생시몽의 글을 읽었고 그의 많은 주장과 생각이 생시몽의 글에서 비롯되었다.

생시몽을 제외한 사회 개혁가들을 세 세대로 구분할 수 있다. 18세기 마지막 30년 사이에 태어난 사람들(1771년에 태어난 로버트 오언, 1772년에 태어난 샤를 푸리에, 1788년에 태어난 에티엔 카베, 1798년에 태어난 오귀스트 콩트), 19세기 처음 10년 사이에 태어난 사람들(1809년에 태어난 피에르 조제프 프루동, 1808년에 태어난 빅토르 콩시데랑, 1811년에 태어난 루이 블랑), 그리고 카를 마르크스(1818)의 동시대인들(1820년에 태어난 프리드리히 엥겔스, 1825년에 태어난 페르디난트 라살)로 구분할 수 있다. 이들 독일 그룹은 마지막 세대였다. 1864년 결투에서 라살이 사망하며 마르크스의 경쟁자가 될 수 있었던 유일한 사람이 사라졌고 그리하여 마르크스주의의 성공이 보장되었다고 이야기되곤 한다. 그러나 마르크스주의의 성공은 『자본론』(1867)의 권위에서 비롯되었다는 것이 더 정확한 이야기일 것이다.

지금은 '대중 철학'을 일일이 검토할 자리가 아니다. 생시몽의 우아한 표현을 빌리자면, '대중 철학'은 결국 '발전 중인 사회la société en devenir'에 대한 분석이다. 말하자면, 처치나 치료의 과정이다. 생시몽과 그의 추종자들(제2제국 아래서 기업을 성공시켰던 바르텔레미 앙팡탱, 미셸 슈발리에)은 생산의 조직화에 모든 노력을 집중해야 한다고 생각했다. 그들이 증오한 프랑스 혁명은 경제를 조직하지 못해 실패했다. 역시 프랑스 혁명을 혐오했던 푸리에는 소비를 조직하는 것이 우선해야 한다고 생각했다.

아르망 바르베와 오귀스트 블랑키, 루이 블랑과 피에르 조제프 프루동은 모두 1789년의 원칙에 충실했다. 바르베와 블랑키는 행동가였고 블랑과 프루동은 프랑스 혁명의 원칙을 '이행하고 완성하는 것'을 목표로 삼았다. 반면, 빅토르 콩시데랑은 스승 샤를 푸리에만큼 단호하지는 않았어도 프랑스 혁명의 원칙들을 거부했다.

한참 더 뒤의 세대였던 마르크스를 제외하고 이들 가운데 가장 독창적인 인물은 프루동이었다. 그는 자유에 너무 집착한 나머지 거의 무정부주의자가 되었고 국가에 맞섰듯이 교회에도 맞섰다. 그는 온갖 모순 속에 움직이는 한 사회를 과학적으로 조명할 수 있는 사회 변증법을 추구했다. 사회적 모순이 함축하고 있는 사회적 기제를 포착하기 위해 그 모순을 해소할 필요가 있다고 그는 생각했다. 이는 종교적 열정이나 행동과 완전히 거리가 먼 과학적 사고였다. 오언이나 카베, 그리고 팔랑스테르를 건설한 푸리에 같은 이들과 생각이 완전히 달랐으며 본인들의 손으로 더 나은 세상을 건설하고자 한 예언자인 혁명가들과 카를 마르크스와도 판이하게 달랐다.

이 분야에서 프랑스 사상은 19세기 초반에 아주 뚜렷한 우세를 보였는데 이에 관해서는 설명이 필요하다. 프랑스가 혁명—대혁명—의 나라였다는 점은 의심할 나위도 없다. 분명 1830년과 1848년 프랑스에는 혁명이 임박했다. 그리고 1871년 외세의 점령 아래 홀로 파리 코뮌의 자랑스러운 혁명의 불꽃을 피웠다.

그러나 이런 특징들과 별개로 프랑스 사회주의의 전통은 프랑스 산업화의 결과 가운데 하나였다. 다른 곳과 마찬가지로 프랑스에서 개혁 사상이나 혁명 사상은 지식인들의 작품이었다. 그들 대다수가 사회적으로 특권을 누린 사람들이었다. 그리고 다른 곳들과 마찬가지로 노동계급이 취해서 행동에 나섰을 때 그런 관념들은 생명력을 얻고 강해졌다. 그러나 역시 다른 곳과 마찬가지로 프랑스에서의 지적 반응은 조급하고 극단적이었다. 반면 프랑스의 산업화는 영국에 뒤졌고 프랑스의 도약은 1830년에서 1860년 사이에 일어났다.

그랬다. 그러나 경제 발전 단계설은 실제 과정을 지나치게 단순화한다. 거대한 산업의 추진체가 이륙하기로 예정된 시간을 개시 시간H-hour이라고 부른다. 그렇게 확실한 경제의 개시 시간이 있었을까? 그렇게 상상하는 것은 갑작스러운 질주에 선행하는 부화의 시기 전체를 무시하는 것이다. 최근 연구에 따르면 1815년부터 1851년 사이 프랑스의 산업 성장률은 상당히 높아서 연 2.5퍼센트 수준이었다. 그런 성장은 18세기에 도시 이주를 증가시키기에 충분했고 기존 사회를 변화시키고 프랑스 혁명과 나폴레옹 전쟁으로 이미 흔들린 프랑스에 '파괴와 건설의 현장' 같은 모습을 선사하기에 충분했다. 당대의 목격자들에게는 상당한 충격이었다.

도시의 성장만으로도 도시의 인문적 조건과 물질적 조건이 급격히 악화했다. 발자크에서 빅토르 위고에 이르기까지 모든 관찰자가 이에 대한 우려를 드러냈다. 빈민가의 형언할 수 없는 무질서 속으로 노동 인구가 급속히 밀려들면서 빈곤, 구걸, 강도, 비행, 게으름, 전염병, 범죄 등이 모두 증가했다. 그리고 계속해서 새로운 사람들이 밀려들었다. 1847년 미슐레는 다음과 같이 말한 바 있다. 농민은 '도시의 모든 것을 찬양한다. 모든 것을 원한다. 될 수 있으면 도시에 머물려고 한다…… 한번 농지를 떠난 농민은 다시 돌아오기 어렵다.' 그러나 혼란스러운 시기였던 1830년에 오를레앙에서 시 당국은 4만 명의 주민 가운데 1만 2,500명의 빈민을 지원해야 했다. 사실상 주민 3명당 1명꼴이었다. 같은 해 릴에서 그 비율은 2.21명당 1명꼴이었다.

당시 도시 생활을 가장 괴롭힌 것은 산업이었던 것으로 보인다. 산업은 도시에 영향을 주었고 사람들을 도시로 유인했다. 그러나 지역의 생활수준을 끌어올리지 못했고 유인된 사람들에게조차 적절한 생활을 보장하지 못했다. 도시의 빈곤이 촌락의 빈곤보다 심각하지 않았을 수도 있지만 도시 노동 인구의 위태로운 광경은 누구나 볼 수 있었다. 그들은 산업의 희생자들이었으며 산업은 그들에게 일자리를 주었지만 그들이 어떻게 살아가는지는 관심을 기울이지 않았다.

그래서 산업화가 시작되고 도시가 바뀌기 시작했을 때, 최초의 '이념가'들이 마주한 사회는 오늘날 그리 발전하지 않은 촌락의 모습과 별반 다를 게 없었다. 이후, 곧 1851년 이후 계속해서 제2제국(1852-1870)의 경기 호황과 경제 성장이 뒤따르면서 노동계급의 상황이 나아지기 시작했다.

노동 조직에서 사회보장으로: 이 문제는 이 자리에서 깊이 있게 다루기에는 너무 크고 복잡한 주제다. 할 수 있는 일도 아니다. 이는 한편으로 사회주의 사상들(진화하고, 보완하고 서로 모순되는 일단의 관념들)을 일일이 확인하는 일이며 다른 한편으로는 노동 조직의 요구를 노동과 삶의 실제 맥락에서 일일이 확인하는 일이다. 거칠고 난폭한 노동 대중은 사회주의 관념들을 어떻게 다루었을까?

답하기 어려운 문제다. 특히 노동 조직은 영국에서 그랬듯이 현실적이고 신중하며 실용적인 방식으로 그 나름의 정책을 추구했으며 이데올로기와 극단주의의 전투적인 정치를 외면했다. 그렇다면 다시, 첫 단계는 사회 이론가들의 단계고, 두 번째는 노동조합, 세 번째는 노동자 정당의 단계였다. 그리고 마지막이 국가의 단계였다. 어떤 경우 국가는 노동자들의 요구를 수용하지 않았다(혹은 계산된 이유를 들어 마지못해 응하지만 거의 거부한 거나 다를 바 없었다). 다른 경우 국가는 사전에 그들에게서 위험을 제거하고, 그들의 주장에 맞추거나 앞서갔다.

그러므로 이 과정에는 최소한 네 개의 집단이 관여한다. 온갖 종류의 이론가들, 서로 다른 태도를 지닌 노동조합원들, 노동자 출신이거나 그들에게 동조적인 정치인들, 국가의 대리인들이다. 이들은 모두 서로 달랐다. 그러나 유럽의 주요한 세 나라-영국, 프랑스, 독일-에서, 그리고 인접국 네덜란드, 벨기에, 스칸디나비아 국가들과 스위스에서 거의 같은 단계를 거치는 일반적인 발전이 있었다. 이들 특권적인 지역 밖에서 진행은 더뎠고 오늘날까지도 그런 발전이 완료되지 않았다. 그러나 그런 발전을 보인 곳에서는 몇 가지 눈에 띄는 이정표들이 있었다.

1871년 이전:

영국에서는 1858년부터 1867년까지 많은 노동조합이 결성되었다. 처음부터 그들은 주인과 하인의 관계에 관한 낡은 법의 폐지 운동을 벌였다. 1866년 최초의 노동조합 대회가 개최되었는데 당시 노동조합은 숙련공들만 포함했다.

프랑스에서는 당시 몇 가지 긍정적인 조치들이 있었다. 1864년 합법적 파업을 허용하는 조합법이 있었다. 1865년에 인터내셔널(국제노동자협회) 파리 지부 사무소가 개소했다. 바로 전해 런던에서 최초의 지부 사무소가 문을 연 데 이은 것이었다. 1868년에 리옹에서 다른 지부 사무소가 개소했다. 제2제국은 '진보적인 동시에 억압적'이었다. 노동자들의 조건을 개선했지만 그들의 자유를 제한하는 데에 골몰했다.

독일에서도 상황은 더디게 진행되었다. 1862년에 라살은 전독일노동자협회Allgemeiner Deutscher Arbeiter Verein를 창설했다. 7년 뒤 아이젠바흐 대회에서 마르크스의 가르침을 따르는 노동자사회민주당의 창설을 볼 수 있었다.

1914년 이전:

1914년까지 엄청난 진보가 이루어졌다.

1881년 영국에서 헨리 마이어 힌드먼이 사회민주연맹을 창설해 그때까지 정치 자체에 영향을 받지 않았던 노동자들 사이에 '사회주의' 관념을 확산시켰다. 비슷한 시기인 1884년 노동조합 운동은 더 가난한 미숙련 노동자들에게도 손을 뻗기 시작했다. 그러나 런던의 부두 노동자들은 10년 뒤에나 그들의 역사적 파업을 실행했다. 1893년에 독립노동당이 창설되었고 5년 뒤 전노동자조합연맹이 창설되었다. 1906년 노동당의 선거 승리는 거의 혁명적 발전이라 할 만한 '급진' 정부를 탄생시켰다. 일련의 복지법이 뒤따랐고 영국의 점진적 변화를 약속했다.

이 시기 프랑스에서도 비슷한 발전이 있었다. 1877년 쥘 게드는 최초의 사회주의 신문 〈평등〉을 창간했다. 그리고 2년 뒤 프랑스노동당을 창설했다. 1884년 노동조합이 합법적으로 창설되었고 1887년부터는 노동거래소(고용사무소)가 설치되기 시작했다. 1890년 5월 1일 최초의 노동절 기념식이 있었다. 1893년 장 조레스가 카르모에서 사회당 소속 의원으로 처음 당선되었다. 1895년 노동총동맹이 창설되었다. 1901년 두 개의 사회주의 정당, 쥘 게드가 이끄는 프랑스사회당Parti socialiste de France과 장 조레스가 이끄는 프랑스사회당Parti socialiste français이 창설되었다. 1904년 〈뤼마니테〉가 창간되었다. 그리고 1906년 두 사회주의 정당은 통합사회당Parti socialiste unifié으로 통합되었다.

독일에서 사회주의자들은 1878년 비스마르크의 사회주의자 탄압법의 등장으로 고통을 겪었다. 그러나 국가는 1883년부터 다수의 복지 정책을 통과시켰다. 1890년 비스마르크의 사임 후 노동조합이 재조직되었고 곧 100만 명 넘는 회원 가입이 있었다. 그들은 정치적으로도 큰 성공을 거두어서 1907년 선거에서 300만 표를 획득했으며 1912년에는 4,245,000표를 얻었다.

이런 상황에서, 제2인터내셔널의 힘을 과장하지 않더라도, 1914년 서양은 전쟁의 문턱에 있었을 뿐만 아니라 사회주의의 정점에 있었다. 사회주의자들이 권력을 장악하기 직전이었으며 오늘날과 같은 현대적 유럽 건설을 목전에 두고 있었다. 그리고 어쩌면 그 이상이었다. 며칠 만에, 몇 시간 만에 전쟁이 그들의 희망을 앗아갔다.

유럽 사회주의자들의 입장에서, 그들이 제1차 세계대전을 막지 못한 것은 크나큰 패착이었다. 사회주의에 가장 동조적이었던 역사가들, 특히 이런 반전의 책임이 누구에게 있는지 알고 싶어 하는 역사가들도 이 점을 인정한다. 1914년 7월 27일 레옹 주오와 그의 동지로 프랑스 노동총동맹 서기였던 뒤물랭은 브뤼셀에서 독일노동연맹 서기 K. 레기엔을 만났다. 그들은 카페에서 우연히 만났을까? 아니면 그저 그들의 좌절을 받아들일 목적으로 만났을까? 우리는 알 수 없는 일이다. 암살 당일(1914년 7월 31일) 장 조레스의 마지막 행동의 동기도 알지 못한다. 그는 독일 사회주의자들에게 전쟁 동원령을 받아들이지 말고 파업에 돌입하라고 설득하기 위해 브뤼셀에 갔지만 소용없는 일이었다.

사회주의의 이상을 받아들인 오늘날 서유럽은 몹시 느리고 불완전했지만, 투표로, 법으로, 움직여왔고 1945-6년 프랑스에서, 그리고 조금 뒤 영국에서 사회보장 체제가 수립되었다. 유럽공동체는 모든 국가가 이 문제에서 같은 부담을 져야 한다고 선언함으로써 결과적으로 회원국 모두가 유사한 원칙을 받아들이게 했다.

4. 유럽 통합

인문주의 역사가 프랑코 시모네는 우리에게 유럽 통합에 신중할 것을 경고했다. 그는 유럽 통합을 낭만적 환상이라고 말했다. 그의 말은 맞기도 하고 틀리기도 하다. 그런데 이렇게 답하는 것은 유럽이 통일성과 다양성을 동시에 누린다는 사실을 확인할 뿐이다. 돌이켜보면 자명한 사실이다.

종교, 합리주의 철학, 과학과 기술의 발전, 혁명과 사회 정의에 대한 선호, 제국주의적 모험 등 앞선 장들에서 유럽 전부가 공유한 많은 것들을 설명했다. 그러나 언제든 이런 뚜렷한 '조화' 너머 그 아래 놓인 국민적 다양성을 확인하기는 쉽다. 차이는 넘치도록 많고 강력하고 필연적이다. 브르타뉴와 알자스 사이, 프랑스 북부와 남부의 차이, 이탈리아 북서부의 피에몬테와 남부 메초조르노 사이의 차이. 바이에른과 프로이센, 스코틀랜드와 잉글랜드, 벨기에의 플레밍과 왈롱 사이의 차이, 혹은 카탈루냐와 카스티아, 안달루시아 사이에 존재하는 것만큼 많은 차이가 존재한다. 그런데 그런 차이는 이들이 속한 국가의 통일성을 부인하는 데 사용되지는 않는다.

이런 국가적 통일성의 사례가 유럽의 현실을 부정하는 것도 아니다. 모든 국가는 언제나 그 나름의 문화 세계를 형성하는 경향이 있다. 그리고 '국민성'의 탐구는 여러 제한된 문명을 분석하는 즐거움이 있다. 이런 점에서 엘리 포르, 혹은 헤르만 알렉산더 카이절링 백작의 출중한 책들이 완전히 틀린 것은 아니다. 그러나 그 책들은 이를테면 모자이크의 타일을 지나치게 세밀히 살펴본다고 말할 수 있다. 모자이크는 훨씬 멀리 떨어져서 보아야 그 전반적인 그림이 명확하게 드러난다. 그런데 세부 사실과 전체 사이에서 단호하게 하나만 선택해야 할 이유가 무엇인가? 다른 하나를 배제할 필요는 없다. 둘 다 현실이다.

탁월한 예술과 문화

유럽이 공유한 특징 가운데 일부는 '눈부시다'라는 말 말고는 달리 표현할 길이 없다. 그리고 바로 그런 특징들이 유럽 문명에 문화, 취향, 지식의 최고 경지에서 마치 단 하나의 일률적인 빛을 받은 듯이 형제 같고 일체 같은 분위기를 준다.

유럽의 모든 국가가 똑같은 문명을 공유한다는 뜻일까? 확실히 그렇지 않다. 그런데 유럽의 한 지역에서 시작된 움직임은 무엇이든 유럽 전역으로 퍼져가는 경향이 있다. 단지 경향일 뿐이다. 하나의 문화 현상은 유럽의 어느 한 지역에서, 혹은 다른 지역에서 저항에 부딪히거나 거부당할 수 있다. 혹은 반대로 흔히 그렇듯이 유럽의 경계를 넘어 큰 성공을 거두고 더는 '유럽적'인 것이 아니라 인류 전체에 속한 것이 될 수 있다. 그렇다고 해도 대체로 유럽은 상당히 응집된 문화적 일체이고 오랫동안 나머지 세계에 **맞서** 행동해왔다.

예술은 다양한 울림을 갖는다. 유럽의 예술 현상들은 탄생한 국가의 경계를 넘어, 예컨대 카탈루냐(어쩌면 초기 로마네스크 문화가 퍼져나간 진원지일지도 모른다), 일드프랑스, 롬바르드, 15세기 피렌체, 티치아노의 베네치아, 혹은 인상파 화가들의 파리를 넘어 각지로 퍼졌다.

군주의 저택이나, 궁전, 교회가 들어선 모든 중심에는 어김없이 유럽의 네 모퉁이에서 예술가들을 불러들였다. 수많은 예 가운데 하나를 들자면, 15세기 디종의 부르고뉴 공과 조각가 클라우스 슬뤼터가 이를 보여주었다. 이탈리아 르네상스 미술가들의 방랑은 한 도시의 양식이 어떻게 다른 도시의 양식에 쉽게 스며들었는지 설명해준다. 어느 화가가 시작한 프레스코화를 다른 화가가 마무리할 수도 있다. 교회 하나를 짓는 데에 여러 건축가가 작업해야 할 수도 있다. 예컨대 피렌체의 산타마리아 델 피오레 성당은 공사의 마무리 왕관인 둥근 지붕 cupola를 얹기 위해 대담한 필리포 브루넬레스키를 기다려야 했다.

군주나 부유한 상인의 변덕과 사치에도 나름의 역할이 있었다. 그런 자극이 없었다면 지금보다 소통이 오래 걸리고 빈번하지도 않았던 시절에 어떻게 다양한 양식이 그렇게 빨리 퍼졌는지 이해하기 어려울 것이다. 15세기와 16세기에 프랑스의 프랑수아 1세가 그의 궁정에 불러들인 사람들이 그랬듯이 결과적으로 이탈리아인은 유럽 전체를 가르치는 교사였다. 18세기에 고전 미술을 멀리 전파한 사람들은 프랑스인이었다. 그들은 러시아에서도 발견되었다. 그리고 유럽에 얼마나 많은 베르

사유가 존재하는가 — 프랑스풍 정원이 얼마나 많은가!

그렇게 조류潮流는 아닐지언정 거대한 파도가 유럽을 휩쓸었다. 그 파도가 유럽 전체를 뒤덮기까지 오랜 시간이 걸렸지만 사라지는 데에도 오랜 시간이 걸렸다. 온 유럽이 로마네스크, 고딕, 바로크, 고전주의 양식에 발맞추어 행진하는 것처럼 보이는데 이렇게 엄청난 성공을 모를 사람이 있겠는가?

매번 그런 현상들은 오래 유지되었다. 고딕 예술은 3세기 동안 지배력을 발휘했다. 고딕 미술은 남쪽으로 기껏해야 부르고스와 밀라노까지 도달했다. 진정한 지중해 정신은 고딕 양식을 거부했다. 그러나 16세기 초 베네치아는 나름의 독특한 방식으로 고딕 양식을 완전히 흡수했다. 파리는 16세기 중반에도 고딕 양식을 추구했으며 르네상스 건축은 몇몇 궁전에, 건설 중이던 루브르, 지금은 파괴되고 없는 마드리드 궁, 프란체스코 프리마티초('르 프리마티스')가 작업했고 레오나르도 다빈치가 죽기 전에 되돌아갔던 곳인 퐁텐블로에 국한되었다. 바로크 양식은 16세기부터 줄곧 엄청난 성공을 누렸다. 로마와 에스파냐에서 파생한 양식으로 대응종교개혁의 미술이었다(그 때문에 한때 '예수회 미술'로 알려지기도 했었다). 그러나 유럽의 프로테스탄트 지역으로도 전파되었다. 그리고 동쪽으로 빈, 프라하, 폴란드로 퍼져나갔다.

18세기에 프랑스 건축은 훨씬 짧은 시간에 확립되었다. 어떻게 그 많은 프랑스 도시들, 투르와 보르도 같은 도시들이 재건축되었는지 이해하려면 가장 눈에 띄는 게 바로 상트페테르부르크의 광경이다. 건축가들의 자유를 제한할 건물이 전혀 없는 공터에 건설된 상트페테르부르크는 18세기 도시들 가운데 가장 아름다웠고 지금도 가장 아름답다. 그리고 건설되던 시대의 배치, 비율, 외관을 가장 잘 표현한 도시다.

회화와 음악의 전파 역시 그보다 덜 자유롭지 않았다. 음악기법이나 회화의 경향은 쉽게 통용되었고 유럽에 유행했다. 유럽 역사의 연속된 단계마다 수반되었던 악기와 음악적 기교의 급속한 변화에 관한 매력적인 이야기를 글 몇 줄에 제대로 다룰 수는 없다. 플루트부터 하프까지 고전 고대에 사용된 악기들은 세대에서 세대로 전해 내려왔다. 오르간, 하프시코드, 바이올린(이탈리아의 비르투오소들이 대중화했다. 그러나 18세기부터 사용된 오늘날과 같은 활을 발명한 사람은 프랑스인이었다)이 그다음 등장했고 다양한 형태의 피아노가 그 뒤에 등장했다.

음악 형식의 역사는 분명히 악기의 발전과 연결되었다. 중세에는 성악이 지배적이었다. 반주는 있기도 했고 없을 수도 있었다. 9세기에 발전한 다성음악에서는 예배곡 반주에 오르간을 사용했다. 14세기와 15세기에 피렌체인들의 '아르스 노바Ars nova'는 여러 악기를 도입해 마치 목소리인 것처럼 활용한 다성음악이었다. 아르스 노바는 팔레스트리나(1525-1594)의 아카펠라 음악에서 절정을 맞았다.

그러나 특히 현악기가 발전하면서 성악은 연주곡에 길을 내주었다. 그것은 이른바 소수 악기(예컨대 4중주)를 위해 쓴 '실내악' 연주회의 시작이었다. 본래 실내악은 세속 음악을 의미했다. 곧 교회 음악과 구별되는 궁정 음악이었다. 1605년 엔리코 라데스카는 사보이아 공작 비토리오 아마데오 1세의 '실내악musico di camera 연주자'였다. 1627년에 카를로 파리나는 '실내악 바이올린 연주자suonatore di violino di camera'였다. 실내악은 무엇보다 대화의 형식, 대화의 기술이었다. 이탈리아는 일단의 악기들이 협연하고 뒤이어 솔로 악기가 전체 오케스트라에 응답하는 협주곡과 함께 실내악이 탄생한 곳이다. 아르칸젤로 코렐리(1653-1713)는 최초의 솔리스트였고, 안토니오 비발디(1678-1743)는 그 방면의 대가였다. 독일은 소나타를 선호했는데 악기는 둘 혹은 하나만 등장했다. 프랑스에서는 여러 악장의 무곡을 자유롭게 묶은 모음곡(조곡組曲)이 등장했다.

마지막으로 교향곡과 함께 대형 오케스트라 음악이 등장했다. 악기 수와 청중 수에서 큰 규모의 음악이다. 18세기에 스타미츠 가문과 함께 소나타 형식은 이미 교향악처럼 다루어졌다. 다음 세기인 낭만주의 시대에 그런 경향에 힘입어 오케스트라의 규모를 확대했을 뿐만 아니라 솔리스트에게 더 두드러진 역할을 부여했다. 니콜로 파가니니와 프란츠 리스트는 특징적인 사례였다.

16세기 말 피렌체에서 등장한 것으로 보이는 이탈리아 오페라는 특별히 언급해야 한다. 오페라는 이탈리아, 독일, 그리고 유럽을 사로잡았다. 모차르트, 헨델, 글루크는 모두 처음에는 '이탈리아 방식으로' 오페라를 썼다. 물론 그 뒤에 독일 오페라가 등장했다.

회화 혁명—실질적 혁명이었다—도 유럽 전체에 영향을 끼쳤다. 심지어 회화에 관한 관념들이 모순으로 보였을 때는 같은 모순이 어디서나 나타났다. 두 가지 주요 혁명이 있었다. 하나는 이탈리아의 르네상스 혁명이었다. 갈릴레오와 데카르트의 과학이 세계를 '기하학적으로 파악하기' 훨씬 전에 관점의 법칙에 따라 회화의 공간이 기하학적으로 변모했다. 19세기 말 프랑스에서 발생한 두 번째 혁명은 회화의 본질에 영향을 주었고 큐비즘과 추상 미술을 탄생시켰다. 우리는 이런 혁명이 시작된 장소를 확인하기 위해서 이탈리아와 프랑스를 언급했다. 사실 위대한 작가의 이름이나 위대한 혁신가들을 생각해보면 분명 그들은 확실히 전체로서의 유럽 회화에 속한다. 사실 오늘날 우리는 '서양화'를 말해야 하는데, 이미 유럽 너머 아주 멀리까지 나아갔기 때문이다.

또한 철학은 독특한 메시지를 전한다. 유럽은 그 발전 단계마다 하나의 단일한 철학을, 혹은 그 비슷한 것을 가지고 있었다. 최소한 장 폴 사르트르가 '지배적 철학'이라고 부르고자 한 것이 늘 있어서 그 시대 사회의 요구를 반영했다. 물론 어느 시기든 서양 전체가 하나의 단일하고 지배적인 경제 사회적 구조를 가졌기 때문이다. 데카르트의 철학이 신진 부르주아와 서서히 성장하는 자본주의 세계의 철학이든 아니든 그것이 그 시절 유럽을 지배하고 유럽 전역에 퍼졌던 것은 확실하다. 마르크스 철학이 떠오르는 노동계급과 사회주의 사회, 혹은 산업 사회의 철학인지와 관계없이 서양에서, 그리고 세계에서 지배적 역할을 했고 유럽을 분열시켰듯이 최근까지도 세계를 분열시키는 데 큰 역할을 했음은 분명하다.

철학이 그처럼 쉽게 확산되려면 무수한 국제적 연결고리가 있어야 했다. 독일 철학의 중요한 두 시기를 생각해보자. 1781년 임마누엘 칸트의 『순수이성 비판』이 출간된 시점부터 1831년 헤겔의 사망 시점까지의 시기와 에드문트 훗설(1859-1938)에서 마르틴 하이데거(1889-1976)까지의 시기다. 이런 독일 사상가들의 영향은 각 작품의 많은 번역본—프랑스어, 영어, 이탈리아어, 에스파냐어, 러시아어 등—을 고려하지 않으면 이해할 수 없다. 이 번역본들은 유럽인의 삶에 파고든 독일 철학 사상의 영향력을 보여준다.

실존주의의 경우 주목할 점은 나머지 세계, 특히 라틴아메리카로 파고든 것은 장 폴 사르트르와 모리스 메를르 퐁티의 재해석이었다는 점이다.

자연과학에 관해서는 의문의 여지가 없다. 첫 성공을 거두었던 시절부터 자연과학은 엄밀히 말해 범유럽적이었다. 이런저런 발견을 유럽 어느 한 국가의 공으로 돌리기는 어렵다. 너무 많은 발견이 일시에 모든 곳에서 진행된 연구의 결과, 유럽의 모든 과학자가 연속적으로 관여한 일련의 단계에서 비롯된 결과였기 때문이다. 어떤 사례로도 그 점을 증명할 수 있을 것이다. 케플러의 혁명은 알렉상드르 쿠아레의 1962년 연구에서 잘 설명되고 있는데 그 점을 증명하기에 이상적이다. 케플러(1571-1630)는 비슷한 생각을 지닌 사실상의 일족—그의 선임자들(누구보다도 특히 코페르니쿠스), 동시대인(누구보다도 특히 갈릴레오) 그리고 그의 제자들로 구성된—에 속했다. 지도 위에 그들의 출생지와 연구 중심지를 표시하면 유럽 전체가 검은 점으로 뒤덮일 것이다.

의학, 생물학, 화학 역시 비슷한 양상을 보였다. 과학의 어느 것도 독일, 영국, 프랑스, 혹은 폴란드의 것으로 묘사할 수 없다. 아주 짧은 기간으로 한정하더라도 마찬가지이다. 과학은 언제나 유럽적이었다.

대조적으로 사회과학의 발전은 철학의 발전과 비슷했다. 특정 국가에서 발원한 뒤에 유럽의 나머지 지역으로 빠르게 퍼졌다는 뜻이다. 사회학은 뚜렷이 프랑스의 전문 분야로 시작되었다. 특히 20세기 경제학은 주로 영국이나 영미의 업적이었다. 지리학은 (프리드리히 라첼과 비달 드 라 블라슈에서 보듯이) 독일과 프랑스의 업적이었다. 19세기 역사학은 위대한 레오폴트 폰 랑케(1795-1886)의 이름으로 독일이 지배했다. 독일의 역사학은 교육을 통해 그리고 과거의 세세한 사실들을 통해 유럽 전체에 영향을 주었다. 오늘날은 상황은 그리 간단하지 않다. 그러나 유럽의 역사 서술―이제는 사실상 세계의 역사 서술―이 하나의 일관된 세계를 형성한다. 그 세계 안에서 앙리 베르, 앙리 피렌, 뤼시앵 페브르, 마르크 블로흐, 앙리 오제, 조르주 르페브르 시절에 출발해 프랑수아 시미앙 같은 경제학자나 모리스 알박스 같은 사회학자들의 지원을 받은 프랑스의 학파가 중요하다. 이 학파는 모든 사회과학을 통합하는 것처럼 보였고 프랑스에서 역사 서술의 방법과 관점들에 다시 활력을 불어넣었다.

유럽에서 문학은 통일성의 징후가 가장 적다. 유럽 문학이 아니라 국민 문학이 존재한다. 국경을 초월한 연결고리가 있지만, 상당한 대비도 존재한다. 이 분야의 통일성이 부족하다고 해서 결코 애석해할 일은 아니다. 사실 자연스러운 일이다. 수필이든 소설이든 희곡이든 문학은 언어, 일상생활, 희로애락에 반응하는 방식, 사랑이나 죽음, 전쟁의 관념, 즐거움을 얻는 방식, 음식, 음료, 일, 믿음 등 각국의 문명을 가장 뚜렷하게 차별화하는 것에 토대를 둔다. 문학을 통해 국민(민족)은 다시 한번 등장인물이 되고 개인이 된다. 그래서 이 필수적인 증거에

힘입어 분석을 시도할 수 있다―심지어 정신분석의 대상이
될 수 있다.

　물론 문학에도 분명하고 지속적인 수렴의 사례들이 있다.
문학에는 유행이 있다. 예컨대 합리주의적 계몽시대에 뒤따른
19세기 낭만주의 운동은 유럽 전체에 영향을 끼쳤다. 그리고
사회적 리얼리즘이 그 뒤를 이었다. 개인들 사이에서 그리고
작가 집단이나 '학파들' 사이에서 '영향력'의 끊임없는 상호작
용이 있었다. 그러나 모든 문학 작품은 확실히 구체적인 사회
적 감정적 배경에 뿌리를 두고 있고 독특한 개인적 경험에 뿌
리를 두고 있다. 국민 문학에서 통일성을 논하기도 어렵다. 그
렇다면 더구나 유럽을 기반으로 한 통일성을 어떻게 찾을 수
있겠는가?

　게다가 언어 문제에서 중요한 장애는 없을까? 문학적 경험
을 고스란히 전달할 수 있는 번역은 불가능하다. 사실 유럽의
위대한 언어들은 각각 다른 언어에 많은 빚을 지고 있다. 설사
그 가운데 하나만, 예컨대 과거 라틴어나 18세기 프랑스어만
이 공용어lingua franca가 될 수 있었다고 해도 말이다. 볼테르가
상트페테르부르크나 파리의 왕실에서 받았던 환대는 프랑스
어의 고귀한 지위로만 설명할 수 있다. 그러나 오늘날 단 하나
의 언어로 후퇴하는 일이 과학에서는 가능하다(국제적 기술 용
어로 하나의 보편적 언어를 인위적으로 창조해냈다). 그러나 문
학에서는 가능하지 않은 일이다. 문학에서 더 흔한 일은 언제
나 점점 더 대중의 언어가 된다. 18세기 '국제적인' 프랑스어
는 결국 소수의 엘리트를 위한 언어로만 존재했다.

유럽의 문화적 통일성은 봉쇄되어야 할까, 아니면 완성될 필요가 있을까? 내부의 국경을 없애려는 유럽에 이런 다채로운 문화적 통일성이면 충분할까? 분명 충분치 않다. 정치적으로 통일된 유럽을 추구하는 이들은 철저히 계획된 교육으로 달성할 수 있는 통일 효과에 더 관심을 기울이기 때문이다. 학위가 동등하게 인정된다면 한 대학에서 하던 연구를 다른 대학에서 이어갈 수 있을 것이며 이는 (현재 피렌체 외곽에 설립된 것 같은) 유럽 대학 한두 개를 설립하는 것보다 더 나은 연구 환경을 만들 수 있을 것이다.

그러면 필연적으로 유럽의 모든 살아 있는 언어를 포용하는 현대적 형태의 인문주의가 촉진되지 않을까?

경제적 상호의존

수백 년 동안 유럽은 단일 경제라고 할 만한 것에 묶여 있었다. 어느 시기나 유럽의 물질적 삶은 늘 권위 있고 특권적인 중심의 주변에서 이루어졌다.

중세 후기 베네치아는 모든 것이 모여들고 드나드는 통로였다. 근대의 시작과 함께 한동안 무게 중심이 리스본으로 이동했고 다음은 세비야였다—16세기 마지막 25년에는 무게 중심이 세비야와 안트베르펜으로 차례로 이동했다. 17세기가 시작되면서 암스테르담이 중요한 무역의 중심이 되었고 18세기까지 유지되었다. 뒤이어 런던이 1914년까지 어쩌면 1939년까지 최고의 자리를 유지했다. 언제나 오케스트라와 지휘자가 있었다.

매번 무게 중심이 큰 영향력을 발휘한 이유는 유럽의 경제

생활은 물론이고 더 넓은 세계의 경제생활이 그곳에 집중되었기 때문이다. 1914년 전쟁 직전 런던은 유럽을 위한 거대한 채권 시장이었고 해운보험과 재보험 시장이었을 뿐만 아니라 미국산 밀, 이집트산 면화, 오스트레일리아산 양모, 미국과 중동의 원유가 거래되는 시장이었다.

쉽게 적응할 수 있는 화폐 경제가 있고 해안과 강, 그리고 자연적인 통행로를 보완하며 짐을 나르는 동물들이 지나다닐 수 있는 마찻길과 도로가 있어 원활한 교통이 이루어지던 유럽은 아주 일찍부터 하나의 응집력 있는 물질적 지리적 전체였다.

유럽 역사의 초기에 짐 나르는 동물들은 브레너 고개(베네치아로 가는 길)로, 고트하르트 고개와 심플론 고개(밀라노로 가는 길)로, 그리고 몽세니스 고개로 알프스산맥이라는 거대한 장벽을 넘었다. 당시 '그랑드 부아튀르grandes voitures(거대한 마차들)'라는 흥미로운 문구가 사용되었는데 알프스산맥의 이 교역로를 지나는 노새 행렬을 묘사한 것이었다. 그 행렬 덕분에 이탈리아 경제는 고급 직물과 레반트의 상품을 열망하는 유럽 북부와 북서부까지 확대될 수 있었다. 16세기 리옹에서 무역과 무역 시장은 마찻길, 강을 이용한 뱃길, 그리고 알프스를 넘는 이 '그랑드 부아튀르' 덕분에 번성할 수 있었다.

19세기 중반부터 철도 덕분에 유럽의 경직성과 관성이 사라졌고 물질적 번영을 누리는 하나의 문명이 퍼졌다. 신속한 교통망을 갖추고 분주한 산업 도시와 상업 도시들의 후원을 받은 문명이었다.

이 오랜 역사에서 두 가지 사례가 유럽의 경제적 상호의존을, 설명까지는 아니어도, 보여줄 것이다. 하나는 무다muda, 베네치아의 갤리선 상단이다. 15세기에 베네치아 상단은 주로 지중해를 정기적으로 운항했는데 일부는 런던과 브뤼허까지 갔다. 한편 자주 사용했던 육로, 특히 브레너 고개를 통과하는 길은 북부에서 베네치아로 이어졌고 그곳에서 독일 상인들은 리알토 다리 근처의 거대한 상품보관소, '독일인 창고Fondego dei Tedeschi'를 공동 사용했다.

두 번째는 16세기에 세비야를 출발해 유럽 곳곳을 돈 통화와 어음의 유통이다. 사실 통화와 어음이 곳곳으로 옮겨가는 유통 과정에서 거의 언제나 같은 액수가 건네졌다.

그렇다면 유럽의 서로 다른 지역이 거의 동시에 같은 경제 변동 주기의 영향을 받았던 이유를 쉽게 이해할 수 있다. 16세기 아메리카에서 갑작스럽게 귀금속이 유입된 결과 에스파냐에서 엄청난 물가 상승이 시작되었다. 인플레이션의 영향이 서유럽 전체에 퍼졌고 당시 여전히 원시적인 경제의 중심이었던 모스크바까지 파고들었다.

물론 유럽 전체가 늘 같은 속도로 발전했고 같은 수준에 도달했다는 뜻은 아니다. 뤼베크나 함부르크에서 프라하와 빈을 지나 멀리 아드리아해까지 선을 이으면 경제적으로 발전한 유럽 서부지역과 동부의 후진 지역을 나눌 수 있다. 이런 사실은 선 양편에 있는 농민들의 상황 차이로 이미 입증되었다. 차이가 희미해지기는 했어도 여전히 존재한다.

더욱이 번영한 서유럽에도 더 부유한 중심—'성장 지역'—이 덜 발전한 지역들 사이에 분포했다. 일부는 후진적이거나 '저개발' 상태였다. 오늘날에도 유럽 거의 모든 국가에서 일부 지역은 국가 전체와 비교해 여전히 가난하다. 새로운 투자가 가장 번영한 지역에 집중되면서 그런 상황이 더 심화하고 있다.

사실, 일부 지역이 앞서가고 다른 지역이 뒤따르는 전압의 차이, 혹은 개발 수준의 차이가 없다면 상업적 관계도 없고 그래서 경제적인 상호의존도 없을 것이다. 개발과 저개발은 상호 보완적이며 상호의존적이다. 간단한 예시로 프랑스 은행의 역사를 살펴보자. 19세기 후반 프랑스 은행은 프랑스의 지방과 촌락 지역에서 저축과 잠재적, 반잠재적 자본의 뒤늦은 동원 덕분에 급속하게 팽창했다. 엄청난 수혜자는 1863년에 설립되어 강력하게 성장한 크레디리오네Crédit Lyonnais 같은 은행들이었다. 그러나 자본을 공급한 한때 후진적이었던 지역들이, 말하자면, 그들의 경제를 자극하고 국가의 전반적인 삶과 그들의 경제를 연결하자 곧 후퇴했다.

공동시장의 논리: 지역 경제와 국가 경제의 차이에도 불구하고 경제는 오랫동안 유럽을 하나로 묶었다. 그들은 하나의 응집되고 완전히 상호의존적인 전체로 조직될 수 있을까? 제 2차 세계대전이 종결된 후 시작된 일련의 모험이 대면한 문제다. 가장 성공적인 모험은 공동시장, 혹은 유럽공동체다. 처음도 아니고 유일한 노력도 아니었지만 가장 성공적이었다.

의심할 바 없이 모든 것은 1945년 이후 유럽의 참담한 상황에서 비롯되었다. 유럽의 총체적 붕괴는 세계의 균형을 위협했다. 그러므로 건설적인 첫 번째 조치로 1947년 5월 런던에서 유럽 통합 운동이 공식 출범했다. 마셜 플랜(1947년 7월 3일)의 구상에는 다양한 이유가 있었다. 정치 군사적인 이유가 있었고 경제, 문화, 사회적 이유가 있었다. 유럽—특정한 유럽—이 미래를 모색하고 있었다.

한동안 경제적 문제만 생각해보자. 이런 관점에서 유럽자유무역연합EFTA, 유럽 7개국(영국, 오스트리아, 스웨덴, 스위스, 덴마크, 노르웨이, 포르투갈)(한 언론인은 그들을 '조난자들'이라고 불렀다)의 상대적 실패는 당시 '유럽 6개국(벨기에, 프랑스, 독일, 이탈리아, 룩셈부르크, 네덜란드)'으로 알려졌던 공동시장의 길을 닦고 미래를 닦았다. 이들은 일반적으로 공동시장이라고 알려졌지만 실은 유럽공동체 내의 세 개 법인, 1951년 파리 조약으로 성립된 유럽석탄철강공동체ECSC, 그리고 유럽경제공동체EEC, 그리고 1957년 3월 25일 로마 조약으로 성립된 유럽원자력공동체EUROTOM를 묶은 것이다. 지금도 유럽공동체는 유럽 전부는커녕 서유럽도 전부 포함하지 않는다. 그러나 유럽은 실제로 건설되고 있고 그 공동체는 광범위하고 심층적인 것이 될 것이다.

이 글을 쓰기 시작한 1962년 2월에 많은 가입 요구가 있었고 협상이 진행되고 있었다. 그 후 유럽공동체는 회원국이 12개국으로 늘었고 회원국이나 협회의 추가 가입은 지연되고 있다. 그래서 유럽공동체는, '우랄산맥까지' 뻗어가지는 못하더라도, 전통적으로 유럽으로 알려진 지역 전부를 포괄할 수 있을 만큼 성장할 것이다.

그렇다면 공동시장을 통해 유럽의 경제적 합일의 기회를 가늠할 수 있을 것이다.

유럽경제공동체 혹은 공동시장의 형성은 로마 조약의 힘겨운 협상에서 얻은 결과물이다. 그 복잡한 조항들이 1958년

1월 1일부터 효력을 발생하기 시작했다. 이 실험은 여전히 상대적으로 최근 일이며 그래서 조심스럽게 판단해야 한다.

공동시장 초기에 6개국이 급속한 경제 성장을 누렸다는 사실은 부인할 수 없으며 유리한 세계 상황과 공동체 스스로 취한 첫 번째 조치의 유익한 효과에서 비롯된 이중적 결과였다. 해당 국가들의 무역 증대가 보여주듯이 국경의 점진적 개방은 분명 하나의 자극제였다.

역시나 그 실험의 핵심 부분은 여전히 앞에 놓여 있다. 로마 조약과 회원국 정부의 연이은 결정은 일련의 추가 조치를 준비했다. 문제는 지금까지의 조치들이 미래를 기약할 수 있는가이다. 곧 문서상으로 전면적인 경제 통합을 포함하는 미래를 약속하는가이다.

비관적 전망과 달리, (경쟁자인 독일보다 훨씬 취약할지 모른다고 우려되었던 프랑스의 산업을 포함해서) 유럽공동체의 산업은 공동시장에 잘 적응했다. 구조적 변화들이 있었는데 합병은 레기 르노나 페시네Pechiney와 생 고뱅St-Gobain 같은 프랑스 대기업들에 유리하게 작용했다. 산업의 대전환도 피할 수 없었다. 생산성이 낮은 탄광은 폐쇄해야만 했다. 물론 이런 고통스러운 결정은 어느 경우에나 피할 수 없었다.

문제가 산업뿐이라면 합의와 타협이 쉬웠을 것이다. 현대의 기술력을 고려할 때 기업은 시장에 유연하게 대응하고 정부 계획에도 유연하게 대처할 수 있다. 마찬가지로 신용에도 큰 문제가 없다. 유럽 통화의 안정성과 상호 지원에 의지하기 때문이다. 이들은 오랜 기간 상대적으로 평온한 시기를 누렸다. 금 준비와 함께 달러화가 차츰 유일한 표준통화의 지위에서 물러나고 있기 때문이다. 더욱이 더 긴밀해진 유럽의 화폐 통합은 최근 큰 진전을 이루었다.

그런데 이는 확신에 넘치는 공동시장의 장밋빛 전망이다. 어두운 면도 있다. 일부는 정치적 문제인데 우리는 조만간 그 문제로 돌아갈 것이다. 또 다른 것은 경제적인 문제다.

공동시장은 분명히 불완전하다. 서방의 공동시장에는 중요한 공백이 있다. 동방에서는 오랫동안 철의 장막이 드리워 있었고 장막 뒤에서 경제상호원조회의COMECON가 서방의 공동시장에 대응하려고 노력했다. 이 글을 쓰고 있던 시기에 주요 문제는 영국이 유럽공동체에 가입할 것인지였다. 1961년에 시작된 협의가 여전히 진행 중이다, 그 뒤로 덴마크, 아일랜드가 합류했고 그리스, 에스파냐, 포르투갈이 뒤를 이었다. 그런데 특히 영국의 가입은 수많은 문제를 유발했다. 영국은 특히 제국 시절의 유산으로 경제적 우선권을 지닌 체제인 영연방Commonwealth과의 결속을 상당히 느슨하게 해야 했다. 경제적 관점에서 이는 어려운 일이었고 영연방의 동의가 필요했다. 심리적으로 그것은 역사상 가장 성공적이었던 제국의 역사에서 마지막 페이지를 넘기는 것과 같았다.

나머지 세계와 공동시장 관계의 문제 역시 중요하다. 사하라 이남 아프리카와의 관계가 특히 그렇다. (리비아와 이집트를 제외한 북아프리카 국가들은 오랜 세월 프랑스의 경제권 안에 머물렀다.) 유럽공동체의 대외 관계에는 영연방과의 관계도 포함된다. 과거 자치령과 관계를 제외한 대부분 문제는 로메Lomé 협정으로 해소되었다. 협정으로 아프리카, 카리브해, 태평양 연안 국가들과 유럽공동체가 연결되었다. 마지막으로 중요한 문제가 미국과 유럽공동체의 관계였다. 1962년에 '거대한' 대서양 시장이 유럽 공동시장을 삼켜버릴 것이라는 염려가 있었다. 다른 이들은 유럽을 첫 단계로, 대서양을 두 번째 단계로, 세계를 세 번째로 보기도 했다. 그러나 그들의 낙관은 현실성이 없었다. 더욱이 이 모든 문제는 정치적이기도 했고 결코 해결이 쉽지 않았다.

반면 유럽의 농업 문제는 일차적으로 경제적인 문제이며 공동시장에 대단히 중요한 문제다. 또한 대단히 복잡한 문제다.

유럽의 오래된 농민 세계—과거에 깊이 뿌리를 둔 칭찬할 만한 세계이지만 통계에서 보듯 생산성은 높지 않다—에 변화가 불가피했다. 유럽공동체의 6개 창립 회원국에는 전체 1억 6,000만 명의 인구 가운데 2,500만 명이 촌락 거주자(가족 포함)다. 네덜란드의 농업부장관을 지냈으며 당시 공동시장 위원회 부의장으로 농업 정책을 책임졌던 시코 만스홀트는 1960년대 초반에 농업을 현대화하면 농민 800만 명이 다른 직업을 찾아야 할 것이라 추산했다.

농업의 현대화는 1인당 생산량 증대와 농업에 고용된 인원의 감소를 의미했다. 더 큰 생산성이 더 많은 기계화를 함축했기 때문이며 또한 농업에서 얻는 수입이 유럽 경제의 전반적 성장률에 못 미쳤기 때문이었다. 경제의 팽창에서 성장은 주로 산업 생산과 서비스에 집중되는 경향이 있다. 선진국에서 수입이 증가한다고 식량 수요가 증가하지는 않는다. 내게 더 많은 돈이 생긴다면 차를 사고 TV를 사고 책이나 옷을 사고 여행을 하고 극장에 가지, 더 많은 빵과 고기를 먹지는 않을 것이다. 혹은 부디 바라는 바이지만, 더 많은 와인이나 술을 마시지도 않을 것이다.

대체로 농가 수입이 다른 경제 부문의 수입과 엇비슷한 비율로 증가한다면, 1960년대 초에 추산한 바로는 1975년쯤에는 소수의 사람이 더 많이 생산할 수 있으므로 농업 종사자 3명 가운데 1명이 토지를 떠날 것이다. 연간 감소분이 4퍼센트일 것으로 추정되었지만 실제 비율은 영국이 2퍼센트 프랑스가 1.5퍼센트였다. 그런 속도면 목표치에 도달하기까지 영국은 22년, 프랑스는 27년이 필요했다. 더욱이 돌발 상황도 있을 수 있었다. 유럽의 경기 후퇴는 농업 노동자들을 위한 산업 일자리가 더 줄어들 수 있음을 뜻했다. 예를 들어 이탈리아에서는 본래 농민 인구가 450만 명이었고 토지를 떠난 농민은 대부분 실업한 농장 노동자였다. 그러므로 인구의 도시 이주에도 불구하고 농업의 구조는 거의 변하지 않았다.

이 모든 이유에도 불구하고 유럽 농산물은 국제 시장에서 가격 경쟁력이 없었다. 아메리카와 캐나다의 잉여 생산물이 저렴한 가격에 판매되고 있었고 때로는 정부 보조금 탓에 내수 시장 가격보다 더 저렴했다. 유럽 농산물의 높은 가격은 세계 시장에서 보호의 결과로만 가능한 일이었고, 세계 시장에서 고립되었다.

공동시장이 직면한 또 다른 심각한 문제는 서로 다른 회원국 간 생산력과 가격 차이에 있었다. 유럽공동체가 공동 농업 정책을 채택하기 전 프랑스는 세계 가격에 맞추어야만 초과 생산물을 해외 시장에서 판매할 수 있었다(특히 곡물 부문에서 자급 수준을 넘어섰다). 이 때문에 프랑스 정부는 내수 가격으로 곡물을 사들여 손실을 감수하고 해외에서 판매해야 했다. 그렇게 해서 1961년 프랑스의 밀과 보리가 중국에 판매되고 냉장육이 러시아에 판매되었다. 이탈리아 역시 과일과 채소에서 같은 문제를 안고 있었고 네덜란드는 유제품에서 비슷한 문제를 겪었다. 반면 독일은 필요한 농산물을 대부분 공동시장 밖에서 구매해 수입했다. 그리고 이런 수입의 반대급부인 수출 기회를 잃고 싶어하지 않았다.

농산물 가격은 나라마다 달랐고 상대적인 생산성과 (자발적이거나 의무적인) 정부의 보호 수준에 따라 달랐다. 그러므로 곡물 가격은 프랑스가 가장 낮고 독일이 가장 높았으며 우유 가격은 네덜란드가 가장 낮았다. 공동 농업 정책은 어느 수준에서 가격을 평준화해야 했을까?

마지막으로 농업을 현대화해야 했고 거기에는 상당한 비용이 들었는데 과연 이 엄청난 비용을 누가 분담해야 했을까? 1962년 1월 4일 공동 농업 정책 수립에 착수했을 때 브뤼셀에서 채택된 해결책은 유럽공동체 전체가 비용을 감당해야 한다는 것이었다. 이런 해결책은 독일에는 이익이 되지 않았다. 독일 경제는 주로 산업에 의존하고 있었기 때문이다. 그러나 농업에 크게 의존하는 국가들—프랑스, 이탈리아, 네덜란드—은 공동 농업 정책의 윤곽이 잡힐 때까지 공동시장 2단계 이행을 거부했다. 합의에 도달하기까지 긴 시간이 걸렸고 200시간의 협의를 거치고도 한동안 유럽공동체의 운명이 결정되지 않았다. 어느 언론인은 이렇게 말했다. '유럽은 석탄과 철과 핵은 기꺼이 삼켰으면서 과일과 채소는 삼키기를 망설였다.'

합의안은 단계별 진행을 준비했다. 1단계는 1962년 7월에 채택될 예정이었다. 그런데 각국 정부와 농민 단체들은 낡은 국가 시스템의 수명이 다했고 이제 변화를 피할 수 없다는 사실을 알고 있었다.

유럽공동체 전체에 농산물 이동이 제한되지 않을 것이며 필요하다면 남은 가격 차이를 조정하기 위한 보상 세금이 부과될 것이었다. 이런 원칙만으로도 제도적 조정과 규제, 감독이 필요했다. 분쟁을 조정할 수단은 이미 있었다. 동시에 해외 수입을 줄여 가격을 방어하려면 유럽공동체의 외부 경계에 다양한 세금을 부과해야 했다.

훗날 공동 농업 정책은 무수한 논쟁, 비판, 조정과 보상 조정의 대상이 되었다. 그 문제는 늘 개혁이 진행 중인 것 같았다. 그러나 공동 농업 정책은 많은 결함에도 불구하고 농산물의 공동시장을 가능하게 했다. 1992년 말까지 산업 생산물에서 하나의 단일 시장이 완성될 예정이고 유럽공동체는 경제적 통합의 여정에 있었다. 그 정도 선에서 멈춰야 할까? 아니다. 정치적 통합의 문제가 남아 있다.

정치적 지체

유럽의 통합에 대해 문화는 흔쾌한 반응을 보이고 경제는 대체로 긍정적인 반응을 보인다. 반면 정치는 미온적이다. 그럴 만한 이유는 있다. 좋은 이유도 있고 좋지 않은 이유도 있다. 그릇된 이유도 있고 (19세기에서 비롯된) 시대착오적인 이유도 있다. 또 현재와 관련된 이유도 있고 미래에 관련된 이유도 있다.

진실은 유럽 전부가 오랫동안 같은 정치 시스템에 포함되었다는 점이다. 그리고 어떤 국가도 심각한 위험을 감수하지 않고서는 그 시스템에서 벗어날 수 없었다. 그러나 그 시스템은 유럽의 통일을 조장하지는 않았다. 반대로 유럽 국가들을 다양한 집단으로 나누고 전체 국가군에 헤게모니를 갖지 못하게 하는 것이 기본 규칙이었다. 타국의 자유를 존중해서는 아니었다. 사실 각국은 저마다 이기적인 목적을 추구했다. 만약 한 국가가 지나치게 승승장구하면 조만간 다른 국가들이 그에 맞서 대오를 형성했다.

넓게 말해 '유럽의 세력 균형' 원칙이었다. 오늘날 유럽은 이런 해묵은 정책을 정말 포기했을까?

'힘의 균형' 혹은 '유럽의 조화'는 19세기에 가장 적극적으로 실행되었지만 19세기에 발명된 것은 아니다. 사실 수백 년 동안 그와 비슷한 제약이 받아들여졌다. 외교관들이나 그들의 군주의 치밀한 계산에 따른 결과는 아니었다. 오히려 임의의, 본능적인 균형감각의 결과물이었고 정치인들은 부분적으로만 깨달았을 뿐이다.

기본 원칙은 늘 같았다. 한 국가가 지나치게 강해졌다고 여겨지면 (1519년부터 1522년 사이 프랑수아 1세 치하의 프랑스가 그랬던 것처럼, 설사 그런 인상이 잘못된 것이었다고 해도) 인접국들은 합세해서 균형추를 반대 방향으로 기울여 그 나라가 좀 더 온건하게 그리고 올바르게 행동하도록 만들 것이다. 프랑수아 1세가 1525년 파비아에서 패배하고 생포된 사실은 힘의 균형에 실수가 있었다는 증거였다. 너무 강한 군주는 승자인 카를 5세였기 때문이다. 그러자 균형추는 반대 방향으로 기울었다. 심지어는 튀르크를 끌어들여 그들의 힘을 보탰다.

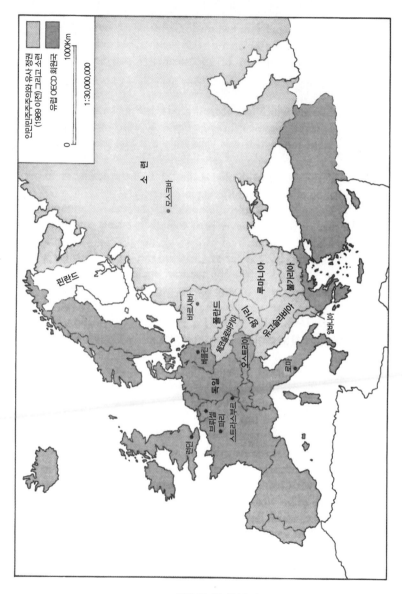

그림 17 두 개의 유럽

국가들이 강해지면서 이런 불완전한 평형 작용이 어느 때보다 위태로워졌다. 안전한 섬나라 영국만이 대가를 치르지 않고 힘의 균형을 추구할 수 있었다. 시소에 앉아 있지 않은 영국은 돈이나 군대로, 특히 돈으로 한쪽 혹은 다른 쪽의 비중을 낮췄다. 오랫동안 영국은 프랑스 반대편에 힘을 보탰고 자연스럽게 프랑스의 경쟁자와 동맹을 맺었다. 그러나 영국과 분열된 유럽이 개입에 실패하면서 지나치게 강해진 독일이 1871년 프랑스에 패배를 안기자 영-프 협상과 프랑스와 러시아의 동맹이 체결되었다. 1890년 이후 경제 성장과 증가한 인구 덕분에 독일은 적들에 둘러싸여 고립되었다는 사실에 분노하지 않아도 될 만큼 아주 강해졌다. 그러나 독일을 둘러싼 국가들이 독일의 우위가 확고하다고 확신할 만큼 독일이 강하지는 않았다. 궁극적인 결과는 전쟁이었다.

최근까지 세계는 힘의 균형에 발목이 잡혀 있었는데 그것은 단지 유럽에 국한되지 않는 전 지구적 차원의 힘의 균형이었다. '동방'과 '서방'이 양대 진영을 이루고 중립국들은 제3의 역할을 찾으려 했으나 그들에게 힘이 있을 때만 효력이 있었다. 그것은 분명 낡은 시스템이었고 그 붕괴의 결과들과 함께 오랫동안 세계를 위협했다. 그 시스템의 실패가 너무나 자주 유럽에 고통을 초래했기 때문이다.

힘에 의한 통합은 늘 실패했다. 이 단조로운 이야기의 유일한 교훈은 폭력만으로는 누구도 유럽 전체를 장악할 수 없다는 것이다.

카롤루스 대제까지 거슬러 올라갈 것도 없이 카를 5세 시대(1500-1558)를 잠깐 살펴보자. 그는 유럽에서 패권을 차지하려 했던 사람들 가운데 그나마 가장 악의 없고 매력적인 인물이었다. 그의 꿈은 그리스도교 왕국을 정복하는 것이었고 자신의 권위를 이용해 불신자인 이슬람교도들과 프로테스탄트 종교개혁에 맞서 그 왕국을 수호하는 것이었다. 카를 5세에게 '제국의 이상'은 에스파냐의 역사적인 십자군에 뿌리를 두고 있다.

카를 5세에게는 부족한 것이 없었다. 그에게는 군대가 있었고 훌륭한 지휘관이 있었으며 열정적이고 충성스러운 추종자들이 있었다. 그는 푸거Fugger 가문 같은 대은행가들의 후원을 받았으며 비할 데 없이 훌륭한 외교관들을 거느렸으며 해양을 지배했고 마지막으로 아메리카에서 오는 '보물'이 있었다. 그의 통치 기간 동안 에스파냐는 그야말로 아메리카의 광산에서 채굴된 금과 은을 나누어주는 금고였다. 그 일부는 무역을 위한 재정으로 쓰였고, 일부는 정치적 현안에 충당했다. 흔히 주장되어온 것처럼 카를 5세는 프랑스와의 싸움에서 패배했을까? 그렇기도 하고, 아니기도 하다. 패했다는 것은 카를 5세가 승전에도 불구하고 (당시 교통의 속도, 너무 느린 속도 탓에) 드넓은 프랑스를 완전히 장악할 수 없었기 때문이다. 게다가 프랑스는 카를 5세의 제국 '한가운데' 있었다. 1529년 카를 5세는 프랑스와 캉브레 조약에 조인했다. 훗날 그는 프로테스탄트계 독일에도 패배했다(1546, 1552-5년). 그는 튀르크의 이슬람교도들에게 힘을 소진했고 그들은 빈을 위협한 것은 물론이고 지브롤터 해협과 그 너머 에스파냐의 해안까지 습격했다.

달리 말하자면 카를 5세의 패배는 술탄과의 동맹이라는 불명예스러운 전략을 포함해 모든 수단을 동원한 '유럽의 합작품'이었다.

　루이 14세는 17세기 몇 해 동안만 유럽을 장악했다. 그때는 모든 사람이 그야말로 전통적인 힘에 의지하던 시절이었고 1683년 장 바티스트 콜베르가 사망하기 전까지 농민 경제와 초보적 자본주의의 혜택을 누리며 강력한 프랑스 정부의 통제가 잘 통하던 시절이었다. 대략 1680년경 세계 경제가 다시 회복되기 시작하자 프랑스는 패권을 상실했다. 1672년 홀란트의 홍수로 프랑스 군대는 암스테르담에 닿을 수 없었다. 1688년 오렌지 공 윌리엄이 영국에서 즉위했다. 그리고 1692년 투르빌 제독의 함대가 라오그 전투에서 완패해 셰르부르 반도의 동부 해안에서 후퇴했다. 에스파냐 왕위계승전쟁에서 프랑스는 적들을 모두 상대할 수 없었고 이베리아반도를 장악하지 못했다. 그리고 그 너머 에스파냐령 아메리카의 부도 차지하지 못했다.

　나폴레옹의 모험도 같은 양상을 보였다. 한편으로 엄청난 승리를 거두었지만 다른 한편으로 1805년 트라팔가르 해전에서 참패했다. 프랑스의 정복 활동이 방대하다고 해도 유럽 대륙에 국한되었고 영국은 드넓게 펼쳐진 바다에서 세력을 떨칠 수 있었다. 도버 해협 방어에는 노후선 100척에서 150척이 동원되었을 뿐이다. 1805년에 누군가는 그곳을 '성큼성큼 걸어서도 건널 수 있다'라고 생각했다. 메시나 해협도 마찬가지였다. 나폴리를 프랑스, 혹은 뮈라가 차지했지만, 시칠리아는 망명한 부르봉 왕가가 차지했다.

　마찬가지로 히틀러의 독일도 같은 양상이었다. 그들의 위협에 맞서 사실상 나머지 세계 전부가 제휴했다.

공동시장은 정치적 통일을 추구한다. 오늘날 유럽의 정치적 통일이 무력을 동원하지 않고 관련국들의 공동 의지로 성취될 수 있을까? 계획은 윤곽이 잡혔고 일부 지역에서는 열정적 반응이 나타난다. 그러나 심각한 어려움도 있다.

우리는 이미 그런 어려움을 일부 목격했다. 특히 서유럽만 해도 통합과 거리가 멀다. 유럽의 건설은 '남은 유럽'으로 시작해야만 했다. 그리고 다시 유럽의 통합은 다른 곳에서 문제를 일으킨다. 통합이 세계의 정치 경제적 평형에 영향을 끼치는 한 그렇다. 1958년 11월 14일 이미 한 은행가가 다음과 같이 선언했다. '세계의 특정 지역에서 유럽 연합이 비회원국에 대한 차별 정책을 채택할 우려가 있다. 예를 들어 유럽 연합이 라틴아메리카의 적도 지역에서 생산된 것보다 흑아프리카의 적도 지역에서 생산된 것을 더 선호하는 등의 선택을 할 것이라는 우려가 있다.' 1992년 말까지는 완성될 단일 시장에 대해서도 '유럽 요새fortress Europe'가 비슷한 우려를 표한 바 있다. 정당한 우려는 아니었다.

그러나 주된 어려움은 내부적이고 제도적인 문제로 조약과 타협으로 해결될 수 있는 종류의 어려움이 아니다.

드골 장군의 표현을 빌리자면, '유럽국가연합L'Europe des patries'에 속한 각국 정부는 주권을 양보하고 희생할 수 있을까?

1950년 8월 8일 이미 앙드레 필리프는 '불화를 피하려고 우리 의회는 꼬박 1년 동안 모든 타협을 수용했다. 그런데 결과는 무엇인가? 아무것도 없다. 우리가 유럽을 건설하기 위해 이곳에 왔다는 걸 증명하지 못하면 여론은 곧바로 우리를 증오할 것이다.' 8월 17일 필리피는 '다른 곳에 가서 유럽을 건설하겠다'라고 위협했다.

11년 뒤인 1962년 1월 10일 브뤼셀에서 벨기에 외무장관 폴-앙리 스파크는 공동 농업 정책에 대한 합의에 도달하기 나흘 전에 다음과 같이 선언했다(예언일 리 없다).

모든 면으로 볼 때 초국가적 정치체supranationlaité 없이는 유럽의 효과적 통합이 불가능하다는 믿음에 이르게 된다. 이른바 '유럽 국가연합'은 편협하고 부적절한 개념이다. 가면 갈수록 불일치와 거부권에 맞서 싸울 일이 많아질 것이다. 몇 주 전에 나는 유엔에서 소련의 거부권 행사를 목격했다. 더 최근에는 나토에서도 비슷한 경험을 했다. 독일과 베를린 문제에 관해 한 정부의 반대 탓에 나토는 확고하고 건설적인 입장을 견지할 수 없었다. 지금 팔레 드 콩그레에서 유럽의 공동 농업 정책을 둘러싸고 벌어지는 일을 보고 있자면 그런 확신이 굳어진다. 이런 논의에서 공동체 정신을 찾으려는 것은 헛수고일 뿐이다. 모두가 자국 농민의 이해관계를 대변하고 있다…… 만장일치라는 골치 아픈 규칙이 없었다면 6개국 위원회의 협상에 훨씬 더 속도가 붙었을 것이다…… 우리는 외교 정책 부문에서 '유럽국가연합'을 제안받았다. 혼란을 일으키는 것 외에 무엇을 할 수 있을까? 한 국가를 제외한 모든 회원국이 공산화된 중국의 문제를 거론한다 해도 한 국가가 모든 결정을 봉쇄할 것이다…… 그래서 나는 이런 문제들에서 초국가적 정치체의 정신을 포기하는 게 과연 좋은 생각인지 의구심이 든다.

모두 다 일리 있는 주장이다. 분열된 집단에서 다수결이 모든 문제를 해결할 만능열쇠는 아니다. 치밀한 계략, 극비 타협, 일부 의회에서 '막후협상'이라고 부르는 것으로 다수 의견을 형성할 수 있다. 또한 거부권에 관한 거래만이 아니라 일관되고 사심 없는 정책으로도 다수 의견을 형성할 수 있다. 관건은 최소한 심층적인 기본 원칙 위에서 현재 유럽 국가들의 정치적 견해를 어디까지 조율할 수 있는가이다. 안 된다면 '유럽의 힘의 균형'이라는 위험으로 되돌아간다는 뜻이 될 것이다. 게다가 이번에는 새로운 공동체 내부에서다.

정치적 통일을 옹호하는 사람들은 자신들은 자유로운 의사결정을 추구한다고 주장하며 그런 주장을 계속해왔다.

패권은 없다. 1958년 독일의 한 기업가는 이렇게 선언했다. 나폴레옹의 유럽도 히틀러의 유럽도 아니다. '힘에 기반한 통일은 지배국의 지배가 느슨해지면 파열을 초래할 뿐이다. 당장 눈앞에 있는 예를 보라. 예컨대 바르샤바조약기구 안에서 **뤼스**(russe[원문 그대로 인용], 소련)의 권력을 중심으로 모인 국가들은 경제적으로나 정치적으로나 **뤼스**의 이해관계에 따라 통제된다.'

인용할 수 있는 글들은 많겠지만 그중에서도 특히 이 글이 문제를 명확하게 지적한다. 당시 많은 사람이 소련이라는 위험에 맞서 유럽, 혹은 '남은 유럽'의 재결합을 목표로 삼았다. 이는 분명 미국의 정책이었고 소련에 맞선 '방어막'이었다. 1951년 12월 15일 유럽석탄철강공동체EEC를 위한 슈만 플랜이 논의되고 있었다. 프랑스 총리 폴 레노는 이렇게 단언했다. '펜타곤이 유럽 방어 계획을 피레네에서 포기한 것은 아이젠하워 장군의 덕임을 잊지 말아야 합니다. 그는 유럽 국가들이 프랑스 주도의 유럽을 건설하고자 한다고 거듭 반복했습니다. 슈만 플랜이 거부되면 무슨 일이 벌어질지에 관해 결론을 도출하십시오.'

이런 정치적, 군사적 계산의 정신에 맞서 더 현실적이라서 더 합리적인 또 다른 것을 상상해 볼 수 있다. 유럽 의회 의원이기도 한 상원의원 앙드레 아르멩고가 1960년 2월의 훌륭한 강연에서 이 문제를 다루었다. 그가 보기에 유럽은 한편으로, 1917년 '페트로그라드'에서 탄생했고 '모든 고전 경제학자가 한결같이 오래가지 못할 것이라고 말했던' 공산주의 경제의 부상과, 또 다른 한편으로 세계 전역에서 진행되고 있는 과거 유럽 식민지들의 해방 사이에 갇혔다. 그러므로 유럽을 혁명적인 방식으로 조직해야 한다. '소수에게 특혜를 주는' 체제를 탄생시킨 자본주의 이윤의 추진력 아래 최적의 노동력 활용을 위해 그렇게 해야 한다. 달리 말하자면 조류를 완전히 바꿔야한다.

그 문제들을 이윤을 위한 이윤의 관점에서 보는 대신 인간이 그로부터 도출할 수 있는 이익의 관점에서 보는 편이 현명하다. 그리고 동서의 대결 역시 20세기 사회의 인간 문제를 위한 최선의 해결책이라는 차원에서 보아야 한다. 이는 귀 기울일 만한 지혜가 아닐까?

유럽 연합이 완성될지 그것이 실현할 수 있는 일인지를 아는 것이 관건이다. 세계 다른 강대국들이 유럽 연합을 받아들일 것인지도 물어야 한다. 유럽 연합의 경제적 주장이나 정치적 지향에 불편함을 드러낼 국가들도 있을 것이다. 번영을 이룬 독일이 과거 조정된 국경을 그대로 포기한 채 평화로운 유럽을 탄생시킬 수 있을까? 아니면 공격적인 유럽이 탄생할까? 새로운 유럽은 (오늘날처럼 서로 긴밀히 연결된 세계에서 모든 사람의 삶이 걸린) 전 지구적 저개발 문제의 해법을 찾는 일에 무게를 실을까? 아니면 미래에 발맞추지 못한 채 계속해서 국가의 이기심을 여전히 이해할 수 있다고 믿고 그래서 유럽의 국민국가들이 떠나야 했던 지점에서 '유럽 민족주의'가 계속 굴러갈 수 있다는 믿음을 견지할까? 한마디로, 창조적으로 평화를 창출하는 유럽이 될까? 아니면 우리가 너무나 잘 아는 종류의 긴장을 유발하는 판에 박힌 유럽이 될까?

이런 것들을 묻는다는 것은 사실상 다음과 같은 근본적인 물음을 던지는 것이다. 유럽 문명은 미래 세계를 위해 무엇을 할 수 있을 것인가?

이 질문이 현재 유럽을 건설하고 있는 이들의 중요한 관심사가 아니라는 점을 굳이 지적할 필요가 있을까? 관세, 가격, 생산 수준에 관한 합리적 논쟁들은 타산적이기만 하다. 가장 관대하다는 서로에 대한 양보 역시 그렇다. 그들은 경제 계획의 탁월한 예측에만 능통한 전문가들의 고도로 기술적인 수준에 머무는 것 같다. 물론 이런 것들이 없어서 안 된다는 점을 부인할 사람은 없다.

그러나 이런 합리적 산술의 결과를 제시하기만 하면 사람들이 과거 유럽을, 심지어 최근 유럽을 되살릴 수 있다고 생각하는 것은 큰 오산이다. 그런 셈법은 열정의 물결, 결코 지적이지 않다고 할 수 없는 '열광'에 견주면 미흡해 보인다. 통계치를 통해 유럽인의 집단의식을 구축할 수 있을까? 오히려 그것은 예측할 수 없는 방식으로 통계치를 벗어나거나 통계치를 넘어서지 않을까?

문화적 이상으로서의 유럽이 현재의 의제에서 가장 마지막에 놓인다는 사실이 걱정스럽다. 사람들은 어떤 신비주의나 이데올로기에 심취하지 않는다. 잠잠해졌다고 오해할 만한 혁명이나 사회주의에 몰두하거나, 종교적 믿음의 생명수에 몰두하는 사람도 없다. 그러나 처음 유럽을 만들고 여전히 그 안에서 작용하는 오래된 힘에 관심을 기울이지 않는다면, 한마디로, 유럽의 다양한 형태의 인문주의를 외면한다면, 유럽은 없을 것이다.

사실 선택의 여지가 없다. 유럽이 다양한 형태의 인문주의에 의지하지 않는다면 조만간 그것들에 의해 뒤집어지거나 버려질 것이다. '유럽국가연합'은 멋진 구호다. 그러나 장차 달성되어야 할 것으로 남아 있다.

2부.

아메리카

1. 또 하나의 신세계 라틴아메리카

아메리카는 두 개의 거대한 문화적 실체로 이루어졌다. '아메리카'라는 단어 자체가 느슨하게 미국(그리고 때때로 미국의 권역 안에 있는 캐나다까지)을 지칭하는 데에 사용된다. 아메리카는 명실상부한 신세계다. 미래의 삶이 경이롭게par excellence 실현되는 그야말로 신세계다. 또 다른 아메리카는 두 아메리카 가운데 더 큰 곳, '라틴아메리카'다. 이 명칭은 비교적 최근에 적용된 것으로 1865년경 프랑스가 나름의 이유로 처음 사용했는데 그 뒤로는 유럽 전체가 사용한다. 이 아메리카는 하나이기도 하고 여럿이기도 하다. 대체로 유색인들이 거주하고 극적이며 분열되었고 경쟁이 치열하다.

라틴아메리카로 시작하면 북아메리카와 직접적인 비교를 피하는 데에 도움이 된다. 그렇지 않으면 엄청난 물질적 부의 무게에 압도될 것이다. 이런 식으로 우리는 라틴아메리카에 합당한 방식으로 라틴아메리카의 특정한 문제와 그 뚜렷한 진보를 깊이 있는 인문주의와 함께 관찰할 수 있을 것이다. 과거 라틴아메리카는 북아메리카를 훨씬 앞질렀다. 라틴아메리카가 먼저 부를 얻었다. 부러움과 갈망의 대상이 될 이유가 충분했다. 라틴아메리카의 현 상황은 결코 좋지 않다. 먹구름이 잔뜩 드리웠다. 아직은 뚜렷한 희망이 보이지 않는다.

지리, 자연, 사회: 문학의 증언

세계 어디에도 라틴아메리카보다 더 꾸준하고 급속하게 변모하는 곳은 없다. 오늘날 라틴아메리카의 모습에서는 가치 있는 미래가 보이지 않는다. 오히려 잘못되고 있는 것으로 보인다.

우리 눈으로 직접 살펴볼 수 없다면, 그 놀라운 문학을 통해 읽어볼 수 있을 것이다. 그곳의 문학은 직설적이고 순박하고 정치색을 솔직히 드러낸다. 라틴아메리카 문학은 영혼을 위한 수많은 여행을 선사한다. 그리고 그 문학이 증언하는 것은 보고서에서 읽을 수 있는 것보다, 그리고 사회학이나 경제학이나 지리학이나 역사 연구에서 볼 수 있는 것보다 더 예리하다(물론 탁월한 역사 연구도 많다). 라틴아메리카 문학은 따뜻하게 환대하고 개방적인 태도를 보이면서도 언제나 내밀하고 때로 비밀스럽기까지 한 라틴아메리카 국가와 그 지역의 본성을 고스란히 보여준다. 그리고 이는 귀중한 가치가 있다.

지리적으로 라틴아메리카는 드넓다. 지금도 희박한 인구가 더 줄어들고 있어서 마치 제 몸에 맞지 않게 너무 큰 옷을 걸친 모양새다. 사람들을 흥분시킬 만큼 어마어마한 공간이 있다.

물론 비행 덕분에 이런 방대함이 줄고 인간적으로 변했으며 거리감을 주는 것이 거의 사라졌다. 그래서 해외 관광객들은 라틴아메리카의 규모라는 근본적인 사실을 점점 더 간과한다. 이미 몇 해 전에 아마존 분지를 돌아보는 데 여섯 시간이 채 걸리지 않았다―비행으로 그곳을 돌아보는 이유는, 오히려 그 안을 여행하기가 여전히 몹시 어렵기 때문이다. '그곳이 바로 숲이다isto é metto' 브라질 사람들은 이렇게 말한다. 그런 다음에는 2기통 경비행기 덕분에 아르헨티나와 칠레 사이 안데스 상공을 비행할 수 있게 되었다. 그런데 비행기는 라쿰브레 계곡을 따라 협궤열차 바로 위로 날았는데 때로 바람에 밀려 드넓은 계곡 양편, 산맥 **사이**―실은 산맥 아래―를 요란하게 진동하며 날았다. 이제는 4기통 경비행기가 안데스 상공을 매일 운행하고 안데스산맥은 태양 아래 반짝이다가 10분이나 15분이면 시야에서 사라지는 빙하나 다를 바 없다. 그러고 나면 비행기는 드넓게 펼쳐진 아르헨티나 평원이나 칠레 해안으로 하강한다. 이제 비행은 흔한 일상이 되었다. 라틴아메리카 어디서나 이륙하는 비행기 소음을 들을 수 있다.

그러나 사실 특권적인 여행객들만 이런 경이로운 단축을 경험할 수 있다. 북풍 탓에 정원의 화초들이 여전히 얼어 있는 멕시코시티에서 유카탄 반도나 베라크루즈의 열기 속으로 향하거나 아니면 아카풀코에서 꽃들이 흐드러진 태평양 연안 축제로 향하는 이런 호화 유람은 특권적인 여행객들만 누릴 수 있는 경험이다. 마찬가지로 오직 돈 되는 상품이나 사치품들만 항공으로 수송된다. 칠레산 해산물이 부에노스아이레스로 향하고 살아 있는 가축이나 부위별로 손질된 정육이 멘도사에서 코르디예라나 산티아고를 거쳐 북부 사막에 거주하는 칠레의 광부들에게 공수된다.

그러므로 거리를 좁히는 일은 보기와 달리 여전히 예외적인 일이다. 리우데자네이루 공항에서는 매분 비행기가 상륙하고 이륙한다. 그러나 승객은 전체 인구 가운데 아주 적은 일부이며 기본적으로 중산층이다. 라틴아메리카에서 항공 운송은 유럽에 촘촘히 연결된 교통망을 제공하는 기차나 버스, 자가용 같은 대중교통이 아니다.

라틴아메리카는 생긴 그대로 사람과 동물의 걸음으로 측량되는 세계에 살았고 여전히 살고 있다. 라틴아메리카에서 속도는 철도나 도로로 결정되지 않는다. 사실 그런 경우는 드물다. 멕시코의 고속도로carreteras에서 보듯, 훌륭한 도로들도 있지만 많지 않거니와 여전히 건설 중이거나 보수 중이다. 라틴아메리카에는 여전히 이런 한가로운 도로의 흔적이 남아 있다.

우리가 상상의 나래를 펴고 호세 에르난데스의 1872년 시에 등장하는 그 옛날의 영웅적인 가우초 마르틴 피에로와 함께, 혹은 천재적 작가 리카르도 기랄데스의 소설에 등장하는 최후의 자유로운 방랑 가우초 세군도 솜브라와 함께 말을 타고 여행한다면, 라틴아메리카의 엄청난 거리를 실감하고 인정하게 될 것이다. 1902년 에우클리데스 다 쿠냐의 책 『오지의 반란』(1902)에 묘사된 가뭄과 기근의 땅, 브라질 북동부 '오지'를 보는 것도 이런 거리를 실감하는 데 도움이 된다. 또한 루치오 만실라의 인디오와의 협상을 묘사한 글을 이해하는 데에도 도움이 된다. 이 소설은 부에노스아이레스에서 발행되는 〈라 트리뷰나〉에 연재되었다가 1870년에 『랑켈족 인디오를 향해 가는 여행』이라는 제목의 단행본으로 출간했다. 방대한 아르헨티나의 내부와 그곳에 사는 토착 민족들의 모습을 경이롭게

| Km² | 1,200만 | | 800만 | |
| 거주인구 | 1억 2,500만 | | 6,200만 | |

그림 18 에스파냐령 아메리카와 포르투갈령 아메리카

회색은 에스파냐어 사용 지역이고 빗금친 지역은 프르투갈어 사용 지역이다. 두 개의
막대그래프는 이 두 라틴아메리카 지역 각각의 면적(위)과 인구(아래)를 보여 준다.
에스파냐령 아메리카는 영토에 비해 인구의 비율이 훨씬 높다. 그래서 포르투갈령 아
메리카보다 인구 밀도가 높다.

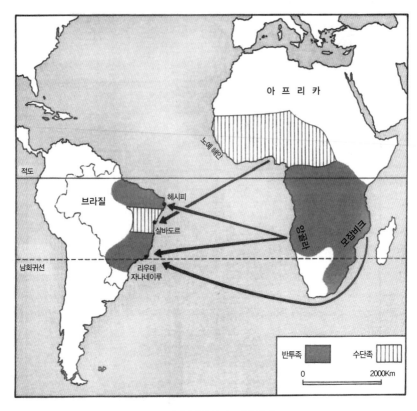

아 프 리 카

노예 해안

적도

브라질

헤시피

살바도르

리우데
자나네이루

남회귀선

앙골라

모잠비크

반투족   수단족

0   2000Km

그림 19 라틴아메리카 흑인 인구의 출신지

묘사한 작품이다. 더 좋은 예는 자연학자이자 소설가인 윌리엄 헨리 허드슨(1841-1922)의 작품이다. 거의 미답의 영역인 파타고니아에 관한 설명이 담겨 있다.

독일의 알렉산더 폰 훔볼트(1769-1859)와 프랑스인 오귀스트 드 생틸레어(1799-1835)의 훌륭한 여행기도 빠트려서는 안 된다. 그들은 외국인이었지만 자신들이 묘사한 나라에 매료되었고 남미 문학은 처음부터 사실상 그들을 포용했다.

이런 고전적 설명에서 얻을 수 있는 가장 생생한 이미지의 하나는 대열을 이루어 이동하는 나귀 행렬에 관한 설명이다. 거의 정해진 시간표에 따라 정해진 행로로 이동하며 일정한 간격마다 '정거장'에 해당하는 란초rancho가 있어서 사람과 동물, 상품이 밤을 지내고서 다음 날 계속 이동할 수 있었다. 그런 나귀 행렬은 최초의 화물 운송이자 최초의 화물로였다. 그들은 오늘날까지도 여전히 드넓게 펼쳐진 공간을 횡단하는 첫 번째 수단이었고, 심지어는 오늘날에도 그렇다. 우리가 알고 있듯이, 서양에서도 마찬가지지만, 사람들이 한 장소에 확고히 뿌리내리지 못하고 쉽게 터전을 옮기는 것은 더 나아갈 드넓은 지평을 바라보기 때문이다. 그래서 지금도 대륙의 심장부를 가로지르는 동물들의 행렬이 넘친다. 그리고 그 행렬은 16세기와 17세기에 그랬던 것처럼, 내륙의 바이아 가축시장 같은 전통적인 시장으로 향한다. 거의 비용을 들이지 않거나 공짜로 토지를 활용할 수 있다는 점에서 그것은 자원을 이용하는 원시적이고 저렴한 방식, 일종의 염가 자본주의다.

그렇게 사람들은 고립되었다. 이 방대한 지역 안에서 자취를 감추거나 그 안에 매몰되어 버렸다. 도시는 아주 멀리 떨어져 있었고 모국과 식민지의 수도로부터도 멀리 떨어져 있었다. 그리고 몇몇 지방은 이탈리아나 프랑스보다도 넓었다. 최선이라고 생각했던 제 일을 꾸리는 것이 전부라고 할 수는 없어도 훨씬 자연스러운 일이었다. 특히 과거에 그랬다. 대안은 없었다. 그래서 최우선이었던 것이 남겨졌다. 북미와 남미에서 모두 자치를 원칙으로 하는 '아메리카식 민주주의'는 그 넓은 공간의 결과물이었다. 공간은 모든 것을 완화하고 모든 것을 보존한다. 물론 그 모든 것이 정복되기 전까지다.

최근까지 가장 큰 목적은 농민들을 자연이라는 야만적 제약에서 해방하는 것이었다. 남미에서 자연은 칭찬할 만한 사람들을 배출했고 여전히 배출하고 있다. 바로 투박하고 가난하지만 부지런한 사람들이다. 예컨대 팜파스 초원의 가우초들, 브라질의 카보클로, 멕시코의 농민이나 날품팔이 일꾼들. 에밀리오 사파타 같은 진정한 지도자가 있었다는 점을 생각하면, 그들이 저항적인 것은 당연한 일이다. 사파타는 1911년부터 1919년 사이 그들의 명분을 위해 싸웠다.

그렇다면 이런 가난한 사람들을 해방하는 것이 진정한 문제가 아니었을까? 가난이야말로 그들의 삶에 정말로 야만적인 구속을 가했기 때문이다. 19세기와 20세기의 이상주의적인 지식인들은 모두 가난한 이들의 해방을 꿈꾸었다. (꼭 필요한 경우가 아니라면) 사람들이 야생마를 조련하는 방식으로 사람들을 훈육하지 않고 그들이 건강하게 더 잘 살고 글을 깨칠 수 있도록 가르치기를 꿈꾸었다. 그것은 시급했지만 완수하지 못한 일이었다. 교사와 의사, 보건 전문가로 구성된 여행단이 열정적으로 함께하며 '문맹 퇴치 운동'을 주도했다.

'야생마' 같은 농민들은 19세기와 20세기의 많은 소설에 자연스럽게 등장한다. 과거에 그들은 사랑의 결투처럼 문명과 대결하는 것으로 묘사되곤 했다. 이 감상적 상징체계는 신파극을 연출하지만 거기에도 분명한 가치가 있었다. 조금만 손보면 누아르 소설이 될 수도 있을 것이다.

아르헨티나의 팜파스에서 마르틴 피에로(1872)는 원초적 존재였지만 제 노래를 부르는 그리스도교도이자 음유시인이었다. 그는 사막의 인디오들에 합류하기 위해 범죄자의 삶을 청산했다. 그러나 그에게는 언제나 '명예pundonor'가 있었다. 때로는 사막 한가운데서 술을 파는 요새화된 여인숙pulperia 같은 곳에서 칼부림을 불사하는 것을 포함했지만. 『바르바라 부인』에서는 여성이 주인공으로 등장한다. 1929년 로물로 가예고스가 발표한 작품인데 그는 1947년에 베네수엘라 민선 대통령에 선출되었다가 이듬해 군사 쿠데타로 망명길에 오른 인물이다. 바르바라는 그 상징을 명확히 하기 위해 택한 이름이었다. 현기증이 날 만큼 아름다웠지만 거칠고 부도덕한 그녀는 부끄러운 줄 모르고 원하는 것이면 무엇이든 손에 넣는 성품을 지녔고 허물도 많았다. 그러나 두려움은 없었다. 그녀는 점잖고 순박한 호감형의 '법학 박사'를 끝내 굴복시킬 수 없었는데 그는 강어귀의 목초지, 야노스를 유산으로 상속받았다. 강물 위로 아주 느린 속도의 배들이 떠다녔고 승선자들은 잠자는 악어를 사냥할 시간을 얻었다. 그리고 우리의 법학자께서는 마치 버팔로 빌이라도 된 것처럼 총을 쏘았다. 『검은 여인 앙구스티아스』(프란시스코 로하스 곤잘레스는 이 작품으로 1944년 멕시코 국민문학상을 받았다)의 여주인공 역시 아름답고 순박하지만 잔인하고 무자비한 도적 떼의 우두머리였다―그렇지 않고는 소설이 되지 않았을 것이다. 어느 좋은 날, 이 천진하고 사나운 여성이 그녀에게 글을 가르쳐준 온화한 선생님에 의해 갑자기 온순해진다. 기적이 일어난다. 앙구스티아스는 선생님과 결혼하고 문명을 영접한다.

이런 유형의 소설이 다 그렇게 감상적인 것은 아니다. 『소용돌이』는 콜롬비아 작가 호세 에우스타시오 리베라의 작품인데 아마존 정글이 삼켜버린 어느 연인들을 그린 슬픈 이야기이다. 그러나 낙관적이든 비관적이든 그 책이 비난하는 것은 자연이다. 사람들을 야만인으로 만드는 것이 자연이고 그래서 문명화하고 해방을 이루려면 자연을 정복해야 한다. 칠레의 소설가 벤하민 수베르카소에 따르면, '터무니없는 지리적 위치'가 바로 칠레의 불운이다. (『칠레 혹은 지리적 위치』, 1940)

그런 시각과 그런 문학은 옛날이야기다. 오늘날 그들의 세계는 차츰 수평선 아래로 가라앉고 있다. 어떤 의미에서는 애석한 일이다.

농민과 사회 저항 문학이 모습을 드러내고 있다. 오늘날 문학의 주인공은 단연 가난한 사람들이다. 이들은 자연 때문에, 거리 때문에, 또는 가난 때문에 세상과 단절되었고 이제 새로운 종류의 문학—전투적이고 폭력적이며 직설적이고 대단히 다채로운 문학이다—에 포착되었다. 이런 문학은 가난한 사람들을 사회의 희생자로, 길들지 않은 자연이나 가난한 사람들의 고통에는 무관심한 문명의 희생자들로 등장시킨다. 이런 문학은 하나의 전환점을, 새로운 시대의 시작을 알린다. 그 기조는 확실히 혁명적이다. 남미 특유의 문제들에 대한 날카로운 인식, 그리고 '문명'의 혜택을 확신하지 못하는 태도를 증언한다. 거기에는 암울한 리얼리즘과 그 절망이 담겼다.

멕시코 소설가 마리아노 아수엘라(1873-1952)의 작품 『하층민들』(1916)은 오래된 이야기일 뿐이다. 그 작품은 우리를 이 복잡한 익명의 혁명 속에 던져 넣는다. 최소한 1910년 이후 현대 멕시코를 만들었으나 완성하지는 못했던 혁명, 그 결과

약 백만 명의 가난한 사람들을 죽음에 이르게 한 혁명 속으로 우리를 던져 놓았다. 곧 죽게 될 한 무리의 혁명 전사들(그리고 혁명 집단의 의사였던 작가는 그 죽음을 목격했다)을 다룬 이 이 야기는 무장도 하지 못한 채 무자비한 사회에 맞선 가난한 악마들의 미몽을 다룬다. 그들이 맞선 사회는 부자는 너무 부유하고 너무 흉포한데 가난한 이들은 너무 가난하고 많으며 너무 순박한 사회였다.

브라질의 위대한 작가 조르지 아마두의 대하소설은 주로 굶주림과 이민, 만성 빈곤의 땅인 바이아 지역을 배경으로 폭력과 아름다움을 놀라운 솜씨로 결합한다. 소설의 강렬한 정치적 색채와 논쟁적 어조에도 불구하고 그 소설들은 믿을 수 없을 정도로 원초적인 농민과 굶주림에 맞선 그들의 투쟁을 탁월하고 진실하게 보고한 르포문학이다. 그곳은 위안 삼을 자연의 아름다움조차 없는 그야말로 봉건적인 시골 지역이다.

이 작품의 모든 곳에서 고통스러운 증언들이 거듭 등장한다. 소설가 호르헤 이카사는 우리를 그의 고향 에콰도르로 인도한다. 지도상의 그곳은 아주 작지만 실은 이탈리아보다도 크다. 갈라파고스섬을 거느린 에콰도르의 면적은 12만 3,000제곱 마일이다. 1962년 그곳의 인구는 200만 명에 불과했고 100만 명의 이민자를 받겠다고 공표했다. 20년 뒤 에콰도르 인구는 900만 명을 넘었다. 이카사의 1934년 소설 『대문*Huasipungo*』(1962년에 영역되었다)의 주인공 알폰소 페레이라는 산 꼭대기에 있는 본인의 영지로 가족을 데려간다. 그곳은 키토에서 아주 멀리 떨어진 곳이며 거친 시골길로 이어졌다. 딸이 어리석은 믿음으로 인디오의 아이를 임신한 탓에 그는 도시에 머물 수 없다. 사생아의 출산을 들키지 않을 곳은 산속밖에 없었기 때문이다. 여행은 이상한 사고의 연속이었다. 노새들이 고지대 늪지 주변에 도착했을 때 꼼짝없이 그들의 발이 묶였고 모두 노새에서 내렸다.

그러자 인디오 셋이 소매로 얼굴에 서린 성에를 닦아내고 고용인들을 등에 업을 채비를 했다. 그들은 판초를 벗고 허름한 바지를 허벅지까지 걷어 올린 다음 모자를 벗었다. 판초는 목에 둘렀는데 마치 도적 떼의 목도리처럼 보였다. 헤져서 구멍이 난 옷 사이로 살을 에는 추위가 밀려들었다…… 그러고 나서 그들은 그 가족(아버지, 어머니, 딸)이 나귀 등에서 옮겨 탈 수 있게 등을 내밀었다.

그러고 나서 그들은 얼어붙은 진흙을 뚫고 계속 행진했다……

문학적 자연스러움은 떨어지지만 언제나 감동적이다. 어쩌면 너무 가혹한 사회적 현실 탓에 소설은 근본적으로 폭력적인 소작쟁의가 왜 일어나게 되었는지 고찰했고 촌락의 참상만 보는 데 만족했다. 교외 산업 시설에서 일하는 노동자들의 삶이나 그 너머 외딴 광산 지역에서 일하는 노동자들의 고통은 그 시야와 경험에서 벗어나 있다. (전문가들을 위한 사회학 연구와 별도로) 도시 빈민을 다룬 흔하지 않은 이야기가 출판되었는데 상파울루 판자촌에 살던 문맹이나 다름없는 브라질 흑인, 카롤리나 마리아 데 제주스의 불편한 일기이다. 그녀의 삶에 관한 이 일상의 기록은 문학 작품이 아니며 사회학 논문은 더더욱 아니다. 일종의 원사료이다(1962년 스톡 출판사에서 낸 프랑스어본은 『하수구』라는 제목으로 출간되었다).

이런 작품은 지극히 예외적이고 문학은 촌락의 참상에 집중했다. 그리고 반란과 폭력과 혁명이 아니고는 그에 대한 어떤 희망이나 치유법도 없어 보인다. 그리고 그것이 바로 피델 카스트로의 쿠바 혁명이 라틴아메리카 전체에 그토록 큰 영향을 끼친 이유다. 쿠바 혁명은 더할 수 없는 농민 혁명이었다. 그리고 그 혁명의 실패나 운명이 어떻든 역사의 한순간을 장식했다. 최소한 그 혁명은 라틴아메리카의 정치 사회적 문제와 필요한 해법을 진지하게 검토해야 한다는 점을 강조했다. 이는 라틴아메리카의 모든 지식인이, 그들의 개인적 입장이 무엇인지와는 관계없이, 알고 있는 바다.

인종 문제: 유사—형제애

그러나 아무리 망설임과 지체, 유보적 자세가 있었다고 해도 라틴아메리카는 가장 심각한 문제 하나를 해결했거나 적어도 해결하고 있다. 북미와 남미 사이에는 유일하지는 않지만 가장 큰 차이가 존재한다. 바로 남미가 자연스럽게 인종적 편견에서 점점 더 멀어지고 있다는 사실이다. 물론 이 문제에서 완벽한 사람들은 없다. 그러나 세계 어디에 이보다 나은 사람들, 혹은 이만한 사람들이 있는가? 이미 엄청난 성공을 거뒀다.

하지만 라틴아메리카의 역사는 그 문제를 해결하기 위한 여건을 미리 준비했는데, 피부색으로 대비되는 세계의 가장 큰 세 '인종'이 그곳에 나란히 존재하게 만들었다. 황인(인디오의 경우 '붉은' 인디오라고 잘못 불리고 있다), 흑인, 백인 세 인종 모두 대단히 열정적이고 어느 한 인종도 물러날 기세가 아니다.

콜럼버스 이전 아메리카, 요컨대 마야 문명과 아스테카 문명을 합친 멕시코 문명, 높은 산지에서 화려하게 등장해 잉카 제국의 '유사-사회주의' 권위 아래 어느 정도 통일을 이룬 안데스 문명, 그리고 신세계의 드넓은 나머지 지역을 차지한 원초적 문화들이 그대로 남았다면 인종 문제는 없었을 것이다.

15세기 말 유럽이 고작 5,000만 명에 불과한 인구를 지녔고 그들의 양식과 생필품을 생산하느라 겨를이 없어서 아메리카 모험에 남는 소수의 인원밖에 보낼 수 없었던 작은 세계가 아니라 인구가 과밀하고 어디에나 무력으로 그 법을 부과할 수 있었다면, 과연 인종 문제가 안 생겼을까? 16세기 내내 세비야를 떠나 신세계로 향한 인원은 10만 명에 불과했다. 물론 그들이 정복자가 될 수도 있었을 테지만 과연 아메리카를 장악할 수 있었을까?

마지막으로 기니만 연안을 시작으로 아프리카 해안 전체가 인력을 공급하지 않았다면, 인종 문제는 발생하지 않았을 것이다. 흑인 노예가 없었다면 설탕도, 커피도, 황금도 없었을 것이다.

그렇게 해서 이제 이 세 인종이 서로 대면한다. 그들 가운데 누구도 다른 인종을 제거하거나 제거하려 할 만큼 강하지 않다. 서로 함께 살아야 했기에 마찰을 피할 수 없었지만, 그들은 섞여 살아야 하고 어느 정도 서로를 관용하고 존중해야 한다는 사실을 수용했다.

민족의 공간은 남아 있다. 어떤 경우에도 서로 다른 인종의 지리적 구분보다 더 명확한 것은 없다. 사실 그것은 과거의 유물이다.

최초의 백인 정복자들이 마주친 것은 인디오 문명이었다. 새로 들어온 사람들은 인디오들을 야만적으로 대했다. 정복자들은 인디오들을 쓸어냈을 것이다. 정복의 결과 착취와 강제 노동의 훨씬 더 큰 참극이 뒤따랐다. 토착 주민들이 위험스러운 수준으로 감소했다. 인디오들은 어디서나 원시적인 상태로 남아 있었다. 부족 단위로 생활하는 유목민이었고 카사바로 연명했다. 유럽인들이 도착하자 그들은 소멸했다. 그들은 아마존 지역처럼 소수의 백인이 뒤늦게 아주 힘겹게 도착한 몇몇 외딴 지역에서만 생존했다.

그런데도 정말 촘촘하게 짜인 인디오 문명들은 결국 살아남았다. 무기도 도구도 없이(그들은 철을 사용한 적도 없고 바퀴도 가진 적이 없으며 화약도 없고 라마를 제외한 가축도 없었다) 쿠스코와 멕시코, 테노치티틀란의 심장부를 직접 공격당한 그들 문명은 손쉬운 먹잇감이 되었다. 그들을 구한 것은 끈끈한 연대감뿐이었다. 오늘날 멕시코는 '인디오의 땅'을 자처하며 자랑스러워한다. 그리고 안데스 평원에서는 옛 원주민들의 삶이 계속된다―참혹할 만큼 가난하지만 생기 넘치고 깊이 뿌리 내리고 있어 대체할 수 없는 삶이다.

반면 흑인들은 16세기부터 지금까지 기후와 플랜테이션, 금광과 사금, 도시의 사치품, 그리고 운명이 그들을 이끈 곳에 노예제가 종식된 후에도 여전히 머물러 있다. 나중에 그들은 역동적인 산업 중심지로 옮겨갔다. 그러므로 논리적으로 그들은 대서양 연안에서, 인디오의 노동력이 부족한 곳에서 발견되었다. 그래서 식민 시절 브라질의 중심이었던 북부 지역에서 그들의 수는 압도적이다. 그리고 그들은 현대적인 대도시에 포진했다. 서인도제도 어디서나 그들이 다수를 차지했다.

마지막으로 백인들은 최소한 두 개의 주요 단계에서 아메리카 대륙을 차지했다. 그리고 두 번 다 다른 민족이었다.

첫 번째 정복 과정에서 그들은 살 수 있는 곳이면 어디든 정착했고 이미 거대한 인디오 문명이 존재하는 지역을 선호했다. 그곳에서 그들은 '피지배자'를 찾았고 생필품들을 손에 넣었다. 에스파냐 사람들의 경우가 그랬다. 그들의 위대한 식민 도시는 멕시코, 리마, 그리고 오늘날 볼리비아의 안데스 산지인 포토시Potosi인데 그곳은 은광 때문에 찾아낸 도시이다. 1600년에 이미 15만 명의 주민이 있었고 고도가 4,000미터나 되는 곳에 살았다. 에스파냐 식민 예술은 주로 바로크 스타일인데 여전히 남아 있어서 식민 도시에서 신흥 부자들이 누렸던 부를 증언한다. 그러나 주민 대다수는 인디오였다는 점을 기억해야 한다.

반대로 브라질의 포르투갈 사람들은 곳곳에 흩어진 소수의 인디오밖에 만날 수 없었다. 그래서 흑인들이 대단히 중요했다. 식민 시절 브라질의 위대한 도시들은 사실상 아프리카인들로 채워졌다. 옛 수도 바이아에는 365개의 교회가 있었다(1년 365일에 해당한다). 북부 사탕수수 중심지였던 헤시피는 네덜란드인들의 짧은 점령 기간(1630-1635)에 건설되었다. 오루 프레투('검은 황금')는 황금 열풍 때문에 내륙에 건설되었다. 리우데자네이루는 1763년에 수도가 되었다. 당시 상파울루는 탐험가들이 사는 소도시에 불과했다. 소수의 백인과 다수의 인디오, 당시에 '불에 그을린 나무', 포르투갈어로는 마멜루

코mamelluco로 불린 혼혈인들이 있었다.

식민 시대의 기억은 크레올Creole 아메리카의 업적들을 소환한다. 그리고 영국인과 프랑스인들에게는 특히 서인도제도—산토도밍고와 자메이카, 곧 사탕수수와 커피의 섬—를 환기시킨다. 그러나 상황은 어디나 같았다. 원시적이고 중세적인 노예의 존재와 자본주의의 삶이 기이하게 뒤섞여 있었다. 지주, 사탕수수 농장, 은광 혹은 금광의 소유주들만 화폐 경제에 관여했고 노예나 그들의 하인은 아니었다. 그 결과 고전 고대의 가족과 같은 기이한 가족이 만들어졌다. 오랫동안 가부장paterfamilias이 그의 가족 혹은 가정 구성원 모두의 생살여탈권을 가졌고 주인의 저택이 노예들을 위한 오두막의 행렬 끝에 높이 솟아 있었다. 도시에는 그들의 호사스러운 저택(식민지 시대 브라질에서 2층 이상으로 지어진 저택, 소브라도), 상점, 과거에는 무캄보로 현재는 파벨라스로 불리는 빈민가가 있었다. 오늘날 수많은 도시에는 저마다 다른 이름으로 불리며 다른 소재로 지어진 빈민가가 있다.

1822년과 1823년이 지나면서 라틴아메리카가 에스파냐와 포르투갈에서, 그리고 카디스와 리스본의 상인들에게서 해방되었다. 그러나 당시 라틴아메리카는 유럽 전역, 특히 런던에서 온 자본가들이 체계적으로 그리고 노골적으로 착취했다. 새로 독립한 국가들은 유럽 산업가들과 은행가들의 고객으로서는 너무 순박했다. 예를 들어 런던은 1821년 멕시코에 철 지난 전쟁 물자를 판매했는데 워털루 전투에서 영국의 승리에 도움이 되었던 것들이다.

그러나 동시에 라틴아메리카는 과거보다 더 많은 유럽 이주민을 받아들였는데 이제 더는 에스파냐나 포르투갈 사람만이 아니었다. 처음에는 예술가와 지식인, 공학자와 사업가를 포함한 소규모 이주였지만 1880년부터는 증기선이 남대서양을 정기적으로 운항했다. 엄청난 숫자의 이탈리아인, 포르투갈인, 에스파냐인들을 실어 날랐다. 물론 수많은 유럽 다른 지역의 사람들도 옮겨왔다.

남미 전역이 똑같은 수의 사람들을 받아들인 것은 아니다. 그들은 브라질 남부, 상파울루 아래쪽 지역에 새로운 부를 선사했다. 과거 브라질은 북부에 집중되어 있었다. 아르헨티나와 칠레에서도 같은 일이 일어났다. 드넓은 지역에서 이주민들은 마치 인간 폭탄처럼 옛 사회 질서를 파괴했다. 하룻밤 사이는 아니어도 급속했던 것은 확실하다. 그들은 촌락 지역을 채우기 시작했다. 『바르바라 부인』의 '법학 박사'는 할 수 없었던 일을 이주민들은 해냈다. 그들은 근대적인 브라질, 근대적인 아르헨티나, 근대적인 칠레를 창조했다. 1939년 이전에 유럽 방문객은 라틴아메리카를 여행하다가 이곳에서 근면하고 칭찬할 만한 이탈리아를 발견했다. 그리고 다른 곳―히우그란지두술에서, 산타카탈리나에서, 혹은 칠레에서―에서도 모국과 그 파란만장한 역사에서 멀리 떨어진 채로 여전히 그 문명에 충실한 독일을 발견했다.

개척지와 신생 산업을 위해 많은 일을 한 사람들이 바로 이들이었다. 또한 변경에서 발견되는 사람들도 이들이었다. 비오비오 남단 칠레 '변경'에서, 거의 사막에 가까운 파타고니아에서, 혹은 상파울루 주 깊숙한 곳에서 새로운 커피농장cafezais을 개척한 사람들도 이들이었다. 이런 작물들은 토양을 쉽게 고갈시켰기 때문에 농장들fazendas은 새로운 땅을 찾아 이동해야만 하고 땅을 얻기 위해 숲을 태우기도 한다. 그 모든 것은 다시 들을 수 있는 친숙하고 운명적인 이야기다. 그러나 그것이 우리의 관심사는 아니다. 핵심은 인종들 사이에 형제애가 존재한다는 것이다. 그들은 모두 함께 일했고 저마다 다른 방식으로 라틴아메리카를 만드는 일에 일조했다.

그들은 또한 사회적 명분을 두고 여러 차례 충돌했다. 피부색의 차이는 사회적 차이였고 여전히 그렇다. 사실 부자가 되었거나 권력을 행사하는 사람들은 경계선을 초월하거나 초월할 것이다. 그들의 피부색이 어떻든 관계없다. 예컨대 페루에서 인디오와 혼혈인들은 자신들을 지배하는 사람들을 백인blancos이라고 불렀다. 달리 말하자면 부와 권력은 순수한 백인들의 수중에 있었고 여전히 그렇다.

'순수한' 백인이 존재한다면 말이다. 그런데 대부분 폭넓은 인종이 뒤섞였다는 점이 중요하다. 헤시피의 사회학자 질베르토 프레이레는 자신의 출신지인 브라질 북동부 지역O Nordeste('북동부'는 브라질의 대부분 지역을 포함한다)에 관해 이렇게 단언했다. '우리 모두에게 흑인의 피가 흐른다.' 멕시코(백인과 인디오)와 브라질 북동부(백인과 흑인)에서 혼혈이 빈번히 일어났던 지역은 다른 곳보다 관용과 인종 간 형제애가 더 뚜렷하다.

그러나 이런 지역들에도 문제는 있었다. 혼혈의 라틴아메리카는 오랫동안 멀리 떨어진 유럽에 대해 열등감을 가져왔다. 그리고 유럽은 그런 열등감을 크게 조장하는 경향이 있었다. 또한 북미는 몹시 나쁜 선례를 남겼다. 다른 한편으로 미국을 여행하는 일은 흰 피부를 지녔지만 순수한 백인은 아니었던 많은 남미 지식인에게 일종의 경고와 같은 경험이었다. 그 여행에서 그들은 관용을 배웠고 그들에게 자존감과 국가에 대한 존경이라는 값진 선물을 얻었다.

라틴아메리카의 열등감과 그에 따른 편견이 마법처럼 사라지지는 않았다. 그러나 1919년 이후 혹은 1930년 이후 거대한 변화의 바람이 불고 있다. 그리고 1945년 이후 더욱더 그랬다. 여전히 유럽에 끌릴 수도 있을 것이다. 하지만 제1차 세계대전의 어리석음을 목격한 뒤에도, 1929년에 이어진 경제적 재난을 목격한 뒤에도, 그리고 제2차 세계대전의 공포를 목격한 뒤에도 여전히 유럽에 경의를 품을 수 있을까? 대체로 자유롭고 이주민을 환영하는 라틴아메리카 국가들은 차츰 더 큰 자존감을 얻고 있다. 변화는 더디고 여전히 완료되지 않았으며 오랫동안 진행 중이다. 1933년에 질베르토 프레이레의 초기작들이 브라질에서 출판되었다. 그 작품들은 소설이나 수필의 전통적인 문어체를 사용하지 않고 새로운 사회과학의 명료한 어조를 사용했다. 이는 신세계에서 가장 크고 가장 인간적이며 어쩌면 가장 인도적인 국가에서 하나의 결정적 전환점이었다. 마찬가지로 1910년에 멕시코에서 시작된 인디오 친화적인 혁명은 일련의 정치와 농업 혁명을 촉발했다. 또한 희망으로 향하는 길을 열었다.

인종 간의 평등과 형제애를 영위한 정도는 지역마다 다르다. 과거의 사회 계층이 장애를 일으키는 일이 많았다. 라틴아메리카의 일부 국가는 아르헨티나처럼 (북단과 남단에 남은 소수의 인디오를 제외하고) 거의 전 인구가 백인이다. 또 인류학자에 따르면 인종의 혼합이 이미 새롭고 단일하며 안정적인 민족 유형을 형성한 국가도 있다. 코스타리카가 그런 예 가운데 하나다.

그러나 인종 간 형제애가 언제나 완전하거나 가능하지 않더라도, 하나의 일반적 현상이며 '또 다른 아메리카'의 특징 중에 각별한 특징이고 가장 매력적인 측면이며 독특한 어떤 것이다. 본국으로 돌아가는 도중에 파나마에 들렀던 남미의 어느 여행객은 갑작스레 전율을 느꼈다. 저마다 다른 피부색, 힘찬 목소리, 울음소리와 노랫소리, 의심할 바 없이 그것은 이미 고향이었다.

경제: 시험대에 오른 문명

태평한 분위기, 사랑과 쾌락, 풍요롭고 떠들썩한 축제들에도 불구하고 오늘날의 라틴아메리카에는 과거에 그랬던 것처럼 깊은 고통이 가득하다. 카이절링Keyserling은 라틴아메리카를 가리켜 '슬픔의 대륙'이라고 부른 바 있다. 산업화에 착수한 다른 모든 국가나 대륙들과 마찬가지로 라틴아메리카 역시 구조와 행태의 전면적인 변화에 직면할 수밖에 없다. 라틴아메리카로서는 특히 충격이 컸다.

왜? 불안정하고 변화무쌍하고 불확실한 세계이며 경제 사회 질서도 갖추지 못했기 때문이다. 수백 년 동안 계속해서 파괴와 재건설을 거듭한 데 따른 결과이다. 라틴아메리카는 파란만장한 세계이며 초현대적인 삶의 군락들 바로 곁에 가장 원초적인 인류가 계속해서 존재하는 모순적인 세계이기 때문이다. 무엇보다 생명력이 넘치는 세계이며 그래서 규정하고 조직하고 이끌어가기 너무 어려운 세계이다.

경제의 변동은 예측불허의 파도를 이룬다. 라틴아메리카는 물질적 부를 향해 속도를 높이고 있다. 이는 수백 년 동안 무질서하게 치러진 경주이며 승자로서보다 패자로서 달려온 경주다. 그러면서도 라틴아메리카가 세계의 추세를 따랐다는 데에는 의심의 여지가 없다. 그러나 어떤 경주에서도 선두에 서서 속도를 결정하는 것과 꼴찌로 필사적 추격을 하는 것은 전혀 다른 차원의 문제다. 남미는 분명 경주에서 꼴찌에 있었고 모두가 보는 앞에서 엎어지고 젖혀지며 우스꽝스러운 모습을 연출했다. 서둘러야 했다. 그리고 팔고자 한다면 어떤 대가를 치르더라도 설탕이나 커피, 고무, 쇠고기 육포, 질산염, 코코아 등을 생산하고 언제나 싼값에 팔아야 했다. 그리고 예기치 않은 하강을 보이는 세계 경제의 연이은 '주기'와 보조를 맞추어야 했다.

이런 과정은 과거는 물론 현재 남미의 경제 상황을 설명해준다. 남미는 시작부터 철저히 식민주의 유형이었고 식민 지배 시기가 끝난 후에는 의존에 바탕을 둔 경제에서 원자재에 대한 세계의 수요의 모든 요구에 응했다.

해외 자본가들(혹은 세계적 대기업들)이 대지주와 지역 정치가들과 결탁하면서 수출할 수 있는 원료 생산을 조장하고 생산 지역의 모든 인력과 자원을 단 하나의 활동에 집중시킨 채 다른 모든 것을 배제하고 희생시켰다. 그 결과로 얻은 성장은 장기적으로 국가 전체에는 소득이었다. 수요의 잦은 변동이 이런 투자를 정기적으로 쓸어버리지 않았다면 말이다. 그러나 수요의 변동이 일어나면 모든 노력이 다른 생산 부문으로 옮겨졌고 동시에 다른 지역으로 옮겨지는 일이 빈번했다.

라틴아메리카는 다양한 기후대와 드넓은 영토 덕분에 이런 이례적인 방향 변화에도 살아남았다. 사실 국가 단위에서 보면 그런 방향 변화는 전대미문의 공간과 인력의 허비였다. 그런 변화는 어디서나 지속적이고 안정적이며 건전한 경제 구조의 확립과 안정된 농민 사회 형성을 가로막았다.

이런 경제 주기의 첫 번째는 귀금속과 연결되었다. 그리고 유럽인의 정복과 함께 시작되었다. '황금'의 주기는 16세기 중반까지 유지되었을 뿐이다. '은'의 주기는 멕시코와 포토시 광산에 영향을 주었고 1630-40년경 끝났다. 그 대가로 엄청난 희생을 치렀다. 인디오들을 무자비하게 강제로 징집하지 않았다면 과연 나무도 식량도 없고 때로는 물조차 없이 혹독한 추위에 시달리는 해발 1만 3,000피트의 포토시 광산과 세공소에서 일할 사람이 어디 있었겠는가? 은괴는 태평양으로, 다시 칼라오와 리마 항구로, 그리고 마지막으로 파나마로 운반되었다. 그리고 그곳에서 나귀 행렬과 차그레스 강의 선박을 사용해 카리브해 연안으로 운반되었다. 그런 다음 에스파냐 함대는 은괴를 에스파냐로 운반했다.

이 엄청난 시스템의 이윤은 누구의 몫이었을까? 에스파냐 상인과 '공복', 그리고 제노바 상인 혹은 사업가hombres de negocios 같은 국제적 사업가들은 에스파냐 왕의 신임을 받은 대금업자들이었다. 확실히 아메리카가 수혜자는 아니었으며 그들은 계속해서 은괴와 은화를 잃었다. 그들은 소수의 직물, 밀가루, 기름, 와인, 흑인 노예들을 구매하느라 은괴와 은화를 지급했다.

포토시 은광은 17세기에 채산성이 떨어졌다. 그리고 에스파냐령 아메리카는 거의 불운한 운명에 내맡겨졌다.

1680년, 황금 열풍의 경험은 포르투갈령 아메리카의 몫이었다. 이번에는 흑인 노예의 노동에 바탕을 두었다. 그리고 그 열풍은 1730년대에 사그라졌다. 그와 동시에 누에바 에스파냐(현재의 멕시코)의 은광이 되살아나기 시작했다. 미나스 제라이스('광산 지대')는 그 역할과 인구를 잃었으며 면화 생산으로 전환했다.

아르헨티나에서는 같은 식으로 여러 변형이 있지만 오늘날의 관행에 이르는 가축 사육의 주기를 추적할 수 있다. 설탕 생산의 주기는 브라질의 대량 생산에서 시작되었고 19세기 말 카리브해(자메이카, 산토도밍고, 마르티니크)로 향했다. 커피 재배의 주기는 19세기부터 브라질에서 특히 중요해졌다. 엄청난 공간을 차지했고 점점 더 내륙으로 파고들었다. 한때 탄닌을 생산하는 관목인 케브라초로 유명했던 아르헨티나의 차코 지역에서는 1945년부터 면화 생산이 급증했다.

특화 작물과 환금성 작물의 '주기'라는 방대한 주제를 제대로 다루려면 책 한 권으로는 부족하다. 이제는 대체로 재앙이라고 비난받아 마땅한 그 시스템은 마지막 국면, 진정한 산업 생산과 응집력 있는 국가 경제의 시작으로 대체될 국면에 접어들었는지 모른다. 그러나 이 오래되고 불안정하며 부조리한 관행은 급속한 변화와 부단한 장소 이동을 거듭하며 남미 경제 구조 전체를 특징지었다. 언제나 촌락과 소도시들이 먼저 동원되고 버려졌다. 혹은 기껏해야 힘겹고 값비싼 대가를 치른 재전환을 단행해야만 했다.

중요한 위기가 이런 주기적 변화를 뒤따랐다. 강건한 국가 경제 전체를 뒤흔들 만한 파괴력을 지닌 것들이었다. 한 가지 예만 보아도 알 수 있다. 슬프게도 최신 소식이라는 장점도 있다. 20세기 아르헨티나에 관한 이야기이다.

1880년경 아르헨티나는 엄청난 번영을 시작했다. 고작 몇 년 만에 그 낡은 경제 구조를 완전히 탈바꿈시켜 유럽 시장에 곡물과 육류를 판매하는 주요 수출국이 되었다. 그 직전까지도 부에노스아이레스 부근의 엄청난 평원인 아르헨티나 팜파스는 야생 동물이 배회하는 황무지였고 가우초들은 가죽 수출을 위해 그 동물들을 사냥했다. 그때 이후 미국의 프레리처럼 팜파스는 선별된 가축을 먹일 밀이 자라는 곳으로 바뀌었다. 가축들을 세심하게 돌보고 살찌웠다.

(1890년부터 1900년까지 힘겨운 10년을 벗어나) 1930년까지 아르헨티나는 놀랍도록 급속한 성장을 이루었다. 우선 이탈리아인의 대규모 이주로 인구가 급속히 성장했다. 그리고 정기적인 수출 덕분에 생산에서도 급속한 성장이 있었다. 그런 다음 지하 저장고, 제분소, 냉동 시설에 자본 투자가 급증했다. 이런 가운데 곧 경공업 전반에 발전이 있었다. 임금 소득자의 구매력, 자본 수익과 인구 1,000명당 자동차 수가 최고점에 이르렀다.

1930년부터 위기가 시작되었다. 처음에는 전반적으로 낙관적인 분위기에 젖어 위기를 감지하지 못했다. 그러고 나서는 전쟁 때문에, 모든 원자재 수출에 도움을 준 전쟁 때문에 상황이 잘못되고 있다는 자각이 늦어졌다. 그러나 1945년 이후 세계 시장에서 농산물 가격이 급락하면서 아르헨티나 경제 전체가 후퇴했는데 이번에는 아주 급속했다. 공식적인 통계치는 1948년 이후 해마다 평균 0.4퍼센트씩 1인당 국민소득이 감소하고 있음을 보여주었다. 그러나 미국의 경제학자들은 최소 2퍼센트씩이라고 믿는다. 사실 1인당 투자는 해마다 평균 3퍼센트씩 감소해서 상황이 훨씬 더 심각했다. 아르헨티나의 무역수지는 적자였다. 임금과 전반적인 생활수준이 크게 떨어졌다. 그 결과 섬유, 식품, 가죽 등 상당히 잘 발달한 국가 산업의 지속 가능성 역시 크게 하락했다. 실업이 증가했고 사람들이 도시로 향하면서 촌락 인구가 감소했다. 일자리가 공급되지 않는 상황에서도 도시 인구는 가늠하기 어려울 정도로 폭증했다. 전체 촌락 인구의 5퍼센트—즉 100만 명의 사람—가 아르헨티나에서 빌라스미제리아로 불리는 빈민가에 살았다. 유일한 희망인 산업화도 멈췄다. 출구가 보이지 않았다. 국가 예산은 부도 직전이었다.

달리 말하자면, 기후와 토양, 인구 덕분에 제2차 세계대전 전까지 남미에서 가장 부유했던 아르헨티나는 가장 가난한 나라는 아니어도 가장 빠르게 쇠퇴한 나라가 되었다. 낙관적 자신감은 혼란으로 바뀌었다. 이는 뒤이은 수십 년 동안 부에노스아이레스에서 뒤따랐던 일련의 정치적 위기를 설명해준다.

아르헨티나의 경제학자들은 몇 가지 이유로 시작부터 밀과 육류의 호황으로 구축된 농업 시스템이 현실에서는 해롭다고 믿었다. 한편에는 수많은 소규모의 소유지들이 있다. 경제성을 갖기에는 너무 작은 소유지들이 농지의 34퍼센트를 차지했다. 다른 한편으로 소수의 대지주가 국토의 42퍼센트와 가축의 64퍼센트를 차지했다. 그런 점들은 확실히 국가의 회복에 중요한 장애가 되었다. 그 때문에 합리적인 생산을 보장하고 내수 시장을 재건하려면 농업 개혁이 필요했다. 농업 개혁 없이는 산업이 살아남을 수 없다는 게 분명했다. 경제적 모순은 현대적 산업화를 가로막았다. 남미의 발전은 전반적으로 불균형하고 모순적인 경제를 탄생시켰다.

기존 교통망으로 충분하지 않다는 것이 어디서나 확인되었다. 국가 경제에 유리하게 합리적으로 구축되지 않았고 생산 지역과 수출항을 제멋대로 연결하면서 나머지 엄청난 범위의 영토에는 최소한의 도로도 없었다. 항공로는 어디에나 존재했지만 부분적 해법에 불과했다. 『대문』의 주인공 알폰소 페레이라는 인디오의 등에 업혀 늪지를 통과하면서 본인의 발을 적시지 않은 특권을 제대로 평가하지 못했다. '아, 아버지가 조금만 더 현명했으면 **일꾼들**을 시켜 도로를 만들었을 텐데 그랬으면 오늘 같은 이런 일은 겪지 않잖아!'

또 다른 비정상은 저개발 지역, 개발 이후 버려진 지역과 상대적으로 지나치게 개발된 지역의 첨예한 대비다. 브라질 내륙에는 그림 같은 작은 도시들이 아직도 조금 남아 있다. 미나스벨라스 같은 지역들이 그렇다. 아주 보잘것없는 중세도시처럼 다른 곳과 동떨어진 채 좋았던 시절을 떠올리게 하는 저택 몇 채만 남은 채 원초적인 삶을 살아간다. 한편 '문명화된' 지역은 해안선을 따라 지극히 제한된 지역에만 펼쳐져 있고 옛 무역로와 연결되었다.

마지막으로 놓친 것이 있다. 라틴아메리카 어디에도 유럽 농민에 상응하는 이들이 없다. 곧 수천 년을 이어온 전통의 계승자로 경제를 강하고 단단하게 떠받치는 농민이 없다.

환금성 단일 작물의 광기 어린 무자비한 세계에 흡수된 채 해외 수입업자들이 급하게 조성한 방대한 보유지에 떼로 몰렸다가 수요의 예기치 않은 변화 때문에 버려진 농업 인구 대부분은 떠돌이 농업 노동자들로 구성되었다. 조만간 그 가운데 많은 수가 실업에 떠밀려서 문제 많은 일자리라도 얻거나 아직 일거리를 찾을 수 있는 다른 지역으로 이주하기 위해 인근 도시로 향한다. 그리하여 토지가 풍부하고 전체 인구의 60-70퍼센트가 농업에 종사하는 나라에서 식량이 없거나 부족한 모순이 나타났다. 왜? 한편으로는 정착 생활을 하는 농민이 없어서 토양에 가장 적합한 작물을 어떻게 얻는지 제대로 알지 못하기 때문이고 다른 한편으로는 농촌의 토지 소유권이 불평등하게 분배되어서 농민의 진정한 정착과 정상적인 농산물 생산이 안 되기 때문이다.

이런 낡은 촌락 세계와 나란히, 산업은 일반적으로 해안가를 따라, 가까운 과거에 선호되었던 지역에서 발전했다. 이들은 국내 혹은 국외 자본의 축적, 유럽이나 미국과의 접촉으로 유익한 결과를 얻은 사람들의 존재, 과학 기술 인력, 그리고 이주민 덕분에 농산물 수출에서 산업 생산으로 전환할 수 있었다. 그 결과는 때로 놀라웠다. 마천루들이 즐비한 초현대적 도시들이 우후죽순처럼 생겨났다. 브라질의 상파울루는 눈부신 예다.

그 결과 브라질은 이중 경제를 가지게 되었다. 한 지역은 발전하고, 지나치게 발전해서 현대적 삶을 영위한다. 그러나 여전히 원초적이고 원시적인 거대한 농업 지역이 공존한다. 새로운 발전이 이미 발전된 지역에 집중되면서 지역의 양분은 점점 더 심화하고 있다.

이를 보여주는 사례의 하나가 브라질이다. 아르헨티나와 다르게 브라질은 뒤늦게 발전했다. 그러나 1930년경 브라질의 발전은 이미 뚜렷해졌고 전쟁 후 역동적으로 팽창했다. 1962년까지 15년 만에 브라질의 생산은 사실상 두 배로 늘었다. 1인당 국민총생산도 1948년부터 1958년 사이에 연간 평균 3퍼센트씩 증가했다. 그 시기에 상파울루와 리우데자네이루는 미국의 가장 유명한 고도 성장 도시들보다 더 빠르게 성장했다. 경공업과 섬유 산업이 중공업을 위한 기반을 마련했다. 통계치는 인상적인 경제 성장을 보여주었다.

의심의 여지가 없었다. 그러나 성장은 주로 산업 분야에서 있었다. 같은 시기 농업 생산은 인구 성장만큼만 성장했다. 곧 연간 1.5퍼센트씩 성장했다. 농지는 전체 면적의 2퍼센트에 불과했다. 인구의 거의 70퍼센트가 5,000만 에이커의 토지를 차지하고 생산성 낮은 이 빈약한 농장 지역에서 살고 있었다. 아니 무기력하게 지내고 있었다. 브라질 인구의 3분의 1이 살고 있는 북동부는 순수 농업 지대였고, 그래서 굶주림과 영양실조에 따른 온갖 질병에 시달렸다.

이런 상황은 쉽게 바뀔 수 없었다. 민간 투자와 국가 원조, 신용에 더해, 북부에서 코코아, 설탕, 면화, 식물성 기름의 판매로 벌어들인 자금이 이미 발전된 지역에 집중되었기 때문이다.

일부 관찰자들은 브라질이나 멕시코를 다루면서 이들 국가의 발전 지역들은 저개발 지역을 과거 식민 모국이 식민지를 대한 것과 같은 방식으로 다룬다고 주장했다. 그 나라의 대부분 지역은 생산에도, 수입에도 접근할 수 없고, 그래서 소비자

의 최소 수요도 맞출 수 없다. 한 지역이 다른 지역을 희생시켰
다.

산업화의 시급한 문제에 골몰한 브라질 정부는 가장 경제적
이고 가장 빠른 결과를 낼 수 있는 해결책으로 향했다. 그런데
그 결과는 가장 지속적이었을까?

몇 해 동안 브라질의 산업 성장률은 둔화 조짐을 보였다. 충
분한 내수 시장의 부족으로 잉여 생산의 위험이 있었다. 실업,
인플레이션, 생활비의 상승은 내수 시장을 더 크게 위축시켰
다. 그 경제에서 농업 부문을 확실히 개선해서 소비 수준을 성
장시키고 현대 산업의 확고한 기반이 되는 대중의 생활수준을
높이는 정책을 추구하지 않고는 산업 발전을 계속 유지할 수
없다는 것이 자명해졌다.

한 가지 심각한 사회적 문제가 있다. 산업화를 수행하는 라
틴아메리카의 모든 국가의 거의 같은 영역에서 문제 해결 필
요성이 생겼다. 너무 첨예한 문제여서 더 한층 해결이 시급하
다. 발전과 거기서 비롯된 이윤에서 지분을 확보한 사회 부문
과 여전히 그 밖에 위치하는 부문 사이의 간격이 점점 더 커지
고 있다. 이는 폭발 직전의 상황이다.

폭발성 있는 또 다른 요인은 인구 증가율이다. 2.5퍼센트인
라틴아메리카의 인구 증가율은 아프리카의 2퍼센트, 아시아의
1.3-2퍼센트와 비교할 때 세계 최고 수준이다. 농촌 프롤레타
리아 대중은 도시 프롤레타리아로 변신한다. 이들은 실업자로
그들에게 거의 진입이 금지된 산업 사회의 사치와 공존하기
때문에 더 크게 절망한다.

최근 몇 년간 사회학자들은 오늘날 라틴아메리카의 엄청난

노력을 평가하면서 일치된 의견을 내놓는다. 라틴아메리카의 산업은 현대 산업 기술 최근의 발전의 수혜로 인상적일 수밖에 없다는 것이다. 현지인과 외국인을 가릴 것 없이, 남미의 건축가와 공학자들에게는 다른 지역 동료들의 부러움을 살 만한 것이 없다. 그러나 그 경험의 인간적인 측면은 놀랍다. 빈곤과 혼란이 질서, 사치로 곧장 향하는 길을 막아섰기 때문이다.

칠레 산티아고 남단 우아치파토 제철소를 예로 들어보자. 그곳에 고용된 6,000명의 임금노동자는

기술이 뛰어나고 잘 훈련되어 있다. 이는 일부 노동자 가족의 상황과 뚜렷하게 대비된다. 그들은 작업장 주변의 작은 판잣집에 10명씩 모여 산다. 회사는 당면한 어려움을 (조사팀에게) 솔직히 밝히기 위해 우리의 방문을 허락했다. 그리고 그곳 상황은 인근 로타의 광산 도시에 비해 훨씬 나았다. 광부들이 석탄 가루를 뒤집어쓴 채 집 문간에 웅크리고 앉아 휴식 시간을 보내고 아이들이 진흙탕 거리와 고기 썩는 냄새가 나고 파리와 먼지가 들끓는 로타 바자의 시장 노점 여기저기 흩어져 뛰노는 것보다 더 슬픈 광경은 본 적이 없다. 인근 탈카우아노의 빈민가와 더러운 부둣가에 더 많은 아이들이 북적댔다…… 로타의 빈민가 아이들 가운데 그 서글픈 공동체를 벗어날 수 있는 아이가 4분의 1도 안 되고, 그들 4명 중 3명은 그곳에서 살다가 죽어간다고 했다.

(조르주 프리드만)

히우그란지두술Rio Grande do sul의 생 제로니모 광산촌이나 볼리비아의 주석 광산에 대한 보고 역시 크게 다르지 않다. 라

틴아메리카에서 가장 호화로운 도시, 상파울루 주변에서도 가난한 프롤레타리아를 볼 수 있다. 부에노스아이레스 도심에서도 이들을 볼 수 있는데 주민 600만 명 가운데 55퍼센트가 노동계급이고 60퍼센트가 농장 노동자로 일하다가 농장을 떠난 사람들이었다. 유럽에서도 그랬던 것처럼 촌락민들은 공장 노동자로서는 만족스럽지 못하다. 그들은 하루 모습을 나타내고 다음 날이면 나타나지 않는다. 많은 공장이 해마다 노동력의 75퍼센트를 갈아치웠다. 노동자들의 무지가 그들의 가난을 더욱 악화시킨다. 어디서나 가장 기초적인 식생활의 규칙조차 따르지 못해 영양 결핍에 놓인다. 유럽적인 의미의 숙련공은 거의 없다. 그리고 넉넉한 보수를 받는 일도 드물어서 평범한 노동자의 세계 밖에서 일종의 도시 중간계급을 형성했고 그래서 평범한 노동자들에 대해 연대감을 보이는 일도 거의 없다.

그리하여 모든 것이 이 가난에 찌든 세계를 고립시키고 외면하는 데에 공모한다. 공적인 노동법은 상상할 수 있는 선에서 가장 진보적인 경우가 많다. 그러나 법조문과 실제 현실에서 일어나는 일 사이에는 크나큰 간격이 있다. 노동조합이 존재하지만 이름 말고는 산업화한 국가의 노동조합과 아무런 공통점이 없다. 그들은 전국 단위로 조직되지도 않았다. 한마디로, 노동계급은 가난하고 교육받지 못했고 조직화하지 않았으며 문맹인 경우도 있었고 감정적이고 낭만적인 형태의 정치에 희생되는 일이 많다(페론주의는 그런 예 가운데 하나이다). 그들은 물질적으로나 지적으로나 어디서도 확고한 도움을 얻지 못한다. 이 모든 것은 한참 뒤에 있을 힘겨운 미래를 예고한다.

지배계급과 엘리트의 취약성

작가, 교수, 소수의 좋은 정치인, 소수의 학자와 법률가 등의 엘리트 지식인이 용기 있게 이 아찔한 문제를 마주했다. 불행히도 정치와 경제를 책임진 지배 계급의 취약성은 남미의 또 다른 심각하고 영속적인 약점이다. 산업 성장의 위기는 정제된 문화를 지닌, 현대 세계에 발맞출 수는 없지만 그렇더라도 그 매력이 결코 적지 않은 옛 사회를 무자비하게 파괴했다. 불행한 것은 그것을 대체할 것이 아무것도 나타나지 않았다는 사실이다.

1939년 이전, 라틴아메리카는 여전히 반식민지 상태였고 소수의 행위자만 정치와 문화의 좁은 영역에 참여했으며 동시에 그들이 평화로운 기업계를 지배했다. 그들은 매력적이고 호감 가는 교양인으로 수백, 수천 에이커의 토지를 가졌으며 많은 장서를 보유한 서재를 가지고 있었다. 그들 가운데 일부는 진정한 르네상스 군주였다. 유럽에서 온 언론인, 여행객, 지식인들을 사로잡을 만한 사람들이었다. 그러나 제2차 세계대전 전야에 그들은 이미 사회적으로 시대착오적이라는 인상을 주었다. 그들에게 엄청난 책임이 있었다. 브라질에서 영국 자본을 대부분 책임진 사람이 있었는가 하면 디어본 화학 회사의 대리인도 있었고, 공적 자금을 운용하는 이가 있었는가 하면, 한 국가를 지배하며 공화국 대통령이 되기를 열망했던 사람도 있었고 사병에서 장군에 오른 이도 있었다. 이들은 모두 기꺼이 높은 서재 위에서, 비현실의 세계에 있는 그들의 고매한 사고에서 아래를 내려다보며 지배하고자 했다. 19세기 자유주의적이고 귀족적인 방식에, 전제 정치의 분위기에, 혹은 조금 더 나은 경우라면 계몽된 온정주의에 갇힌 이들이었다.

그리고 동시에 그들의 매력적이고 대단히 폐쇄적인 집단 밖에는 새로운 사람들, 산업가와 이주민들이 있어서 부를 일궜다. 그들은 놀라운 경제적 성공을 이루기 시작했다. 그리고 오직 그들의 자녀들만이 세련된 교양 같은 것을 얻을 가능성이 높았다.

오늘날 사회는 진화했고 모든 것이 처음으로 돌아갔다. 거칠게 말하자면 권력은 지주에게서 산업가와 은행가에게로 넘어갔고 가족의 자산 대부분은 호화로운 저택에 길을 내주었다—브라질의 리우 해안이나 페트로폴리스 뒤, 멕시코의 수도 아래쪽 베라 크루스, 아카풀코, 쿠에라나바카에서 혹은 멕시코시티의 부유한 교외 지역에서 그런 상황이 펼쳐졌다. 한편 소도시들이 호화 호텔, 마천루 건물들, 아메리카 스타일의 30층 건물 꼭대기 층에는 레스토랑이 들어선 대도시의 모습을 따라갔다. 다른 모든 것을 압도하는 세계 마지막 불가사의, 브라질리아는 말할 것도 없다. 그곳은 브라질 내륙 중앙에 인공적으로 조성된 수도다. 이 완전히 새로운 세계는 옛 세계에 복수하고 있다.

남미 국가들에는 여전히 일관성을 유지하는 정당이 없다. 더욱이 엘리트, 칠레에서 메디오 펠로medio pelo(교배종을 말할 때 흔히 쓰는 표현이다)로 불리는 안정적인 중간계급은 항상 부족하다. 소수의 지식인으로는 충분치 않다. 그런 중간계급이 출현하려면 시간이 필요하고 안정이 필수다. 빈부격차가 극심하지 않은 경제도 필요하다. 그러나 근본적으로 자본주의에 머무는 세계에서 사회의 균형을 위해서는 반드시 그들이 있어야 한다.

진지한 정당이 의지할 수 있는 중간계급이 상대적으로 부족하다는 사실은 전통적으로 남미 정부들이 그토록 불안정했던 이유를 설명해준다. 정당의 경쟁이 사람들의 경쟁에 매몰되었다. 군대가 중대한 역할을 했는데 여전히 남아 있는 리베르타도레스libertadores, 19세기 초 성공적으로 독립을 성취했던 낭만적인 장군들의 전통에 따른 것이다.

그러나 도시화에 따라 평범한 사람들 사이에서도 정치의식이 급속히 성장하면서 라틴아메리카는 현재의 사회 경제 체제를 개혁하는 엄청나게 어려운 일을 수행해야 한다. 멕시코의 어느 작가가 주장했듯이, 그런 개혁이 없다면 라틴아메리카는 부와 복지의 발전소인 진정한 현대 자본주의에 본격적으로 진입하지 못한 채 대기실에만 머물게 될 것이다. 그리고 그것은 무질서한 폭력으로 향할 것이다—하지만 결코, 그것으로 반드시 진정한 사회주의의 문이 열리는 것은 아니다.

1962년 브라질의 주주에 드 카스트로Josué de Castro는 통찰력 있게 다음과 같이 썼다. '브라질—그는 '라틴아메리카'라고 쓸 수도 있었을 것이다—이 사회사에서 대도약을 이루어야 한다는 데에는 의심의 여지가 없다. 확실히 할 것은 그런 도약이 나락에서 끝나지 않게 하는 것이다. 그러므로 우리는 힘을 모아 반대편에 도달해야 한다.'

라틴아메리카인들이 느끼는 불안, 불안정, 불확실성은 분명 정당하다. 그러나 비관주의는 온당하지 않다. 그들이 느끼는 불안은 고통스럽지만 강력한 현실의 압력 아래 스스로를 발견하고 스스로의 성격을 규정하고자 하는 문명의 불안이다.

오랫동안 남미가 알고 있던 유일한 문명은 외부 문명이었다. 곧 지극히 특권적인 소규모 집단의 사람들이 유럽 문명의 정제된 모든 요소를 포함해 충실히 복제한 문명이었다. 역시 문학이 시금석이다. 유럽 밖에서 저술되었다는 단서를 거의 찾아볼 수 없는 19세기 남미 작가들의 작품이 얼마나 많은가! 그 시절 많은 사람에게 문화는 더 고귀한 영혼의 유희에 참여할 수 없는 그들의 삶에서 때때로 벗어나 휴식할 수 있는 하나의 섬과 같은 것이었다.

그런 지식층들은 열정을 가지고 만족감을 느끼며 유럽의 사상을 철저히 따랐다. 남미 전역에서 생동감 넘치는 혁명적 인문주의와 오귀스트 콩트의 흔적들을 보게 되는 이유다. 사실 처음에는 오귀스트 콩트의 실증주의가 제자리에 있지 않은 듯한 인상을 받는다(브라질 국기에 적힌 질서와 진보Ordem e Progresso라는 문구는 사실 콩트에 대한 존경심을 담은 것이다).

그런 시절은 지나갔다. 남미 문명은 이제 점점 더 많아지는 도시 대중과 관련된다. 현지 생활 방식의 영향이 강하게 느껴지며 더는 유럽의 유산을 단순히 받아들이지 않는다. 그보다는 철저히 현지에 적응시켜 수용한다. 라틴아메리카는 고유의 문명, **그들의** 문명을 건설하고 있다.

신문, 라디오, 텔레비전, 영화가 전하고 확산시키는 전 세계적인 대중문화의 출현으로 조만간 변화를 피할 수 없을 것이다. 라틴아메리카에 중요한 것은 그 지식인들이 불가피한 것들을 미리 예견했고 이미 그 형태를 갖추어가고 있다는 점이다. 제1차 세계대전 그리고 특히 제2차 세계대전으로 유럽의 특권에 공백이 생겼고 그들 자신의 부와 과업을 깨닫게 되면서 미국의 힘에 맞선 어떤 저항이 시작되었다. 나머지는 이 장을 시작하며 얘기했던 사회의 부정의에 대한 죄의식이 해결됐다. 민중, 카보클로caboclo, 페온, 인디오와 흑인이 같은 테이블에 나란히 앉았다. 그들은 이제 백인 문명의 축복을 수동적으로 받아들이기만 하는 야만인이 아니고, 이제 그들 자신의 삶, 그들의 생각, 그들의 속담과 종교에 관심을 둔다. 그들은 사회학자들의 공감과 연구의 주제가 되었고, 동시에 이제 진화를 시작한 국민 문화의 일부가 되었다.

바로 그 점이 앞서 우리가 언급했던 평범한 일기의 출판과 성공(브라질에서 12만 부가 판매되어서 조르지 아마두의 소설 가운데 일부에 필적할 기록을 세웠다)을 설명해준다. 사실 50년 전에는 생각할 수도 없는 일이었다. 브라질의 비평가들이 언급한 대로 카롤리나 마리아 드 제주스의 이 책은 예술 작품을 뛰어넘는 어떤 것이다. '한 여성이 쓴 민중의 기록이며 형제애, 이해와 사회 정의에 관한 확실한 메시지를 전한다.' 그 작품은 작가에게만 부를 안긴 것이 아니다. 책에 묘사된 빈민가(영화 『흑인 오르페』에서 볼 수 있다) 일부가 재건축에 들어갔다.

그런 변화는 남미의 널리 알려진 민담에 관한 관심의 확대에서도 뚜렷하다. 민담은 어디에나 있고 우리가 귀를 기울여 듣고자 하기만 한다면 주의를 끌 만한 흥미로운 이야기들이 가득하다. 때로 조금 불순하기도 하다. 마치 멕시코 등지의 바에서 무리 지어 연주하며 관광객들의 시선을 강탈하는 마리아치의 소란스럽고 매력적인 음악 같다. 마리아치라는 이름은 프랑스 점령기에 '결혼' 피로연에서 비롯된 것이다. 어원이 의심스럽다고 해도 최소한 민중의 기억 속에 프랑스의 존재가 씁

쓸한 맛만 남기지는 않았다는 점을 가리키고 있어 놀랍다.

물론 진정한 민담을 찾고 운치 있고 애절한 브라질 민요를 듣고 싶다면 관광객의 길에서 벗어나야 한다. 브라질의 민요는 언제나 슬픔에 찬 달을 연상시키거나 원시적인 악기를 즉흥 연주하는 춤과 노래를 즐긴다. 그래서 바이아 내륙 깊숙이 자리한 시장에서 가축 울타리를 따라 늘어선 허름한 노점에서는, 말하자면, 밥이며, 살아 있는 새끼돼지, 4등분한 닭, 혹은 동전 몇 푼에 온갖 열대 과일들을 고를 수 있고 앞 못 보는 걸인들이 구걸하거나 감사하며 노래를 부르기도 한다. 관대하다고 여겨지는 외국인―그리고 스스로 그렇다고 설명하는 사람―은 개인적인 찬사와 전통적인 축복이 담긴 긴 즉흥곡을 들을 수 있다.

사실, 일상의 모든 사건이 노래하는 이에게 곡의 소재가 된다. 상파울루 인근 대서양 연안의 외딴 항구 도시 우바투바는, 1947년에, 일주일에 두 번 우스꽝스러운 나귀 행렬을 따라 시에라도마르에서 내려오는 낡은 차 한 대 덕분에 나머지 세계와 연결되었다. 그다음에는 그곳에 전력 공급이 결정되었고 철탑들이 숲을 지나 하나하나 도시로 향했다. 이런 '빛의 도달 chegada da luz'은 비올룽이라고 불리는 원시적인 악기로 연주하는 한 음악가가 즉흥연주했던 곡의 주제다. 그것은 문명의 영광을 끝없이 찬양한 노래였다.

라틴아메리카 각국에는 인디오, 스페인, 흑인 전통에서 비롯된 각각의 민담, 음악, 이야기가 있다. 민담은 종교적 색채가 짙게 배어 있다. 프로테스탄트 선교사들의 활동에도 불구하고 라틴아메리카는 가톨릭이 지배한다. 사실 프로테스탄트 선교사들의 활동은 떠들썩한 겉모습에 비해 효과는 적었다. 그런데 이곳의 가톨릭은 원시적이고 중세적인 형식으로 기적을 굳건히 믿는다. 그리스도교 이야기와 인디오의 신화가 뒤섞였고, 아프리카의 과거에서 비롯된 마법의 의례들이 로마 가톨릭의 의례와 혼동되거나 결합했다candomblés. 사제들이 드물었다는 사실도 이런 자유로운 해석을 부추겼다. 그리고 그런 해석은 그리스도교 신앙은 물론이고 토착 전통에 의해서도 희석되었다. 언젠가 라틴아메리카는 그 종교를 정돈해야 할 것이다. 프로테스탄티즘을 연구한 역사가 에밀 G. 레오나르는 그 자신도 프로테스탄트 신자로 이런 종교 상황이 종교개혁기 혹은 그 직전의 유럽을 연상시킨다고 믿는다. 영적 욕구는 강렬하지만 제대로 충족되지는 않고 있다. 그러나 변화의 조짐은 충분하다.

현대 문학과 라틴아메리카에서 삶과 문화의 모든 것이 그 본래의 원천으로 돌아가는 데에 몰두한다. 이런 관점에서 가장 좋은 예는 멕시코다. 그곳에는 국가의 살아 있는 원천을 추구하며 '인디오적 속성'을 향한 광범위하고 강력한 움직임이 있다. 멕시코 자체를 재창조하고 있다. 멕시코는 많은 고통을 감내했다. 혁명과 재난에 휩싸였다. 그러나 그로부터 민중 문학이 생성되었다. 혁명 미술 역시 그로부터 탄생했는데 호세 오로스코가 과달라하라 성당 천장에 예시했고 새로운 유파가 이를 이어받았다. 마지막으로 누군가는 독창적인 멕시코 영화의 출현을 덧붙일 수 있을 것이다. 그 초기 결실 가운데 하나가 경탄할 만한 〈마리아 칸델라리아Maria Candelaria〉였다.

2. 아메리카의 전형: 미국

미국은 언제나 스스로 독특하다고 주장해왔다. 하나의 문명으로서 미국은 오랫동안, 미래는 언제까지고 더 밝아질 것이며 그런 미래를 잡는 것은 의지의 문제라고 확신하는, 짐을 갖고 있지 않은 여행자였다. 1787년 헌법 초안자의 한 사람인 토머스 제퍼슨은 '형식과 원칙에서 아메리카는 새롭다'라고 천명한 바 있다. 그 후로 미국은 스스로 매일 새로운 아침이라는 생각을 멈춘 적이 없으며, 제퍼슨과 같이 '생명에 속한 땅'이라는 생각을 유지해왔다. 확실히 넘치는 자신감으로 사회적 정치적 위기를 성큼성큼 넘어설 수 있었다. 그 낙관주의의 원천과 자산은 고갈된 적이 없었던 것 같다.

적어도, 비교적 최근까지는 그랬다. 첫 번째 충격은 1929년에 닥친 예기치 않은 심각한 위기였다. 월가에서 시작된 위기는 더할 수 없이 고통스러웠는데 방심한 틈을 타 급속히 팽창하며 번성하던 경제의 심장부를 강타했기 때문이다. 당시 미국은 최초의 물질적 재앙에 직면했음을 깨달았다. 어느 때보다 더 번영하는 것만으로는 심리적 회복이 어려웠다. 우선 미국은 오랫동안 과거를 돌아봤는데, 그들 자신을 이해하기 위해서가 아니라 위안을 얻기 위해서였다. 보통의 미국인들에게는 역사의 설명력에 대한 자연스러운 믿음이 없었다.

전통적인 믿음이 서서히 사라지면서 회고적인 노스탤지어의 경향이 자라났다. 경쟁과 기업이 빠르게 성장했을 때 미국인들은 미래를 생각했다. 그들이 번영을 구가할 때는 현재를 생각했다. 그리고 합병과 거대 기업과 독점의 시대, 이제 경쟁의 범위와 잡을 수 있는 기회가 줄어드는 시대에 그들은 아쉬움으로 황금시대를 돌아본다.

1955년에 통찰력 있는 관찰자 리처드 호프스태터는 이렇게 말했다.

미국은, 아직 젊지만, 조금 더 성숙했다. 베트남 전쟁으로 훨씬 더 성숙했다. 미국은 자국의 역사를 의식하게 되었으며 진실의 순간에 다가서고 있다. 과거에 무관심하고 지독한 개인주의와 고립주의, 개인과 국가의 자유에 가해지는 어떤 구속도 거부하는 태도는 모두 '미국 문명이 기반한 문화적 정치적 전통의 통일성'을 반영한다는 사실을 깨달았다.

오늘날 미국의 상황은 그런 묵시적인 전통을 불필요한 것으로 만들었다고 할 수 있을까? 분명히 과거가 그 어깨를 짓누르기 시작했다.

위안을 주는 과거: 기회와 좌절

오랫동안 미국은 새로운 미래를 만들고 있다고 믿어왔다.

과거는 저절로 사라지는 것이기에 지난 과거의 그림자가 드리우지 않은 새 미래를 만들고 있다고 믿어왔다. 황금률은 그 뿌리와 연결되는 것을 피하고, 예기치 않은 것에 도박을 거는 것이다. 핵심어는 '기회'다. 이름을 남길 자격이 있는 사람은 기회가 오면 잡아야 하고 철저히 이용해야 한다. 거듭된 타인과의 경쟁에서 자신을 증명하고 자신의 가치를 보여주어야 한다.

하나의 실체로서 미국은 같은 방식으로 행동했다. 미국의 과거는 기회의 연속이었다. 주어지는 순간 거의 한 번에 잡아 철저히 활용한 기회, 보통 성공적으로 성취할 '기회'의 연속이었다. 먼 과거에서 오는 기회와 좀 더 최근의 과거에서 온 이런 기회의 대차대조표로 이야기를 시작해보자.

첫 번째 기회는 아메리카 해안의 뒤늦은 정복과 점령이었다. 아메리카 전체를 차지하려는 경쟁은 1492년 새 시대를 연 크리스토퍼 콜럼버스의 항해로 시작되었다. 에스파냐(카스티야)가 승자였다. 8년 뒤인 1500년 알바레스 카브랄 휘하의 포르투갈인들이 산타크루스를 점령했는데 오늘날 브라질의 국명은 이곳에서 자라는 붉은 염료의 원료인 파우브라질, 곧 브라질나무에서 비롯된 것이다. 그다음 등장한 것이 프랑스인이다. 프랑스 상인과 해적선(구분이 되지 않는 경우가 많았다)은 신세계 연안의 모든 곳에 출몰했다. (16세기 초에 발견된) 뉴펀들랜드부터 카리브해, 플로리다, (실질적이라기보다 이론적으로 포르투갈인들이 차지한) 브라질까지 모든 곳에 출몰했다. 1534년부터 1545년 사이 프랑스인들은 캐나다를 정찰했고 1603년 그곳에 정착했다. 가장 늦게 도착한 것은 영국인들이었다. 16세기가 저물어갈 때 월터 롤리가 장차 버지니아가 될 곳에 상륙했다. 그러나 그가 세운 정착지는 얼마 가지 못했다. 그리고 나서 메이플라워호의 청교도 이주자들이 1620년 케이프 코드에 도착했고 그곳은 매사추세츠가 되었다.

얼핏 보기에 신세계의 이 지역들은 그리 매력적인 곳이 아니었다. 강 하구와 체사피크만 같은 내해가 갑작스럽게 등장하고 숲이 우거진 늪지에 서쪽은 앨러게이니 산맥으로 막힌 음산한 해안이었다. 무엇보다 그곳은 느린 연안 항해를 제외하면 서로 단절된 부분들로 구성된 드넓은 지역이었다. 또한 원주민 인디언들의 습격에 더해 훗날 겨루게 될 홀란트와 스웨덴의 경쟁자들도 있었다. 그런데도 프랑스인들은 세인트로렌스강에서 출발해 오대호와 훗날 뉴올리언스가 건설될 삼각주까지 포함하는 거대한 미시시피 분지를 탐험하고 차지했다. 그렇게 프랑스인들은 방대한 협공을 펼쳤고 초반에 승리를 거두었다.

그 후로 에스파냐 사람들이 기지를 건설한 플로리다와 모피 사냥꾼과 적극적인 예수회 선교사들을 거느린 강대한 프랑스 제국 사이에서 영국의 거점 지역은 계속 좁아졌다. 18세기 영국이 적극적으로 서쪽으로 팽창하기 시작했을 때 프랑스 요새 도시들과 마주쳤다.

그런데 거기 어디에 '아메리카'의 기회가 있었을까? 아마도 영국 식민지들이 상대적으로 규모는 작았어도 확고히 자리 잡았다는 사실에 있었을 것이다. 그들은 특히 매사추세츠주 보스턴이 등장한 북부와 뉴욕(이전 지명은 니우암스테르담)과 퀘이커 교도들의 도시, 필라델피아가 위치한 중앙부에 확고하게 자리를 잡았다.

모국과 모국의 무역에 연결된 이 도시들은 황무지에 건설되어 자치의 이점을 누렸는데, 유럽의 전형적인 중세 도시들과 비슷한 자유를 누렸다. 영국의 불안도 그들에게 유리하게 작용했다. 완강한 프로테스탄트 분파의 구성원들뿐만 아니라 크롬웰의 미움을 산 '왕당파'들도 대서양을 건너 도주했다. 1762년 본격적인 싸움이 끝날 때까지 그렇게 새로 도착한 사람들이 많았다. 그 시기 영국인은 100만 명, 프랑스인은 고작 6만 3,000명이었다. 영국 혹은 '아메리카'의 기회는 프랑스와 에스파냐에 맞서 이런 압도적인 우위를 달성했다는 것이다.

알프레드 소비Alfred Sauvy는 그 점을 잘 지적했다.

한때 아메리카 대륙에는 100만 명의 영국인들이 있었다. 그에 비해 프랑스인은 고작 7만 명이었다. 그래서 1759년 퀘벡에서 전쟁의 행운이 몽칼름에게 미소를 지었다고 해도 결말은 정해져 있었다. 볼테르 훨씬 전에 식민화와 식민지 이주는 프랑스 당국의 중요한 관심사가 아니었다. 어리석게도 그들은 프랑스 인구의 감소를 염려했다. 그리고 다른 국내의 어려움과 근심에 직면했다. 그래서 (두 나라의 상대적 크기를 고려하면) 프랑스인 1명당 영국인 30명이 유럽을 떠나온 셈이다. 원인과 결과의 기이한 불일치 아닌가! 영어와 그에 따른 문화가 오늘날 세계를 지배한다면 그것은 순전히 소수의 프랑스 선박이 해마다 신세계로 실어 나른 사람들의 수가 적은 데다가 그나마 그들 대부분이 문맹이었기 때문이다.

역사가들이 '만약에'를 상정한다면 잘못일 것이다. 프랑스에 열정과 각별한 애정을 가진 아메리카인이라면 어느 날 ─아쉬운 마음으로─ 프랑스식 명쾌함, 삶의 달콤함, 미식 취향을 물려받았다면 어땠을까 상상해보는 일이 즐거울 것이다. 그러나 그런 꿈은 역사가 할 수 있는 것을 넘어서는 것이다.

아메리카 최초의 눈부신 경제적 발전은 주로 농업을 배경으로 이루어졌다. 그러나 (캐나다의 성공보다 훨씬 더 큰) 성공은 바다와의 연결에서 비롯되었다. 북미와 남미 모두 물과 물길이 중요한 역할을 했다. 범선, 어선, 상선, 그리고 나중에는 대형 쾌속 범선들이 바다에 즐비했다. 그 가운데 일부는 카리브해와 남아메리카까지 도달했고 일부는 유럽과 지중해로 향했으며 일부는 태평양 깊숙이 파고들었다. 1776년부터 1782년까지 독립전쟁 중 아메리카 '반란군'은 영국해협까지 와서 영국의 해운과 상업을 위협했다. 그리고 1812년부터 1815년 사이 미국이 영국에 맞서 승리를 거둔 전쟁에서 영국의 프리깃함은 패배를 거듭했다. 나폴레옹에 맞선 유명한 투쟁에 가려 많은 일반 역사에서는 지워진 이야기이다.

17세기 이후 계속해서 이런 해상 모험 덕분에 수많은 미국 도시가 부를 쌓을 수 있었다. 당연한 일이지만, 영국의 상법은 한편으로 아메리카 식민지들이 필요한 모든 상품을 모국에서 구매해야 한다고 규정했다. 유럽 다른 국가의 수입품도 영국을 통해 구매해야만 했다. 그리고 다른 한편 식민지는 (영국에 수입 금지된 곡식과 어류를 제외하고) 거의 모든 농산물을 영국과 영국 식민지에만 판매해야 한다고 규정했다. 게다가 1766년 펜실베이니아가 영국으로부터 구매한 상품 금액은 50만 파운드였지만 영국에 판매한 상품 금액은 4만 파운드에 그쳤다.

'그렇다면 그 차이를 어떻게 조정하시겠소?' 벤저민 프랭클린이 이런 비정상을 설명하기 위해 영국 하원에 소환되었을

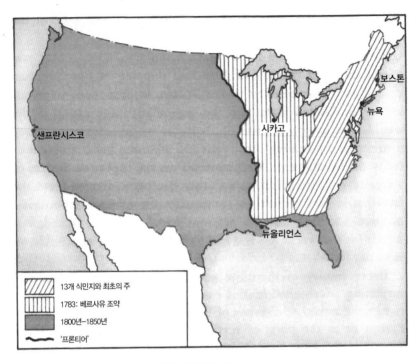

그림 20 팽창하는 미국

13개 식민지와 최초의 주
1783: 베르사유 조약
1800년–1850년
'프론티어'

때 받은 질문이다. 그는 다음과 같이 설명했다.

그 차이는 우리가 서인도제도로 보내는 상품, 우리의 섬이나 프랑스, 에스파냐, 덴마크, 네덜란드에 보내 판매하는 상품으로 상쇄됩니다. 혹은 우리가 북미의 다른 식민지들―뉴잉글랜드, 노바스코샤, 캐롤라이나, 조지아―에 보내 판매하는 상품들로 상쇄됩니다. 혹은 우리가 유럽 여러 국가에 판매하는 상품으로도 상쇄됩니다…… 우리는 어디서든 돈, 수표, 상품 등 영국에 지급할 수 있는 모든 것을 받습니다. 이런 왕복 항해에서 우리 상인과 선원들의 활동으로 얻는 수익과 그들의 선박이 제공하는 운송에 더해지는 모든 것이 영국과의 무역 수지를 맞추어줍니다.

이런 대규모 삼각무역 체제는 영국이 법적으로 허용한 상업 거래에 화물 운송과 외국과의 무역에서 얻는 이윤을 추가했다. 때때로 이익을 거둔 적극적인 밀수와 해적 활동도 잊어서는 안 된다. 어업도 빠트려서는 안 된다. 아메리카의 선원들은 바다가 제공하는 기회는 단 하나도 놓치지 않으려고 했다.

18세기 말로 향하면서 사실상 문제는 없었다. 미국의 해운은 영국을 제외하고 다른 어느 나라보다도 규모가 컸다. 인구 대비 미국은 세계에서 가장 큰 해상국가였다. 이런 사실 때문에 미국은 어쩔 수 없이 세계 경제에 포함되었다. 잇단 제재와 압박을 받아야 했지만, 그에 따른 혜택도 누릴 수 있었다. 신용에 기반을 둔 사회의 때 이르고 독창적인 장치는 모두 다음과 같은 사실에서 비롯되었다. 곧 미국은 종속적인 지위를 벌충해야만 했고 그들에게 없는 귀금속을 찾아내야만 했다. 바로 그런 이유로 그 부채를 상환하기 위해서 되도록 빨리 움직여야 했다.

해상의 행운에 관한 역사는 하나같이 놀라운 장거리 모험에 관한 이야기를 들려주는데, 이야기가 너무 많아 당혹스러울 정도다. 지중해나 혁명 기간 프랑스에 도착한 '미국산' 밀, 같은 시기 에스파냐령 아메리카와 포르투갈령 아메리카로 향하는 '밀항blockade running' 무역에서 미국이 거둔 성공, 그리고 케이프 혼을 거쳐 태평양에 도착한 그들의 항로, 그리고 훨씬 뒤에는 샌프란시스코에서 태평양으로 향하는 항로 등 수많은 모험 이야기가 있다. 1782년 영국에서 힘겹게 해방된 식민지는 중국에 닿으려고 애를 썼다. 그리고 특히 중국으로 가는 길에 들를 수 있는 항구와 태평양을 항해하는 포경선을 위한 안전한 중간 기착지를 원했고 1853년 페리 제독의 '흑선'을 도쿄만에 보냈다. 그리고 모두가 아는 운명적인 결과를 얻었다.

가장 시사적인 것은 그 시절 7대양을 항해하던 미국의 선박들이 마주했던 기회다. 매카트니 경을 신고 중국으로 향했던 라이언 호는 세 개의 돛대가 있는 범선으로 1793년 2월 남대서양의 섬 세인트폴에 기착했다. 그들은 그곳에서 5명의 바다표범 사냥꾼을 만났는데 셋은 프랑스인이고 둘은 영국인이었다. 그들은 중국 광주에서 판매할 2만 5,000장의 바다표범 가죽을 프랑스와 영국 공동 소유의 보스턴 소속 선박에 실으려고 준비하고 있었다. 그 선박에는 캐나다산 비버 모피도 화물로 실려 있었다. 몇 개월 뒤 매카트니 경은 전쟁의 포상으로 광주 연안에서 이 무모한 선박을 나포하는 기쁨을 누렸다―이 선박이 프랑스 소유로 여겨졌고 1793년 1월 프랑스와 영국 사이에 전쟁이 선포되었는데 그가 막 그 소식을 접했기 때문이다.

또 다른 작은 예가 있다. 독일의 시인이자 극작가의 아들 오토 폰 코체부는 1825년 4월 26일 차르를 위한 두 번째 세계 일주 중 알래스카 남부의 한 항구에 정박해 있었다. 그는 그곳에서 두 개의 돛대를 단 미국 국적 선박을 만났다. 이 배는 보스턴 항을 출발해 케이프 혼을 거쳐 러시아의 이 작은 요새로 향했는데, '바다표범' 가죽 2만 1,000장과 교환할 식량을 신고 있었다. 바다표범 가죽은 값비싼 해달 가죽보다 급이 낮았지만, 구매자들은 샌드위치 섬을 거쳐 중국 광주에서 판매하기를 바랐다. '선박이 알래스카 항구에 도착했을 때, 선장을 포함한 모든 선원이 술에 취해 있었다. 그들이 암초와 모래톱을 피할 수 있었던 것은 순전히 운이 좋아서였다. 그러나 아메리카인들은 아주 능숙해서 술에 취했을 때도 잘 헤쳐 나갈 수 있었다.'

이 시기는 또한 뉴잉글랜드와 뉴욕 주의 전문 분야였던 포경업의 전성기였다. 소설가 허먼 멜빌(1819-91)은 이 거친 세계를 묘사했다. 그 자신이 그 세계에서 거칠고 위험한 생활을 하며 뉴베드퍼드와 낸터킷 같은 번창한 소도시에 살았다. 1850년 이후 포경업은 쇠락했다. 광물성 기름과 가스가 광원으로서 경랍鯨蠟을 대체했기 때문이다.

비슷한 시기에 미국의 해운업은 영국의 철제 증기선에 맞서 힘겨운 경쟁을 해야만 했다. 이런 타격에서 벗어나지 못한 데에는 미국이 이제 국내로, 서부 개척지로 관심을 돌린 것도 일부 영향을 주었다. 대륙—그 자체의 대륙—을 정복하는 일, 서진西進의 압박, 철도 건설, 연결을 강화하기 위한 연안과 내륙 항해의 촉진, 이 거대한 작업으로 미국은 바다에서 멀어졌다. 그리고 그것은 새로운 기회였다.

아메리카의 삶에서 자주 있는 일이지만, 한 가지 활동이 더는 필수적이지 않을 때 또 다른 활동이 등장한다. 그리고 새로운 활동은 선결 과제가 되고 이전 활동은 뒤로 밀려난다. 이 경우 아메리카는 이제 지분이 50퍼센트도 안 되는 바다를 육지의 거대한 영역으로 대체했다고 말할 수 있다. 육지는 그 전체를 독차지했다.

아메리카 식민지가 영국으로부터 독립을 쟁취한 것(1773-1782)보다 더 잘 알려진 역사적 사건은 없다. 그렇다고 해도 그 사건 역시 역사의 맥락 속에서 파악해야 한다.

1762년 아메리카에서 프랑스 제국이 종말을 고하면서 식민지에 대한 영국의 원조가 중요치 않게 되었고 식민지에 대한 영국의 요구는 더 성가신 것이 되었다. 그러나 아메리카 식민지도 영국도 관계를 단절할 의도는 없었다. 그들의 단절은 오해, 부적절한 타협, 효과 없는 폭력의 결과였다. 오늘날에도 탈식민화의 모든 사례에서 이와 비슷하게 불합리한 일련의 사건들이 나타난다.

영국이 더 신속하고 더 크게 양보하지 않은 탓이었을까? 프랑스에 맞선 전쟁의 막대한 비용을 충당하기 위해 세금을 부과하고, 그런 다음 세금을 폐지했지만 1773년 12월 16일 아메리카 식민지인들이 동인도회사 소유의 선박 2척에 실렸던 차 상자들을 보스턴 항구에 던져버린 결과 차에 대한 세금을 남긴 것이 잘못이었을까? 대표 없이 과세 없다는 것은 영국 정치 전통의 일환이다. 그리고 아메리카의 영국인들은 웨스트민스터의 의회에 대표를 보내지 않았다. 그러므로 과세는 큰 잘못이었다.

더욱이 18세기 중반부터 계속해서 대영제국의 무게추가 아메리카와 대서양에서 인도와 인도양으로 옮겨가고 있었다는 1933년 영국 역사가의 지적은 옳았다. 1757년 벵골이 점령되었다. 그리고 비슷한 시기에 '중국 무역' 열풍이 시작되었다. 훨씬 더 많은 이윤을 추구하는 자본의 열망 때문에 영국은 신세계에서 멀어져 극동으로 향하고 있었을까?

설사 그렇다고 해도 영국이 아메리카의 식민지들과 극적인 전쟁을 벌이고 결국 치욕적인 패배를 맞은 데에는 몇 가지 이유가 있었다. 프랑스와 에스파냐의 개입이 '반란군'의 성공을 촉진했다. 그러나 1782년 반란군은 영국과 비밀 화약에 서명하고 동맹을 배신했다. 그 결과 이듬해 체결된 베르사유 조약에서 영국은 우려했던 것만큼 크게 잃지는 않았다. 또한 경제적 번영이 정치적 패배를 보상하고도 남는다는 것을 곧 깨달았다. 부질없는 줄 알면서도 역사가들은 산업혁명의 부수적인 결과로 영국이 패권을 지속하지 않았다면 과연 어떤 일이 벌어졌을지 궁금해한다.

더욱이 미국의 미래가 우리의 관심사라면, 이야기의 국제적 측면을 넘어서야 한다—라파예트를 넘어서야 하고, 생트로페 백작 드 쉬프렌이 해외에서 세운 공훈을 넘어서야 하고, 벤저민 프랭클린의 평이하고 현실적인 지성을 넘어서야 한다. 1776년 7월 4일 독립선언서에, 그리고 서서히 성숙한 1787년 헌법에 설명된 독립 자체가 중요하다. 그 중요한 해에 신생국 아메리카가 확립되었다.

'신생 아메리카'는 처음으로 모습을 갖춘 구체적인 아메리카를 뜻한다. 지리적으로 대서양 연안과 그 내륙에 한정되고 경제적으로 특히 농업적이었으며 사회적으로 지주 계급이 지배한 아메리카를 뜻한다. 그림책 역사서에 '미국 민주주의의 시조'로 이상화된 건국의 아버지들이 지주 계급에 속했다.

조지 워싱턴부터 토머스 제퍼슨까지 한동안 그들을 있는 그대로 본다고 해서 부적절한 것도 아니고, 무익하지도 않을 것이다. 그들은 세계에서 가장 훌륭한 헌법을 만들어내려는 의지와 확신을 지닌 사람들이었다. 미국 건국의 주역들이 '홉스의 철학과 칼뱅의 종교'를 토대로 그들의 헌법을 입안했다고 오랫동안 이야기되었다. 그들에게 또한 인간은 '인간에 대해 한 마리 늑대'였고, 인간의 '세속적인 정신'은 신의 정신과 정반대였다. 1787년에 셰이즈Shays 반란이 끝나고 녹스 장군은 워싱턴에게 이렇게 썼다. '미국인들은 누가 뭐래도 인간입니다—동물 고유의 요란스러운 열정을 지닌 사람들입니다.'

독립선언문은 반란자들의 권리와 법 앞의 평등을 둘 다 선언했다. 그러나 이들 토지 소유주, 사업가, 법률가, 대농장주, 투기꾼과 은행가들—이 '귀족들'—을 사로잡고 그들에게 동기를 준 위대한 관념은 자산, 부, 사회적 특권을 지키는 것이었다. 미국은 신생 국가였지만 이미 부유한 사람들이 있었고 그들의 부는 (아무리 소소해도) 그들에게 다른 사람들을 이끌 자격을 부여했다. 필라델피아 회의에 모여 헌법을 입안했던 건국의 아버지들에게 귀 기울이고 그들의 서신, 그와 유사한 것들을 읽기만 해도 그 증거를 얻을 수 있다. 그들의 기본 전제는 아주 명확하다. 찰스 핑크니는 젊은 대농장주로, 최소 10만 달러를 보유한 사람만 대통령이 될 수 있다고 주장했다. 알렉산더 해밀턴은 '민주주의의 뻔뻔스러움'을 단속해야 한다고 주장했다. 주지사의 딸이었던 페기 허친슨 같은 이들은 대중을 '더러운 떼거지'로 여겼다. 젊은 외교관이자 정치인이었던 구베르뇌르 모리스는 이렇게 선언했다. '군중이 생각하고 추론하기 시작했다, 형편없는 파충류들! 햇볕에 몸을 데우고 다음 순간 물어뜯으려 들 것이다…… 지주가 그들을 두려워하기 시작했다.' 법률가이자 정치가였던 제임스 머리 메이슨은 이렇게 인정했다. '우리 역시 민주적이었다…… 반대편 극단으로 너무 멀리 가지 않도록 주의하자.' 뉴잉글랜드의 성직자 제레미 벨크냅보다 더 신성불가침한 민주주의 원리에 고무된 사람은 없었다. 그런데도 그는 친구에게 이렇게 썼다. '정부는 인민에서 비롯된다는 사실을 하나의 원칙으로 고수해야 하지만 인민은 스스로를 통치하기에 적합하지 않은 사람들이라는 사실을 인민에게 일깨워야 한다.'

그의 말은 일반적인 사고의 노선을 보여준다. 자유와 평등의 이름으로 부과되는 질서는 이미 자본주의 질서였고 아무리 미미해도 자본이 개입되었을 것이다. 권력과 책임은 부자들의 몫이었다. 부자들이 다른 사람들로부터 보호받듯이 다른 이들에게는 부자들로부터 보호받는 큰 양보great concession가 주어졌다. 그러므로 언제나 이기적이고 사나운 인간이라는 동물의 충동을 상호 견제하는 방향으로 나간다면, 미국 혁명이 혁명적이고 새롭고 평등주의적이고 공정하다고 여겨진다는 점은 그다지 중요하지 않았다.

1787년 헌법은 결국 균형추를 정교하게 다루는 기제였다. 제퍼슨은 '권력은 서로 다른 기구들 사이에 안배되어…… 어느 기구도 법적 한계를 넘어서는 안 되고 다른 기구들의 효과적인 견제를 벗어나게 해서는 안 된다'라고 말했다. 사회의 경우 특권을 제거하는 것은 문제가 아니었다. 그리고 확실히 재산가의 특권을 제거하는 문제는 아니었다. 그들의 특권은 신성불가침이었다. 그러나 특권, 곧 부에 이르는 길이 모두에게 열려 있도록 보장하는 일에는 주의를 기울여야 했다.

리처드 호프스태터는 이런 이상을 재치 있는 아이러니로 요약했다. '건국의 아버지들은 잘 설계된 국가라면 이해관계가 이해관계를 견제하고 계급이 계급을, 분파가 분파를 견제하고 상호견제의 조화로운 체제 안에서 정부의 한 부문이 다른 부문을 견제할 것이라고 믿었다.'

그러나 19세기 미국사는 '건전한 경쟁'을 사적 이해관계들의 거대하고 맹렬한 투쟁으로 바꿔놓았는데, 거기서 투쟁은 유럽 자본주의 국가들에서보다 더 진정한 투쟁이었고 따라서 더 공정했다. 아메리카에서 이익은 소수의 폐쇄적인 사회계급에 국한되지 않았다. 다른 곳에서보다 더 개방적이고 이익이 되는 사회에서 모든 사람에게 기회는 있었다. '자수성가한 사람'은 초기 미국의 고전적 상징이었지만 오늘날에는 위협받고 있다.

서부의 정복

미국은 처음부터 스스로 개척의 국가라고 생각했다. 사실 거대한 영토를 차지하고 길들이고 인간화하는 모든 국가에 대해 같은 이야기를 할 수 있다. 러시아, 브라질, 아르헨티나 같은 국가들이다. 지리적 팽창은 성장의 첫 번째 형식이다. 그리고 다른 모든 성장의 핵심이다. 경제, 민족, 국가, 문명에 적용할 수 있다.

역사는 제 역할을 했다. 미국은 역사 덕분에 아무런 방해를 받지 않고 대서양에서 태평양으로 확장할 수 있었다. 프랑스가 사실상 아무런 방해도 받지 않고 대서양에서 우랄산맥까지 팽창했다고 상상해보라! 1803년 미국은 루이지애나를 매입했다. 1821년에는 에스파냐령 플로리다를 획득했다. 1846년 미국은 잠재적으로 캐나다를 포기하고 영국으로부터 오리건을 양도받았다. 거의 같은 시기에 손쉬운 전쟁의 대가로 미국은 멕시코로부터 텍사스, 뉴멕시코, 캘리포니아를 얻었고 1853년에 그 영토를 훨씬 더 확대했다. 러시아, 혹은 유럽의 팽창에 따른 끔찍한 침략과 재앙을 생각한다면 아메리카 개척의 역사는 ―비록 인디언의 희생이 있었지만― 상대적으로 쉬워 보인다. 하지만 현실에서 그 과제는 엄청났다. 혼자였다면, 신생국 아메리카는 그런 임무를 감당할 수 없었을 것이다.

처음부터 1787년 법은 그때까지 점령되지 않았던 서부 영토가 연방의 공동 소유가 되어야 한다고 영리하게 규정했다. 이어서 그 지역에 사람들이 거주하게 되자 새로운 주들로 편입되었고 결국 48개 주가 되었다(알래스카는 49번째 주가 되었고 하와이는 50번째 주가 되었다) 식민화는 다양한 형태를 취했다. 1776년 뒤늦게 시작된 식민화는 1907년 오클라호마의 마지막 지역을 획득하면서 막을 내린 것으로 볼 수 있다. 역사 서술, 역사 소설, 역사 영화는 초기 이주민들의 덮개 씌운 마차, 활과 화살로 무장한 인디언들과 벌이는 전투, 해안가를 따라 건설된 철도를 따라가는 최후 식민지 건설자들의 더딘 여정을 친숙한 것으로 만들었다. 영웅적인 서부의 진부한 이미지들로 돌아가는 것에 중요성이 있을까?

실제로 강조해야 할 것은 백인들이 정복한 영토, '변경'이 물질적으로나 심리적으로나 위대한 모험을 얼마나 크게 표상하는가다. 물질적인 것, 곧 자본주의는 처음부터 그런 평판에서 중요한 역할을 했다. 심리적인 면에서는 프로테스탄티즘의 새로운 차원을 드러냈고 그것을 넘어 두 번째 결정적 단계인 아메리카 문명의 새로운 차원을 드러냈다.

서쪽으로 향하는 이런 엄청난 움직임을 이끈 것은 자본주의였다. 방금 160에이커의 대지를 얻은 정착민을 상상해보라. 그는 미리 재단된 목재에 맞추어 집을 짓는다. 우선 그는 언덕 위의 가벼운 토질의 땅을 개간한다. 그리고 차츰 아래쪽 비옥한 토질의 땅으로 내려간다. 그리고 계곡까지 내려가 관목을 제거하고 때로는 삼림도 제거한다. 그는 농업인이나 진정한 농민은 아니다. 그때까지 그는 전혀 다른 직업에 종사했을 것이다. 살아남기 위해 그에게 필요한 유일한 기술은 말을 모는 것이다. 곡식, 통상 밀은 특별한 준비 없이도 재배할 수 있다. 그리고 땅에 시비施肥할 필요도 없다. 특히 그가 처음으로 도착한 사람이라면 그는 거의 확실히 한 가지 생각을 했을 것이다. 곧 자신의 땅을 되팔겠다고 생각했을 것이다. 그는 몇 년간 그곳에 살 것이고 거의 아무것도 소비하지 않을 것이다. 그는 본인에게 필요한 모든 것이 있는 먼 곳으로 향하게 될 것이다. 그는 (이미) 통조림 음식으로 살아갔을 것이다. 그리고 인근에 철도가 지난다면 난방에 석탄을 사용했을 것이다. 일단 두세 차례 풍작을 거두고 자본을 손에 넣으면 그는 이제 망설이지 않고 농장을 팔아 새로운 정착민들의 도착으로 불어난 이윤을 챙긴 뒤 다시 시작하기 위해서 더 서쪽으로 옮겨갈 것이다. 동쪽으로 이동하는 것은 실패를 고백하는 일이 될 것이다.(루이 지라르 참조) 그래서 정착민은 토지에 기반을 둔 농민도 농업인도 아니다. 그들은 투기꾼이었다. 어느 역사가의 지적처럼 그는 한 방을 노리고 왔고 도박을 했다. 물론 도박이 늘 성공적이지는 않다. 그러나 그는 계속했다.

1860년경 중서부에 건설 중이던 한 도시가 아주 흡사한 사레일 것이다. 필수적인 것뿐인 도시를 상상해보라. 기초적인 수준의 철도역, 마찬가지로 기초적인 수준의 호텔, 상점, 교회, 학교, 은행. 그 도시는 이제 막 건설되었지만 모든 사람이 성장을 예상하며 주변 토지를 사들이고 새로운 주민을 모집한다. 곧 도시에 전기가 들어오고 전차tram를 위한 길이 조성된다. 그리고 머지않아 전화도 들어온다. 다시 한 번 루이 지라르를 인용하자면, '여행객들은 아직 집 한 채도 없는 거리에 전등과 트램이 도입된 것을 보곤 했다. 그들은 집들도 그렇게 지어질 것이고 그래서 토지도 더 빨리 매매될 것이라는 말을 듣게 될 것이다.' 1878년에 건설되어 주로 독일계 이주민들이 장악한 노스다코타의 주도 비스마르크에서는 1883년 의사당이 착공되었다.

비스마르크 주민들은 대대적인 기념식을 준비했다. 그들은 활발히 활동하던 제임스 브라이스(5년 뒤 그는 『미국 연방』을 저술했다)뿐만 아니라 뛰어난 장군이자 미래의 대통령 율리시즈 S. 그랜트 장군을 초청했다. 수족Sioux의 위대한 추장 시팅불도 초대되었다. 그는 백인들과 격렬히 싸웠던 인물이다. 그는 기념식의 격을 높이기 위해 왔고 수족의 언어로 정중하게 짧은 기념사를 했다. 상식적인 스코틀랜드인이던 브라이스를 놀라게 한 것은 미래의 의사당이 도심에서 1마일이나 떨어진 곳에 있다는 사실이었다. 그가 놀랐다는 사실에 비스마르크 주민들이 당황했다. 그들은 말했다. 하지만 도시는 성장할 테고 의사당은 현재의 도심에서 멀리 떨어져 있어야 한다고.

핵심은 분명하다. 그 도시도 다른 도시들과 마찬가지로 현재만 살 수는 없었다는 것이다. 그들은 미래를 살았다—이는 모든 경제적 성공의 비결이었다. 그들은 가진 돈이 아니라 앞으로 들어올 돈을 계산했다. 들어오든 말든 관계없었다. 놀라운 것은 1873년 경기 하락 같은 역전 기간을 제외하고 돈은 언제나 들어왔다는 사실이다. 도박으로도 돈을 버는 일이 잦았다.

서부와 극서부 지역을 정복한 미국은 근본적으로 프로테스탄트였다. 프로테스탄티즘은 정착민들이 그런 토지의 확장으로 너무도 신속히 흩어져 인간적으로 어려운 상황에 직면했을 때 지원 세력을 갖지 못했다. 목사도 없이 그들은 오직 성경을 읽는 것에만 의지해야 했다—할 수 있다면. 사실 많은 정착민이 중세적 단순함 속에 살았고 그들의 자발적인 종교 생활은 활력적이었다. 때로 그런 상황은 새로운 신앙을 만들기에 비옥한 토양이었다. 이를테면 유타 주 건설자들인 모르몬교도들이 그렇다. 신앙의 불꽃을 살리고 확산시킨 데에는 미국 프로테스탄티즘의 역할이 컸다. 그 점은 미국 프로테스탄티즘의 가장 훌륭한 업적 가운데 하나였다.

성공하려면 그 일에 적응해야 하고 더 단순해져야 하며 이미 존재하는 분파들(회중교회나 미국 성공회)과 어느 정도 거리를 두어야 했다. 감정이나 화려한 집회의 영향에 의지하기 위해서는 이론적 가르침이나 의례를 중단해야만 했다. 침례교, 감리교, 사도 교회Disciples of Christ의 순회 목사들이 놀랍도록 잘 해냈다. 그들이 그런 감정적인 형태의 예배를 창안해낸 사람들은 아니다. 프로테스탄트의 대각성 운동이 그들에게 모델을 제공했다. 그러나 적어도 그들은 프로테스탄티즘을 받아들여 단순화할 수 있었다. 예컨대 침례교회는 그들의 분파주의를 버렸고 감리교회는 성공회의 유산을 버려야 했다. 새로운 목회자들은 언제나 '신성에 관한 개인의 연구', '개인의 주권', '신앙보다 일'을 강조했다. 그리스도의 언어는 직접적이고 단순한 소통으로 축소되었다.

이들 서부의 설교자들은 엄격한 종교적 목적을 넘어 ―미처 깨닫지 못한 사이― 아메리카식 생활 방식을 만들어냈다. 이는 이상이자 모범이자 문명의 양상이었다. 19세기 중반 이주민들은 프로테스탄트든 아니든 적응해야만 했다.

이런 자생적인 발전은 목회자들의 입장에서처럼 회중의 입장에서도 평범한 사람들의 일이었다. 그들은 '교회를 만드는 유일한 사람들'이었다. 그들은 마치 정복자인 양 드넓은 변경의 영역을 나눠 가졌다. 사도 교회는 서부와 중서부에 작은 교회들을 세웠고 감리교회는 북서부로, 침례교회는 남서부로 향했다. 그들은 다 함께 16세기 이후 에스파냐의 선교사들에 견줄 만하다. 그들은 에스파냐에서 신세계로 건너와 이주민들 사이에서 신의 말씀을 전하는 한편 인디오 대중을 그리스도교로 개종시키려고 했고 그리하여 오늘날 라틴아메리카의 토대를 마련했다.

산업화와 도시의 성장

'산업화'라는 말은 1880년부터 현재까지 미국에서 물질적 삶이 변화한 과정을 묘사하기에는 적절치 않다. 다음 도표에서 보듯이 20세기에 농업 위주의 국가들이 대체로 산업 국가로 변신했다. 이런 변화는 도시의 엄청난 성장 없이는 가능하지 않았을 것이다.

여기서 대량의 통계치와 경제 지표들을 동원하며 이런 엄청난 변화를 일일이 추적하는 일은 별 의미가 없다. 그러나 역사적으로 영국과 마찬가지로 뉴잉글랜드에서 섬유 산업의 팽창이 시작되었다는 점은 주목할 만하다. 그리고 유럽 여러 국가와 마찬가지로 1865년부터 1873년의 위기까지 철도 붐이 일던 시기에 섬유 산업이 확고히 자리 잡았다는 사실 역시 주목할 필요가 있다.

다음과 같은 사실들을 보여주는 것이 더 적절할 것이다. (a) 20세기 멕시코만에 면한 '디프 사우스Deep South'의 호황이 보여주듯이 인문 지리에 깊은 영향을 끼친 미국의 대규모 성공, (b) '미래 삶의 전조'로서 그런 성과의 선진적 성격 (c) 자기 혁신을 거듭하는 자본주의의 방식(이는 다음 장에서 탐색할 주제다) (d) 서부를 개척하는 일 못지않게 산업을 건설하고 거대 도시들을 건설하는 데에 필수적이었던 유럽에서 도착한 노동력 (e) 더 나은 용어가 없기에 '아메리카식 생활 방식'이라 불리는, 이런 거대한 인문적 물질적 발전이 이미 알려진 기존 문명으로 주조되는 어느 정도 효율적인 방식. 지금 당장은 우리는 단지 이 거대한 주제의 마지막 두 가지만 살펴볼 것이다.

1880년까지 미국은 잉글랜드계와 스코틀랜드계 이주민을 받아들였고 이들은 유럽 인구의 첫 번째 층을 형성했다. 뒤이어 독일계와 아일랜드계 이주민이 유입되었다. 아일랜드계 이주민은 영국계 못지않게 그리고 프로테스탄트 못지않게 미국을 만드는 데에 공헌했다. 1880년부터 1914년 사이 주로 가톨

A. 농업과 산업 생산의 평가액 (단위: 10억 달러)

	1880	1899	1909	1919
농업	2.4	4.7	8.5	23.7
산업	9.3	11.4	20.6	60.4

B. 농촌 인구 (단위: 1백만, 퍼센트)

	1880	1899	1909	1919	1950
인구	32.9	39.3	41.6	44.6	—
퍼센트	65.0	51.7	45.3	36.4	15.6

릭교도인 2,500만 명의 슬라브계와 지중해 이주민들이 들어올 때까지도 미국은 여전히 영국 문화와 프로테스탄티즘이 지배했다.

새로운 이주민들은 농업 위주의 서부와 도시 중심의 산업화 지역인 동부에도 흡수되었다. 그들은 동부를 변화시켰지만 제대로 인지되지 않았다. 예를 들어 비슷한 시기에 촌락과 도시로 밀려든 이탈리아 이주민들이 아르헨티나를 변화시켰던 것과 비슷하다. 대비에서 놀라운 것은 없었다. 미국에는 이미 융성한 도시와 산업이 있었다. 또한 미국은 엄청난 설득력과 동화의 힘을 지니고 있었다. 새로운 이주민들의 흡수는 대단히 빠르고 효율적이었다. 1956년 앙드레 지그프리드는 '일단의 미국인을 임의로 정해 생각해보자. 북유럽 유형은 지배적이지 않다. 그들은 나폴리나 빈, 런던이나 함부르크에서 왔다고 여겨진다. 그런데도 그들 역시 확실히 미국인들이다. 그리고 그

들은 미국인답게 행동하고 미국인답게 반응한다. 이런 관점에서 동화가 일어났다.'

성공을 거둔 것은 요인들의 결합이었다. 언어, 아메리카식 생활 방식, 이주민들을 신세계로 유인하는 엄청난 흡인력의 결합이었다. 이 마지막 요인이 가장 중요했다. 더욱이 1921년에서 1924년 할당제와 1952년 매캐런-월터법McCarran-Walter Act으로 미국은 사실상 빗장을 걸었다. 그때 이후 출중한 소수의 놀라운 과학자들을 받아들였지만, 새로운 이주민의 도착은 인간의 바다에 떨어진 물방울 정도에 지나지 않았다.

오늘날 멕시코와 푸에르토리코에서 오는 사람들을 제외하고 남부에 이주민은 거의 없다. 또 북부는 캐나다에서 오는 이들을 제외하고 이주민이 거의 없으며 디트로이트, 보스턴, 혹은 뉴욕에서 이주민의 흔적을 일부 찾을 수 있다. 이제 그런 이주민을 모두 합쳐도 소수에 불과하다. 뉴욕은 세계에서 '푸에르토리코인'이 가장 많이 있는 도시이다. 파리 역시 같은 의미에서 그리고 같은 이유로 '북아프리카인'이 가장 많은 도시이다. 대도시들은 모두 미숙련의 저임금 하층 노동자를 원한다. 그리고 도시 안에서 그런 노동자를 찾지 못하면 다른 곳에서라도 찾아낸다.

미국에 새로 도착하는 이주민들은 산업에 값싼 노동력을 제공해 창업과 확장을 돕는다. 이주민은 빈민층과 프롤레타리아 계급을 채운다. 그와 관련해서 뉴욕은 비교를 불허하는 전형적인 사례다. 도시의 성장은 이례적이고 멈출 줄 모른다. 보스턴부터 남쪽으로 워싱턴까지 동부 해안 전체가 이제 하나의 단일 구역—지리적 용어로 하자면, 거대 도시군megalopolis—을 형성했다. 곳곳에 나무들이 있고 경작지는 거의 없으며 교외 지역이 서로 만나거나 뒤섞여 있다. 프린스턴대학은 필라델피아와 뉴욕 시 사이 이런 초목의 보호 지역 가운데 하나의 중심에 있다. 그래서 자칫 방심하면 인근의 이 비슷한 괴물들이 삼켜버릴 것이다.

그런데도 이런 거대한 변화와 이주민의 대규모 유입에도 불구하고 아메리카 문명은 그대로 유지되어왔다. 모든 것을 동화시켰다—기계, 공장, 3차 산업(서비스 부문), 엄청난 수의 자동차(유럽의 대미 차 수출은 고작 맛보기에 불과하다), 그리고 마지막으로 비-프로테스탄트 이주민들의 도래까지.

미국 문명은 세 단계를 거쳤다. 첫 번째는 대서양 연안에서, 두 번째는 대서양에서 태평양으로, 세 번째는 산업화를 통해 '수직적으로'. 극서부와 새로운 형태의 프로테스탄티즘이 형성된 것은 두 번째 단계였는데, 어쩌면 아메리카식 생활 방식에서 필수적인 요소들, 개인의 존중, 지극히 단순화된 형태의 신앙, 일에 대한 열중(상호 원조, 제창, 사회적 의무 등)이 정착된 단계였다. 그리고 나머지 모든 것을 압도한 영어의 우위 같은 요소들이 정착되었다.

그런 사회를 종교적이라고 할 수 있을까? 그렇다. 여론은 거의 100퍼센트라고 말한다. 벤저민 프랭클린은 1782년 아메리카가 아직 신생국이었을 때 이렇게 말했다. '미국에서 무신론은 알려진 바 없다. 불신앙은 거의 없거나 비밀스럽다.' 오늘날 공적 언어는 여전히 종교를 연상시킨다. 외교 정책에서 어떤 움직임도 쉽게 '십자군'이라고 부를 수 있다. 우드로 윌슨에 의

해서일 수도 있고 아이젠하워 장군에 의해서일 수도 있다. 마찬가지로 사회적 차이도 종교적으로 설명될 수 있다. 최하층에 침례교 공동체가 자리하며 최근까지 가장 가난하고 보잘것없는 사람들을 형성한다. 감리교 신도의 세계는 좀 더 '상류층'이다. 그리고 마지막으로 가장 두드러진 이들은 미국 성공회 신자들이다(즉 그들에게는 성직자가 있다). 그들의 종교 예식은 영국성공회에서 비롯되었다. 어느 역사가는 미국 성공회 역시 새롭게 부유해진 교회라고 썼다. 그리고 그들은 자신들이 오른 사다리를 '걷어차 버린' 사람들이었다.

사실 그들 자신의 눈으로 보면 미국인들이 신앙을 어떻게 조직하는지는 중요하지 않다. 미국인들의 종교적 삶은 관용적이고 다원적이며 서로 다른 분파, 종파로 나뉜다. 과거의 배타적 의미에서의 교회는 오직 하나뿐이다. 그리고 그것은 바로 가톨릭교회다. 같은 가족 구성원도 서로 다른 종파에 속하는 것이 자연스럽다. 모든 사람이 믿음을 가졌다고 전제할 때, 그들은 각자의 방식으로 믿을 자유가 있다. 보스턴에는 초현대적으로 지은 작은 '교회'가 있다. 입구에 명판이 하나 있는데 영내에서 어떤 특정 종교를 숭배하지 않으며 어떤 신앙을 가졌든 세계 모든 신앙인이 기도드릴 수 있는 곳이라고 적혀 있다. 실내에서 어둠이 드리우지 않은 유일한 부분에는 제단 같은 커다란 판석이 있다. 그곳에는 열린 천장으로 들어온 빛줄기가 거울로 만든 거대한 커튼에 반사되어 빛난다. 거울로 만든 커튼은 콜더의 모빌을 연상시킨다.

유럽인이라면 놀랄 만한 관용이라고 생각할 것이다. 서양식 모델의 세속주의와 무신론, 특히 프랑스의 모델을 따른 정부와 교육의 세속주의를 미국에서는 전혀 상상할 수 없는 것은 아닐지라도 보기 어렵다는 점을 깨닫지 못한다면 말이다. 다른 한편으로 일부 지역에서는 특정한 종류의 무종교 혹은 합리주의가 널리 분포한다. 찰스 다윈의 『종의 기원』과 에른스트 르낭의 『예수의 삶』 이후 유럽에서 그랬던 것과 같다. 이런 종류의 합리주의는 점점 더 모호한 이신론理神論의 성장을 조장한다.

미국의 문화적 응집력에 중요한 사실은 가장 어려운 장애물로 받아들여졌던 것, 곧 아일랜드인을 필두로 독일인, 이탈리아인, 슬라브인, 멕시코인 등 특정 이주민들의 가톨릭 신앙이 마침내 아메리카식 생활을 받아들였다는 사실, 그것도 아주 잘 받아들이고 제자리를 찾았다는 점이다. 여기서 최초의 가톨릭 이주민―아일랜드인―이 결정적 역할을 했다.

어떤 경우에도 가톨릭교회는 그 세계의 통일성과 위계질서를 지키는 안전판이었다. 미국에서 가톨릭교회는 교회와 국가의 분리를 받아들였고 이는 가톨릭이 대다수를 차지하는 국가에서 보이는 태도와 대조적이다. 가톨릭교회는 또한 미국식 내셔널리즘을 수용했다. 마지막으로 가톨릭교회는 신앙과 분리된 것으로서 직업을 강조하는 데 동의했고 그렇게 해서 아메리카식 삶의 주류에 합류했다. 하나의 문구를 예로 인용할 수 있다. 어느 미국인 주교의 말이다. '신의 영광과 영혼의 구원에는 한밤의 채찍질이나 콤포스텔라로 향하는 순례보다 정직한 투표와 타인에 대한 선행이 더 유익하다.'

프로테스탄트 종파들과 마찬가지로 (현재 3,000만 명의 미국인 신도를 거느린) 가톨릭교회도 그 협회와 학교, 대학을 만들었다. 더욱이 프로테스탄트 교회는 도시 빈민들을 개종시키는 데 크게 성공하지 못했지만, 가톨릭교회는 이 영역에서 눈에 띄게 선두를 달린다.

도시에서 프로테스탄트 교회의 상대적 실패는 19세기 촌락 지역에서 거둔 성공에서 비롯되었을지 모른다. 그뿐만 아니라 그들이 일군 부는 더 많은 중간계급을 탄생시키고 그들의 종교적 열의를 감소시켰다(최근에는 그들의 종교적 열의가 되살아 나는 징후가 나타난다). 아메리카에서 종교—그리고 더 일반적 으로 아메리카 문화 전체—는 계속해서 부르주아적 부에 열 광하는 사람들의 표류로 위협받고 있다.

그러나 종교는 아메리카 문화가 응집력을 갖는 여러 이유 가운데 하나일 뿐이다. 다른 요인으로는 미국의 급속한 성장, 사회적 차이가 오직 돈으로만 표시되고 그래서 적어도 최근 까지는 부로 향하는 길을 누구나 차지할 수 있는 사회의 유인 을 꼽을 수 있다. 유럽계 이주민에게 그런 사회적 규칙을 받아 들인다는 것은 유럽의 오래된 사회적 범주를 벗어나서 희망의 길을 여는 것을 의미했다.

한 문명이 지닌 그런 자유로운 측면이 다른 면에서는 제약 이 되고 개인이 아메리카식 삶이라는 보이지 않는 규칙을 벗 어나지 못하게 했다. 이주민이 적응에 어려움을 겪고, 때때로 향수병에 시달렸더라도 그들의 자녀는 미국의 대중 속에 녹아 들기를 바랐다. 모든 사회학자가 이주민 자녀들이 보이는 이런 열망, 그 뿌리의 흔적을 지우고자 하는 열망을 주목했다.

마지막으로 이 과정에서 가장 큰 역할을 한 것은 아메리카 의 풍부한 '기회'였다. 변경, 산업화, 대도시의 성장은 모두 부의 창조자들이었고 부는 동화에 도움을 주었다. 판자촌이나 빈민가에서 살면서 걸핏하면 싸움이나 벌이던 1830년대 1세대 아일랜드 이주민과 2, 3세대 '중산층' 아일랜드 이주민 사이에는 큰 간격이 있다. 번영의 기세를 탄 아메리카 문명은 그 해안가로 밀려든 새로운 사람들의 물결에도 그 첫 번째 문명의 성격을 꿋꿋이 견지했다.

이 첫 번째 문명은 결정적으로 영국의 기원에서 멀어졌지만 여전히 유럽적 색채보다 앵글로색슨의 색채가 짙었다. 유럽 대륙은 언제나 지중해와 북유럽의 전통과 뒤섞였다. 앙드레 지그프리드를 한 번 더 인용하자면, '미국에서는 이런 두 문명의 상호침투를 찾아볼 수 없으며 앵글로색슨의 색채가 모든 것을 파고들었다.' 이는 의심할 바 없이 애석한 부분인데, 캐나다를 제외한 아메리카 대륙의 나머지 지역을 엄격히, 처음에는 포르투갈과 에스파냐, 다음으로는 이탈리아 이민자들의 특색이 짙은 라틴 세계로 만들었기 때문이다. 두 아메리카가 이제 서로를 이해할 수단이 부족해 서로를 이해하기 어렵게 만들었다는 사실이다. 그래서 그것은 이제 위험할 수도 있다.

3. 실패와 난관: 과거부터 현재까지

지금껏 우리는 기회와 성공에 주목해왔다. 어려움과 실수도 있었다. 연이은 역사적 '분수령'—1880년, 1929년, 그리고 어쩌면 1953년—과 함께 성장하며 그것들은 더 최근에 축적된 것으로 보인다. 그런데 그런 어려움과 실수는 우리를 오해로 이끈다. 그리고 두 갈래 길로 인도한다. 자세히 살펴본다면, 삶 자체에 내재하는 어려움들에 면역을 갖춘 인간 집단이 과연 있을까? 그리고 아메리카 문명처럼 그렇게 방대한 문명에서 행운과 불운 사이의 구분이 선명하거나 확정적일 수는 없었다. 모든 역경은 노력을 요구하고, 대응을 자극하고 (수학에서처럼) '기호를 변경'한다. 역경은 하나의 경고이자 시험이다. 보편적 재난을 의미하는 경우는 드물다. '새로운 봄이 겨울이 앗아간 것을 되돌려줄 것이다'라는 하인리히 하이네의 잘 알려진 시구는 개인에게도 적용되는 말이지만 민족에게 더 잘 적용된다. 미국에는 문제가 있다. 그리고 위기에 직면할 것이다. 그러나 미국은 최상의 건강 상태에 있다—어쩌면 상상하는 것보다 더 건강할 것이다.

오래된 악몽: 흑아메리카, 근절할 수 없는 식민지

초창기부터 미국이 마주했던 여러 기회 속에서 아주 심각한 어려움이 생겼다. 저절로 사라지기를 기대할 수 없는 어려움이었다. 바로 흑아프리카인의 존재였다. 그들은 남부에서 플랜테이션 농장들이 개발되면서 17세기부터 계속 아메리카 해안으로 유입되었다. 1615년부터 버지니아에서 담배를 재배했고, 1695년부터 캘리포니아에서, 그다음 조지아에서 쌀을 재배했고, 19세기 버지니아 남서부 모든 지역에서 면화를 재배했다.

역사와 지리에 책임이 있었다. 미국이 시작된 대서양 연안은 일련의 기후대들이 서로 밀집해 있다. 뉴욕은 나폴리와 같은 위도에 있지만 래브라도에서 오는 한류의 영향으로 모스크바와 같은 기후를 보였다. 그러나 뉴욕에서 기차로 하룻밤 거리에 열대 지역과 이국적인 산물들이 즐비하다. 남부에서 노예제는 거의 자연스럽게 시행되었고, 일종의 18세기 상당히 번성했던 카리브해 경제의 확장이었다. 조지 워싱턴과 토머스 제퍼슨이 그들의 버지니아 영지에서 그랬던 것처럼, 에스파냐인들은 플로리다에서, 프랑스인은 (1795년부터 계속해서 사탕수수를 위해) 뉴올리언스에서 카리브해 경제를 유지했다.

이렇게 해서 앵글로색슨 아메리카에 활력 넘치고 고집스러운 아프리카가 도입되었다. 힘으로도, 편견으로도 혹은 양보로도 제지할 수 없었다. 1787년 헌법은 자유주의적인 어조였지만 실제로 노예제를 폐지하지는 않았다. 한 일이라고는 노예무역 폐지를 제안한 것이고 실제로 노예 무역은 20년 연장된 뒤 1807년에 폐지되었다.

그때부터 흑인들은 합법적으로 아메리카에 유입되지 않았

다. 그러나 노예 밀수는 몇 해 동안 계속되었다. 그리고 그들은 마치 가축처럼 사육되었다. 19세기에 면화의 호황은 역설적으로 흑인들의 지위를 악화시켰다. 직전까지 그들은 고용주의 집에 살았다. 그러나 이제 그들은 고대 로마의 대농장에서처럼 거대한 노동자 집단으로 다루어졌다. 무일푼의 흑인 일꾼들을 지배한 사람들은 교양 있고 품위 있는 백인 집단이었고 강력한 식민지 귀족들이었다. 1852년에 헤리엇 비처 스토의 소설 『톰 아저씨의 오두막』은 흑인들의 고통을 폭로했고 북부에서 동정 여론을 불러일으켰다. 그보다 훨씬 뒤에 나온 마거릿 미첼의 또 다른 소설 『바람과 함께 사라지다』(1936)는 옛 남부의 매력과 삶의 즐거움을 이야기했다. 그러나 거기에 그려진 삶은 주로 특권적인 백인 주인들과 관련된 것이었다. 윌리엄 포크너의 긴장감 넘치는 복잡한 이야기들은 이런 남부 생활의 후기 국면을 배경으로 문명적이었던 과거의 향수로 가득하며 사냥 축제를 이야기하고 옥수수 위스키나 밀주에 관한 대화를 다룬다. 이 모든 책은 흑인과 백인의 이중적인 진실을 드러낸다. 그리고 어쩌면 이중적인 거짓말이 담겨 있다.

요컨대 가장 먼저 식민화된 인디언들은 유럽인과의 투쟁 이후 사실상 사라졌는데 사라진 인종의 표상으로서 그들이 살고 있는 인디언 보호구역 밖에서는 거의 생존하지 못했지만, 흑인들은 의도치 않게 거세게 저항해왔다. 그러므로 미국은 내부에 하나의 식민지를 품고 있는 셈이다. 온갖 공적 조치들에도 불구하고 그 식민지는 진정한 의미의 해방을 이루지 못했다. 그들은 무엇으로도 그 무게와 존재를 지울 수 없는 인종적 소수자들이다.

19세기 중반 노예제 폐지와 존속을 둘러싸고 남북전쟁 (1861-5)이 발발했다. 그러나 노예제 문제는 북부 주와 남부 주 사이 동족상잔의 분쟁을 촉발한 여러 쟁점 가운데 하나일 뿐이었다.

- 북부는 산업 위주였고 고율 관세를 선호했지만, 면화를 판매하던 남부는 품질 좋은 유럽 제품들의 구매를 선호했다. 그래서 남부인들은 개방 정책을 요구했다.
- 분쟁에는 정치적인 측면도 있었다. 권력을 추구하는 양당 가운데 남부에서는 민주당이, 북부에서는 공화당이 강세였다.
- 분쟁이 특별히 가혹했던 것은 포상이 달려 있었기 때문이다. 두 진영, 북부와 남부 가운데 과연 어느 쪽이 서부에 등장한 새로운 주들의 지지를 얻을 것인가?
- 현실적인 면에서 위기는 심각한 문제를 불러일으켰다. 연방 편에 선 개별 주들이 중앙정부가 취한 조치에 반기를 들 수 있을까? 필요한 경우 그들에게 탈퇴의 권리가 있었을까?

이 모든 경쟁의 이유들이 노예제 폐지를 둘러싼 양측의 과격한 불화로 결정화되었다. 1861년 4월 12일 남부는 섬터 요새 공격으로 전쟁을 시작했다. 끔찍하고 소모적인 분쟁 끝에 1865년 4월 9일 남부의 항복으로 전쟁이 마무리되었다. 1865년 12월 18일 헌법은 노예제를 폐지했다. 거의 500만 명의 흑인(1870년 백인 3,300만 명 대 흑인 480만 명)이 혹은 전체 인구의 12.7퍼센트가 자유의 몸이 되었다. 흑인들의 비중은 나중에 더 늘어났다. 1880년에는 13.1퍼센트까지 늘어났고 유럽

이주민들이 도착하면서 상대적으로 줄었다. 1920년에는 10퍼센트였고 대략 이 수치로 고정된 듯하다.

흑인들에 대한 정치적 양보가 얼마나 공허한 것인지는 일상생활의 크고 작은 많은 사실로 입증된다. 흑인들은 정치적 권리를 무시당하고 '열등한 지위'에 묶여 있었다. 특히 1914년 이전 그들 대다수가 남부에 남아 있었고 관습과 전통에 따라 자동적으로 낮은 대우를 받았다. 1880년경 시작된 산업화에서 그들은 종속적인 지위에 머물렀고 주로 육체노동자였다. 반면 더 나은 임금을 받는 일자리는 '가난한 백인들'에게 돌아갔다. 북부, 뉴욕의 할렘가, 시카고의 '흑인 구역', 디트로이트로 향했던 흑인들의 대량 이주는 제1차 세계대전과 함께 시작되었다.

사회적 소수인 흑인들은 아메리카의 경제적 팽창을 따라갔고 공유했다. 오늘날 흑인들 가운데는 부유한 구성원, 심지어 '신흥 부자'도 있다. 그들의 대학도 있고, 교회도 있고 음악가, 작가, 시인도 있다. 그러나 이런 약진에도 불구하고 진정한 평등은 아직 요원하다. 1965년에 앙드레 지그프리드는 이렇게 썼다.

밝은 면을 보려는 꾸준한 바람으로 사람들은 이제 그 문제는 해결되었다고 믿게 되었다. 유럽의 많은 방문자가 이런 실수를 저질렀다. 진실은 사회적 차별이 여전하다는 것이다. 북부에서는 어느 정도 줄어들었지만 남부에서는 조금도 줄어들지 않았다. 동부와 중서부에서 우리는 의심할 바 없이 점점 더 효과적으로 백인의 삶에 관여하는 흑인들을 보게 될 것이다. 탁월한 흑인들은 그때나 지금이나 저녁 만찬이나 사교모임에 초대된다. 그리고 한때 박해받았던 인종의 더 많은 대표가 차별 없이 공직에 선출될 것이다. 그러나 장벽이 조만간 허물어지거나 실질적으로 낮춰지리라고 생각하기는 어렵다. 미국에서 흑인 대부분은 그저 미국인이라고 느끼기를 원하며 인종에 대한 언급이 없기를 바란다. 그러나 백인들에게 그들은 여전히 '아메리카 흑인American Black'—상당히 미묘한 표현이다—으로 남아 있다. 사실 피부색은 완전한 동화를 방해하는 넘을 수 없는 장애물이다.

사실 문화적 변화가 일어날 때 그 속도는 절망적일 만큼 느려 보인다. 오늘날에 비해 과거에 더 많은 편견, 반목, 입장들이 개입했다(포크너의 소설을 보라). 흑백 분리 정책, 폭행(지금은 드물다), 노골적이거나 감춰진 적대감이 그런 것들을 떨치려는 움직임들을 지연시킨다. 그러나 결국 그런 움직임들이 시작되었다. 아칸소 주지사의 지원을 받은 백인 학교가 새로운 연방법에 규정된 권리에 따라 등교하려는 흑인 학생들을 가로막은 리틀록 사건은 초기의 이정표였다. 그 문제가 심각했고 그로 인한 분리주의자들의 열정이 대단했지만 결국 연방정부가 승리했고 그 사건은 그 시대와 미래의 상징이었다. 아주 느리지만 상황은 변화하고 있었다. 그리고 아메리카 흑인들은 놀라운 인내심과 정치적 중성심으로 그 문제의 평화적 해결에 대한 희망을 견지했다.

결론적으로 우리는 이 문제를 불행으로, 미국 전체와 학대받으며 견뎌온 아메리카 흑인들의 불행으로 보아야 할까? 아니다. 의심할 바 없이 미국의 휴머니즘은 극복해야 할 어려움에 직면했으며 그들은 그 어려움을 통해 스스로를 평가하고 성장시킬 것이기 때문이다. 또 한 번 아니다. 아프리카는 미국에 특별하고 독창적인 문화적 공헌을 해왔고 이미 그것은 미국 문명(특히 음악)에 통합되었기 때문이다. 다른 한편 미국 안의 아프리카는 물질적으로나 지적으로나 지금까지 세계에서 가장 발전된 흑인 공동체이다. 그리고 그들은 스스로를 위해 열심히 일하며 아메리카 문화와 문명의 탄력을 누리고 있다. 시간은 그들의 편이다. 그리고 만약 시간이 흘러도 아메리카의 삶에서 이런 심각한 모순이 제거되지 않는다면 지적 도덕적 불안은 계속될 것이다. 그것은 누구도 진심으로 바라는 일이 아닐 것이다. 미국으로서는 만족할 만한 해결책을 찾아내어 적용하는 것이 중요하다.

자본주의: 독점에서 국가의 개입과 과점으로

행운인지 불행인지 다시 한 번 판단을 미루게 된다. 이번에는 미국 자본주의의 역사다. 자본주의 역시 아메리카 문명에 해를 끼치기도 했지만 도움을 주기도 했다. 그리고 문명에 지울 수 없는 흔적을 남겼다―그리고 자본주의 자체에도 꽤 깊은 흔적을 남겼다. 돈은 미국이 추구하는 자유 민주주의를 지배했고 여전히 지배하고 있다. 기업의 지배는 자명한 사실이다. 기업은 맨해튼 남부의 거대한 빌딩들만으로도 가시화된다. 그러나 미국의 자본주의는 자유롭고 때로 지나치게 자유로운 공급과 수요의 상호 작용으로 세계의 어느 곳에서도 유례를 찾을 수 없는 물질적 번영을 가져왔다. 다른 모든 국가가 정치 체제와 관계없이 미국의 자본주의를 따르고 그와 대등해지려고 한다. 그리고 누구도 부인할 수 없는 미국의 이상주의, 그 열정과 완전한 이타심은 어느 정도 기업을 파고든 물질주의에 대한 반응이며, 회피이자 질책이다. 미국에서 자본주의는 비양심적일 때가 많았다.

그에 더해 미국의 자본주의는 혁명적이기보다 실용적이고, 1848년이나 1914년 이전 유럽에서처럼 체제의 전복을 시도하는 세력에 자양분을 제공하기에는 너무 부유한 사회의 압력을 받아 점점 더 인간적으로 변모하고 있다.

이미 살펴본 대로 아메리카는 1880년경까지 농업국이었다. 그 뒤로 갑자기 미국은 엄청난 변화를 겪었고 미처 깨닫기도 전 갑작스럽게 산업과 부와 권력에 접근하게 되었다. 유럽 공동시장 초기 유럽공동체는 급속한 물질적 진보를 누린다는 게 무엇인지 깨달았다. 일고 있던 조류―온건하고 실용적인 사회주의적 성장을 포함해―가 모든 것에 영향을 끼쳤다. 마찬가지로 미국에서 자본주의는 점점 더 많은 양보를 하고 양보를 받아들임으로써, 말하자면 진보의 몫을 공유함으로써 발전했다. 미국은 19세기 말의 트러스트에서 두세 개 기업이 거대한 내수 시장을 지배하는 거대 과점oligopoly으로 상당한 발전을 이루었다.

미국에서 자본주의는 성장하고 견제받고 방향을 전환하지만 결국 언제나 발전하면서 물질생활은 물론이고 정치와 문명의 동력이 되었다는 것은 명백한 사실이다. 그런데 그 점은 현재 아메리카 문명에 상존하는 위기의 근원이기도 하다.

미국의 자본주의가 어떻게 진화했는지 보려면 우리는 한동안 독점의 시대('트러스트trust'는 '신뢰confiance'를 의미하고 '수

탁자trustee'는 '권한에 근거한fondé de pouvoir'이라는 뜻으로 대리인 혹은 그와 유사한 것을 의미한다)로 돌아가야 한다. 법적으로 말하자면, 트러스트는 서로 다른 회사 주식을 보유한 주주들의 조합으로 주주들은 수탁자에게 자신들을 대리하도록 업무를 위임했다. 그 결과 수탁자들의 집단은 합병이 법으로 금지된 여러 기업을 사실상 결합할 수 있었다. 일부 트러스트는 동종 산업이나 상보적인 산업에서 활동하는 기업들을 하나로 묶을 수 있었다. 그리고 충분한 힘을 갖게 되었을 때 그들은 자연스럽게 독점의 확립을 목표로 삼았다―미국의 규모가 엄청나게 큰 탓에 그 일이 늘 어렵기는 했다. 이런 작업을 성공적으로 수행한 사람 가운데 하나가 존 D. 록펠러(1839-1937)다. 그는 오하이오 스탠더드 오일이 설립된 1870년과 스탠더드 트러스트가 설립된 1879년 사이에 이 일을 성공적으로 수행했다. 스탠더드 트러스트는 원原 사업의 엄격한 한계를 쉽게 뛰어넘었다. 원유를 추출하고 운송하고 정제하고 (특히 해외에) 판매하는 일련의 기업들을 포함하고 있었기 때문이다. 석유 판매는 곧 엄청난 자동차 보급과 연결되었다.

1897년에 설립된 미국 철강 회사United States Steel Corporation 또한 분명히 하나의 트러스트였고 또한 더 확실한 거대 기업이었다. 록펠러는 스탠더드 트러스트에서 물러났을 뿐 투기에서도 물러난 것은 아니었다. 그는 금융에 대한 실질적 통제가 없었기 때문에 엄청난 재산을 형성할 수 있었다. 그는 훗날 그 재산을 엄청난 액수의 자선사업을 위한 재정으로 활용했다. 한편 록펠러는 슈피리어호 부근 철광산을 사들였다. 사실 그 광산은 록펠러가 지급불능의 고객들에게서 상환금으로 받은 것이었다. 그 직후 그는 비밀리에 오대호를 거쳐 광석을 운반하기 위한 화물선 건조를 의뢰했다. 그런 다음 선택이라기보다 필요에 따라 그는 거대한 피츠버그 철강 공장 소유주였던 철강왕 앤드류 카네기(1835-1919)와 협약을 맺었다. 은행가 존 피어폰트 모건의 도움으로 미국 철강 생산량의 60퍼센트를 생산하는 거대한 US 스틸이 탄생했다. 주식이 증권거래소에 상장될 때 마지막 손길이 더해졌다. 모건은 자본금을 2배로 늘렸고 성공적으로 가치도 2배로 올렸다. 그는 이성적인 판단으로 급등하는 주식을 예측했다.

이런 사업들, 특히 철도회사들 사이의 경쟁을 논할 때 인용할 수 있는 다른 예들은 기교와 여론 풍토—마키아벨리의 정치에 견줄 수 있는 냉혹하고 무자비한 자본주의의 정치—를 보여준다. 어떤 의미에서는 록펠러도, 카네기도, 모건도 르네상스 시대 군주와 다를 바 없었다. 그런 기업들이 호황을 누리던 전성기는 1849년 캘리포니아 골드러시 시절(혹은 애퍼머톡스에서 남부가 항복한 뒤인 1865년)과 20세기의 시작 사이 기간이었다. 이런 금권정치의 지도자 중에는 철면피도 있고 점잖은 사람도 있었는데 이들은 미국에 대한 자신들의 전망을 가차 없이 추구했다. 그들은 자신들의 길에 놓인 방해물들을 없애고 밀어냈다. 그리고 필요하다면 공공연히 뇌물을 바치기도 했다. 그들 가운데 일부는 이렇게 말했다. '좋은 해결책을 얻기 위해 돈을 줘야 한다면 그것은 옳고 정당한 일이다. 엄청난 악행을 저지를 힘을 지닌 사람이 있다면, 그는 뇌물을 받는 즉시 행동에 나설 것이다. 그렇게 하면 시간이 절약될 것이고 그다음 그의 의무는 곧장 나아가 판사에게 뇌물을 주는 것이다.' 결과가 수단을 정당화한다. 우리에게 맞는 것은 무엇이든 정당하다……

이때는 경제적으로 엄청난 성취의 시기였다. 철도, 골드러시, 서부 정착과 새로운 사람, 늘 정확하지는 않아도 '자수성가'의 신화를 보여주고 확인시키는 신흥 부자의 시대였다. 의도치 않게 비관적인 자본주의의 시대이기도 했다. 투쟁과 공모에 열중하던 지도층이 우리처럼 결벽에 가까운 시선으로 자신을 보리라고는 기대할 수 없었다. 그들은 싸움꾼이었고 자신들이 사용하는 방법에는 관심이 없었으며 목적만 생각했다. 규모, 효율성, 혹은 공공선 같은 것은 모두 그들의 부와 지위를 상승시킬 것이다. 그런데 '최상위 승자만이 이기는 것'이기에 그들은 공정한 경쟁으로는 마땅히 받아야 할 보상을 받지 못했을까?

그러나 이런 활동들이, 혹은 성공적인 모든 기업인이 언제나 인정받고 신뢰받았다고 생각한다면 오산이다. 성공한 모든 기업인을 '자수성가한 사람'으로 만들어버린 후대의 선전도 언제나 인정받고 신뢰받았던 것은 아니다. 전혀 그렇지 않다. 대중은, 심지어 일부 기업인조차 사실상 독점을 불편해했고 독점을 조장하는 조치를 못 마땅하게 여겼다. 기업 간의 자발적이고 '자연스러운' 합병은 20세기 전환기의 오랜 호황과 더불어 점점 더 많은 트러스트와 독점을 양산했다. 마치 독버섯처럼 번져서, 1887년부터 1897년 사이 86개, 1898년부터 1900년 사이에는 149개, 1901년부터 1903년 사이에는 127개의 트러스트와 독점이 생겨났다. 그러나 곧 그들은 서로 다투기 시작했다. 1896년 대통령 선거는 윌리엄 제닝스 브라이언이 이끄는 트러스트 반대론자들과 윌리엄 맥킨리 후보가 이끄는 트러스트 지지자들의 싸움판이 되었다. 그러고 나서 일부 트러스트는 지나친 야심으로 무너졌다. 그중에 피어폰트 모건이 계획했던 해상 트러스트도 그런 경우였다.

1903년부터 1907년 사이 짧지만 심각했던 경제 위기로 여론이 그 문제에 민감한 반응을 보였다. 그리고 1904년에 시어도어 루스벨트 대통령이 철도 트러스트를 해체했을 때 폭넓은 지지가 뒤를 따랐다. 이와 같은 조치들과 많은 운동은 1914년 클레이튼 반트러스트법Anti-Trust Act을 이끌어냈다. 그 법은 대통령 우드로 윌슨의 민주당 소속 친구에게서 이름을 딴 것이다.

많은 관측자가 이는 헛발질이라고—곧 어느 때보다 커진 경제의 집중 경향이 입법으로 멈출 것이라고 상상하는 건 헛일이라고—주장했다. 미국 사회학의 선두 주자 대니얼 드 레온은 사실상 그 운동에 가담했다. '인간이 문명을 향해 오르는 사다리는 작업 방법의 진보이고 점점 더 강력해지는 생산 수단이다. 트러스트는 사다리 맨 위에 있다. 그리고 그 주변으로 현대 사회의 폭풍우가 몰아치고 있다. 중간계급이 그것을 부수려 하고 있다. 그리고 문명의 걸음이 퇴행하고 있다. 프롤레타리아는 문명을 지키고 개선하고 모두에게 열린 것으로 만들려 힘쓰고 있다'라고 썼다.

그런 태도가 견지하는 것은 확실하다. 미국의 승리이자 자긍심인 기술적 진보를 그대로 두어야 하지만 그 과정은 인간화해야 한다는 것이고 가능하다면 진보를 공유해야 한다는 것이다. 그런 정책을 추구할 만큼 충분한 규모와 힘을 지닌 중재자는 연방정부였다. 트러스트는 각 주의 경계를 넘어 확장되었고 여러 주에서 동시에 운영되었기 때문이다. 연방정부만이 진정한 그들의 리그 안에 있었다. 설사 그렇다고 해도 연방정부는 스스로를 성장시키고 강화해야 했으며 그 영토에 권력을 행사해야 했다. 트러스트, 혹은 대기업은 오직 하나의 권위만 마주하는 것이 유리함을 깨달았다. 당국의 지지가 그들의 안전을 보장할 수 있기에 그들은 당국의 반대를 기꺼이 혹은 마지못해 존중하고 그 결정을 받아들였다. 1962년 철강 가격 인상에 대한 케네디 대통령의 반대가 하나의 예였다.

오늘날에는 과점, 노동조합, 국가의 '대항력'을 갖춘 '신자본주의라고 할 수 있는 어떤 것이 20세기의 조건에 맞는 더 발전된 형태의 자본주의에 적응할 수 있는 미국에서 만들어지고 있다. 이미 전통적인 자본주의와 완전히 다른 것이다.'

이런 신자본주의를 규정하기는 어렵다. 여러 측면이 있고 미국 문명의 모든 것이 복잡하지만, 체계적인 시스템으로 표현되기 때문이다. 그 모든 요소를 열거할 수 있는 사람이 있을까? 자동화와 그 파생물들을 포함한 효율성, 막강한 파급력을 가진 광고로 조장된 표준화된 취향을 지닌 어마어마한 규모의 단일 시장을 위한 대량 생산, 그리고 공적 관계 부서와 인사 관계의 부서—마치 외무장관과 내무장관처럼 한쪽으로는 대중과 소비에 맞서고 다른 쪽으로는 노동자들에 맞서서 회사를 정당화하는—의 역할이 중요한 대기업 등. 이런 구도에는 수많은 세부 사항이 중요하지만 그들 모두에게 핵심적인 것은 경제다. 그러므로 규칙, 한계, 거대한 동력의 성공을 살피는 것은 가치 있는 일이다. 이런 목적을 위해 19세기 자유경제에서 시장의 역할, 과점, 노동조합, 그리고 연방정부 등의 요소를 하나하나 짚어보자.

시장(물론 자유시장을 전제한다)은 자유주의 경제학자들에게는 경제생활의 조정자이자 중재자였다. 경쟁의 신성한 매개를 통해, 시장은 모든 사람과 모든 사물을 제자리에 둔다. 자본주의 전통에 따르면 이런 이상적인 경제는 완전한 경쟁이 지배하고 그래서 독점이 없는 경제다. 거기서는 국가의 개입도 없다. 수요와 공급의 상호작용을 통해 자동으로 평형이 이루어진다. 위기, 실업, 인플레이션은 비정상적인 현상들로 저항받을 게 분명하다. 실업은 20세기에도 현재하기에 설명되어야 하는데 노동조합의 비정상적인 압력을 탓하기도 했다.

이런 전통의 그림을 완성하려면 생산은 언제나 수익성이 있다는 것이 반복되어야 한다. 사실 1803년 장-바티스트 세이가 제시한 시장 법칙에 따르면 생산된 모든 상품은 교역을 자극했다. 그는 '생산품은 생산품과 거래된다'라고 주장했다. 그러므로 제품을 만든다는 것은 교환의 보완 수단을 갖게 된다는 뜻이다. 이는 애덤 스미스부터 제러미 벤섬, 데이비드 리카도, 장-바티스트 세이, 그리고 앨프리드 마셜에 이르는 자유주의 경제학자들의 원칙이었다. 달리 말하자면, 경제생활에 관한 이런 경쟁 '모델'에서는 저축을 선호하거나 투자를 선호하는 성향을 포함해서 모든 것이 자율적이었다. 그리고 성향을 억제해야 할 어떤 불운이 발생하면 이자율을 높이거나 낮추어 적절한 수준으로 조정하는 것만으로도 충분했다.

그러나 자본주의 발전의 특정 단계에서 이 모든 옛 원칙들은 구역질 날 만큼ad nauseam 반복적으로 가르쳐졌지만 여러 사실에서 그 오류가 드러났다. 20세기에 독점과 유사 독점인 과점은 경제를 지배하는 큰 부문이 되었고 가장 선진적인 영역이 되었다. 그들은 신성시되는 자유경쟁의 역할을 왜곡시켰다. 뉴딜의 사례에서 보듯, 그리고 미국 밖 수많은 5개년 계획에서 보듯 국가가 개입했다. 마지막으로 1929년 이후 장기적인 위기가 나타나기 시작했다. 실업과 인플레이션은 그 자체로 큰 역할을 했으며 결국 안타깝게도 경제생활과 사회생활에서 일상적인 현상으로 여겨지게 되었다. 영국의 경제학자 존 메이너드 케인스(1883-1946)가 1936년에 출간한 『고용, 이자, 화폐의 일반이론』의 중요성이 거기 있다. 이 책은 자유주의 경제와 그 전통적인 경쟁 모델들과의 결별을 의미했다. 미국은 케인즈의 이론을 20세기 경제에서 예언자의 율법으로 받아들였고 자주 정치적 행위의 토대로 삼았다.

과점 기업들oligopolies: 과점, 혹은 불완전 경쟁, 혹은 불완전 독점이 있다. 소수의 대형 공급자가 '다양한 구매자의 요구를 충족시키려고 할 때' 생기는 현상이다. 사실, 우리가 이미 보았듯이 트러스트에 대항한 투쟁이 기업들의 자연스럽고 유기적인 합병을 근절하지 못했다. 여러 산업에서 그리고 미국에서만이 아니라 합병은 거대 기업의 형성이라는 결과를 낳았다. 그러므로 1939년 이전에 단 하나의 거대한 회사 알코아ALCOA: Aluminium Company of America가 알루미늄 시장을 지배했다. 당연히 소수의 거대 기업이 이런저런 분야를 나눠 가졌다. 예컨대 연초와 담배 제조업에는 서너 곳의 회사가 있었다.

거대 기업들과 나란히 소기업들이 남아 있었으나 거대 기업의 그림자에 가렸고 언제든 순식간에 사라질 수 있었다. 그들은 과거의 유산으로만 살아남을 수 있었다. 록펠러의 젊은 시절 석유 산업이나 헨리 포드가 막 시작했던 자동차 산업처럼 위험 자본을 끌어들이는 신산업 분야에 진입하기는 쉬울 수 있지만, 안정적으로 자리를 잡고 경험과 규모의 경제, 기술적 진보와 자기 자본이 중요한 영역이 되어 특권적 기업들이 모든 카드를 쥐고 있는 산업에 진입하기는 훨씬 어렵다.

연구와 통계가 사실의 윤곽을 보여준다. 200개의 대기업이 미국의 엄청난 물질적 부의 절반을 차지했다. 많은 경우 그들은 법인이었고 피고용인이 소유한 기업도 있었다. 이런 복합기업의 제국에서 임금과 급여는 유럽과 비교해 어마어마했다. 그러나 그것들은 이윤과 연동되기보다 고정되어 있다. '이윤은 그렇게 기업에 속한다. 이윤은 기업을 보호하고 기업이 성장할 수 있게 해 준다'라고 헨리 포드는 설명했다.

그렇게 해서 예외적인 형태의 자본주의가 확립되었고 이제 반독점법이 손쓸 수 없는 '거인들'의 지배가 확립되었다—그런 사실은 1948년 담배 제조업자들인 체스터필드, 럭키 스트라이크, 카멜에 맞서 정부가 취했던 조치들에서 볼 수 있다. 독점기업이 단 하나뿐이라면 몰라도…… 자그마치 200개나 된다! 상황을 바꾸려면 급진적인 개혁이, 혁명이 필요하다. 그러나 누구도 그런 것을 꿈꾸지 않는다. 과점 기업들은 소기업들로 분할되지 않을 것이다.

그러므로 주역들이 채워지고 채워졌다. '기업계 귀족 체계에서 제너럴 모터스, 뉴저지 스탠더드 오일, 듀폰, US 스틸의 수장들이 공작이라면, 그 뒤로 각 회사의 자산 비율에 따라 백작, 남작. 기사, 종자에 해당하는 기업들이 뒤를 잇는다.' 그런 특권적 이해관계를 누리는 기업들은 이를 지키려고 한다. '살아 있는 것을 전제로, 현세대 미국인들은 현재 그들에게 공급하는 몇몇 기업으로부터 철강, 구리, 황동, 자동차, 타이어, 비누, 스위치, 아침식사, 베이컨, 담배, 위스키, 금전등록기와 관을 구매할 것이다.'(J. K. 갤브레이스)

흔히 이야기되는 것처럼 이 거대 기업들이 유리한 것은 사실이다. 그들은 기술적 진보를 따라가고 그것을 탁월하게 이용한다. 그리고 고품질 제품을 저렴한 가격에 공급한다. 현대화되어 대형 기업으로 합병된 산업과 여전히 19세기 노선을 따르는 산업을 비교해보면 이 점은 확실해진다. 미국은 최소한 두 개의 기본 구조, 구자본주의와 신자본주의라는 구조 위에 성립되어 있기 때문이다. 농업 전반, 의류 생산, 광업은 구자본주의의 예들이다. 그 회사들은 규모가 적절하다는 의미에서 그렇게 말할 수 있다. 농업은 극히 소규모인 경우가 많다. 미주리에서, '대량' 생산자가 면화 9,000포를 판매할 것이다. 절대적 기준에서 보면 엄청난 양이지만 전체 생산에서 차지하는 비중은 아주 작다―비중이 너무 작아서 생산자가 가격에 영향을 끼칠 수 없을 정도이다. 사실, 그들을 지배하는 것은 가격이다. 그리고 그의 많은 동료 면화 생산자들도 다 그렇다. 마찬가지로 눈부신 성장을 이룬 미국의 주요 석유 회사들로 구성된 '페트로폴리petropoly'와 저임금에 시달리는 광부들의 작업에 의존하는 6,000개의 탄광 회사 사이에는 엄청난 차이가 있다. 그들에게 그나마 기술적 진보가 있다면 연방정부의 최근 개입에 의한 것이다.

그러나 시장은 역할을 회복하고 있다. 물론 대기업들은 결코 가격에 놀라지 않는다. 그들은 사전에 가격을 통제한다. 그리고 '공정하고 정직한' 경쟁 원칙을 따른다. 그들은 가격을 올리거나 내리는 결정이 그들과 같은 결정을 할 수 있는 경쟁사에 미칠 영향을 예측한 뒤에만 개입한다. 그 결과 가격은 상당히 높은 수준에서 고정되어 거대 기업의 안전과 이윤을 보장한다. 그래서 소기업은 그들이 맞출 수 있는 가격 덕분에 여전히 대기업의 그림자 아래서 살아가고 존재하고 생존할 수 있다. 이같이 해서 가격 전쟁을 피한다. 진짜 남은 전쟁은 광고다. 그것은 확실히 '풍요로운 사회'에만 허락되는 사치품이 확실하다. 정말 가난한 사회에서 광고를 상상하기는 어렵다.

그런데도 200개의 거대 기업(이제는 1929년 위기로 타격을 입은 은행의 힘에 지배받지 않는 듯 보인다)의 지배에 도전이 없는 것은 아니다. 최소한 가장 현대화된 일부 부문에서, 소수의 손에 판매를 집중시켰던 자연스러운 경향은, 구매도 다른 소수의 손에 집중시킨다.

그래서 생산자의 '경제력'이 구매자의 '대항력'에 맞서 나타난다. 균형을 이루려는 이런 작용에서 독점은 어느 쪽에도 유리할 수 있다. 대형 공급자는 여러 구매자와 마주할 수 있고 대형 구매자는 여러 공급자와 대면할 수 있다. 아니면 흔한 경우이지만 거대 기업이 다른 거대 기업과 마주할 수도 있다. 이런 경우 타협이 필요하다. 철강 생산자가 디트로이트에서 '임의로' 가격을 결정하면, 현지 자동차 제조회사 같은 중요하고 강력한 고객에게 그 가격을 요구하는 데에 어려움을 겪게 될 것이다.

과점은 구매와 판매 모두 역할이 있고 그래서 경제력과 대항력을 차례로 혹은 동시에 모두 행사한다. 그런데 대부분 둘 사이에 갈등과 긴장이 존재할 것이다.

노동 시장은 대항력이 가장 분명하게 성장하는 곳이다. 산업계의 거대 기업들은 해당 부분에서 거대 노조의 등장을 목격했다. 이들은 거대 기업의 독점이 시장에 끼치는 영향에서 이윤을 얻으려고 노력했다. 기업은 가격을 올릴 수 있으므로 충분히 뽑아내고 임금을 인상할 것이다. 노동자들은 기업의 특권을 나눌 수 있다. 과장이 아니다. 미국의 일부 노동조합은 그 자체가 부유한 회사이며 엄청난 건물과 잘 운영되는 대규모 자본을 가지고 있고 조합장과 간부들은 당당하게 급여를 받는다.

자본주의가 여전히 후진적인 상태에 머물러 있는 다른 극단에서는 노동조합이 그런 효과적인 압력을 거의 행사할 수 없다. 미국의 농업이 여전히 적극적인 노동조합의 범위 밖에 있는 것은 이 때문일까?

어느 모로 보나 생산자와 노동조합 사이의 전통적인 경쟁은 오늘날 미국 사회에서 전혀 다른 양상을 보인다. 제휴에 더 가까운 형태를 보이는 경우가 많다—그에 관해서는 소비자들이 대가를 치러야 하는 위험이 따른다. 산업계의 거대 기업은 노동계의 거대 노조들을 탄생시켰다. 그들의 대항력이 임금과 가격의 통제에 작용한다.

그런데 이런 통제가 잘못될 수 있고 왜곡될 수 있고 뻣뻣할 수 있기에, 그리고 그런 규모의 잘못은 무시무시한 결과를 초래할 수 있기에, 국가의 역할이 점점 더 커졌고 국가를 초월적 규제자로 만들어 전체 메커니즘이 더 적절히 작동하도록 보장한다. 1929년의 트라우마 이후 이런 필요성을 반대하는 사람은 거의 없다. 설사 그것이 경제적 자유주의 전통과 철저히 상충되는 것이라고 해도 말이다.

분명히 미국의 경제적 발전은 '대항력'으로서 연방의 세심한 개입을 종용했다. 이제 더는 1914년의 클레이튼법에 따른 독점 방지 조치 같은 맹목적인 개입의 문제가 아니었다. 이제 경제 상황의 다양한 요소들을 세밀히 분석하고 현대 경제학을 활용해 가능한 발전을 예측해야 하며, 실업을 타개하기 위해서든, 생산을 자극하기 위해서든 인플레이션을 억제하기 위해서든 필요하다면 언제든 이 영역에서 행동할 준비를 해야 했다.

뉴딜 이후 왜 연방정부의 규모가 커졌는지 쉽게 이해할 수 있다. 허버트 후버에게는 고작 37명의 참모가 있었을 뿐이지만 해리 트루먼에게는 325명의 공무원과 1,500명의 피고용인이 있었다. 과거 백악관은 대통령의 집무에 충분한 크기였지만 오늘날에는 실무진을 위한 별도의 청사가 있다―그리고 그곳 역시 이미 과밀 상태다. 점점 더 권력이 백악관에 집중되고 있다. 대규모 관료 집단이 전문가 집단의 후원을 받고 있으며 그들은 선거 결과에 따라 관료들이 자주 교체되는 과거 엽관제(獵官制, spoils system)의 불확실성으로부터 자유롭다. 관료제에서 새롭게 나타난 이런 영속성은 그 자체로 하나의 혁명이다. 오늘날 대통령은 훌륭한 자격을 갖춘 인사들을 총괄한다.

경제를 안내할 수 있고 안내해야 하는 결정적인 문제들을 다루기 위해 조직된 연방정부의 거대한 시스템 전체가 동시에 아메리카의 사회 문제들에도 직면한다. 제한된 수준의 경제적 개입이 사회 정책의 개입 없이 가능할까?

국가는 경제 조직의 책임을 맡는 순간, 사회 부정의를 책임지게 된다. 국가는 조직화하지 못한 채 노조 주변에 있거나 완전히 노조 밖에 있는 사람들, 아무런 권리도 없이 부랑자로 촌락의 프롤레타리아를 형성한 사람들을 더 이상 묵과할 수 없다. 최저임금이 있어야 할까? 미국은 유럽의 노선을 따른 사회보장 시스템을 향해 움직여야 할까?

만약 그렇다면, 풍요한 사회에 사회주의 정책이 도입될 것이다. 그 사회는 과거 많은 문제를 해결했지만 새로운 어려움을 겪고 있으며 그 가운데 일부는 시급히 해결해야 할 문제들이다. 사회주의 정책은 확실히 아메리카 문명의 전통과의 단절을, 지극히 개인주의적이고 특히 사람들의 '자수성가' 능력을 믿는 문명의 전통과의 단절을 의미할 것이다. 미국의 거의 모든 국민이 사회의 작동 방식에 국가가 개입하는 것을 싫어한다. 문제는 오늘날 그런 일을 피할 수 있는가이다.

그런 문제의 예이자 선택의 필요성을 보여주는 예로 제1차 세계대전 후 미국으로 피신한 소련 시민들의 반응을 생각해보자. 한 사회학자가 그들이 어떤 인상을 받았는지 물었다. 그들은 물질적 삶이 전반적으로 나아졌음을 인정했다. 그러나 그들은 무료 진료를 몹시 그리워했다. 그리고 소련에서 누렸던 모든 환자의 평등한 지위를 더더욱 그리워했다. 미국에 잠깐 머문 프랑스인 방문자도 미국에 머무는 동안 프랑스의 사회보장제도가 얼마나 값진 것인지 깨달았다. 미국은 부를 가졌지만, 그에 상응하는 것을 제공하지 않았다. 미국의 주요 대학에서 근무하던 한 젊은 교수가 불치병에 걸린 사실을 알게 되었다. 그는 더는 일할 수 없게 되었다. 그는 앞으로 어떻게 될까? 그는 의료보험에 가입하지 못했다는 이야기를 들었다. 그래서 그와 그의 아내, 아이들은 집을 잃고 가정도 잃게 될 것이다……

많은 당국자가 결국 미국이 사회복지 정책을 받아들여야 하고 받아들이게 될 것이라고 믿는다. 여론이 그 문제를 깨닫기 시작했다. 특정 언론의 호소에도 불구하고, 연방정부의 세금이 더는 게으르고 무능한 자들에게 혜택을 주고 유능하고 강한 부의 생산자들에게 부과되는 불공정한 징벌로 여겨지지 않는다. 뉴딜 정책 이후 연방정부는 '근본적으로 선을 행하고' 그래서 어떤 경우에도 필요하다고 여겨져 왔다.

이런 엄청난 변화는 개별 주의 역할을 차츰 축소시키고 변화시켰다. 한때 그들은 사실상 독자적인 공화국들이었다. 미국의 사회와 문명 역시 뚜렷한 변화를 겪었을 것이다. 무엇보다 미국이 세계에서 그 역할, 임무, 책임에 대한 시각을 바꾸기 시작했기 때문이다.

세계 속의 미국

전반적인 고립주의의 전통을 오랫동안 고수해온 미국은 20세기에 세계를 재발견했다. 이런 사실은 미국에 일련의 새로운 문제를, 대체로 고통스러운 문제를 안겼다. 미국은 그런 문제들을 본능적으로 외면하며 만족했을 것이다. 그러나 미국은 그 강력한 힘 때문에 어쩔 수 없이 나머지 세계에 관여하게 된다. 국내 정치에서 그렇듯이 외교 정책에서도 미국에는 선택의 여지가 없다. 세계는 점점 더 작아지고 있다. 그리고 의도적이든 아니든 미국이 하는 일은 모두 전 지구적 수준에서 울림을 갖는다.

어느 정도의 고립주의가 미국의 기본 특징인지를 알기는 몹시 어려운 일이다. 그런 고립주의는 미국이 독립하면서 분명해진 감정—과거의 유럽과 전혀 다르고 훨씬 더 나은 새로운 세계를 건설했다는 의식—에서 비롯되었다. 정신분석학자들은 이를 가리켜 '조상에 대한 반란'이라고 했다. 또한 광활한 아메리카 대륙에서 그런 거리 덕분에 안전하게 그들의 역사를 독립적으로 만들었다는 미국인들의 의식이 그런 고립주의를 조장했다.

사실 미국은 국경 안에서 일어나는 일에만 관심을 가질 수 있었고 그곳의 번영을 유지하는 데에만 관심을 쏟을 수 있었다. 중국이 만리장성을 쌓아 인접국의 위협에서 벗어났던 것처럼 미국은 보호관세로 그렇게 할 수 있었다. 부끄러운 줄 모르고 후회 없이 맘껏 팽창할 수 있었다. 미국은 직접 토지를 정복하며 영토를 확장했다. 해상 정복 활동은 섬뜩한 식민주의 모험이었다. 19세기에 미국이 유일하게 피할 수 없다고 느꼈던 것은 아메리카 대륙의 나머지 국가들과의 유대 관계였다. 1823년에 그런 연대 의식은 '아메리카인을 위한 아메리카'라는 먼로주의로 표현되었다. 그런 메시지—정말로 그것은 하나의 메시지였고, 미국의 대통령 제임스 먼로의 메시지였다—는 결국 유럽에서 벌어지는 일에 미국이 개입하지 않는다는 사실을 확인시켰다. 먼로주의의 긍정적 측면과 부정적 측면 모두 이후 자주 되풀이되었고 재확인되었다.

그러나 나머지 세계를 외면할 수는 없었다. 미국은 무역으로, 수입과 수출로, 그리고 외교 관계로 나머지 세계와 연결되어 있었다. 1898년 전쟁의 물결이 미국을 푸에르토리코로 이끌었고 미국은 여전히 그곳에 남아 있다. 또한 미국은 쿠바로도 향했는데 그곳은 이제 더 이상 그들의 차지가 아니다. 그런가 하면 멀리 필리핀으로도 향했는데 미국은 사실상 그곳을 떠난 적이 없고 심지어 필리핀의 독립 후에도 마찬가지이다. 나머지 세계 역시 유럽, 일본, 중국 등의 이주민들을 통해 미국으로 밀려왔다. 미국은 1921년부터 1924년까지 이주민에게 문을 닫았다. 우리가 경험으로 알고 있듯이, 이는 자연스럽지만 위험한 반응이었다. 제1차 세계대전 이후 불행과 위기의 시간을 보내던 유럽과 나머지 세계에는 최악의 재앙이 될 만한 결정이었고 사실상 안전판이 제거된 셈이었다.

1917년과 1918년 미국은 제1차 세계대전에서 결정적 역할을 했다. 미국이 주도한 베르사유 조약 체결 후 미국은 적극적인 국제정치에서 물러났고 국제연맹에도 가입하지 않았다. 미국은 허약한 영국—장대한 해상 연결을 기반으로 과거에는 최고 위치에 있었지만 이제 세계대전의 결과 그 자리에 남겨진—의 잘못된 지배 아래 세계를 내맡겼다. 미국이 1917년 그 전쟁에 개입한 더 중요한 이유 가운데 하나는 의심할 바 없이 영국의 세계적 지위를 보위하는 것이었다. 하지만 그 자리는 미국에 더 어울리는 것이었다. 미국은 그저 앵글로색슨 문명—**그들의** 문명—의 미래를 보장하는 데 힘을 보태려 했을 뿐이다.

선의를 지닌 우드로 윌슨은 미국이 직접 뛰어들기를 원하지 않았지만 그렇게 되는 걸 막지 못했다. 그와 반대로 프랭클린 델라노 루즈벨트가 그의 사망과 제2차 세계대전 종전에 앞서 카사블랑카, 테헤란, 얄타에서 개최된 '정상' 회담에서 성공을 거뒀다는 평가를 받을 수 있었던 건 윌슨의 그런 실패 때문이었을까? 분명 루즈벨트는 미래를 예측할 수 없던 세계의 재편에 일조했다. 그러나 루즈벨트는 당시의 필요에, 그리고 우드로 윌슨의 원칙보다 실효성 없고 도덕적 논란이 잦은 원칙들에 지나치게 순응했던 게 아닐까? 식민 제국의 해방을 조장하는 것은 확실히 아메리카의 전통에 부합하는 것이다. 그러나 그것은 또 서유럽의 약화를 의미했고 조만간 라틴아메리카의 지위에 의문을 품게 했다. 라틴아메리카의 경제적 상황은 미국에 대한 '식민적' 종속으로 간주될 수 있었기 때문이다. 게다가 그와 동시에 유럽의 절반을 소련의 지배 아래 두는 것은 자결의 신성한 원칙과 동떨어진 것이다. 그러나 루즈벨트는 세계 평화를 위해 소규모 국가들이 더는 문제를 일으키지 않아야 한다고 믿었다. 그는 4강―중국, 소련, 영국, 미국―을 제외한 전 세계의 무장해제를 원했다. 어쩌면 그는 여전히 고립주의에 대한 노스탤지어를 느꼈을 것이다. 우리가 나머지 세계에 관심을 가져야 한다면 최소한 그들이 조용하게 있도록 확실히 해야 한다……

루스벨트의 이런 시각과 설명 방식은 미국 자체에서 표현되어왔다. 분명 논란의 여지가 있다. 그러나 비아메리카인들, 특히 서유럽인들 사이에 폭넓게 공유된다. 신세계 외부의 관찰자들은 미국이 원하지 않았어도 혹은 미처 깨닫지 못했어도 세계의 지도자 역할을 받아들였다고 믿는다. 그들은 또 미국이 문제를 너무 단순하게 받아들여 상식이나 선의의 문제로 보고 모든 난관을 구세계의 편견이나 이기심에서 비롯된 것으로 여긴다고 믿는다. 사실, 미국의 정책 결정에서 적잖은 부분이 불운했고 통제를 벗어났다. 그들은 차관이나 선한 의도만을 세계 지도자의 도구로 삼기에는 부족함이 있음을 증명했다. 그리고 오늘날 무역과 돈을 통한 군림은 설사 미국의 전통적 관점에서 합법적일지라도 많은 불신을 낳는데, 과거 그와 유사한 식민 지배에 대한 불신만큼이나 크다. 한편 미국인들은 그들이 도왔거나 돕고자 했던 민족들의 감사할 줄 모르는 태도나 시기심에 그들의 실패 원인이 있다고 믿는다.

사실 다른 이들과 마찬가지로 그들도 훈련이 필요했다. 그리고 그들이 오랫동안 외면했거나 외면하려 애썼던 세계의 정확한 척도를 배워야 한다. 그들의 안전을 위해 반드시 지켜보아야 하고 가능하다면 이끌어야 할 세계다. 그들은 이런 임무를 진지하게 받아들였고 자신들의 실수를 일부 인정했다. 그역시 유익할 뿐 아니라 호감 가는 미국의 전통이다. 하고 있는 일에 확신이 있지만 실수를 인정할 준비가 되어 있는 태도. 목표의 수정이 빠를수록 목표 달성도 빨라진다.

이를 보여주는 하나의 예가 케네디 대통령의 솔선수범이다. 그는 당시 뛰어난 지식인과 경제, 정치 전문가들을 모아 당면 문제들을 진지하게 연구하게 했다. 1962년 5월 21일 한 언론인이 그들의 논의를 보고하면서 다음과 같이 썼다. '케네디는 본인 주변에 "유능한 사람들"과 "수재들"을 모아놓고 작업을 압박한 뒤 그들의 결론을 취합해 미래 정책의 길잡이로 삼았다. 곳곳에 여전히 불확실성이 남아 있었다. 선택지가 열려 있지만 그가 택한 기본 노선은 분명했다. 몇 년 만에 처음으로 우리는 미국 대통령의 의도에 관해 꽤 많은 것을 알고 있다.' 확실히 그것은 대통령 자신의 노력으로 귀속시켜서도 안 되거니와, 그가 정책 의제들을 명확히 하기 위해 소환했던 지식인들과 하버드 교수들의 노력으로만 보아서도 안 된다. 실제로, 마셜 플랜과 한국 전쟁 사이의 긴장 속에 보낸 몇 해와 이후 극적인 순간들—베를린, 쿠바, 라오스, 베트남, 중동, 중국, 동유럽과 소련—에서 미국과 미국의 여론은 세계에 대한 그들의 엄청난 역할과 책임 범위를 깨달았고 동시에 그것을 제한할 필요성도 깨달았다. 고립주의 시절은 오래전에 사라졌다.

힘에는 책임이 따른다. 세계의 지도자—지속적인 불안을 전제해야 하는 역할—로서 미국의 부상은 미국의 힘이 급속하게 성장한 데 따른 결과의 하나이다. 그런 힘을 묘사하려면 우리에게는 '경제적', '정치적', '과학적', '군사적', '전 지구적' 같은 수식어들이 필요하다.

1945년 히로시마에 원자탄이 투하되고 제2차 세계대전이 끝나면서 미국의 힘이 뚜렷해졌다. 동양과 서양의 대결이라는 견지에서 유럽과 세계의 지도력이라는 문제가 즉각 제기되었다. 과거 유럽은 거의 언제나 경쟁하는 두 진영으로 나뉘었다. 위험이나 위협의 원천이 되는 국가가 어디냐에 따라 양 진영의 구성원은 늘 달랐다. 제2차 세계대전이 끝나고 몇 년 동안 전 세계가 이런 낡은 구도에 따라 살았다. 레몽 아롱은 이를 간단히 '양극 체제'라고 불렀다. 자유주의 진영과 사회주의 진영을 가른 것은 이데올로기만이 아니었다. 사실 그 시절이 지나고 나서 두 세계는 닮은꼴이 되기 시작했다. 사회주의 세계는 거대한 규모로 산업을 조직하기 시작했고 자유주의 세계는 국가의 역할을 확대하기 시작했다.

전후 세계에서 지도력은 권력의 두 중심, 워싱턴과 모스크바를 양자택일의 대상으로 제공하는 듯했다. 제3세계 중립국들과 강대국의 동맹이나 위성국들은 그들에게 막대한 영향을 끼치는 드라마에서 구경꾼에 불과했다. 그들이 할 수 있는 역할은 그들의 무게를 더해 균형을 유지하는 것뿐이었다. 강대국들은 제3세계 국가들을 지배했을지 모르지만, 강대국들 역시 그들에게 구애해야만 했고 그들에게 유인을 주고 충성심을 유지하게 해야 했다.

1945년 미국은 승자였고 그 우월성에 취해 있었으며 히로시마와 나가사키에 원폭을 투하하면서 비극적이지만 결정적으로 확신을 얻었다. 1953년 7월 12일 소련은 최초의 수소폭탄을 실험했다. 힘의 균형이 회복되었다. 1957년에는 스푸트니크호를 발사하면서 소련이 우위에 섰다. 무엇보다 우주를 정복했다는 것은 6,000마일 이상 떨어진 목표물을 타격할 수 있는 장거리 미사일의 구축을 의미했기 때문이다. 이후 몇 년 동안 양측이 번갈아 가면서 성과를 냈고 위태로운 힘의 균형이 유지되었다. 양측의 군비 경쟁은 범위와 규모에서 점점 더 두려운 것이 되었고 냉전은 서로가 서로에게 느끼는 두려움에 따라 강화되었다. 세계 다른 국가들의 분노와 두려움 역시 덜하지 않았다. 눈이 번쩍 뜨이게 하는 극적 순간들이 이어졌지만, 결과는 없었다. 워싱턴과 소련이 추구한 힘의 균형은 과거 유럽이 추구했던 힘의 균형과 다를 바 없었지만, 더 위협적인 무기를 포함하면서 완전히 다른 차원의 위협이 제기되었다. 인류는 스스로 자멸할 수 있는 위협에 놓였다.

그런 투쟁은 미국을 사로잡았고 그 정책은 물론이고 삶과 사유에도 영향을 끼쳤다. 소련의 수소폭탄이 완성된 시기는

1929년과 마찬가지의 전환점이었다. 전혀 다른 이유였지만 사람들의 마음에 끼친 영향은 같았다. 냉전의 긴장은 사람들의 감정을, 그들의 상상력과 마음을 어지럽혔다. 모든 것을 왜곡했고 미국의 정상적인 자유의 풍토가 신뢰할 수 없는 전쟁 심리로 대체되었다. 1950년대 매카시즘의 공포는 그런 증상의 하나였다. 그리고 그런 열기가 사라지기까지 아주 오랜 시간이 걸렸다. 마치 전 세계가 그 같은 파괴적 심리 상태로 끌려드는 것 같았다. 세계 평화의 황금률은 분명히 함께 생각해야 하는 것이지 대립적으로 생각해야 하는 것이 아니다. 미국과 소련 양국의 전 세대가 집요하게 서로에 대항해서 생각했다.

양 진영에서 서로를 비난하고 감히 사용할 엄두도 내지 못하는 방어용 무기를 쌓아가면서 냉전은 분명 값비싼 대가를 치렀다.

이제 그런 안타까운 지난 장을 덮고 마지막으로 미국의 소설을 살펴보자. 그 풍성하고 복잡한 증거들은 그 작품들이 해석하는 문명에 대해 적절한 판정을 제안할 것이다. 마무리를 위해 우리는 미술, 건축, 자연과학과 사회과학은 물론이고 시에서 연극과 영화에 이르는 문학의 나머지 부분을 살펴보는 것이 마땅하다. 아메리카 문화와 지성의 번영에는 수많은 예술가, 도구 제작자, 기능주의 건축 설계자들과 산업 기술자들은 물론이고 하버드와 시카고의 경제학자들도 포함된다.

그러나 이런 짧은 요약에서는 선택이 필요하다. 소설을 선택한 이유는 두 가지다. 첫째, 소설이 긴 기간 동안 유럽과 세계 문학에 지대한 영향을 끼쳤기 때문이다. 둘째, 20세기가 시작된 후 소설의 발전이 아메리카의 삶의 발전을 조명해왔기 때문이다. 미국 문학은 1920-25년경 유럽에 '발견되었다' 그러나 유럽에서 명성이 높아진 것은 특히 제2차 세계대전에 이은 시기였다.

장-폴 사르트르, 앙드레 말로, 체사레 파베세 같은 작가들의 해설과 함께 소개된 번역서들이 열렬한 환호를 받았다. 그리하여 아메리카 소설가들의 영향력이 뚜렷해졌다. 영국은 물론이고 프랑스, 이탈리아, 독일에서도 그랬으며 한 비평가는 이 시기를 '아메리카 소설의 시대'라고 부르기도 했다. 또한 '아메리카니즘'의 시기이기도 했다. 재즈에서, 춤에서, 복식에서, 심지어 만화 기법에서도 그 흔적을 찾을 수 있다. 잡지 〈뉴요커〉는 때로 해외에서도 복제되는 스타일의 눈부신 예들을 제공했다.

유럽인들은 소설에서 새로운 유형의 글쓰기를 발견했다. 그들의 심리 소설 전통과 완전히 다른 서사 기법이었는데 '꾸밈 없고 객관적인 보도 기법', '사진 기법'으로 불렸다. 그런 기법의 목적은 보여주는 것이지 논평하는 것이 아니었다. 독자가 등장인물의 정신세계로 빠져들게 하려고 소설은 등장인물의 충격과 감정을 독자가 직접 혹독하게 경험하도록 만들었다. 그것은 영화의 방식이었고 아메리카 소설에는 영화의 영향이 뚜렷했다.

유럽인들에게 아메리카 소설의 특징은 이런 기법만이 아니었다. 폭력과 무자비함 역시 미국 소설의 특징을 느끼게 했는데 프랑스의 한 비평가는 다음과 같이 썼다.

영화에 의해 영화를 위해 만들어졌고 '뜨거운 뉴스'와 탐정소설의 관습이 짙게 드리운 문학이다…… 잔인하고 열정적이고 열기가 넘치며 광적인, 세련미는 조금도 없는, 마치 주먹을 날리는 것 같은 문학이다. 그런데도 혹은 그래서, 취향에 따라 환영받았다. 아메리카 소설은 빠르고 거칠다. 건강하고 생동감이 넘치며, 지금은 어디서도 찾아볼 수 없는 강력한 어떤 것이다.

실제로 이런 이야기는 아메리카 소설의 특정한 사조를 묘사하는데, 양 대전 사이 발전한 경향으로 미국인들의 '자연주의'라고 불렸다. 어니스트 헤밍웨이, 윌리엄 포크너, 존 스타인벡, 존 도스 패소스 등이 대표적인 작가들이다. 이들은 1890년에서 1905년 사이에 태어났다. 나이와 작품으로 그들은 초기 세대에 속했다. 그리고 제2차 세계대전 이후 발전한 아메리카 소설의 방식과 점점 더 거리가 멀어졌다. 이후 아메리카 소설은 자연주의에서 멀어져 더 오래된 전통─유럽 대륙의 대중에게는 더할 수 없이 탁월하고 독창적이지만 생소한 전통─에 가까워졌다. 허먼 멜빌(1819-91), 너새니얼 호손(1804-64), 헨리 제임스(1843-1916)를 잇는 19세기 전통이었다.

우리의 목적에 적합한 것은 일반적인 사조이고 그런 경향이 미국 문명에 관해 드러내는 것이다. 주목할 만한 한 가지 사실이 있다. 미국의 작가들은 유럽의 '문인'들이 누렸던 것 같은 자연스럽고 존경받는 역할을 누리지 못했다. 아메리카 작가는 언제나 고립된 개인이었다. 사회 주변부에 살면서 짧은 성공이 끝나고 비극적 결말에 이르는 일이 많았다. '아메리카의 삶에 2막은 없다'라고 스콧 피츠제럴드(1896-1940)는 말했다. 그의 말은 그 자신에게, 그리고 그의 많은 동료에게 해당했다. 그들 가운데 성공적으로 노년의 삶을 맞은 이는 거의 없었다. 아메리카의 작가는 반사회적 존재로 자신을 둘러싼 세계에 대한 증오와 불만을 드러내는 데에 만족하지 않고 저항의 삶을 살며 끝없이 고통스러운 대가를 치르며 고독하게 살았다는 특징을 공유했다. 그래서 아메리카 소설의 변화는 아메리카의 사회적 긴장에서 나타난 변화를 고스란히 반영한다.

19세기에 멜빌과 호손의 우울한 작품들 배경에 놓인 거대한 망령은 아메리카의 칼뱅과 청교도주의였다. 그들은 거기서 선과 악의 비극적 투쟁이라는 주제를 얻었고 집요하게 파고들었다. 멜빌과 호손 모두 어떤 의미에서 그들이 사는 사회를 비난했고 두 사람 모두 그 대가를 치렀다.

20세기가 시작되자 청교도주의의 완고함에 저항하는 전반적인 움직임이 있었다. 미국에서 청교도주의 전통은 여전히 강력하다. 특히 사회적 금기에서 강력한데 어떤 의미에서 그것은 도덕적 금기로부터 넘겨받은 것이다. 그러나 19세기가 끝나면서 이미 청교도주의는 그 사회의 악행의 상징이 아니었다. 에밀 졸라 방식의 자연주의 소설이 등장한 것은 바로 그때였다. 때로 사회주의적 경향을 띠기도 했다. 1880년 이후 아메리카의 힘이 크게 팽창하던 시기와 일치했다.

그 후 제2차 세계대전까지 산업 사회이자 자본주의 사회—아메리카적 삶의 '미래주의적' 측면—는 순응을 거부하는 문학계 인사들이 즐겨 다루는 대상이 되었다. 그 가운데 한 사람이 싱클레어 루이스이다. 그의 유명한 소설 『배빗』(1922)은 미국의 기업인에 관한 복수 어린 캐리커처였다. 양 대전 사이에 파리나 유럽에 살았던 자발적 망명객들도 있었다. 헤밍웨이, 피츠제럴드, 도스 패소스, 헨리 밀러, 캐서린 앤 포터 등 '잃어버린 세대Lost Generation' — 이들의 일원이며 파리에 살롱을 열어 해외 거주 미국인들의 집결지를 제공했던 거트루드 스타인이 붙인 명칭 — 이다. 또 다른 저항자로 제임스 패럴, 윌리엄 포크너, 존 스타인벡, 어스킨 콜드웰, 리처드 라이트가 있었다. 사실 한 세대 전체가 좌파 지식인들이었다. 그들은 1927년 니콜라 사코와 바르톨로메오 반체티의 재판과 처형에 분개했고 (그 사건으로 도스 패소스 자신이 수감되었다) 스페인 내전에 분개했으며(헤밍웨이의 소설 『누구를 위하여 좋은 울리나』를 보라) 무솔리니의 에티오피아 침공과 루스벨트의 뉴딜에 대한 공격에 분개했다. 그들 가운데 많은 이들이 사회주의를 그 시대 사회를 구원할 희망으로 여겼다.

제2차 세계대전과 그 이후, 냉전의 시작으로 그들의 그런 믿음은 무너졌다. 처음에 그들의 국가와 연대의 의미를 재발견했던 미국 작가들은 그 후 마르크스주의 이상의 공허함을 깨달았다. 아메리카의 신세대는 사회주의 리얼리즘에서 멀어졌다. 그들은 상징, 시, 예술을 위한 예술이 제자리를 찾은 소설을 선호했다. 그들은 헨리 제임스, 멜빌, 피츠제럴드를 되돌아보았다. '잃어버린 세대'의 일원이었던 피츠제럴드는 불과 44세의 나이에 요절했다. 반항자들은 이제 미국 문학의 중심이 아니었을까? 한동안 그렇게 보였다. 전후 내셔널리즘이 급격히 재부상했고, 또한 대학 출신 작가 세대가 출현해 어느 정도 안정을 누리며 그들의 문명과 자신을 기꺼이 동일시하려 했기 때문이다. 그러나 같은 시기 '비트 세대Beatniks의 등장을 목격했다. 그들은 자신을 둘러싼 사회 규범을 전면 거부한 젊은 지식인들이었다. 그리고 이런 의미에서는 그들의 선배인 '잃어버린 세대'와 닮았다. 그러나 다른 면에서는 그들과 전혀 달랐다. 1920년대와 1930년대 사람들은 좌파의 미래를 믿었다. 그러나 그들을 계승한 이들은 예술, 술이나 마약을 유일한 도피처로 삼았으며 이제 모든 것이 무의미해진 세계에서 고독과 소외를 주제로 삼았다.

그러나 아메리카는 현대성의 선두에서 살고 있다는 점을 잊어서는 안 된다. 미국은 여전히 미래 국가다―그리고 적어도 그것은 희망의 지표이자 생명력의 증거다. 미국은 그 엄청난 자원 덕분에 오랫동안 유지해왔던 낙관주의와 자신감을 회복할 수 있을 것이다. 클로드 루아는『미국의 비결 *Clefs pour l'Amérique* 』에서 다음과 같이 썼다.

모든 것에도 불구하고 미국은 인류의 잠재력이 계속해서 번성하는 곳 가운데 하나다…… 미국에서 돌아온 사람이라면, 새로운 종류의 사람들이 탄생할 수 있다고 확신한다. 본인의 능력을 확신하고 더 지혜롭고, 현실적이면서 실질적인 만족을 추구하는 그런 종류의 사람들이다. 냉장고며, 비타민이며 정교한 소품들을 쌓아놓는다고 놀릴 수도 있다…… 그러나 나는 우리에게 미국인들을 놀릴 권리가 있다고 믿지 않는다. 그들은 삶의 기술에 정통한 사람들이며 인류에게 한때 피할 수 없는 운명처럼 보인 것을 극복할 수 있다고 확신하는 사람들이다.

4. 영어권 세계

18세기부터 적어도 1914년까지 런던은 세계의 중심이었다. 짧은 방문에도 그 도시의 위대함이 깊이 각인될 정도였다. 버킹엄 궁전, 세인트 제임스 광장, 다우닝가, 주식거래소, 템스강 하구의 도크랜즈—이 모든 것은 여전히 과거를 떠올리게 한다. 서유럽에서 브리튼 제도는 다른 어느 곳보다 원양으로 향하는 기지로 확립되었다. 그런 엄청난 성공에 찬사를 보내지 않을 사람이 있을까? 러디어드 키플링은 자신의 삶을 인도, 서아프리카 저택, 북아메리카 목장, 이집트, 그리고 수많은 다른 장소들로 구별했다. 영국을 가장 잘 이해하는 방법은 멀리 떨어져서, 전쟁 같은 제국의 변방에서, 그리고 특히 인도에서 바라보아야 한다는 그의 생각은 옳았다. 그것은 아마도 1930년에 키플링의 프랑스인 친구가 알제리에 도착해서 그에게 다음과 같은 내용의 전보를 보낸 이유였을 것이다. '나는 지금 알제리에 있다네. 이제야 비로소 프랑스를 이해할 것 같네.'

대영 제국도 프랑스 제국도 거의 남아 있지 않다. 그러나 영국인에게 제국의 개념은 여전히 특별한 의미를 지닌다. 그리고 그것은 프랑스보다 영국에서 훨씬 더 많은 제도와 정치적 잔상들이 남은 이유를 설명해준다. 그래서 영국은 유럽공동체에 합류할 것을 고려할 때 고통스러운 선택의 문제에 직면했다. 영연방을 택할지 아니면 유럽공동시장을 택할지의 문제였다. 후자를 선택한다는 것은 유럽 대륙에 합류한다는 뜻이었다. 그 때까지 영국은 '영광스러운 고립splendid isolation'을 유지해왔다. 그리고 그것은 분명 영국이 자랑스럽게 여겼던 세계의 영토들을 포기한다는 뜻이었으며 영국의 가장 강력한 전통에서 물러난다는 뜻이었다.

캐나다에서 : 프랑스와 영국

영국은 '아메리카 식민지'를 잃었지만, 캐나다를 지켜냈다. 더욱이 캐나다가 대서양에서 태평양으로 뻗어나가도록 도왔다. 이 과정에서 중요한 해는 몽칼름이 퀘벡 외곽에서 패배했던 1759년과 식민지의 반란 후에도 영국 국왕에게 충성했던 영국과 아메리카의 '왕당파'들이 온타리오와 캐나다 연해주에 도착한 1782년이었다. 1855년부터 1885년 사이에 캐나다 연해주와 그곳의 영국 주민들은 점점 더 번영했고 그들의 선박과 선원들이 대서양에서 미국 선박과 선원들과 경쟁하는 일이 점점 많아졌다. 많은 재난이 이어진 끝에 1867년 온타리오, 퀘벡, 노바스코샤, 뉴브런즈윅으로 구성된 캐나다 자치령이 성립되었다. 1870년에 마니토바가 캐나다 자치령에 합류했다. 1871년에는 브리티시 컬럼비아가 합류했고 1873년에는 프린스 에드워드 아일랜드가 7번째 주로 합류했다. 1882년과 1886년 사이 '미국과의 실질적 국경을 따라' 캐나다 태평양

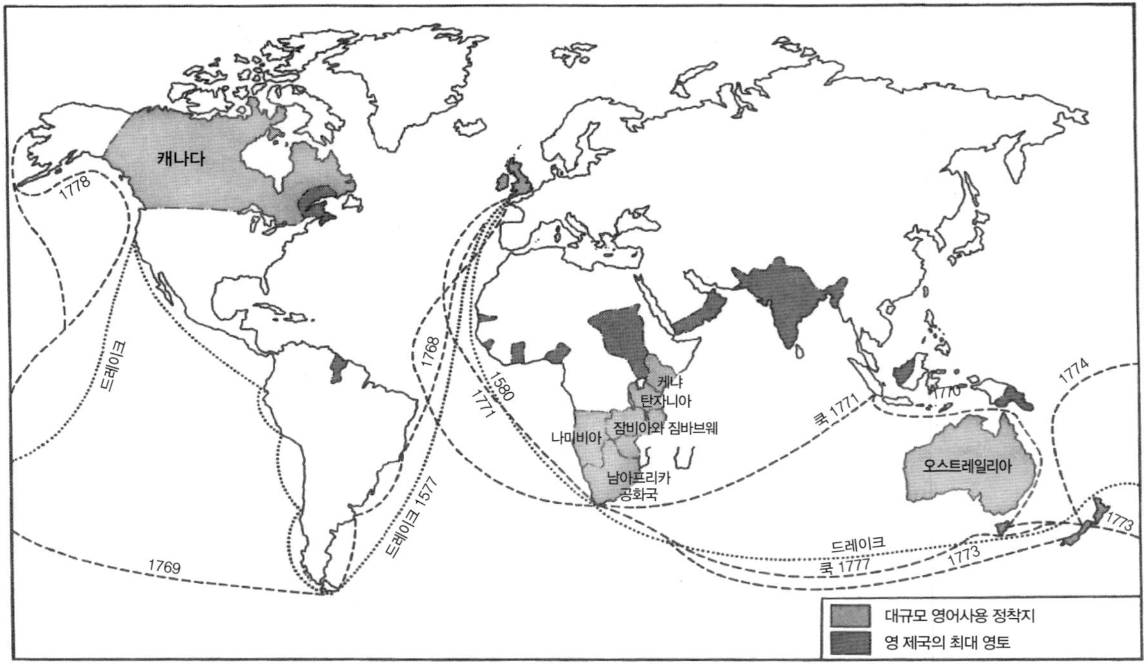

그림 21 영어 사용권 세계

철도가 건설되었고, 프레리의 식민화가 가능해졌다. 그리고 그곳에서 (프랑스계 캐나다인과 인디언 여성 사이에 태어난) '혼혈인half-breeds'이 추방되었다. 그렇다고 해도 캐나다 개척자들은 분명한 혼혈인이었다. 그들은 미국인과 마찬가지로 서부로 진출했고 두 개의 주를 더 건설했다. 앨버타 주와 서스캐처원 주다(1905). 마지막으로 1948년 국민투표를 거쳐 뉴펀들랜드가 10번째 주로 편입되었다.

프랑스계 캐나다인은 현재 캐나다 인구의 3분의 1을 차지한다. 그들은 대략 600만 명에 이른다. 거대한 퀘백 주에 (말하자면) 갇혀 있으면서 캐나다 동부 외곽, 세인트로렌스강 어귀, 하류와 중류 지역을 넓게 차지하고 있다. 그들은 포위되어 있기는 하지만 결코 깊이 숨어 있지는 않다.

오늘날 프랑스어를 사용하는 아메리카인은 프랑스 서부에서 온 6만 명 농부의 후손들로 미시시피강과 세인트로렌스강 사이에 나뉘어 있다. 1763년 파리 조약으로 버려졌을 때 그들은 퀘벡 주를 지켜낼 수 있었고 그곳에 깊이 뿌리를 내렸다. 프랑스계 캐나다인은 농민peasant이었지만 영어권 동료들처럼 농부farmer는 아니었다. 그들은 서부의 부름에 유혹을 느끼지 않았다. 그들은 서서히 도회지로 이주했고 뉴욕이나 디트로이트 공장으로 향하기까지 오랜 시간이 걸렸다. 하나의 민족으로서 그들은 생기 있고 직설적이며 유쾌했다.

영국령 캐나다는 그 자체가 서부에 건설되었다 서부는 프랑스계 캐나다인들을 분리시켰고 그들이 대륙의 심장부로 향하는 대원정에 합류하지 못하게 했다. 그리고 어떤 의미에서 그들을 포위했다. 캐나다 연해주, 미국과 온타리오가 사실상 퀘벡을 포위해 일종의 분지와 같은 영토로 만들었다. 프랑스계 캐나다는 그 사실을 받아들였다. 그들은 토지에 집착했다. 그리고 성직자들에 대한 신실한 믿음을 고수했다—1763년 이후 퀘벡에서 성직자는 구원을 의미했다. 퀘벡은 언어를 유지했는데 기본적으로 18세기 프랑스어였다. 오늘날 그곳은 어느 모로나 폐쇄적이고 내향적인 사회와 문명의 모습을 보인다. 보수적인 농민 사회로 적극적인 성직자가 있어 전통을 옹호하고 유지하며 고전적인 형태의 문화를 확산시킨다.

1763년 프랑스와의 단절은 여전히 치유되지 않은 상처로 남았다. 프랑스계 캐나다인들은 버려졌다고 느꼈고 이는 파렴치한 행동이라고 느꼈다. 그 뒤로 캐나다는 '옛 모국'—과거와 현재의 프랑스—과 단절했다. 접촉이 늘 유익한 것은 아니다. 프랑스는 18세기 이후 변화를 겪었다. 프랑스 혁명을 겪었고 공화정 체제와 세속주의를 경험했다. 또한 아방가르드의 불꽃을 피웠고 가톨릭교회의 사회적 관심을 높였다. 그래서 그들은 나름대로 혁명적이었다.

어쩌면 너무 자주 듣는 말인데 프랑스계 캐나다는 이런 혁신을 이해하기 어려워한다. 그런 혁신들에 놀라 움츠러든다. 그러나 프랑스계 캐나다 역시 변화하고 있다. 농민적인 그들의 가톨릭 문명은 스스로 현대화하려는 엄청난 노력을 기울이고 있고 다양한 사회과학들을 다루게 되었다. 이런 전체 움직임을 자극한 것은 다른 캐나다—영국계 캐나다—와 '아메리카화'에 대한 완고한 저항이었다.

영국계 캐나다인들은 캐나다 인구의 절반(48퍼센트)에 해당한다. 그들은 아메리카식 생활 방식(프랑스계 캐나다에도 영향을 끼쳤다)을 전면 수용했다. 그들은 또 다른 미국인들이었다. 토론토는 그 점을 잘 보여주는 전형적인 도시이다. 토론토는 남쪽으로 치우치는 경향을 강하게 드러냈고, 그 도시의 아메리카화는 모든 영역에서 뚜렷이 나타난다. 주택과 아파트에서, 가구에서, 요리와 교육에서, 아이들은 어려서부터 자기 주도적이고 국경 너머 미국 학생들과 마찬가지로 자유롭게 여자친구와 남자친구를 갖는다. 더욱이 기업의 세계는 적극적이고 강력한 미국식 모델에 따라 조직된다. 달리 말하자면 앵글로색슨계 캐나다는 멀리 있는 영국과 유대를 끊은 뒤 강력한 인접국에 훨씬 더 가까워졌다. 더욱이 가장 최근 이주민들은 주로 온타리오 너머에 자리 잡았는데 앵글로색슨 세계 밖 여러 나라 출신이다. 그리고 그들 역시 같은 매력을 느낀다. 결국 캐나다의 독립을 유지한 것은 영국계 캐나다와 프랑스계 캐나다 사이의 긴장이다. 그리고 그런 긴장은 경제 성장과 복지로도 해소되지 않았다.

1962년 1,800만 명이던 인구는 연간 2.8퍼센트의 성장률을 보여 20년 뒤에는 2,500만 명에 도달했고, 프랑스 국토 면적의 16배인 350만 제곱마일 크기의 국토를 가진 캐나다는 '세계적인 강대국'이다. 캐나다 경제는 빠르게 팽창하고 있는데 부분적으로 천연자원과 수력발전으로 얻는 엄청난 에너지 덕분이다. 거대한 강을 따라 목재를 운반하는 산림업을 포함해서 오래된 경제 활동 일부는 여전히 번성하지만 어디서나 그렇듯이 미국식 산업이 증가한다.

더욱이 캐나다는 독립적이다. 영국 왕실에 대한 충성은 이론적인 것에 불과하고 영국 군주를 대리하는 총독Governor General은 의전儀典상의 역할만 할 뿐 실질적으로는 캐나다인이다.

그러나 이런 정치 경제적 사실들이 긴장을 없앨 수는 없으며 의도적이든 아니든 프랑스계 캐나다를 고립시키는 경향이 있다. 몬트리올은 파리 다음으로 세계에서 가장 큰 프랑스 도시다. 그러나 그 도시를 지배하는 것은 '영국계' 은행, 호텔, 상점들이고 그곳의 기업 세계는 영어로 움직인다. 영국계 캐나다는 프랑스계 캐나다보다 부유하다. 그러나 경제적 불만이 주된 문제는 아니다. 정말로 결정적인 요인은 하나의 문명이 다른 문명에 의해 거부된다는 점이다. 캐나다는 미국과 함께 급속하고 전면적인 문화적 동화를 보여주는 놀라운 사례지만 200년이 지난 지금도 여전히 6만 명의 프랑스인—현재 숫자상으로 600만 명이지만—을 충분히 흡수하지 못했다는 것이 놀랍다. 어쩌면 언제나 의도적이지는 않았다고 해도 영국인들이 프레리와 서부를 정복하면서 프랑스인들을 배제했던 탓이다. 이는 프랑스인들이 폐쇄적인 농민 공동체, 사실상 전통적이고 외부의 영향을 거의 받지 않는 공동체를 형성하는 데에 일조했을 것이다. 어찌 되었든 과거에 그랬던 것처럼 현재도 두 집단의 분리는 가시적이고 뚜렷하다. 모든 '민족적' 요구를 조장하는 것으로 보이는 시대에 캐나다는 결국 하나의 정치적 형태를 취할 수 있을까? 그것은 또 다른 문제이다. 일부에서는 이미 독립이 거론되고 그 시기를 제안하기도 한다. '로렌스 동맹Lawrentian Alliance'이 존재하며 대단히 민족주의적이다. 그러나 또한 그것은 주로 '민족 교육 운동' 형태로 나타난다. 그 참여자 가운데 한 사람은 1962년에 이렇게 선언했다. '우리는 대중운동을 하는 게 아니다.' 사실 '캐나다의 프랑스'가 존재하며, 집요하게 살아남으려 애쓰고 있다. 그러나 아메리카라는 거인들의 세계에서 고작 600만 명이 실현 가능하면서도 진정으로 독립적인 정치 경제적 단위로 자신들을 조직할 수 있을까? 그것이 관건이다.

남아프리카: 네덜란드인, 영국인, 흑인

인도로 가는 항로의 기착지이자 과거의 범선들에 중요했던 남아프리카에서 1815년 영국인들은 1652년 이후 100년 넘게 그곳에 살았던 네덜란드인을 몰아내고 그곳을 차지했다. 마치 1763년 프랑스계 캐나다인들의 땅을 빼앗고 그들에게 자신들의 의지를 관철했던 것처럼 말이다. 그 결과 심각하게 불안한 긴장이 조성되었고 1899년에서 1902년까지 벌어졌던 보어전쟁에서 긴장이 최고조에 이르렀으며 전쟁이 끝난 뒤에도 계속되었다.

백아프리카는 이미 무자비한 내부 분쟁에 노출되었고 인도에서 온 이주민들(1907년 간디를 포함해서)이 동부 연안에 도착하면서 특히 흑아프리카인들과 잠재적 대결에 말려들었다. 장기적으로 보면 이는 무자비하고 극적인 위협이었다. 그러나 지금도 여전히 초기와 같은 상태다. 폭풍우―혹은 해결책―가 곧 닥칠 것이다.

아메리카적 의미의 '변경' 개발은 남아프리카 발전의 지배적인 특징이다. 미국, 브라질, 아르헨티나, 칠레, 오스트레일리아, 뉴질랜드에 이동하는 그 많은 변경을 자세히 살펴야 이해할 수 있다. 여기 담긴 것은 수많은 지역의 역사, 혹은 아프리카의 역사가 아니라 세계의 역사다.

소수의 신중한 백인 식민주의자들이 처음 도착해서(그들은 거의 유색인 노예들을 동반했다) 토착 부족들─칼라하리 사막의 부시먼이나 북부와 동부에서 다양한 이름으로 불린 반투족(이들은 철, 구리, 담배, 혹은 골동품 등과 가축을 거래할 수 있을 만큼 많은 가축을 사육한다)─과 접촉하게 되었을 때, 남아프리카에 변경이 등장하게 되었다. 변경은 차츰 케이프 식민지를 벗어나 더 멀리 메마르고 비어 있는 시골 지역으로 옮겨가기 시작했다. 원주민들이 가축을 훔치고 가끔 난폭한 공격을 가하기는 해도 작은 백인 식민지를 위협할 정도로 강해진 적은 없었기 때문이다.

1836년 '대이주Voor Trek'가 있고서야 비로소 식민주의자들은 오렌지 자유국, 나탈, 트란스발을 향한 결정적 움직임을 개시한다. 그 이유를 이해하려면 우선 이런 북진과 동진의 상황과 본질을 이해해야 한다. 이를 자극한 것은 오랫동안 작은 크기를 유지하며 큰 영향력을 발휘하지 못했던 케이프타운이 아니라 그곳 항구나 더 북쪽의 살라나다 만을 통해 들어온 선박들에서 왔다. 선원들이 승선하고 괴혈병에 걸린 선원들이 병원에 남겨지면서 그들은 식량, 특히 신선식품을 사고 싶어 했다. 남아프리카의 밀 생산은 수익성이 거의 없었다. 인도에서, 수라트에서, 혹은 벵골에서 더 값싼 밀을 사 올 수 있었기 때문이다. 포도도 자라지 않았다. 당시 케이프 산 와인은 평판이 형편 없었다. 그래서 현지 농민들은 수익성 좋은 육류에 주력했다. 그들은 도축한 고기와 (금지에도 불구하고) 살아 있는 소나 양을 판매했다. 목축은 농작물 재배보다 투자 비용이 적었을 뿐만 아니라 수익성이 훨씬 좋았다. 더욱이 가축은 항구까지 제

발로 갈 수 있어서 밀이나 와인처럼 운반 거리가 문제되지도 않았다.

그래서 18세기 이후 계속해서 목축업자들은 변경을 넓히며 더 내륙으로 파고들었다. 19세기에도 이런 이동이, 때로는 더 빠르게 때로는 조금 더디게 선박 수와 수요에 따라, 계속되었다. 18세기 영국과 프랑스의 전쟁은 수익성 좋은 무역에 좋은 기회였다.

그러나 이런 팽창에는 정치적인 이유도 있었다. 1815년, 영국은 남아프리카를 차지했다. 그리고 1828년에 케이프 식민지의 영국 정부는 백인과 유색인의 법적 평등을 규정한 유명한 15호 법령을 발효했다. 더욱이 1834년에는 대영 제국에서 노예제를 폐지했다. 과거 노예 소유주들은 배상받았다(그들은 액수가 너무 적다고 불평했다). 1828년에 남아프리카에는 5만 5,000명의 백인과 3만 2,000명의 자유 흑인이 있었고 3만 2,000명의 노예가 있었다. 노예 해방으로, 그리고 같은 해인 1834년 동부 국경에 대한 흑아프리카인들의 습격은 2년 뒤 보어인(농장주) 혹은 푸어트레커Voortrekker들을 오렌지 자유국과 트란스발의 방대한 초원으로 이끌었다. 이들은 독립된 공화국을 세웠고 결국 1852년과 1854년에 각각 영국의 인정을 받았다. 그보다 10년 전인 1843년에 영국은 손쉽게 그리고 순수한 의미로 인접국인 나탈을 합병했다.

대이주와 함께 시작된 대규모 팽창은 아프리카너Afrikaner들의 역사에서, 미국의 서부 정복에 견줄 만한, 중요한 사건이었다. 백인 주민들이 드넓은 지역으로 흩어져 퍼져 나갔고 원주민인 흑아프리카인들과 접촉하고 갈등을 일으킬 가능성이 커졌다. 특히 줄루족 연합체와 충돌할 가능성이 컸다. 그들은 같은 시기에 남쪽을 향해 팽창하고 있었고 1879년까지 멈추지 않았다.

보어인과 전쟁을 치르고 난 1884년에 영국인들은 보어 공화국의 독립을 공식적으로 인정했다. 그러나 그들을 완전히 받아들인 것은 아니어서 제2차 보어전쟁이 발발했다. 비트바테르스란트에서 금과 다이아몬드가 발견되자 갈등이 더욱 심해졌다. 케이프 식민지 총독이었던 세실 로즈는 영국의 제국주의와 광산 회사들의 이해관계를 모두 대변했던 인물로(그는 드비어스De Beers의 창립자다) 큰 충돌을 예고했다. 그는 베추아나랜드(보츠와나)와 로디지아(짐바브웨)의 특허회사로 오렌지 공화국과 트란스발 공화국을 포위했다. 그는 광산 채굴 작업을 위해 데려온 외국 노동자들을 둘러싼 사건을 조장해, 1895년에 제임슨 습격 사건을 꾸몄다. 토지의 약탈이나 다름없었고 이 사건으로 그는 이듬해 총독 직에서 물러나야만 했다.

하지만 1899년까지는 공개적인 전쟁이 발발하지 않았다. 전쟁이 발발했을 때, 당시에는 전쟁이 영국인에게 재앙이었지만 나중에는 오히려 그들에게 유리한 것으로 판명되었다. 주요 교전 뒤에 오랫동안 이어진 게릴라전 기간에 영국인들이 강제수용소를 세운 것도 주효했다. 1902년 5월 31일에 베르니깅 조약으로 트란스발과 오렌지 자유국이 대영 제국에 합병되었지만 그들에게 항구적인 자치정부를 약속했고, 결국 1907년에 자치정부는 받아들여졌다. 3년 뒤, 남아프리카연방은 영국 왕실에 속한 자치령이 되었다.

남아프리카의 근본적인 문제는 인종 관계였는데, 통상 아파르트헤이트라는 부적절한 명칭으로 불렸다.

특히 제2차 세계대전을 시작으로 남아프리카는 도시와 산업의 급속한 성장을 영위했다. 그러나 이는 사람들 사이의 갈등을 악화시켰고 도시와 산업의 성장을 위협하는 요인이 되었다. 17세기부터 줄곧 케이프 식민지로 이주한 네덜란드 정착민들과 프랑스 칼뱅파 망명자의 후손들은 대부분 지주였다. 그들의 농장 규모는 평균 1,800에이커 정도로 대단히 컸다. 그러나 기후와 척박한 토양 때문에 생산성은 대체로 낮은 편이었다. 게다가 경작 면적이 국토의 4퍼센트에 불과했다. 전쟁 후 필요한 것은 조방농업을 집약농업으로 전환하는 것이었다. 기계화가 확대되면서 계절노동자가 급감했고 그들은 산업이나 금광을 위해 지어진 단지로 몰려들었다. 더 많은 비료를 사용하고 옥수수 단일 재배를 멈추지 않던 자리에 작물의 윤작을 확립할 기회를 만들었다. 농경과 가축 사육을 통합하고 가장 후진적인 형태의 목축을 끝냈다. 이 모두 시간, 융자금, 투자, 그리고 필요한 비용을 감당할 수 있는 대규모 보유지 경영이 필요한 일이었다.

많은 대지주가 무례하고 완고한 사람들이었고, 영국인이 도착하기 전의 먼 과거를 향수에 젖어 돌아보았다. 그 시절의 삶은 소박하고 '성서적'이었으며 하인이나 노예로 태어난 순종적인 흑아프리카인들이 주변에 있었다. 지주 대부분은 보어인의 후손이었고 네덜란드어에서 파생된 아프리칸스어를 사용했다. 영어를 사용하는 남아프리카인은 영국인의 후손으로 다수를 차지했다. 그러나 그들은 대부분 도시에 살았으며 산업화를 담당했고 그 수익을 누렸다.

1939년까지 영국인과 아프리카너는 서로 잘 지내려고 노력했고 손을 맞잡고 흑아프리카인과 백아프리카인 사이의 만만치 않은 문제들을 해결하려고 했다. 그러나 1948년 다니엘 프랑수아 말란 박사가 이끄는 민족주의 정당이 선거에 승리하고 남아프리카에서 영국적인 요소들을 '아프리카너화'하고 특히 남아프리카 흑인에 대한 더 철저한 인종분리정책(아파르트헤이트)을 시도하면서 불관용적인 민족주의를 추구하자 그런 정치적 이해는 깨졌다.

1961년 남아프리카는 영연방을 떠났다. 위험천만한 인종 정책을 고수해 전 세계의 거센 비난을 받는 남아프리카를 영국이 거부했다. 확실히 그것은 절망적인 정책이었다. 인구와 경제의 성장으로 상황이 급속히 호전되었다. 그 점은 통계치로 드러난다. 1962년에 1,500만 명의 주민 가운데 1,000만 명이 흑인이었고 300만 명이 '유럽인'이었다. 150만 명은 혼혈의 '케이프 식민지 유색인'이었고 50만 명은 아시아인이었다. 달리 말하자면, 백인은 전체 인구의 20퍼센트였다. 그리고 시간이 흐르면서 그 비율은 조금씩 줄어들었다. 흑아프리카인과 아시아인(나탈에서만 찾아볼 수 있다)에 대한 아파르트헤이트 정책은 지극히 이기적이고 효율적이었다. 효력을 발휘한 일련의 법은 계속 보수해서 취약 지점을 강화하는 방파제 같았다. 그 법들의 목적은 흑아프리카인을 (그리고 아시아인들마저) 특정 영역에서 배제하고, 그들이 토지를 가질 수 없게 하며 그들을 '원주민 보호구역'에 가두어 보호하려는 것이었다. 이는 두 가지 즉각적인 문제를 일으켰다. 흑아프리카인들은 보호구역의 척박한 토양에서 살 수 없었다. 보호구역의 규모가 작기도 했거니와 원주민의 농법이 지나치게 토양을 고갈시켜서 곧바로 생산성이 떨어졌다. 동시에 백인들의 농사에 노동력이 필요했다—미숙련 노동력에 의한 대량 생산으로 설계된 산업이 급속히 팽창하면서 많은 노동력이 필요했지만 백인들의 농업은 이보다 더 많은 노동력을 필요로 했다. 이들이 복합되어 나온 결과는, 아파르트헤이트 정책이 끝없는 전투로 대항하려 했던, '백인 영토에 대한 침입'이었다. 더반과 요하네스버그에서 흑아프리카인들의 수가 백인의 수를 압도했지만, 수입은 17퍼센트에서 40퍼센트 정도 낮았다.

남아프리카 정부는 원주민 보호구역을 벗어나는 행렬을 막으려고 특화된 훈련을 주선하며 당시 보호구역 내 농업 생산성을 높이려고 노력했다. 또한 산업을 보호구역 내로, 혹은 그 인접 지역으로 유치하려고도 노력했다. 그러나 그런 산업 정책은 백인들에게서 값싼 노동력을 빼앗으면서 동시에 그들을 원주민 보호구역과의 새로운 경쟁에 노출시켰다.

원주민 보호구역 문제는 영국의 보호령 스와질랜드, 베추아나랜드(지금의 보츠와나), 바수톨랜드(지금의 레소토)의 운명과 연결되어 있었다. 그들은 1910년 남아프리카 연방에 양도될 예정이었지만 그런 일은 벌어지지 않았다. 남아프리카와 영국의 입장은 어느 쪽에도 쉽지 않은 분쟁으로 비화했다.

요컨대 '여러 관점에서 볼 때' 남아프리카 연방은 하나의 교차로다. 농업 혁명과 산업혁명의 와중에 또 하나의 혁명인 사회 혁명에 직면했다. 그리고 인종주의 혁명에도 직면했다. 요컨대 남아프리카 연방은 유럽과 현지 여러 문명을 하나로 묶는 데에 실패했다. 실효성 있는 해결책은 아직 보이지 않는다.

오스트레일리아와 뉴질랜드, 혹은 끝내 도전받지 않은 영국

해외 정착지 3곳에서 영국은 홀로 남았다. 최소한 처음에는 미국에서였고, 오스트레일리아와 뉴질랜드에서였다. 이렇게 홀로 남은 것은 유익했다. 뉴질랜드에서 그랬듯이 오스트레일리아에서 우리가 생생하게 목격한 것은 영국과 동질적인 판본이었다. 두 민족이 있던 캐나다에서도, 혹은 비극을 품은 남아프리카에서도 볼 수 없었던 모습이다. '영국에서 가장 멀리 떨어진 영연방 두 곳, 오스트레일리아와 뉴질랜드가 영연방의 모든 국가 가운데 가장 영국적이다.'

오스트레일리아와 뉴질랜드 모두 상대적으로 최근에 만들어졌다는 사실, 혹은 최근에야 유럽식, 혹은 세계적인 생활 방식을 받아들였다는 사실을 잊지 말아야 한다. 이런 의미에서 오스트레일리아는 1788년에 시작되어 200년이 조금 더 되었다. 그리고 오랫동안 그 시작은 보잘것없었다. 1819년에 유럽인은 1만 2,000명이었고 1821년에는 3만 7,000명이었다. 뉴질랜드는 1840년부터 시작되었다. 1814년 프로테스탄트 선교사들이, 그리고 1837년 가톨릭 선교사들이 그곳에 자리 잡은 사실을 접어두면, 영국인들이 1840년 북섬North Island에 자리 잡은 것은 불과 150년 남짓 된 일이다. 몇 해 뒤인 1843년에는 포경선 선원들이 그곳에 정착했다. 당시 뉴질랜드의 정착민은 1,000여 명에 불과했다.

오스트레일리아와 뉴질랜드는 백인들이 도착한 뒤 토착 인구가 사실상 소멸한 덕분에 동질성을 얻을 수 있었다. 오스트레일리아에서 원주민은 거의 사라졌다. 뉴질랜드에서 마오리족은 처음에 거의 사라지다시피 했다가 나중에 어느 정도 회복했고 되살아났다.

　지리적으로 오스트레일리아와 뉴질랜드는 매우 다르다. 오스트레일리아는 하나의 대륙이다. 반면 뉴질랜드는 높은 산맥이 있는 섬들로 이루어졌으며 들쭉날쭉한 해안선을 따라 폭풍우가 심한 바다가 있다. 원주민의 역사도 이와 비슷한 대조를 보인다.

　오스트레일리아에는 기원전 제6천년기 무렵 고생인류인 오스트리아 원주민Australoid─모험을 즐기는 이 여행객들은 곧 토양도 동식물군도 빈약한 곳에 갇혔다─이 이주해왔다. 오스트레일리아의 원시 부족들은 그곳에서 정체되고 퇴행했으며 언제나 기근의 위험에 처해 있었다. 그들은 고대의 원시적인 생활양식을 보여주는 살아 있는 박물관이 되었고 사회학자들과 민속학자들은 그들로부터 원시 사회에 관한 다양한 지식을 얻었다. 토템 신앙에 관한 모든 논의와 해석은 이런 결핍된 삶에 관한 연구에 기반을 둔다.

　여전히 석기 시대를 살고 있는 이들이 백인들과의 접촉으로 살아남을 수 없었다는 것은 분명한 사실이다. 그들의 허약한 사회는 산산조각났다. 최후의 타즈매니아인 원주민은 1876년에 사망했다. 오스트레일리아 원주민은 퀸즐랜드와 북부 영토로 추방되었고 그곳에 2만 명가량이 있었다.

　뉴질랜드에서는 접촉이 훨씬 더 극적이었지만 마오리족의 입장에서는 결국 재앙의 정도가 덜했다. 이들은 주로 북섬에 정착한 폴리네시아인이었다. 그들은 오래되고 번성한 폴리네시아 항해자 문명의 일원이었다. 그들은 아마 6세기에서 14세기 사이 뉴질랜드에 도착했을 것이다. 이는 바나나와 토란, 얌

이 생산되는 열대의 고향을 벗어나 아주 멀리 남쪽으로 향한 그들의 여행 범위를 보여주었다. 뉴질랜드는 열대 세계와 완전히 다른 곳이었다. 유럽의 정착민들을 기쁘게 했던 것은 지구 정반대 편에 놓인 에스파냐와 다르게 온화한 그곳의 기후였다.

그러므로 마오리족은 최선을 다해 북섬에 적응했다. 그들은 많은 가금류—그곳의 유일한 동물이었다—를 사냥했고 그들이 데려온 유일한 가축인 개를 길렀다. 폭풍우가 심한 바다 대신 호수와 강에서 낚시했다. 그리고 뿌리 식물을 캤다. 그들은 목재로 집을 짓고 마섬유로 옷을 지어 추운 날씨에 대처했다. 부족들 사이의 끊임없는 전쟁으로 단련된 이들은 유럽인들에도 격렬히 저항했다.

그들이 치른 전쟁은 적들에게 치명적이었지만 그들 자신에게 훨씬 더 치명적이었다. 1868년 그들은 결국 패배했다. 더욱 심각한 것은 백인들과 함께 도착한 신종 질병으로 그들이 거의 몰살되었다는 점이다. 그러나 20세기 초 마오리족은 거의 멸종할 뻔했던 위기를 딛고 회복하기 시작했다. 1896년에 그들의 수는 4만 2,000명이었다. 1952년에는 12만 명까지 늘었고 1962년에는 14만 2,000명에 이르렀다. 높은 출산율, 가족 수당, 오클랜드 같은 도시에서의 고용 기회 등은 모두 마오리족의 수가 증가하는 데 일조했다. 그러나 그들은 여전히 뉴질랜드 전체 인구 223만 명의 6퍼센트에 불과했고 그 문명의 통일성에 전혀 위협이 되지 않았다.

오스트레일리아와 뉴질랜드의 짧은 역사를 특징짓는 것은 일련의 경제적 기회였고 그것은 세계 경제 혹은 역사의 변동과 관련되었다. 이런 기회들은 갑작스러워서 움직이는 기차처럼 즉시 잡아타지 않으면 놓쳐야 했다.

오스트레일리아에 찾아온 기회는 미국의 독립전쟁 뒤 영국이 버지니아를 대신해 죄수들을 이송할 장소가 필요했다는 사실이다. 그렇게 해서 오스트레일리아 최초의 식민지는 유배지로 시작했다. 죄수를 실은 첫 번째 수송선이 1788년 1월 8일 잭슨 항(현재의 시드니)에 도착했다. 뉴사우스웨일스로 죄수를 수송하는 일은 1840년까지 계속되었다.

그러나 '불법점유자squatter'들이 정착민이나 소규모 토지 소유자들과 나란히 양모를 얻기 위해 양을 기르기 시작했다. 양을 기르는 일은 별다른 노력이 필요치 않아 죄수들의 기질에 잘 맞았다. 그리고 동시에 대지주의 자본과 영국과 다른 곳의 활발한 수요로 오스트레일리아의 양모 산업은 큰 성공을 거뒀고 오늘날에도 세계 시장을 좌우하고 있다.

그 직후인 1851년부터 1861년까지 황금 열풍이 일었다. 1849년에 캘리포니아에서 있었던 것과 비슷했다. 무도한 '채굴꾼digger' 무리가 뉴사우스웨일스 전체를 휩쓸었다. 그런데 그 덕분에 그 지역 전체에 주민이 거주하게 되었고 경제 성장을 촉진했다. 새로 도착한 사람들도 먹어야 했다.

뉴질랜드 역시 연속적인 호황―양모, 밀, 그리고 1861년 남섬에서 처음 발견된 황금에서―을 경험했다. 북섬은 한동안 저항했고 황금 열풍으로 불이익을 당했다. 1865년에 수도가 오클랜드에서 웰링턴(현재도 수도로 남아 있다)으로 이전했다. 그러나 뉴질랜드 경제는 그런 자극으로 큰 혜택을 얻었다. 이곳에서도 황금을 좇는 사람들을 먹이고 생필품을 제공해야 했기 때문이다. 1869년부터 1879년까지 두 섬 모두 부러울 만한 번영을 누렸다.

그러나 여기서 이런 성장과 행운의 시기, 그리고 자주 뒤따랐던 경기 둔화나 침체—1929년부터 1939년까지 뉴질랜드와 오스트레일리아 모두 고통을 겪었던—를 상세하게 기록할 수는 없다. 중요한 것은 오스트레일리아의 성공적인 산업화에 주목하는 것이다. 거대한 수력 자원에도 불구하고 뉴질랜드는 지금까지 그에 상응하는 성공을 거두지 못했다.

유럽과 멀리 떨어진 이 두 전초기지에서 자명한 것은 그들의 운명이 세계 나머지 지역과 연결된다는 것이다—그들이 생각하는 것보다 훨씬 더 그렇다. 어쩌면 그들은 삶의 편리함이나 복지의 정도에 오도되고 있는지도 모른다. 게다가 몇 시간만 비행하면 갈 수 있는 동양의 저개발 국가들에 만연한 빈곤과 인구 과밀을 본다면 더더욱 놀라운 것이다. 오스트레일리아와 뉴질랜드는 그 나름대로 '유럽' 국가이지 식민지가 아니다. (그들의 최대 공급자이자 실질적 소비자인) 영연방에 대한 충성과 헌신에도 불구하고 그들은 모두 독립 국가다(오스트레일리아는 1901년 이후, 뉴질랜드는 1907년 이후 독립국이다).

오스트레일리아와 뉴질랜드가 변함없이 관심을 기울이는 것은 그 방대한 영역이 제공하는 엄청난 이익을 유지하고 이민을 통제하고 어떤 대가를 치르더라도 높은 생활수준과 풍요로움으로 지탱되며 잘 작동하는 실용적인 사회 정책을 유지하는 것이었다.

20세기가 시작되었을 때 뉴질랜드는 이미 진정한 현대적 민주주의 체제를 이루었다. 1856년 하루 8시간 노동, 1877년 교회와 국가의 분리, 1893년 여성 참정권 보장, 같은 해 토지 개혁과 그에 따른 대규모 사유지의 분할, 1894년부터 1895년 노동조합과 고용주 사이의 강제 조정 절차 도입, 1898년 노령연금 도입 등의 성과가 있었다. 오스트레일리아에서도 비슷한 발전이 있었는데 1891년 이주자들에게 문을 닫았다가 마지막 황금 열풍이 일면서 다시 문을 열었다. 그리고 이는 1893년 오스트레일리아 서부 사막 깊숙한 곳에 쿨가디 건설로 이어졌다. 뉴질랜드와 같은 노선의 사회 정책이 별 어려움 없이 확립되었고 오스트레일리아 노동당의 지배 아래 오스트레일리아는 '노동자들'의 천국이 되었다.

사회보장에 막대한 비용을 쓴 결과는 확실히 유익한 결과를 가져왔다. 임금, 생활수준, 유아 사망률과 기대수명 등에 유익했다. 그러나 이 모든 복지에는 대가가 따랐고 공적 재정과 국가 수입에 엄청난 부담이 되었다. 오스트레일리아에서 산업이 성장하고 시드니와 멜버른 같은 거대 도시들이 성장해 거의 200만 명에 이르는 주민을 두게 되면서 잦은 파업이 엄청난 비용을 초래할 수 있었다. 예를 들어, '1949년 10월호 〈상공회의소 회지Chamber of Commerce journal〉에 따르면, 1942년 10월부터 1949년 6월 사이 오스트레일리아 석탄 2,080만 톤의 비용을 치렀다.' 그런 요구와 어려움들로 오스트레일리아와 뉴질랜드에서 노동당들이 선거에서 역전된 결과를 얻은 이유를 설명할 수 있다. 그러나 이런 일들이 극단적인 논쟁을 초래하지 않았으며 기본 정책의 극단적인 변화를 초래하지도 않았다. 실무자들은 바뀌었어도 그 실무는 대체로 변하지 않은 채로 남아 있다.

마지막으로, 그런데 그것이 과연 합당한가? 대략 1,500만 명의 오스트레일리아인들이 유사 대륙의 부를 차지하고 있고 (1제곱 마일당 0.75명) 320만 명의 주민이 영국보다 큰 뉴질랜드의 부를 차지하고 있다(1제곱 마일 당 4.5명). 그러나 오늘날의 세계에서 '문 앞에 닥친 프롤레타리아'가 위협적인 속도로 성장하고 있다. 제2차 세계대전은 일본을 오스트레일리아의 해안으로 데려왔고 오스트레일리아는 1942년 산호해에서의 미국 해군의 승리로 간신히 구원받았다. 그 교훈을 잊지 않은 오스트레일리아 정부는 이주민들을 받아들여 국력을 기르고 산업에 인력을 수급하고자 노력했지만 크게 성공을 거두지는 못했다. 그러나 뉴질랜드는 계속해서 독자적인 길을 가고 있고, 그곳의 풍요로운 삶은 일상적인 결과들을 얻기 시작했다. 1962년 1,000명당 29명으로 출생률이 낮아지고 사망률 역시 1,000명당 9.3명으로 낮아지면서 인구의 노령화가 진행되고 있다. 뉴질랜드는 신생국이며 그 민주주의도 초기 단계지만 인구 면에서는 더 이상 젊지 않다.

3부.

또 다른 유럽:
모스크바 공국, 러시아, 소련,
그리고 독립국가연합

또 다른 유럽은 뒤늦게 발전했다. 아메리카만큼이나 늦은 시기였다. 그러나 유럽 대륙 안에 있었고 그래서 서양에 접합되었다. 또 다른 유럽은 바로 러시아다. 초기에는 모스크바 공국이었고 나중에 소련이 되었다. 우리가 살펴볼 것은 (1) 그 기원과 오래된, 아주 오래된 과거, (2) 그리고 1917년 이후 마르크스주의의 채택, (3) 그리고 혁명의 실질적 완성—철학자라면 엔텔레키entelechy라고 할 수 있는 것—이다.

물론 그 주체는 언제나 같다. 그 정치 혁명과 불완전하다고 평가되는 그 산업혁명의 속도에서 특권을 끌어낸 주체다. 1917년에 거의 산업화하지 않았던 소련은 1962년에 이르러 미국에 대한 강력한 대항마가 되었다. 그런 눈부신 성공은 저개발 국가들에 희망으로 여겨졌다. 저개발 국가들 역시 비슷한 대약진을 할 수 있을까? 그리고 공산주의는 그 약진을 가능하게 할 수 있을까?

1. 시작부터 1917년 10월 혁명까지

러시아의 기나긴 과거를 합리적으로 설명하면서 짧은 몇 페이지로 요약할 수는 없다. 극심한 재난으로 점철된 러시아의 과거는 규모 면에서 서유럽이 겪었던 유사한 사례들과 비교할 수 없는 수준이다.

첫 번째 어려움은 이 복잡하고 다면적인 역사가 전개된 지역의 방대함이다. 그 '행성급' 크기는 그 역사를 지극히 다채롭게 한다. 두 번째 난관은 슬라브족이 뒤늦게 등장했고 결코 홀로 등장하지 않았다는 점이다. 슬라브족의 요람이자 러시아인의 조상은 카르파티아산맥과 오늘날의 폴란드—정말 아무것도 섞이지 않은 슬라브 유산을 가진 유일한 국가—다. 그러므로 의문의 배우인 슬라브족은 처음으로 등장한 것은 아니었다. 하지만 등장하자마자 그곳을 지배했다.

키예프

이 드넓은 지역에는 오랫동안 사람이 살지 않았다. 아무도 살지 않는 탁 트인 공간은 아메리카 대륙을 연상시킨다. 그런 방대함 속에서 인류는 보잘것없는 존재로 축소된다. 끝없이 펼쳐진 평원, 거대한 강, 단조롭고 변함없는 지역이 끝없이 펼쳐져 강에서 강으로 끝없이 옮겨간다. 이것이 아시아의 엄청난 규모다.

키예프와 페름을 잇는 가상의 선 북쪽으로 거대한 숲이 북유럽 숲까지 이어져 우랄산맥 끝 시베리아 침엽수림대와 연결된다. 북쪽에서 남쪽으로 향하는 이 고대 산맥은 보주산맥 Vosges처럼 작은 경계선이지만 유럽의 동쪽 한계선으로, 유럽의 러시아와 아시아의 러시아를 가르는 경계선으로 작용한다.

남쪽으로는 나무 없는 광대한 스텝(러시아어에서 온 단어다)이 펼쳐져 있다. 비옥한 체르노좀, 곧 '흑토'가 펼쳐진 흑토 스텝 지대, 관목이 있는 회백토 스텝 지대, 혹은 건기에는 거의 말 등에 탄 기수의 높이만큼 초목이 자라는 밤색 토양 스텝 지대, 카스피해 해변을 따라 염류 집적 토양이 곳곳에 분포한 백색토 스텝 지대.

러시아는 백해와 북극해, 발트해와 흑해, 남쪽으로 카스피해 사이에 놓인 드넓은 저지대 지역으로 구성되어 있다. 발트해와 흑해는 이런 항로 가운데 가장 분주하고 환영받는 곳이며 러시아에는 필수적이다. 그 바다들을 연결하고 서양과 지중해, 곧 유럽 문명과 소통하기 위한 문과 창으로 삼는 것이 러시아의 필수적인 소명이었다.

그러나 러시아는 스텝 지대의 말썽 많은 아시아로도 열려 있었다. 우리가 이미 추적했던 유목민들의 분쟁과 전쟁과 경쟁으로 16세기까지 침략의 위협에 놓였다. 이 유목민들이 이란을 침략하고 바그다드로 향했다면 문제가 없었다. 파란의 방향이 바뀌더라도 러시아는 그 결과에서 이익을 취할 수 있었을 것이다. 그러나 근동의 태양 아래 모두를 위한 충분한 공간이 없었기 때문에 이 아시아의 침입자들 가운데 많은 수가 러시아의 스텝 지대로 향할 수밖에 없었다. 볼가강에서 돈강, 드네프르강, 드네스트르강, 그 너머까지 향했다. 이런 침공은 모스크바 공국을 여러 차례 강타했다.

그렇게 해서 러시아 영토는 유럽과 아시아 사이의 드넓은 변경 지대 역할을 했고 아시아의 무자비한 공격을 힘겹게 흡수하며 유럽을 보호했다.

러시아는 발트해와 남부 바다들 사이 지협 전체를 채우고 그 연결을 통제하지 않고는 사실상 존재할 수도 없었다. 러시아의 역사는 9세기에서 13세기까지 이어진 키예프 루스와 함께 시작되었다.

동부 슬라브족은 모든 슬라브족과 마찬가지로 아리안족에서 발원했고 많은 모험을 거치며 드네프르 분지의 도시와 경작지와 평원으로 그 부족과 씨족을 이끌었다. 이런 이주는 초기 그리스도교 시대에 시작되어 7세기경에 완료되었다. 이들 슬라브족은 동부에 이미 여러 민족이 정착한 것을 발견했다. 예컨대 멀리 우랄에서 내려온 핀족, 중앙아시아 출신의 스키타이족, 사르마티아족, 카마강의 불가리아인들, 비스와강과 니에멘강에서 유래한 고트족, 카스피해와 돈강 변에서 유래한 알란족과 하자르족(이들은 유대교로 개종했다) 등이다.

유럽과 아시아 출신 민족들이 뒤섞인 초기 러시아는 이른바 '소러시아인'의 러시아로 불렸다. 인종의 혼합과 도시의 번영—북부 노브고로드 공국과 남부 키예프 공국 사이에서 삶을 압박하는 이 모든 것은 발트해에서 흑해 너머까지 이어지는 무역로의 번영에 달려 있었다. 그 길은 비잔티움 제국까지 이어졌다. 비잔티움의 부와 사치는 키예프 주민들에게는 현기증이 날 만한 것이었다. 그들은 비잔티움에 대한, 그리고 심지어 바그다드에 대한 무모한 원정의 유혹을 느낄 정도였다. 그러고 나서 그들은 전성기에 접어들었다. 이 길을 따라 북에서 남으로 호박, 모피, 밀랍과 노예가 들어왔다. 그리고 남에서 북으로 직물, 값비싼 비단, 금화가 들어왔다. 고고학자들은 이 무역로를 따라가며 금화를 발굴했고 그들이 얼마나 번영했는지를 확인했다. 번영이 핵심이었다. 그런 번영 덕분에 도시들은 너무 커져서 주변의 원초적인 수준의 농경지로는 부양할 수 없을 지경이었다. 도시들은 먼 거리를 건너 교류하며 노브고르드에서 키예프까지 그들의 상품을 교역하고 다툼을 벌였으며 군주를 서로 맞바꾸기도 했다.

　키예프 루스는 계속해서 스스로를 방어해야만 했다. 특히 남부의 공격에 맞서야 했다. 그런데 스칸디나비아 북단에서는 언제나 기꺼이 그들에게 쓸모 있는 용병을 제공했다―어느 날은 하인이었는가 하면 다른 날은 주인이기도 했다. 그런데 그들은 언제나 전사였다. 이들 '노르만' 혹은 '바랑기아인'은 주로 스웨덴 출신으로 여전히 촌스럽고 원초적이었다. 때로는 덴마크에서 오기도 했다. 그들은 이미 러시아 도시들을 연결하고 그들이 가르다리키, '도시의 왕국'이라고 불렀던 부유한 지역을 지나 '그리스'까지 이어지는 드네프르 무역로로 연결되었다. 이들 군인-모험가 가문 가운데 하나가 류리크 왕조를 세웠다. 기원은 확실하지 않지만 10세기에 키예프와 다른 도시들을 지배했다. 키예프 루스는 다양한 이름으로 불렸다. 그 가운데 하나가 '공국'이었고 다른 이름은 류리코비치—류리크 왕조—였다.

이 초기 러시아의 번영은 역사적 맥락에서 이해할 수 있다. 그 시절 지중해 서부는 7세기와 8세기 이슬람의 정복 활동으로 오랫동안 막혀 있었다. 그래서 노브고로드와 키예프 사이 육로가 북부 국가들과 남부의 부유한 땅을 잇는 대안의 연결 고리였다. 11세기와 12세기 해상에서 이슬람의 패권이 막을 내리고 지중해 서부가 다시 열렸을 때 기나긴 육로를 택할 이유가 없었다. 그 길에는 강을 따라 가는 수로뿐 아니라 육로도 있어 상품을 들고 다른 수로로 옮겨가야 했다. 1204년 라틴 제국이 콘스탄티노플을 장악했을 때 육로도 막혔다. 바다가 육지를 정복했다. 그전에도 키예프의 대공들은 변경을 방어하며 발칸과 흑해에 도달하기가 점점 더 힘들어진다고 느꼈다. 오랜 속담은 이렇게 말한다. '먹고 마실 때 사람들은 키예프로 향한다. 그러나 키예프를 방어해야 할 때는 그곳에 아무도 없다.' 확실히 그랬다. 페체네그인들이 '튀르키'가 되고 훗날 킵차크인 혹은 쿠만인이 된 뒤에 남부 유목민들은 공국의 땅과 도시를 향해 말에 오른 전사들을 끝없이 보냈다. 러시아의 연대기 작가들은 그들을 폴로비치인Polovtsian으로 부른다.

11세기에 키예프인 일부가 북서부로 이동해서 —도주했다고 말할 수 있을 것이다— 로스토프(북부의 작은 도시 로스토프 야로슬라브스키야로 오늘날의 로스토프-온-돈과 혼동해서는 안 된다) 인근 방대한 숲에서 농민들이 개간한 땅에 정착했다. 새로운 러시아가 형성되어 슬라브족과 핀족이 혼합되었다. 핀족은 몽골 계통으로 인구의 다수를 차지했다. 그들은 다 같이 대★러시아인으로 알려진 집단을 형성했다. 새로운 러시아는 야만적이었지만 강인했고 키예프의 빛이 꺼지기 전에 이미 등장했다. 사실 강력한 몽골족의 공격은 1241년 12월 키예프를 덮쳤고 오래전에 기반을 상실한 국가를 파괴했다. 5년 뒤 한 여행객은 한때 위대한 도시가 있던 곳에 가난에 찌든 200채의 가옥밖에 남지 않은 것을 발견했다.

러시아의 오래된 도시들은 서구적 도시들이다. 수백 년 동안 키예프 루스는 물질적 성공과 그 도시의 번영으로 유명했다. 당시 동유럽과 서유럽 사이에서는 어떤 차이나 시차의 흔적도 찾을 수 없었다.

그렇다고 해도 비교사가들은 키예프 루스 도시들이 서양의 당대 도시들과 여러 면에서 달랐다는 사실을 주목했다. 서양에는 소도시들이 곳곳에 흩어져 있었고 대부분 촌락이었으며 이웃 촌락의 일을 분담했다. 그러나 러시아의 도시들은 그렇지 않았다. 더 특별한 것은 주변 촌락 지역과 선명하게 구별되지 않았다는 점이다. 그래서 노브고로드 대공국 주변 토지의 영주들은 그 의회인 베체Veche에 의석이 있었고 그들의 결정이 그 도시와 그 방대한 배후지를 지배하는 법이었다. 엘리트 상인들의 회의체(소비에트)와 함께 그들은 지배 세력이었다. 그리고 키예프에서 최고 지위는 영주 혹은 보야르boyar가 차지했고 그들은 대공의 친위대 드루지나druzhina를 구성했다. 그때 이 도시들은 아티카의 세습 귀족들에게 열려 있던 고대 도시 아테네처럼 '개방' 도시였다. 그래서 중세 서양의 도시들과 완전히 달랐다. 중세 서양 도시들은 폐쇄적이었고 도시민의 특권을 빈틈없이 지켰다.

러시아 정교회

키예프 공국이 정교회로 개종하면서 다가올 수백 년의 러시아의 미래를 결정했다.

사실 키예프의 무역로는 상품만이 아니라 선교사들의 설교도 전했다. 키예프 공국의 그리스도교 개종은 빛나는 태양 블라디미르로 불린 블라디미르 1세의 정책에서 비롯되었다. 한동안 블라디미르는 자신과 신민의 유대교 개종을 고려했지만, 비잔티움의 아름다운 의례에 매료되었다. 988년경 그는 공식적으로 공국 전체를 개종했고 키예프인들은 드네프르강에서 집단으로 세례를 받았다. 그러나 사실 새로운 종교는 100년 이상 남부와 키예프에 널리 퍼져 있었다. 861년 하자르족에 대한 카이사리아의 바실레이오스의 결정적 선교, 862년 모라비아인의 개종, 864년 불가리아인의 개종, 879년 세르비아인의 개종에 이은 전반적 변화의 일환이었다. 그러므로 러시아의 개종은 수많은 사례 가운데 하나일 뿐이었다. 787년 니케아 공의회에서 성상 숭배에 관한 논쟁이 조정된 후, 옛 비잔티움 교회가 누렸던 예외적인 영향력의 증거─멀리 떨어진 아시아의 심장부까지 그 설교가 도달했다는 것은 교회의 건강함이 회복되었다는 신호─였다.

그러나 그리스도교가 먼저 소러시아로, 그런 다음 대러시아로 충분히 파고들기까지 상당한 시간이 걸렸다. 키예프의 성소피아 성당은 1025년에서 1037년 사이에 지어졌고 노브고르드의 성소피아 성당은 1045년부터 1052년 사이에 지어졌다.

최초의 수도원 가운데 하나였던 키예프 페체르스크 수도원은 1051년 키예프에 건설되었다.

사실 러시아의 도시와 촌락 거주자들은 그들의 이교 신앙을 고수했고 이런 신앙들은 빠르게 퇴치되지도 않았고 완전히 퇴치되지도 않았다. 그리스도교 이전의 신앙과 습성은 20세기까지 살아남기도 했다. 특히 결혼과 죽음, 치료와 관련해서 그랬다. 그런 요소들은 러시아 그리스도교를 물들였다. 특히 정교회 의례에 특별한 흔적을 남겼다. 우상 숭배와 부활절 축제의 강조 같은 것들이다.

러시아 세계와 문명이 10세기 이후 비잔티움의 궤도에 흡수되었다는 사실은 동유럽과 서유럽을 구분하는 데에 도움이 되었다. 여러 면에서 설명되는 가톨릭과 그리스 정교회의 차이는 한 가지 중요한 문제를 제기하는데 그 문제는 해결보다 (가능하다면) 제대로 설명하는 것이 더 중요하다. 우리의 관점에서, 그런 차이는 주로 역사적인 것이다.

서방의 그리스도교는 특별한 고난에 지배되었다. 부분적으로 그것은 로마 제국의 계승자였다. 그리스도교는 로마 제국을 정복했지만, 승리는 '그리스도교 제국주의'와 함께 이루어졌다. 그리스도교 제국주의는 5세기 로마 제국이 몰락한 후 그리스도교가 로마 제국의 업무를 계승하고 그 '보편적 구조'를 계승했을 때 서양에서 결실을 보았다. 서로마교회는 보편주의를 표방했고 민족과 국가를 초월했다. 서로마교회는 교회의 언어인 라틴어를 사용했다. 모든 이가 통일성을 유지하는 방편으로 그 언어를 공유했다. 마지막으로 서로마교회는 제국의 위계질서, 그 중앙집권화, 그 오래되고 위엄 있는 수도, 로마를 유지했다. 더욱이, 서방의 교회는 서양 문명의 첫 번째 암흑기에 수없이 많은 압박을 가했던 온갖 정치 사회적 문제들에 직면했다. 영적이고 물리적인 모든 요구에 부응할 수 있는 위대한 공동체였다. 서방의 교회는 이교도들에게 설교할 수 있었고 신자들을 교육할 수 있었으며 심지어 새로운 경작지를 개간할 수도 있었다.

10세기에 비잔티움 교회는, 여전히 확고하게 살아 있고 교회에 어떤 의무도 지우지 않고 세속의 영역으로 팽창하는 데 따르는 위험도 부과하지 않는 제국의 일부였다. 비잔티움 제국은 교회를 지배했고 교회를 영적인 과제를 다루는 것으로 제한했다. 러시아의 교회가 된 정교회는 로마교회보다 더 속세와 구별되지 않았으며 정치 영역에는 거의 무관심했다. 정교회는 어떤 국가의 틀이 제공되든 받아들일 준비가 되었으며 조직이나 위계질서에는 아무런 관심이 없었다. 10세기 그리스 사상에서 흡수한 영적 전통을 전수하는 것이 유일한 목적이었다.

그리스 정교회는 의례의 언어로 그리스어를 철저히 보존했다. '그리스어를 이민족들이 감히 범접할 수 없는 엘리트의 언어로 여겼다.' 그리하여 슬라브 국가들에서 의례의 언어는 슬라브어였고 키릴로스와 메토디오스 형제가 (858년부터 862년 사이) 성경을 슬라브어로 번역해서, 개종한 여러 슬라브 민족들이 사용할 수 있게 했다. 그들은 슬라브어를 위한 알파벳을 발명했다. 그들이 성서를 번역한 테살로니카 슬라브어는 구어일 뿐 문자가 없었기 때문이다.

두 교회의 영적 전통 사이에 존재하는 차이를 여러 면에서 확인할 수 있다. 예를 들어 그리스어의 '진리'라는 단어는 우리의 이성이 인식하는 것으로서 '창조된 세계 밖에서 영원하고 지속적이며 실제 존재하는 것'을 의미하며 슬라브어에서는 더 뚜렷이 그런 의미를 지닌다. 그러므로 프라브다pravda라는 단어는 '세속의 진리'를 뜻하는 이스티나istina와 구별되는 '진리'와 '정의'를 뜻한다. 슬라브어 베라vera의 어원은 인도유럽어 바르var로 진리가 아닌 '믿음'을 뜻한다. 반면 라틴어 단어 베리타스veritas(프랑스어 베리테verité, 이탈리아어 베리타verità 에스파냐어 베르다드verdad)는 법적, 철학적, 과학적 의미에서 언제나 '확실성, 우리 이성을 위한 실재'를 의미한다. 마찬가지로 서방에서 성찬sacrament이라는 단어는 성찬을 관장할 수 있는 종교적 위계를 내포한다. 반면 동방에서는 ─'우리의 의식을 초월해 높은 곳에서' 신으로부터 직접 오는─ 모든 '비의'를 뜻한다.

특정한 예배의 세부 사항들 역시 뚜렷한 차이를 드러낸다. 서방교회에서 부활절 전 고난주간은 인간 그리스도의 수난, 고통, 죽음에 대한 애도로 특징지어진다. 동방교회에서는 신의 아들로서 그리스도의 부활을 축하하는 기쁨과 찬송으로 채워진다. 또한 러시아의 십자가는 서방교회에서 친숙한 고통 받는 구세주가 아니라 죽음에도 평온한 그리스도를 보여준다.

이는 아마도 서방에서 그리스도교가 처음부터 인간적이고 집합적이고 사회적이고 심지어 법적인 문제들에 직면했던 반면, 동방에서 종교적 사유는 더 뚜렷하게 한정되고 더 개인적이고 순수하게 영적이며 쉽게 신비적인 것이 되었기 때문이다. 어떤 이는 여기서 알렉시스 호먀코프가 '정교회의 신비주의자와 서방교회의 합리주의자'로 규정한 전반적인 문화적 차이의 기원을 본다. 그렇다면 서방 그리스도교회는 유럽 특유의 합리주의 정신에 일정한 책임이 있을까? 합리주의 정신은 매우 빠르게 자유롭게 사유하는 비판 정신으로 발전했고, 이어 그리스 도교회는 그에 맞서 스스로를 방어하다가 마침내 그것을 받아들였다.

반대로 러시아 정교회는 그런 위험천만한 전투에 직면하지 않았다. 적어도 최근까지는 그랬다. 그러나 17세기에 정화된 (예를 들어, 그리스 정교회 관행과 반대로 오른손 두 손가락으로 십자가를 지어 보이는 습관을 없앤) 공식 종교와 대중적이고 관행적이며 도덕적인 종교, 곧 암묵적으로 반체제적인 것 가운데 선택해야 했다. 민중 개혁가들이 파문당했고 교회의 분열Raskol이 있었다. 그 뒤로 계속해서 라스콜리니키(구교도)에 대한 박해가 있었다. 그리고 이는 물론 내분에 불과했다. 차르 치하 러시아의 마지막 세기가 시작되기 직전 자유사상가들에 의한 외부 공격이 있었다. 1917년 혁명 후 정교회는 은밀한 부정행위와 타협을 받아들이며 생명을 유지하기 위해, 존속하기 위해 투쟁해야만 했다. 정교회는 모든 것을 쏟아부은 이 전투에서 부활의 희망을 얻었을까? 20세기 가톨릭교회가 50년 넘게 의식적으로 탐색해온 것처럼 정교회는 사회민주주의에 상응하는 새로운 길을 시도할까?

대러시아

제2의 러시아, 숲의 러시아는 북부의 바다와 남부의 바다 사이 지협을 확장하던 시기에 성장했다. 폭군 이반(혹은 '뇌제 Grozny' 1530-84)이 카잔(1551)과 아스트라한국(1556)을 정복하고 대 볼가강의 수원지부터 카스피해에 이르는 강의 전 유역을 장악했을 때였다.

그는 화포와 화승총을 사용해 이런 이중의 성공을 확보했다. 말을 타고 '서양의 옆구리'를 치고 들어온 아시아의 침입자들이 화약과 마주해 마침내 무너졌다. 이반 4세는 흑해에는 닿을 수 없었다. 그곳은 15세기 이후 튀르크의 수중에 있었으며 그들은 그곳을 철저하고 강력하게 방어했다. 그러나 그가 차지한 카스피해는 페르시아와 인도로 가는 길에 있었다.

그러므로 새로운 러시아는 서서히 모습을 갖추고 승리를 거두었다. 다른 위도緯度와 어려운 환경에서 출발했는데, 키예프의 러시아가 삶을 시작했던 유리한 환경과 전혀 달리 빈곤, 농노제, 봉건적 파편화가 있었다.

1241년 키예프가 함락되기 전에도 러시아 남부―초원지대―는 몽골족―러시아인들이 부르는 대로 하자면, 타타르족―이 차지했다. 그들은 그 뒤로 거대한 독립 몽골국가를 형성했고 초원지대에 있는 드넓은 고향에 그들의 권위를 인정하는 러시아 북부 국가와 도시들을 더했다. 이 국가는 금장한국으로 볼가 강 하류 사라이가 수도였다.

금장한국의 건국과 유지는 그 군대뿐만 아니라 징세업자들과 그들의 부에 의지했다. 금장한국은 인도와 중국으로 가는 '몽골 루트'가 열려 있었던 1340년경까지 유지되었다. 그 길은 이탈리아 상인들, 주로 베네치아와 제노바 출신 상인들이었다. 그 길이 닫힌 후 금장한국은 남부에서는 살아남았지만 북부 삼림지대에 대한 지배력은 점차 잃었다.

모스크바 공국은 그곳에서 여러 소규모 봉건 영지들 사이의 대수롭지 않은 분쟁 속에서 성장했다. 13세기에 성립된 모스크바 공국은 차츰 러시아 영토로 '다시 묶였다'(카페 왕조의 왕들이 일드프랑스에 프랑스 영토를 추가하며 회복한 것과 비슷했다). 그리고 1480년에 마침내 타타르의 굴레에서 벗어났다. 그와 함께 모스크바의 '차르'가 금장한국을 대체했다. 금장한국의 유민들은 주로 볼가강과 흑해 사이 크리미아반도의 타타르족으로 18세기까지 살아남았는데 오스만튀르크의 지원 덕분이었다. 그들은 대체로 유순한 오스만튀르크의 속국이었다.

그러나 이 전반적인 과정은 3세기에 걸쳐 진행되었다. 그리고 이 기간에 러시아인과 타타르인들은 자주 싸우고 반목했지만, 더 많은 경우 그들은 평화를 유지했고 서로 교역했으며 때로 서로를 돕기도 했다. 금장한국의 지도자들은 전반적으로 모스크바의 성장을 반기고 지원했다. 뒤늦게 이슬람으로 개종해 느슨한 태도를 지녔던 그들은 대체로 관용적이었고 피정복민들이 원하는 대로 믿고 예배 드리게 했다. 사라이에는 실제로 정교회가 있었다.

더욱이 지배자와 피지배자 사이에 결혼이 많았다—그래서 '오리엔트식에 가까운' 전제정치의 모스크바 공국에서 말이 많았다. 15세기에 타타르 세력의 몰락이 뚜렷해졌을 때 많은 이슬람교도가 러시아 국가들에 정착해 그리스도교 개종자가 되어 군주에게 종사했으며 토착 러시아인들의 질투심을 자극했다. 고두노프와 사부로프 같은 몇몇 가문들은 타타르족에서 발원했다.

몽골족은 오랫동안 모스크바 공국의 대공들에게 그들의 특권을 주장했다. 몽골은 더 문명화된 사회, 더 조직화된 국가에서 왔고(모스크바 공국은 그들을 모델로 삼았다), 화폐 경제

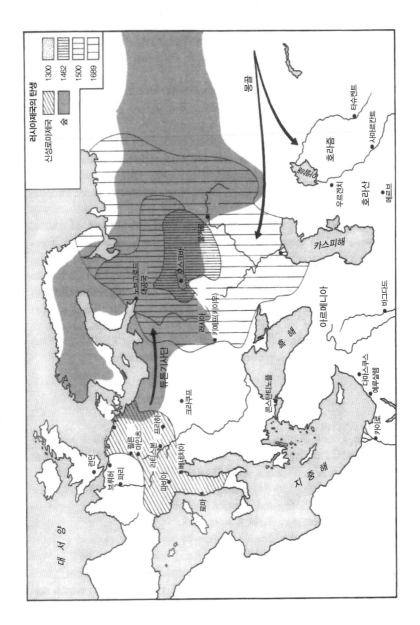

는 북부에서 비교할 대상이 없었다. 오늘날에도 러시아어에는 여전히 몽골 기원의 특징적인 단어들이 남아 있다. 국고를 뜻하는 카즈나kazna, 풍습을 의미하는 타모즈나tamojna, 우체국을 의미하는 이암iam, 돈을 뜻하는 뎅구이dengui, 회계 담당관을 의미하는 카즈나케이kaznachei 등이다. 더 진화한 몽골의 문명은 모스크바 공국의 예절과 풍습에 아시아적 색채를 남겼다. 모스크바 공국은 더 나은 이들에게 정복되어 계몽되는 야만 사회와 비슷하게 행동했다. 그리스도교도와 뛰어난 무슬림 침입자들이 공존했지만 무력 충돌은 거의 없었던 에스파냐의 상황과 비슷했다. 1480년경 모스크바 공국의 차르는 무슬림인 칸을 지배하기 시작했다. 공교롭게도 에스파냐에서 레콘키스타(국토 수복 운동)가 1492년 에스파냐의 그라나다 점령으로 절정을 맞기 직전과 거의 같은 시기였다.

모스크바의 지배력은 인접한 공국들에서 벌어진 수많은 투쟁의 결과였고 이반 3세(1492-1505)의 통치 기간까지만 해도 확실하지 않았다. 러시아 역사가들 중에는 이반 3세를 표트르

그림 22 러시아의 팽창

11세기 초 드네프르강 가의 키예프는 현재 러시아(60개의 공국)의 남부를 지배했다. 키예프 대공들은 그리스 정교회로 개종했다. 키예프는 슬라브 국가들과 비잔티움, 서양과 동양의 중요한 각축장이 되었다. 12세기 말 키예프는 그 중요성을 상실했고 몽골에 무너졌다. 14세기 모스크바는 그 숲의 보호로 한동안 침략을 면했다. 알렉산드르 넵스키(노브고르드 대공)의 아들 다니엘은 모스크바 공국의 초석을 놓았다. 이반 대제(1462-1505)는 러시아 영토를 처음으로 확장한 인물이다. 그의 통치 기간에 모스크바 전사들은 우랄산맥을 넘었고 시베리아에 발판을 마련했다. 표트르 대제(1672-1725)는 러시아 권력의 전설적인 창시자, 스웨덴과 튀르크의 정복자, 위대한 개혁자이자 상트페테르부르크의 건설자(1703)였다. 불가르와 이틸은 13세기 몽골에 의해 파괴되었다.

대제와 비교하며 오히려 이반 3세를 더 좋아하는 이도 있다. 1496년 즉위 직후 이반은 소피아와 결혼했다. 그녀는 콘스탄티노플의 마지막 그리스계 황실인 팔레올로고스 왕조의 후손이었다. 그러므로 1453년 튀르크의 점령으로 콘스탄티노플(차리그라드)이 함락된 직후 모스크바는 세 번째 로마가 되어 '세계를 지배하고 구원했다.' 그러나 이 장기적이고 영광스러운 성공('차르'는 1492년에야 모스크바 세습 군주들이 사용하기 시작한 칭호인데 '카이사르'를 잘못 차용한 것으로 보인다)은 리투아니아, 금장한국(보호는 1480년에 폐지되었다)과 노브고로드의 번영한 무역 도시에 대한 승리보다 중요하지 않았다.

노브고로드와의 분쟁은 길고 힘겨운 싸움이었으며 극적이었다. 1475년에 모스크바는 '냉전'을 치렀고 그 도시로 평화롭게 진입했다. 1477-1478년에 이반은 베체의 종鐘을 제거했고 1480년에 100개의 귀족 가문을 추방했다. 1487년에는 7,000명의 주민을 도시 밖으로 추방했다. 그리고 그것이 고스포딘 벨리키이 노브고로드—나의 군주 노브고로드 대공—라 불린 도시의 최후였다.

제3의 로마가 된다는 생각, 혹은 새로운 '차르' 칭호를 사용한다는 생각만큼이나 모스크바의 지배력을 확실하게 보여준 것은 이탈리아 예술가들의 도착이었다. '아리스토텔레스'라는 별명을 가진 리돌포 피오라반티는 볼로냐 출신이었다. 마르코루피오와 피에트로 솔라리오는 궁전과 교회 건축가들이었다. '크렘린이 오늘날과 같은 모습을 갖추게 된 것은 그때였다.' 이반 3세의 군대에 강력한 화력을 선사한 화포 제작자 역시 이탈리아인 파올로 데보시스였다. 그래서 이반 뇌제보다 거의

100년 앞서서, 그리고 카잔과 아스트라한에서 결정적 승리를 거두기 100년 전에 모스크바의 권력은 그 힘을 과시했다. 그리고 의심의 여지 없이 이는 서양과의 접촉을 재개하는 것을 포함했다.

이 모든 성공과 혁신에는 국가의 엄청난 노력이 필요했다. 이반 뇌제 시절 사상가였던 이반 페레스베토프는 공포에 기반을 둔 정치 이론을 확립했다. 이반 뇌제가 창설한 경찰 제도 오프리치니나oprichnina 덕분에 이반 뇌제가 '대공들과 보야르의 반발을 제압할 수 있었고 러시아 국가의 중앙집권을 강화할 수 있었다.'

러시아는 점점 더 유럽으로 향했다. 그 점은 1917년까지 혹은 그 이후까지 근대 러시아 역사의 핵심이다. 러시아는 끈질기게 추진한 이 정책으로 빠르게 발전하는 근대적 기술력을 확보했다. 그리고 산업 시대 덕에 러시아는 수백 년 동안 그들을 위협해온 아시아에 일찌감치 복수할 수 있었고 심지어 유럽도 따라잡았다.

아시아는 러시아의 성장에 공헌했을까? 두 역사가 컬리셔 형제는 그렇다고 믿는다. 그들의 시각에서 아시아 민족들은 수백 년에 걸쳐 이곳저곳을 공격해왔다. 때로는 유럽과 지중해로 향했고 때로는 동양 특히 중국으로 향했다. 그들은 15세기 이후 줄곧 유목민들을 동쪽으로 이끈 이런 과정이 러시아의 상황을 결정했다고 믿는다. 이는 러시아 남부에 대한 아시아의 압력을 이완시켰다. 이슬람을 믿는 타타르인은 동양 원정으로 힘이 빠졌다. 그리고 18세기 유럽으로 향하면서 균형을 이루려고 했지만 이미 때가 너무 늦었다. 키르기스나 바크쉬르 유목민들이 서쪽으로 진출하게 된 것은 17세기와 18세기 중국에서 오는 압박 때문이었는데 견고한 장벽에 막혀 저지되었다. 1773-1774년 푸가체프가 이끈 아시아계 반란조차 그 장벽을 뚫지 못했다.

물론 이런 설명은 지나친 단순화이며 수정이 필요하다. 분명히 아시아에서 오는 압력이 줄었고 러시아 역시 서구에서 확보해 적용하기 시작한 앞선 기술력 덕분에 더 잘 대응할 수 있었다. 발트해에서 점점 더 적극적으로 활동하던 유럽의 교역과 접촉한 덕분에 러시아 경제 역시 개선되고 있었다. 16세기 러시아의 발트해 항구 나르바 점령은 가장 전형적이었다. 발트해 항구는 거의 곧바로 다시 막혔지만 러시아가 이를 만회하는 데에 오랜 시간이 걸리지는 않았다.

이미 살펴본 대로 적어도 이반 3세의 통치 기간에 이미 시작된 모스크바 공국과 서양의 교류는 계속되었고 더 강화되었다. 독일 출신 여행객 폰 헤르베슈타인 남작은 크리스토퍼 콜럼버스가 아메리카를 '발견'했듯이 자신은 1517년 모스크바를 '발견'했다고 주장했다. 결국 점점 더 많은 사람이 ―상인, 온갖 종류의 모험가들, 조언자들과 설계자들, 건축가와 화가들― 이 또 다른 신세계로 향했다. 이는 표트르 대제가 어린 시절 슬로보다 외곽에서 외국인들을 사귀기 훨씬 전의 일이었다. 표트르 대제는 그 친구들을 측근으로 삼았다. 1571년 에스파냐령 네덜란드 총독 알바 공은 제국의회에 잠재적 적국이 될 수 있는 모스크바에 무기가 밀매되어 그리스도교 세계 전체가 위험에 놓였다고 경고했다. 그보다 20년 전인 1553년에 영국 항해사 리처드 챈슬러는 폭풍우로 배를 잃고 백해에서 상트-니콜라스-다르켄젤에 도착했다. 그곳에서 런던 상인들이 설립한 모스크바 회사가 여러 해 동안 모스크바의 드넓은 영토를 가로질러 페르시아에 이르는 먼 곳까지 무역 활동을 했다.

러시아와 서구의 긴밀한 유대는 이미 윤곽이 드러났고 마치 영화의 클로즈업처럼 표트르 대제(1689-1725)와 예카테리나 2세, 곧 예카테리나 대제(1762-96)의 대담하고 긴급한 조치들로 다원화되고 더 크게 확대되었다. 그 결과 유럽에 맞선 근대 러시아의 외형과 국경이 크게 달라졌다. 사실, 18세기에 러시아는 계속해서 그 나름의 영토를 지배하고 확장하려고 했고 필요하다면 다른 나라들의 희생을 불사했다. 서양과의 주된 연결고리는 상트페테르부르크에서 만들어졌다. 이곳은 새로운 수도로 1703년부터 네바에 완전히 새로 건설되었다. 점점 더 많은 영국과 네덜란드 선박이 그곳에 정박했고 무역은 계속 성장했다. 러시아는 점점 더 유럽화되었다. 대부분의 유럽 국가가 그런 과정을 지원했는데 러시아의 인접국인 발트해 국가들과 독일이 적극적이었다.

남부의 최종 정복(표트르 대제가 시작했지만 완수하지는 못했다)과 1792년 크리미아반도의 식민화는 상대적인 공백 상태에서 이루어졌다. 그래서 예카테리나 대제가 가장 총애했던 포템킨 장군이 예카테리나 2세의 남부 시찰 여행 중에 '포템킨 마을'―접었다 폈다 할 수 있는 건물의 전면(파사드)―을 세우고 부쳤다. 이런 상황에서 북해와의 본격적인 연결은 없었다. 그것은 19세기 초에나 가능했던 일로 리슐리외 공이 오데사를 개발했을 때 비로소 이루어졌다. 1803년 우크라이나산 밀이 처음 서지중해 항구에 도착해 이탈리아의 지주, 나중에 프랑스의 지주들에게 경고음이 울리기 전이었다.

예컨대 18세기와 19세기 러시아의 역사는 전반적으로도 그렇고 그 업적의 세부 사실에서도 그렇고 모든 걸 흡수하는 '문화 접변'의 역사이며 환영과 실수, 모순과 속물근성의 거대한 '축적'이 있었으나 결과는 긍정적이었다. '러시아인을 벗겨내라, 그러면 모스크바인을 발견하게 될 것이다.' 그 속담은 러시아에서 온 것인데 서양에서 널리 회자됐다. 그러나 모스크바인이 나름의 취향과 특징적인 습성과 불안을 지닌 모스크바인으로 남아서 안 될 이유가 있을까? 오늘날 모스크바에서는 오스탄키노궁(이제는 박물관이다)을 찾을 수 있는데 세레메티예보 공이 농노들을 동원해 18세기에 지은 순수한 고전 양식의 건물이다. 방문객들은 그곳 내부 회화의 신선함에 놀라곤 한다. 황금 도장, 화려한 장식, 천정의 입체화trompe-l'oeil 그 모두 거의 손질한 적이 없었다. 안내인은 두꺼운 벽이 마치 대리석처럼 보이게 하지만 실은 건물 전체가 방수 처리된 목재로 지어졌다고 설명한다. 세레메티예보 공은 그에게 친숙한 러시아 목조건물의 편안함에 비할 수 있는 것은 없다고 주장했고, 일리 있는 주장이었다. 그래서 그는 목조건물을 고집했는데 외관은 프랑스풍으로 장식했다.

그런 방식은 18세기 러시아에서 전형적이었다. 그래서 수많은 서양인이 도움을 주러 왔고 심지어 러시아의 산업―당시 산업이랄 수 있는 것이 있었다면―을 건설하는 데에도 도움을 주었다. 많은 공학자, 건축가, 화가, 장인, 음악가, 성악교사와 가정교사가 열렬히 배우고자 하는 나라, 그리고 배우기 위해서라면 어떤 것도 감수할 준비가 된 나라로 몰려들었다. 상트페테르부르크 같은 도시—하나의 상징적인 실례—의 수많은 건물, 혹은 볼테르의 서재는 여전히 그대로 있다. 더 나아가 공공기록물보관소에 프랑스어로 작성된 수많은 편지와 문서들이 쌓여 있어서 러시아의 지식인들이 얼마나 우아하게 이런 시험을 거쳤는지 확인시킨다.

사실 프랑스는 이런 문화적 과정에서 특별한 역할을 했다. 그 결과 '러시아의 기적'에 적잖이 놀랐다. 전제정치를 시행했던 예카테리나 여제가 프랑스에서는 자유주의적인 인물로 여겨졌는데 루이 16세가 아직 인가도 하지 않았던 〈피가로의 결혼〉을 러시아에서는 무대에 올렸기 때문이다. 그런데 우리라면 속지 않을 것이다. 사실 예카테리나 2세의 정부는 사회적으로 역행하고 있었다. 그들은 귀족의 힘을 강화했고 농노들의 조건은 더 나빠졌다.

귀족 문화만이 파리와 베르사유의 영향을 쉽게 받았다. 프랑스의 영향에는 혁명의 작은 씨앗이 담겨 있었고 지식인과 학생들 사이에서 퍼졌다. 그들은 예외 없이 1789년의 사건들을 질투 어린 시선으로 바라보았다. 그 사건들은 설사 유럽을 변화시키는 데에는 실패했더라도 옛 유럽에 충격을 안겼다. 그러나 프랑스 혁명(혹은 그 일환이었던 나폴레옹의 제국)은 러시아라는 대국에 부딪혀 좌초되었다—기억할 만한 사실이다.

그런 배경 속에 시야에서 멀어지기는 했지만 이따금 표면으로 올라오기도 했던 혁명은 그럼에도 하나의 실 가닥처럼 16세기부터 1917년 10월 근대 러시아의 역사를 관통했다.

수많은 소란과 사회적 긴장을 감출 수 있었던 키예프 공국의 탁월함이 지나간 뒤 중세의 러시아는 여전히 후진적인 상태로 남아 있었다. 서구에서 쇠퇴하던 농노제가 러시아에 뿌리를 내린 것도 이때였다. 15세기부터 20세기까지 러시아는 점점 더 유럽적이 되었다. 소수의 대귀족, 소수의 지주, 지식인, 정치인 등 소수의 인구만이 그 과정에 연관되었다. 더욱이 서구에서 무역이 성장하면서 중앙 유럽에서 그랬던 것처럼 러시아에서도 귀족들이 밀 생산자와 상인으로 변신했다. '농노제의 두 번째 물결'은 엘베강부터 볼가강까지 뚜렷한 결과를 남겼다. 농민들의 자유는 의미를 잃었다. 그때까지 채무가 없는 경우 농노들에게는 매년 성 게오르기우스의 날에 영주를 바꿀 권리가 있었다. 이제 농노들은 그런 권리를 상실했다. 1581년 이반 4세(이반 뇌제)가 선포한 칙령으로 이동이 금지되었다. 동시에 지대와 강제 노동은 어느 때보다 무겁게 그들의 어깨를 짓눌렀다.

당연한 일이지만 그들은 시베리아나 남부 거대한 강들로 도주할 수 있었고 도주했다. 그들은 변경을 가로질러 무법자들인 코사크에 합류할 수 있었다. 이런 식으로 모스크바 지역은 자유와 모험을 열망하는 농민을 잃었다. 그러나 이런 외딴 지역에 정부가 수립되자마자 그들이 직접 통제하든 혹은 위임자들이 통제하든 농민들이 현실에서 얻은 자유는 법의 도전을 받았다. 그것은 얻고 잃기를 끝없이 반복한 러시아인의 자유에 관한 아주아주 오래된 이야기였다. 도망자를 붙잡는 것은 항상 영주의 권리가 아니었나? 1649년 법은 심지어 그 권리의 시한도 없애 버렸다.

의심할 바 없이 격렬한 반란이 널리 퍼졌다. 예를 들어 1669년에 20만 명의 반란군 — 코사크, 농민, 아시아 원주민―이 아스트라한국, 사라토프와 사마라를 장악했다. 볼가강 하구를 휩쓴 그들은 지주와 부유한 중간계급 구성원들을 살해했다. 그들의 지도자인 스텐카 라진은 1671년에야 붙잡혀 모스크바 붉은 광장에서 처형되었고 사지가 찢겼다. 1세기 뒤 같은 지역에서 있었던 푸가체프 봉기 역시 초기에 큰 성공을 거두었다. 돈강과 우랄강 출신 코사크인, 바크시르, 키르기즈, 영지에서 탈출한 농노와 우랄산맥의 철 광산과 구리 광산에서 탈출한 농노들이 푸가체프 난으로 알려진 반란에 가담했다. 반란자들은 니지니-노브고로드처럼 먼 곳까지 진출했고 그들이 갔던 곳에서 영주들의 목을 매달고 모든 이들에게 토지와 자유를 약속했다. 그들은 카잔을 점령했지만 곧장 모스크바로 행진하지는 않았다. 푸가체프는 1775년에 붙잡혀 참수되었다. 질서는 회복된 것처럼 보였다.

이는 잘 알려진 사실이다. 소련 역사가들은 기꺼이 그들을 부각시켰고 그럴 만한 이유가 있었다. 시간이 흐를수록 러시아 농민들의 고통은 더 심각해졌다. '농노제의 두 번째 물결'이 시작되자 '전제정치의 두 번째 물결' 역시 있었다. 이반 뇌제 시절의 보야르는 키예프 공국의 보야르가 아니었다. 그들은 서유럽의 장원 영주들과 비슷하게 각자의 토지를 보유한 영주들이었다. 이반은 이들 독립적인 귀족들을 체계적으로 분쇄했다. 그는 수천 명의 보야르를 처형했다. 그들의 영지를 몰수해 자신의 수하인 오프리치니크들―토지 혹은 '봉토'라 할 수 있는 것을 생전에만 갖는 고관들―에게 나누어주었다. 이런 상황에서 표트르 대제의 1714년 상속법은 역행적인 개혁이었다. 그 법은 이들 관료와 후손들에게 그들이 보유한 토지의 완전한 소유권을 영구히 부여하는 것이었다. 그러므로 '제2의 전제정치'는 그들의 특권을 강화했고 예법에 따라 그들에게 영구히 고정된 지위를 부여했다. 표트르 대제의 총신이었던 멘치코프는 그렇게 10만 명의 농노를 하사받았다. 이는 유럽에 대해서는 근대성을, 그리고 자국에서는 중세적 후진성을 보인 러시아의 양면적인 얼굴과 그 모든 모순을 보여주었다.

그때부터 줄곧 일종의 계약이 차르 지배와 지배자의 변덕에 지배되고 이를 두려워하면서 차르 지배에 봉사하는 귀족정을 결합했다. 농민들은 그 결과로 고통받았다. 그들은 해결할 수 없는 어려움에 빠졌다. 1858년, 1861년, 1864년의 대규모 해방도 별 도움이 되지 못했다. 촌락 공동체인 미르mir에 부과된 집단적 구속들 절반이 여전히 남아 있었다. 국가가 영주에게서 반환받은 토지는 영주가 다시 되살 수 있었다. 더욱이 토지 소유주들은 여전히 그 영역에 영향력을 유지했다. 러시아 역사에서 가장 거대한 농업의 폭발, 뚜렷하고 실질적인 혁명의 이유가 있었던 1917년까지도 그 문제는 다루어지지 않았다. 혁명에서도 항구적인 해결책을 찾지 못했다. 농민들이 굴레에서 벗어나자마자 집단화가 시작되었다. 러시아에서 농민들이 자기 토지를 가진 경험은 아주 짧았다.

폭발 직전의 농촌 상황은 러시아의 삶 전반에서 혁명의 긴장을 유발했다. 그것은 1789년 프랑스 혁명에 대한 거대하고 즉각적인 반응을 설명했다. 상트페테르부르크와 모스크바뿐 아니라 멀리 시베리아의 토볼스크에서도 모든 신문이 프랑스 혁명을 연일 보도했다. 자유주의적인 귀족들, 부르주아 상인들, 지식인과 정치 평론가들, 비천한 집단의 다수가 열정적으로 프랑스에서 벌어진 혁명을 따라갔다(미하일 스트랑제의 짧은 연구 『프랑스 혁명과 러시아 사회 *La Révolution française et la société russe*』를 보라. 이 책의 프랑스어 번역본은 1960년 모스크바에서 출간되었다). 인권 선언, 프랑스의 폭동 소식, 공포정치의 확산은 '곧바로 전제정치와 농노제라는 가장 뜨거운 문제를 건드렸다.' 누군가는 그런 것들이 러시아 '모든 농민의 얼굴에서 읽을 수 있는' 감정을 표현했다고 하기도 했다.

19세기 중반에 산업화가 시작되면서 이런 근본적인 농민 문제와 함께 다른 긴장이 유발되었다. 니콜라이 1세(1825-1855)의 통치 기간에 (딱히 거기서 비롯되었다고 할 수 없지만) 푸시킨(1799-1837), 레르몬토프(1814-1841), 고골리(1809-1852), 투르게네프(1818-1883), 도스토예프스키(1821-1881), 톨스토이(1828-1910) 등과 함께 러시아의 위대한 문학이 거대한 물결을 이뤘다. 사실 이 시기는 러시아의 엄청난 자기 발견의 시대였다.

새로운 유형의 혁명 혹은 혁명의 불안이 곧 시작되어 퍼졌다. 1826년 '데카브리스트'의 제한된 움직임이 있었다. 1905년 겨울 궁 앞에서의 총격이 있었다. 1860년대에는 무정부주의자들이 있었다. 1898년 민스크에서 러시아 사회민주당, 최초의 마르크스주의 정당이 창설되었다. 슬라브주의자(때로는 국수주의적인 혁명가들)가 있었다. 극단적인 '서구주의자'들이 있었다. 무엇보다도 다가올 혁명의 횃불을 든 것은 지식인들, 젊은이들 일반과 망명객들과 함께한 학생들이었다. 러시아의 역사 전체가 그 횃불에 불을 댕겼다.

2. 1917년 이후의 소련

1917년 러시아 혁명의 정치, 경제, 사회적 선행 사건들을 간략히 살펴보았으므로 이 장은 소련 문명의 좀 더 일반적인 문제들을 다룰 것이다. 마르크스주의는 러시아 혁명과 어떻게 연결되었을까? 계획과 통계가 엄청나게 중요하기는 하지만 그와 별개로 인간적 의미에서 마르크스주의는 소련에 어떤 영향을 끼쳤을까? 모든 변화, 제약, 충격 속에서 소련 문명의 현재와 미래를 어떻게 이해해야 할까?

마르크스에서 레닌까지

카를 마르크스의 사상은 꽤 빠르게 러시아의 지식인과 혁명가 집단을 사로잡았다. 그들은 서구에 호의적이었고 그래서 슬라브주의적 전통주의자들에게는 적대적이었다. 그러므로 마르크스주의는 상트페테르부르크 대학의 경제학자와 역사가들 사이에서 빠르게 전향자들을 얻었다—부분적으로 모스크바의 보수적 세력에 반대해서였다고 한다.

마르크스주의는 핵심 인물 마르크스(1818-1883)와 프리드리히 엥겔스(1820-95)의 협업의 결과물이었다. 엥겔스는 마르크스와 40년을 함께 일하고 그가 사망한 뒤에도 12년을 더 살았다. 마르크스주의는 혁명이 산업화된 자본주의 사회의 자연스럽고 필연적인 산물이라고 주장하는 정교한 이론으로 19세기와 20세기 혁명 사상과 행동의 필수적인 전환점을 표상했다.

마르크스의 변증법(모순 혹은 명제와 대립명제를 통한 진실의 추구)은 헤겔 철학을 일축하면서도 헤겔에게서 영감을 받은 것이었다. 헤겔의 경우 정신적인 것이 물질세계를 지배했다('정신은 물질의 우위에 있다'). 그리고 의식은 인간의 필수적인 특징이었다. 반대로 마르크스의 경우에는 물질세계가 정신적인 것을 지배했다. 마르크스는 '헤겔의 체계는 거꾸로 서 있다. 우리는 그것을 바로 세웠다'라고 썼다. 그렇다고 해서 마르크스의 변증법이 헤겔의 용어나 연속된 단계를 받아들이지 못하게 가로막지는 않았다. (1) 테제 혹은 명제 (2) 안티테제 혹은 대립명제 (3) 진테제 혹은 합, 혹은 부정의 부정, 즉 테제와 안티테제를 고려하고 그들을 화해시켜 진실에 이르는 명제.

이런 식의 추론은 언제나 마르크스 주장의 배경에 있었다. 러시아 혁명가 알렉산드르 게르첸이 말했듯이 '변증법은 혁명의 대수학algebra이다.' 모순을 확인하고 규정하는 도구로 일단 '과학적으로' 안정되면 그것들을 극복한다는 것은 확실히 카를 마르크스의 언어다. 마르크스주의는 변증법적 유물론으로 규정되었다. 그 문구는 불명확하지 않다. 레닌의 말처럼, 마르크스 자신은 그 용어를 사용한 적이 없고 그는 유물론보다 변증법을 훨씬 더 크게 강조했다. 레닌에 따르면 다른 이들은 엥겔스가 고안한 불운한 표현인 사적(史的) 유물론에 관해 같은 말을 했다. 마르크스는 유물론보다 역사를 훨씬 더 강조했다고 한다. 마르크스가 사회에 대한 역사적 분석에서 혁명 이론을 위한 변증법의 명제를 도출한 것은 분명하다. 그것이 그의 작품에서 중요한 혁신 가운데 하나였다.

그가 보기에 19세기 서구 사회는 중대한 모순을 겪고 있는 것으로 보였으며 그런 모순에 대한 변증법적 분석은 마르크스주의 사상의 토대였다. 요약하자면, 인간에게 일은 자연으로부터 해방되고 자연을 정복하는 길이었다. 사람들은 일함으로써 그 자신의 본성을 깨닫게 된다. 무엇보다 노동자들이 그렇듯이 그 본성은 사회의 일부가 되어야 했다. 일과 자유 모두를 의미하는 사회에는 '인간적 자연주의'와 '자연적 인간주의'가 모두 있었다. 이는 테제였다. 곧 인간 노동의 가치와 목적에 관한 명제였다.

그런 다음 안티테제, 부정이 등장했다. 마르크스가 연구하고 있는 사회에서 노동은 사람을 해방하지 않았으며 사람들을 노예화했다. 사람들은 생산 수단(토지나 공장)을 소유할 수 없었다. 사람들은 자신의 노동을 팔아야 했고 다른 사람들이 그 이윤을 누리는 동안 노동에서 소외되었다. 근대 사회는 노동을 노예화의 수단으로 삼았다.

그렇다면 종합, 부정의 부정, 모순을 벗어나는 길은 무엇이었을까? 소외를 낳는 자본주의 사회가 대량 생산과 대규모 노동력을 갖춘 산업화의 단계에 도달했을 때, 그리하여 점점 더 크게 확장된 예속된 사람들의 계급, 예속을 의식한 프롤레타리아가 형성되었을 때다. 이는 자동적으로 계급투쟁, 혹은 계급

전쟁을 심화하고 그러므로 조만간 혁명을 촉발한다.

마르크스는 산업 자본주의가 노예제에서 봉건제 그리고 자본주의(상업 자본주의에 이어 산업 자본주의)에 이르기까지 인간 사회가 거쳐온 긴 역사적 과정의 최종 단계라고 믿었다. 19세기 세계는 산업화와 동시에 사유 재산을 제거할 혁명의 단계에 도달했다. 다음은 공산주의다. 그러나 공산주의가 하룻밤 사이에 자본주의 사회를 대체하지는 않았다. (우리는 마르크스가 1846년에 이미 '자본가'라는 용어에 익숙했지만 '자본주의'라는 편리한 용어를 사용하지 않았다는 사실을 알고 있다.) 1875년에 마르크스가 설명했듯이, '공산주의의 하위 단계'가 있었을 것이다. 그때 새로운 사회가 옛 사회에서 출현할 것이다. 오늘날 이 단계는 사회주의로 알려졌다. '노동에 따라 각자에게'가 그 구호다. 다음 더 높은 단계는 온전한 공산주의였다. 그것은 약속의 땅과도 같았다. 그와 함께 사회는 그 기치에 뚜렷하게 선언할 수 있을 것이다. '(생산 단계에서) 능력에 따라 각자에서 (소비 단계에서) 필요에 따라 각자에게' 마르크스의 변증법이 낙관적인 것은 분명하다. 조르주 귀르비치가 썼듯이 마르크스의 변증법은 '상승의' 철학이었다.

그러나 러시아 혁명가들에게 마르크스의 메시지는 비관적으로 비쳤을 수도 있다. 1880년경 혁명의 불안이 다시 뉴스로 떠올랐을 때는 그 주제에 대해 다른 생각을 하기도 했지만, 한동안, 그리고 결국, 마르크스는 러시아에서 혁명은 이론적으로 불가능하다고 결론지었다. 마르크스는 러시아에서 산업 프롤레타리아가 아직 충분히 발달하지 않았다고 생각했다. 자본주의의 생산력이 충분히 작동해 새로운 조건을 창출하기까지 시간이 걸릴 것이며 오직 그때에만 '사회 혁명의 시기'가 있을 것이라고, 아직 때가 무르익지 않았다고 마르크스는 생각했다.

마르크스와 엥겔스는 영국을 예로 삼아 이 문제를 고찰하고 탐색하고 토론했다. 1867년 『자본론』 1권이 출판되었을 때 영국은 이미 산업혁명의 한복판에 있었다―혹은, 더 정확히 말하자면 산업혁명이 유발한 어려움들의 한복판에 있었으나 아직 극복할 방법을 제시하지 못한 상태였다. 마르크스와 엥겔스는 프랑스와 독일의 예도 고려했다. 독일은 이제 막 프랑스의 예를 따르기 시작했고 빠르게 토대를 마련했다. 물론 그 모든 예는 차르 체제 러시아의 조건들과 완전히 동떨어져 있었다.

그렇다면 어떻게 19세기 말 러시아에서 마르크스주의 원칙의 이름으로 사회혁명을 기대할 수 있었겠는가? 산업화가 요원하고 인구의 80퍼센트가 농민이며 산업 노동자가 고작 5퍼센트밖에 안 되었던 19세기 러시아에서 말이다.

레닌은 1899년 『러시아에서 자본주의의 발달』을 출간할 때부터 이런 모순을 잘 알고 있었고 1905년 혁명 직전과 직후에는 훨씬 더 잘 알고 있었다. 물론 마르크스의 추종자 가운데 하나였던 레닌은 그가 칭찬하고 편안하다고 느꼈던 교조적 주장의 포로였다. 레닌의 관념 가운데 마르크스의 관념에서 발견되지 않는 것은 거의 없었다. 반면 레닌의 진정한 재능은 혁명 활동을 설계하는 것이었지만 그는 일반적으로 이야기되는 것만큼 독창적이지 않았으며 사상가로서도 마찬가지였다.

사실 레닌은 그 음성과 말투로 보아 러시아의 하급 귀족 출신이었다. 그러므로 그는 '러시아 인민의 대표'가 아니었으며 그들의 단순성과 '실용적 지성'을 대표하지도 않았다. 또한 그는 행동에만 탐닉하는 사람도 아니었다. '제2인터내셔널의 부패를 척결했다는 명예'를 얻은 것은 제2인터내셔널의 문제에 대해 독창적이고 구체적인 분석을 내놓았고 그 실천에 대한 비판을 추구했기 때문이다. 그가 행동에 나섰을 때는 언제나 열정적이고 명석하게 사유한 뒤였다. 그러므로 레닌과 마르크스가 다른 지점은 모두 두 사람의 의견 불일치가 예상된 지점들이었다. 바로 러시아의 맥락에서 그리고 '프롤레타리아트'와 '혁명당' 사이의 관계라는 차원에서 보았던 혁명 전략과 전술에 관한 지점이었다.

한마디로 레닌은 경제와 사회 문제보다 정치에 우선순위를 두었다. 그리고 프롤레타리아 대중보다 '당'을 우선시했다. 그는 말하자면 '정치가 우선'을 선호했다고 할 수 있다. 마르크스에게 혁명은 산업화와 계급투쟁의 압력 아래 때맞춰 발생하는 자연적인 사건으로서 사회적 파열의 결과였다. 산업화의 결과 프롤레타리아는 도시에 집중했고 그 본성상 폭발력 있고 혁명적이었다. 그와 함께 부르주아는 새로운 이데올로기의 온상이었다. 그러나 이제 부르주아는 이미 부르주아의 혁명적 역할을 다했다. 어쩌면 때때로 민주적이고 자유주의적인 중간계급의 도움이 여전히 유용했을지도 모른다. 그러나 오랫동안 마르크스와 엥겔스는 중간계급의 활용에 대단히 미온적이었다. 1848년 이후 그들은 특히 프랑스 농민들의 혁명적 잠재력을 불신했다. 두 사람은 그들이 토지에 밀착된 '가짜 프롤레타리아'라고 여겼다.

혁명적 행동을 형성하는 것이 무엇인지에 대한 논쟁은 1883년 마르크스의 죽음 이후 오랫동안 계속되었다. 독일 출신의 로자 룩셈부르크(1870-1919)는 마르크스의 시각을 공유했다. 그녀에게는 산업 프롤레타리아만이 신뢰할 수 있는 존재였다. 산업 프롤레타리아가 유일한 혁명 동력임이 분명했다. 다른 모든 계급이 그들의 적이었기 때문이다. 그러므로 '당'은 프롤레타리아에 속해야만 한다. 프롤레타리아는 당을 그 내부로부터 면밀히 살피고 통제해야 한다. 그녀는 그것이 당의 관료화를 막을 유일한 길이라고 믿었다.

레닌은 다른 노선을 택했다. 일부 개혁가들처럼 그는 프롤레타리아가 ('제국주의 아래에서') 자연히 그리고 자발적으로 혁명적일지 의심했다. 그리고 어떤 경우든 자발성이라는 것은 그를 두렵게 했다. 그는 당을 강조하고 억압받는 다른 집단을 프롤레타리아의 명분에 집결시킬 수 있는 제휴를 강조했다. 1902년 『무엇을 할 것인가?』에서 그는 전문 혁명가 집단의 집권화된 당 지도력이 없다면 프롤레타리아는 혁명을 선택하지 않고 어쩌면 유토피아적 노동계급 독재를 꿈꾸며 개혁주의와 노동조합주의를 선택할 것이라고 주장했다. 당시 영국에서 적극적이었던 노동당이 노조의 미온적인 보수주의에 반대했다는 것이 바로 그런 사례 아니었나? 프랑스에서는 노조가 흔히 생각하는 것보다 훨씬 더 반사회주의적이었다. 로자 룩셈부르크 등과 상반된 레닌은 민족 전쟁의 시대가 아직 끝나지 않았으며 자유주의적인 부르주아와 제휴해야 한다는 점을 덧붙였다. 게다가 로자 룩셈부르크, 그리고 '룩셈부르크주의'에 여전히 동의하지 않던 레닌은 농업 개혁 프로그램을 주장했다. 그리고 어떤 경우에도 농민을 반동적이라고 여기지 않았다. 그런 결정적인 지점에서 그는 확실히 러시아 혁명적 사회주의자들의 영향을 받았다. 그들과 마찬가지로 레닌은 예속된 농민을 혁명의 필수 동력으로 여겼다. 그래서 그들의 엄청난 폭발력을 외면하지 않았다. 결국 그들은 1917년 러시아 혁명의 성공을 보장했다. 러시아에 관한 한 레닌이 옳았다.

지금은 1917년 이후 소련의 발전을 특징짓고 거기에 영향을 끼쳤던 이데올로기적 논쟁과 선언을 세세히 다룰 자리는 아니다. 마르크스주의에서 레닌주의로 문화적 변동이 있었다는 것을 언급하는 것으로 충분하다. 레닌주의는 마르크스주의의 수정된 형식으로, 인류학자들이라면, '재해석되어' 시간적으로 가깝지만 먼 20세기 초 차르 치하에서 여전히 산업화가 덜 된 농업 위주의 러시아에 적용되었다고 말할 것이다. 뤼시앵 골드만은 이렇게 선언했다. '프롤레타리아는 너무 소수고 그래서 경제적으로나 사회적으로나 정치적으로나 중요하지 않은 존재여서 그들에 맞서는 사회의 나머지를 조준한 혁명에 불을 댕길 수 없다.'

1898년 2세대 러시아 마르크스주의자들(레닌, 줄리우스 마르토프와 표도르 일리치 단)이 1세대(게오르기 플레하노프, 파벨 악셀로드, 베라 자술리치, 레프 도이치)의 동의를 얻어 훗날 공산당이 될 러시아 사회민주노동당을 창설했다. 1세대 마르크스주의자들은 해외에 있는 동안 노동해방집단Grouppa Osvobojdeniya Trouda을 결성했다.

1903년 런던에서 개최된 사회민주노동당 2차 전당대회 기간에 깊은 균열이 발생했다. 한편에는 볼셰비키(단 한 표였지만 러시아 말로 '다수'를 뜻한다)가 다른 한편에는 플레하노프 자신을 포함한 멘셰비키('소수')가 있었다. 분쟁은 무엇 때문이었는가? 당의 1호 강령 때문이었다. 이 안에 레닌은 '민주집중제'의 이름으로 단행한 조치들을 도입하고 다음과 같은 것을 제시했다.

- '직업 혁명가'의 주도적 역할
- 당에 의한 엄격하고 냉혹한 규율
- 당 전체, 그리고 특히 그 풀뿌리 조직에 대한 중앙위원회의 더 넓고 독재적인 권력
- 필요한 경우, 당의 전권을 장악한 소규모 관료 집단

자명하지 않은가? 그것은 당을 자율적인 전쟁 기계로 만들었다. 멘셰비키는 독재와 민주적 원칙의 무시를 이유로 당을 비난했다. (트로츠키는 레닌의 조치가 결국 중앙위원회 위원장의 일인독재로 끝나게 될 것이라고 예언했다.)

당시 러시아에서 사회와 산업 발달 상태 때문에 이런 전술적 접근이 필요했다는 증거는 충분하다. 1905년 레닌은 '그런 혁명이 일어날 수 있을 만큼 러시아의 생산력이 충분히 발전한 것처럼 사회주의(곧 프롤레타리아) 혁명이 가능하다고' 믿는 소수의 사회주의자가 내놓은 주장을 공격했다. 훨씬 더 시사적인 것은 레닌과 게오르기 플레하노프 사이의 마지막 논쟁이다. 플레하노프는 1917년 혁명가들이 권력을 잡기 직전 러시아 마르크스주의의 창시자였다. 레닌은 집권 계획을 부정했다. 그런데 본인이 만약 권력을 잡는다면, 그것은 선진 자본주의 국가들에서 발생하려는 사회주의 혁명의 지원을 받을 수 있으리라는 희망 때문이라고 말했다. 그러나 그것은 러시아 혁명이 곧 버려야 할 희망이었고 러시아는 곧 홀로 서야 했다. 플레하노프는 마르크스주의의 기본 주장들—산업 프롤레타리

아의 취약성, 러시아 자본주의의 후진성, 절대 다수를 차지하는 농민 인구—로 되돌아가 레닌에게 만약 집권한다면 그가 원하든 원하지 않든 정부에 독재와 공포정치의 방법들을 부과할 수밖에 없을 것이라고 경고했다. 레닌은 그 말이 자신을 모욕하기 위한 것이라고 되받아쳤다. 그러나 레닌은 집권하자 30년 뒤 마오쩌둥이 했던 것처럼 농업혁명을 개시했다.

그렇다고 해도 이 문제는 계속 레닌을 괴롭혔다. 1921년 신경제정책NEP으로 그는 짧은 시간에 상황을 역전시켰다. 그의 대중 연설에는 초기 논쟁을 관통했던 사고 노선이 반영되었다. '우리는 실수했다. 우리는 자본주의가 존재하지도 않는 나라에 사회주의를 건설할 수 있을 것처럼 행동했다. 사회주의 사회를 달성할 수 있으려면 자본주의를 재건해야 한다'라고 선언했다. 결국 신경제정책은 레닌 사후에 거의 살아남지 못했다. 1928년과 1929년 이후 계속해서 스탈린은 산업화를 지지했고 쓸 수 있는 수단을 모두 동원해 산업화를 추구했다. 그 어려움과 성과는 역사가 다루어야 할 문제다.

1883년, 마르크스의 죽음으로 돌아가 그 논쟁을 좀 더 명확히 묘사해 보자. 게오르기 플레하노프는 혁명가가 '우연히' 혹은 '음모로' 권력을 잡은 경우를 상상하며 다음과 같이 썼다. '그런 상황에서 우리는 잉카 제국 같은 사회주의를 건설할 수 있을 것이다.' 즉 전제정치를 갖춘 사회주의를 건설할 수 있을 것이라는 말이다. 이와 비슷한 우발적 상황을 논하면서 마르크스는 '수도원 사회주의' 혹은 '병영 사회주의'를 거론했다.

이런 말들과 논쟁을 회고하는 것은 흔히 그런 것처럼, 1917년 10월 사건들과 그 결과를 역사가 다소 쓸어버리고 조롱한 '순수한 마르크스주의'의 이름으로 비난하려는 것은 아니다. 핵심은 사회주의 혁명은 뜻밖에도 당시 유럽에서 가장 산업화가 덜 된 사회에서 발생했다는 점이다. 그러므로 마르크스주의의 시나리오에 따라 프롤레타리아가 집권하는 일은 가능하지 않았다. (사회민주노동당이 그랬듯이) 권력은 공산당이 잡았다—즉, 방대한 러시아 인구 가운데 극소수, 약 10만여 명이 권력을 잡았다. 고도로 조직화된 이 소수는 군대를 피해 자신들의 마을로 다시 몰려간 1,000만 명에서 1,200만 명에 이르는 농민 무리를 이용했다. 그 와중에 일부는 싸웠고 서로를 죽였다. 고향에 도착하자 그들은 귀족, 부유한 부르주아, 교회, 수도원, 왕실과 국가의 영지를 징발했다.

레닌은 다음과 같은 질문을 던졌다고 한다. '차르 체제가 각 지역에 치안력을 갖춘 13만 명의 귀족적인 봉건 영주들 덕분에 수백 년을 유지할 수 있다면, 나는 왜 13만 명의 헌신적인 투사로 구성된 당으로 수십 년을 유지할 수 없단 말인가?' 그는 또한 나폴레옹처럼 다음과 같은 말도 했다고 한다. '우리는 공격할 것이고 그런 다음 지켜볼 것이다.'

러시아가 일정 수준의 발전과 산업화를 이룰 때까지 '수십 년 동안 유지된다면' '합리적인' 혁명이 가능할 것이다. 수년 동안 그것이 핵심적인 문제였다. 또한 피할 수 없는 독재의 동기였다. 그런데 그것은 결코 '프롤레타리아 독재'가 아니라 —아직 존재하지도 않은 프롤레타리아의 이름을 빙자한— 공산당 지도자들의 독재였다. '스탈린 치하에서, 지도자들의 독재는 심지어 일인 독재가 되었다.' 러시아의 삶에서 음산하고 극적인 시기에 떠올릴 수밖에 없는 역사의 예는 1793년부터 1794년 사이의 공안위원회다. 그러나 이번에는 독재가 그리 빨리 끝나지 않았다. 의심의 여지 없이 이것은 어떤 지속적인 반란도 사전에 차단한 단일 정당의 냉혹한 규율 때문이었다. 1794년 파리에서 일어난 일과는 완전히 반대였다.

마르크스주의와 소비에트 문명

여러 해 동안 소련은 출판, 언론, 집회, 파업의 자유 없이 잘 통제되었고 '획일적인' 일당 독재 아래 살았다. 그때나 지금이나 내부 갈등은 당내의 극적인 개인적 반목으로 표출되었다. 1953년 스탈린 사후 일종의 자유화liberalization―당시 공산주의자에게 '자유화'라는 말은 부정한 단어였으므로, 인간화humanization―가 있었다. 느리지만 되돌릴 수 없는 과정이었다. 그리고 일부의 표현을 빌리자면, 이런 '탈스탈린화'는 극적이었던 공안위원회의 비상시국이 오래전에 지나갔기 때문이 아닐까? 소련은 결코 내부의 모든 어려움에서 벗어나지 못했지만, 주요 산업 국가, 특권적 국가의 반열에 올랐다. 소련은 가까스로 그 자리를 얻었지만 거기 남았다. 그리고 알게 모르게 대중 문명에 필요한 구조를 일부 건설했다. 어쩌면 처음으로 적어도 내적으로는 그 나름의 길, 그 나름의 혁명을 선택할 기회를 얻었는지 모른다―세계 정치에서 다른 공산국가들의 지도자라는 역할은 다른 제약을, 외부로부터 오는 다른 제약을 가했다.

그때에도 마르크스주의는 이미 변화했다. 모든 전선에서 빚어진 50년의 갈등과 노력은 오랜 시련이었다. 그 시절 국가 원리로서 마르크스-레닌주의는 주요 주제와 원칙은 유지했지만 크게 진화했다. 변하지 않았다면 오히려 놀라운 일일 것이다.

공적 연설은 계급투쟁, 실천, 노예제, 봉건제, 자본주의, 상대적 빈곤화, 변증법적 유물론, 물질적 토대, 놀랍도록 행복한 무계급 사회의 도래 등 신성불가침의 상투적 문구를 계속해서 되풀이했다. 그러나 다른 이데올로기나 종교와 마찬가지로, 마르크스주의 이데올로기 전체가 그 지위 덕분에 실제 삶을 다룰 필요가 없다는 뜻은 아니다. 어쨌든 그들에 앞서 20세기 전환기 러시아 인텔리겐치아 혁명가들은 언제나 관념이란 실제 삶에서, 실천에서 형성될 때만 유효하다고 주장했다. 촘촘히 짜인 관념 체계로서 마르크스주의는 수백만 명의 실제 경험에서 구현될 때만 유효할 수 있었다. 그리고 만약 마르크스주의가 이런 식으로 '실재적인 것'이 되면, 곧 '최신의 것'이 되면, 마르크스주의도 영향을 받을 것이다. 지지자들은 '마르크스주의가 그 자체를 초월한 세계의 개념'이라고 주장했다. 동조적인 평자들도 같은 주장을 했다. '20세기 공산주의는 그리스도교가 4세기에 처음 겪었던 변화와 비교할 만한 변화를 겪었다.'

마르크스주의가 스스로를 탓하고 마르크스주의자들이 서로를 탓했던 변화, 불성실, 이단을 모두 설명하려면 궤변가가 되어야 할 것이다. 세세한 사실이 아무리 중요해 보여도 우선순위를 두지 않는다면 그것들을 목록화하는 것은 지루하기 짝이 없는 일이 될 것이다. 그런 목록은 실제적 배경에 비추어 볼 때만 이해될 수 있다. 그런 배경만이 그런 목록을 설명할 수 있고 그런 배경은 그런 목록으로만 설명된다. 그것은 소련의 실험을 평가하는 가장 명확한 방식도, 가장 중요한 방식도 아니다.

사실 그런 부침을 겪은 사람들에게는 1917년 이후 몇 년이 길게 느껴지겠지만 과거와 얼마나 철저히 단절되었는지 드러날 만큼 충분한 시간은 아니었다. 그리고 뒤따른 역경과 또 다른 혁명들이 그 나라의 기본적인 이데올로기적, 사회적, 문화적 진화에 영향을 주었다. 그 모든 경험에서 무엇이 일탈이고 (1930년 이전 이행 초기에 특히 두드러졌지만, 그 시기에만 국한되지 않는다) 무엇이 일탈이 아닌지를 구별해야 한다. 그것을 구별할 때만 우리는 강제로 부과된 이데올로기와 스스로 선택하지 않았고 충분히 받아들이지도 않았으며 충분히 이해하지도 못한 실험에 말려든 사회의 관계를 판단할 수 있다.

예컨대 레닌이 사전에 계획했던 것이지만, 큰 격차를 보이는 임금률의 재확립은 우연이었을까? 스탈린의 강한 의지를 담은 결정이었을까? 아니면 사회적 필요였을까? 아니면 피할 수 없는 경제의 흐름이었을까? 어쨌든 그 결과는 고위층에게 뚜렷한 특권을 보장한 사회적 위계질서였다. 소비에트 대학의 한 교수는 웃으며 이렇게 말했다. '우리는 소비에트의 부르주아다.' 물론 그런 위계질서가 계급 체계를 재확립할 수 있는 것은 직책과 함께 그런 특권이 다음 세대로 계승되어 자녀들이 부모의 사회적 지위로부터 이점(교육, 금전이나 직업)을 얻을 수 있을 때다. 이런 경향은 가족생활이 강한 사회라면 어디서나 자연스러운 현상이다. 그리고 소련 공산주의는 결코 그런 계급 체계를 파괴하지 않았으며 심지어 스탈린은 이를 강화했다.

또 다른 근본적인 문제는 농업이었다. 농업을 집단화하려는 소비에트의 시도는 실패했고 농민의 저항에 부딪혔다. 그리고 그들을 향한 스탈린의 탄압이 오래도록 기억에 남았다. 그러나 러시아 소설에서 모호한 울림을 갖는 농민들의 불만은 자연스럽고 거의 불가피한 반응, 급속한 경제적 근대화로 낡은 관습이 갑작스럽게 파괴되었을 때 전통문화에서 나타나는 피할 수 없는 반응이다. 급속한 근대화를 추구하는 모든 나라에서 그런 문제가 발생하며 어떤 해결책이 적용되든 마찬가지이다.

한편 소비에트 이데올로기와 정교회의 다소 긴장된 대화에서 결정적인 발언이 오갔는지는 분명치 않다. 결정적 발언이라는 게 있기는 할까? '종교적 소외'에 직면한 체제는 호전적인 물질주의, 공격적 합리주의를 적용했다—신을 부정하지는 않고 인간적 관심사를 열렬히 강조했다. 제2차 세계대전은 정교회 신앙의 부활에 도움이 되었다. 그리고 교회와 스탈린의 타협을 끌어냈다. 스탈린은 모스크바에서 표트르 대제가 없앤 교구제를 부활시켰다. 심지어 1951년 11월 7일 연설에서 스탈린은 대공이자 정교회 성인인 알렉산드르 넵스키를 언급하기도 했다. 물론 적극적으로 신앙생활을 하는 신자는 대부분 나이 든 세대다. 그러나 세례, 결혼, 장례에 관한 대부분 사람의 진지한 태도는 어떨까? 국가가 공공 결혼식을 치장하고자 했던 격식은 국가가 메꾸고 맞서야 했던 공백을 입증하는 증거일지 모른다.

마지막으로, 세대를 거듭하며 과거의 드라마는 사람들의 기억 속으로 물러나기 시작했다. 마르크스-레닌주의는 이제 배경으로 물러났다. 마치 서구에서 데카르트적 사고가 여전히 만연하지만 더는 하나의 철학으로 의식되지 않는 것처럼 말이다. 공산주의의 궁극적 이상이 완전히 포기되었다는 뜻은 아니지만, 그 시절처럼 매 순간 열띤 논쟁의 대상이 되지는 않는다. 1960년대에도 2억 2,000만 명의 소비에트 시민 가운데 당원은 900만 명뿐이었다. 마르크스-레닌주의는 그들의 특징이자 그들의 신조이자 그들의 일상 언어였다. 그러나 다른 사람들에게는 어땠을까?

소련의 삶에 초래된 공산주의의 가장 큰 변화는 급속한 산업화, 그리고 모든 난관을 극복하고 실패를 보완하면서 산업화를 성공적으로 완수하겠다는 전망이었다.

인간적 차원에서 소비에트 시민들은 변화의 대가를 혹독히 치렀다. 1917년 혁명 지도자들은 '자본주의가 앞서 제공한' 기존 산업 기반을 승계하지 않았다. 그들은 산업 기반을 건설해야 했다. 그리고 이는 스탈린주의 독재의 특징적인 성격을 일부 설명해준다. '다른 곳에서는 19세기 자본주의가 수행했던' 기본적 임무를 떠맡았다. 스탈린 정권의 잔인성은 권력에 미친 독재자의 변덕이나 사회주의나 공산주의의 절실한 필요만으로 다 설명되지 않는다. 그 역시 어떤 의미에서 저개발에 대한 반응이었고, 후진적인 농업 위주 국가를 산업화하려는 경주에 인간의 노동력을 투입하기 위해 고안된 무자비한 국가 정책이었다.

그런 목표를 얼마나 달성했는지는 앞으로 오랫동안 전문가들이 논쟁할 문제다. 통계는 논쟁을 위한 비옥한 토양이다. 그들의 언어는 국제적이며 아이들의 키를 재듯 민족들을 서로 비교한다. 물론 같은 측정 단위를 사용하는 것은 중요하다. 예컨대 공식 통계에 따르면 1953년부터 1959년 사이 프랑스의 산업 생산은 7.7퍼센트 증가했다. 같은 기간 독일은 8.3퍼센트,

소련은 11.3퍼센트 증가했다. 그런데 이런 공식 통계를 곧장 비교할 수는 없다. 서방은 지표의 순가치를, 소련은 지표의 총 가치를 내놓는다. 소비에트 경제학자 스트룰리닌은 1956년 산업 생산이 총가치로는 1928년의 22.9배이지만 순가치로 산출하면 14.7배에 불과하다는 것을 보여주었다. 단위의 불일치로 소련의 비판자들과 옹호자들이 얼마나 오래 논쟁에 몰두할지 쉽게 상상할 수 있다.

그러나 소련의 경제적 목표는 여전히 파악하기 어려웠지만, 1960년대에는 그나마 시야에서 완전히 사라졌다. 시베리아까지 포함해 여러 곳에서 이례적인 성과로 엄청난 진보가 이루어졌다.

거대한 사회적 변화가 1917년 혁명을 뒤따랐다. 모든 소비에트 공화국에서 산업화가 사람들의 삶을 바꾸기 시작했다. 그리고 이런 사실은 이어 소련의 삶에도 영향을 끼쳤다. 어디서나 새로운 구조가 등장했다.

첫 번째 중요한 변화는 농민들이 도시로 유입되었다는 사실이다. 소련은 전통적으로 완고하고 1917년에도 여전히 근본적으로 농민인 사람들에게 미국적인 경기 호황의 성장률을 부과했다. 속도와 안녕, 변화의 압력과 그에 완강히 저항하는 완고함 사이의 긴장이 어디서나 나타났다. 중앙아시아의 공화국들에서 아메리카니즘과 오리엔탈리즘이 공존한 것이 훨씬 더 이례적인 일이었다.

수치는 변화의 규모를 보여준다. 1917년에 러시아 인구의 80퍼센트가 농민이었고 고작 5퍼센트만 산업 노동자였다. 1962년이면 농민은 52퍼센트로 간신히 다수를 차지했다. 반면 산업 노동자와 경영자의 비율은 35퍼센트까지 치솟았다. 같은 기간 관료의 수는 10배, 지식인의 수는 100배 증가했다. 게다가 토지를 벗어나 도시로 향한 엄청난 규모의 인구 이동이 있었다.

그 결과는 어디서나 확인할 수 있었다. 언제나 지녔던 대도시의 기운을 여전히 유지한 옛 수도 레닌그라드(상트페테르부르크)를 제외하고 (시카고 같은 거대 도시가 된) 모스크바를 포함해 신구 도시들에 농민들이 등장했다. 그들의 생활은 이상하리만치 농촌적이었다. 지식인들과 학생들도 예외가 아니었다. '러시아에 새로운 인종이 등장해' 가장 미천한 직업부터 과학 연구와 같은 높은 곳—사회 계급의 최고 지점—까지 삶의 모든 영역으로 파고들었다. 도시의 산업화와 토지의 집단화라는 스탈린의 이중 프로그램이 도시의 일자리와 농촌의 실직을 함께 가져왔고 농민들은 원하든 원치 않든 도시에서 일거리를 찾아야 했다. 이 모든 일이 몇 년 새에 일어났다.

도시로 파고든 농민들은 1947년에도 여전히 도시에서 눈에 띄는 존재였다. 촌스러운 옷을 걸치고 뭉그적거리며 걸었고 큰 소리로 버스와 전차를 불러 세워 앞다투어 승차했다. 1956년에는 변화가 눈에 띄었다. 농민들은 더 도시화했고 생활수준이 높아지자 옷차림도 나아졌다. 1958년에는 더는 맨발로 걷는 여성과 아이들이 보이지 않았다. 농민들의 촌스러움도 줄었다. 그렇지만 지금도 농촌 출신의 흔적은 여러 곳에서 소소하게 드러난다. 아마도 레닌그라드의 모든 것이 더 도회적으로 변하고 여성들은 더 우아해지고 말도 더 정확해졌기 때문일 것이다. 또한 1945년 이후 눈부시게 복원된 외관 때문에 레닌그라드는 구 유럽 도시의 인상을 풍긴다. 빠르고 매력적이며 교양 있고 분주한 항구를 통해 더 넓은 세계로 연결되어 촌락에 압도되지 않았으며 더욱이 교외 지역의 산업화에도 불구하고 소란스러운 삶과 어느 정도 거리를 두었기 때문일 것이다. 그 점은 모스크바를 수도로 만드는 아주 뚜렷한 특징이다.

촌락 지역에서 유입된 노동력은 과거 숙련 노동자들의 수를 곧바로 압도했다. 공장을 채운 농민들은 무지하고 미숙하고 서툴렀다. 그리고 농민들이 다 그렇듯이 기계를 믿지 못했다. 갑자기 공장에 투입된 농민들은 낮은 생산성을 보였고 부족한 생산을 메우기 위해서는 그들을 더 많이 고용해야 했다.

이와 비슷하게 농민들이, 혹은 적어도 그 자녀들이 학교와 대학에 유입되었다. 1917년 인구의 최소 75퍼센트가 문맹이었다. 1960년대에는 문맹이 완전히 퇴치되었다고 주장되었다. 이는 도서관, 독서실, 러시아 고전의 문고판 수가 늘어난 점에서도 알 수 있다(비록 도스토예프스키나 세르게이 예세닌의 소설은 1955년까지도 문고판으로 나오지 않았지만 말이다). 뿐만 아니라 선별된 외국 문학 번역서도 엄청난 규모로 발행되는 일이 많았다—1,000만 부가 넘게 출판될 때도 있었다. 사실 평범한 문고판 도서의 가격이 터무니없이 저렴했다. 고전 작품들이 그처럼 인기를 누렸던 것은 이런 저렴한 가격 때문이 아니었을까? 아니면 동시대 작가들은 서툴고 언론은 지루하고 어려웠기 때문이 아니었을까? 어쨌든 라디오, 텔레비전, 레코드가 교육에 더 폭넓게 활용되었다.

로젠펠트가 '문화 혁명'이라고 부른 것 자체가 진정한 사회 혁명—해방에 대한 엄청난 열망, 배움과 사회적 계층의 상승에 대한 갈망—을 촉진했다. 마뜩잖은 관찰자라면 '지나치게 열광적인 야심'이라고 말했을 테지만, 금전과 특권 모두의 열쇠인 문화에 대한 열망이라고 해두자.

그들의 동기가 무엇이었든 점점 더 많은 대학생과 기술학교 학생들이 생겼고 통신 과정이나 야간 수업을 수강했다. 농민 자녀들이 최선의 결과를 얻는 일이 많았다. 이런 식으로 소련은 그 무궁무진한 인적 자원으로부터 필요한 지적 엘리트—엔지니어, 연구자, 장교, 교수—를 육성했다. 프랑스에서 쥘 페리의 교육 개혁 이후, 중 고등학교와 대학교의 무상교육이 이루어지면서 벌어졌던 일을 소련 당국은 현기증 나는 속도로 추진했다. 따라서 늘 실수가 따랐다. 예를 들어 1947년부터 1956년까지 소련의 중고등 교육은 무상이 아니었다.

하지만 1960년대가 되어 교육 수준이 전반적으로 하락했다고 이야기되었다.

그런 주장에는 확인이 필요하다. 오늘날 러시아인들이 구사하는 언어는 과거의 정제된 언어가 아니다. 폭넓게 적용된 교육은 실용적이었으며 학교 교사부터 엔지니어까지, 혹은 대학 교수까지 현대 사회가 요구하는 전문가들을 양산했다. 심술궂게 이들을 '반쪽짜리 지식인'이라고 말하는 평자도 있었다.

심술궂든 아니든, 그런 말은 공정했을까? 이런 대량의 부분적인 문화는 흔히 주장되듯이 신생국의 일반적인 특징일 뿐일까? 아니면 좀 더 단순하게 부상하고 있는 대중 문명mass civilization의 일반적인 특징이었을까? 고도로 산업화된 유럽 혹은 아메리카의 모든 국가를 보면 보편 교육은 더 많은 전문가를 배출하고 더 낮은 수준의 일반 문화를 산출하는 경향이 있

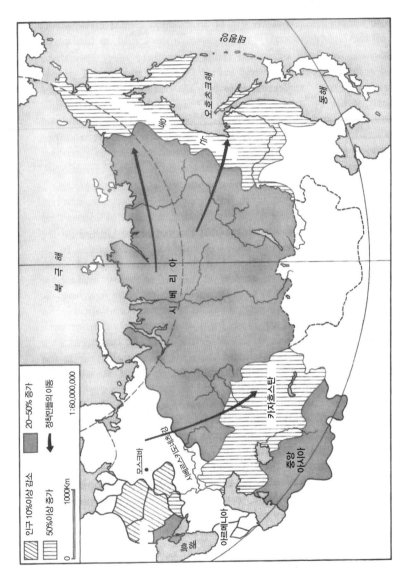

그림 23 소련 내부의 이주

다. 그러나 진정한 지적 엘리트를 형성한 사람의 수는 줄어들지 않았다. 최악의 경우라도 같은 수를 유지했다. 소수의 지적 엘리트와 전통적인 문명이 유지해온 다수의 문맹 대중 대신에 현대 문명은 소수의 엘리트, 그보다 더 소수의 문맹, 그리고 고급 지적 수련이 아닌 직업 교육을 받은 대중으로 구성된 한층 더 복잡한 그림을 보여준다.

사실 이런 높은 수준에서 소비에트나 독립국가연합CIS의 지식인, 학자, 교사는 우리의 시각에서 보면 (이데올로기적 차이를 고려할 때) 유럽이나 미국의 지식인, 학자, 교사와 비교될 수 있다. 그들은 또한 같은 문화의 계승자들이다. 예컨대 파리의 지식인에게 프랑스 대학에서 모스크바의 과학 아카데미로 자리를 옮긴다는 것은 집에 있는 것 같은 편안함을 느끼고, 토론이나 농담에서 서로를 즉시 이해한다는 뜻이다. 러시아 혁명 이후 소련의 완전한 고립―방해받지 않는 유럽과의 관계가 단절된 물리적 고립―이 학문의 차원에 아무런 영향을 끼치지 못했다는 것이 첫인상이다. 얼핏 보면 이것은 놀라운 일이다. 그러나 다시 생각해보면 20세기 유럽과 러시아가 같은 문명에 발을 담그고 있었음을 떠올리게 될 것이다. 그리고 그 이후의 시간은 문명의 수명을 기준으로 생각하면 상대적으로 짧은 기간이다. 이전의 소련에서 사회 정치적 구조를 뒤흔든 엄청난 격변들이 많았다고 하지만 대체로 1917년 러시아의 문명, 곧 우리 자신의 문명과 같은 문명에 속한다.

사실 문학과 예술은 이런 주장과 상반되는 듯하다.

늘 그렇듯이 문학과 예술에서 그 사회를 가장 잘 그린 초상을 본다면, 소련의 경우 그 초상은 너무 창백하다. 그러나 부조리할 만큼 비현실적인 경건한 공적 작품들이 소련의 작가와 예술가들을 제대로 대변했을까? 그리고 소련 사회와 일상생활의 진정한 표상이었을까? 물론 그들은 예외적 상황의 결과물이었다.

그들의 확신 없는 어조는 마르크스, 엥겔스, 레닌의 작품에서는 찾아볼 수 없는 특징이다. 그런 기조는 1930년경 스탈린의 지배가 시작되면서 나타났다. 당시 스탈린의 냉혹한 규율과 5개년 계획을 추구하며 소련 당국은 '예술과 문학의 전선'을 동원하는 것에 의문을 품거나 거부감을 드러낸 지식인들을 모조리 공격했다. 첫 번째 희생자는 프롤레타리아 작가 연합RAPP이었다. 그 단체는 1932년 음악계와 미술계의 유사한 단체들과 함께 해산되었다. 그들을 대신해 하나의 단일 기구가 결성되었고 공산당의 직접 통제를 받았다.

동시에 예술가와 작가들은 '인간 정신을 다루는 엔지니어'가 되라는 명령을 받았다. 1934년에 안드레이 즈다노프 당 서기는 그들의 도그마를 '사회주의적 사실주의의 방법'으로 규정했다. 예술가와 작가는 '진실', 사회주의 현실의 '역사적으로 확고한 특징', 그리고 특히 생산 조건들을 기술해야 하고 그리하여 '노동자들의 이데올로기적 개조와 사회주의 정신 교육'에 이바지해야 한다. 즈다노프 자신의 표현을 빌리자면, 그들의 의무는 경향성을 갖고 '신념을 교육하는' 작품들을 생산하는 것이다. 그들의 작품 속에서 사람들은 '긍정적 영웅'인 진정한 공산주의자와 '부정적 인물'—나머지 모두—로 뚜렷하게 구분되었다. 혁명이 시작될 때 모든 예술에서 번성했고 소련에서 계속해서 '좌익 미술'로 불린 아방가르드 운동은 이제 '형식주의'라고 비난받고 탄압당했다. 여러 작가와 연출가들이 체포되고 행방이 묘연해졌다. 대부분의 작가는 침묵하거나 거의 은둔했다. 『고요한 돈강』의 작가 미하일 숄로호프는 시리즈의 첫 3권을 1925년부터 1933년 사이에 출간했다. 그리고 4권은 1940년에 출간했으며 스탈린이 세상을 떠날 때까지 더는 작품을 쓰지 못했다.

제2차 세계대전이 끝났을 때 '부패한 서구'의 영향에 대항하기 위해 '즈다노프 노선'이 훨씬 더 강화되었다. 문학, 연극, 영화 모두 철저한 감시를 받았고 조금이라도 벗어나는 경우 비난과 처벌을 받았다. 1948년 위대한 작곡가 세르게이 프로코피에프, 드미트리 쇼스타코비치, 아람 하차투리안은 '난해한' 곡을 작곡하고 불협화음을 사용했다는 이유로 무자비한 공격을 받았다.

요컨대, 스탈린의 독재를 통해 예술가들은 나머지 소비에트 인구와 마찬가지로 복종을 강요당했다. 그 시절 모든 생산물이 체제 순응적이고 보잘것없었다.

스탈린의 죽음으로 모든 것이 달라졌을까? 그렇기도 하고, 아니기도 하다. 분명히 즉각적인 반응이 있었고 갑작스럽게 긴장이 완화되었다. 그러나 자유주의적 돌출 행동은 위험하다고 여겨졌고 곧 멈췄다.

1953년 말부터 이듬해까지 소비에트 사회의 결점을 풍자한 연극들이 쏟아져 나왔다. 그리고 젊은 비평가가 '문학의 진지함'에 관한 글을 잡지 〈신세계Novy Mir〉에 발표했고 '긍정적' 인물과 '부정적' 인물의 공적 구분을 조롱했다. 이런 풍자 작가들은 그 대담함 때문에 처벌받았지만, 탈스탈린화와 '개인 숭배'

에 대한 공격은 더 거침없어졌다. 수십만 명의 추방자들이 돌아왔다. 가혹한 제재가 사라지리라는 확신으로 지식인들은 활기를 띠게 되었고 문학의 공수 교대라 할 만한 일이 벌어졌다. 이제 스탈린 치하에서 명성을 얻은 작가들이 침묵했고 살아남은 과거의 희생자들이 목소리를 냈다. 1957년 문인과 예술가들은 '수정주의'를 자제하고 소련의 현실을 '윤색하고 치장하는' 일을 거부한다는 구실로 소련을 체계적으로 비방하지 말라는 권고와 경고를 받았다. 이런 반응은 니키타 흐루쇼프의 정책으로 분명하게 표현되었다.

흐루쇼프는 확실히 스탈린의 방식을 비난했다. 패배한 정적들조차 더는 처형되거나 고문당하지 않았다. 그래서 문화적인 문제와 다른 국가들과의 관계에서 규제가 어느 정도 완화되었다. 그러나 스탈린의 범죄를 밝히는 일이 그의 충실한 숭배자인 젊은 세대에게 깊은 충격을 안긴 바로 그 순간, 무자비한 비판 운동의 수문을 여는 것은 정권을 위태롭게 하고 세계 공산국가들의 지도자로서 소련의 위상을 위태롭게 하며 그 국제적 힘을 약화시킬 것이라고 여겼을 것이다. 그래서 정부는 강력히 대응했다.

그렇다면 대중은 그런 투쟁에 관심이 있었을까? 엄청난 수의 대중이 러시아나 해외 고전 희곡들을 즐겨 읽었다. 그들은 '순수하고 양식화되고 각색된' 민속 문학을 즐겨 읽었다. 또 그들은 고전 오페라로 몰렸는데 얼마 전까지 여전히 농민이던 민중에게 그런 오페라들은 계시와도 같았다. 〈파우스트〉, 〈라 트라비아타〉, 〈카르멘〉이 성공을 거두며 붉은 군대Red Army 무용수들이나 차이콥스키의 〈백조의 호수〉와 경쟁했다. 그러나 이런 주제들에서 '무지한 사람'과 '교양 있는 사람', 일반 대중과 지식 엘리트가 확연하게 구분되었다고 믿는다면 실수하는 것이다. 소련 작가와 예술가들이 추구하는 표현의 자유는 사실 예나 지금이나, 그리고 앞으로도 중요한 문제이다.

예술과 문학을 괴롭히던 문제는 수학과 자연과학에 전혀 영향을 주지 않았다. 그 분야는 대체로 크게 번성한 상태였다. 여기에는 많은 이유가 있다. 지식 분야로서 과학은 통상 세세한 통제가 거의 없는 분야다. 정치나 이데올로기 논쟁과 거의 관계없었고 피할 수 있었다. 동시에 러시아인들은 언제나 탁월한 수학자였다. 더욱이 정부는 금전적 지원과 격려를 아끼지 않았다. 거기에는 신세계 건설을 떠올리거나 다른 사람들이 꿈꾸지 못한 것들을 상상하도록 영감을 주는 것들이 있다. 마지막으로 연구 분야에 권위주의라 할 만한 것이 있다는 점을 인정해야 한다. 자본주의 국가에서 연구는 서로 다른 산업 분야로 파고들며 산업계의 요구에 따라 결정되는 경향이 있다. 소련에서 연구는 정부의 우선 과제에 집중되는 경향이 있다. 거기에서 산업은 실종되었다. 그래서 소비자의 편의는 오랫동안 무시되었다. 그러나 연구는 과학 팀을 조직함으로써 혜택을 받았다. 그리고 오늘날 연구의 성공은 뛰어난 개인보다 팀에 달려 있다.

그렇다면 우리가 도출할 수 있는 결론은 무엇일까? 제2차 세계대전이 끝난 뒤 소련은 엄청난 어려움을 극복하고 부상했다. 그리고 엄청난 물질적 성공의 잠재력을 지녔다. 그리고 어떤 부분은 이미 달성했다. 그러나 새로운 구조는 확립되지 않았다. 소련은 비극적인 기억에 사로잡혀 있고 역설적이지만 세계의 평판에 사로잡혀 있다. 스스로 미래를 선택할 수 있었던 순간에 소련은 그런 선택이 갖게 될 전 세계적 반향을 고려해야만 했다.

이는 어느 정도 자유를 제한했다―탈스탈린화 이후로도 오랫동안 계속된 제한이었다. 또한 소련은 그 예술과 문학의 '상부구조'를 제한했다. 그런데 예술과 문학 같은 '도피' 수단이 없이는 어떤 문명도 스스로를 제대로 탐색하고 표현할 수 없다. 5월의 첫 햇살을 받은 모스크바 볼쇼이 광장 사과나무들처럼 머지않아 예술이 일순간에 생명을 얻기를 바란다.

1961년 10월 전당대회

1961년 10월 극적으로 진행된 제22차 공산당 전당대회는 소련의 당시 상황을 기막히게 조명했다. 물론 인물들 간의 극적인 충돌을 기억하거나 비난, 추방, '산송장' 혹은 '걸어 다니는 시체'의 명단을 기억하는 것은 중요치 않다. 도스토옙스키의 소설을 연상시키는 소란―어쩌면 『카라마조프가의 형제들』에 등장하는 고통을 받고 고통을 주는 등장인물들―을 세세히 분석할 필요도 없다.

중요했던 것, 그리고 그 시절 처음으로 명확히 보였던 소련 문명이 국내 상황에서나 외교에서나 어려운 과업에 직면했고 선택의 갈림길에 섰다. 미래는 그들의 성공에 달려 있다. 세 가지 중요한 문제가 있다. 첫 번째는 비러시아계, 소련 내 다른 인종과 문명에 속한 사람들의 국적에 관한 것이다. 두 번째는 전前 소련 문명의 전반적인 경제적 물질적 상황이다(그런데 그저 물질적이기만 한 것일까?). 세 번째는 국제공산주의의 운명이다. 그것은 1961년에 이미 일원적이지 않고 '다극화'했다. 일종의 '국가들의 공산주의Communism of the States'가 되었다.

첫 번째 문제와 관련해서 가장 위험해진 것은 소비에트연방 자체다. 소련은 그 이름에 함축된 대로 스스로를 공화국들, 혹은 원칙적으로 독립적이지만 서로 연결된 국가들의 연방으로 여겼다. 독립국가연합CIS에서 그들의 호혜적 관계가 하나의 강력하고 통일된 문명을 생산하는 방식으로 개선될 수 있을까?

연방은 처음 차르 제국에 의해 형성되었다. 1917년 이전에도 이미 많은 불운을 겪었다. 분열되고 회복되고 통합되고 다시 의문시되면서 연방은 계속해서 완전한 해결책이 없는 어려운 문제를 제기했다. 공화국들은 분명 자율적이었지만 어느 한 곳도 진정 독립적이지 않았다. 방위, 치안과 교통이 각 공화국 중앙위원회 대의원들이 대변하는 중앙 당국의 통제 아래 있었기 때문이다. 지역적 내셔널리즘—'국수주의'—이 있었고 비난받았다. 충돌이 발생했다. 조지아는 1921년에 소련으로 되돌아와야 했다. 40년 뒤 탈스탈린화는 조지아의 가장 유명한 아들(스탈린)에 대한 충성을 공격했다. 발트해 국가들은 1918년에 해방되었다가 1940년 합병되었고 1945년에 재정복되었는데 차르 치하에서 특권적 지위를 누렸었지만 소련 당국은 오랫동안 그들의 특권적 지위를 되돌려주려 하지 않았다. 1949-1951년 키르기스스탄에 위기가 있었다. 소비에트 당국이 애국 서사시 『마나스Manas dastani』를 금지했다. 그리고 1958년 소비에트 최고회의는 아제이어를 아제르바이잔의 유일한 언어로 인정한다고 선언했다.

지역적 관심과 문화, 전통적 언어와 역사적 기억, 공산주의가 아닌 다른 것에 대한 충성심, 러시아인이나 우크라이나인의 다른 공화국으로의 이주와 유입 등은 모두 식민지 유형의 문제를 일으켰고 때로는 긴장을 유발했다. 예를 들어보자. 카자흐스탄의 처녀지들을 개간한 후 그곳에는 카자흐인보다 러시아인이 더 많았다.

소련이 구사할 수 있는 유일한 정책이 등장했고 놀랍지 않았다. 소련은 비러시아계 공화국─특히 소련의 힘에서 아주 적은 부분만 대표했기 때문에─에 대한 상당한 그리고 대단히 관대한 양보를 함으로써 연방의 삶과 '조화'를 유지하고 안전하게 지키려고 했다. 이는 1956년 제20차 전당대회에서 등장한 정책이었다. 그 결과 그들에게 더 많은 자치권을 주는 일련의 조치들이 취해졌다─레닌의 민족 정책(토착화)으로의 공개적인 회귀였다. 서양인들에게 이 모든 것은 식민화와 탈식민화의 전통적인 문제들을 떠올리게 한다. 하지만 한 가지 중요한 차이가 있다. 소련의 경우 '식민지'와 '모국'은 지리적으로나 물리적으로나 직접 접촉한다. 공산당 21차 전당대회의 의제 가운데는 '동화'─의미심장하고 시사하는 바가 크다─에 대한 분명한 언급이 있었다. 가능한 일이었을까? 그리고 러시아는 서양이 그토록 자주 실패했던 동화를 달성할 수 있을까?

1959년에 카자흐스탄 공산당 서기는 이렇게 선언했다. '민족들은 경제적으로 성장하고 점점 더 많은 것을 함께하면서 합쳐질 수 있다는 레닌의 테제가 경험으로 확인되었다.' 이는 완벽히 가능한 것이다. 과거 성공적인 동화의 사례들이 있었다. 공동의 정책, 상호 양보와 함께 살아가야 할 필요성의 영향이 클 것이다. 그래서 정치 경제 사회적으로 새로운 구조를 건설할 수 있다. 그리고 양측 모두 여러 해 동안 공산주의 경험의 결과를 공유한다. 그렇다고 해도 문명은 집요하다. 이는 언어의 문제에서도 알 수 있다. 소련의 공화국들은 그런 완고함을 성공적으로 증명하며 그들의 언어를 고수했다. 그들은 지역 문명을 포기할 준비가 되어 있지 않았다. 오늘날과 마찬가지로, 당시 글쓰기에 관한 논쟁이 진행 중이었다. 문맹 퇴치, 교육의 확산은 중앙아시아 민족들의 민족의식을 강화하는 데 실질적 도움을 주었을 것이다.

번영 혹은 '부르주아' 문명: 소련을 공산 사회의 지복으로 인도할 20년 계획의 선포가 1962년에는 헛된 프로젝트로 보이지 않았다.

전문가들은 소련이 번영을 향해 '대약진'을 이룰 수 있다고 말했다. 그러나 그 조건이 무엇인지에 대해 그들의 의견은 일치하지 않는다. 그러나 소비에트의 대중은 평화를 열렬히 원했고 가능하리라고 믿었던 물질적 진보를 열망했다. 1960년대 그 많은 젊은이가 국가 운영에 적극적으로 참여했던 이유다. 엄청난 변화가 임박한 것처럼 보였다. 변화의 형태가 무엇이고 후대에 어떤 이름이 붙게 될지는 중요하지 않았다.

1962년 소비에트의 삶은 산업혁명의 최종 단계를 향해 급속히 나아간다는 희망에 지배되었다. 흐루쇼프의 혁명은 그런 진보의 길을 연 듯했다. 1958년의 7개년 계획은 '세련된' 소비 사회 ─ 전기, 전자 기계, 핵에너지, 플라스틱, 화학 ─ 라는 말로 새로운 산업을 강조했기 때문이다. 이 모든 것은 '새로운 유형의 노동계급' ─ 흰 가운을 걸친 기술자, 공학자, 과학 연구와 산업 연구 노동자들 등등―을 요구하고 훈련할 산업이었다. 이런 새로운 사회 세력의 압력은 조만간 소련의 민주화를 피할 수 없고 되돌릴 수 없는 것으로 만들 것이다. 이는 우리에게 이런 세세한 사실을 가르쳐준 사회학자들의 결론이다.

그러나 그런 압력은 물론 사회와 공산당의 삶과 관성을 돌파하기 위한 길을 스스로 마련해야만 했다. 더욱이 당이 당의 성공을 위해 새로운 번영을 통제하고 분배하려는 것은 자연스러운 일이었다.

40년의 사회주의 기간 동안 삶이 달라졌다는 것을 증명한다면, 1917년 러시아는 여전히 서양 문명의 틀 안에 있었지만 1962년의 소련은 '부르주아적' 서양이 채택한 기준에 따른 번영을 추구하지 않을 것임을 증명한다면, 그것은 실현될 수 있다. 요컨대 그런 번영이 서양과 아메리카를 위한 것이 아니듯 소련을 위한 것이 아니라 혁명을 '공유하는' 최선의 길이라는 점을 증명한다면 말이다.

글을 쓰던 시점에 이 점에 관해 무언가를 예측하기는 어려웠다. 미래는 완전히 열려 있었다. 그러나 이전의 소련이 미국이나 유럽의 모델을 모방하지 않고 나름의 해결책을 생각해낼 가능성은 여전히 있어 보였다.

국제공산주의? 거기도 역시 미래는 열려 있었고 다가올 일에 대한 단서는 거의 없었다. 1961년 10월 전당대회에 대해 서양의 논평자들은 획일적인 국제 공산당의 종언을 상징한다고 여기는 경향이 있다. 그들은 소련이 '대약진'에 집중하기 위해 그리고 그 물질적 번영에 힘입어 공산주의의 완전성을 달성한 유일한 공산국가가 되기 위해 그 지도적 위치를 의식적으로 포기했고 그에 따른 희생도 포기했다고 생각했다.

너무 단정적인 것은 무분별해 보였다. 위대한 공산주의 가족 안에서도 정치는 일반적인 규칙을 따른다. 분노, 분쟁, 위협에도 화해와 타협이 따르는 일이 많았다(영미의 관념만은 아니다). 중국에 대한 소비에트의 불신은 새로운 사실이 아니다. 그런 불신은 수백 년의 역사에 뿌리를 두고 있으며, 러시아가 중국의 약탈에 가담한 강대국의 하나가 된 19세기 갈등에서 비롯되었다. 그런데 미국에 대한 소련의 불신은 냉전 시대에 근원이 있다. 고립주의, 자체의 경제 문제에만 골몰했던 미국이 고립주의를 탈피할 수밖에 없었던 것과 같은 이유로 소련 역시 좋든 싫든 오직 자국의 경제 문제에만 집중할 수 없고 국제 현실의 맥락 속에서 내부 정책을 보아야 한다.

그러나 1960년대에 태양 주변을 도는 행성들처럼 소련 주위를 맴돌던 세계의 다양한 공산주의 정당들 사이에 차별화 조짐이 나타났다. 그들 가운데 많은 수가 서로 달랐다.

각국의 공산주의 정당들은 외부 궤도에 있었다. 일부는 프랑스나 이탈리아 같이 번영한 서양 국가들의 적대적인 환경 속에 있었고, 또 다른 일부는 앵글로색슨 국가들이나 서독에서처럼 사실상 존재하지 않기도 했다. 당시 또 다른 경우는 그들에게 정치적으로 적대적인 서양 국가들 안에서 지하조직으로 활동했지만 경제적으로 취약했다. 에스파냐, 포르투갈, 그리고 라틴아메리카 국가들의 경우가 그랬다. 또 다른 일부는 소련과 중국의 실험에 매료된 저개발 국가들에서 여전히 희망을 품고 공개적인 정치 투쟁을 이어갔다.

공산주의의 위성국가들은 가깝고도 멀었다. 마치 완충국처럼 서방에 인접한 '방위권' 국가들이 제2차 세계대전 후 소련의 영토를 보호했다. 동독, 폴란드, 헝가리, 체코슬로바키아, 루마니아와 불가리아가 그런 국가들이다. 그들은 모두 엄청난 경제적 사회적 변화를 겪고 있었다. 불가리아를 제외한 모든 국가가 급속한 산업화를 추진하고 있었다. 더욱이 동독과 체코슬로바키아는 공산화 이전에 시작된 생동적인 산업 경제를 물려받았다. 마지막으로 '방위권' 바깥에는 알바니아의 이상한 공산주의 체제와 역시나 독자적인 유고슬라비아가 있었다.

당시 이런 국가들의 지위는 복합적이었다. 한편으로 그들은 소련에서 아주 멀리 벗어날 수 없었다. 다른 한편으로 그들의 미래가 걸린 구조 개혁의 일부(농업 개혁, 폴란드와 헝가리에서의 대농장 해체, 산업화)는 공산주의의 무자비한 간섭이 없었다면 불가능했거나 훨씬 더 어려웠을 것이다. 사실 소련과의 관계 그리고 공산주의 자체와의 관계는 국가마다 달랐는데, 각국은 그들이 기원을 둔 서로 다른 문명과 다양한 경제에 따라 어느 정도 자신감을 가지고서 자유롭고 유익한 관계를 맺었다.

마지막으로, 멀리 떨어져, 어려움에 짓눌렸지만 자부심으로 버틴 중국 공산주의가 있었다. 세계에서 가장 큰 저개발 국가였다. 확실히 소련의 상대 가운데 만만치 않고 가장 위험한 국가였다.

이런 대략의 구도는 그들의 정치적 위상뿐 아니라 그들의 경제적 지위도 반영한다. 이런 것들이 미래를 결정하지는 않겠지만 향후 미래에 영향을 줄 것이다. 오랜 노력으로 선두에 선 소련은 승자의 고독을 견뎌야 할지 모른다.

옮긴이 | 김지혜

한국교원대학교와 서강대학교에서 역사교육과 서양사를 공부했다. 『시인을 체포하라』, 『주변부의 여성들』, 『각주의 역사』, 『로마는 왜 위대해졌는가』, 『면화의 제국』, 『역사의 색』, 『장벽의 문명사』 등의 역사서들을 번역했다.

문명의 문법

초판 1쇄 발행 2023년 4월 20일
초판 2쇄 발행 2023년 11월 25일

지은이 페르낭 브로델
옮긴이 김지혜

펴낸곳 서커스출판상회
주소 경기도 파주시 광인사길 68 202-1호(문발동)
전화번호 031-946-1666
전자우편 rigolo@hanmail.net
출판등록 2015년 1월 2일(제2015-000002호)

ISBN 979-11-87295-70-9 03900